Peter Rosegger

Gesammelte Werke

Peter Rosegger

Gesammelte Werke

Band 3

Waldheimat I

nymphenburger

Nach dem Text der Ausgabe letzter Hand (1913–1916) unter Hinzuziehung der vorausgehenden Drucke herausgegeben sowie mit einer Zeittafel (in Bd. 1) und Kommentaren versehen von Jost Perfahl

2. Auflage 1992

Umschlaggestaltung: H+C Waldvogel, Zürich
unter Verwendung von Motiven von Albert Anker
Satz: Fotosatz Völkl, Germering
Druck und Bindung: Wiener Verlag, Himberg
Printed in Austria
ISBN 3-485-00599-1

Waldheimat

Erzählungen aus der Jugendzeit

Erster Band:
Das Waldbauernbübel

Vorwort

Kindheitsheimat! – Das uralte Lied, dem man ewig horcht.

Es ist eine der göttlichen Eigenschaften unserer Seele, daß wir vergangenes Ungemach leichter zu vergessen pflegen, als vergangene Freuden, daß sich in der Erinnerung diese Freuden immer mehr von den Schlacken des Ungemachs reinigen, bis sie dastehen wie ein strahlender Himmelsaltar, auch dem alten Kinde noch. Man nennt sie Träumer, die Menschen, die so gerne ins Vergangene schauen; wir bedenken nicht, daß sie in traumhaftem Glücke einen Schatz bewachen, der unverlierbar und unzerstörbar ist – solange die Seele lebt, in der er ruht.

Kindheitsheimat. Ich habe kein Land gefunden in der weiten Welt, das so schön und glückselig wäre, als meine rauhe Bergeshöh' zwischen Wäldern und Wiesen. Wenn ich nun aber in diesem Buche von Kindheits- und Jugendtagen des Waldbauernbuben erzähle, so muß man diesen Buben nicht allemal gerade auf meine Person beziehen. Man kann es tun, aber mit einiger Vorsicht. Die Erzählungen wollen zu jener Gattung von Wahrheit gehören, welche durch den Poeten ins allgemeine gehoben wird und den ganzen Menschen zeigt.

Grundlage dieser Schriften sind meine Erlebnisse in jenen Bergen, zu jener Zeit von etwa 1848 bis 1870, und auch Erlebnisse anderer, die mit mir und um mich gewesen sind. Es ist wohl schon mancher Kopf darüber geschüttelt worden, wieso ich in meiner Bauernhütte all die Zustände und Sitten und die vielen wunderlichen Kerle kennen gelernt hätte, ob sie denn gleich so von allen Talgründen, Waldwinkeln und Almmatten herbeigekommen wären, um sich von mir beschreiben zu lassen? Nun, Volksstudien habe ich in der Tat gar keine gemacht, ich habe die Leute nicht studiert, ich habe nur mit ihnen gelebt in guten und bösen Tagen. Und zwar nicht bloß in *einer* Hütte. Siebenundsechzig Bauernhöfe sind zu zählen, in denen ich als Handwerker gelebt, gearbeitet, gelitten und dem Himmel Löcher geschlagen habe vor Freudigkeit. Dann des Jungen flinke Beine, die überall wollten sein, die welt- und himmelgierige Seele des kleinen Guckinsleben, endlich das bißchen Dichterlatein – das alles zusammen gibt am Ende doch etwas, das des Aufschauens wert ist.

Davon nun ist das Buch „Waldheimat" entstanden. Es ist in dieser neuen Ausgabe sehr erweitert worden. Zu den Kindesjahren und Flegeljahren sind die holden Jünglingstage des Schneiderbuben gekommen und die Waldferien des Studenten. Eine eigentliche Lebensbeschreibung ist es nicht geworden (eine solche kurzgefaßte ist in dieser neuen Ausgabe, erster Band, beigegeben). Es ist nichts anderes, als eine Sammlung von Erlebnissen und Erfahrungen aus dem Jugendleben in der Waldheimat. Die Erzählungen sind in sehr verschiedenen Zeiten entstanden. Sie bleiben stehen wie sie gewachsen sind, doch habe ich ihre Formen und Launen noch einmal scharf unter das Gewissen genommen. Die beabsichtigte chronologische Reihenfolge ließ sich des eigensinnigen Inhaltes wegen vielleicht nicht immer genau durchführen. Auch hat mein schlechtes Gedächtnis am Ende bisweilen Dinge und Namen verwechselt – was in manchen Fällen sogar wohlgetan ist. Soll gelegentlich schon jemand bloßgestellt werden, so will ich's selber sein. Ich bin's gewohnt. – Was war ich doch für ein armer Schlucker, ohne es zu wissen, für ein lustaufflatternder Schwärmer, ohne es zu dürfen, und was war ich bisweilen für ein Lausbub, ohne es zu wollen! Ich tat aber, was mir lieb war, ohne viel zu fragen. Weil die ganze schöne Welt anderen gehörte, so schuf ich mir eine eigene, – nun, sie ist auch danach geworden. Der Spaß ward zum Ernst, der Ernst zum Spiel, das Spiel zum Leben und jetzt war es, als wäre ich in allen Waldbauernleuten und alle wären in mir – als wäre ich der einfältige, hundertfältige, der weltüberlegene, ewige Waldbauernbub.

Jene Zeiten sind vorbei, aber *das* ist nicht vorbeigegangen. Das ist geblieben. Wie das uralte Waldbauernhaus noch steht, verlassen und vergessen mitten in junger Waldwildnis, so stehen die alten Gestalten in den wuchernden Erinnerungen. Mir bringen sie die Jugend zurück. Dem Leser vielleicht ein wenig kühle Waldluft und schuldlose Kindesfroheit.

Von meinen Vorfahren

Einleitender Blick in die Vorzeiten der Waldheimat

Bauerngeschlechter werden nur in Kirchenbüchern verbucht.

Das Kirchenbuch zu Krieglach, wie es heute vorliegt, beginnt im siebzehnten Jahrhunderte mit dem Jahre 1672. Die früheren Urkunden sind wahrscheinlich bei den Einfällen der Ungarn und Türken zugrunde gegangen. Zu Beginn des Pfarrbuches gab es in der Pfarre schon Leute, die sich Roßegger schreiben ließen. Nach anderen Urkunden waren in jener Gegend schon um 1290 Rossecker vorhanden. Sie waren Bauern. Teils auch Amtmänner und Geistliche. In Kärnten steht noch heute eine Schloßruine, Roßegg oder Rosegg genannt; man könnte also, wenn man hoffärtig sein wollte, sagen, die Roßegger wären ein altes Rittergeschlecht und obiges Schloß sei ihr Stammsitz. Aber diese Hoffart brächte zutage, daß wir herabgekommene Leute wären. – Bei Bruck an der Mur in Steiermark steht ein schöner Berg, der auf seiner Höhe grüne Almen hat und einst viele Sennhütten gehabt haben soll. Dieser Berg heißt das Roßegg. Man könnte also, wenn man bescheiden sein wollte, auch sagen, die Roßegger stammten von diesen Almen, wo sie einst Hirten gewesen, Kühe gemolken und Jodler gesungen hätten. – In der nächsten Nachbarschaft der Krieglacher Berggemeinde Alpel, in der Pfarre Sankt Kathrein am Hauenstein, der Gegend, die einst von Einwanderern aus dem Schwabenlande bevölkert worden sein soll, steht seit unvordenklichen Zeiten ein großer Bauernhof, von jeher insgemein „beim Roßegger“ genannt, trotzdem die Besitzer des Hofes nun schon lange anders heißen. Möglich, daß genannter alte Bauernhof das Stammhaus der Roßegger ist. Diese sind ein sehr weitverzweigtes Geschlecht geworden; in Sankt Kathrein, in Alpel, in Krieglach, in Fischbach, in Stanz, in Kindberg, in Langenwang usw. gibt es heute viele Familien Roßegger, deren Verwandtschaft miteinander gar nicht mehr nachweisbar ist. Zumeist sind es einfache Bauersleute. Ein Priester Rupert Roßegger hat große Reisen gemacht, darüber geschrieben und auch schöne Gedichte verfaßt. – Das, was ich von meinen Ahnen weiß, hat mir größtenteils mein Vater erzählt, er hat besonders in seinen alten Tagen gerne davon gesprochen. Was daran Tatsache, was Sage ist, läßt sich schwer bestimmen.

Der Bauernhof in Alpel, zum untern Kluppenegger, in diesem Buche auch der „Waldbauernhof" genannt, gehörte zu Anfang des achtzehnten Jahrhunderts einem Manne, genannt der Anderl (Andreas) im Kluppenegg. Das soll ein wohlhabender Mann gewesen sein und in der Erinnerung der Familie wird er noch heute der „reiche Kluppenegger" geheißen. Er hat ein Pferd besessen, mit welchem er für die Gemeinde Alpel den Saumverkehr mit dem Mürztale (Fahrweg hat es damals noch keinen gegeben) versorgt haben dürfte.

Der Anderl im Kluppenegg war einmal beim „Graßschnatten" vom Baum herabgefallen und hatte einen hinkenden Fuß davongetragen. So soll er des Sonntags auf seinem Rößlein in die Kirche geritten sein, auch beim Wirtshause sich den Krug Wein aufs Rößlein haben reichen lassen und ein großes Ansehen gehabt haben.

Dieser Anderl hat wahrscheinlich auch das stattliche Haus gebaut, welches auf seinem Trambaume die Jahreszahl 1744 führt und dessen Zimmerholz an vielen Stellen heute noch hart wie Stein ist, weil man zu jener Zeit das Bauholz aus reifen Waldungen genommen hat. Der Anderl hatte einen Bruder bei sich in der Einwohne, der Zimmermann war. Zur Zeit gehörten zum Hofe zwei „Gasthäuseln"; in dem einen, das gleich oberhalb des Gehöftes stand, wohnte ein Schneider, in dem andern, das tief unten an der steilen Berglehne war, wohnte ein Schuster; der Anderl selbst verstand die Weberei, die Lodenwalcherei und die Hautgerberei, also hatte er die wichtigsten Gewerbe beisammen und konnte den Nachbarn damit aushelfen. Auch hatte er unten im Graben eine zweiläufige Getreidemühle gebaut und gleich in demselben Gebäude eine Leinölpresse. Der Anderl soll fast Tag und Nacht gearbeitet haben, sich ausgeruht nur auf dem Pferde. Von einem Kluppenegger geht die Sage, daß er eines Tages auf dem Pferde sitzend tot nach Hause gekommen sei; ob das von dem Anderl gilt oder von einem noch älteren, das kann ich nicht berichten.

Der Anderl hat nur ein einziges Kind gehabt, eine Tochter. Die soll viele Freier abgewiesen haben. Da kam der junge Nachbar vom Riegelbauernhof.

Das Riegelbauernhaus ist das zuhöchst gelegene in Alpel und von ihm aus sieht man rings über die Engtäler des Alpels hinweg in der Ferne hohe Berge. Man pflegte in alten Zeiten die Höfe hoch hinauf zu bauen, so hoch, daß man oft nicht einmal einen Brunnen hatte, eben wie auch bei diesem Riegelbauernhofe, wo man jeden Tropfen Wasser unten an der steilen Berglehne holen mußte. Das Gebäude der Riegelbauern ist erst vor kurzem niedergerissen worden. In diesem Hause tauchten jetzt die Roßegger auf. Ihrer sollen zur Zeit viele Buben gewesen sein und einer davon, der Josef, ging zur Kluppeneggertochter herüber.*

Also hat die Kluppeneggertochter vom Riegelbauernhofe her den Josef Roßegger geheiratet, welcher geboren worden war am 16. März 1760.

Der Josef soll ein kleines, rühriges Männlein gewesen sein, an seinen kurzen, rundlichen Beinen niedrige Bundschuhe, grüne Strümpfe und eine Knielederhose getragen haben, auf dem Haupte einen breitkrempigen Filzhut, unter welchem lange graue Locken bis zu den Achseln herabreichten. Ein kleines hageres Gesicht, stets wohlrasiert, graue lebhafte Äuglein und im Munde allzeit ein harmlo-

---

* Im „Urgroßvater auf der Tanne" genannt die Waldhütter-Tochter, mit einigen poetischen Freiheiten.

ses Späßlein, so daß es immer zu lachen gab, wo der „Seppel“ dabei war.
Der Seppel hat auch die Kunst zu schreiben verstanden. In einem alten Hausarzneibuche steht mit nun freilich verblaßter Tinte schlicht und schlecht geschrieben: „Groß Frauentag, 1790. Ich, Joseph Roßegger, habe am Heutigen den Erstgepornen Suhn Ignatzius bekemen. Empfelche das klein Kind unser Lieben Frau.“
Vom Seppel erzählt man auch, daß er schon in seiner Jugend graue Haare bekommen hätte. Er sei nämlich während eines schweren Nachtgewitters auf einer hohen Tanne von wütenden Wölfen belagert worden und habe Todesangst ausgestanden.
Der Seppel soll eine Alm gepachtet und sich nebst Ackerbau und Holzwirtschaft viel mit Viehzucht befaßt haben. Er hatte zeitweilig acht Knechte und ebensoviele Mägde gehabt, zu denen nachher noch die eigenen Kinder kamen.
Die Söhne hießen Ignatz, Michel, Martin, Simon, Baldhauser, Jakob. Von diesen Brüdern ist die große Verträglichkeit und Einigkeit in der ganzen Gegend sprichwörtlich geworden. In jeder Arbeit halfen sie einander und wo an Sonntagen einer der „Kluppeneggerbuben“ war, da sah man die anderen auch. Keiner ließ über die anderen ein böses Wort aufkommen, jeder stand für alle ein. Wenn es um einen Bruder ging, so hob selbst der Friedfertigste, der Ignatz, seinen Arm. Wer einen dieser Burschen überwinden wollte, der mußte alle sechs überwinden und der, für den einer derselben eintrat, hatte sechs gute Kameraden.
Mehrere dieser Brüder kauften sich später Bauerngüter im unteren Mürztale oder erheirateten sich solche. Dadurch entkamen sie der Militärpflicht. Soldat ist nur einer gewesen, derselbe starb zu Preßburg an Heimweh. Der Baldhauser, welcher die Soldatenlänge nicht hatte, brauchte sich um einen Besitz nicht zu bemühen, er blieb im heimatlichen Hofe als Knecht.

Der Josef erreichte ein hohes Alter. Auf einem Besuche bei einem seiner verheirateten Söhne im Mürztale ist er fast plötzlich, über Nacht, gestorben (1815). Bevor er zu jenem Besuche fortging, soll er gebeugt und auf seinen Stock gestützt, hastig dreimal um den Kluppeneggerhof herumgegangen sein und dabei mehrmals gesagt haben: „Nicht geboren, nicht gestorben, und doch gelebt!“ Als er hierauf nicht mehr heimgekommen war, hat man das so gedeutet, als hätte er sagen wollen: In diesem Hause bin ich nicht geboren und werde darin nicht sterben, und habe doch darin gelebt.

Zur selben Zeit war schon sein Sohn Ignatz (geboren 1790) Besitzer des Kluppeneggerhofes.

Er heiratete eine Tochter aus dem Peterbauernhofe, namens Magdalena Bruggraber.* Diese Magdalena hatte auch mehrere Brüder, wovon einer sich das nachbarliche Grabenbauernhaus erwarb; sein Bruder Martin war bei ihm Knecht. Seit jeher waren diese beiden ein paar gute Genossen gewesen zu den Kluppeneggersöhnen; jetzt in Verwandtschaft getreten, standen sie noch fester zu ihnen. Und doch ist es einmal anders geworden, wir werden das später erfahren.

Der Ignatz Roßegger soll ein schöner stattlicher Mann gewesen sein, Sonntags in schmucker Steirertracht, wie sie damals der Erzherzog Johann wieder zu Ehren gebracht hatte, ins Pfarrdorf gekommen sein und gerne gesungen haben. Dem „Natzl in Kluppenegg“ seine helle Stimme war in der ganzen Gegend bekannt und keinen Tag gab Gott vom Himmel, ohne daß man den „Natzl“ jauchzen hörte auf der Weiden oder in den Wäldern von Alpel. Im Gegensatz zu seinem Vater trug er kurzgeschnittenes Haupthaar, ließ aber seinen blonden Schnurrbart stehen.

---

* In späteren Kapiteln, wo überhaupt manches mit kleinen Umschreibungen und im poetischen Röcklein dargestellt werden wollte, ist die Magdalena „das Heidemädchen“ genannt worden. D. Verf.

Die Herrschaft (das Grafenamt Stubenberg) sah es damals nicht gerne, wenn die Leute ihren Bart stehen ließen, das war „neuerisch", aber den harmlosen lustigen Natzl hat sie deshalb nie zur Verantwortung gezogen.

Den Ignatz soll nie jemand trotzig oder zornig gesehen haben, mit jedermann war er gemütlich und verträglich, die Alpelbauern sagten viel später noch, einen besseren Nachbar kann sich kein Mensch wünschen, als es der Natzl gewesen ist. Weitberufen war er als Kinderfreund und wo ihm auf Wegen und Stegen ein Kind begegnete, da tat er sein rotes Lederbeutelchen auf und schenkte ihm einen Kreuzer. Auch selbst war er mit Kindern reich gesegnet, sieben Söhne, Lorenz, Franziskus, Sebastian, Thomas, Anton, Jakob, noch einmal Franziskus, zwei Töchter, Margareta und Katharina, wurden ihm rasch nacheinander geboren; mehrere starben in früher Kindheit, die übrigen wuchsen auf unter den strengeren Züchten der Mutter Magdalena. Der Ignatz hatte sich aber, wahrscheinlich aus Ursache seiner Leutseligkeit, einen großen Fehler angelebt. Er saß gerne in den Wirtshäusern. Wenn er auch nicht viel trank, so trank er doch wenig, wenn er auch nicht um Hohes Karten spielte, so spielte er doch um Geringes, wenn er auch nicht schweren Tabak rauchte, so rauchte er doch leichten, und wenn er auch nicht Schulden machte, so ward sein kirschroter Geldbeutel zum mindesten immer um Einiges dünner. Die Woche über arbeitete er fleißig, des Sonntags aber, wenn er in die Kirche ging, da kam er nie zum Mittagsessen nach Hause, wie es sonst der Brauch, da setzte er sich in ein Wirtshaus, ließ sich's wohl geschehen, jodelte ein wenig, spielte ein wenig, war stets heiter, und erst wenn es finster wurde, ging er den weiten Weg ruhig nach Hause.

Seine Magdalena muß ein scharfes Weib gewesen sein. So spät er auch kommen mochte, immer hat sie ihn wachend und gerüstet erwartet. Das soll dann stets ein Wetter gewesen sein, daß das ganze Haus erbebt hat, erbebt mitsamt den Kindern, die es nicht begreifen konnten, wie die Mut-

ter wegen seines Nachtheimkommens so herb sein konnte, da er ja doch heimgekommen war. Er soll die heftigsten Vorwürfe ruhig und schweigend über sich ergehen lassen und nur immer die Kinder beschwichtigt haben, die sie durch ihr Lärmen aus dem Schlafe geschreckt.
Manchmal nahm er auch einen oder den andern seiner Knaben mit in die Kirche, was den Kleinen allemal ein Festtag war. Nur der Knabe Lorenz, so lieb er sonst seinen Vater hatte, wollte bald nicht mitgehen, denn der bekam Heimweh, wenn er den ganzen Sonntag nachmittag neben ihm im Wirtshause sitzen mußte. Er durfte bei diesem Sitzen zwar sein grünes Filzhütlein mit der Hahnenfeder aufbehalten, er bekam von der Wirtin sogar Zucker in den gewässerten Wein geworfen, aber trotzdem war es unter den rauchenden, lärmenden Bauern unsäglich öde, und wenn er seinen Vater bat, nach Hause zu gehen, antwortete dieser immer: „Gleich, gleich, Bübel, ich geh' schon, nur mein Lackerl Wein trink' ich früher aus." Der Knabe durfte ja auch mittrinken, und so richtete er es mehrmals ein, daß er während des Trinkens scheinbar ungeschickterweise den Wein heimlich vergoß, aus Sorge, daß der Vater zuviel trinke. Aber als der Krug leer war, ließ ihn der Ignatz wieder füllen. Da hielt es der kleine Lorenz einmal nicht länger aus, stahl sich heimlich davon, ging durch die finsteren Wälder und engen wasserdurchrauschten Berggräben nach Hause. Zu Hause getraute er sich nicht aufzuzeigen, weil er fürchtete, die Mutter könne den Vater, wenn er nachkäme, noch ärger hernehmen, daß er das Kind so allein hätte fortgehen lassen durch die großen Waldungen, wo man noch dazu von Wölfen hörte.
Der Knabe blieb also im Schachen hinter dem Hause stehen, bis der Vater nachkommen würde. Die Schatten der Schachenbäume wurden länger und vergingen endlich, ein Gewitter stieg auf und ging nieder, vom Riegelbauernwalde war es manchmal wie das Geheul eines wilden Hundes, der Knabe stand im Schachen und wartete auf den Vater. Der Vater begleitete aber an diesem Tage seinen

Nachbar und Gevatter Grabler bis zu seinem Hause, kam daher auf einem anderen Wege heim und konnte der Magdalena Frage nach dem Knaben Lorenz nicht beantworten. Der Lorenz war im Wirtshause ja längst vor ihm heimgegangen und war jetzt nicht da. Der Schreck des Ignatz war so groß, daß er zur Stunde ein heiliges Fürnehmen tat, wenn der Knabe glücklich wiedergefunden werde, so betrete er sein Lebtag kein Wirtshaus mehr, außer es sei auf einer Wallfahrt oder sonst auf einer Reise, oder es sei bei seiner goldenen Hochzeit mit der Eheliebsten Magdalena.

Bei der Eheliebsten Magdalena würde zu solcher Stunde diese Wendung nicht viel gefruchtet haben, wenn der Knabe nicht jetzt zur Tür hereingegangen wäre.

Das Gelöbnis soll der Ignatz leidlich gehalten haben, obwohl durch einen seltsamen Zufall eine neue Versuchung herantrat, mit einem gute Kruge sich manchmal gütlich zu tun.

Eines Tages, als sein Kind Jakob gestorben war, und als er, um beim fernen Pfarramte die Leiche anzeigen zu gehen, aus seinem Gewandkasten ein frisches Linnenhemde herausnehmen wollte, wie solche von seiner Mutter noch eigenhändig gesponnen und genäht im Vorrate waren, fiel es ihm auf, daß der Kasten einen so dicken Sohlboden hatte. Durch Klopfen kam er darauf, daß dieser Boden hohl war, durch Umhertasten bemerkte er an der inneren Ecke ein Schnürchen. Er zog an und da hob sich ganz leicht ein Deckel und ließ ihn hineinsehen auf sieben vollgepfropfte Säcklein, die zwischen dem Doppelboden verborgen gewesen waren. Aus alten Hosen getrennte Säcke waren es, mit Schuhriemen zugebunden, und ihr Inhalt Silbergeld, lauteres Silbergeld.

Der Ignatz erzählte von diesem Funde seinem Weibe und seinen Brüdern. Während in der Stube noch das Leichlein lag, setzten sie sich auf dem Küchenherde zusammen und untersuchten das Geld; es war keine landläufige Münze darunter, lauter alte „Taler“, manche gar unregelmäßig, fast eckig in der Form, mit fremdartiger Prägung, teils abgegriffen und schwarz, aber von so hellem Klange, daß die Ohren gellten.

Nun rieten sie hin und her, von wem wohl der Schatz stammen konnte, und da fiel es dem Ignatz ein, daß er von ihrem Großvater, dem Anderl in Kluppenegg herrühren dürfte, der als reich bekannt gewesen, von dem aber nach seinem Tode kein Bargeld gefunden worden war. Die Brüder beschlossen also, das Silbergeld unter sich zu teilen. Jeder soll an siebzig Gulden bekommen haben, der Ignatz um einen Teil mehr, und das war zum Finderlohn. Weiter hatten sie keinem Menschen von dem Funde gesagt, sollen aber ihre liebe Not gehabt haben mit einzelnen der alten, unbekannten Münzen, um sie an den Mann zu bringen. Der Betrag war für die damalige Zeit ein bedeutender, doch keinem der „Kluppeneggerbuben" hatte man es angemerkt, daß sie einen Reichtum besaßen. Der Ignatz mag zu Ehren der alten Schimmeln wohl einmal einen Krug getrunken haben, ohne daß die Magdalena erheblichen Einspruch tat, im ganzen mied er die Wirtshäuser. Vorübergehen konnte er zwar an keinem, und so blieb er ihnen fern, indem er an Sonn- und Feiertagen nur gar selten in die Kirche ging, sondern seinen Rosenkranz zu Hause betete und dann vor dem Hause seine Jodler sang hin über die grünen Höhen, so daß die Magdalena erst jetzt eine Freude hatte an ihrem braven und lustigen Mann.

Da kam jene Kirchweih zu Fischbach. Dieser Ort ist von Alpel durch den Gebirgszug der Fischbacheralpen getrennt. Aber man ging an Festtagen gern über dieses waldige Gebirge, weil es in Fischbach sehr lustige und kecke Leute gab, weil in den dortigen Wirtshäusern damals noch keine ständige Polizei war, wie etwa im Mürztale, und weil es daher dort sehr ungezwungen herging. Besonders die Fischbacher Herbstkirchweih war weitum berüchtigt, und wenn irgendwo Bauernburschen miteinander einen unausgetragenen Handel hatten, so stellten sie sich bei der Kirchweih ein, wo es dann fast allemal zu einem blutigen

Raufen kam. Ignatz' Bruder Baldhauser war dem Raufen nicht abgeneigt. Manchmal, wenn er des Morgens die damals übliche, schön geformte und mit weißen Nähten gezierte Lederscheide mit Pfeifenstierer, Gabel und dem großen Messer in den Hosensack schob, soll er gesagt haben: Man weiß nicht, wozu man's brauchen kann. Bei den Weibsbildern scheint der Baldhauser auch nicht blöde gewesen zu sein, denn er wählte sich allemal eine solche aus, die auch anderen Burschen gefiel und so kam es vor, daß das Recht des Stärkeren entschied. Der Baldhauser war ein mehr kleiner, untersetzter Mann, sonst sehr bedächtig und langsam in seinen Bewegungen, beim Ringen aber der flinkeste und abgefeimteste, der seinen Gegner fast allemal so bettete, wie er nicht gebettet sein wollte. Wer es also mit dem „Hausel" zu tun hatte, der trachtete erstens ihm in Abwesenheit seiner Brüder beizukommen, was schon leicht war, da die meisten derselben in eine fremde Gegend fortgeheiratet hatten. Trotzdem pflegte ein Gegner des Baldhauser sich um Genossen zu schauen, und wenn ihrer drei oder vier gegen ihn waren, da geschah es wohl manchmal, aber durchaus nicht immer, daß er wesentliche Merkmale heimbrachte, worauf seine Schwägerin Magdalena freilich allemal die Bemerkung tat: „All zwei Füß' hätten sie dir abschlagen sollen, das wär' dir gesund, du Raufbär!" Solcher Meinung war der Baldhauser zwar nicht.

Da kam nun wieder einmal die Fischbacher Herbstkirchweih und er hatte wieder einmal eine Liebste, die Heidenbauerndirn, auf welche das Eigentumsrecht aber der Grabenbauer gelegt haben wollte. Dem Grabenbauer hatte er schon früher einmal Post geschickt: „Du! wenn du noch länger gesunde Knochen haben willst, so laß die Dirn!" und trotzdem hörte er nun, der Grabenbauer führe dieselbige zur Kirchweih, habe aber gleichzeitig auch etliche Kameraden bestellt. Da wußte er freilich, der Baldhauser, daß zwischen ihm und den Grabenbauernleuten der Friede gebrochen war und was er zu tun hatte bei dieser

Kirchweih zu Fischbach. Sein Bruder, der Ignatz, wußte nichts davon, der Baldhauser sagte ihm auch nichts, lud ihn nur ein, mit ihm über das Gebirge zu gehen nach Fischbach zu dem lustigen Feste, wo getanzt und gesungen würde über die Maßen. Der Ignatz fand sich gern bereit und wollte auch seinen Knaben Lorenz mitnehmen. Dieser war von Natur aus zart und beschaulich angelegt; wo es lärmende Leute gab, da war er nicht gern; die Wirtshäuser waren ihm ja ein Graus und da hatte er gehört, auf Kirchweihen gäbe es noch mehr Wirtshäuser als sonstwo; also bliebe er lieber daheim. Seine Mutter rief: »Der Junge ist gescheiter wie der Alte und weiß, daß Kinder nicht auf Kirchweihen taugen. Bliebest auch du daheim, Natzl, morgen tät's dir gewiß nicht leid sein.“
Der Ignatz zog aber sein schönes Gewand an und ging mit seinem Bruder Baldhauser nach Fischbach. Als sie hinkamen, war der Marktplatz schon voller Buden, Leute und Gesurre; Leutedunst, Tabakrauch, Metgeruch, alles durcheinander, aus den Wirtshäusern fröhlicher Lärm, und der Baldhauser wollte gleich zum Bauernhoferwirt hinein. Der Ignatz sagte, sie täten zuerst doch lieber ein bissel in die Kirche schauen, weil man gerade zum Hochamt läute; und nachher standen sie eine Stunde lang eingekeilt in der Menge und der Baldhauser war sehr ungeduldig und dachte nach, wie er mit dem Grabenbauer zusammenkommen würde.
Nach dem Gottesdienste kauften sie auf dem Markte Schuhnägel, Pfeifenzugehör mit Tabak, und der Ignatz weißbestriemte Lebzeltherzen für die Kinder daheim und ein großes Lebkuchenstück mit Mandeln gefüllt für seine Magdalena. Das band er in ein blaues Sacktuch zusammen und dann gingen sie gleich zum Neuwirt. Dort waren lauter lustige Leute und der Ignatz hub bald an zu singen. Dem Baldhauser ließ es aber keine Ruhe, er meinte, auch den übrigen Wirten müsse man ein Seidel abkaufen, sonst könnte es sie verdrießen, und sie gingen nachher zum Tafernwirt, und zum Krammerwirt und zu anderen. Aber

nirgends traf er den Grabenbauer und die Heidenbauerndirn. Beim Krammerwirt war es ihm vorgekommen, als huschten sie zur hinteren Tür hinaus, während er mit seinem Bruder zur vorderen hereinging.
Am Nachmittage wurde es in einzelnen Wirtshäusern schon unheimlich laut und aus dem wirren Geschrei gellte manchmal ein rohes Fluchwort auf. Vor dem Bauernhofer Wirtshause balgten sich ihrer ein halb Dutzend betrunkener Burschen auf der Gasse, mit Fensterrahmen hieben sie aufeinander los, die sie drinnen ausgebrochen hatten. Beim Krammerwirt soll zwischen Holzknechten und Schustergesellen ein solches Schlagen losgegangen sein, daß das Blut zu den Türstufen herabtröpfelte. Solange noch gesungen worden, hatte der Ignatz frisch und klingend mitgetan, hatte zu zweien oder dreien den Arm um den Nacken des anderen gelegt und den Kameraden froh in die Augen schauend sinnige oder kecke Lieder angestimmt. Als es nun überall ins Stänkern und Schimpfen und Schreien und Raufen ausartete, wollte er heimgehen. Da es gegen Abend war und der Baldhauser seinen Grabenbauer immer noch nicht gefunden hatte, sagte er zum Bruder: „Das ist eine lausige Kirchweih!“ und machte sich mißmutig auf den Heimweg. Der Ignatz ging fröhlich mit ihm.
Nach einer Stunde kamen sie hinauf zu den Almhöhen, wo die Halterhütte stand. Der Weg ging hier oben glatt und eben durch jungen, dichten Lärchenwald, es ward schon dunkel.
„Da gibt's auch noch Leute“, sagte der Ignatz plötzlich, denn auf einem Rasenplatze saßen ihrer etliche Männer und ein Weibsbild. Es waren ja seine zwei Schwäger, der Grabenbauer und dessen Bruder, der Mirtel, und es war ein Riegelbauernknecht und der Holzknecht Kaspar; das Weibsbild war die Heidenbauerndirn.
Der Baldhauser stand einen Augenblick still und stutzte. Dann trat er vor die Dirn und sagte: „Was machst denn du da? Du gehörst da nicht her!«

„Hausel, wenn's dir nicht recht ist!" versetzte der Grabenbauer fast leise, ballte die Fäuste und erhob sich.
„Mit so Wegelagererlumpen nehm' ich's auf", sagte der Baldhauser trotzig.
„Laß sie gehen, Hausel", mahnte der Ignatz und suchte den Bruder mit fortzuzerren. Das war schon zu spät, sie gerieten zusammen; zuerst ihrer zwei, der Grabenbauer und der Mirtel waren über den Baldhauser hergefallen; als dieser aber den einen arg nach rückwärts bog, dem andern ein Bein schlug, sprangen auch die beiden anderen bei. Als der Ignatz sah, daß vier starke Männer über seinen Bruder her waren, da griff er auch zu. Die Dirn kreischte und rief alle Heiligen an. Wortlos rangen die Männer in einem Knäuel, sie schnoben, unter ihren Füßen dröhnte der Boden. Der Grabenbauer hatte die Finger der einen Hand an Baldhausers Kehle gesetzt, mit der anderen wollte er sein Messer ziehen; in dem Augenblicke flog er von Ignatz geschleudert auf den Rasen hin. Fast gleichzeitig auch der Ignatz und jetzt sprang ihm der Mirtel mit beiden Füßen auf die Brust. Da der Ignatz unbeweglich liegen blieb, so stieß der Mirtel einen grausigen Fluch aus und versetzte ihm mit schwerem Stiefel noch einen heftigen Fußtritt auf das krachende Brustblatt. – Der Baldhauser riß los, faßte die Dirn und raste mit ihr davon.
Weit unten in der Köhlerhütte verbarg er sie und verbot ihr, einen Laut zu tun; er lugte zum Fensterlein hinaus, wie der Holzknecht Kaspar und der Riegelbauernknecht und endlich auch der Mirtel mit dem Grabenbauer vorbeigingen. Sein Bruder Ignatz aber kam nicht. Als er auf diesen vergebens gewartet hatte, ließ er das Weibsbild im Stich und ging den Weg zurück hinauf bis zur Höhe. Es war schon die Nacht. Der Ignatz saß auf einem Baumstock.
„Was hast denn, daß du nicht nachkommst?" fragte ihn der Baldhauser.
„Der Mirtel hat mich getreten!" antwortete der Ignatz, sonst sagte er nichts.

„Kannst nicht gehen, Bruder? Komm, ich werde dich führen.“
Der Ignatz deutete mit der Hand, der Baldhauser solle nur seines Weges gehen, er werde schon nachkommen.
Das tat der Baldhauser freilich nicht, er blieb bei dem Bruder, er suchte eine Quelle und brachte im Hute Wasser, den Verletzten zu laben. Dann stand der Ignatz auf, stützte sich an den Baldhauser und sie huben an zu gehen.
Oft mußte er rasten unterwegs und da sprach er einmal zum Baldhauser: „Bruder, daheim wollen wir nichts sagen davon, daß wir's mit den Schwägern haben gehabt. Es ist eine Schande.“
Um Mitternacht erst sollen sie nach Hause gekommen sein und der Baldhauser erschrak fast zu Tode, als er nun beim Kienspanlicht sah, wie blaß der Ignatz war, wie matt und stier sein Auge, und wie an den Mundwinkeln Blutkrusten klebten. Er gab ihm wieder Wasser zu trinken, und suchte in dem Küchenkastel nach einem Balsam. – Der Magdalena fiel es schon auf, was sie denn in der Küche herumzutun hatten, sie eilte hinaus und erfuhr es nun, gerauft wäre worden und den Natzl hätt's ein bissel getroffen, aber die anderen hätten auch ihr Teil bekommen!
Als die Magdalena ihren Mann ansah, wie er halb auf die Bank hingesunken dalehnte, sagte sie scheinbar sehr ruhig: „Nau, der hat genug.“
Mit keinem Worte hatte sie gefragt, wie das gekommen war, sie ahnte es gleich, die Ursache wäre der Schwager und bevor sie den Verletzten noch zu Bette brachte, hielt sie Gericht über den Baldhauser. Eine solche Wucht der wildesten Vorwürfe soll in dem Hause nicht erhört worden sein, als die Magdalena jetzt dem Schwager Baldhauser machte, der ihren Mann mit auf die Kirchweih gelockt, um ihn dort von Raufgesellen erschlagen zu lassen. Zuerst hatte der Baldhauser sich verteidigen wollen, sich rechtfertigen und wehren, aber ihre Zornes- und Gefühlsausbrüche wurden so gewaltig, daß er schwieg und anhub zu gröhlen. Die Kinder waren aufgewacht und jammerten,

der Kettenhund winselte, die Hühner flatterten von ihren Stangen und gackerten, das Gesinde war herbeigekommen und umstand erschrocken die Gruppe, wie die Bäuerin Magdalena rasend vor Wut und Schmerz ihr Gewand zerriß und die Fetzen hinschleuderte auf den Baldhauser, der wimmernd vor ihr auf den Knien lag.
Als endlich in ihrem Gemüte die Erschöpfung und Dumpfheit eingetreten war, wendete sie sich an den Ignatz, der in völliger Ohnmacht dahinlag, brachte ihn auf seine Liegerstatt, flößte ihm warme Milch ein und saß bei ihm die ganze Nacht, die Hände auf dem Schoß gefaltet. Als die Morgenröte zu dem Fenster hereinkam und die Ofenmauer matt anglühte, schlug der Ignatz einmal die Augen auf und blickte um sich. Die Magdalena legte ihre Hand auf seine feuchte Stirn und sagte mit einem Ton unendlicher Milde: „Ist dir besser, mein Natz?"
Er tastete nach ihrer Hand: „Es wird schon wieder gut, Magdalena, es wird schon wieder gut."
Der Baldhauser hat noch in derselben Nacht seine Sachen zusammengepackt und ist fortgegangen, höher hinauf ins Gebirge zu den Holzknechten.
Und nun sind die stillen betrübten Tage gekommen. Allerlei Hausmittel hatten sie angewendet, der Kranke mußte Gemswurzeln kauen, Hundsfett essen, sich „ziehende Pflaster" auf die Brust legen lassen und sonst allerlei. Er saß wohl in der Stube auf der Ofenbank, oder er ging draußen im Hofe langsam umher, um sich immer wieder irgendwo niederzusetzen. Bei den Kindern war er gerne, sah ihnen zu bei ihren Spielen mit Steinchen und Fichtenzapfen, redete aber wenig mit ihnen, kam allemal bald nur so ins dumpfe Hinschauen und Hinträumen. Einen schweren Atem hatte er und mußte viel husten. Manchmal kam Blut aus der Brust, aber nur in wenigen Tropfen.
So währte es mehrere Monate. Eines Sonntags am Nachmittage, als der Ignatz neben dem warmen Ofen saß und doch fröstelte, kam die Magdalena herein und berichtete, daß ihr Bruder, der Grabenbauermirtel, in der Küche

draußen sei und die einfältige Frage getan habe, ob er hereingehen dürfe. Sie habe ihm geantwortet, das stehe doch jedem Bekannten frei, geschweige erst einem Schwager. Der Mirtel habe aber gebeten, sie möchte doch anfragen beim Natz, ob er auf ein Wort zu ihm hereinkommen dürfe.

„Ich weiß es wohl, warum er fragt", entgegnete der Ignatz; die Magdalena konnte es aber nicht wissen, weil es ihr nicht gesagt worden war, daß gerade der Mirtel ihn so schwer verletzt hatte.

„Er kann schon hereinkommen", antwortete der Ignatz nun heiser und kurzatmig, „und du mußt so gut sein und noch ein paar Scheiter in den Ofen stecken." Denn er wollte sie draußen beschäftigen, während der Mirtel bei ihm in der Stube war.

Dieser trat denn ein, schaute beklommen in der dumpfigen Stube umher und sah ihn nicht gleich. Erst als er aus dem Ofenwinkel ein Husten hörte, trat er dorthin, blieb stehen vor dem Kranken und konnte kein Wort sagen. Der Ignatz sagte auch nichts, sondern hob langsam seine rechte Hand und hielt sie ihm hin. Unsicher reichte der Mirtel die seine und sprach: „Natz! Keine ruhige Stund' hab' ich mehr gehabt seit der Kirchweih. Daß mir *solches* hat müssen aufgesetzt sein. Wo du mir alleweil frei der liebste Kamerad bist gewesen ..." Er wendete sich ab und ging einige Schritte gegen ein Fenster, als wolle er hinausschauen. Und mit dem Ärmling fuhr er sich übers Gesicht.

„Mirtel!" sagte der Ignatz leise, „geh' her. Geh' her zu mir. – Dir ist's aufgesetzt gewesen und mir ist's aufgesetzt gewesen. Wer kann dafür. Braucht's auch weiter niemand zu wissen, wie es ist hergegangen. Es wird ja schon besser. Und will auch einmal zum Arzte schicken, daß er ein wenig nachhilft."

„Und du hast mir nichts für ungut, Natzl?"

Der Ignatz machte mit der flachen Hand eine Bewegung in die Luft hinein, gleichsam als wollte er sagen: Laß es gut sein, Mirtel. Ein sehr heftiger Hustenanfall verhinderte ein weiteres Gespräch. Als der Mirtel wieder in die Küche hinaustrat, sagte er zu der Magdalena: „'s ist wohl ein herzensguter Mensch!“

„Wie findest ihn denn, Bruder?“

Ein Trostwort wollte er sagen, es verschlug ihm die Rede.

„Mir gefällt er halt wohl gar nicht“, meinte sie, „und morgen will ich doch endlich zum Bader schicken nach Strallegg. Sie sagen, für die auszehrende Krankheit wäre der soviel gut.“

Der Mirtel ist davongegangen – halb verloren. Daß es *so* sollte stehen mit dem Ignatz, hätte er nicht gedacht. Die Magdalena hat ihm von der Tür aus eine Weile nachgeschaut. Das war ihr nicht recht vorgekommen jetzt, mit dem Mirtel!

Am nächsten Frühmorgen ging vom Kluppeneggerhofe ein alter Knecht nach Strallegg. Er hatte Geld mitbekommen für den Arzt, gedachte es aber dem Bauer zu ersparen. Wenn er sagt, daß der reiche Bauer krank ist, da wird sich der Arzt hoch lohnen lassen. Als der alte Knecht daher vor dem Arzte stand, tat er sehr erschöpft und kurzatmig und hüstelte und sagte, ihn hätt's arg auf der Brust. Ein böser Stier habe ihn gestoßen vor drei Monaten, und seither nehme er an Fleisch und Kräften ab, er glaube, die Auszehrung werde es sein, er sei ein armer Dienstbot' und täte halt gar schön bitten um einen guten Rat.

Der Arzt sagte: „Mußt halt recht viel Milch trinken und immer einmal ein Stückel Fleisch essen, und wenn dich der Husten anpackt, so trink' eine Schale Kramperlmoostee, aber so heiß, als du's derleiden kannst.“

Was der Rat täte kosten?

Der koste nichts. Also eilte der Knecht heim und sein erstes Wort war, er habe dem Ignatz das Geld erspart und doch einen guten Rat mitgebracht. Fleisch und Milch. Und gegen den Husten Kramperlmoostee trinken, so heiß, als er's derleiden kunnt.

Eine Nachbarin hatte den Tee vorrätig, er war zwar sehr

bitter zu trinken, aber er wärmte Brust und Magen und der Ignatz schöpfte aus diesem Mittel neue Hoffnung.
Zu Anfang des Adventes war's, wenige Wochen vor Weihnachten, als der Husten mit erneuter Heftigkeit auftrat. Ließ der Ignatz sich wieder einmal den heißen Tee richten, trank ihn rasch aus und wankte dann ins Freie. Nach einer kleinen Weile kam er wieder in die Stube zurück, ganz verändert und taumelnd. „Ich weiß nicht", sagte er noch, „ich muß zu heiß getrunken haben ..." Und sank auch schon zu Boden.
Die Weibsleute, die beim Spinnen waren, sprangen herbei und riefen, was denn das wäre! Er antwortete nicht mehr. Sie legten ihn ins Bett und huben an zu beten, und die Magdalena wurde nicht müde, ihn mit allen Mitteln, die ihr einfielen, wieder zum Bewußtsein zu erwecken. Er holte wohl Atem, manchmal stöhnte er, machte die Augen auf, aber man wußte nicht, ob er jemanden erkannte. Der Lorenz, damals vierzehn Jahre alt, ging noch am stöbernden Abende fort nach Sankt Kathrein, um den Geistlichen zu holen. Er soll, wie später erzählt wurde, den fast drei Stunden langen Weg hin und her in nicht ganz zwei Stunden zurückgelegt haben. Er kam ganz unmenschlich schnaufend zurück, aber ohne Priester. Der Pfarrer von Kathrein war selber krank. So müsse eilends jemand nach Krieglach. Wieder erbot sich der Lorenz, und so schnell wie er bringe den Geistlichen keiner.
Krieglach ist weit, erst gegen Morgen kam der Junge zurück, wieder allein und ganz trostlos; der Pfarrer sei nach Graz gereist und der Kaplan auf einem anderen Versehgange in die hintere Massing, von welchem er erst mittags zurückkehren könne. Dann komme er nach.
„So kann er auch das nicht haben!" jammerten alle. Es hätte sich ja doch nur mehr um die letzte Ölung gehandelt. Der Lorenz fand seinen Vater bewegungslos daliegen und schlummern. Das sei das allerbeste, meinte die Mutter, und er, der Knabe, solle sich auch niederlegen, sonst werde er ebenfalls krank. Denn die Aufregung, die in dem Jungen

war um den Vater, konnte ihr nicht verborgen bleiben. Er legte sich in der Küche hin auf die Bank, und schlief ein paar Stunden fest. Eine eigentümliche Unruhe, die sich im Hause erhoben hatte, weckte ihn auf. Hastig, aber leise auftretend, einen Augenblick unter Flüstern beieinander stehen bleibend und dann weiterhuschend, waberten die Leute türaus und -ein und in der Stube war ein Murmeln, als ob jemand bete. Der Lorenz sprang auf und fragte nach dem Vater.

„Er ist ein wenig schlechter geworden“, berichtete eine Magd, setzte aber, da der Junge vor Schreck aufstöhnte, bei: „Wird doch wohl wieder besser werden. Er ist gleichwohl noch so jung.“

Als der Lorenz in die Stube kam, knieten sie betend und schluchzend um das Bett herum; der Vater lag ruhig da, zwischen den aneinandergelegten Händen stand eine rote, brennende Kerze.

Es war schon vorbei.

– – –

Ignatz Roßegger ist nur neununddreißig Jahre und zehn Monate alt geworden. Er starb am 4. Dezember 1829. Die Trauer um ihn war eine sehr große und allgemeine. Während er aufgebahrt lag, konnte das Haus die Leute kaum fassen, die zu der nächtlichen Leichwache erschienen waren. Auch alle Freunde und Verwandten waren da, vor allem der Baldhauser, der Grabenbauer und der Mirtel. Sie standen zusammen und gelobten, die Witwe Magdalena, auf der nun so große Sorgen lagen, nicht zu verlassen. Die Kinder lagen verweint, im Schlafe noch schluchzend, in ihren Bettlein oder standen und lehnten unter den Leuten so herum, wie arme Waiselein. Der Knabe Lorenz stand fast immer auf einem Flecke neben der Stubentür und sah auf alles, was jetzt war und im Hause vorging, mit großen Augen hin. Er konnte es nicht fassen, was geschehen war, und später in seinem Leben tat er noch oft den Ausspruch: „Dazumal, wie mein Vater gestorben, das ist mein härtester Tag gewesen.“

Die Magdalena trug zur Zeit ein Kind unter dem Herzen. In allem Gewirre stand allein sie aufrecht und ruhig, fast finster da. Sie redete nur mit Wenigen wenige Worte; wenn man weinend sie tröstete, so schwieg sie, hatte ein ganz trockenes Auge und ihr blasses Antlitz zeigte einen herben Ausdruck. Sie versorgte das Haus und tat ihre Verrichtungen wie jeden Tag; manchmal hielt sie inne, als wäre ihr Leib erstarrt, und schaute vor sich hin. Dann arbeitete sie wieder. Als in der letzten Nacht der Leichenwache das Totenmal aufgetragen wurde und die Leute in der Stube halblaut murmelnd bei den Tischen zusammensaßen unter dem matten Scheine eines Talglichtes; als zur offenen Stubentür vom Vorhause, wo die Bahre stand, das Öllichtlein hereinflimmerte; als drei Männer die Leiche hoben und in den Sarg aus weißem Fichtenholze legten; als die Magdalena hin und her ging, um noch das letzte für den Kirchgang zum Begräbnisse zu ordnen, blieb sie auf einmal vor dem Sarge stehen, schaute auf den Toten und rief mit heller Stimme: „Einzig das möcht' ich wissen, wer ihn erschlagen hat auf der Fischbacheralm!"
Den Leuten ging der Ruf durch Mark und Bein. Der Mirtel legte seinen Löffel weg. – Gar bange still war's in der Stube, allmählich begannen aber einige zu flüstern: „Es werden ihrer heute wohl da sein, die davon wissen." Weiter sagten sie nichts.
Als der Ignatz begraben war, ging die Magdalena heim auf den einsamen Hof und hub mit ihren Kindern und mit ihrem Gesinde an zu wirtschaften. Ihre Verwandten boten ihr manche Zuhilfe und manchen Rat; wenn aber ihre Brüder kamen, der Grabenbauer, der Mirtel, oder der Schwager Baldhauser, da sagte sie kurz und herb, ich brauche nichts.
Vierzehn Jahre lang hatte sie fest und zielbewußt die Herrschaft geführt auf dem Kluppeneggerhofe, sie war strenge, arbeitsam, sparsam, und hob das Waldbauernhaus zu neuer Wohlhabenheit. Endlich war der Lorenz, der älteste, so weit, daß er sich wagen wollte, der alternden Mutter die

Last abzunehmen. Eine junge Dienstmagd war, ein armes Dirndel, dessen Eltern mit Kohlenbrennen den dürftigen Unterhalt erwarben. Das Dirndel hieß Maria.
Diese Dienstmagd fing der Lorenz sachte an, gern zu haben, und es soll in diesem Buche erzählt werden, wie er um sie geworben hat. Die Leute redeten hin und her, daß sie so arm sei, von so geringem Stamme, daß er vermöge seiner Person, seines Hofes und seines Ansehens wohl eine andere Wahl hätte treffen können. Die Mutter Magdalena sagte nichts als das: Wenn sie voneinander nicht lassen könnten, so müsse geheiratet werden! – Und also hat der Lorenz Roßegger die Maria geheiratet. Das war im Jahre 1842, dreizehn Monate vor meiner Geburt.
Der Lorenz war ein Mensch ohne Anmaßung und Hochmut, doch in wirtschaftlichen Dingen hatte er seinen eigenen Kopf. Von der sanftmütigen Maria steht zu vermuten, daß sie der Schwiegermutter die Herrschaft im Hause nicht streitig gemacht hat. Gegen ihre Enkel, deren zwei sie erlebt hat, war die Magdalena voll von einer Zärtlichkeit, der man sie kaum für fähig gehalten hätte.
Nur einmal habe ich das kleine, schon tiefgebückte Weiblein herb und unheimlich gesehen. Das war wenige Monate vor ihrem im Jahre 1847 erfolgten Tode. Ich stand mit ihr vor dem Hause an der alten Torsäule, die an ihrem Scheitel schon rissig und zackig war, und an welcher die weißgrauen Flechten wucherten. Da ging am nahen Wege ein Mann mit grauen Bartstoppeln, in Kniehose und mit einer schwarzen Zipfelmütze vorbei. Ich erkannte ihn und rief: „Ahnl, Ahnl, der Vetter Mirtel!“ Da gab die Großmutter mir mit der Faust einen Stoß, daß ich hintaumelte, und sprach klingend hart: „Still sei! Der Mensch geht dich nichts an!“
Diese Worte habe ich erst verstanden viele Jahre später, als ich selber schon reich an Jahren und Erfahrungen war und als mein Vater Lorenz mir eines Tages, unter einem Eschbaume sitzend, die Geschichte von meinem Großvater Ignatz erzählt hatte.

Vom Urgroßvater, der auf der Tanne saß

Eine Rückschau, nach der Erzählung meines Vaters

An die Felder meines Vaters grenzte der Ebenwald, der sich über Höhen weithin gegen Mitternacht erstreckte und dort mit den Hochwaldungen des Heugrabens und des Teufelsteins zusammenhing. Zu meiner Kindeszeit ragte über die Fichten- und Lärchenwipfel dieses Waldes das Gerippe einer Tanne empor, auf welcher der Sage nach vor mehreren hundert Jahren, als der Türke im Lande war, der Halbmond geprangt haben und unter welcher viel Christenblut geflossen sein soll.

Mich überkam immer ein Schauern, wenn ich von den Feldern und Weiden aus dieses Tannengerippe sah; es ragte so hoch über den Wald und streckte seine langen, dürren, wildverworrenen Äste so wüst gespensterhaft aus, daß es ein unheimlicher Anblick war. Nur an einem einzigen Aste wucherten noch einige dunkelgrüne Nadelballen, über diese ragte der scharfkantige Strunk, auf dem einst der Wipfel gesessen. Den Wipfel mußte der Sturm oder ein Blitzstrahl geknickt haben, niemand erinnerte sich, ihn auf dem Baume gesehen zu haben.

Von der Ferne, wenn ich auf dem Stoppelfelde die Rinder oder die Schafe weidete, sah ich die Tanne gern an; sie stand in der Sonne rötlich beleuchtet über dem frischgrünen Waldessaume, und war klar und rein in die Bläue des Himmels hineingezeichnet. Dagegen stand sie an bewölkten Tagen, oder wenn ein Gewitter heranzog, starr und dunkel da; und wenn im Walde weit und breit alle Äste fächelten und sich die Wipfel tief neigten vor dem Sturme, so stand sie still, ohne Regung und Bewegung.

Wenn sich aber ein Rind in den Wald verlief und ich, es zu suchen, an der Tanne vorüber mußte, so schlich ich gar angstvoll dahin und dachte an den Halbmond, an das Christenblut und an andere entsetzliche Geschichten, die man von diesem Baume erzählte. Ich wunderte mich aber auch über die Riesigkeit des Stammes, der auf der einen Seite kahl und von vielen Spalten durchfurcht, auf der anderen aber mit rauhen, zersprungenen Rinden bedeckt war. Der unterste Teil des Stammes war so dick, daß ihn zwei Männer nicht hätten zu umspannen vermocht. Die ungeheuren Wurzeln, welche zum Teile kahl dalagen, waren ebenso ineinander verschlungen und verknöchert wie das Geäste oben.

Man nannte den Baum die Türkentanne oder auch die graue Tanne. Von einem starrsinnigen oder hochmütigen Menschen sagte man in der Gegend: „Der tut, wie wenn er die Türkentanne als Hutsträußl hätt'!" Und heute, da der Baum schon längst zusammengebrochen und vermodert, ist das Sprüchlein in manchem alten Munde noch lebendig.

In der Kornernte, wenn die Leute meines Vaters, und er voran, der Reihe nach am wogenden Getreide standen und die „Wellen" herausschnitten, mußte ich auf bestimmte Plätze die Garben zusammentragen, wo sie dann zu je zehn in „Deckeln" zum Trocknen aufgeschöbert wurden. Mir war das nach dem steten Viehhüten ein angenehmes Geschäft, um so mehr, als mir der Altknecht oft zurief: „Trag' nur, Bub' und sei fleißig; die Zusammentrager werden reich!" Ans Reichwerden dachte ich nicht, aber das Laufen war lustig. Und so lief ich mit den Garben, bis mein Vater mahnte: „Bub' du rennst ja wie närrisch! Du trittst Halme in den Boden und du beutelst Körner aus. Laß dir Zeit!"

Als es aber gegen Abend und in die Dämmerung hineinging und als sich die Leute immer weiter und weiter in das Feld hineingeschnitten hatten, so daß ich mit meinen Garben weit zurückblieb, begann ich unruhig zu werden. Besonders kam es mir vor, als fingen dort die Äste der Türkentanne, die in unsicheren Umrissen in den Abendhimmel hineinstand, sich zu regen an. Ich redete mir zwar ein, es sei nicht so, und wollte nicht hinsehen – da hüpften meine Äuglein schon wieder hinüber.

Endlich, als die Finsternis für das Kornschneiden zu groß wurde, wischten die Leute mit taunassem Grase ihre Sicheln ab und kamen zu mir herüber und halfen mir unter lustigem Sang und Scherz die letzten Garben zusammentragen. Als wir damit fertig waren, gingen die Knechte und Mägde davon, um in Haus und Hof noch die abendlichen Verrichtungen zu tun; ich und mein Vater aber blieben zurück auf dem Kornfelde. Wir schöberten die Garben auf, wobei der Vater diese halmaufwärts aneinanderlehnte und ich sie zusammenhalten mußte, bis er aus einer letzten Garbe den Deckel bog und ihn auf den Schober stülpte.

Dieses Schöbern war mir in meiner Kindheit die liebste Arbeit; ich betrachtete dabei die „Romstraße“ am Himmel, die hinschießenden Sternschnuppen und die Johanniswürmchen, die wie Funken um uns herumtanzten, daß ich meinte, die Garben müßten zu brennen anfangen. Dann horchte ich wieder auf das Zirpen der Grillen, und ich fühlte den kühlen Tau, der gleich nach Sonnenuntergang die Halme und Gräser und gar auch ein wenig mein Jöpplein befeuchtete. Ich sprach über all das mit meinem Vater, der mir in seiner ruhigen, gemütlichen Weise Auskunft gab und über alles seine Meinung sagte, wozu er jedoch oft bemerkte, daß ich mich darauf nicht verlassen solle, weil er es nicht gewiß wisse.

So kurz und ernst mein Vater des Tages in der Arbeit gegen mich gewesen, so heiter, liebevoll und gemütlich war er in solchen Abendstunden. Vor allem half er mir immer meine kleine Jacke anziehen, daß mir nicht kühl werde. Wenn ich ihn mahnte, daß auch er sich den Rock zuknöpfen möge, sagte er stets: „Kind, mir ist warm genug.“ Ich hatte es oft bemerkt, wie er nach dem langen, schwierigen Tagewerk erschöpft war, wie er sich dann für Augenblicke auf eine Garbe niederließ und die Stirne trocknete. Er war durch eine langwierige Krankheit recht erschöpft worden; er wollte aber nie etwas davon merken lassen. Er dachte nicht an sich, er dachte an unsere Mutter, an uns Kinder und an den durch Unglücksfälle herabgekommenen Bauernhof, den er uns retten wollte.

Wir sprachen beim Schöbern oft von unserem Hofe, wie er zu meines Großvaters Zeiten gar reich und angesehen gewesen und wie er wieder reich und angesehen werden könne, wenn wir Kinder, einst erwachsen, eifrig und fleißig in der Arbeit sein würden, und wenn wir Glück hätten.

In solchen Stunden beim Kornschöbern, das oft spät in die Nacht hinein währte, sprach mein Vater mit mir auch gern von dem lieben Gott. Er war vollständig ungeschult und kannte keine Buchstaben; so mußte denn ich ihm stets erzählen, was ich da und dort von dem lieben Gott schon gehört oder endlich auch gelesen hatte. Besonders wußte ich dem Vater manches zu berichten von der Geburt des Herrn Jesus, wie er in der Krippe eines Stalles lag, wie ihn die Hirten besuchten und mit Lämmern, Böcken, und anderen Dingen beschenkten, wie er dann groß wurde und Wunder wirkte und wie ihn die Juden peinigten und ans Kreuz schlugen. Gern erzählte ich auch von der Schöpfung der Welt, den Patriarchen und Propheten, als wäre ich dabei gewesen. Dann sprach ich auch aus, was ich vernommen von dem jüngsten Tage, von dem Weltgerichte und von den ewigen Freuden, die der liebe Gott für alle armen, kummervollen Menschen in seinem Himmel bereitet hat.

Der Vater war davon oft sehr ergriffen.

Ein anderes Mal erzählte wieder mein Vater. Er wußte wunderbare Dinge aus den Zeiten der Ureltern, wie diese gelebt, was sie erfahren und was sich in diesen Gegenden einst für Sachen zugetragen, die sich in den heutigen Tagen nicht mehr ereignen.

„Hast du noch nie darüber nachgedacht“, sagte mein Vater einmal, „warum die Sterne am Himmel stehen?“

„Nein“, antwortete ich.

„Wir denken nicht daran“, sprach mein Vater weiter, „weil wir das schon so gewöhnt sind.“

„Es wird wohl eine Zeit kommen, Vater“, sagte ich einmal,

„in welcher kein Stern mehr am Himmel steht; in jeder Nacht fallen so viele herab."
„Die da herabfallen, mein Kind", sprach der Vater, „das sind Menschensterne. Stirbt auf der Erde ein Mensch, so fällt vom Himmel so eine Sternreispe auf die Erden. Siehst du, dort hinter der grauen Tanne ist just wieder eine niedergegangen."
Ich schwieg nach diesen Worten eine Weile, endlich aber fragte ich: „Warum heißen sie jenen wilden Baum die graue Tanne, Vater?"
Mein Vater bog eben einen Deckel ab, und als er diesen aufgestülpt hatte, sagte er: „Du weißt, daß man ihn auch Türkentanne nennt, weil der schreckbare Türk einmal seine Mondsichel hat draufgehangen. Die graue Tanne heißen sie ihn, weil sein Geäste und sein Moos grau ist, und weil auf diesem Baume dein Urgroßvater die ersten grauen Haare bekommen hat."
„Mein Urgroßvater? Wie ist das hergegangen?"
„Ja", sagte er, „wir haben hier noch sechs Deckel aufzusetzen, und ich will dir dieweilen eine Geschichte erzählen, die sehr merkwürdig ist."
Und dann hub er an: „Es ist schon länger als achtzig Jahre, seitdem dein Urgroßvater meine Großmutter geheiratet hat. Er war sehr reich und ein schöner Mensch und er hätte die Tochter des angesehensten Bauers zum Weib bekommen können. Er nahm aber ein armes Mädchen aus der Waldhütten herab, das gut und sittsam gewesen ist. Von heute in zwei Tagen ist der Vorabend des Festes Mariä Himmelfahrt; das ist der Jahrestag, an welchem dein Urgroßvater zur Werbung in die Waldhütten ging. Es mag wohl auch im Kornschneiden gewesen sein; er machte frühzeitig Feierabend, weil durch den Ebenwald hinein und bis zur Waldhütten hinauf ein weiter Weg ist. Er brachte viel Bewegung mit in die kleine Wohnung. Der alte Waldhütter, der für die Köhler und Holzleute die Schuhe flickte, ihnen zuzeiten die Sägen und die Beile schärfte und nebenbei Fangschlingen für Raubtiere machte – weil es zur

selben Zeit in der Gegend noch viele Wölfe gegeben hat – der Waldhütter nun ließ seine Arbeit aus der Hand fallen und sagte zu deinem Urgroßvater: ‚Aber Josef, das kann doch nicht dein Ernst sein, daß du mein Katherl zum Weib haben willst, das wär' ja gar aus der Weis'!' Dein Urgroßvater sagte: ‚Ja, deswegen bin ich heraufgegangen, und wenn mich das Katherl mag und es ist ihr und Euer redlicher Willen, daß wir zusammen in den Ehestand treten, so machen wir's heut' richtig und wir gehen morgen zum Richter und zum Pfarrer und ich laß dem Katherl mein Haus und Hof verschreiben, wie's Recht und Brauch ist.' – Das Mädel hatte deinen Urgroßvater lieb und sagte, es wolle seine Hausfrau werden. Dann verzehrten sie zusammen ein kleines Mahl und endlich, als es schon zu dunkeln begann, trat der jung' Bräutigam den Heimweg an.

Er ging über die Wiese, die vor der Waldhütten lag, auf der aber jetzt schon die großen Bäume stehen, er ging über das Geschläge und abwärts durch den Wald und er war freudig. Er achtete nicht darauf, daß es bereits finster geworden war, und er achtete nicht auf das Wetterleuchten, das zur Abendzeit nach einem schwülen Sommertag nichts Ungewöhnliches ist. Auf eines aber wurde er aufmerksam, er hörte von den gegenüberliegenden Waldungen ein Gebelle. Er dachte an Wölfe, die nicht selten in größeren Rudeln die Wälder durchzogen und heulten; er faßte seinen Knotenstock fester und nahm einen schnelleren Schritt. Dann hörte er wieder nichts als zeitweilig das Kreischen eines Nachtvogels, und sah nichts, als die dunkeln Stämme, zwischen welche der Fußsteig führte und durch welche von Zeit zu Zeit das Leuchten zuckte. Plötzlich vernahm er wieder das Heulen, aber nun viel näher als das erstemal. Er fing zu laufen an. Er lief, was er konnte; er hörte keinen Vogel mehr, er hörte nur immer das entsetzliche Heulen, das ihm auf dem Fuße folgte. Als er hierauf einmal umsah, bemerkte er hinter sich durch das Geäst funkelnde Lichter. Schon hört er das Schnaufen und Lechzen der Raubtiere, die ihn verfolgen, und denkt: 's mag sein, daß morgen kein Versprechen ist beim Pfarrer! – da kommt er heraus zur Türkentanne. Kein anderes Entkommen mehr möglich – rasch faßt er den Gedanken und durch einen kühnen Sprung schwingt er sich auf einen Ast. Die Bestien sind schon da; einen Augenblick stehen sie bewegungslos und lauern; sie gewahren ihn auf dem Baum, sie schnaufen und mehrere setzen die Pfoten an den Stamm. Dein Urgroßvater klettert weiter hinauf und setzt sich auf einen dicken Ast. Nun ist er wohl sicher. Unten heulen sie und scharren an der Rinde; – es sind ihrer viele, ein ganzes Rudel. Zur Sommerszeit war es doch selten geschehen, daß Wölfe einen Menschen anfielen; sie mußten gereizt oder von irgendeiner anderen Beute verjagt worden sein. Dein Urgroßvater saß lange auf dem Ast; er hoffte, die Tiere würden davonziehen und sich zerstreuen. Aber sie umringten die Tanne und schnürfelten und heulten. Es war längst schon finstere Nacht; gegen Mittag und Morgen hin leuchteten alle Sterne, gegen Abend hin aber war es grau und durch dieses Grau schossen Blitzscheine. Sonst war es still und regte sich im Walde kein Ästchen. Dein Urgroßvater wußte nun wohl, daß er die ganze Nacht so würde zubringen müssen; er besann sich aber doch, ob er nicht Lärm machen und um Hilfe rufen sollte. Er tat es, aber die Bestien ließen sich nicht verscheuchen; kein Mensch war in der Nähe, das Haus zu weit entfernt. Damals hatte die Türkentanne unter dem abgerissenen Wipfelstrunk, wo heute die wenigen Reiserbüschel wachsen, noch eine dichte Krone aus grünenden Nadeln. Da denkt sich dein Urgroßvater: ‚Wenn ich denn schon einmal hier Nachtherberge nehmen soll, so klimme ich noch weiter hinauf unter die Krone.' Er tat's und ließ sich oben in einer Zweigung nieder, da konnte er sich recht gut an die Äste lehnen.

Unten ist's nach und nach ruhiger, aber das Wetterleuchten wird stärker und an der Abendseite ist ein fernes Donnern zu hören. – Wenn ich einen tüchtigen Ast bräche und hinabstiege und einen wilden Lärm machte und gewaltig um mich schlüge, man meint', ich müßt' den Rabenäsern entkommen! so denkt dein Urgroßvater – tut's aber nicht; er weiß zu viele Geschichten, wie Wölfe trotz alledem Menschen zerrissen haben.

Das Donnern kommt näher, alle Sterne sind verloschen – 's ist finster wie in einem Ofen; nur unten am Fuße des Baumes funkeln die Augensterne der Raubtiere. Wenn es blitzt, steht wieder der ganze Wald da. Nun beginnt es zu sieden und zu kochen im Gewölke wie in tausend Kesseln. Kommt ein fürchterliches Gewitter, denkt sich dein Urgroßvater und verbirgt sich unter die Krone, so gut er kann. Der Hut ist ihm hinabgefallen und er hört es, wie die Bestien den Filz zerfetzen. Jetzt zuckt ein Strahl über den Himmel, es ist einen Augenblick hell, wie zur Mittagsstunde – dann bricht in den Wolken ein Schnalzen und Krachen los, und weithin hallt es im Gewölke.

Jetzt ist es still, still in den Wolken, still auf der Erden – nur um einen gegenüberliegenden Wipfel flattert ein Nachtvogel. Aber bald erhebt sich der Sturm, es rauscht in den Bäumen, es tost durch die Äste, eiskalt ist der Wind. Dein Urgroßvater klammert sich fest an das Geäste. Jetzt wieder ein Blitz, schwefelgrün ist der Wald; alle Wipfel neigen sich, biegen sich tief; die nächststehenden Bäume schlagen an die Tanne, es ist, als fielen sie heran. Aber die Tanne steht starr und ragt über den ganzen Wald. Unten rennen die Raubtiere wild durcheinander und heulen. Plötzlich saust ein Körper durch die Äste wie ein Steinwurf. Da leuchtet es wieder – ein weißer Knollen hüpft auf dem Boden dahin. Dann dichte Nacht. Es braust, siedet, tost, krachend stürzen Wipfel. Ein Ungeheuer mit weitschlagenden Flügeln, im Augenblicke des Blitzes gespenstige Schatten werfend, naht in der Luft, stürzt der Tanne zu und birgt sich gerade über deinem Urgroßvater in die Krone. Ein Habicht, Junge, ein Habicht, der auf der Tanne sein Nest gehabt."

Mein Vater hatte bei dieser Erzählung keine Garbe angerührt; ich hatte den ruhigen, schlichten Mann bisher auch nie mit solcher Lebhaftigkeit sprechen gehört.

„Wie's weiter gewesen?" fuhr er fort. „Ja, nun brach es erst los; das war Donnerschlag auf Donnerschlag, und beim Leuchten war zu sehen, wie glühenden Wurfspießen gleich Eiskörner auf den Wald niedersausten, an die Stämme prallten, auf den Boden flogen und wieder emporsprangen. So oft ein Hagelknollen an den Stamm der Tanne schlug, gab es im ganzen Baume einen hohlen Schall. Und über dem Heugraben gingen Blitze nieder; plötzlich war eine blendende Glut, ein heißer Luftschlag, ein Schmettern, und es loderte eine Fichte. Und die Türkentanne stand da, und dein Urgroßvater saß unter der Krone im Astwerk.

Die brennende Fichte warf weithin ihren Schein und nun war zu sehen, wie ein rötlicher Schleier lag über dem Walde, wie nach und nach das Gewebe der kreuzenden Eisstücke dünner und dünner wurde, und wie viele Wipfel keine Äste, dafür aber Schrammen hatten, wie endlich der Sturm in einen mäßigen Wind überging und ein dichter Regen rieselte.

Die Donner wurden seltener und dumpfer und zogen sich gegen Mittag dahin; aber die Blitze leuchteten noch ununterbrochen. Am Fuße des Baumes war kein Heulen und kein Augenfunkeln mehr. Die Raubtiere waren durch das Wetter verscheucht worden. Also stieg dein Urgroßvater wieder von Ast zu Ast bis zum Boden. Und er ging heraus durch den Wald über die Felder gegen das Haus.

Es ist schon nach Mitternacht. – Als der Bräutigam zum Hause kommt und kein Licht in der Stube sieht, wundert er sich, daß in einer solchen Nacht die Leute ruhig schlafen können. Haben aber nicht geschlafen, waren zusammen gewesen in der Stube um ein Kerzenlicht. Sie hatten nur die Fenster mit Brettern verlehnt, weil der Hagel alle Scheiben eingeschlagen hatte.

‚Bist in der Waldhütten blieben, Sepp?' sagte deine Urur-

großmutter. Dein Urgroßvater antwortete: ‚Nein, Mutter, in der Waldhütten nicht.'
Es war an dem darauffolgenden Morgen ein starker Harzduft gewesen im Walde – die Bäume haben geblutet aus vielen Wunden. Und es war ein beschwerliches Gehen gewesen über die Eiskörner und es war eine kalte Luft. Als sie am Frauentag alle über die Verheerung und Zerstörung hin zur Kirche gingen, fanden sie im Walde unter dem herabgeschlagenen Reisig und Moos manchen toten Vogel und anderes Getier; unter einem geknickten Wipfel lag ein toter Wolf.
Dein Urgroßvater ist bei diesem Gange sehr ernst gewesen; da sagt auf einmal das Katherl von der Waldhütten zu ihm: ‚O, du himmlisch' Mirakel! Sepp, dir wachst ja schon graues Haar!'
Später hatte er alles erzählt, und nun nannten die Leute den Baum, auf dem er dieselbige Nacht hat zubringen müssen, die graue Tanne!" –
Das ist die Geschichte, wie sie mir mein Vater eines Abends beim Kornschöbern erzählt hat und wie ich sie später aus meiner Erinnerung niedergeschrieben. Als wir dann nach Hause gingen zur Abendsuppe und zur Nachtruhe, blickte ich noch hin auf den Baum, der hoch über dem Wald in den dunkeln Abendhimmel hineinstand.

*

Ich war schon erwachsen. Da war es in einer Herbstnacht, daß mich mein Vater aufweckte und sagte: „Wenn du die graue Tanne willst brennen sehen, so geh' vor das Haus!"
Und als ich vor dem Hause stand, da sah ich über dem Walde eine hohe Flamme lodern und aus derselben qualmte Rauch in den Sternenhimmel auf. Wir hörten das Dröhnen der Flammen und wir sahen das Niederstürzen einzelner Äste; dann gingen wir wieder zu Bette. Am Morgen stand über dem Wald ein schwarzer Strunk mit nur wenigen Armen – und hoch am Himmel kreiste ein Geier.

Wir wußten nicht, wie sich in der stillen, heiteren Nacht der Baum entzündete, und wir wissen es noch heute nicht. In der Gegend ist vieles über dieses Ereignis gesprochen worden und man hat demselben Wunderliches und Bedeutsames zugrunde gelegt. Noch einige Jahre starrte der schwarze Strunk gegen den Himmel, dann brach er nach und nach zusammen und nun stand nichts mehr empor über dem Wald. Auf dem Stocke und auf den letzten Resten des Baumes, die langsam in die Erde sinken und vermodern, wächst Moos.

Als Großvater freien ging

Eine Rückschau, nach der Erzählung
meines Onkels Franz

Beim Kreuzwirt auf der Höh' saßen sie um den großen Tisch herum: Fuhrleute von oben und unten, Gewerbsleute von Pöllau und Vorau, Holzarbeiter vom Rabenwald und Masenberg, Grenzwächter von der ungarischen Markung.

Mein Großvater, der Waldbauer von Alpel, war auch unter ihnen. Er war damals eigentlich noch lange nicht mein Großvater, und ihm war sie voll und rund, die Welt, die später jedesmal ein Loch bekam, so oft eins der Seinigen nicht bei ihm war. So geht's auf der Welt, man meint in jungen Jahren, man hätte es fertig mit allem und ahnt nicht, welche Herzensgewalten noch in der Zukunft schlummern.

Und daß ich denn erzähle. Mein Großvater – Natz – Natz, wie er eigentlich hieß ... nein, da ich einmal da bin, so will ich ihn doch lieber Großvater heißen schon in seiner Jugendzeit – mein Großvater also ging damals gerade „im Heiraten um". Immer war er auf dem Viehhandel aus, oder im Getreidekauf, oder im Obstmostsuchen, oder im

Wallfahrten, oder in diesem und jenem – und keinem Menschen sagte er's, warum er eigentlich wanderte. Der hübschen Mägdlein und jungen Witwen gab es genug im Lande; mancher Bauer sagte, er gebe auch eine gute Aussteuer mit, bevor man noch wußte, daß er eine heiratsfähige Tochter habe. Aber mein Großvater war einer von denen, die nach etwas anderem gucken. Er hatte den Glauben, für jeden Mann gebe es nur ein Weib auf der Welt, und es käme für den Heiratslustigen darauf an, dasselbe aus allen anderen lächelnden und winkenden Weibern herauszufinden. Er hat nach jahrelanger Suche schließlich die rechte und einzige gefunden, aber nicht in der weiten Welt draußen, sondern ganze nahe – zehn Minuten seitab von seinem Vaterhause. Dort war sie eines Sonntags im langen Heidelbeerkraut herumgegangen, um für ihre Mutter Beeren zu sammeln. Das rotwangige Köpfel und vom Busen ein bescheidener Teil ragte hervor, alles andere stak im Kraut.
Mein Großvater lugte ihr durch das Gezweige des Dikkichts zu, sprach sie aber nicht an. Und als sie fort war, schlich auch er davon und dachte: Jetzt geh' ich morgen noch einmal in die Pöllauergegend hinab, und wenn mir keine Gescheite (soviel als Passende) unterkommt, so laß ich's gut sein und nimm *die* da.
So war er noch einmal in der Pöllauergegend gewesen. Und dort hatte er richtig eine aufgetrieben, die reicher und feiner war als das Mädel im Heidekraut; aber gar zu gerngebig. Das freute ihn wohl für den Augenblick, doch ließ er's dabei bewenden; eine Häusliche wollte er haben und er lenkte seine Schritte heimwärts – der Sparsameren zu.
Und da war's unterwegs, daß er beim Kreuzwirt auf der Höh' einkehrte. Er saß anfangs abseits beim Ofenbanktischchen, trank ein Glas Apfelmost und biß ein Stück schwarzes Brot dazu. Seine Gedanken hatte er – wie alle Freiersleute – nicht beisammen; seine Ohren nahmen wohl teil an dem lebhaften Gespräche der gemischten Ge-

sellschaft, die um den großen Tisch herumsaß und Wein trank. Die Grenzwächter hatten draußen in der Holzhauerhütte schwerverpönten ungarischen Tabak gefunden und wollten demnach den Eigner desselben mit sich fort zum Gerichte führen. Da kamen jedoch andere Männer des Waldes herbei und mit Knütteln stellten sie den Grenzwächtern die Wahl, was ihnen lieber wäre: Prügel oder zwei Maß beim Kreuzwirt, denn mit dem Schergengeschäft wär's diesmal nichts. Wollten die Überreiter, wie man die Grenzer nannte, sofort zu ihren Gewehren greifen; diese waren aber schon in den Händen der Holzhauer – sonach wählten sie von den beiden Dingen die zwei Maß Wein beim Kreuzwirt. Nun saßen die Grenzwächter lustig unter den lustigen Zechern, wollten Bruderschaft mit den Waldleuten und Fuhrmännern und stopften schließlich ihre Pfeifen mit jenem Tabak, den sie in der Holzhauerhütte in Beschlag genommen hatten.
Zum Kartenspielen kam's und Silbergeld kollerte auf dem Tisch herum. Einer der Holzhauer, ein schielendes, weißhaariges Männlein, war nicht glücklich; sein bocklederner Beutel, der manchen schrillenden Fall auf den Tisch getan hatte, der immer tiefer umgestülpt werden mußte, bis die dürren gierigen Finger auf sein silbernes Eingeweide kamen – der Beutel gab endlich nichts mehr herfür. Da zog das Männlein seine Taschenuhr hervor: „Wer kauft mir den Knödel ab?" Die Uhr ging im Kreis herum; es war ein tüchtiges Zeug mit drei schweren Silbergehäusen und einer Schildkrötenschale am Rücken, welche ringsum mit kleinen Silbernieten besetzt war. Ein Spindelwerk mit gewaltigem Zifferblatt, auf welchem der Messingzeiger just die dritte Nachmittagsstunde anzeigte.
Dreißig Gulden verlangte der Mann für die Uhr; man lachte ihm hell ins Gesicht, der Eigentümer aber behauptete: „Was wollt ihr wetten, ehe der Zeiger auf halb vier steht, ist die Uhr verkauft!" Darauf lachten sie noch unbändiger.
Mein Großvater, der hatte von seiner Ofenbank aus die

Sache so mitangesehen. Diese verkäufliche Uhr mit dem Schildkrötengehäuse, sie machte ihm die Seele heiß. So eine Uhr war längst sein Plangen gewesen; und wenn er nun als Bräutigam eine könnte im Hosenbusen tragen, oder wenn er sie gar der Braut zur Morgengabe spenden möchte! Eine Uhr! Eine Sackuhr! Eine silberne Sackuhr mit Schildkrötengehäuse! – So weit kam's, daß mein Großvater aufstand, zum großen Tisch hinging und das Wort sprach: „Geh', laß mich das Zeug anschauen!"

„He, du bist ja der Bauer vom Alpel!" rief der Holzhauer, „na, du kannst leicht ausrucken und dir darf ich's unter vierzig Gulden gar nicht geben!"

Mein Großvater hatte aber nicht viel im Sack, darum sagte er: „Steine haben wir dies Jahr mehr im Alpel, als Geld."

„Was willst denn, Bauer, hast nicht groß Haus und Grund?"

„Im Haus steht der Tisch zum Essen, aber auf dem Grund wächst lauter Heidekraut", entgegnete mein Großvater.

„Und Korn und Hafer!" rief einer drein.

„Wohl, wohl, ein wenig Hafer", sagte mein Großvater.

„Hafer tut's auch", rief der Weißkopf, „weißt, Bauer, wenn du einverstanden bist, ich laß dir die Uhr billig."

„Damit bin ich schon einverstanden", antwortete mein Ahn.

„Gut", und sofort riß ihm der Holzhauer die Uhr wieder aus der Hand, wendete sie um, daß das Schildkrötengehäuse nach oben lag, „siehst du die Silbernieten da am Rand herum?"

„Sind nicht übel", entgegnete mein Großvater.

„Übel oder nicht", rief der schielende Weißkopf, „nach diesen Nieten zahlst mir die Uhr. – Für die erste Niete gibst mir ein Haferkorn, für die zweite gibst mir zwei Haferkörner, für die dritte vier, für die vierte acht, und so verdoppelst mir den Hafer bis zur letzten Niete, und die Uhr gehört dein mitsamt der Silberkette und dem Frauentaler, der dran hängt."

„Gilt schon!" lachte mein Großvater, bei sich bedenkend,

daß er für eine solche Uhr eine Handvoll Hafer doch leicht geben könne.
Der Kreuzwirt hatte im selben Augenblick meinen Großvater noch heimlich in die Seite gestoßen, der aber hielt das für lustige Beistimmung und schlug seine Rechte in die des Alten. „Es gilt, und alle Männer, die beim Tisch sitzen, sind Zeugen!“
Er hatte aber keinen Hafer bei sich.
Tat nichts. Sofort brachte der Kreuzwirt ein Schäffel Hafer herbei, um durch Zählen der Körner, wie mein Ahn meinte, die Rechnung zu bestimmen.
Sie setzten sich um den Hafer zusammen, mein Großvater, vom frischen Apfelmost im Kopfe erwärmt, lachte still in sich hinein; des Gewinnes gewiß, freute er sich schon auf die großen Augen, die das Heidelbeermägdlein zur gewichtigen Uhr machen werde.
Zuerst wurden die Nieten gezählt, die um das Schildkrötenblatt herumliefen: es waren deren gerade siebzig. Dann kam's an die Haferkörner; mein Großvater sonderte sie mit den Fingern, der Holzhauer zählte nach, und die anderen überwachten das Geschäft.
Erste Niete: ein Korn; – zweite Niete: zwei Körner; – dritte Niete: vier Körner; – vierte: acht Körner; – fünfte: sechzehn; – sechste: zweiunddreißig; – siebente: vierundsechzig; – achte: hundertachtundzwanzig; – neunte: zweihundertsechsundfünfzig; – zehnte Niete: fünfhundertzwölf Körner. – „Wirtin, den kleinen Schöpflöffel her!“ – Das ist gerade ein gestrichener Schöpflöffel voll.
Mein Großvater schob die Körner mit der Hand hin: „Macht's weiter, ich seh's schon, es wird schier ein Metzen herauskommen.“
Und die anderen zählten: Eilfte Niete: zwei Schöpflöffel voll Hafer; – zwölfte Niete: vier Löffel voll; – dreizehnte: acht Löffel; – vierzehnte: sechzehn Löffel voll. Das machte eine Maß. – Fünfzehnte Niete: zwei Maß; – sechzehnte: vier Maß. – Das ist ein Maßl (Schäffel). – Siebzehnte Niete: zwei Maßl; – achtzehnte: vier Maßl; – neun-

zehnte: acht Maßl; – zwanzigste Niete: sechzehn Maßl, oder ein Wecht. –

Jetzt tat mein Großvater einen hellen Schrei. Die anderen zählten fort und bei der dreißigsten Niete kostete die Uhr über tausend Wecht Hafer. Das war mehr, als die Jahresernte der ganzen Gemeinde Alpel.

„Jetzt hab' ich mein Haus und Grund verspielt", schrie der Freier.

„Sollen wir noch weiter zählen?" fragten die Männer.

„Wie ihr wollt", antwortete mein Großvater mit stieren Augen.

Bei der dreiundvierzigsten Niete hatten sie eine Million Wecht Hafer. Bei der fünfzigsten rief mein Großvater, die Hände zusammenschlagend, aus: „O, du himmlischer Herrgott, jetzt hab' ich deinen ganzen Hafer vertan, den du seit der Schöpfung der Welt tust wachsen lassen!"

„Sollen wir weiter zählen?" fragten die Männer.

„Nicht nötig", antwortete das weißköpfige Männlein gemessen, „das übrige schenk' ich ihm."

Mein Großvater – er erbarmt mir heute noch – war blaß bis in den Mund hinein. Er hatte es in seiner Kindheit schon gehört, die Weltkugel mit allem was auf ihr, drehe sich im Kreise; jetzt fühlte er's deutlich, daß es so war – ihm schwindelte. – Da geht er ins Heiraten aus und vertut sein ganzes Gütel. – „Alle Rösser auf Erden", rief er, „fressen nicht so viel Hafer, als die lumpigen paar Nieten da in der Uhr!"

„Steck' sie ein, Bauer, sie gehört ja dein", sagte der alte Waldmann, „und zahl' den Bettel aus."

„Ihr Leut'", lachte mein Großvater herb, „ihr habt mich übertölpelt (überlistet)."

„Du bist auch nicht auf den Kopf gefallen", entgegnete man ihm, „du kannst zählen, wie jeder andere. Wirst jetzt wohl müssen geben, was du hast. – Schau, die ehrenwerten Zeugen!"

„Ja, ja, die ehrenwerten Zeugen", rief mein Ahn, „lauter Leut', die geschwärzten Tabak rauchen!"

„Sei still, Bauer!“ flüsterte ihm der Kreuzwirt zu, „umliegend (ringsum) ist der Wald! Wenn sie dich angehen, ich kann dir nicht helfen.“
Der alte Weißkopf schielte in den wurmstichigen Tisch hinein: er mochte merken, daß für ihn hier eigentlich doch nichts Rechtes herauskam, er sagte daher zu meinem Großvater: „Weißt, Bauer, du könntest jetzt wohlfeil zu einem Köndl (Korn, Getreide) kommen. Ich will Hafer verkaufen. Gib mir dreißig Gulden für den ganzen.“
Abgemacht war's. Leichten Herzens legte mein Großvater dreißig Gulden auf den Spieltisch und eilte davon. Im freien Wald sah er auf die Uhr; der Zeiger stand auf halb vier.
Mein Ahn kehrte heim, warb um das Heidelbeermädchen und verehrte ihm die Uhr zum Brautgeschenk.
„Aber“, sagte er, „mein Schatz, das nehm' ich mir aus, du mußt mir für die erste Silberniete da einen Kuß geben, und bei jeder weiteren Niete die Küsse verdoppeln!“
Das arglose Mädchen ging drauf ein. –
Die Leutchen sind alt, sind meine Großeltern geworden, doch starben sie lange bevor großmutterseits die Uhr bezahlt war. Und wir Nachkommen werden kaum jemals imstande sein, diese ererbte Schuld der Großmuter vollends wettzumachen.

Die ledernen Brautwerber meines Vaters

Da nun noch viel von Vater und Mutter die Rede sein wird, so muß vorerst gesagt werden, wie sie es geworden sind. Also der junge Lenzel.
Niemand ging öfter am Alitschhof vorüber, als der junge Lenzel. Er stieg von seinem Berghause herab ins Tal, diesseits wieder herauf, am Alitschhof vorbei, gegen die Waldhöhe hin. Was er auf der Waldhöhe tat, wußte niemand, man sah ihn nur allemal wieder zurückkehren denselben

Weg – am Alitschhof vorbei. Der jungen Weiddirn Mirzel, der Kohlenbrennerstochter, die am Raine Gras mähte oder im Garten Kohlköpfe abschnitt, fiel es zuerst auf, aber sie sagte nichts. Das erstemal, als sie ihn sah, dachte sie auch nichts und schnitt ihr Gras. Das zweitemal dachte sie, der muß auf einem Viehhandel umgehen, jetzt, und schnitt ihr Gras. Das drittemal, als er am Gartenzaun stehenblieb und eine Weile zuschaute, wie sie den Kohl abhieb, dachte sie: Stehen bleibt er! ich tu nix desgleichen – und hieb Kohlköpfe ab.

Der Lenzel war noch vor keiner solange stehengeblieben, obschon nach des Vaters Tod die Mutter gesagt hatte: „Bub, ich kann's nimmer dermachen mit der Wirtschaft, du mußt umschauen! Aber bring' mir keine Dudl ins Haus, die alleweil nur ein schönes Gewand anhaben und nix arbeiten will!"

Nun also. – Die dort im Krautgarten, die arbeitet ja, und Gewand hat's auch kein schönes an. Das Köhlerdirndl. Das gestrickt' Wollenjöppel und das blau' Leinwandkitterl wird's wohl noch klecken. Schuh' hat's eh keine an. – Daß sie mit ihren drallen Barfüßlein dastand auf der schwarzen Erden, wollte ihm gefallen. Aber er sagte nichts und trottete wieder davon. Und dann tat's ihm leid, daß er sie nicht angeredet hatte. Das nächstemal nahm er sich's vor, ging aber wieder unverrichteter Sache vorüber, weil ihm nichts einfiel. Ihm war das Anschauen einstweilen ganz und gar genug; aber daß sie denken konnte: der muß ein Tappel sein, weil er nix zu reden weiß – das war's.

Das nächstemal ging er am Samstag vorbei, zur Feierabendstunde. Und wenn es auch schon finster sein sollte, das macht nix. Einfallen tut einem bei der Nacht leichter was. Da will er's bei ihr mit dem Fensterln probieren. Aber er kam zu früh, es war noch Licht. Die Mirzel stand am Brunnen und scheuerte mit dem Strohwisch einen Zuber so heftig, daß das Kitterl lustig hin und wider schlug. Und dann ließ sie das kalte Wasser auf ihre Barfüße rinnen, bis Staub und Erde weggeschwemmt waren und sie feucht

und rosig dastanden auf dem Brunnenstein. Und neben ihr stand der Soldat. Der Steinlacher Zenz, der auf Urlaub daheim war. Er hatte blaue Hosen und einen weißen Rock an, und einen schwarzglänzenden Tschako mit dem goldenen Kaiseradler auf, und am schwarzen Lendenriemen das Stilett. An den Ohren zwei gefettete Haarsechser geschwungen und unter der langen Nase zwei falbe Bartspitzen. Mit solch bewaffneter Macht war sie jetzt besetzt, die Dirn, unter drohender Gefahr eines Belagerungszustandes. Der Lenzel stand am Hundskobel und schäkerte mit dem Kettenhund, dem er die Hand in den Rachen hielt, der darob schrecklich knurrte, mit den langen weißen Zähnen nagte und doch nicht dreinbiß. Aber des Burschen Auge war beim Dirndl, wie jetzt der Soldat mit ihm schäkerte. Einen langen Kornhalm hatte er vom Wege aufgelesen, der Kaiserliche, ihn in den Mund genommen und beim Plaudern so hin und her bewegt, daß der Halm ein paarmal in das weiße Rundgesicht des Dirndls schlug. Wie man Fliegen abwehrt, so tat sie mit der Hand und scheuerte wieder an dem Zuber. Jetzt wendete der Soldat den Halm bodenwärts und hub an, damit an ihren Barfüßen herumzugaukeln. Das war nicht mehr auszuhalten. Der Lenzel ließ Hund Hund sein, trat rasch an den Brunnen und sagte: „Laß mich ein wenig trinken, Mirzel?"
Sie lachte ihn freundlich an und meinte, das Wasser würde wohl noch ausreichen.
Er hielt seinen Mund ans sprudelnde Rohr und trank. Der Soldat gab ihm als alten Kameraden die Hand und sprach: „Ich sag' gleich grüß dich Gott und b'hüt' dich Gott auf einmal!" Das hieß so viel als: Nun kannst schon wieder gehen. Aber der Lenzel blieb stehen; er müsse warten, bis er noch einmal durstig werde. Das sei ganz gescheit, antwortete sie, und ob er sich nicht an den Trogrand niedersetzen wolle? Da merkte der Urlauber, daß *er* seinen Abschied habe, grüßte kaiserlich und marschierte ab.
Und nun waren sie allein, der Lenzel und die Mirzel.
Es dürfte kaum der Mühe wert sein, das Gespräch zweier

blöder Bauernkinder aufzumerken. Solch junge Leute sind ja sonst ganz munter und witzig, doch in einer gewissen Standzeit sind sie äußerst ungeschickt und befangen. Aber die zuckenden Augen und die errötenden Wangen plaudern mehr, als sie sollen und wollen. Und die Lippen haben reichlich zu tun, um durch täppische Herumrederei die Wahrheit zu verleugnen. Und das leidenschaftliche Verneinen ist ein heimliches Bejahen.
Als der Lenzel nachher davonging, soll es keinen Erdboden gegeben haben. Er schwebte.
Drei Wochen später war Allerheiligen. Da kam in den Alitschhof ein mit steifem Zuckerhutpapier eingewickeltes Packel. Der Schickbub sagte: „Für die Weiddirn Mirzel!" und lief davon als ob er gejagt würde.
Die Leute guckten: „Mirzel, dir soll's gehören!"
„Mir soll's gehören?" sagte sie und nahm zagend das Pakkel in den Arm. Trug es in die Kammer und machte es nicht auf. Sie hatte es aufs Fensterbrett gelegt, stand davor und schaute es an. Und den ganzen Nachmittag dachte sie: Was denn da drin sein könne? Das blutarme Kind war so reich an diesem Tage. Zehnerlei schöne Sachen dachte sie, jede konnte drinnen sein in dem blauen Papier. Hoch hatten ihre Wünsche sich ja nie verstiegen. Ein paar Wecken. Ein Rocken Flachs. Oder sollte der alte Kohlenbrennervetter vom Kreßbach Wollenstrümpfe schicken, die er selbst so schön strickt? Oder gar die Hausteinerin, bei der sie nächst Jahr dienen soll, Zucker und Kaffee? – In Gottesnamen, tun wir halt schauen. Am End' sind's Fichtenzapfen oder eine andere Fopperei. – Im blauen Packel waren ein Paar Schuhe. Ein Paar neuer kohlschwarzer Kalbslederschuhe mit Ochsensohlen, gezähnten Lascheln und Riemen. An den Zehenspitzen hübsch „abgehackt", wie die Bezeichnung lautet. Man sah unten am Sohlenrand keinen Pechdraht, wie bei den „Grobg'nahten"; die Naht war inwendig versteckt. Bei der Wichtigkeit, die dieses Paar Schuhe für mich hat, habe ich mich neuzeit an einen Schustermeister gewendet, daß er mir die Technik solch ver-

steckter Nähte erkläre; aber der lachte, da könne er nicht dienen; sohlengenähte Schuhe seien längst abgekommen, seit man die „Zwecke“ habe. Also wäre mein weiteres Herumfragen zwecklos.
Das Dirndl war sehr vergnügt. Schuhe! Buderlweiche Kalblederschuhe mit Zahnlascheln! Und durchg'naht! „Jesseles, die hat mir frei der lieb' Herrgott geschickt!“ – Flugs an die Füße damit. „Für Strümpfeln sind sie gerichtet. Hab'n ma keine, so tun ma Stroh um die Zehen, ist auch schön warm. Und nix dabei? Kein March und kein Nam'. Wer's mir nur so gut tut meinen? – Du josl maron, was das für saubere Schuh' sein! Und gut gehen drein!“ Wie sie etliche Mal im Zimmer hin und her getrippelt, streift sie die Schuhe wieder ab, beschaut sie noch einmal über und über und wischt mit einem Lappen etwaigen Staub weg. Dann stellt sie sie in ihren Gewandkasten, zieht den Schlüssel ab, was sonst nicht der Brauch ist im Alitschhof, und steckt ein paar klobige Holzschuhe an die Füße.
Etliche Wochen später ist auf dem Hof des Lenzel Brecheltag gewesen. Mit Holzwerkzeugen, Brecheln genannt, wird der Jahresbau des vorher im Dörrofen getrockneten Flachses gebrochen, von Spreu und Agen befreit, so daß das gelbliche weiche Rockenhaar hervorkommt. Zu dieser Zeit pflegt der Bauer Nachbarsleute einzuladen, damit die Arbeit an einem langen Nachmittage vollzogen werden kann. Am Abende darauf große Mahlzeit, Tanz und andere Lustbarkeit. (Siehe „Volksleben in Steiermark“: Das Fest der Hausehre.) Zu diesem Brecheltag lud der Lenzel unter andern auch die Weiddirn vom Alitschhof. Und richtete es so ein, daß ihre beiden Brecheln nebeneinander standen. Vor allem war er auf eins begierig, aber sie hatte – die Holzschuhe an. Sie plauderten nicht viel selbander, sondern schwangen ihre Brechelscheiter über den Flachs. Aber als es Feierabend ward und sie nebeneinander zum Hause hingingen, fragte der Lenzel ruhig: „Tust nit schwer gehen in deinen Holzschuhen?“

„Im Winter sein's halt schön warm, im Sommer trag' ich gar keine", antwortete sie.
„Im Sommer, meinst. Und tun dich nit immer einmal die Halme stechen?"
„Das ist man schon gewohnt", sagte sie, verstand es nicht, auf was er angespielt hatte.
Da fragte er endlich zögernd: „Hast nit auch andere Schuh'?"
„Ich hätt' ein Paar schöne Schuh' im Kasten, aber die behalt ich mir für die Feiertäg."
„Tragst du sie im Winter, da mußt sie dir nageln lassen."
„Weißt leicht, daß sie nit genagelt sind?"
„Werden eh, werden eh! Wie soll ich das wissen?"
„Die Schuh' sein mir geschickt worden", sagte sie und lauerte ein wenig.
„So, geschickt worden? Von wem denn?"
„Ja, Lenzel, wenn ich das kunnt' herausbringen! Will sie nit eher tragen, bis ich's weiß."
„Hast keinen Gedanken?" fragte er.
„Wohl schon gehabt, aber jetzt wieder nit. Herumfragen mag ich nit. Die Hausteinerin, hab' ich einmal gemeint. Die sagt: Nein. Der Kreßbachvetter ist's auch nit."
„Wirst ja noch mehr Bekannte haben. Vielleicht –"
„Was sagst?"
„Vielleicht der Urlauber Zenz?"
„Uh narrisch! Der ist selber barfuß gegangen, ehvor ihm der Kaiser die Stiefel hat geschenkt."
Blinzelte der Lenzel ihr mit großem Wohlgefallen ins Gesicht, aber ganz flüchtig. Das Wort hat ihm getaugt.
„Einen Rat tät' ich dir wohl wissen, Mirzel", sagte er hernach. „Jetzt kommt bald die Thomasnacht. Da wirfst du die Schuh' über den Kopf hinteri, und wie sie nachher auf dem Fletz liegen und nach welcher Seiten ihre Zehenspitzen hinzeigen, von derselben Seiten sind sie hergekommen. Weißt du, geschenkte Schuh' trachten immer zurück."
Da sagte sie nichts mehr.

Der Thomastag ist der kürzeste Tag des Jahres, und doch konnte das Dirndl den Abend kaum erwarten. Nach dem Mahle erzählte ein alter Knecht Geschichten und die Alitschbäuerin wollte Lieder singen, bei denen die Mirzel ihr sonst mit „zweiter Stimm'" zu helfen pflegte. Heut' aber sagte das Dirndl, es sei nicht ganz richtig, und zog sich bald in ihre Kammer zurück. Nicht ganz richtig! Das deuteten die Hausleute auf Schläfrigkeit. Allein, es war war anderes. Wenn eine immer ein paar Kalblederschuhe mit Ochsensohle im Kopf hat, wie soll sie da singen können? – Als die Tür hinter ihr verschlossen war, zündete sie die rote Ampel an, die sonst nur an hohen Festabenden vor einem Marienstatuettlein brannte. Dann holte sie aus dem Kasten die Schuhe und warf sie rasch hinter sich auf das Fletz. Und schaute, wie sie gefallen waren. Beide hatten ihre Zehenspitzen nach der Seite hin, wo das menschenleere Gebirge stand. Das war sicherlich falsch, von dort konnte kein Schuh kommen. Sie warf ein zweitesmal, da war's noch dümmer, die eine Schuhspitze zeigte nach St. Kathrein, die andere nach dem Mürztal. Sollten zwei Spender aus verschiedenen Richtungen zusammengeschossen haben? Aller guten Dinge sind drei, dachte sie, hub die Schuhe auf und warf sie ein drittesmal über den Kopf nach hinten. Diesmal mit bedachtsamer Vorsicht. Jetzt hatte sie's. Beide Schuhe zeigten einstimmig die Richtung quer über das Hochtal, nach dem Berg, auf dem der Hof des Lenzel stand. Nun warf sie nicht mehr. Nun war's ihr recht. Sie nahm ein Tüchlein, reinigte die Schuhe sorgfältig von jedem Stäubchen und stellte sie mit Zärtlichkeit in den Kasten. Dann legte sie sich nieder und weinte die halbe Nacht.

Vier Tage nachher war Christtag. Der Lenzel legte sein neues graues Lodengewand an mit den grünen Aufschlägen an Kragen und Ärmel und setzte den schwarzen Hasenhärenen auf. Der breite schneeweiße Hemdkragen war von einem roten Seidentuch zusammengehalten. In der Weste hatte er an einem Packfongkettlein hängend jene

große Taschenuhr mit Schildkrotgehäuse, die einst – wie wir gesehen haben – der Ahn Josef so teuer hat kaufen müssen. Diese Uhr zog er nun auf dem Weg zur Kirche mehrmals heraus, um ins Glas zu gucken, ob er wohl auch ein so freundliches gutes Gesicht hatte, als er heute haben wollte. Tags zuvor hatte es geschneit. Nun stieg hinter dem Wald die rote Sonnenscheibe groß herauf, daß die weite Schneelandschaft zart erglühte. So kam der Lenzel zur Kirche. Dort drängte er sich mit anderen durch das rückwärtige Tor hinein, das unter dem Turm ist. Ganz flüchtig hatte er bemerkt, daß hinter ihm die Mirzel nachging und daß sie am Tor zurückblieb. Denn sie hatte heute die neuen Schuhe an und da wäre es gerade, als trippelten sie ihm – dem Spender nach. Das durfte nicht so aussehen, so ging sie außen links um die Kirche. Das hatte er bemerkt, kehrte um und ging außen rechts um die Kirche.
Und draußen, just hinter dem Schiffe des Hochaltars, unter einer schneebeschwerten Tanne haben sie sich begegnet.
Nach der ersten Verwunderung darob, daß die neuen Schuhe schnurgerade zum Spender zurückgekehrt waren und nach dem Schreck darüber, daß bei dieser Rückkehr sie selbst in den Schuhen steckte, hat sie aber lachen müssen. Während drinnen schon die Orgel klang, haben sie sich die Hand gegeben – das schweigende Versprechen.
So haben ihm die Schuhe, die er ausgesandt, das Weib zugebracht.

Das fahrende Zechen

Zur Zeit, als mein Großvater auf dem Waldbauernhofe saß, saß auf einem der nächsten Nachbarhöfe der Bauer Winfred Isidor Bernhard. Die beiden Höfe lagen sich auf zwei Bergen gegenüber und schauten sich an. Der eine war ernsthaft und stillsam, man sah auf seinen Feldern die Ochsen mit dem Pfluge dahinkriechen oder hörte das dumpfe Geklapper der Dreschkolben auf der Tenne. Der andere Hof lachte und widerhallte stets in heiterem Lärme. Der stille Hof gehörte meinem Großvater, der bei der Arbeit ein ernster Mann war, der laute aber dem Winfred. Der Winfred ging mit seinem runden Bäuchlein und seinem grünen Samtbarettlein wie ein Edelherr nur so um den Hof herum und schaute lachend auf die mageren Wiesen und steinigen Felder hinaus und gab seinem Gesinde lachend die Befehle und wackelte dann wieder in seine Stube und aß was rar war und trank was klar war – heißt das, nicht allzu klar, denn eitel Brunnenwassers wegen schmaust sich der Deutsche keinen Durst an. Oftmals wunderte sich mein Großvater darüber, daß auch bei seinem leichtlebigen Nachbar die Wirtschaft ging und allem Anscheine nach sogar besser als in anderen Höfen, wo man tagsüber arbeiten und nachtsüber sorgen müsse.

„Na, 's ist ja recht", meinte mein Großvater, „wer das kunnt, dem sei's vergunnt."

Zu diesem Nachbar Winfred Isidor Bernhard kam eines Tages ein entfernt stehender Vetter auf Besuch. Dieser Vetter war unter den Franzosenkriegen viel in der Welt herumgewirbelt worden, und alle Weine, die mittagwärts der Alpen gekeltert, und alle Biere, die mitternachtswärts gebraut wurden, hatte er verkostet.

Seines Zeichens war er Pferdehändler und so kam er eines Tages auf einem Rappen herangeritten gen den Hof des Winfred.

An diesem Tage hub ein scharfes Zechen an. Es war im Spätherbst, am Tage der heiligen Apostel Simon und Judas. Winfred hatte den Rappen zu gefülltem Troge und den Reiter an den eichenen Tisch geführt, der, von eichener Wandbank zur Hälfte umgeben, unverrückbar schwer dastand. Ein grauer Steinkrug kam herbei, dem standen Tröpflein auf seiner Bauchung, und dem entströmte ein kühlender Wohlduft. Behutsam, aber kundig des Handgriffs, stellte Winfred den Krug auf den Tisch: „Vetter Wolfgang, ich bring' dir's!"

„Ich bring' dir's wieder, Winfred. Wir haben draußen jetzo die Welt umgestülpt und dein Hof, der steht noch fest. So bleib's. Ich bring' dir's."

Und indem sie nun tranken auf den Bestand des Hofes, fingen sie an, denselben zu versaufen.

Draußen im Stalle schlachtete der Knecht einen Schöps; in der Küche buk die Hausfrau Krapfen. Als das Ankunftsmahl in lauter Heiterkeit verzehrt war, begann das große Trinken. Es währte die ganze Nacht. Als der Tag aufging, legte sich der Vetter Wolfgang auf die eine Bank und der Vetter Winfred auf die andere. Und als sie gegen Mittag erwachten, kam ein frischer Krug.

„Auf was trinken wir?" fragte Wolfgang.

„Gestern haben wir auf deine Ankunft getrunken und auf meinen Hof", antwortete der Bauer, „heute trinken wir auf die Verjagung der Franzen."

Das war angenommen. Am dritten Tage tranken sie auf des Wolfgang Rappen. Am vierten – das war der einunddreißigste Oktober – tranken sie auf Martin Luther, denn der Vetter Wolfgang hatte früher einen Prozeß mit dem Pfarrer von Langenwang eines schiefen Pferdehandels wegen gehabt und zur Rache dafür war er jetzt stocklutherisch geworden. Am fünften Tage tranken sie den Heiligen Gottes eins zu, am nächsten Tage brachten sie es den Seelen im Fegefeuer.

An einem weiteren Tage – nachdem nun der wildeste Durst gelöscht war – begann das Kartenspielen. Was der Wolfgang gewann, wurde gemeinsam vertrunken.

Da war es am Tage des heiligen Martin, als sich des Pferdehändlers Hosentaschen leer fanden. „So mag's an die Hosen selber gehen."

Der Winfred spielte keck, sein Weib, das stets den frischen Trunk zu besorgen hatte, konnte ihre Beklommenheit kaum mehr verbergen. Jetzt das letzte Blatt – ihr Mann hatte des Gastes Hosen gewonnen. Er schenkt sie zurück. – Nein, Spielschulden läßt man sich nicht schenken. Wolfgang reißt die Hosen von den Beinen. Da hub der Winfred gewaltig an zu lachen. Mit beiden Zeigefingern deutete er auf den Gast und lachte, daß er schier unter den Tisch kollerte. Was war's? Ein *zweites* Beinkleid hatte der Rossehändler an! Ja, das war der erste, der die Unterhosen in unsere Gegend gebracht hatte, nachdem seit der Einführung des Beinkleides unter den Germanen mehr als dreizehnhundert Jahre verflossen waren, ohne daß *ein* Paar Hosen nicht genügt hätte. Im Jahre 1860 hat das uralte Männlein noch gelebt und mein Schneidermeister hat einmal mit leuchtenden Augen auf dasselbe gewiesen: „Schau ihn an, Lehrbub, schau ihn gut an, der hat die Unterhosen ins Land gebracht."

Nun wieder zurück zu unserem Eichentisch. Am Kathrinentage, das ist der 25. November, saßen sie noch an demselben und aßen und tranken und spielten und lachten und beide behaupteten, eine so lustige Zeit, wie diese, sei seit der Welterschaffung noch nicht gewesen. Zu Anfang des Advents, als die beiden Männer einen Tag weniger als fünf Wochen lang gezecht hatten, kam die Hausfrau mit kummervoller Miene zur Tür herein und machte die Mitteilung, daß die Fässer leer seien, daß der Schweinstall leer sei, desgleichen auch die Vorratskammer.

„So", sagte Winfred, „schon leer?"

„Das macht nichts", meinte der Vetter Wolfgang, „so werde ich jetzt zum Nachbar gehen."

„Ich gehe auch mit", rief der Winfred, „der Waldbauer da drüben auf dem anderen Berg, der so schlau auf uns herüberschaut, der hat auch Sachen, hat zwei Stardin Holzapfelmost im Keller, langt uns bis über Neujahr. Also auf, Kumpan!"

Das Weib des Winfred aber war dem Waldbauer, meinem Großvater, wohlgewogen; daher lief sie jetzt auf kürzestem Wege zu ihm herüber und sprach: „Nachbar, sperr' Tür und Tor zu, ich vermein' dir's gut, sperr' Tür und Tor zu!"

„Rucken Franzosen an?"

„Deutsche rucken an. Zechen wollen sie bei dir."

„Das ist kein schlechtes Vorhaben“, sagte mein Großvater. „Wieviel sind ihrer?“
„O Waldbauer, diese Zecher zählen nicht nach Personen, sie zählen nach Tagen und Wochen. Sie werden nicht vom Fleck gehen, solang’ noch ein Tröpflein in deinem Keller, ein Krümlein in deiner Kammer ist. Zwei sind ihrer, mein Haus haben sie aufgefressen, jetzt heben sie mit deinem an.“
Sagte mein Großvater: „Wenn das solche sind, dann will ich sie schon begasten. Sie sollen kommen.“
Da ritten sie heran, der Wolfgang auf seinem Rappen, der Winfred auf einem alten Klepper, den er sich zum „in die Kirche fahren“ angeschafft hatte. Mein Großvater erhob ein Freudengeschrei über den seltsamen Besuch, dann ließ er die Pferde absatteln und zusammen an einen Schlitten spannen, um mit demselben vom Walde Brennholz heimzuführen. Zu den beiden Ankömmlingen sagte er, daß er wohl verhoffe, sie wären zu keinem anderen Zweck in den Waldbauernhof gekommen, als um ihm die Ehre zu erweisen, eine Jause bei ihm einzunehmen.
„Das versteht sich“, rief der lustige Winfred, „du kennst uns: wir essen was rar ist und trinken was klar ist, so lang bis es gar ist. Nachher kommst auch du mit uns, Waldbauer, und wir gehen um ein Häusel weiter.“
„Nur ist halt jetzt“, sagte der Waldbauer, „da drin in meiner Stuben der Tisch noch nicht gedeckt. Dieweilen das besorgt wird, seid ihr schon so gut und helft mir auf der Tenne die etlichen Schober Korn ausdreschen, auf daß ich nachher fertig bin und mich zu euch setzen kann.“
Dachte der Pferdehändler: Dreschen? Korn ausdreschen? dem Waldbauer Korn ausdreschen? Aber der Winfred Isidor Bernhard sagte: „Es gilt! das Dreschen macht Appetit.“
Und als sie bis zum Abend gedroschen hatten, gingen sie ins Haus und setzten sich zum Nachtmahl. Das bestand aus Milchsuppe, Sauerkraut und Bohnen; es war sehr gut gekocht. Der Waldbauer machte allerlei Schnurren, um

seine werten Gäste zu erheitern, und als die Bohnen verzehrt waren, sagte er: „Mit den Krapfen müßt ihr schon gedulden, bis sie fertig sind.“
„Gerne“, antwortete der Pferdehändler, „gerne wollte ich mich gedulden, wenn ich von der Küche herein nur ein klein Bissel was prasseln tät' hören. Aber in deiner Küche ist es still, wie in einer Totenkammer.“
„Laß nur Zeit“, sagte der Gastgeber, „'s ist halt von der Mühl das Mehl noch nicht da.“
„Wann wird's denn kommen, von der Mühl das Mehl?“ fragte der Nachbar Winfred sehr lustig, worauf der Waldbauer noch lustiger zur Antwort gab: „Das Mehl von der Mühl – das ist leicht auszurechnen: Heute haben wir das Korn ausgedroschen, morgen werden wir's sieben, entspreuen, in die Mühl tragen, übermorgen kann's gemahlen werden und am Tage drauf haben wir unsere Krapfen.“
Noch in derselbigen Nacht haben sich die beiden Vettern fein bedankt für die Gastfreundschaft und sind davongeritten.
Wie mein Großvater, so hatte es manch anderer gemacht, um den alten Brauch der fahrenden Zecher abzubringen. Es war das doch eine zu merkwürdige Entartung der altdeutschen Gastlichkeit gewesen. Nach Geburts- oder Hochzeitsfeierlichkeiten wurde das Zechen oftmals so lange ausgedehnt, bis alle Vorräte des Festgebers verpraßt waren, dann zogen die Schlemmer weiter zu einem nächsten Hause, das sie gut oder übel neuerdings bewirten mußte. In der Pfarre Fischbach starb ein alter Feldhäusler. Die Leidtragenden versammelten sich zum üblichen Totenmahle, allein der Verstorbene war ein armer Schlucker gewesen und sie wurden nicht satt. Sie verabredeten sich, in den nächsten Bauernhof zu gehen und eine Mahlzeit zu begehren. Es geschah; und als sie hier gegessen hatten, nahmen sie den Gastgeber mit und brachen in einen nächsten Hof ein und aßen und tranken, was da war; so zogen sie von Haus zu Haus und wuchsen immer mehr an, nicht bloß an Gestalt, sondern auch an Zahl, weil sie

stets den Gastgeber mit sich nahmen. Vor Weihnachten hatten sie mit ihrer Fahrt begonnen und als der Winter um war, stand kein Haus in der Pfarre, in welchem sie nicht ihr Totenmahl gehalten hätten. Nun waren einige dabei, die wieder von vorne anfangen wollten, da ließ der Pfarrer Sturm läuten, daß die Rotte erschrocken auseinanderfuhr.

In den alten bösen Zeiten hatte dieses fahrende Zechen und Schwelgen seinen Grund. War heute ein Vorrat im Hause, so holte ihn morgen der Lehensherr, oder eine Räuberbande, oder der fahrende Kriegsmann, oder gar ein Schwarm von Magyaren, Türken oder Welschen – da war's doch besser, man setzte sich heute in guter Kameradschaft zusammen und vertat in Saus und Braus, was zu vertun war. Oft mag es wohl auch beim Fürnehmen geblieben sein, so daß der Brauch mehr als Sage, denn als Tatsache umging. Als hernach die Leute frei und die Zustände geordnet wurden, als das, was von dem Fleißigen erworben worden, sein wahrhaftiges Eigentum war, da kam die Sparsamkeit auf. Die lustigen Käuze und Nichtstuer aber wollten von der alten Art nicht lassen, und so kam es, daß sich Reste von dieser Sitte bis in unsere Zeit erstreckten.

Bei einem der letzten fahrenden Zechen bin ich – um der Entwickelung der Geschehnisse hier vorzugreifen – selbst dabei gewesen. Unser mehrere Bauernbursche kamen von der Rekrutierung zurück. Mit den Wirtshäusern waren wir fertig und auch mit dem Gelde. Jetzt sprachen wir in einem Bauernhause zu und verlangten zu essen. Es waren nur ein paar Weiber daheim und die waren froh, sich mit einer Pfanne Eierkuchen loskaufen zu können. Vor einem nächsten Hause, in welchem wir gutgegorenen Apfelmost wußten, begehrten wir mit lautem Geschrei zu trinken, worauf das Hoftor aufging und uns ein gewaltiger Wasserstrahl ins Gesicht sprang, daß wir nach rückwärts taumelten und pudelnaß davonliefen. Der Bauer hatte mit seiner Hausfeuerspritze uns den Durst gründlich gelöscht; bei mir ist dieser seither nicht mehr in dem Maße angewachsen, daß ich nötig gehabt hätte, zur altehrwürdigen Sitte des fahrenden Zechens meine Zuflucht zu nehmen.

Ums Vaterwort

Ich habe im Grunde keine schlechte Erziehung genossen, sondern gar keine. War ich ein braves, frommes, folgsames, anstelliges Kind, so lobten mich meine Eltern; war ich das Gegenteil, so zankten sie mich derb aus. Das Lob tat mir fast allezeit wohl, und ich hatte dabei das Gefühl, als ob ich in die Länge ginge, weil manche Kinder wie Pflanzen sind, die nur bei Sonnenschein schlank wachsen.

Nun war mein Vater aber der Ansicht, daß ich nicht allein in die Länge, sondern auch in die Breite wachsen müsse, und dafür sei der Ernst und die Strenge gut.

Meine Mutter hatte nichts als Liebe. Liebe braucht keine Rechtfertigung, aber die Mutter sagte: wohlgeartete Kinder würden durch Strenge leicht verdorben, die Strenge bestärke den in der Jugend stets vorhandenen Trotz, weil sie ihm fort und fort neue Nahrung gebe. Er schlummere zwar lange, so daß es den Anschein habe, die Strenge wirke günstig, aber sei das Kind nur erst erwachsen, dann tyrannisiere es jene, von denen es in seiner Hilflosigkeit selbst tyrannisiert worden sei. Hingegen lege die liebevolle Behandlung den Widerspruchsgeist schon beizeiten lahm; Kindesherzen seien wie Wachs, ein Stück Wachs lasse sich nur um die Finger wickeln, wenn es erwärmt sei.

Mein Vater war von einer abgrundtiefen Güte, wenn er aber Bosheit witterte oder auch nur Dummheit, da konnte er scharf werden. Es dauerte aber nie lange. Er verstand es nur nicht immer, das rechte Wort zu sagen. Bei all seiner Milde hatte der mit Arbeit und Sorgen beladene Mann ein stilles, ernstes Wesen; seinen reichen Humor ließ er vor mir erst später spielen, als er vermuten konnte, daß ich genug Mensch geworden sei, um denselben aufzunehmen. In den Jahren, da ich das erste Dutzend Hosen zerriß, gab er sich nicht just viel mit mir ab, außer wenn ich etwas Unbraves angestellt hatte. In diesem Falle ließ er seine Strenge walten. Seine Strenge und meine Strafe bestand gewöhnlich darin, daß er vor mich hintrat und mir mit zornigen Worten meinen Fehler vorhielt und die Strafe andeutete, die ich verdient hätte.

Ich hatte mich beim Ausbruche der Erregung allemal vor den Vater hingestellt, war mit niederhängenden Armen wie versteinert vor ihm stehengeblieben und hatte ihm während des heftigen Verweises unverwandt in sein zorniges Angesicht geschaut. Ich bereute in meinem Inneren den Fehler stets, ich hatte das deutliche Gefühl der Schuld, aber ich erinnere mich auch an eine andere Empfindung, die mich bei solchen Strafpredigten überkam: es war ein eigenartiges Zittern in mir, ein Reiz- und Lustgefühl, wenn das Donnerwetter so recht auf mich niederging. Es kamen mir die Tränen in die Augen, sie rieselten mir über die Wangen, aber ich stand wie ein Bäumlein, schaute den Vater an und hatte ein unerklärliches Wohlgefühl, das in dem Maße wuchs, je länger und je ausdrucksvoller mein Vater vor mir wetterte.

Wenn hierauf Wochen vorbeigingen, ohne daß ich etwas heraufbeschwor, und mein Vater immer an mir vorüberschritt, als wäre ich gar nicht vorhanden, und nichts und nichts zu mir sagte, da begann in mir allmählich wieder der Drang zu erwachen und zu reifen, etwas anzustellen, was den Vater in Zorn bringe. Das geschah nicht, um ihn zu ärgern, denn ich hatte ihn überaus lieb; es geschah gewiß nicht aus Bosheit, sondern aus einem anderen Grunde, dessen ich mir damals nicht bewußt gewesen bin.

Da war es einmal am heiligen Christabend. Der Vater hatte den Sommer zuvor in Mariazell ein schwarzes Kruzifix-

lein gekauft, an welchem ein aus Blei gegossener Christus und die aus demselben Stoffe gebildeten Marterwerkzeuge hingen. Dieses Heiligtum war in Verwahrung geblieben bis auf den Christabend, an welchem es mein Vater aus seinem Gewandkasten hervornahm und auf das Hausaltärchen stellte. Ich nahm die Stunde wahr, da meine Eltern und die übrigen Leute noch draußen in den Wirtschaftsgebäuden und in der Küche zu schaffen hatten, um das hohe Fest vorzubereiten; ich nahm das Kruzifixlein mit Gefahr meiner geraden Glieder von der Wand, hockte mich damit in den Ofenwinkel und begann es zu verderben. Es war mir eine ganz seltsame Lust, als ich mit meinem Taschenfeitel zuerst die Leiter, dann die Zange und den Hammer, hernach den Hahn des Petrus und zuletzt den lieben Christus vom Kreuze löste. Die Teile kamen mir nun getrennt viel interessanter vor als früher im Ganzen; doch jetzt, da ich fertig war, die Dinge wieder zusammensetzen wollte, aber nicht konnte, fühlte ich in der Brust eine Hitze aufsteigen, auch meinte ich, es würde mir der Hals zugebunden. – Wenn's nur beim Ausschelten bleibt diesmal ...? – Zwar sagte ich mir: das schwarze Kreuz ist jetzt schöner als früher; in der Hohenwanger Kapelle steht auch ein schwarzes Kreuz, wo nichts dran ist, und gehen doch die Leute hin, zu beten. Und wer braucht zu Weihnachten einen gekreuzigten Herrgott? Da muß er in der Krippe liegen, sagt der Pfarrer. Und das will ich machen.
Ich bog dem bleiernen Christus die Beine krumm und die Arme über die Brust und legte ihn in das Nähkörbchen der Mutter und stellte so mein Kripplein auf den Hausaltar, während ich das Kreuz in dem Stroh des Elternbettes verbarg, nicht bedenkend, daß das Körbchen die Kreuzabnahme verraten müsse.
Das Geschick erfüllte sich bald. Die Mutter bemerkte es zuerst, wie närrisch doch heute der Nähkorb zu den Heiligenbildern hinaufkäme?
„Wem ist denn das Kruzifixlein da oben im Weg gewesen?" fragte gleichzeitig mein Vater.

Ich stand etwas abseits und mir war zumute, wie einem Durstigen, der jetzt starken Myrrhenwein zu trinken kriegen sollte. Indes mahnte mich eine absonderliche Beklemmung, jetzt womöglich noch weiter in den Hintergrund zu treten.
Mein Vater ging auf mich zu und fragte fast bescheidentlich, ob ich nicht wisse, wo das Kreuz hingekommen sei? Da stellte ich mich schon kerzengerade vor ihn hin und schaute ihm ins Gesicht. Er wiederholte seine Frage; ich wies mit der Hand gegen das Bettstroh, es kamen die Tränen, aber ich glaube, daß ich keinen Mundwinkel verzogen habe.
Der Vater suchte das Verborgene hervor und war nicht zornig, nur überrascht, als er die Mißhandlung des Heiligtums sah. Mein Verlangen nach dem Myrrhenwein steigerte sich. Der Vater stellte das kahle Kruzifixlein auf den Tisch. „Nun sehe ich wohl", sagte er mit aller Gelassenheit und langte seinen Hut vom Nagel. „Nun sehe ich wohl, er muß endlich rechtschaffen gestraft werden. Wenn einmal der Christi-Herrgott nicht sicher geht ... Bleib' mir in der Stuben, Bub!" fuhr er mich finster an und ging dann zur Tür hinaus.
„Spring' ihm nach und schau' zum Bitten!" rief mir die Mutter zu, „er geht Birkenruten schneiden."
Ich war wie an den Boden geschmiedet. Gräßlich klar sah ich, was nun über mich kommen würde, aber ich war außerstande, auch nur einen Schritt zu meiner Abwehr zu machen. Kinder sind in solchen Fällen häufig einer Macht unterworfen, die ich nicht Eigensinn oder Trotz nennen möchte, eher Beharrungszwang; ein Seelenkrampf, der sich am ehesten selbst löst, sobald ihm nichts Anspannendes mehr entgegengestellt wird. Die Mutter ging ihrer Arbeit nach, in der abendlich dunkelnden Stube stand ich allein und vor mir auf dem Tisch das verstümmelte Kruzifix. Heftig erschrak ich vor jedem Geräusch. Im alten Uhrkasten, der dort an der Wand bis zum Fußboden niederging, rasselte das Gewicht der Schwarzwälderuhr, welche die

fünfte Stunde schlug. Endlich hörte ich draußen auch das Schneeabklopfen von den Schuhen, es waren des Vaters Tritte. Als er mit dem Birkenzweig in die Stube trat, war ich verschwunden.
Er ging in die Küche und fragte mit wild herausgestoßener Stimme, wo der Bub sei? Es begann im Hause ein Suchen, in der Stube wurden das Bett und die Winkel und das Gesiedel durchstöbert, in der Nebenkammer, im Oberboden hörte ich sie herumgehen; ich hörte die Befehle, man möge in den Ställen die Futterkrippen und in den Scheunen Heu und Stroh durchforschen, man möge auch in den Schachen hinausgehen und den Buben nur stracks vor den Vater bringen. Diesen Christtag solle er sich für sein Lebtag merken! – Aber sie kehrten unverrichteter Dinge zurück. Zwei Knechte wurden nun in die Nachbarschaft geschickt, aber meine Mutter rief, wenn der Bub etwa zu einem Nachbar über Feld und Heide gegangen sei, so müsse er ja erfrieren, es wäre sein Jöpplein und sein Hut in der Stube. Das sei doch ein rechtes Elend mit den Kindern!
Sie gingen davon, das Haus wurde fast leer und in der finsteren Stube sah man nichts mehr als die grauen Vierecke der Fenster. Ich stak im Uhrkasten und konnte durch das herzförmige Loch hervorgucken. Durch das Türchen, welches für das Aufziehen des Uhrwerkes angebracht war, hatte ich mich hineingezwängt und innerhalb des Verschlages hinabgelassen, so daß ich nun im Uhrkasten ganz aufrecht stand.
Was ich in diesem Verstecke für Angst ausgestanden habe! Daß es kein gutes Ende nehmen konnte, sah ich voraus, und daß die von Stunde zu Stunde wachsende Aufregung das Ende von Stunde zu Stunde gefährlicher machen mußte, war mir auch klar. Ich verwünschte den Nähkorb, der mich anfangs verraten hatte, ich verwünschte das Kruzifixlein – meine Dummheit zu verwünschen, das vergaß ich. Es gingen Stunden hin, ich blieb in meinem aufrechtstehenden Sarge und schon saß mir der Eisenzapfen des

Uhrgewichtes auf dem Scheitel und ich mußte mich womöglich niederducken, sollte das Stehenbleiben der Uhr nicht Anlaß zum Aufziehen derselben und somit zu meiner Entdeckung geben. Denn endlich waren meine Eltern in die Stube gekommen, hatten Licht gemacht und meinetwegen einen Streit begonnen.

„Ich weiß nirgends mehr zu suchen“, hatte mein Vater gesagt und war erschöpft auf einen Stuhl gesunken.

„Wenn er sich im Wald vergangen hat oder unter dem Schnee liegt!“ rief die Mutter und erhob ein lautes Klagen.

„Sei still davon!“ sagte der Vater, „ich mag’s nicht hören.“

„Du magst es nicht hören und hast ihn mit deiner Herbheit selber vertrieben.“

„Mit diesem Zweiglein hätte ich ihm kein Bein abgeschlagen“, sprach er und ließ die Birkenrute auf den Tisch niederpfeifen. „Aber jetzt, wenn ich ihn erwisch’, schlag’ ich einen Zaunstecken an ihm entzwei.“

„Tue es, tue es – ’leicht tut’s ihm nicht mehr weh“, sagte die Mutter und begann zu schluchzen. „Meinst, du hättest deine Kinder nur zum Zornauslassen? Da hat der lieb’ Herrgott ganz recht, wenn er sie beizeiten wieder zu sich nimmt! Kinder muß man liebhaben, wenn etwas aus ihnen werden soll.“

Hierauf er: „Wer sagt denn, daß ich den Buben nicht liebhab’? Ins Herz hinein, Gott weiß es! Aber sagen mag ich ihm’s nicht; ich mag’s nicht und ich kann’s nicht. Ihm selber tut’s nicht so weh als mir, wenn ich ihn strafen muß, das weiß ich!“

„Ich geh’ noch einmal suchen!“ sagte die Mutter.

„Ich will auch nicht dableiben!“ sagte er.

„Du mußt mir einen warmen Löffel Suppe essen! ’s ist Nachtmahlszeit“, sagte sie.

„Ich mag jetzt nicht essen! Ich weiß mir keinen anderen Rat“, sagte mein Vater, kniete zum Tisch hin und begann still zu beten.

Die Mutter ging in die Küche, um zur neuen Suche meine

warmen Kleider zusammenzutragen, für den Fall, als man mich irgendwo halberfroren finde. In der Stube war es wieder still und mir in meinem Uhrkasten war's, als müsse mir vor Leid und Pein das Herz platzen. Plötzlich begann mein Vater aus seinem Gebete krampfhaft aufzuschluchzen. Sein Haupt fiel nieder auf den Arm und die ganze Gestalt bebte.

Ich tat einen lauten Schrei. Nach wenigen Sekunden war ich von Vater und Mutter aus dem Gehäuse befreit, lag zu Füßen des Vaters und umklammerte wimmernd seine Knie.

„Mein Vater, mein Vater!" Das waren die einzigen Worte, die ich stammeln konnte. Er langte mit seinen beiden Armen nieder und hob mich auf zu seiner Brust und mein Haar ward feucht von seinen Zähren. Mir ist in jenem Augenblicke die Erkenntnis aufgegangen.

Ich sah, wie abscheulich es sei, diesen Vater zu reizen. Aber ich fand nun auch, *warum* ich es getan hatte. Aus Sehnsucht, das Vaterantlitz vor mir zu sehen, ihm ins Auge schauen zu können und seine zu mir sprechende Stimme zu hören. Sollte er schon nicht mit mir heiter sein, so wie es andere Leute waren, so wollte ich wenigstens sein zorniges Auge sehen, sein herbes Wort hören; es durchrieselte mich mit süßer Gewalt, es zog mich zu ihm hin. Es war das Vaterauge, das Vaterwort.

Kein böser Ruf mehr ist in die heilige Christnacht geklungen und von diesem Tage an ist vieles anders geworden. Mein Vater war seiner Liebe zu mir und meiner Anhänglichkeit an ihn inne geworden und hat mir in Spiel, Arbeit und Erholung wohl viele Stunden sein liebes Angesicht, sein treues Wort geschenkt, ohne daß ich noch einmal nötig gehabt hätte, es mit List erschleichen zu müssen.

Was bei den Sternen war

Selbst der Naturforscher gibt es diesmal zu, was der Poet behauptet, daß nämlich im Waldlande die Sterne heller leuchten als sonst wo. Das macht die reine, feuchte Luft, sagt der eine; der andere hingegen meint, der Himmelsglaube der Einschichtbewohner sei Ursache, daß der Sternenhimmel so hell und hold niederfunkle auf den weiten stillen Wald.

Hat doch meine Ahne zu mir gesagt, als wir noch beisammen auf dem Holzbänklein unter der Tanne gesessen:

„Du bist mein liebes Kind. Und jetzt schau zum Himmel hinauf, die Augen Gottes blicken auf uns herab."

Ei freilich, ich konnte mir's wohl denken, einer, der auf des Menschen Haupt die Haare zählt, muß hunderttausend Augen haben. Nun war es aber schön zu sehen, wie mir der liebe Gott mit seinen Augen zublinzelte, als wollte er mir was zu verstehen geben; – und ich konnte es doch um alles nicht erraten, was er meinte. – Ich nahm mir wohl vor, recht brav zu sein, besonders bei Nacht, wenn Gott da oben seine hunderttausend Augen auftut, und die guten Kinder zählt, und die bösen sucht und recht scharf anschaut, auf daß er sie kennt am Jüngsten Tag.

Ein andermal saß ich auf demselben Holzbänkchen unter der Tanne, an Seite meiner Mutter. Es war bereits späte Abendstunde, und die Mutter sagte zu mir:

„Du bist ein kleiner Mensch, und die kleinen Leute müssen jetzt schon ins Bett gehen; schau, es ist ja die finstere Nacht, und die Engel zünden schon die Lichter an, oben in unseres Herrgotts Haus."

Mit solchen Worten ein Kind zur Ruhe bringen?

„In unseres Herrgotts Haus die Lichter?" fragte ich, sofort für den Gegenstand eingenommen.

„Freilich", sagte die Mutter, „jetzt gehen alle Heiligen von der Kirche heim, und im Hause ist eine große Tafel und da setzen sie sich zusammen und essen und trinken was, und die Englein fliegen geschwind herum und zünden alle

Lichter an, und den großen Kronleuchter auch, der mitten hängt, und nachher laufen sie zu den Pfeifen und Geigen und machen Musik."

„Musik?" entgegnete ich, in der Anschauung des Bildes versunken. „Und der Wollzupfermichel, ist der auch dabei?"

Der Wollzupfermichel war ein alter blinder Mann gewesen, der bei uns Waldbauern das Gnadenbrot genossen und dafür zuweilen Schafwolle gezupft und gekraut hatte. Wenige Wochen vor diesem Abendgespräche war er gestorben.

„Ja, du", versetzte die Mutter auf meine Frage, „der Wollzupfermichel, der sitzt ganz voran bei unserem lieben Herrgott selber, und er ist hoch in Ehren gehalten von allen Heiligen, weil er auf der Welt so arm gewesen und so verachtet und im Elend hat leben müssen, und weil er doch alles so geduldig ertragen hat."

„Wer gibt ihm denn beim Essen auf den Teller hinaus?" war meine weitere Frage.

„Nu, wer denn?" meinte die Mutter, „das wird schon sein heiliger Schutzengel tun." Sogleich aber setzte sie bei: „Du Närrisch, der Michel braucht jetzt ja gar keine Behelfer mehr, im Himmel ist er ja nimmer blind; im Himmel sieht er seinen Vater und seine Mutter, die er auf der Welt niemalen hat gesehen. Und er sieht den lieben Herrgott selber und unsere liebe Fraue und alle, und zu uns sieht er auch herab. Ja, freilich, mit dem Michel hat's gar eine glückselige Wendung genommen und hell singen und tanzen wird er bei der himmlischen Musik, weil der heilige David harfenspielen tut."

„Tanzen?" sagte ich nach und suchte mit meinen Augen das Firmament ab.

„Und jetzt, Bübel, geh' schlafen!" mahnte die Mutter. Wohl machte ich die Einwendung, daß sie im Himmel erst die Lichter angezündet hätten und also gewißlich auch noch nicht schlafen gingen; aber die Mutter versetzte mit entschiedenem Tone, im Himmel könnten sie machen

was sie wollten, und wenn ich fein brav wäre und einmal in den Himmel käme, so könnte ich auch machen was ich wollte.
Ging zu Bette und hörte in selbiger Nacht die lieben Englein singen. –
Wieder ein andermal saß ich mit der Ahne auf der hölzernen Bank unter den Tannen.
„Guck', mein Bübel", sagte sie, gegen das funkelnde Firmament weisend, „dort über das Hausdach hin, das ist dein Stern."
Ein helles, flimmerndes Sternchen stand oft und auch heute wieder über dem Giebel des Hauses; aber daß selbes mein Eigentum wäre, hörte ich nun von der Ahne das erstemal.
„Freilich", belehrte sie weiter, „jeder Mensch hat am Himmel seinen Stern, das ist sein Glücksstern oder sein Unglücksstern. Und wenn ein Mensch stirbt, so fällt sein Stern vom Himmel."
Todeserschrocken war ich, als gerade in diesem Augenblicke vor unseren Augen eine Sternschnuppe sank.
„Wer ist jetzt gestorben?" fragte ich, während ich sogleich schaute, ob mein Sternchen wohl noch über dem Dachgiebel stehe.
„Kind", sagte die alte Ahne, „die Welt ist weit, und hätten wir nur Ohren dazu, wir täten Tag und Nacht nichts hören, als Totenglockenklingen."
„Ahndl", fragte ich; denn Kinder, die in ihrem Haupte ja soviel Raum für Vorstellungen und Eindrücke haben, sind unermüdlich im Fragen, „Ahndl, wo hast denn du deinen Stern?"
„Mein Kind", antwortete sie, „der ist schon völlig im Auslöschen, den sieht man nimmer."
„Und ist das ein Glücksstern gewesen?"
Da zog sie mich an ihre Brust und hauchte: „Wird wohl so sein, du herzlieber Enkel, wird wohl so sein!"

*

Ein alter Schuhmacher kam zuweilen in unser Haus, der redete wie ein Heide. Wir Menschen, meinte der alte Schuhmacher, kämen nach dem Tode weder in den Himmel noch in die Hölle, sondern auf einen Stern, wo wir so, wie auf dieser Welt, wieder geboren würden und je nach Umständen weiter lebten.

Das Närrischste aber sagte schon der Schulmeisterssohn aus Grabenbach, der als Student einmal zu uns kam. Der schwätzte von Bären und Hunden und Wasserschlangen, die da oben am Himmel herumliefen, und ein Widder und ein Walfisch sei auch dabei; und gar eine Jungfrau wollte er durch seine Augengläser gesehen haben. Dieser Schulmeisterssohn war schuld daran, daß mich mein Vater nicht studieren lassen wollte.

„Wenn sie solche Narrheiten lernen in der Stadt", sagte mein Vater, „daß sie auf unseres Herrgotts hohem Firmament lauter wilde Tiere sehen, nachher hab' ich genug. Mein Bub, der bleibt daheim."

Eine junge Magd hatten wir im Hause; die war gescheit, die hatte einmal was gesagt, was mir heute das Herz noch warm macht. Sie hatte es sicherlich von ihrem alten Ziehvater, der so ein Waldgrübler gewesen war. Der Mann hat etwas Wundersames in seinem Kopfe gehabt; er wäre gern Priester geworden, aber blutarm, wie er war, sind ihm alle Wege dazu verlegt gewesen. Da wurde er Kohlenbrenner. Ich habe den Alten oft heimlich belauscht, wenn er auf seinem Kohlenmeiler stand und Messe las, oder wenn er den Vögeln des Waldes vorpredigte, wie voreinst der heilige Franziskus in der Wüste. Von diesem Manne mag unsere junge Magd das seltsame Wort gehört haben.

„Der Sternenhimmel da oben", sagte sie einmal, „das ist ein großmächtiger Liebesbrief mit goldenen und silbernen Buchstaben. Fürs erste hat ihn der liebe Herrgott den Menschen geschrieben, daß sie nicht ganz auf ihn vergessen sollen. Fürs zweite schreiben ihn die Menschen füreinander. Das ist so: Wenn zwei Leut', die sich rechtschaffen liebhaben, weit auseinander müssen, so merken sie sich vorher einen hellen Stern, den sie beide von aller Fremde aus sehen können, und auf dem ihre Augen zusammenkommen. – Dasselbig funkelnde Ding dort“, setzte die Magd leise und ein wenig zögernd bei, indem sie auf ein glühend Sternlein deutete, das hoch über dem Waldrande stand, „dasselbig Ding, das schaut zu dieser jetzigen Stund' auch der Hans an, der weit drin im Welschland ist bei den Soldaten. Ich weiß wohl, er wird mich nicht vergessen.“

*

Eines Tages mußte ich am Waldrande spät abends noch die Rinder weiden, die tagsüber im Joche gegangen waren. Sonst war in solchen Stunden lieb Ahne bei mir, aber die war nun schon seit länger unpaß und mußte zu Hause bleiben. Jedoch hatte sie mir versprochen, oftmals vor das Haus herauszutreten und den Hühnerpfiff zu tun, damit mir in der einschichtigen stillen Nacht nicht zu grauen beginne.

Ich stand zagend neben meinen zwei Rindern, die auf der taunassen Wiese eifrig grasten, aber ich hörte heute keinen jener lustigen Pfiffe, welche meine Ahne mittelst zweier Finger, die sie in den Mund legte, so fein zu machen verstand, gewöhnlich zu dem Zwecke, um die Hühner damit zusammen zu locken.

Das Haus lag still und traurig oben auf dem Berge. Von der tiefen Schlucht herauf hörte ich das Rieseln des Wässerleins, das ich sonst hier noch nie vernommen hatte. Hingegen schwiegen heute die Grillen ganz und gar. Ein Uhu krähte im Walde und erschreckte mich dermaßen, daß ich die Hörner des Rindes erhaschte und dieselben gar nicht mehr loslassen wollte.

Der Sternenhimmel hatte heute einen so tiefen Ernst; mir war, als hörte ich durch die große Stille das Saitenspiel des heiligen Sängers klingen. – Siehe, da löste sich plötzlich ein Stern und fiel in einem scharfen Silberfaden, der gerade über unser Haus niederging, vom Himmel herab. – –

Mir zuckte es heiß durchs Herz, mir blieb der Atem stehen. – „Jetzt ist die Ahne gestorben!“ sagte ich endlich laut, „das ist ihr Stern gewesen.“ Ich hub an zu schluchzen. Da hörte ich vom Hause her bereits des Vaters Stimme, ich sollte eilends heimzu treiben.

Bald jagte ich in den Hof ein. Das Haus war in allen Fenstern beleuchtet; ein Geräusch und Gepolter war, und Leute eilten hin und her nach allen Ecken und Winkeln.

„Geschwind, Peterle, geh' her!“ rief es mir von der Tür aus zu, und es war die Stimme der Ahne. Ich lief in das Haus – was hab' ich gehört? Kleinkindesgeschrei.

„Ein Brüderlein hast kriegt“, rief die Ahne, „das hat ein Engel vom Himmel gebracht!“

So war es. Mutter lag schon im Bette und hielt das winzige Kindlein an der Brust.

Ein Engel vom Himmel! Ja, ich habe ihn fliegen gesehen.

„Ahndl“, sagte ich, „es ist doch nicht so, daß Sterne fallen! Lauter Engel sind es, die mit Kindlein niederfliegen vom Himmel!“

Ich verharre bei diesem Glauben noch heute, da ich vor einer Wiege stehe, in die mir selbst ein liebes himmlisches Wunder gegeben ist.

Als ich das Ofenhückerl gewesen

Warum es so frostig wird heutzutage? Warum wir gefroren sind? Weil wir keinen ordentlichen Ofen mehr bauen können. Allen Respekt vor den schwedischen und russischen Öfen, vor den Berliner und Meißner Öfen, gar zierlich sind sie und ein Zimmerschmuck und alles mögliche, aber so recht gemütlich? – So recht gemütlich ist nur der große, breite, behäbige Kachelofen mit seinen grünen oder braunen Augenreihen, mit seinem Holzgeländer und seiner Ofenbank. Die Ofenbank, wo die Kindheit und das Alter

hocken, das Enkelein und die Großmutter – und die alten Märchen!
Daheim in meinem Vaterhause, da stand so einer! Ganz hinten in der linken Stubenecke, wo es immer etwas dunkel war. Über der breiten Ofenbank, die sich um ihn herumzog, war eine Reihe viereckiger Plattkacheln und darüber in weißen Lehm eingefügt die runden Kacheln mit hervorquellenden Rundungen, in welchen sich die lichten Stubenfenster mit ihren Kreuzen spiegelten. Der Ofen strebte breit auf und wölbte sich oben in Kacheln sachte zusammen. Wenn man fragte, wie alt er sei, so antwortete der Vater: „Dein Ähndl wird ihn haben setzen lassen, oder der Urähndl." Freilich wurde jeder kleine Schaden an ihm sofort verkleistert und mit weißem Lehm übertüncht, freilich wurden ihm fast alle Samstage die großen Augen gewaschen, so daß er immer jung und frisch in die Stube schaute. Umfriedet war er von dem leiterartigen Geländer, an das die Mutter unsere frischgewaschenen Hemden zum Trocknen hing. Denn warm war es bei diesem Ofen immer, selbst im Sommer, wo sonst der Brunnentrog warm und der Ofen kalt zu sein pflegt. Er wurde überhaupt nie kalt und es mochte sein wie es wollte, es mochte regnen oder schneien oder winden – auf der Ofenbank war's immer gut. Und wenn draußen der Sturm toste in den alten Fichten und der hölzerne Hirsch an der Wand klapperte, und wenn die Blitze bleckten, daß die ganzen Berge über dem Graben drüben grün und gelb waren, und wenn der Donner schmetterte, als breche schon der Dachstuhl nieder mitsamt dem Giebel und seinen Schwalbennestern, da dünkte mich die Ofenbank der sicherste Ort, wohin das Verderben so leicht nicht reichen könne. Kurz, die Ofenbank war mir der trautsamste Mittelpunkt des heimatlichen Nestes. Lange Zeit hatte ich mein Bett auf derselben. Ich lag auf der Ofenbank, als ich so klein war, daß im Munde noch der „Zutzel" und zwischen den Beinen noch die Windel stak; ich lag auf der Ofenbank, als ich so krank war, daß die Mutter mich dem Himmel gelobte,

wenn er mich nicht zu zeitlich nähme (das wurde später rückgängig, weil das Geistlichwerden Geld kostete). Ich lag auf der Ofenbank, als ich so schlau war, allmorgentlich die Oberlippe mit Seife einzureiben, damit der Schnurrbart endlich wachse. Ich lag auf der Ofenbank viel später, als der Bruder Jakob mir den Bart wegkratzte, weil er mir zuwider war. Und wenn ich in früheren Zeiten dort so lag, da hörte ich manchmal hinter den Kacheln drin leise das Feuer knistern, wenn die Mutter morgens eingeheizt hatte, es wurde wärmer, aber es wurde nicht schwül um mich. Es wurde nie kalt und es wurde nie heiß, und wenn mir einer so einen alten Kachelofen plump und unförmig schimpft, so stelle ich seinem Leben nach. Über den besten Freund unseres Hauses lasse ich nichts kommen.

Er gab uns nicht allein Wärme, er gab uns auch Brot. Alle zwei Wochen einmal war Backtag. Man kennt die Stattlichkeit der Brotlaibe bäuerlicher Abkunft; solcher Laibe ihrer vierzehn hatten nebeneinander Raum auf dem glühheißen Steinboden drinnen.

Am Backtag gab's für mich kleinen Buben allemal eine säuerliche Freude. Denn bevor das Brot in den Ofen kam, mußte ich hinein. Aber zum Glücke nicht nach dem Feuer, sondern vor demselben. Da war's etwas staubig drinnen und rußig und ganz finster. Mit einem Besen aus Tannenreisig hatte ich den Steinboden des Ofens auszufegen, Kohlen, Asche fortzuschaffen und dann die großen Holzscheiter übereinander zu schichten, die mir die Magd zum Ofenloch hineinsteckte. Ich weiß nicht, ob die Spanier im Mittelalter auch so geschichtet haben: zuerst eine Brücke geradeaus, darüber eine Brücke in die Quere, dann wieder eine geradeaus und eine in die Quere usw. So baute ich den Scheiterhaufen und so brennt's am besten. Die Scheiter waren über eine Elle lang und als das Gebäude aufgeführt war bis fast zur Wölbung, da engte es sich arg und da kroch ich ringsherum, zu sehen, oder vielmehr zu tasten, ob es gut war – und dann zum Loch hinaus.

Zum Lohn für solch finstere Taten bekamen wir Kinder jedes ein frischgebackenes Brotstritzlein, welches wir gleich in noch dampfendem Zustande verzehrten. Theoretisch kriegt man vom Genusse frischgebackenen Brotes die Kolik, praktisch bekamen wir drei Stunden darauf nichts als Hunger.

Einigemal lieferte uns der Ofen etwas besonders Gutes. Ein strudelartig breit und dünn ausgewalzter Teig wurde in den heißen Ofen geschossen; nach einiger Zeit kam die Platte heraus, hatte eine bräunliche Farbe und war hart und spröde wie Glas. Schon das war fein zu knuspern. Nun kam aber die Mutter, zerkleinerte mit dem Nudelwalzer knatternd diese Scheibe aus Mehl, tat die Splitter in eine Pfanne, wo sie geschmort und geschmälzt wurden. Das war hernach ein Essen! Scharlbrot wurde es genannt. Ich habe diese ganz eigenartig wohlschmeckende Speise sonst nirgends wieder gefunden, möchte aber gerne ihren und ihres Namens Ursprung wissen.

Einmal – und das ist's, was ich eigentlich erzählen will – spielte es sich, als sollte in unserem großen Ofen auch Fleisch gebraten werden.

So um Allerheiligen herum war ein junger, schlank gewachsener Vagabund zu uns gekommen. Ich weiß nur noch, daß er sehr lange Beine hatte und im Gesicht eine platte Nase und darunter eine Hasenscharte. Er schien soviel als erwachsen, hatte aber das Stimmlein wie ein Knabe. Und mit diesem Stimmlein fragte er ganz hell und grell meinen Vater, ob er über den Winter dableiben dürfe?

„Das ledige Herumzigeunern ist halt nur im Sommer lustig", antwortete ihm mein Vater. „Nun, wenn du dreschen willst, so kannst bleiben. Kost und Liegerstatt wirst dir doch verdienen."

Der Bursche war nicht blöde, tat gleich, als ob er bei uns zu Hause wäre und beim Nachtmahl erzählte er laut, daß er vor kurzem in einer Gegend gewesen sei, wo es ein sehr gutes Essen gab: das Kraut wäre gezuckert gewesen, der

Sterz mit Wein geschmalzen und die Knödeln wären durch und durch schwarz gewesen vor lauter Weinbeerln.
Darob wurde der Junge ausgelacht und unser Stallknecht sagte: „Die Sachen wären ja nicht zuwider, aber anders gemischt müßten sie sein: Zum Sterz die Weinbeerln, zum Wein der Zucker und zu den Knödeln das Kraut." Hernach sagte der Kaunigl – so nannte sich der Bursche mit seinem Kinderstimmlein – er habe auch schon Schwabenkäfer in Buttertunke gegessen, die seien sehr gut! worauf ihm mein Vater den Rat gab, er solle stille sein.
Nach dem Essen, als kaum das letzte Kreuz gemacht war, zog der Kaunigl ein Büschel Spielkarten aus der Hosentasche, mischte es mit kundiger Hand, warf für drei Personen ein Spiel aus und blickte fast erstaunt umher, ob denn keiner mittun wolle? Ich lugte hin nach den leicht geschweiften Karten mit dem geeichelten Rücken und den bunten Figuren, die der Kaunigl so glatt abzulegen und so schön pfauenradförmig in der Hand zu halten wußte. Ich wollte schon anbeißen, da fuhr der Vater drein: „Weg mit den Karten. Morgen ist der Armenseelentag! (Allerseelen.) Denkt's aufs Beten!"
Am nächsten Tage, während der Vater in der Kirche war, saßen wir, der Kaunigl und ich, in der Flachskammer und spielten Karten. Ich mußte erst die Blätter kennen lernen, aber merkwürdigerweise wurde ich mit den zweiunddreißig Kartenfiguren viel leichter vertraut, als ein Jahr vorher mit den vierundzwanzig Buchstaben. Leider kam die Mutter um einen Rocken für ihr Spinnrad, sie verdarb alles. „Aber Buben!" sagte sie, „derbarmen euch die armen Seelen nicht, daß ihr so was treibt am heutigen Tag?!" Wir verzogen uns. Aber der Hasenschartige hatte mir's schon angetan. Er wußte und konnte allzuviele merkwürdige Sachen, die noch dazu verboten waren!
An einem der nächsten Tage hockten wir im Heustadl auf einem Futterhaufen und spielten wieder Karten. Ich hatte solche Fortschritte gemacht, daß mir nicht bloß die Figuren, sondern auch schon sehr viele Spiele bekannt waren. So

taten wir „zwicken", „brandeln", „mauscheln", „bettlerstrafen", „königrufen", „grün' Buben suchen", „pechmandeln", „mariaschen" und anderes. Weil kein Tisch war, so legten wir die Karten aufs Knie, zwickten sie zwischen die Beine und der Kaunigl steckte seine Trümpfe sogar einmal in die Hasenscharte. Keuchte jählings das alte Everl die Leiter herauf. Wir verhielten uns im dunkeln Raum mäuschenstill, aber sie hatte uns doch bemerkt. „Buben!" rief sie, „was tut's denn, Buben?"
„Beten", gab der Kaunigl zur Antwort.
„Ja, beten! Mit des Teufels Gebetbuch, gelt?" rief das Weiblein, „Wißt's es nit, daß der Vater das Kartenspielen nit leiden mag? Wird euch schön sauber der Schwarze bei den Füßen packen und in die Höll' hinabschleifen." Somit war's mit dem Spiel wieder aus. In die Höll' hinabschleifen, das wär' so etwas!
Am nächsten Sonntage machte der Kaunigl den Vorschlag, daß ich mit ihm in den Schachen hinausginge, damit wir bei unserer Unterhaltung endlich einmal Ruh' hätten. Aber es regnete und es schneite und es ging ein kalter Wind, also daß ich der Einladung nicht nachkam. Ob ich aus Papier wäre? piepste hierauf der Kaunigl, daß ich fürchten müsse, vom bissel Regen aufgeweicht zu werden und auseinanderzufallen! Im Wassergraben habe er seiner Tage am besten geschlafen, und so wie er schwarze Erde mit Brennesseln esse, wenn er sonst nichts habe, so wolle er sich in Ermanglung eines Bettzeuges nackend in Schnee einwickeln, und ich solle lieber in der Mutter ihren Kittel hineinschliefen. – Aber schon an demselben Nachmittage kam der Kaunigl mit etwas anderem, was ich in der Lage war, anzunehmen. Die Stube war besetzt vom Vater, der an der Wanduhr etwas zu basteln hatte und von den Knechten, die ihre Schuhe nagelten. In den übrigen Winkeln des Hauses war es auch nicht sicher, also in den Ofen hinein! In demselben war ein Holzstößlein geschichtet, wir krochen hinter das Stößlein. Nachdem der Kaunigl den Deckel des Ofenloches zugezogen

hatte, zündete er die mitgebrachte Kerze an, tat die Karten hervor und wir huben an. Gemütlicheres gibt's gar nicht auf der Welt, als in einem großen Kachelofen bei Kerzenbeleuchtung „brandeln" oder „zwicken" oder „mariaschen". Die rötlich gebrannte Mauer, die schwarzen Kachelhöhlen um und über uns bargen und hüteten uns, und nun waren wir doch einmal sicher und konnten „fabeln" oder „mauscheln" oder was wir wollten, bis in die späte Nacht hinein. Durch die Kacheln von der Stube her hörten wir ein Surren; sie taten Rosenkranz beten, der Kaunigl warf die Blätter auf ein „Brandeln". Wir spielten um Geld. Gewann er, so blieb ich schuldig, gewann ich, so blieb er schuldig. Es soll keine größere Ehrlosigkeit geben, als Spielschulden nicht zahlen. Lieber Leser, so einer bin ich! – Just hatte ich wieder ein schönes Blatt in der Hand: zwei Könige und drei Säue und den Schellschneider, der Trumpf war – da klirrte plötzlich der blecherne Ofentürdeckel. Das Licht war sofort ausgeblasen und wir verhielten uns still, wie zwei tote Maulwürfe. Jetzt geschah etwas Unvorhergesehenes, etwas Schreckliches. Vor dem Ofenloche stand das gedörrte Everl und fuhr mit einer Spanlunte herein in den Holzstoß, der zwischen uns und dem Ausgange war. Die Flammen leckten an den Scheitern hinauf. Ich zwischen durch und mit einem kreischenden Schrei hinaus, daß das alte Everl vor Schreck in den Herdwinkel fiel. Dem Kaunigl ging's nicht so gut, dem spießten sich die langen Beine, er konnte zwischen Wand und Scheiterstoß nicht sofort heraus, der Rauch verschlug den Atem und schon hörte man nichts mehr von ihm.

„Der Kaunigl ist drinnen!" schrie ich wie verzweifelt, da wurde mit dem Sterkrampen der brennende Holzstoß, Scheit um Scheit, herausgerissen auf den Herd und schließlich wurde mit demselben Krampen ein Häuflein Mensch herausgezogen, das ganz zusammengekauert war wie eine versengte Raupe und dessen Kleider bereits an mehreren Stellen rauchten.

Zwei Schöpfpfannen Wasser goß ihm das Everl ins Gesicht, da wurde der Kaunigl wieder lebendig.
Als jetzt auch einige Spielkarten zum Vorschein kamen, kannte sich das Everl gleich aus. „Was hab' ich denn gesagt, Buben!" so redete sie, „hab' ich nicht gesagt, ihr kommt's mit dem verflixten Deuxelszeug in die Höll'? Im Fegfeuer seid's nu schon gewesen."
Mein Vater wollte den Burschen davonjagen, tat's aber nicht, weil der Bursche nicht darauf gewartet hat. Wo der Kaunigl anders zugesprochen, das weiß ich nicht; jedenfalls konnte er eine neue Erfahrung zum besten geben: Er hatte nicht allein Schwabenkäfer in Buttertunke gegessen, in Wassergräben geschlafen, sich nackend in Schnee gewikkelt, er hatte auch im Feuerofen Karten gespielt.
Mir war von diesem Tage an der alte große Ofen auf lange nicht geheuer; mit seinen grünen Augen schaute er mich drohend an: Bübel, wirst noch einmal Karten spielen, während die anderen beten?!
Erst als ich wieder brav geworden war, ganz ordentlich und fleißig, blickte mich der Ofen neuerdings freundlich an und es war wieder so heimlich bei ihm wie früher. Später sind seine guten Augen erblindet, dann ist er in sich zusammengesunken wie ein Urgroßmütterlein, und heute geht's ihm, wie es bald uns allen ergehen wird – nichts mehr übrig, als ein Häufchen Lehm.

Wie ich dem lieben Herrgott mein Sonntagsjöppl schenkte

In der Kirche zu Ratten steht links am Hochaltare eine fast lebensgroße Reiterstatue. Der Reiter auf dem Pferde ist ein stolzer Kriegsmann mit Helm und Busch und einem kohlschwarzen Schnurrbart. Er hat das breite Schwert gezogen und schneidet mit demselben seinen Mantel entzwei. Zu Füßen des sich bäumenden Rosses kauert eine Bettlergestalt in Lumpen.

Als ich noch so ein nichtiger Knirps war, wie er einem ordentlichen Menschen kaum zum Hosensack emporgeht, führte mich meine Mutter gern in diese Kirche. In der Nähe der Kirche steht eine Marienkapelle, die sehr gnadenvoll ist und in welcher meine Mutter gern betete. Als oft kein Mensch sonst mehr in der Kapelle war, und vom Turme schon die Mittagsglocke in den heißen Sommersonntag hinausklang, kniete die Mutter immer noch in einem der Stühle und klagte Marien ihr Anliegen. Die „liebe Frau" saß auf dem Altare, legte die Hand in den Schoß und bewegte weder den Kopf noch die Augen, noch die Hände.

Ich hielt mich lieber in der großen Kirche auf und sah den schönen Reiter an.

Und einmal, als wir auf dem Wege nach Hause waren und mich die Mutter an der Hand führte, und ich immer drei Schritte machen mußte, so oft sie einen tat, warf ich meinen kleinen Kopf auf zu ihrem guten Angesichte und fragte: „Zuweg steht denn der Reiter allfort auf der Wand oben und zuweg reitet er nicht zum Fenster hinaus auf die Gasse?"

Da antwortete die Mutter: „Weil du so kindische Fragen tust und weil es nur ein Bildnis ist, das Bildnis des heiligen Martin, der, ein Soldat, ein sehr guttätiger frommer Mann gewesen und jetzt im Himmel ist."

„Und ist das Roß auch im Himmel?" fragte ich.

„Sobald wir zu einem rechten Platz kommen, wo wir rasten können, so will ich dir vom heiligen Martin was erzählen", sagte die Mutter und leitete mich weiter, und ich hüpfte neben ihr her. Da wartete ich schon sehr schwer auf das Rasten und in einemfort rief ich: „Mutter, da ist ein rechter Platz!"

Erst als wir in den Wald hineinkamen, wo ein platter, moosiger Stein lag, fand sie's gut genug, da setzten wir uns nieder. Die Mutter band das Kopftuch fester und war still, als habe sie vergessen, was sie versprochen. Ich starrte ihr auf den Mund, dann guckte ich wieder zwischen den Bäumen hin, und mir war ein paarmal, als hätte ich durch das Gehölz den schönen Reitersmann reiten gesehen.

„Ja, 'leicht wohl, mein Bübel", begann meine Mutter plötzlich, „allzeit soll man den Armen Hilfe reichen um Gotteswillen. Aber so, wie der Martin gewesen, traben heutzutag' nicht viel Herrenleut' herum auf hohem Roß. – Daß im Spätherbst der eiskalte Wind über unsere Schafheide streicht, das weißt wohl, hast dir ja selber drauf im vorigen Jahr schier die Tatzelein erfroren. Siehst du, völlig eine solche Heide ist's auch gewesen, über die der Reitersmann Martinus einmal geritten an einem späten Herbstabend. Steinhart ist der Boden gefroren, und das klingt ordentlich, so oft das Roß seinen Huf in die Erden setzt. Die Schneeflöcklein tänzeln umher, kein einziges vergeht. Schon will die Nacht anbrechen und das Roß trabt über die Heide, und der Reitersmann zieht seinen weiten Mantel zusammen, so eng es halt hat gehen mögen. Bübel, und wie er so hinfährt, da sieht er auf einmal ein Bettelmännlein kauern an einem Stein; das hat nur ein zerrissenes Jöppel an und zittert vor Kälte und hebt sein betrübtes Auge auf zum hohen Roß. Hu, und wie das der Reiter sieht, hält er an sein Tier und ruft zum Bettler nieder: Ja, du lieber armer Mann, was soll ich dir reichen? Gold und Silber hab' ich nicht und mein Schwert kannst du nimmer brauchen. Wie soll ich dir helfen? – Da senkt der Bettelmann sein weißes Haupt nieder gegen die halbentblößte Brust und tut einen Seufzer. Der Reiter aber zieht sein Schwert, zieht seinen Mantel von den Schultern und schneidet ihn mitten auseinander. Den einen Teil des Kleidungsstückes läßt er hinabfallen zu dem zitternden Greise: Hab' vorlieb damit, mein notleidender Bruder! – Den anderen Teil des Mantels schlingt er, so gut es geht, um seinen eigenen Leib und reitet davon."

So hatte meine Mutter erzählt und dabei mit ihrem eiskalten Herbstabende den schönen Hochsommertag so frostig gemacht, daß ich mich fast schauernd an ihr lindes Busentuch schmiegte.

„'s ist aber noch nicht ganz aus, mein Kind", fuhr die Mutter fort, „wenn du es nun gleichwohl weißt, was der Reiter mit dem Bettler in der Kirche bedeutet, so weißt du's noch nicht, was weiter geschehen ist. Wie der Reitersmann nachher in der Nacht daheim auf seinem harten Polster ruhsam schläft, kommt derselbige Bettler von der Heide zu seinem Bett, zeigt ihm den Mantelteil, zeigt ihm die Nägelwunden an den Händen und zeigt ihm sein Angesicht, das nicht mehr alt und kummervoll ist, das strahlet wie die Sonnen. Derselbe Bettelmann auf der Heid' ist der lieb' Heiland selber gewesen. – So, Bübel, und jetzt werden wir wieder anrucken."

Da erhoben wir uns und stiegen den Bergwald hinan.

Bis wir heim kamen, waren uns zwei Bettelleute begegnet; ich guckte jedem sehr genau in das Gesicht; ich hab' gemeint, es dürfte doch der liebe Heiland dahinterstecken.

Gegen Abend desselben Tages, als ich mein Sonntagskleidchen des sparsamen Vaters wegen schon hatte ablegen sollen, und nun wieder in dem vielfarbigen Werktagshöslein herumlief und hüpfte und nur noch das völlig neue graue Jöppel trug, das ich nicht ablegen wollen und mir noch für den Tagesrest erbeten hatte, und als die Mutter auch schon lange wieder bei ihrer häuslichen Arbeit war, eilte ich gegen die Schafheide hinauf. Ich mußte die Schäflein, worunter auch ein weißes Lamm als mein Eigentum war, heim in den Stall führen.

Wie ich aber so hinhüpfe und Steinchen schleudere und damit die goldenen Abendwolken treffen will, sehe ich plötzlich, daß dort am Fels ein alter weißköpfiger, sehr arm gekleideter Mann kauert. Da stehe ich erschrocken still, getraue mir keinen Schritt mehr zu tun und denke bei mir: Jetzt, das ist aber doch ganz gewiß der lieb' Heiland-Herrgott. Ich habe gezittert vor Furcht und Freude, ich habe mir gar nicht zu helfen gewußt.

Wenn es doch der lieb' Herrgott ist, ja, da muß eins ihm wohl was geben. Wenn ich jetzt heimlauf', daß die Mutter komme und gucke und mir sage, wie ich dran bin,

so geht er mir dieweilen davon, und es wär' eine Schand' und Spott. Ich denk', sein wird er's gewiß, just so hat derselb' auch ausgeschaut, den der Reitersmann gesehen.
Ich schlich einige Schritte nach rückwärts und hub an meinem grauen Jöppel zu zerren an. Es ging nicht leicht, es war so fest über dem grobleinenen Hemde oben, und ich wollte das Schnaufen verhalten, ich meinte, der Bettelmann solle mich früher nicht bemerken.
Einen gelbangestrichenen Taschenfeitel hatte ich, nagelneu und just scharf geschliffen. Diesen zog ich aus der Tasche, das Röcklein nahm ich zwischen die Knie und begann es nun mitten auseinanderzutrennen.
Es war bald fertig, ich schlich zum Bettelmann, der halb zu schlummern schien, und legte ihm sein Teil von meinem Rock zu Häupten. – Hab' vorlieb damit, mein notleidender Bruder! Das habe ich ihm still in Gedanken gesagt. Dann nahm ich mein Teil vom Rocke unter den Arm, lugte noch eine Weile dem lieben Gott zu und jagte dann die Schäflein von der Heide.
In der Nacht wird er wohl kommen, dachte ich, und da werden ihn Vater und Mutter sehen, und wir können ihm, wenn er bei uns bleiben will, gleich das hintere Stübel und das Hausaltarl herrichten.
Ich lag im Schiebbettlein neben Vater und Mutter, und ich konnte nicht schlafen. Die Nacht verging, und der, den ich gemeint hatte, kam nicht.
Am frühen Morgen aber, als der Haushahn die Knechte und Mägde aus ihren Nestern hervorgekräht hatte, und als draußen im Hofe schon der laute Werktag anhub, kam ein alter Mann (sie hießen ihn den Schwammveitel) zu meinem Vater, brachte ihm den verschenkten Teil von meinem Rock und erzählte, ich hätte denselben abends zuvor in meinem Mutwillen zerschnitten und ihm das eine Stück an den Kopf geworfen, wie er so ein wenig vom Schwammsuchen ausgeruht habe auf der Schafheide.
Darauf kam der Vater, eine Hand hinter dem Rücken, ganz

leicht an mein Bett geschlichen: „Geh', tu' mir's sagen, Bub, wo hast denn du dein neues Sonntagsjöppel?"
Das leise Schleichen und die Hand hinter dem Rücken war mir verdächtig vorgekommen, und jetzt ging mir schon das Gesicht auseinander und weinend rief ich: „Ja, Vater, ich hab' gemeint, dem lieben Herrgott hätt' ich es geben."
„Bub, du bist aber *so* ein Halbnarr!" schrie mein Vater, „für die Welt zu dalkert, zum Sterben zu dumm. Dir müßt' man mit einem Besen die Seel' aus der Haut schlagen!"
Es war halb spaßhaft gesagt, aber ich vermutete hinter seinem Rücken die Birkengerte.
Eilte sogleich die Mutter herbei, faßte des Vaters Hand und sagte: „'s Röckel flick' ich 'leicht wieder zusammen, Alter. Geh' jetzt mit, ich muß dir was sagen."
Sie gingen beide hinaus in die Küche; ich denke, dort haben sie über die Martinigeschichte gesprochen. Sie kamen nach einer Weile wieder in die Stube.
Der Vater sagte: „Sei nur still, es geschieht dir nichts."
Und die Mutter flüsterte mir zu: „Ist schon recht, wenn du das Röckel dem lieben Herrgott hast wollen geben, aber besser ist's noch, wir geben es dem armen Talmichelbuben. In jedem Armen steckt der liebe Gott. So und jetzt, mein Bübel, hupf' auf und schlüpf' ins Höslein; der Vater ist noch nicht allzuweit mit der birkenen Liesel."

Wie das Zicklein starb

Ein andermal drohte die birkene Liesel wieder.
Mein Vater hatte ein schneeweißes Zicklein; mein Vetter Jok hatte einen schneeweißen Kopf. Das Zicklein kaute gern an Halmen oder Erlenzweigen; mein Vetter gern an einem kurzen Pfeifchen. Das Zicklein hatten wir, ich und meine noch jüngeren Geschwister, unsäglich lieb; den Vetter Jok auch. So kamen wir auf den Gedanken: wir sollten das Zicklein und den Vetter zusammentun.

Da war's im Heumonat, daß ich eines sonnenfreudigen Tages alle meine Geschwister hinauslockte auf den Krautacker, und daselbst die Frage an sie tat: „Wer von euch hat einen Hut, der kein Loch hat?"
Sie untersuchten ihre Hüte und Hauben, aber durch alle schien die Sonne. Nur Jackerls Hut war ohne Arg; den nahm ich also in die Hand und sagte: „Der Vetter heißt Jok, und morgen ist der Jokopitag, und jetzt, was geben wir ihm zum Bindband (Angebinde)? Das weiße Zicklein."
„Das weiße Zicklein gehört dem Vater!" rief das kleine Schwesterchen Plonele, empört über ein so eigenmächtiges Vorhaben.
„Desweg ist es ja, daß ich euch den Hut hinhalte", sagte ich. „Fallt's euch nicht ein, was wir tun müssen? Du, Jakkerl, hast gestern dem Knierutschersepp dein Kinigl (Kaninchen) verkauft; du, Plonele, hast von deinem Göden drei Groschen zum Taufpfennig gekriegt; dir, Mirzerle, hat vor zwei Tagen der Vater ein Haltergeld geschenkt. Schaut, ich leg' meine ersparten fünf Kreuzer hinein, und wir müssen zusammentun, daß wir dem Vater das Zicklein abkaufen mögen; und das schenken wir morgen dem Vetter Jok. Na, jetzt halt' ich schon her!"
Sie guckten eine Weile so drein, dann huben sie in ihren Taschen zu suchen an. Da sagte das Plonele: „Mein Geld hat die Mutter!" und das Mirzerle rief erschrocken: „Das meine weiß ich nicht!" und das Jackerl starrte auf den Boden und murmelte: „Mein Sack hat ein Loch."
Auf diese Weise war mein Unternehmen gescheitert.
Nichtsdestoweniger haben wir das schneeweiße Zicklein geherzt. Es stieg mit den Vorderfüßchen an unsere Knie empor und guckte uns mit seinen großen, eckigen Augen schelmisch an, als wollte es uns recht spotten, daß wir allmitsammen nicht soviel an Vermögen hatten, um es kaufen zu können. Es kicherte und blökte uns ordentlich aus, und dabei sahen wir die schneeweißen Zähnlein. Es war kaum drei Monate alt und hatte schon einen Bart; und ich und

das Jackerl waren über sieben Jahre hinaus und mußten uns aus grauen Baumflechten einen Bart ankleben, wenn wir einen haben wollten. Und selbst *den* fraß das Zicklein vom Gesichte herab.

Trotzdem hatten wir jedes das Vierfüßchen viel lieber, als uns untereinander. Und ich sann auf weitere Mittel, mit dem Tiere den Vetter zu beglücken.

Als mittags darauf der Vater vom Felde heimfuhr, umschwärmten wir ihn alle und zupften an seinen Kleidern.

„Vater", sagte ich, „ist es wahr, daß die Morgenstunde Gold im Munde hat?"

Das war ja sein eigen Sprichwort, und so antwortete er rasch: „Freilich ist es wahr."

„Vater!" riefen wir nun alle vier zugleich, „wie früh müssen wir all' Tag' aufstehen, daß Ihr uns das weiße Zicklein gebt?"

Auf diese geschäftliche Wendung schien der Vater nicht gefaßt gewesen zu sein. Da er aber von unserem Vorhaben, dem Vetter Jok das Zicklein zuzueignen, hörte, so bedingte er, ein halb Stündlein früher aufzustehen jeden Tag, und trat uns das liebe Tier ab.

Das Zicklein gehörte uns. Wir beschlossen einstimmig, schon am nächsten Morgen noch vor des Vetters Aufstehzeit – und das war viel gesagt – aus dem Neste zu kriechen, das Zicklein mit einem roten Halsband zu versehen und es ans Bett des alten Jok zu führen, ehe dieser noch seinen langen, grauen Pelz, den er Winter und Sommer trug, an den Leib brachte.

So unser Vorhaben.

Aber am anderen Tage, als uns die Mutter weckte und wir die Lider aufschlugen, schien uns die Sonne mit solcher Gewalt in die Augen, daß wir dieselben sogleich wieder schließen mußten, bis die Mutter mit ihrem Kopftuch das Fenster verhüllte.

Nun gab es keine Ausflucht mehr. Aber der Vetter war längst schon davon mitsamt dem Pelz. Er hatte die Schafe und die Ziegen auf die Talweide getrieben, wo er sie stets hütete und den ganzen Tag schmunzelnd an seinem Pfeifchen kaute. Und die Tiere schnappten so emsig an den betauten Gräsern und Sträuchern, und hüpften und scherzten so lustig auf der Weide.

Es war auch das Zicklein dabei. Und hat's dem Jok denn niemand gesagt, daß heute sein Namenstag ist? –

Zu jener Zeit, von der ich rede, sind die feuerspeienden Streichhölzer noch nicht erfunden gewesen; dazumal war das liebe Feuer ein rares Ding. Man konnte es nicht so bequem mit im Sacke tragen, wie heute, ohne sich das Beinkleid zu verbrennen. Es mußte mit harten Schlägen aus Steinen herausgetrieben werden; es mußte, kaum geboren, mit Zunder gefüttert werden, und bedurfte langer Zeit, bis es sich in demselben soweit kräftigte, daß es ein gröberes Köder anbiß und flügge wurde. Das Feuer mußte zum Dienste des Menschen jedesmal förmlich erzogen werden.

Das war ein mühsam und heikel Stück Arbeit; beim Feuermachen konnte meine sonst so milde Mutter unwirsch werden.

Die Glut, des Abends noch so sorgsam in der Herdgrube verwahrt, war des Morgens zumeist erloschen. Was sich die Mutter auch mühte, den Funken in der Asche wieder anzublasen – all vergebens, das Feuer war gestorben über Nacht. Nun ging die Schlägerei mit Stein und Stahl an; und wir Kinder waren oft schon recht hungrig, ehvor die Mutter das Feuer zuweg brachte, welches uns die Morgensuppe kochen sollte.

So auch am Morgen von des Vetters Namenstag. Wir hatten draußen in der Küche wohl eine Weile das Pfauchen und Feuerschlagen gehört, dann aber rief die Mutter plötzlich aus: „'s ist gar umsonst! 's ist, wie wenn der bös' Feind in die Herdgruben hätt' gespuckt. Und der Stein hat keinen Funken Feuer mehr in sich, und der Schwamm ist feucht, und die Leut' warten auf die Suppen!" Dann kam sie in die Stube und sagte: „Geh', Peterl, ruck', und lauf geschwind zu der Knierutscherin hinüber: ich tät' sie gar schön von Herzen bitten, sie wollt' mir ein Haferl Glut schicken von ihrem Herd. Und trag' ihr dafür da den Brotlaib mit. Geh', Peterl, ruck', daß wir nachher eine Suppen kriegen!"

Ich hatte mein weißes Linnenhöselein gleich an, und wie ich war – barfuß, barhaupt, nahm ich den runden, recht gewichtigen Brotlaib unter den Arm und lief gegen das Knierutscherhaus.

„Du Sonnenschein", sagte ich unterwegs, „schäm' dich, du kannst nicht einmal eine Suppe kochen. Jetzt muß ich zu der Knierutscherin um Feuer gehen. Aber wart' nur, wird bald lustig sein auf unserem Herd; die Flammen werden aufhüpfen über das Holz, die Mauer wird rot sein, die Töpfe werden brodeln, der Rauch wird unter dem Feuerhut hinaussprudeln und den Rauchfang hinauf und wird dich verdecken. Recht hat er, wenn er dich verdeckt, dann essen wir die Suppen und den Sterz im Schatten, und den Eierkuchen auch, der heut' für den Vetter Jok gebacken wird, und du sollst von allem nichts sehen."

Als ich nach solchem Gespräche mit der Sonne über die Lehne ging, da stach mich ein wenig der Vorwitz. Mein Brotlaib war so kugelrund und fest, als wäre er aus Lärchenholz gedrechselt worden. Man läßt bei mir daheim das Brot gern altgebacken werden, es langt auf diese Weise doppelt aus, aber es muß zur Essenszeit zuweilen mit Eisenschlegeln zertrümmert werden.

Aber weil denn mein Laib gar so kugelrund war, wie nicht leicht etwas Runderes mehr zu finden ist, so ließ ich ihn los über die Lehne, lief ihm behende vor und fing ihn wieder auf.

War ein lustiges Spiel das, und ich hätte mögen all' meine Geschwister herbeirufen, daß sie es sehen und mitmachen könnten. – Wie ich nun aber so in meiner Freude die Lehne auf und ab hüpfe, spielt mir mein Brotlaib jählings den Streich und huscht mir wie der Wind zwischen den Beinen durch und davon. Er eilt und hüpft hinab, viel schneller

wie ein Reh vor dem Jagdhunde – er fährt über den Hang, setzt hoch über den Rain in die Talweide hinab, wo er meinen Augen entschwindet.
Bin dagestanden wie ein Klotz und hab' gemeint, ich müßt' umfallen vor Schreck und auch hinabkugeln gegen das Tal. Ich ging eine Weile hin und her, auf und ab, und da ich den Laib nirgends sah, schlich ich kopfhängerisch davon und ins Haus der Knierutscherin.
Da brannte freilich ein schönes großes Feuer auf dem Herde.
„Was willst denn, Peterl?" fragte die Knierutscherin freundlich.
„Bei uns", stotterte ich, „ist das Feuer ausgangen, wir mögen uns nichts kochen, und so laßt meine Mutter schön bitten um ein Haferl Glut, und sie tät' es schon fleißig wieder zurückstellen."
„Ihr Närrlein, ihr, wer wird denn so ein paar Kohlen zurückstellen!" rief die Knierutscherin und schürte mit der Feuerzange Glut in einen alten Topf; „da seh', ich laß deiner Mutter sagen, sie soll nur schön anheizen und dir einen recht guten Sterz kochen. Aber schau, Peterl, daß dir der Wind nicht hineinblast, sonst tragt er die Funken auf das Dach hinauf. So, jetzt geh' nur in Gottesnamen!" So gütig war sie mit mir, und ich hatte ihr den Brotlaib verscherzt. Des drückt mich das Gewissen heute noch hart.
Als ich endlich mit dem Feuertopfe zurück gegen unser Haus kam, war ich höchlich überrascht, denn da sah ich aus dem Rauchfange bereits einen blauen Rauch hervorsteigen.
„Dich soll man um den Tod schicken und nicht um Feuer!" rief die Mutter, als ich eintrat; dabei wirtete sie um das lustige Herdfeuer herum und sah mich gar nicht an. Meine kaum mehr knisternden Kohlen waren armselig gegen dieses Feuer; ich stellte den Topf betrübt in einen Winkel des Herdes und schlich davon. Ich war viel zu lange ausgewesen; da war zum Glück der Vetter Jok von der Talweide heimgekommen, und der hatte ein Brenn-

glas, das er in der Sonne über einen Zunder hielt, bis derselbe glimmte. Und jetzt war mir die verlästerte Sonne doch noch zuvorgekommen mit dem Suppenfeuer. Ich war sehr beschämt und vermag es heute noch nicht, der Wohltäterin offen in das Angesicht zu blicken.
Ich schlich in die Vorlauben. Dort sah ich den Vetter kauern mit seinem langen, grauen, rotverblümten Pelz und mit seinem grauen Haupt. Und als ich näher kam, da sah ich, warum er hier so kauerte. Das schneeweiße Zicklein lag vor ihm und streckte seinen Kopf und seine Füße von sich, und der Vetter Jok zog ihm die Haut ab.
Sogleich hub ich laut zu weinen an. Der Vetter erhob sich, nahm mich bei der Hand und sagte:
„Da liegt es und schaut dich an!"
Und das Zicklein starrte mir mit seinen verglasten Augen wirklich schnurgerade in das Gesicht. Und doch war es tot.
„Peterl!" lispelte der Vetter ernsthaft, „die Mutter hat der Knierutscherin einen Brotlaib geschickt."
„Ja", schluchzte ich, „und der ist mir davongegangen, hinab über die Lehnten."
„Weil du's eingestehst, Bübel", sagte der Vetter Jok, „so will ich die Sach' schon machen, daß dir nichts geschieht. Ich hab' zu der Mutter gesagt, ein Stein oder so was wär' herabgefahren und hätt' das Zicklein erschlagen. Hab' mir's im geheim gleich gedacht: das Peterl steckt dahinter. Dein Brotlaib ist schier in den Lüften dahergekommen nieder über den Rain, an mir vorbei, dem Zicklein zu, hat es just am Kopf getroffen – ist das Dingel hingetorkelt und gleich maustot gewesen. – Aber – fürcht' dich nicht, es bleibt beim Stein. Mit der Knierutscherin werd' ich's auch abmachen, und jetzt sei still, Bübel, und zerr' mir das Gesicht nicht so garstig auseinander. Auf die Nacht essen wir das Tierlein, und die Mutter kocht uns eine Krennsuppe dazu."
– So ist das Zicklein gestorben. Meine Geschwister erzählten mir, ein böser Stein habe es erschlagen.

Die Mutter hatte mir zuliebe meine Kohlen zum Herdfeuer geschüttet, und bei diesem Feuer wurde das Zicklein gebraten.
Dem Vetter Jok war es vermeint gewesen; nun sollte er davon den Braten haben. Aber er rief uns alle zu Tisch und legte uns die besten Bissen vor. Mir hat der meine nicht gemundet.
Am anderen Morgen bewaffnete sich das Jackerl mit einem Knittel, ging damit dem Vetter nach auf die Talweide und wollte den Stein sehen, der das Zicklein erschlug.
„Kind", sagte der Vetter Jok und kaute angelegentlich am Pfeifchen, „der ist weiter gekugelt, über den rinnt das Wasser."
Der gute, alte Mann! Was half dein Plauschen! Mir auf dem Herzen lag der Stein, „der das Zicklein erschlagen".

Von meiner blinden Führerin

Die kleine Jula gehörte zu jenen Kindern, die keinen Vater haben, weil es für sie sündhaft wäre, einen zu haben. Mutter hatte sie gerade so viel, als unerläßlich nötig ist, um geboren werden zu können. Das war in der Gemeinde Pretull. Eine Bauernknechtin hat mit harten Kräften zu tun, sich selbst zu atzen und zu bedecken, so sagte die Magd, kaum sie vom Bette aufgestanden war, zu ihrem Dienstherrn: „Mein Rüsenbauer! Baue dir drei Staffel in den Himmel und nimm mir das Kleine ab!"
Dachte sich der Rüsenbauer: Das wäre nicht dumm. Drei Staffel in den Himmel und nach etlichen Jahren eine brauchbare Halterdirn, und nachher eine eigene Knechtin, die im Haus das Unhandsamste verrichtet und nicht viel kostet. 's täte sich. –
„Ja", sagte er, „das Kleine nehm' ich dir ab, aber nur der Staffel in den Himmel wegen tue ich's."
Die Magd schluchzte wohl, als sie in einen anderen Hof

zog und sich von dem Kinde trennte; aber der Bauer tröstete sie: „Geh' nur, geh', mach' kein Wasser an, schaust dir doch wieder um ein anderes."

Die Knechtin ging und sah nicht mehr um und starb nach kurzer Zeit.

Die Jula wuchs heran und war eine brauchbare Halterdirn und wurde eine willige Magd, die im Haus das Unhandsamste mit Geduld verrichtete. In jedem ordentlichen Hof muß ein Hofnarr sein; will der Witzigste sich dazu nicht hergeben, so muß der Einfältigste dran. Die Jula war die gläubige Einfalt, die alles für bare Münze nahm, was klingelte.

Den Sommer ihres neunzehnten Lebensjahres verbrachte sie mit Träumen. Es war sonst nicht ihre Art, tatlos dazustehen und in die leere Luft hineinzustarren, aber in diesem Sommer tat sie's, und im Herbste drauf kam's ans Tageslicht, warum. Es war wieder kein Vater da, aber die junge Mutter preßte ihr Wunder um so stürmischer an die Brust, je eindringlicher man ihr riet, es in fremde Hände zu geben.

Zur selben Zeit traf sie ein Geschick, das ganz unvermittelt dasteht, wie das Ereignis in einer stümperhaften Erzählung, oder wie eine schlechte Laune des Himmels. Zu mir ist nichts davon sonst gekommen, als was die Jula später oft und oft erzählt hat.

Sie zog am Morgen mit ihrem Graskorbe hinaus auf die Wiese und mähte, und rechte das Futter zu einer Schichte. Und als die Sonne aufgeht, bleibt sie ein wenig stehen, stützt sich auf den Rechen, schaut hin und denkt, wie doch die Sonne schön ist! – Wie sie sich wieder zu ihrer Arbeit wendet, sieht sie kein Futter mehr, keine Wiese, sieht den Rechen nicht, den sie in der Hand hält – und schreit auf: „Uh, Halbesel, was ist denn das?" 's ist so ein Nebel vor. Sie reibt sich die Augen, da tanzen rote, grüne und gelbe Sonnen im Nebel herum und sie sieht ihren Rechen noch immer nicht. Jetzt tastet sie umher und findet den Korb nicht, da ruft sie nach den Leuten.

Dort vor dem Hause steht die Bäuerin, die hört's, kommt etliche Schritte herbei und frägt, was denn das heute für ein Geschrei wäre beim Futtermähen?

„Du, Bäuerin", sagt die Jula, „ich weiß nicht, was das ist, ich sehe auf einmal nichts."

„So wirst halt blind geworden sein", meint die Bäuerin.

„Jesus Maria, doch *das* nicht!" schreit die Jula und reibt mit Angst und Macht an den Augen, „nein – ich sehe ja alles! Ich sehe ja alles!" Aber sie tastete herum und stolperte endlich über die Sense, daß sie sich blutig schnitt. Endlich kamen Leute herbei und führten sie und sagten, es hätte schier den Anschein, als wie wenn sie blind geworden wäre.

„Nein", rief sie, „blind! Was ihr närrisch seid, wie kunnt ich denn blind werden? – Zu meinem Kind führt's mich geschwind!"

Man führte sie in die Kammer. Sie tastete nach dem Knäblein, sie riß es von seinem Nestchen empor und vor ihr Auge, und jetzt tat sie den Schrei: *„Blind! Stockblind!"* und stürzte vor dem Bett aufs Knie.

Nun erst, als sie ihr eigenes Kind nicht mehr sehen konnte, wußte sie es, glaubte sie es.

Sie war blind. Und sie blieb von diesem Tage an blind, und sie lebte augenlos noch dreiundsechzig Jahre lang. – Gesagt mußte was werden, und so sagten die Leute, es wäre halt im Blut gelegen, und schwache Augen hätte sie immer gehabt.

Anfangs mögen die Quacksalber und Kurpfuscher gekommen sein mit ihren Schmieren und Pflastern, Tropfen, Laxieren und allen jenen Übeln, die dem Kranken – nachdem ihm sein Leiden vom Himmel gesandt ist – vom Teufel spendiert werden. Dann mag, ohne daß an einen Arzt, an eine Augenheilanstalt gedacht wurde – das Bestreben zu helfen erlahmt sein und man hatte der Armen gesagt: „Wenn's der lieb' Herrgott so haben will, so ist kein anderes Mittel, als wie geduldig leiden!"

Und zu diesem Mittel hat sich die Jula bequemt. Weniger

Geduld hatten andere Leute, welche wohl sehen konnten, aber allzuschwarz sahen. Das waren die Vordersten der Gemeinde; diese taten dar, daß sie ohnehin schwer belastet seien, daß die Mutter der Jula nicht in ihrem Bereiche geboren, daß sie aus der Waldgemeinde Alpel gekommen war, und daß die Blinde nun in die Gemeinde Alpel zuständig sei. So wurde sie von ihrem Kinde hinweggeführt und in unsere Waldgemeinde eingelegt. Hier sollte sie als „Einlegerin" von Haus zu Haus wandern und in jedem eine bestimmte Anzahl von Tagen oder Wochen behalten und verpflegt werden.

In mein Vaterhaus kam sie von einem Boten des Nachbars begleitet, die erste Zeit des Jahres zweimal, und wir hatten sie jedesmal zwei Wochen lang zu behalten. Sie hatte einen Buckelkorb, in welchem sich ihre Habseligkeiten befanden, und den sie sich nie vom Boten tragen ließ, sondern auch dann noch selbst schleppte, als sie schon gar alt und mühselig geworden war. Ferner besaß sie einen Handstock, der am Griffknorpel ein Riemlein hatte, den sie außer Haus immer und überall bei sich trug, den sie zur Nachtzeit neben ihrem Bett mit ängstlicher Sorgfalt aufbewahrte, und der ihr wirklich mehr Gutes getan hat, als je ein Mensch auf dieser Erde. Dann hatte sie in ihrem Mieder stecken einen Blechlöffel, bei dem die Verzinnung schon fast weggegessen war und überall die schwarzen Stellen hervorschauten. Was man ihr vorsetzte, das aß sie nur mit diesem Löffel. Endlich besaß sie ein ledernes Geldtäschchen, in welchem sich stets – wenn irgendwo eine Not war – was vorfand. Denn in der ehrwürdigen Kirche zu Krieglach steht der steinerne Opferstock für die Armen, der über kreuz und quer mit Eisen beschlagen ist, nicht umsonst. Etlichemal des Jahres brachte der Richter vom Alpel aus diesem steinernen Behälter Geld mit in die Waldgemeinde und verteilte es dort unter die Armen. Die Jula wurde jedesmal unruhig, wenn es hieß, der Richter komme. Zum öfterenmal freilich war es ganz vergeblich, wie sie sich auch um ihn herum zu schaffen machte. Er

fragte wohl stets: „Na, Jula, wie geht's? Halt alleweil fleißig? Brav, brav!" Nur gar selten, „zu allen heiligen Zeiten einmal", wie die Bauern sagen, setzte der Richter noch bei: „Schau du, ich hab' was für dich, Jula. Da lang' her. So, heb's gut auf!"
Da tat sie denn jedesmal bitten: „Nur keine Sechser nit! Alles Kreuzer sind mir lieber. Recht vergelt's Gott! Will schon fleißig beten."
Mancher Bettelmann hat es erfahren, warum ihr die Kreuzer lieber waren, als wie das „große Geld".
Ihr war ums Austeilen zu tun.
Beten sah man die Jula übrigens seltener, als man glaubt, daß ein Mensch, der so ganz auf den Himmel angewiesen ist, sollte. Im Gegenteil, wenn wir uns an Festtagen etwas eingehend mit dem Rosenkranz abgaben, hörte ich sie nicht selten ihren Knieschemel rücken und ein wenig dabei brummen. Einstweilen schien ihr die Erde wichtiger denn der Himmel. Konnte sie die Erde auch nicht sehen, so doch tasten. Und das tat sie denn getreulich, sie arbeitete. In jedem Hause, kaum sie eintrat, wußte sie sich nützlich zu machen, und war sie die Örtlichkeit einmal gewohnt, so waren ihre Verrichtungen von wirklichem Belange. Sie hackte Streu, sie wiegte die Kinder, ja, sie molk sogar die Kühe. Und wenn es ihr gelang, ihre Arbeiten zur Zufriedenheit des Bauers und der Bäuerin zu machen, so wuchs ihr Eifer und ihre Freude, und sie vergaß, daß sie blind war.
Der Stern ihres Auges war grau, sie sah nichts als den blassen Schein des Tages.
Mein Vater behielt sie häufig länger als zwei Wochen, denn er konnte sie gut beschäftigen und sie wollte nicht fort. Und als hernach wir kamen – wir Kinder mit unserem anspruchsvollen Geschrei, die Mutter aber wie vor und eh an ihre Arbeiten in Haus und Feld gebunden, die Großmutter schon auf den Kirchhof getragen worden war, da wurde die blinde Jula unsere Wärterin und Hüterin, ja, gewissermaßen unsere Erzieherin. Eine treue, verläßliche

Führerin – die blinde Jula! Dazumal war sie schon hoch in den Vierzigern. Heute weiß ich es, daß ihr Ideenkreis gar klein, ihr Mund nicht beredt war – aber dazumal horchte ich mit Lust und Andacht ihren Worten, ihren Liedern. Wie sanft schlief sich's ein, wenn sie die Wiege schaukelte und dazu mit weicher Stimme sang:

„Schlof, mein Büabel süasse,
Die Englein lossn dih grüassn,
Sie lossn dih grüassn, sie lossn dih frogn,
Ob du willst mit eahner in Himmel einfohrn!"

Und was war das für eine Lust, wenn sie uns auf dem Knie hopste:

„Hopp, hopp, hopp
Reit man in Galopp
So reitn kloani Kindelein,
So lang sie noh kloanwinzi sein;
Wenn sie nacher größer wern,
Reiten's wie die hohen Herrn,
Reiten's wie die Bauern drein:
Hopp, hopp, hopp,
Das wird lustig sein!"

Und mit jedem Wort heftiger wurde das Hopsen, so daß wir kleinen Reiter oft hoch in die Luft flogen und vor lauter Lust ein mächtiges Geschrei erhoben.
Ganz grauenvoll aber wurde uns, wenn sie sang:

„Der is a Noor,
Und däs is nit guat,
Der sih sei Nosn wegbeißt,
Und steckt sie auf'n Huat!"

So war die Jula Herrin unserer Gefühle und Stimmungen. Allzulange währte es freilich nicht, so hatten es auch wir

Kleinen rein, daß der liebe Gott die Jula nur erschaffen habe, auf daß die Leute ihre Narreteien mit ihr treiben könnten. So hockte ich ihr gerne am Nacken, und was sie auch anfangen, drohen und bitten mochte, sie brachte mich nicht herab; ich sang: „Reiten's wie die Bauern drein: Hopp, hopp, hopp, das wird lustig sein!" und ritt sie zum Erbarmen. War ich endlich herunter und sie erwischte mich beim Rockflügel, und es gelang mir nicht, huschend das Röcklein rechtzeitig im Stiche zu lassen, dann machte sie haarsträubende Anstalten zum Prügeln und rief im entscheidenden Moment: „Für dasmal soll's dir noch geschenkt sein, du Unhold, aber wenn du mir's noch einmal so machst, nachher!"

Ich duckte mich und war stets so dreist zu fragen: „Was denn nachher?"

„Wirst es schon sehen!"

Wie spekulierte sie schlecht! Die Neugierde, was eigentlich „nachher" sein werde, war nicht die letzte Ursache, daß ich ein nächstesmal wieder Schabernack mit ihr trieb.

Da sind mir endlich einmal die Augen geöffnet worden.

Die Jula hielt viel auf hohe Festtage, nicht etwa, weil's da Schmaus gab – *diesen* religiösen Grund der bäuerlichen Festfreude schien sie nicht zu kennen – sondern weil sie sich wirklich in eine weihevolle Stimmung zu versetzen wußte, die ihr wohltat. Besonders das Weihnachtsfest! Wo das Kind mitspielt, da ist das Weib gewonnen, um so mehr, wenn das Kind der leibliche Sohn des himmlischen Vaters ist, der da geboren wird, um die Welt zu erlösen. Sie, die bettelarme, stockblinde Magd, die für sich keine Freude hatte auf Erden und keinen Freund, der man einst das Kind weg von der Mutterbrust nahm, die keine Erinnerung hegen konnte an schöne Jugendzeiten und keine Hoffnung auf einen besseren Tag, sie konnte es fühlen zutiefst, daß die Welt erlöst ist! Sie, die Lichtloseste, war die Dankbarste für das Licht der Welt, und gleichwohl sie in stiller Christnacht nicht zur Kirche gehen konnte, so blieb sie wach und kniete an ihrem Bette und betete. Sonst,

wenn ihr die Arbeit im Kopfe lag und in den Händen zuckte, war sie zum Frommsein nicht aufgelegt, aber heute fühlte sie sich ganz glückselig in dem Bewußtsein, dem lieben Jesukindlein in der Krippe durch ihre ungezählten „Vaterunser“ eine Freude zu machen.
In einer solchen Christnacht gingen wir zur Kirche nach Sankt Kathrein am Hauenstein. Nur der Knecht Michel und Kathel die Magd, und die Jula blieben daheim, um das Haus zu hüten. Um vier Uhr morgens kamen wir zurück. Alles schlief; wir begaben uns auch zur Ruhe.
Aber schon nach kurzer Zeit wurden wir wieder aufgeschreckt. Der Nachbar Thomas, der zur Zeit Richter war, schlug an die Haustür und schrie, wir sollten aufmachen. Als er vor meinem Vater in der Stube stand, fragte er schneidig: „Nachbar, ich muß dich schon fragen, was mit der Einlegerin geschehen ist!“
„Die Jula meinst?“ versetzte mein Vater, „was wird denn mit ihr geschehen sein? Verhoff's, daß sie frisch und gesund in ihrem Bett wird schlafen.“
„So geh' nur, schau nach!“
Mein Vater ging mit dem Licht in die Kammer – und das Bett der Einlegerin war leer.
„Wie kann denn *das* sein!“
„Gelt!“ sagte der Bauer und sah meinen Vater an. „Das möchte man nicht glauben, daß bei dir ein armer Mensch so schlecht aufgehoben wäre. Kannst lange suchen in deinem Haus, wirst sie nicht finden.“
„Du erschreckst mich, Nachbar, wird doch nichts geschehen sein?“
„Was geschehen ist, frage *ich* dich!“ sagte der Nachbar und fuhr fort: „Ich erzähle, was ich weiß. – Wie ich voreh von der Kirche heim gegen mein Haus hinaufgehe, höre ich unten in der Schlucht was schreien. – Schau, denke ich, sollt' im nächsten Jahr bei mir doch wer hinaussterben, weil die Nachteul' so schreit? Erkenn's aber bald, daß es keine Nachteul' ist, daß wer nach Hilfe ruft. Muß doch schauen gehen, was das zu bedeuten hat, wate im Schnee in

die Schlucht hinab und finde mitten im Dickicht und im Eis – wen denn? – Dieselbige, die du da im Bett gesucht hast. Wie sie mich wahrnimmt, hebt sie gottserbärmlich an zu weinen, sagt nur: Zu tausend Gottes Willen, nimm mich in dein Haus! – Sonst habe ich von ihr nichts herausgebracht. Jetzt hockt sie in meiner Stube beim Ofen, sie ist halb erfroren. Und ich möchte nun wissen, Nachbar, was es bei Euch gegeben hat?"

Mein Vater pochte den Knecht Michel wach und fuhr ihn an, was in dieser Nacht, während wir in der Kirche waren, daheim geschehen sei?

„Daheim?" lallte der schlaftrunkene Knecht, „schreist einen so närrisch an, Bauer, was wird denn geschehen sein?"

„Wo ist die Jula?"

„Die Blinde?" fragte der Knecht entgegen und wurde geschmeidiger, „sollte die noch nicht da sein? – Weil der Patsch gar keinen Spaß nit versteht."

Und weiteres war nicht vom Michel herauszubringen. Die Jula hingegen erzählte unter vielem Schluchzen, daß sie in einem Hause, wo es in der Christnacht so sündhaft hergehe, nicht habe bleiben können. Man möge den Michel und die Kathel nur fragen, was sie für einen sauberen Psalter gebetet hätten? Die zwei würden gemeint haben, eine Blinde sehe nichts; aber sie hätte es gehört; und als sie mit Schrecken die beiden Ohren zugehalten, da hätte ihr's inwendig gestoßen, just, als wie wenn der böse Feind nicht weit weg gewesen wäre. Sie hätte dann den Kopf in ihre Bettdecke graben und beten wollen, aber der Michel wäre gekommen und hätte ihr die Decke über das Haupt geworfen und hätte gesagt, sie wäre in ihrer Jungheit selber nicht besser gewesen. Weil sie darüber hart aufbegehrt habe, und auseinandergesetzt, das Gernhaben und das Schabernacktreiben in der heiligen Nacht, gerade dem Herrgott zum Trutz, sei zweiding! so hätten der Michel und die Magd ihr einen Strohwisch um den Kopf gewunden und sie so lange verhöhnt, bis sie davon sei gegangen in die Winternacht hinaus, und über die Felder hin, und sich dann in die Schlucht arg habe verstiegen.

Mein Vater führte die blinde Jula mit gütigen Worten in unser Haus zurück, und zum Knecht und zur Magd sagte er: „Daß ihr's wißt, in acht Tagen ist das Jahr aus."

Der Knecht brummte etwas, die Kathel hub zu klagen an, sie, die Fleißige und Arbeitskräftige, würde doch dieser alten, bettelhaften Person wegen nicht den Platz verlieren?

„Du Dirn!" sagte mein Vater gespannt, „zünde mich nicht an! Ich will, daß wir *gut* auseinanderkommen."

Die Jula war durch die Erkältung schwer erkrankt. Und als ich an ihrem Bette saß und in das blasse, alternde Antlitz mit den lichtlosen Augen sah, da nahm ich mir vor, wenn sie wieder gesund würde, nicht mehr auf diesem Rößlein zu reiten.

Sie wurde wieder gesund und sie blieb bei uns. Und als wir Kinder ihrer Pflege entwachsen waren, übernahm sie das Stallamt – pflegte die Kühe und Kälber, molk, was zu melken war und versah den Dienst besser und verläßlicher, als ihn je eine Vorgängerin versehen hatte. Mit den Leuten hatte sie nicht viel Gemeinschaft, sie schien sich, das hat sie mir einmal vertraut, zu einfältig dazu. Hingegen verstand sie sich mit den Tieren des Stalles. Abends, wenn sie schon in ihrem Bette lag – das nun im Stalle stand – konnte man sie oft stundenlang sprechen hören. Sie erzählte den Rindern ihre Jugendzeit, teilte ihnen ihre Erfahrungen mit, ihre Ansichten und Bedenken über den Gang der Welt. „Du Kalberl, bist schon auf? Gelt, gut geschlafen hast auf der frischen Streu?" – Sie war es, die mancher Kuh durch gute Worte und Gebärden mehr Milch aus dem Euter zu schmeicheln wußte, als den anderen gelingen wollte; eine Kuh hatten wir, die niemandem Milch ließ als der blinden Jula, wenn diese beim Melken Jodler sang.

Und wenn bisweilen ein Fremder an unserem Hause vor-

beiging und er hörte das fröhliche, hell und weich klingende Singen, so mochte es wohl passieren, daß er durch die Stalltür lugte, was denn da drinnen für ein schönes Kind sei. Und sah dann das alte blinde Weiblein! Da kam aber bisweilen – wenn ein paar Feiertage nebeneinanderstanden, die dem Bediensteten weitere Gänge eigener Wege ermöglichten – ein Mann aus der Pretuller Gemeinde; er war noch jung, aber schon kräftig ausgewachsen und trug ein falbes Schnurrbärtchen im Gesichte und einen weißen Federbusch auf dem Hute. Der belauschte mit Lust die Sängerin und schlich schließlich zu ihr in den Stall. Er blieb mitunter länger drinnen, als das Melken währte, und die Jula redete nicht laut, wie sonst, wenn sie allein war, sondern flüsterte. Und wenn sie dann mit der Milch ins Haus kam, lag ein Himmel von Glückseligkeit in ihrem geröteten Antlitze.
Zweimal des Jahres ging sie zur Beichte. Dazu traf sie jedesmal eine Woche vorher umfassende Vorbereitungen und suchte sich im Hause oder in der Nachbarschaft einen Gefährten aus, der sie in die Kirche führte. Es ließ sich jeder gern herbei, denn nach dem Gottesdienste ging die Blinde mit dem Führer ins Wirthaus und ließ ihm ein Mittagsmahl aufsetzen, dessen sich kein Herrnbauer hätte schämen dürfen. Hatte sie doch ein halbes Jahr lang das ihr zugefallene Armengeld dafür zusammengespart, und außer dem Almosen, das sie mitunter an Bettler verteilte, für sich kaum einen Kreuzer ausgegeben. Und diese Wirtshausstunden, da sie jemanden bewirten konnte mit feinem Speis und Trank, und dabeisitzen und mitfühlen, wie es schmecke – diese Stunden schienen die glorreichsten ihres Lebens zu sein.
Ein paarmal trug es sich zu, daß meine Mutter nicht in die Kirche gehen konnte, weil nicht so viel Geld im Hause war, daß sie sich im Kirchdorf hätte können eine Labnis gönnen. Das nahm die blinde Jula wahr und grollte, daß man ihr die Sache verheimlicht hätte. Geld sei ja doch im Hause! Und sie suchte aus ihrem Bettstroh das bekannte

Lederbeutelchen hervor, und die Einlegerin gab der Hausgesessenen Almosen.
In Ruhe habe ich die Jula tagsüber nie gesehen, immer bei einer Arbeit. Und wenn sonst nichts für sie zu tun war, so tappte sie sich mit dem Stock zu einem Steinhaufen hinaus und legte die auseinandergerollten Steine zusammen. Sie wollte nicht die Blinde und die Arme spielen, und wer sie bemitleidete und bedauerte, dem war sie unhold und gab ihm zu bedenken, er möge rechte Leute in Ruhe lassen und zusehen, daß er nicht selbst zu bedauern sein werde!
Sie war die Wachsamste im ganzen Hause und wußte auch in allerlei Dingen Auskunft und Bescheid besser und verläßlicher, wie wir anderen; und nicht selten, wenn wir irgendeine in Verstoß geratene Sache alle miteinander mit offenen Augen vergeblich gesucht hatten, war es die blinde Jula, die sie auffand und herbeibrachte. Sie war die erste, die mich an den Schritten erkannte, wenn ich vom Walde heimkehrte; sie war auch die aufmerksamste Zuhörerin, wenn ich manchmal von kleinen Erlebnissen erzählte; sie hatte mich lieb behalten.
Zuweilen in Unglücksfällen, wenn uns der Kopf verloren ging, war sie es, die Rat und Trost wußte. Ich sah sie nie verzagt. Unwirsch war sie oft, aber wenn sie sich ausgebrummt hatte, bat sie alsogleich, daß man es ihr nicht übel nehme.
Ich vermute, die Jula hatte die ganzen dreiundsechzig Jahre nicht ein einziges Wort gesagt, aus welchem zu entnehmen gewesen, daß sie blind war. Die Kühe nannte sie selten bei ihren rechten Namen, die wir ihnen beigelegt hatten, sondern sprach, als unterscheide für sie stets die Farbe, nur von der „Braunen“, der „Scheckigen“, der „Falben“, der „Weißen“.
Für ihr Leben sprach sie nur einen einzigen Wunsch aus; wie alle Menschen, so wollte auch sie *empor* kommen: Wenn sie eine Schwaigerin kunnt sein auf der Höh’!
Wie oft hörte man sie singen:

„Jo, auf der Olm, do wa mei Glück,
I tauschat mit kana Gräfin nit! –
A Sennerin blieb ih ewiglich,
Und wan ih stirb, wir ih a Schwolbn;
Bis ma da Tod mei Herzerl bricht,
Gang ih nit weg von meiner Olm."

„Ja", murmelte sie dann, „schon lang! wenn ich nicht *so* wäre!"

Dieses „so" war ihre einzige Hindeutung auf ihren Zustand. Übrigens waren ihre anderen Sinne derart ausgebildet, daß man glaubte, sie habe ihre Augen in den Ohren, an der Nase, an den Fingerspitzen. Sonst ist die Seele gewohnt, bei den glänzenden Toren der Augen aus- und einzugehen; aber wo diese Tore verschlossen sind, da tritt sie sich durch die anderen Organe ihren verläßlichen und lieblichen Pfad.

Eines Tages kam einer unserer Nachbarn, zündete sich am Herd die Pfeife an und fragte, wie lange wir denn die Jula noch zu behalten gedächten? Er hätte sie auch zu brauchen. Und das arme Weib, welches man einst nur mit Widerwillen in die Gemeinde genommen hatte, war jetzt in ihren alten Tagen gesucht, umworben und allerorts als eine vorzügliche Arbeitskraft geschätzt.

So weit hatte sie es gebracht. Und wer früher an die Pflicht erinnert werden mußte, die Jula zu nehmen, der pochte jetzt auf sein *Recht,* sie zu erhalten.

Und der Mann mit dem falben Schnurrbart kam immer noch zu ihr, und brachte ihr stets ein Handbündelchen mit, voll Semmeln, Obst oder Lebkuchen. Wie war ihr hart, wenn sie ihm nichts spenden konnte, und wie war sie meinem Vater dankbar, wenn er den Mann aus der Pretuller Gemeinde zu Tische lud oder sonst ein freundliches Wort mit ihm sprach. Und wenn sie den Burschen betastete an seiner breiten Brust, an seinen Schultern, an seinem stämmigen Nacken – bis zu den dichten Haaren seines Scheitels vermochte sie kaum emporzulangen – da flü-

sterte sie wohl: „Wie groß du mir geworden bist, mein Tritzel (Patritz), seit ich dich das letztemal hab' gesehen!"
Freilich, damals, als du ihn das letztemal gesehen hattest, war er ein kleines Kind gewesen, mit roten Wängelchen und himmelblauen Äuglein ... O, weine nicht jetzt, du armes, lichtloses Mutterauge! Du *siehst* ihn ja; ewig unverdrängt bleibt dir sein Kindesangesicht im Herzen, während andere Mütter, wenn sie vor erwachsenen Söhnen stehen, oft klagen, daß sie kein *Kind* mehr hätten.
Als ich später in die Welt ging, ließ ich die blinde Jula noch bei meinen Eltern zurück.
Als diese davonzogen – der Vater in das Tal der Mürz, die Mutter in den himmlischen Frieden – da begann die Jula wieder ihr Wanderleben von Haus zu Haus. Aber nirgends soll sie sich mehr so in die Verhältnisse gefunden haben, als bei uns. Ihr Sohn, als armer Bauernknecht im Gebirge, wurde bald von seiner eigenen Arbeitslast gebeugt. Als ich, ins Gebirge zurückgekehrt, die Jula vor einigen Jahren wiedersah, waren ihre Haare grau, und gar gekrümmt stützte sie sich auf den Stock – es war noch derselbe mit dem Riemlein am Griffknorpel. Seither hatte ich mir oft vorgenommen, der vieljährigen Genossin meines Heimatshauses einmal etwas Liebes zu erweisen. Wie es aber zumeist geht, wenn man ein Gutes, das dem Herzen entquillt, nicht gleich am ersten Tage übt – es wurde verschoben bis zu jenem sonnigen Frühlingsmorgen, da der Sarg aus weißen Tannenbrettern vorüberschwankte an meinem Fenster. Ein unendliches Meer von Licht umwogte die Welt; ein sonniger Strom quoll ihr nach ins tiefe Grab.

Einer Weihnacht Lust und Gefahr

In unserer Stube, an der mit grauem Lehm übertünchten Ofenmauer, stand jahraus jahrein ein Schemel aus Ahornholz. Er war immer glatt und rein gescheuert, denn er wurde, wie die anderen Stubengeräte, jeden Samstag mit feinem Bachsande und einem Strohwisch abgerieben. In der Zeit des Frühlings, des Sommers und des Herbstes stand dieser Schemel leer und einsam in seinem Winkel, nur zur Abendzeit zog ihn die Ahne etwas weiter hervor, kniete auf denselben hin und verrichtete ihr Abendgebet.

Als aber der Spätherbst kam mit den langen Abenden, an welchen die Knechte in der Stube aus Kienscheitern Leuchtspäne kloben, und die Mägde, sowie auch meine Mutter und Ahne Wolle und Flachs spannen, und als die Adventszeit kam, in welcher an solchen Span- und Spinnabenden alte Märchen erzählt und geistliche Lieder gesungen wurden, da saß ich beständig auf dem Schemel am Ofen.

Aber die langen Adventnächte waren bei uns immer sehr kurz. Bald nach zwei Uhr begann es im Hause unruhig zu werden. Oben auf dem Dachboden hörte man die Knechte, wie sie sich ankleideten und umhergingen, und in der Küche brachen die Mägde Späne ab und schürten am Herde. Dann gingen sie alle auf die Tenne zum Dreschen.

Auch die Mutter war aufgestanden und hatte in der Stube Licht gemacht; bald darauf erhob sich der Vater und sie zogen Kleider an, die nicht ganz für den Werktag und auch nicht ganz für den Feiertag waren. Dann sprach die Mutter zur Ahne, die im Bette lag, einige Worte, und wenn ich, erweckt durch die Unruhe, auch was sagte, so gab sie mir zur Antwort: „Sei du nur schön still und schlaf!" – Dann zündeten meine Eltern eine Laterne an, löschten das Licht in der Stube aus und gingen aus dem Hause. Ich hörte noch die äußere Türe gehen und ich sah an den Fenstern den Lichtschimmer vorüberflimmern und ich hörte das Ächzen der Tritte im Schnee und ich hörte noch das Rasseln des Kettenhundes. – Dann wurde es ruhig, nur war das dumpfe, gleichmäßige Pochen der Drescher zu vernehmen, dann schlief ich wieder ein.

Der Vater und die Mutter gingen in die mehrere Stunden entfernte Pfarrkirche zur Rorate. Ich träumte ihnen nach, ich hörte die Kirchenglocken, ich hörte den Ton der Orgel und das Adventlied: Maria, sei gegrüßet, du lichter Morgenstern! Und ich sah die Lichter am Hochaltare, und die Engelein, die über demselben standen, breiteten ihre goldenen Flügel aus und flogen in der Kirche umher, und einer, der mit der Posaune über dem Predigtstuhl stand, zog hinaus in die Heiden und in die Wälder und blies es durch die ganze Welt, daß die Ankunft des Heilandes nahe sei.

Als ich erwachte, strahlte die Sonne schon lange zu den Fenstern herein und draußen flimmerte der Schnee, und die Mutter ging wieder in der Stube umher und war in Werktagskleidern und tat häusliche Arbeiten. Das Bett der Ahne neben dem meinigen war auch schon geschichtet und die Ahne kam nun von der Küche herein und half mir die Höschen anziehen und wusch mein Gesicht mit kaltem Wasser, daß ich aus Empfindsamkeit zugleich weinte und lachte. Als dieses geschehen war, kniete ich auf meinen Schemel hin und betete mit der Ahne den Morgensegen:

In Gottes Namen aufstehen,
Gegen Gott gehen,
Gegen Gott treten,
Zum himmlischen Vater beten,
Daß er uns verleih'
Lieb' Engelein drei:
Der erste, der uns weist,
Der zweite, der uns speist,
Der dritte, der uns behüt' und bewahrt,
Daß uns an Leib und Seel' nichts widerfahrt.

Nach dieser Andacht erhielt ich meine Morgensuppe, und nach derselben kam die Ahne mit einem Kübel Rüben, die wir nun zusammen zu schälen hatten. Ich saß dabei auf meinem Schemel. Aber bei dem Schälen der Rüben konnte ich die Ahne nie vollkommen befriedigen; ich schnitt stets eine zu dicke Schale, ließ sie aber stellenweise doch wieder ganz auf der Rübe. Wenn ich mich dabei gar in den Finger schnitt und gleich zu weinen begann, so sagte die Ahne immer sehr unwirsch: „Mit dir ist wohl ein rechtes Kreuz, man soll dich frei hinauswerfen in den Schnee!“ Dabei verband sie mir die Wunde mit unsäglicher Sorgfalt und Liebe.

So vergingen die Tage des Advents, und ich und die Ahne sprachen immer häufiger und häufiger von dem Weihnachtsfeste und von dem Christkinde, das nun bald kommen werde.

Je mehr wir dem Feste nahten, um so unruhiger wurde es im Hause. Die Knechte trieben das Vieh aus dem Stalle und gaben frische Streu hinein und stellten die Barren und Krippen zurecht; der Halterbub striegelte die Ochsen, daß sie ein glattes Aussehen bekamen; der Futterbub mischte mehr Heu in das Stroh als gewöhnlich und bereitete davon einen ganzen Stoß in der Futterkammer. Die Kuhmagd tat das gleiche. Das Dreschen hatte schon einige Tage früher aufgehört, weil man durch den Lärm die nahen Feiertage zu entheiligen glaubte.

Im ganzen Hause wurde gewaschen und gescheuert, selbst in die Stube kamen die Mägde mit ihren Wasserkübeln und Strohwischen und Besen hinein. Ich freute mich immer sehr auf dieses Waschen, weil ich es gern hatte, wie alles drunter und drüber gekehrt wurde, und weil die Heiligenbilder im Tischwinkel, die braune Schwarzwälderuhr mit ihrer Metallschelle und andere Dinge, die ich immer sonst nur von der Höhe zu sehen bekam, herabgenommen und mir näher gebracht wurden, so daß ich alles viel genauer betrachten konnte. Freilich war nicht erlaubt, dergleichen Dinge anzurühren, weil ich noch zu ungeschickt und unbesonnen dafür wäre und die Gegenstände leicht beschädigen könne. Aber es gab doch Augenblicke, da man im eifrigen Waschen und Reiben nicht auf mich achtete.

In einem solchen Augenblicke kletterte ich einmal über den Schemel auf die Bank und von der Bank auf den Tisch, der aus seiner gewöhnlichen Stellung gerückt war und auf dem die Schwarzwälderuhr lag. Ich machte mich an die Uhr, von der die Gewichte über den Tisch hingen, sah durch ein offenes Seitentürchen in das messingene, sehr bestaubte Räderwerk hinein, tupfte einigemal an die kleinen Blätter des Windrädchens und legte die Finger endlich selbst an das Rädchen, ob es denn nicht gehe; aber es ging nicht. Zuletzt rückte ich auch ein wenig an einem Holzstäbchen, und als ich das tat, begann es im Werk fürchterlich zu rasseln. Einige Räder gingen langsam, andere schneller und das Windrädchen flog, daß man es kaum sehen konnte. Ich war unbeschreiblich erschrocken, ich kollerte vom Tisch über Bank und Schemel auf den nassen, schmutzigen Boden hinab; da faßte mich schon die Mutter am Röcklein. Das Rasseln in der Uhr wollte gar nicht aufhören, und zuletzt nahm mich die Mutter mit beiden Händen und trug mich in das Vorhaus und schob mich durch die Tür hinaus in den Schnee und schlug die Türe hinter mir zu. Ich stand wie vernichtet da, ich hörte von innen noch das Greinen der Mutter, die ich sehr beleidigt haben mußte, und ich hörte das Scheuern und Lachen der Mägde, und noch immer das Rasseln der Uhr.

Als ich eine Weile dagestanden und geschluchzt hatte, und als gar niemand gekommen war, der Mitleid mit mir gehabt hätte, ging ich nach dem Pfade, der in den Schnee getreten war, über den Hausanger und über das Feld dem Walde zu. Ich wußte nicht, wohin ich wollte, dachte auch nicht weiter daran.

Aber ich war noch nicht zu dem Walde gekommen, als ich hinter mir ein grelles Pfeifen hörte. Das war das Pfeifen der Ahne.

„Wo willst du denn hin, du dummes Kind“, rief sie, „wart’, wenn du so im Wald herumlaufen willst, so wird dich schon die Mooswaberl abfangen, wart’ nur!“

Auf dieses Wort kehrte ich augenblicklich um gegen das Haus, denn die Mooswaberl fürchtete ich sehr.
Ich ging aber immer noch nicht hinein, ich blieb im Hofe stehen, wo der Vater und zwei Knechte gerade ein Schwein aus dem Stalle zogen, um es abzustechen. Über das ohrenzerreißende Schreien des Tieres und über das Blut, das ich nun sah, und das eine Magd in einen Topf auffing, vergaß ich das Vorgefallene, und als der Vater im Vorhaus das Schwein abhäutete, stand ich schon wieder dabei und hielt die Zipfel der Haut, die er mit einem großen Messer von dem speckigen Fleisch immer mehr und mehr lostrennte. Als später die Eingeweide herausgenommen waren und die Mutter Wasser in das Becken goß, sagte sie zu mir: „Geh' weg da, sonst wirst du ganz angespritzt!"
Aus diesen Worten entnahm ich, daß die Mutter mit mir wieder versöhnt sei, und nun war alles gut, und als ich in die Stube kam, um mich zu erwärmen, stand da alles an seinem gewöhnlichen Platz. Boden und Wände waren noch feucht, aber rein gescheuert, und die Schwarzwälderuhr hing wieder an der Wand und tickte. Und sie tickte viel lauter und heller durch die neu hergestellte Stube, als früher.
Endlich nahm das Waschen und Reiben und Glätten ein Ende, im Hause wurde es ruhiger, fast still, und der heilige Abend war da. Das Mittagsmahl am heiligen Abend wurde nicht in der Stube eingenommen, sondern in der Küche, wo man das Nudelbrett als Tisch eignete und sich um dasselbe herumsetzte und das einfache Fastengericht still, aber mit gehobener Stimmung verzehrte.
Der Tisch in der Stube war mit einem schneeweißen Tuche bedeckt, und vor dem Tische stand mein Schemel, auf welchen sich zum Abend, als die Dämmerung einbrach, die Ahne hinkniete und still betete.
Mägde gingen leise durch das Haus und bereiteten ihre Festtagskleider vor und die Mutter tat in einen großen Topf Fleischstücke, goß Wasser daran und stellte ihn zum Herdfeuer. Ich schlich in der Stube auf den Zehenspitzen herum und hörte nichts, als das lustige Prasseln des Feuers

in der Küche. Ich blickte auf meine Sonntagshöschen und auf das Jöppel und auf das schwarze Filzhütlein, das schon an einem Nagel der Wand hing, und dann blickte ich durch das Fenster in die hereinbrechende Dunkelheit hinaus. Wenn kein ungünstiges Wetter eintrat, so durfte ich in der Nacht mit dem Großknecht in die Kirche gehen. Und das Wetter war ruhig und es würde auch, wie der Vater sagte, nicht allzu kalt werden, weil auf den Bergen Nebel liege.

Unmittelbar vor dem „Rauchengehen", in welchem Haus und Hof nach alter Sitte mit Weihwasser und Weihrauch besegnet wird, hatten der Vater und die Mutter einen kleinen Streit. Die Mooswaberl war dagewesen, hatte glückselige Feiertage gewünscht und die Mutter hatte ihr für den Festtag ein Stück Fleisch geschenkt. Darüber war der Vater etwas ungehalten; er war sonst ein Freund der Armen und gab ihnen nicht selten mehr, als unsere Verhältnisse es erlauben wollten, aber der Mooswaberl sollte man seiner Meinung nach kein Almosen reichen. Die Mooswaberl war ein Weib, das gar nicht in die Gegend gehörte, das unbefugt in den Wäldern umherstrich, Moos und Wurzeln sammelte, in halbverfallenen Köhlerhütten Feuer machte und schlief. Daneben zog sie bettelnd zu den Bauernhöfen, wollte Moos verkaufen, und da sie keine Geschäfte machte, verfluchte sie das Leben. Kinder, die sie ansah, fürchteten sich entsetzlich vor ihr und viele wurden krank; Kühen tat sie an, daß sie rote Milch gaben.

Wer ihr eine Wohltat erwies, den verfolgte sie einige Minuten und sagte ihm: „Tausend und tausend vergelt's Gott bis in den Himmel hinauf."

Wer sie aber verspottete oder sonst auf irgendeine Art beleidigte, zu dem sagte sie: „Ich bete dich hinab in die unterste Höllen!"

Die Mooswaberl kam oft zu unserem Hause und saß gern vor demselben auf dem grünen Rasen oder auf dem Querbrett der Zaunstiegel, trotz des heftigen Bellens und Rasselns unseres Kettenhundes, der sich gegen dieses Weib besonders unbändig zeigte. Aber die Mooswaberl saß so lange vor dem Hause, bis die Mutter ihr eine Schale Milch, oder ein Stück Brot, oder beides hinaustrug. Meine Mutter hatte es gern, wenn das Weib sie durch ein tausendfaches Vergeltsgott bis in den Himmel hinauf wünschte. Der Vater legte dem Wunsch dieser Person keinen Wert bei, war er ein Segensspruch oder ein Fluch.

Als man draußen in einem Dorfe vor Jahren das Schulhaus baute, war dieses Weib mit dem Manne in die Gegend gekommen und hatte bei dem Baue mitgeholfen, bis er bei einer Steinsprengung getötet wurde. Seit dieser Zeit arbeitete sie nicht mehr und zog auch nicht fort, sondern trieb sich herum, ohne daß man wußte, was sie tat und was sie wollte. Zum Arbeiten war sie nicht mehr zu bringen; sie schien geisteskrank zu sein.

Der Richter hatte die Mooswaberl schon mehrmals aus der Gemeinde gewiesen, aber sie war immer wieder zurückgekommen. „Sie würde nicht immer zurückgekommen sein", sagte mein Vater, „wenn sie in dieser Gegend nichts gebettelt bekäme. So wird sie hier verbleiben und wenn sie alt und krank ist, müssen wir sie auch pflegen; das ist ein Kreuz, welches wir uns selbst an den Hals gebunden haben."

Die Mutter sagte nichts zu solchen Worten, sondern gab der Mooswaberl, wenn sie kam, immer das gewohnte Almosen, und heute noch etwas mehr, zu Ehren des hohen Festes.

Darum also war der kleine Streit zwischen Vater und Mutter gewesen, der aber sogleich verstummte, als zwei Knechte mit dem Rauch- und Weihwassergefäß in das Haus kamen.

Nach dem Rauchen stellte der Vater ein Kerzenlicht auf den Tisch, Späne durften heute nur in der Küche gebrannt werden. Das Nachtmahl wurde schon wieder in der Stube eingenommen. Der Großknecht erzählte während desselben Weihnachtsgeschichten.

Nach dem Abendmahle sang die Mutter ein Hirtenlied. So

wonnevoll ich sonst diesen Liedern lauschte, aber heute dachte ich nur immer an den Kirchgang und wollte durchaus schon das Sonntagskleidchen anziehen. Man sagte, es sei noch später Zeit dazu, aber endlich gab die Ahne meinem Drängen doch nach und zog mich an. Der Stallknecht kleidete sich sehr sorgsam in seinen Festtagsstaat, weil er nach dem Mitternachtsgottesdienst nicht nach Hause gehen, sondern im Dorfe den Morgen abwarten wollte. Gegen neun Uhr waren auch die anderen Knechte und Mägde bereit und zündeten am Kerzenlicht eine Spanlunte an. Ich hielt mich an den Großknecht, und meine Eltern und meine Großmutter, welche daheim blieben, um das Haus zu hüten, besprengten mich mit Weihwasser und sagten, daß ich nicht fallen und nicht erfrieren möge.
Dann gingen wir.
Es war sehr finster und die Lunte, welche der Stallknecht vorantrug, warf ihr rotes Licht in einer großen Scheibe auf den Schnee und auf den Zaun und auf die Sträucher und Bäume, an denen wir vorüberkamen. Mir kam dieses rote Leuchten, das zudem noch durch die großen Schatten unserer Körper unterbrochen war, grauenhaft vor und ich hielt mich sehr ängstlich an den Großknecht, so daß dieser einmal sagte: „Aber hörst, meine Joppe mußt du mir lassen, was tät' ich denn, wenn du mir sie abrissest?"
Der Pfad war eine Zeitlang sehr schmal, so daß wir hintereinander gehen mußten, wobei ich nur froh war, daß ich nicht der letzte war, denn ich bildete mir ein, daß dieser unbekannten Gefahren ausgesetzt sein müsse.
Eine schneidende Luft ging und die glimmenden Splitter der Lunte flogen weithin, und selbst als sie auf die harte Schneekruste niederfielen, glimmten sie noch eine Weile fort.
Wir waren bisher über Blößen und durch Gesträuche und Wälder abwärts gegangen; jetzt kamen wir zu einem Bache, den ich sehr gut kannte, er floß durch die Wiese, auf welcher wir im Sommer das Heu machten. Im Sommer rauschte dieser Bach schön, aber heute hörte man nichts,

weil er überfroren war. Auch an einer Mühle kamen wir vorüber, an welcher ich heftig erschrak, weil einige Funken auf das Dach flogen; aber auf dem Dache lag Schnee und die Funken erloschen. Endlich verließen wir den Bach, und der Weg führte aufwärts durch Wald, in welchem der Schnee seicht lag, aber auch keine feste Kruste hatte.

Dann kamen wir zu einer breiten Straße, wo wir nebeneinander gehen konnten und wo wir dann und wann ein Schlittengeschelle hörten. Dem Stallknecht war die Lunte bereits bis zu der Hand herabgebrannt und er zündete eine neue an, die er vorrätig hatte. Auf der Straße sah man jetzt auch andere Lichter, große rote Fackeln, die heranloderten, als schwämmen sie allein in der schwarzen Luft, und hinter denen nach und nach ein Gesicht und mehrere Gesichter auftauchten, von Kirchengehern, die sich nun auch zu uns gesellten. Und wir sahen Lichter von anderen Bergen und Höhen, die noch so weit entfernt waren, daß wir nicht erkennen konnten, ob sie standen oder sich bewegten.

So gingen wir weiter. Der Schnee knirschte unter unseren Füßen, und wo ihn der Wind weggetragen hatte, da war der schwarze nackte Boden so hart, daß unsere Schuhe an ihm klangen. Die Leute sprachen und lachten viel, aber mir war, als sei das in der heiligen Christnacht nicht recht; ich dachte nur immer schon an die Kirche und wie das doch sein werde, wenn mitten in der Nacht Musik und ein Hochamt ist.

Als wir eine lange Weile auf der Straße fortgegangen und an einzelnen Bäumen und an Häusern vorüber, und dann wieder über Felder und durch Wald gekommen waren, hörte ich auf den Baumwipfeln plötzlich ein Klingen. Als ich horchen wollte, hörte ich es nicht, bald aber wieder und deutlicher als das erstemal. Es war der Ton des kleinen Glöckleins vom Turme der Kirche. Die Lichter, die wir auf den Bergen und im Tale sahen, wurden immer häufiger und alle schwammen der Kirche zu. Auch die ruhigen

Sterne der Laternen schwebten heran und auf der Straße wurde es immer lebhafter. Das kleine Glöcklein wurde durch ein größeres abgelöst und das läutete so lange, bis wir fast nahe der Kirche kamen. – Also war es doch wahr, wie die Ahne gesagt hatte: Um Mitternacht fangen die Glocken zu läuten an und läuten so lange, bis aus fernen Tälern der letzte Bewohner der Hütten zur Kirche kommt.

Die Kirche steht auf einem mit Birken und Schwarztannen bewachsenen Berglein, und um sie liegt der kleine Friedhof, welcher mit einer niederen Mauer umgeben ist. Die wenigen Häuser stehen im Tale.

Als die Leute an die Kirche gekommen waren, steckten sie ihre Lunten umgekehrt in den Schnee, daß sie erloschen, nur eine wurde zwischen zwei Steine der Friedhofmauer geklemmt und brennen gelassen.

Jetzt klang auf dem Turme in langsamem, gleichmäßigem Wiegen schon die große Glocke. Aus den schmalen, hohen Kirchenfenstern fiel heller Schein. Ich wollte in die Kirche, aber der Großknecht sagte, es habe noch Zeit, und er blieb stehen und sprach und lachte mit anderen Burschen und stopfte sich eine Pfeife an.

Endlich klangen alle Glocken zusammen, in der Kirche begann die Orgel zu tönen und nun gingen wir hinein.

Das sah ganz anders aus wie an den Sonntagen. Die Lichter, die auf dem Altare brannten, waren hellweiße, funkelnde Sterne, und der vergoldete Tabernakel strahlte herrlich zurück. Die Lampe des ewigen Lichtes war rot. Der obere Raum der Kirche war so dunkel, daß man die schönen Verzierungen des Schiffes kaum sehen konnte. Die dunkeln Gestalten der Menschen saßen in den Stühlen oder standen neben denselben; die Weiber waren sehr in Tücher eingeschlagen und husteten. Viele hatten Kerzen vor sich brennen und sangen aus ihren Büchern mit, als auf dem Chore das Tedeum ertönte. Der Großknecht führte mich durch die zwei Reihen der Stühle gegen einen Nebenaltar, wo schon mehrere Leute standen. Dort hob er mich auf einen Schemel zu einem Glaskasten empor, der, von drei Kerzen beleuchtet, zwischen zwei aufgesteckten Tannenwipfeln stand und den ich früher, wenn ich mit den Eltern in die Kirche kam, nie gesehen hatte. Als mich der Großknecht auf den Schemel gehoben hatte, sagte er mir leise ins Ohr: „So, jetzt kannst das Krippel anschauen." Dann ließ er mich stehen und ich schaute durch das Glas. Da kam ein Weiblein zu mir herbei und sagte leise: „Ja, Kind, wenn du das anschauen willst, so muß dir's auch jemand auslegen." Und sie erklärte mir die Dinge, die im Kasten waren.

Außer der Mutter Maria, die über den Kopf ein blaues Tuch geschlagen hatte, das bis zu den Füßen hinabhing, waren alle Gestalten so gekleidet wie ältere Bauern. Der heilige Joseph selbst trug grüne Strümpfe und eine lederne Kniehose. Und in der Krippe lag das nackte Kindlein.

Als das Tedeum zu Ende war, kam der Großknecht wieder, hob mich von dem Schemel und wir setzten uns in einen Stuhl. Dann ging der Kirchenmann herum und zündete alle Kerzen an, die in der Kirche waren, und jeder Mensch, auch der Großknecht, zog nun ein Kerzlein aus dem Sack und zündete es an und klebte es vor sich auf die Bank. Jetzt war es so hell in der Kirche, daß man auch die Verzierungen an der Decke schön sehen konnte.

Auf dem Chore stimmte man Geigen und Trompeten und Pauken, und als an der Sakristeitür das Glöcklein klang und der Pfarrer in strahlendem Meßkleide, begleitet von Ministranten und rotbemäntelten Windlichtträgern, über den purpurnen Fußteppich zum Altare ging, da rauschte die Orgel in ihrem ganzen Vollklang, da wirbelten die Pauken und schmetterten die Trompeten.

Weihrauch stieg auf und hüllte den ganzen lichtstrahlenden Hochaltar in einen Schleier. – So begann das Hochamt und so strahlte und tönte und klang es um Mitternacht. Beim Offertorium waren alle Instrumente still, nur zwei helle Stimmen sangen ein liebliches Hirtenlied und während des Benediktus jodelten eine Klarinette und zwei Flü-

gelhörner langsam und leise den Wiegengesang. Während des letzten Evangeliums hörte man auf dem Chore den Kuckuck und die Nachtigall, wie mitten im sonnigen Frühling.
Tief nahm ich sie auf in meine Seele, die wunderbare Heiligkeit der Christnacht, aber ich jauchzte nicht vor Entzücken, ich blieb ernst, ruhig und fühlte die Weihe.
Und während die Musik tönte, dachte ich an Vater und Mutter und Großmutter daheim. Die knien jetzt um den Tisch bei dem einzigen Kerzenlichtlein und beten, oder sie schlafen und es ist finster in der Stube, und nur die Uhr geht, und es liegt tiefe Ruhe über den waldigen Bergen und die Christnacht ist ausgebreitet über die ganze Welt.
Als das Amt seinem Ende nahte, erloschen nach und nach die Kerzlein in den Stühlen, und der Kirchenmann ging wieder herum und dämpfte mit seinem langgestielten Blechkäppchen an den Wänden und Bildern und Altären, und es duftete das Wachs der ausgelöschten Lichter. Die am Hochaltare brannten noch, als auf dem Chore der letzte freudenreiche Festmarsch erscholl und sich die Leute aus der Kirche drängten.
Als wir in das Freie kamen, war es trotz des dichten Nebels, der sich von den Bergen niedergesenkt hatte, nicht mehr ganz so finster wie vor Mitternacht. Es mußte der Mond aufgegangen sein; man zündete keine Fackeln mehr an. Es schlug ein Uhr, aber der Schulmeister läutete schon die Avemariaglocke zum Christmorgen. Ich warf noch einen Blick auf die Kirchenfenster; aller Festglanz war erloschen, ich sah nur mehr den matten Schimmer des ewigen Lichtes.
Als ich mich dann wieder an den Rock des Großknechtes halten wollte, war dieser nicht mehr da, einige fremde Leute waren um mich, die miteinander sprachen und sich sofort auf den Heimweg machten. Mein Begleiter mußte schon voraus sein; ich eilte ihm nach, lief schnell an mehreren Leuten vorüber, auf daß ich ihn bald einhole. Ich lief, so sehr es meine kleinen Füße konnten, ich kam durch den

finsteren Wald und ich kam über Felder, über welche scharfer Wind blies, so daß ich, so warm mir sonst war, von Nase und Ohren fast nichts mehr wahrnahm. Die Leute, die früher noch auf der Straße gegangen waren, verloren sich nach und nach und ich war allein und den Großknecht hatte ich noch immer nicht erreicht. Ich dachte, daß er auch hinter mir sein könne, und beschloß, geradeswegs nach Hause zu eilen. Auf der Straße lagen hier und da schwarze Punkte, Kohlen der Spanfackeln, welche die Leute auf dem Kirchwege abgeschüttelt. Die Gesträuche und Bäumchen, die neben am Wege standen und unheimlich aus dem Nebel emportauchten, beschloß ich gar nicht anzusehen, aber ich sah sie doch an, wendete meine Augen nach allen Seiten, ob nicht irgendwo ein Gespenst auf mich zukomme.

Nun war ich zum Pfad gekommen, der mich von der Straße abwärts durch den Wald und in das jenseitige Tal führen sollte. Ich bog ab und eilte unter den langästigen Bäumen dahin. Die Wipfel rauschten und dann und wann fiel ein Schneeklumpen neben mir nieder. Stellenweise war es auch so finster, daß ich kaum die Stämme sah, wenn ich nicht an dieselben stieß, und daß ich den Pfad verlor. Letzteres war mir ziemlich gleichgültig, denn der Schnee war sehr seicht, auch war anfangs der Boden hübsch glatt, aber allmählich begann er steil und steiler zu werden und unter dem Schnee war viel Gestrüppe und hohes Heidekraut. Die Baumstämme standen nicht mehr so regelmäßig, sondern zerstreut, manche schief hängend, manche mit aufgerissenen Wurzeln an anderen lehnend, manche mit wild und wirr aufragenden Ästen auf dem Boden liegend. Das hatte ich nicht gesehen, als wir aufwärts gingen. Ich konnte oft kaum weiter, ich mußte mich durch das Gesträuche und Geäste durchwinden. Oft brach der Schnee ein, die Besen des Heidekrautes reichten mir bis zur Brust heran. Ich sah ein, daß der rechte Weg verloren war, aber wär' ich nur erst im Tale und bei dem Bache, dann ginge ich diesem entlang aufwärts und da müßte ich endlich doch zur Mühle und zu unserer Wiese kommen.

Schneeschollen fielen mir in das Rocksäcklein, Schnee legte sich an die Höschen und Strümpfe, und das Wasser rann mir in die Schuhe hinab. Zuerst war ich durch das Klettern über das Gefälle und das Winden durch das Gesträuche müde geworden, aber nun war auch die Müdigkeit verschwunden; ich achtete nicht den Schnee und ich achtete nicht das Gesträuche, das mir oft rauh über das Gesicht fuhr, sondern ich eilte weiter. Fiel ich zu Boden, so raffte ich mich schnell auf. Auch alle Gespensterfurcht war weg; ich dachte an nichts als an das Tal und an unser Haus. Ich wußte nicht, wie lange ich mich so durch die Wildnis fortwand, aber ich fühlte mich flink, die Angst trieb mich vorwärts.

Plötzlich stand ich vor einem Abgrund. In dem Abgrunde lag grauer Nebel, aus welchem einzelne Baumwipfel emportauchten. Um mich hatte sich der Wald gelichtet, über mir war es heiter und am Himmel stand der Halbmond. Mir gegenüber und weiter im Hintergrunde waren fremde, kegelförmige Berge.

Unten in der Tiefe mußte das Tal mit der Mühle sein; mir war, als hörte ich das Tosen des Baches, aber das war das Windrauschen in den jenseitigen Wäldern. Ich ging nach rechts und links und suchte einen Fußsteig, der mich abwärts führe, und ich fand eine Stelle, an welcher ich mich über Gerölle, das vom Schnee befreit dalag, und durch Wacholdergesträuche hinablassen zu können vermeinte. Das gelang mir auch eine Strecke, doch noch zu rechter Zeit hielt ich mich an eine Wurzel, fast wäre ich über eine senkrechte Wand gestürzt. Nun konnte ich nicht mehr vorwärts. Ich ließ mich aus Mattigkeit zu Boden. In der Tiefe lag der Nebel mit den schwarzen Baumwipfeln. Außer dem Rauschen des Windes in den Wäldern hörte ich nichts. Ich wußte nicht, wo ich war. – Wenn jetzt ein Reh käme, ich würde es fragen nach dem Weg, in der Christnacht reden ja Tiere menschliche Sprache!

Ich erhob mich, um wieder aufwärts zu klettern; ich machte das Gerölle locker und kam nicht vorwärts. Mich schmerzten Hände und Füße. Nun stand ich still und rief so laut ich konnte nach dem Großknecht. Meine Stimme fiel von den Wäldern und Wänden langgezogen und undeutlich zurück.
Dann hörte ich wieder nichts, als das Rauschen.
Der Frost schnitt mir in die Glieder.
Nochmals rief ich mit aller Macht den Namen des Großknechtes. Nichts, als der langgezogene Widerhall. Nun überkam mich eine große Angst. Ich rief schnell hintereinander meine Eltern, meine Ahne, alle Knechte und Mägde unseres Hauses. Dann begann ich kläglich zu weinen.
Mein Körper warf einen langen Schatten schräg abwärts über das Gestein. Ich ging an der Wand hin und her, ich betete zum heiligen Christkind, daß es mich erlöse.
Der Mond stand hoch am dunkeln Himmel.
Endlich konnte ich nicht mehr weinen und beten, auch mich kaum mehr bewegen, ich kauerte zitternd an einem Stein und dachte: Nun will ich schlafen, das ist alles nur ein Traum, und wenn ich erwache, bin ich daheim oder im Himmel.
Da hörte ich ein Knistern über mir im Wacholdergesträuche, und bald darauf fühlte ich, wie mich etwas berührte und emporhob. Ich wollte schreien, aber ich konnte nicht, die Stimme war wie eingefroren. Aus Angst hielt ich die Augen fest geschlossen. Auch Hände und Füße waren mir wie gelähmt, ich konnte sie nicht bewegen. Mir kam vor, als ob sich das ganze Gebirge mit mir wiegte. – –
Als ich zu mir kam und erwachte, war noch Nacht, aber ich hockte an der Tür meines Vaterhauses, und der Kettenhund bellte heftig. Eine Gestalt hatte mich auf den festgetretenen Schnee gleiten lassen, pochte dann mit dem Ellbogen gewaltig an die Tür und eilte davon. Ich hatte diese Gestalt erkannt – es war die Mooswaberl gewesen.
Die Tür ging auf und die Ahne stürzte mit den Worten auf mich zu: „Jesus Christus, da ist er ja!“

Sie trug mich in die warme Stube, aber von dieser schnell wieder zurück in das Vorhaus; dort setzte sie mich auf einen Trog, eilte dann hinaus vor die Tür und machte durchdringliche Pfiffe.

Sie war ganz allein zu Hause. Als der Großknecht von der Kirche zurückgekommen war und mich daheim nicht gefunden hatte, und als auch die anderen Leute kamen und ich bei keinem war, gingen sie alle hinab in den Wald und in das Tal, und jenseits hinauf zur Straße und nach allen Richtungen. Selbst die Mutter war mitgegangen und hatte überall, wo sie ging und stand, meinen Namen gerufen.

Nachdem die Ahne glaubte, daß es mir nicht mehr schädlich sein konnte, trug sie mich wieder in die warme Stube, und als sie mir die Schuhe und Strümpfe auszog, waren diese ganz zusammen- und fest an den Fuß gefroren. Hierauf eilte sie nochmals in das Freie und machte wieder ein paar Pfiffe, und brachte dann in einem Kübel Schnee herein und stellte mich mit bloßen Füßen in diesen Schnee. Als ich in dem Schnee stand, war in den Zehen ein so heftiger Schmerz, daß ich stöhnte, aber die Ahne sagte: „Das ist schon gut, wenn du Schmerz hast, dann sind die Füße nicht erfroren."

Bald darauf strahlte die Morgenröte durch das Fenster, und nun kamen nach und nach die Leute nach Hause, zuletzt aber der Vater, und zu allerletzt, als schon die rote Sonnenscheibe über der Wechselalpe aufging, und als die Ahne unzähligemal gepfiffen hatte, kam die Mutter. Sie ging an mein Bettlein, in welches ich gebracht worden war und an welchem der Vater saß. Sie war ganz heiser.

Sie sagte, daß ich nun schlafen solle, und verdeckte das Fenster mit einem Tuche, auf daß mir die Sonne nicht in das Gesicht scheine. Aber der Vater meinte, ich solle noch nicht schlafen, er wolle wissen, wie ich mich von dem Knechte entfernt, ohne daß er es merkte, und wo ich herumgelaufen sei. Ich erzählte, wie ich den Pfad verloren hatte, wie ich in die Wildnis kam, und als ich von dem Monde und von den schwarzen Wäldern und von dem

Windrauschen und von dem Felsenabgrund erzählte, da sagte der Vater halblaut zu meiner Mutter: „Weib, sagen wir Gott Lob und Dank, daß er da ist, er ist auf der Trollwand gewesen!"

Nach diesen Worten gab mir die Mutter einen Kuß auf die Wange, wie sie nur selten tat, und dann hielt sie ihre Schürze vor das Gesicht und ging davon.

„Ja, du Donnersbub, und wie bist denn heimkommen?" fragte mich der Vater. Darauf meine Antwort, daß ich das nicht wisse, daß ich nach langem Schlafen und Wiegen auf einmal vor der Haustüre gewesen und daß die Mooswaberl neben mir gestanden sei. Der Vater fragte mich noch einmal über diesen Umstand, ich antwortete dasselbe.

Nun sagte der Vater, daß er in die Kirche zum Hochgottesdienst gehe, weil heute der Christtag sei, und daß ich schlafen solle.

Ich mußte darauf viele Stunden geschlafen haben, denn als ich erwachte, war draußen Dämmerung, und in der Stube war es fast finster. Neben meinem Bette saß die Ahne und nickte, von der Küche herein hörte ich das Prasseln des Herdfeuers.

Später, als die Leute beim Abendmahle saßen, war auch die Mooswaberl am Tisch.

Auf dem Kirchhofe, über dem Grabhügel ihres Mannes war sie während des Vormittagsgottesdienstes gekauert, da war nach dem Hochamte mein Vater zu ihr hingetreten und hatte sie mit in unser Haus genommen.

Über die nächtliche Begebenheit brachte man nicht mehr von ihr heraus, als daß sie im Walde das Christkind gesucht habe; dann ging sie einmal zu meinem Bette und sah mich an, und ich fürchtete mich vor ihren Blicken.

In dem hinteren Geschosse unseres Hauses war eine Kammer, in welcher nur altes, unbrauchbares Geräte und viel Spinnengewebe war.

Diese Kammer ließ mein Vater der Mooswaberl zur Wohnung, und stellte ihr einen Ofen und ein Bett und einen Tisch hinein.

Und sie blieb bei uns. Oft strich sie noch in den Wäldern umher und brachte Moos heim, dann ging sie wieder hinaus zur Kirche und saß auf dem Grabhügel ihres Mannes, von dem sie nicht mehr fortzuziehen vermochte in ihre ferne Gegend, in der sie wohl auch einsam und heimatlos gewesen wäre, wie überall. Über ihre Verhältnisse war nichts Näheres zu erfahren, wir vermuteten, daß das Weib einst glücklich gewesen sein müsse, und daß der Schmerz über den Verlust des Gatten ihr den Verstand geraubt habe.

Wir gewannen sie alle lieb, weil sie ruhig und mit allem zufrieden lebte und niemandem das geringste Leid zufügte. Nur der Kettenhund wollte sie immer noch nicht sichern, der bellte und zerrte überaus heftig an der Kette, so oft sie über den Anger ging. Aber das war anders von dem Tiere gemeint; als einmal die Kette riß, stürzte der Hund auf die Mooswaberl zu, sprang ihr winselnd an die Brust und leckte ihr die Wangen.

Am Tage, da die Ahne fort war

Wenn Jammer ist und es scheint die Sonne drein! Trauigeres weiß ich nicht zu denken.

Die Großen waren alle fort in die Kirche gegangen. Die gute Ahne, die sonst bei uns gewesen, hatten sie fortgetragen. Mir ist davon sonst nichts mehr recht in Erinnerung, als daß wir Kleinen des allzuweiten Weges halber daheim bleiben mußten und so den angstvollen Tag verlebten. Wir hatten uns eingeschlossen ins Haus, schlichen auf den Zehenspitzen umher und fürchteten uns vor Räubern und Mördern. Zu den vergitterten Fenstern blaute der Wald herein und über allem lag das stille Licht der heiligen Pfingstsonne. Da eine ganze Stunde der Einsamkeit vergangen war, ohne daß etwas Unerhörtes geschah, so wurden wir etwas dreister und allmählich kam sogar das Verlangen zur Vormittagsjause, welche uns die Schwester Plonele zu kochen den Auftrag hatte. Da war plötzlich draußen in der Vorlauben ein Gepolter. Wie zum Tode getroffen schraken wir zusammen und krochen zu einem Knäuel ineinander.

„Meine Mutter Gottes steh' mir bei", betete die Plonele, „ein Schelm (Dieb) ist im Haus!"

Wir hörten ein Winseln und Kreischen. Da sprang der Halterbub, der Hansel, auf, ein kecker Junge, armer Leute Sohn, den unser Vater erst vor wenigen Tagen zum Viehhüten ins Haus genommen hatte, er trug schon die Brottasche umgehangen, weil er eben das Vieh auf die Weide treiben wollte. Der sprang auf, erfaßte das spitze Brotmesser und wollte in die Vorlauben. Unsere Schwester hielt ihn zurück, er solle doch um Gottes willen nicht mit dem Messer hinaus, das koste uns allen das Leben.

„Wenn's ein Rauber ist, so steche ich ihn ab!" knirschte der Hansel, riß sich los und sprang ins Vorhaus.

Da draußen ging's grauenhaft zu, ein paar Spatzen schossen kreischend umher und mitten in der Lauben auf der Erde lag ein zerrissenes Vogelnest. Die Katze war eben daran, mit Vorderpfoten und Schnauze ein Junges aus dem Halmgewebe zu fangen, als der Hansel hinzukam und ihr mit dem Messerstiel einen Schlag versetzte.

Nun waren wir alle dabei. Wir kosten und herzten das hilflose Tierchen; es gibt nichts Armseligeres auf der Welt, als einen Vogel ohne Federn. Den Schnabel tat es auf, da brachte die Plonele schon eine Handvoll Sterz von der Vormittagsjause und der Hansel nahm das Spätzlein geschickt in seine Hand und begann es zu atzen. Es war eine helle Freude. Mittlerweile stand ich schon mit dem alten Vogelbauer daneben, auf daß wir das Ding hineintäten und so auf einmal eine ungeahnte Bereicherung unserer Güter hätten. Aber der Halterbub rief: „Bist ein dummer Bub! Glaubst, es bliebe lebig? Sollst's nur du probieren, wenn du nicht essen und trinken kannst und sie sperren dich von deiner Mutter weg in eine Vogelsteigen! Wird dir nicht taugen. Das Junge gehört zu den Alten."

Aber das Nest war von der Katze ganz und gar zerstört worden. So lief ich – das Wort des Hansel tief im Herzen – mit dem Vogelbauer wieder davon und kam mit meinem Kopfkissen zurück. Dieses taten wir in eine Mauernische, legten das arme Vöglein drauf; der Schnabel ging stetig auf und zu, und doch wollte es kein Krümchen Sterz mehr schlucken, die kleine Brust wogte arg auf und nieder und das Wesen war schier zu schwach zum Piepsen. So lag es auf dem Kissen, im Grübchen, das ihm die Plonele mit den Fingern gedrückt hatte. Wir ließen es auf Anordnung des Hansel in Ruhe und hofften, daß nun die Alten kommen und ihr Kleines hegen und pflegen würden.

Aber die Alten flatterten in Angst draußen um die Dachgiebel herum; der tatkräftige Hansel strich mit dem Messer durch Stall und Scheunen. Er suchte die Katze.

Was ich an demselben Vormittag ausgestanden habe! Ich lauerte ruhelos in der Vorlauben herum, strengte meine Zehen an und meinen langen Hals, aber allvergebens, ich war zu klein, um dem jungen Spatzen in sein Bettlein gukken zu können. Ich horchte vergebens, ob ich es nicht etwa piepsen oder atemholen höre. Bruder Jackerl machte den Vorschlag, um den kleinen Vogel zu sehen, solle ich ihn, den Jackerl, auf meine Achsel steigen lassen. Er würde mir schon alles sagen, was er sehe. Wir versuchten es, aber das Gerüste war zu schwach, wir kollerten beide auf die Erde.

Endlich um die Mittagszeit war's, als die Schwester mit trauriger Miene berichtete: „Jetzt ist das Vogerl schon hin!"

Es mußte sich im Falle zu arg verletzt haben, oder der Schreck! die Angst! „Jetzt kannst das Vogelhaus bringen", befahl mir der Hansel. Und im Vogelhause haben wir den kleinen Leichnam aufgebahrt. Er lag auf einem Nestchen aus weißer Wolle, aus einem Stamm Rosmarin und Maßliebchen hatten wir ihm einen Kranz geflochten; ich schlug auch vor, daß man an dieser Bahre ein Öllämpchen

anzünde, so wie es bei der Leiche der Ahne gewesen war, aber meine Schwester gab mir einen kleinen Stoß mit dem Ellbogen und meinte, so was wäre eine Frevelhaftigkeit, der Spatz hätte ja keine Seele gehabt.
Wie schaute ich das Vöglein so traurig an! – Du armes Geschöpf, jetzt hast du gar keine Seele gehabt. Bist unschuldigerweis' von der Katze umgebracht worden und kommst doch nicht in den Himmel. Wenn man dich ins Abendgebet einschließen täte, vielleicht wollt' der lieb' Herrgott mit dir eine Ausnahm' machen.
Am Abende als es dunkel wurde, trugen wir das starre Vöglein hinaus an den Rain, wo die Hagebutten stehen; dort scharrte der Hansel eine Grube und wir legten das Tierchen mitsamt seinem weißen Wollbettlein und seinem Kranze hinein. Und als wir mit unseren kleinen Händen das Gräblein zulegten, flatterte ein Spatz über unseren Häuptern hin und her. Das Herz hätte uns allen mögen brechen, als die Plonele sagte: „Das ist gewiß vom Vogerl die Mutter!"
Nach dem Begräbnisse schleppte der Hansel noch einen großen Stein herbei und legte ihn auf das Grab, denn die Katze – er hatte sie nicht erwischt.
Der Hansel lebt heute noch. Er hat Haus und Hof und was hineingehört, er ist ein ganzer Mann. Plonele ist sein Weib geworden. Gegenwärtig atzen sie wieder ein Junges, aber mit mehr Glück als dazumal.

Als ich den Himmlischen Altäre gebaut

Wenn wir Kinder die Woche über brav gewesen waren, so durften wir am Sonntag mit den erwachsenen Leuten mitgehen in die Kirche. Wenn wir aber beim lieben Vieh daheim benötigt wurden, oder wenn kein Sonntagsjöppel oder kein guter Schuh vorhanden, so durften wir nicht in die Kirche gehen, auch wenn wir brav gewesen waren.

Denn die Schafe und die Rinder bedurften unser wesentlich notwendiger als der liebe Gott, der nachgerade einmal Post schicken ließ: Leute, seid auf die Tiere gut, das ist mir so lieb wie ein Gottesdienst.
Wir blieben jedoch nur unter der Bedingung zu Hause: „wenn wir einen Altar aufrichten dürfen". Gewöhnlich wurde uns das erlaubt, und zu hohen Festtagen stellte der Vater das Wachslicht dazu bei. Hatten wir unsere häuslichen Beschäftigungen vollbracht, etwa um neun Uhr vormittags, während in der Kirche das Hochamt war, begann in unserem Waldhause folgendes zu geschehen. Die Haushüterin, war es nun die Mutter oder eine Magd, hub an, am Herde mit Mehl und Schmalz zu schaffen; der Haushüter, war es nun der Vater oder ein Knecht, holte von der Wand „die Beten" (den Rosenkranz) herab, vom Wandkastel den Wachsstock heraus, aus der Truhe das Gebetbuch hervor; und der kleine Halterbub, war es nun mein Bruder Jackerl oder ich, huben an, die Heiligtümer des Hauses zusammenzuschleppen auf den Tisch. Von der Kirche waren wir weit, keinen Glockenklang hörten wir jahraus und jahrein; also mußten wir uns selber ein Gotteshaus bauen und einen Altar. Das geschah zuhalb aus kindlichem Spielhange und zuhalb aus kindlicher Christgläubigkeit. Und wir – mein Bruder Jackerl oder ich, oder beide zusammen – machten es so: Wir schleppten das alte Leben-Christi-Buch herbei, das Heiligen-Legenden-Buch, die vorfindlichen Gebetbücher, unsere Schulbücher, das Vieharzneibuch und jegliches Papier, das steif gebunden war. Solches gab das Baumaterial. Die Bücher stellten wir auf dem Tische so, daß sie mit dem Längenschnitt auf der Platte standen und ihre Rücken gegen Himmel reckten; wir bildeten daraus ein zusammenhängendes Halbrund, gleichwie der Raum des Presbyteriums. An die Wände dieses Halbrundes lehnten wir hierauf die papierenen buntbemalten Heiligenbildchen, welche in den Büchern zwischen den Blättern aufbewahrt gewesen, zumeist von Verwandten, Patenleuten, Wallfahrten als Angedenken stammten und ver-

schiedene Heilige darstellten. Die Heiligen Florian und Sebastian kamen in der Regel ganz vorne zu stehen, denn der eine war gegen das Feuer, und der andere gegen das Wasser, also gegen die zwei wilden Schrecken, die den Menschen alleweil auf kürzestem Wege den Himmlischen zujagen. An Namenstagen von uns, oder an sonstigen Heiligenfesten erweisen wir aber dem betreffenden Heiligen die Ehre, im Bildchen ganz vorne stehen zu dürfen. Am Osterfeste, am Christtage fand sich bildlich wohl ein Osterlamm mit der Fahne, oder ein holdes Kindlein auf dem Heu. Letzeres wollte einmal am Christfeste mein Bruder nicht anerkennen, weil kein Ochs und kein Esel dabei sei, worauf der alte Knecht sich ganz ruhig zu uns wandte und sprach: „Die müsset halt ihr zwei sein!"

Waren nun die aus Büchern geformten Wände mit solchen Bildlein geschmückt, so kam vom eigentlichen Hausaltare hoch oben in der Wandecke das Kruzifix herab und wurde mitten in das Halbrund gestellt. Das Christikreuz!

Das war der eigentliche Mittelpunkt unseres Heiligtums. Vor dem Kruzifix kam hernach der Wachsstock zu stehen und wir zündeten ihn an. Nicht zu sagen, welche Feierlichkeit, wenn nun das Kreuz und die Heiligenbilder rötlich beleuchtet wurden, denn so ein geweihtes Wachslicht gibt einen ganz anderen Schein, als die klebrige Talgkerze oder der harzige Brennspan, oder gar im Wasserglase das Öllichtlein, „welches bei der Nacht nur so viel scheint, daß man die Finsternis sieht". Die Sonne, welche draußen leuchtete, wurde abgesperrt, indem wir die Fenster verhüllten mit blauen Sacktüchern, wir wollten den heiligen Schein ganz allein haben in unserem Tempelchen. Wenn nun gar erst Allerseelen war und ein Bildchen mit den armen Seelen im Fegefeuer vor dem Kreuze lag, da gab's eine Stimmung, die zur Andacht zwang. Knieten wir dann um den Tisch herum, so daß unsere Knie auf den Sitzbänken, unsere Ellbögen auf der Platte sich stützten, und beteten laut jene lange Reihe von Vaterunsern und Avemarias mit Ausrufung der „Geheimnisse" aus dem Leben des

Herrn, welche der Rosenkranz, oder auch der Psalter genannt wird. Ich wendete während des ganzen Gebetes keinen Blick von den bildlichen Darstellungen. Natürlich sah ich nicht das Papier und nicht die Farben, ich sah die Heiligen leibhaftig, sie waren mir in der Tat anwesend, sie hörten freundlich auf unser Gebet, sie ließen uns hoffen auf ihren Schutz und Beistand in Tagen der Not und Gefahr, sie nahmen gütig die Liebe unserer Herzen an, und also schlossen wir mit ihnen vorweg schon Bekanntschaft für die ewige Gemeinsamkeit im Himmel, der wir ja entgegenstrebten. –

War hernach die Andacht zu Ende, so losch der Knecht die Kerze aus und wir hüpften aufs Fletz hinab; bald krochen wir freilich wieder auf den Tisch, um gemächlich den Tempel zu zerstören und seine Teile wieder an Ort und Stelle zu bringen, woher wir sie genommen, denn der Tisch sollte nun Schauplatz anderer Ereignisse werden. In der Küche war aus Mehl und Schmalz eine Pfanne voll Sterz geworden, und diese kam herein, um unsere sonntägige Andacht zu krönen. So war's der Brauch am Sonntag Vormittage von der neunten bis zur zehnten Stunde, während die anderen in der Kirche saßen oder vor derselben sich für das Wirtshaus vorbereiteten. – Solches waren freilich freundlichere Wandlungen des Tischaltares, als es jene gewesen im Hause des Waldpeter. Hatten die aufsichtslosen Kinder in der Christnacht auf dem Tische aus Büchern und Papierbildchen einen Tempel gebaut, denselben mit einem nach unten halboffenen Buche eingedeckt und eine brennende Kerze in das Heiligtum gestellt. Noch zu rechter Zeit kam der Waldpeter herbei, um die auf dem Tische entstandene Feuersbrunst zu löschen. Darauf soll es keinen Sterz gegeben haben, sondern Fische.

Noch erinnere ich mich an einen besonderen Tag. Ein gewöhnlicher Wochentag war's im Winter; ich beschäftigte mich in der dunkeln Futterscheune, um mit einem Eisenhaken, dem Heuraffel, Heu aus dem festgetretenen Stoße zu reißen und in die Ställe zu tragen. Da fiel es mir plötzlich ein, ich müsse diese Arbeit bleiben lassen, in die Stube gehen und auf dem Tische einen Altar bauen. Die Mutter war mit meinem jüngsten kranken Schwesterchen beschäftigt, kümmerte sich also nicht um mich und ich stellte aus Büchern und Bildchen den gewohnten Tempel auf, als sollten die Leute nun zusammenkommen wie am Sonntage und beten. Wie ich hernach das hölzerne Kruzifix hineinstellen wollte, tat ich es nicht, sondern ging durch die Stube zu einer Sitzbank hin, über welche ich das Kreuz mit einem Schnürchen an die Wand hing. Und da war es, als ob auch die anderen ähnliche Gedanken hätten mitten im Werktage; der Vater wurde ins Haus gerufen, er holte aus dem Schrank den Wachsstock hervor, zündete ihn an, doch anstatt ihn an meinen Altar zu stellen, ging er damit ans Bettlein, wo das zweijährige Trauderl lag; sie begannen halblaut zu beten und die Mutter netzte mit Essig die Stirn des Schwesterleins. – Plötzlich hielten sie im Gebete ein, da war es still, so grauenhaft still, wie es bisher nie gewesen auf der Welt. Dann hub die Mutter an zu schluchzen, erst leise, hernach heftiger, bis sie, in ein lautes Weinen ausbrechend, sich über das Köpfchen des Kindes niederbeugte und es herzte und küßte. Das Schwesterlein aber tat nichts desgleichen, die hageren Händchen auf der Decke ausgestreckt, im Gesichte kalkweiß, mit halbgeöffneten Augen lag es da; die flachszarten Locken gingen nach rückwärts und waren noch feucht von dem Essig.

Der Vater trat zu uns übrigen Kindern und sagte leise: „Jetzt hat uns die Trauderl halt schon verlassen."

„Sie ist ja da!" rief der Bruder Jackerl und streckte seinen Finger aus gegen das Bett.

„Ihre unschuldige Seel' hat der liebe Herrgott zu sich genommen, sie ist schon bei den Engelein."

Wer von uns es nicht wußte, der ahnte nun, unsere kleine Schwester war gestorben.

Wir huben an zu weinen, aber nicht so sehr, weil das Schwesterlein gestorben war, sondern weil die Mutter weinte. In meinem Leben hat mich nichts so sehr ans Herz

gestoßen, als wenn ich meine Mutter weinen sah. Das geschah freilich selten, heute vermute ich, daß sie viel öfter geweint hat, als wir es sahen ...
Nun kamen die Knechte und Mägde herein, standen um das Bettlein herum und sagten mit flüsternden Stimmen Liebes und Gutes von dem Kinde. Der Vater kniete zum Tische, wo – siehe da! – der Altar aufgerichtet stand, und begann laut zu beten; er rief das Kreuz und Leiden des Heilandes an, seine heiligen Wunden, seine Todespein und seine Auferstehung. Er sagte den Spruch vom Jüngsten Tage, wie auf des Engels Posaunenschall die Toten aus den Gräbern steigen werden. Ich sah alles vor mir. – Dunkel war's und dämmernd wie im Morgenrote; der Himmel war verhüllt mit Wolken, die einen roten Schein hatten, wie Rauch über dem Feuer. Aus allen Gründen – so weit das Auge reichte – stiegen Menschen aus der Scholle empor. Ich selbst sah mich hervorgehen aus dem Sarge, neben mir die Mutter, den Vater in langen weißen Gewändern, und aus einem Hügel, der mit Rosen bedeckt war, kroch – schier schalkhaft lugend mit hellen Äuglein – das Trauderl und hüpfte zu uns heran ...
Während wir beteten, senkte die Nachbarin Katharina das Leichlein in ein Bad, bekleidete es dann mit weißem Hemde und legte es auf ein hartes Bett, auf die Bank zur Bahre. Mit steifer Leinwand ward es zugedeckt; an sein Haupt stellten sie den Wachsstock mit dem Lichte und ein Weihwassergefäß mit dem Tannenzweig. Vom Altare nahmen sie die Heiligenbildchen, um solche als letzte Gabe der kleinen Trauderl an die Brust zu legen. Der Vater hub an, das Kruzifix zu suchen, um es zu Häupten der Bahre hinzustellen, er fand es nicht, bis die Nachbarin Katharina sah, daß es schon an der Wand hing, gerade über dem Leichlein.
Also ist es gewesen, daß eine Stunde vor dem Sterben des Schwesterleins mir Ahnungslosem eine unsichtbare Macht die Weisung gab: gehe in die Stube, denn sie werden bald alle hineingehen; baue den Altar, denn sie werden

beten; hänge das Kreuz an die Wand, denn es wird dort ein totes Menschenkind hingelegt werden.
Wir gingen hin und schauten die Trauderl an. Es ist nicht zu beschreiben, wie lieblich sie anzuschauen war, und wie süß sie schlief. Und da dachte ich daran, wie sie noch wenige Tage früher voll schallender Freude, glühend am Wänglein und glühend im Äuglein, mit uns Versteckens gespielt. Sie versteckte sich immer hinter dem Ofen, verriet sich aber allemal selbst, noch bevor wir an sie herankamen, durch ein helles Lachen.
Bald kamen die Nachbarsleute, sie knieten nieder vor der Bahre und beteten still. Im ganzen Hause war eine große Feierlichkeit und ich – der ich so umherstand und zusah – empfand etwas wie Stolz darüber, daß ich eine Schwester hatte, die gestorben war und solches Aufsehen und solche Weihe brachte.
Nach zwei Tagen am frühen Morgen, da es noch dunkel war, haben sie in einem weißen Trühlein die Trauderl davongetragen. Wir Geschwister konnten sie nicht begleiten, denn wir hatten keine Winterschuhe für den weiten Weg nach dem Pfarrdorfe. Wir blieben daheim. Und als alle laut betend davongezogen waren und das von dem Hause hinwegschwankende Laternlicht noch seinen zukkenden Schein warf durch die Fenster in die Stube herein, stand ich (meine Geschwister schliefen noch ruhsam in ihrer Kammer) eine Weile vor der Bank und schaute auf die Stelle hin, wo das weiße Gestaltlein geruht hatte. Das Weihwassergefäß war noch da, und beim Morgenrot, das matt auf die Wand fiel, sah ich dort das Kreuz hängen mit dem sterbenden Christus, der nun mein einziger Genosse war in der stillen Stube.
Ich nahm ihn von der Wand und begann ihn auszufragen, was die Seele der Trauderl denn wohl mache im himmlischen Reich. – Es ist keine Antwort auf Erden. Ich stellte das Kruzifix wieder auf den Hausaltar, der hoch im Wandwinkel war, und dort stand es in heiliger Ruh', es mochte Kummer sein in der Stube oder Freude, beides war oft und

manchmal im raschen Wechsel, wie es schon geht auf dieser Welt.
Nach Jahren, als eines Tages meine ältere Schwester mit niedergeschlagenen Augen in der Stube umging, angetan mit rosenfarbigem Kleide und dem grünen Rosmarinstamm im braunen Haar, und ein schöner junger Mensch unfern von ihr stand, sie heimlich anblickend in Glückseligkeit, hob ich meinen lieben Christus wieder einmal auf den Tisch herab, ob er vielleicht zusehen wolle, was da war und werden sollte.
Da traten die zwei jungen Leute vor den Tisch hin, nahmen sich an der rechten Hand und sagten ganz leise – aber wir hörten es doch alle – „wir wollen treu zusammen leben, bis der Tod uns scheidet."
Auf meinem Lebenswege bin ich schon an vielen Altären vorübergewandelt. An Altären der Liebe und des Hasses, an Altären des Mammons und des Ruhmes – ich habe jedem geopfert. Aber mein Herz, mein ganzes Herz habe ich nur an jenem einen Altar niedergelegt, der einst in der armen Stube des Waldhauses gestanden. Und wenn ich weltmüde dereinstmalen die Himmelstür suche, wo kann sie zu finden sein, als in dem dämmernden Wandwinkel über dem Tische, wo das kleine hölzerne Kruzifix gestanden. Kreuze habe ich gesehen aus Gold und an Ehren reich, Kreuze aus Elfenbein, geschmückt mit Diamanten, Kreuze, an welchen Weihe und Ablaß hing – bei keinem habe ich je Gnade gefunden. Das arme Kreuz in meinem Vaterhause wird mich erlösen.

Dem Anderl sein Tabakgeld

Der Einleger Anderl hatte auf dieser Welt schon mit allem abgewirtschaftet. Er hatte einmal einen großen Bauernhof gehabt, der war verprozessiert worden. Dann hatte er noch eine silberne Uhr gehabt, die war verspielt worden.

Hernach hatte er sich auf das Bauerndienen verlegt, dabei war er alt geworden. Alt, mühselig und arm. All das Bedürfnis und Glück des einst so herrischen, anspruchsvollen Mannes hatte jetzt in einer Tabakspfeife Platz – so gut hatte ihn das Leben erzogen. Schwerhörig und halbblind, den Krampf in den Händen und die Gicht in den Füßen! Wenn's nur in der Pfeife gloste und er am Rohre sog, so machte er keinen Einwand und war in säuerlich-süßer Laune.

In die Kirche gehen wollte er manchmal, denn der Anderl stellte sich vor, er habe sein Lebtag hübsch christlich gelebt, und so mochte er den guten Brauch in den alten Tagen nicht gerne abkommen lassen. Aber die Gicht, das war ein höllisch gottloser Kamerad, die hinderte ihn an dem Besuche des Amtes und der Predigt, und so wimmerte der Alte manchmal in einer frommen Sehnsucht: Wenn ich nur wenigstens ins Dorf zum Tabakkrämer kunnt kommen! Auch das war ihm versagt, und so wendete er sich eines Tages zu mir, der ich ein Knabe war in demselben Hause. „Heut' ist der heilige Christtag schon wieder", sagte er. „Gehst du in die Kirchen, Peter, so sei halt barmherzig und trag' mir mein Vermögen mit. Kauf' damit beim Kramer drei Packeln Tabak – ordinären – kriegst acht ganze Kreuzer heraus und bring' mir alles fein und fleißig heim. Nachher bist dafür brav eine ganze Wochen lang." Damit gab er mir einen Silberzwanziger, den er am heiligen Abend vom Armenvater als seinen Teil des eingegangenen Armengeldes erhalten hatte.

Ich war nämlich gerne bereit, mein Bravsein auf eine ganze Woche lang zu versichern, übernahm den Auftrag und ging in die Kirche, wo ich hübsch noch zum Rosenkranz zurecht kam. Ich war schon zur selben Zeit manchmal sehr andächtig, und schon zur selben Zeit manchmal gegen die unrechte Seite hin.

Als das Hochamt kam, auf dem Chore die Pauken und Trompeten schallten, am kerzenumstrahlten Altare der Pfarrer stand und die Messe las, huben die Leute plötzlich

an, in ihren Stühlen aufzustehen, und begannen (nicht bloß die Weiber, auch die Männer) im Gänsemarsch durch die Kirche zu wandeln, um den Hochaltar herum, und dann wieder zurück in die Stühle. Der Opfergang. An hohen Festtagen pflegten nämlich die Leute während des Amtes einen solchen Rundgang zu machen, um an dem Altare im Angesichte des Pfarrers auf einen dafür bereitstehenden Zinnteller kleine Geldgaben für die Kirche hinzulegen. Ich hatte mich an solchem Opfergange jedesmal beteiligt, um entweder im Auftrage meines Vaters, oder aus eigenem Antriebe einen oder ein paar Kreuzer auf den Teller zu legen. Machte dabei auch allemal eine gute Meinung, sei das Opfer nun zur Erlangung eines fruchtbaren Jahres, oder zur Genesung eines Kranken, oder um Segen für ein anderes, irgend etwas wollte ich für meinen Kreuzer haben; hatte doch der Pfarrer einmal gepredigt: „Es wird alles vergolten. Geschenkt braucht der Herr des Himmels und der Erde nichts von euch."
Natürlich erhob an diesem Christtage auch ich mich und schloß mich der Reihe an, in welcher jeder und jede unterwegs zum Altar in den Sack griff und aus dem Geldtäschlein die Münze hervornestelte. Auch ich suchte nach meiner Gabe, und nun stellte es sich schreckbar klar heraus, daß nicht ein einziger Kreuzer in der Tasche war. Der Silberzwanziger des Einlegers Anderl war das ganze Um und Auf, sonst nicht ein Pfennig und nicht ein Knopf! – Wieder umkehren zu meinem Stuhl? Sie hätten mich heidenmäßig ausgelacht. Ruhig in der Reihe bleiben und ruhig am Zinnteller vorbeitrotten, als ob er mich nichts anginge? Der Pfarrer stand aber daneben und konnte jedem auf die Finger sehen. Meine Finger unter dem Rock wollten sich bereits an einem Hosenknopfe vergreifen, aber diese Knöpfe waren nicht mehr von Messing, wie einst in der guten, alten Zeit, sondern von schwarzem Hornbein, also für den Teller vollkommen unmöglich. Vor Gott hätte ich mich nicht gefürchtet, einer, der den Willen fürs Werk nimmt, hätte auch einen Hosenknopf für den Groschen

genommen – aber der Pfarrer! – In solcher Bedrängnis flüsterte ich dem Nachbar Veitelbrunner zu, der just vor mir ging, ob er mir nicht um Gottes willen einen Kreuzer borgen wollte? – „Ah, du wärest schlau!“ flüsterte der Veitelbrunner zurück, „ausgeliehenes Geld opfern! Damit wäre es freilich keine Kunst, sich den Himmel zu kaufen.“ Und schaute seitab. – Also kein anderes Mittel mehr, als sich vergreifen an fremdem Gut! Ehe ich mich der Gefahr aussetze, daß der Pfarrer auf mich deutend laut rufen könnte: „Was läufst denn du mit, wenn du nichts gibst!“ und die Leute alle ihre Hälse reckten, um den zu sehen, der mitläuft und nichts gibt – ehevor opfere ich das Tabaksgeld des alten Anderl. Länger zu überlegen war überhaupt nicht mehr Zeit; so himmlisch langsam die Reihe sich auch voranbewegt hatte, endlich war ich doch am Zinnteller. Den Silberzwanziger erkrabbelte ich rasch im Sack und legte ihn drauf. Nachher ging's wieder zurück zu meiner Bank. – Jetzt wartete ich auf ein Wunder. Der Herr hat's gesehen, wohin der Zwanziger gelegt worden ist, er weiß auch, daß der alte Anderl keine Freud' hat auf der Welt, als das bisserl Rauchen, und endlich kann sich's jeder denken, was mir bevorsteht, wenn ich ohne Tabak und ohne Geld heimkomme. Das Wunder braucht ja nicht so groß zu sein, wie etwa die Speisung von fünftausend Mann in der Wüste – nur ein ganz kleines Wunderlein, in der Größe eines Silberzwanzigers! – Nein, nichts. Der Sack war leer und blieb's.

Gut, denke ich, wie das Amt aus ist und wir vor der Kirche so ein Weilchen umherstehen, ohne zu wissen warum: wenn Gott kein Wunder wirken will, so muß der Mensch eins versuchen. Zum Krämer ging ich hinein, hauchte mehrmals recht stark auf die Fingerspitzen, weil sie froren, und als man fragte, was ich wünsche, antwortete ich: „Drei Packeln Tabak – ordinären!“ und als ich sie hatte: „Dank' schön, bezahlen werde ich sie am nächsten Sonntag“ – und zur Türe hinaus. Der Krämer mochte mir wohl ein wenig verblüfft nachgeschaut haben, weiter

war aber nichts, und das Wunder war geschehen: Einem jungen Lecker hatte der Mann drei Packeln Tabak geborgt.
Gut. Als ich nach Hause kam, ward ich schon mit Spannung erwartet vom alten Anderl. „Zu Weihnachten sind ja die Rauchnächte“, keifelte er, „wenn der Mensch nichts zu rauchen hätt’, das wär’ so was!“
Mit einer ganz niederträchtigen Ruhe gab ich den Tabak ab – das erste Packel – das zweite – und das dritte. Der Alte hielt aber immer noch eine hohle Hand her.
„Drei hast gesagt soll ich bringen, da sind sie.“
„Drei, wohl, wohl, drei“, sagte er, „geht schon aus, drei Packeln. Und was du herauskriegt hast?“
– Jesses, die acht Kreuzer! – Wie nach einem Donnerschlag, so war mir die Zunge gelähmt. Natürlich, wenn man nicht weiß, was zu sagen ist! Eingefallen wär’s mir im Augenblick: Teuerer ist er worden, der Tabak! Oder: Einen ordinären haben sie nicht gehabt, da hab’ ich einen besseren genommen! Aber – fiel mir noch rechtzeitig bei – mit einer Lüge machst du dein Christopfer nicht wett; die Wahrheit kannst zwar auch nicht sagen, wenn du nicht als ein unerhört dummer Junge dastehen willst. Da laß es lieber auf ein zweites Wunder ankommen.
„Anderl!“ sagte ich sehr laut, „die acht Kreuzer möchtest mir wohl schenken zum Botenlohn.“
„Ich werde dir schon einmal was schenken“, antwortete der Alte, „meine Gicht, wenn du magst. Aber die acht Kreuzer brauch’ ich selber. Gib sie nur her.“
„Anderl, ich hab’ sie nicht, mein Sack hat ein Loch.“
„Ah so, verzettelt hast sie“, sagte der Alte, „na, nachher kannst mir sie freilich nicht geben.“ Er klopfte sich die Pfeife aus, und abgetan war’s.
Ein Loch hatte mein Sack wohl, sonst könnte man nichts aus- und eintun, aber redlich war’s nicht von mir und mein festes Vornehmen war, dem Einleger seine Sach’ zu vergüten, sobald als möglich.
Sobald als möglich! Woher denn nehmen? Wie ein Stabs-

offizier, so stak ich jetzt mitten in Schulden und der Silberzwanziger lag im Kirchenschatz und rührte sich nicht.

Nach Neujahr hub wieder die Schule an, die ich auf ein paar Wochen besuchen durfte. Allein ich ging nicht auf geradem Wege zu ihr, sondern auf weiten Umschlichen durch die Wildgärten. Der gerade Weg führte nämlich am Krämer vorbei. Dieser stand wohl einmal vor dem Schulhause, als ich eintrat, schaute mich auch so ein wenig krumm an, sagte aber nichts, und ich trachtete, daß ich ihm aus den Augen kam.

Da war es eines Tages nach der Schule, daß mir der Lehrer auftrug, ich sollte in den Pfarrhof gehen, der Hochwürdige hätte etwas mit mir zu sprechen.

– Jetzt! dachte ich, jetzt geschieht das Wunder! – Er gibt das Geld zurück.

Doch der Pfarrer, als ich vor ihm stand, machte nicht jenes Gesicht, wie man es hat, wenn man Geld zurückgeben will. Sehr strenge blickte er mich an, daß ich gleich wie ein armer Sünder meine Augen zu Boden schlug.

„Peter“, sagte er endlich mit einem Gemisch von Ernst und Güte, denn er war mir sonst nicht schlecht gewogen. „Peter, mache jetzt keine Geschichten. Gib die Pfeife her!“

„Die Pfeife?“ fragte ich ganz treuherzig.

„Gib sie nur her und leugne nicht! Du rauchst!“

„Nein, Herr Pfarrer!“

„Ich habe einstweilen deinem Vater nichts gesagt. Wenn du das Zeug willig hergibst und mir versprichst, das Laster sein zu lassen, so braucht's das Schlagen nicht.“

„Ich tu' aber nicht rauchen!“ rief ich laut.

Da hob er den Finger und sagte: „Aufs erste ein zweites Laster! Mich, deinen alten Katecheten, belügen? – Du bist verraten.“

„Wer hat's gesagt?“ begehrte ich auf.

„Der Krämer selber, bei dem du den Tabak holst und schuldig bleibst.“

Hellauf gelacht habe ich jetzt, und nachher sachte angefangen zu weinen.
„Also, siehst du? Siehst du's jetzt ein?" fragte er fast freundlich.
Nun mußte freilich alles heraus. „Den Tabak beim Krämer habe ich nicht für mich gekauft, sondern für den Einleger Anderl, der hat mir wohl einen Silberzwanziger mitgegeben."
„Und was hast du damit gemacht?"
Ich wollte etwas erwidern, stotterte aber nur.
„Heraus mit der Farbe!" rief der Pfarrer. „Was hast du mit dem Silberzwanziger gemacht?"
„Am Christtag – auf – auf den Zinnteller geworfen."
„Auf den Opferteller? Du? Du wärst es gewesen, der den Silberzwanziger hingelegt hat? Und Geld, das nicht dein Eigen war! Was fiel dir denn ein?"
„Weil ich keinen Kreuzer hab' im Sack gehabt. Und soviel geschämt ..."
„Flenne nicht, Peter", sagte nun ruhig der Pfarrer. „Wenn es so ist, ändert sich die Geschichte."
„Hab' den Tabak müssen schuldig bleiben und bin auch dem Anderl noch schuldig davon", schluchzte ich, wahrscheinlich mit dem Ärmling über die Augen fahrend, weil so ein Junge selten ein anderes Taschentuch hat.
„Narrl, Narrl!" lachte der Pfarrer. „Dem lieben Herrgott hast du das Geld gegeben. Und er hat dich sitzen lassen."
„Ja!" deutete ich mit dem Kopf.
„Das scheint nur so, mein Junge", sagte er und strich mit der Hand mir das Haar aus der Stirn, „der liebe Herrgott läßt keinen sitzen. Besser verzinst keiner als der! Peter, mich hat's nach der Durchsicht der Opfergaben ohnehin gewundert, daß in meiner Gemeinde einer ist, der um einen ganzen Silberzwanziger Vertrauen zum lieben Gott hat. Konnte mir's aber nicht denken, wer. – Jetzt haben wir ihn. – Und da haben wir noch einen!"
Der Pfarrer machte seine Geldtasche auf, nahm mit zwei Fingern zierlich einen Silberzwanziger hervor: „Es ist

zwar nicht der nämliche. Dem Herrn wollen wir das Seine lassen, es wächst sich bei ihm auf höhere Zinsen aus, wenn du brav bleibst. Den da, den nimmst von mir und bezahlst deine Schulden. Und wir zwei, die wir heute nähere Bekanntschaft miteinander gemacht haben, wollen gute Freunde bleiben. So, jetzt kannst zum Krämer gehen."
Der Krämer fand es ganz selbstverständlich, daß ich meine Schuld beglich, nicht so aber der alte Anderl.
„Du willst mir da die acht Kreuzer erstatten!" rief er barsch aus, als ich ihm die Münzen vorhielt. „Lump, kleiner, du wirst es weit bringen, wenn du allemal deine Schulden bezahlen willst! Ja, ja, ich nehm's schon. So was kann ich brauchen. Aber für ein andermal sei gescheiter!"
Schulden habe ich später noch oft gehabt, aber „gescheiter", wie es der alte Anderl gemeint, bin ich nicht gewesen. Er selber war mir ein zu schlimmes Beispiel von dem Erfolg seiner Grundsätze. Daß ihm nichts war geblieben, als ein bißchen Tabak – und ordinärer!

Die Zerstörung von Paris und andere Missetaten

Ich habe als Kind mir meine Welt, die von Natur höllisch klein war, auseinandergedehnt wie mein Vetter Simmerl den Katzenbalg, aus dem er sich einen Tabaksbeutel machen wollte. Und es ist, bigott, ein Sack draus worden, in welchem all die unglaublichen Phantastereien einer ungezogenen Bauernbubenseele vollauf Platz gehabt haben.
Wie ich mir später die Bücher, die ich nicht kaufen konnte, selber machte, so habe ich mir auch die größten Städte der Welt, die ich nicht aufsuchen konnte, selber gebaut.
Die jahrelange Kränklichkeit meines Vaters verschaffte mir das Baumaterial. Die Hustenpulver vom Doktor, der spanische Brusttee vom Kaufmann, die Medizinflaschen vom Bader waren stets in gutes, oft sogar schneeweißes Papier eingeschlagen; aus diesem Papier schnitzte ich mit der

Nähscheere meiner Mutter, oder, wenn ich diese schon zerbrochen oder verloren hatte, mit jener der Magd, allerlei Häuser, Kirchen, Paläste, Türme, Brücken, bog sie geschickt zur passenden Form und stellte sie in Reihen und Gruppen auf den Tisch. Das gesuchteste Material hierfür waren wohl die alten Steuerbücheln mit ihren steifen Blättern; und kam es freilich vor, daß über der ganzen Hauptfronte eines Herrenpalastes das „Datum der Schuldigkeit“ stand oder ein Kirchturm anstatt Fenster und Uhren nichts als lauter Posten der „Abstattung“ hatte. Als es aber ruchbar worden war, daß ich meine Prachtbauten mit den blutigen Steuersummen der Bauern aufführe, da gab's eine kleine Revolution, indem mein Vater einmal mit der flachen Hand mir einige öffentliche Gebäude unter den Tisch hinabwischte.

Eines Tages ging ich einer Hirtenangelegenheit wegen ins Ebenholz hinaus. Ich hatte die Magd ersucht, ob sie mir nicht ihre heilige Monika mit in den Wald leihen möchte.

„Du lieber Närrisch!“ hatte die Magd geantwortet, „wenn sie nur ganz wär', aber es ist mir die Maus dazugekommen. Was übriggeblieben ist, das magst haben.“

So nahm ich das Büchlein von der heiligen Monika mit in das Ebenholz. Aber als ich in demselben zu lesen begonnen hatte, hub im Sacke die Nähscheere meiner Mutter zu sticheln an: ob ich die Geschichte von dieser Heiligen denn nicht schon längst auswendig wisse? Ob die Maus nicht etwa schon das Beste weggenagt hätte? Ob ich mir für diese grauen und angefressenen Blätter eine bravere Verwendung denken könne, als daraus die schöne Weltstadt Paris zu bauen? – Ich wollte der alten Nähscheere meiner Mutter nicht widersprechen.

Nun stand zur selben Zeit im Ebenholz noch die alte Schlagerhütte, die einst ein Bauernhäuschen gewesen und zwischen dem jungen Fichtenanwuchs verlassen und öde hocken geblieben war. Die Fenster waren ohne Gläser, die Tür war aus den Angeln gehoben und auf der Schwelle wucherten Brennesseln. Die Luft in der Hütte roch ganz moderig und jedes Geräusch widerhallte grell an den Wänden, als wollte das alte Zimmerholz mit dem Eintretenden alsogleich ein Gespräch führen. Mir war dieser Bau unheimlich gewesen bis zu jenem Tage, da mich und unseren Knecht Markus im Wald ein scharfer Wetterregen überraschte und wir uns in die Hütte flüchteten.

Seither war mir die Hütte heimlich. Und nun ging ich ihr zu, setzte mich an den großen, wurmstichigen Tisch und schnitzte aus den Blättern der „heiligen Monika" die große Weltstadt Paris. Ich stellte die geschnitzten und zurechtgebogenen Häuser in langen Gassenreihen auf, und die Gassen und Plätze bevölkerte ich mit blauen Heidelbeeren und roten Preiselbeeren – erstere waren die Männer, letztere die Frauen. Um das Königsschloß postierte ich Reihen von Stachelbeeren, das waren die Soldaten.

Als der Tisch voll geworden war und ich trunkenen Blikkes hinschaute auf die vieltürmige Stadt und ihre belebten Gassen, die ich gegründet und wie ein Schutzgeist beschirmte, dachte ich: Die Männlein und Weiblein tun zuviel miteinander um. So soll über diese Stadt einmal eine Straf' Gottes kommen. Ein Sturmwind? – Ich blies drein – hei, purzelten ganze Häuserfronten über und über. Sie wurden wieder erbaut. Da endlich aber der Abend kam und meines Bleibens in der Hütte nicht mehr länger sein konnte, sann ich nach, wie ich die Stadt Paris am großartigsten zugrunde gehen lassen könnte. – Eine Feuersbrunst? – Es waren gerade die Streichhölzer aufgekommen und ich trug ein Päckchen im Säckel.

Das Feuer entstand mitten in der Stadt und nach wenigen Sekunden standen ganze Viertel in Flammen. Die Bevölkerung war starr vor Schreck, das Feuer wogte hin und die Mauern zitterten und die kahlen Ruinen ringelten sich. Da der Königspalast verschont bleiben zu wollen schien, so blies ich die Flamme gegen denselben hin – wehe, da flogen die brennenden Häuser über den Tisch und auf den Fußboden, wo in der Ecke noch ein Bund Bettstroh lag.

Jetzt wurde der Spaß Ernst. Das Papier hatte so still gebrannt, das Stroh knisterte schon vernehmlicher und ein greller Schein erhellte die Hütte.
Ich wollte eben davonstürzen, als unser Knecht Markus zur Tür hereinsprang und mit einem buschigen Baumwipfel das Feuer totschlug.
Knecht Markus war verschwiegen, war ein Ehrenmann, aber das sagte er mir, wenn ich mich mit Sengen und Brennen auf den Etzel hinausspielen wolle, so täte er es dem Kaiser schreiben, daß er mich rechtzeitig köpfen lasse.
Von diesem Tage an habe ich keine Stadt mehr gegründet und keine mehr zerstört. Ich ging von der Baukunst zur Musik und Malerei über.
Ich hatte bei herumziehenden Musikanten, die vor unserer Haustür uns das Leben schön machten, allerlei Saiteninstrumente kennen gelernt. Ich hatte einen alten Harfenisten nach Beendigung seines Ständchens sogar einmal angesprochen, ob er es für einen Sechser erlauben könne, daß ich mit ihm zum nächsten Nachbar gehe, um sein Spiel dort noch einmal zu hören; worauf der Künstler antwortete, für einen Sechser bleibe er an unserer Tür stehen und spiele, solange ich wolle. Damals ist mir der ganze Wert unserer legierten Silbersechser zum Bewußtsein gekommen. Nun hatten wir aber an jenem Tage in unserer Stube einen alten, brummigen Schuster und der hatte gerade seinen Kopfwehtag. Als ich denn vor dem spielenden Musiker die Hände in den Hosentaschen dastand, die Zehen in den Sand bohrte, gleichsam, als wollte ich mich einwurzeln, sprang plötzlich der Schuster mit grüngelbem Gesichte zur Tür heraus und ließ einen tollen Fluch fahren über das verteufelte Geklimper.
Mitten in der Herrlichkeit brach der Harfner das Spiel ab. Für einen solchen Baß sei sein Instrument zu fein, meinte er, rückte die Harfe auf den Buckel und ging davon. Seit jenem Tage schreibt sich mein Haß gegen die Schuster, die ihren Kopfwehtag haben.
Die Harfe ging mir nicht aus dem Kopfe. In unserem Rü-

benkeller stand ein altes, säuerlndes Fäßchen, das mein Vater beim Stockerwirt allemal für die drei Faschingstage mit Apfelmost füllen ließ. Nun war es längst leer und diese Leere kam mir zustatten. Ich stülpte das Fäßchen auf, zog über den Boden Zwirnsfäden wie Saiten, so daß diese je nach ihrer Länge einen verschiedenen Ton gaben, wenn ich sie mit dem Finger berührte. Da hatte ich ein Saiteninstrument mit dem respektabelsten Resonanzboden. Doch erinnere ich mich nicht mehr, inwiefern ich damit meinen musikalischen Hang ausgebildet habe – ich weiß nur, daß zum nächsten Fasching, als ich unseren tanzlustigen Mägden auf meiner „Harfe" was aufspielen wollte, wieder frischer Most in dem Fäßchen war.
In denselben Jahren hatte ich mit einem jungen Studenten Bekanntschaft gemacht, mit dem Söhnlein eines Nachbars, welches in Graz auf Geistlich studierte, auf die Vakanzen stets nach Hause kam und Reichtümer mitbrachte. Ich erwarb mir des Studenten Gunst, indem ich ihn öfters auf unseren Schwarzkirschbaum lud, wo es zu schnabulieren gab. Der Student riß zwar ein um das andere Ästlein ab, um zur süßen Frucht zu gelangen, aber mein Vater, der sonst solcherlei Verstümmelungen scharf ahndete, war der Meinung, einem angehenden Priester dürfe man nichts verwehren, er würde dereinst den Kirschbaum schon in sein Meßopfer einschließen, daß er gedeihe und immerwährend fruchtbar sei. Der Student war für solche Rücksichten erkenntlich und stellte mir all seine Bücher, Landkarten, Schreib- und Zeichensachen zur Verfügung. Als sich der angehende Theologe mit den Büchern auf sein Hirtenamt vorbereiten sollte, übte ich mit ihnen das meine bereits aus. Doch ließ ich meine Kühe und Ochsen Rinder sein, lag im grünen Grase und las. – O ihr armen Bücherwürmer in den staubigen Bibliotheken, ihr habt gar keine Ahnung davon, was im Waldschatten ein Buch ist. – *Viele* Bücher würden leicht auch den im Walde Liegenden beunruhigen, verwirren und entmarken; aber *ein* Buch genießt man dort ganz aus und gedeiht dabei. Ich denke hier an das

Lesebuch für die Gymnasialklassen, reich an Gedichten und Aufsätzen von deutschen Dichtern. Ich konnte es nicht einmal ganz verstehen, aber es wirkte tiefer auf mich, als alle spätere Leserei zusammen. – Als die Kirschen alle waren und die Blätter des Baumes gelb wurden, packte der Student seine Bücher zusammen und ging wieder in die „Studie".

Einmal ließ er mir ein Kästchen mit Wasserfarben zurück. Jetzt schnitt ich mir eine kleine Haarlocke vom Haupte, band sie an ein Stäblein und mit solchem Pinsel begann ich zu malen. Eine große Anzahl der Heiligenbildchen, die heute noch in verschiedenen Gebetbüchern der Gegend zu finden, ist mit meinem Haar gemalt worden. Die Leute haben sich hell verwundert, wenn sie mir zugeschaut und gesehen, wie man mir nichts dir nichts die Muttergottesen macht. Einmal kam der alte Schneiderjackel, Küster von Krieglach, in unser Haus, um den Pfarrerzehent abzuholen; der sah mich malen. „Na", sagte er fortwährend, „aber *da* gehört was dazu! Jetzt malt so ein kleiner Schlingel da himmlische Leut'! Und daß es eine Form hat! Ein hellrotes G'wandl, ein schön's! Ein Gesicht – wie er aber das Gesichtel macht! Die ganze Fleischfarb' – und 's Göscherl! Und die Augen, die blauen, wie sie auslugen! – Spitzbub, du! Freilich, den Heiligenglanz auch, na, der darf nicht fehlen. Wär' nit ganz, wenn der fehlen tät'! – Schon eine Menge so Bildln hast da! – Bist aber ein Kreuzköpfel – du mußt schon ein Maler werden! Alles von dir selber hast gelernt? Ist viel! Ist viel das! Schau, das tät's nit, die Bildln muß ich alle mitnehmen, 's tät's nit anders, die müssen ihre heilige Weih' kriegen. Dank' dir Gott, Schwarzkünstler, kleiner!"

Vor meinen Augen tat er die Bildchen – es waren deren allerlei und eine große Anzahl – zusammen, schob sie in seinen Sack und ging davon. Mir blieb der Verstand stehen. Aber mir schwoll der Kamm, als ich bald darauf hörte, der Küster hätte bei seiner Wallfahrt mit der Krieglacher Kreuzschar nach Mariazell meine Heiligenbilder am Gna-

denaltare weihen lassen und sie hernach an die Wallfahrer verteilt. – Unter anderen ist später auch der alte Riegelberger in den Besitz eines solchen Heiligtums gekommen. Er soll es allemal, so oft er sein Gebetbuch aufschlug, geküßt haben; als er es aber erfuhr, von wem das Bildchen herrühre, ist er schnurgerade in unser Haus gegangen und hat mich zur Rede gestellt, warum ich mit heiligen Dingen Frevel treibe? Ob ich's vielleicht leugnen wolle? geweihte Sachen hätte ich gemalt!
„Ja", sagte ich, „wenn Ihr das Kalb auf den Kopf stellt, wird es freilich den Schweif in die Höhe recken."
„Willst mich fean (höhnen), Bub?"
„Die Bilder sind zuerst gemalt und *nachher* geweiht worden."
Es hielt schwer, ihm die Sache begreiflich zu machen und er rief immer wieder aus, zerfetzen möchte er das schlechte Zeug, wenn's ihm um die heilige Weih' nicht leid täte.
Ein andermal hatte ich mit demselben Manne eine viel gefährlichere Begegnung. Es waren zur Zeit noch die kleinen Papierzehner im Land. Ein solches Notlein habe ich wundershalber einmal nachgemacht. Dem Knecht Markus kam es zu Augen, der schmunzelte das Streifchen an und ersuchte mich, daß ich es ihm ein wenig leihe. Einen Tag später begegnete ich auf dem Feldwege dem Riegelberger. Er grinste mich schon von weitem an und lächelte mir dann freundlich zu: „Büberl, du wirst aufgehenkt."
„Ihr meint, weil ich die heilige Magdalena gemalt hab'?"
„O, *die* laßt keinen henken. Aber die falschen Banknoten! Ja, lieber Freund! Einen hab' ich von dir in der Brieftaschen und geh' gerade, mir jetzt dafür Tabak kaufen."
Ich denke, daß ich über diese Mitteilung sehr erschrocken bin, aber in demselben Augenblick ist mir ein Gedanke durch den Kopf geflogen, den ich einfing, weil er mir nicht schlecht vorkam.
„Erschrocken bin ich nur, weil Ihr den schrecklichen Frevel begehen wollt."

„Möcht' wissen, wieso ich –?"
„Das Papierzehnerl, das Ihr von mir in der Brieftasche habt, ist unter meine Heiligenbilder gekommen. Ist in Zell geweiht worden!"
„Geh', geh', das Geld nimmt keine Weih' an", versetzte der Riegelberger.
„Das Geld freilich nicht, das weiß ich, aber mein Zehner ist keins. Und Ihr wollt Euch für geweihte Sach' Tabak kaufen? Ist schon recht, probiert es nur! Werdet schon sehen, wie Euch ein solcher Tabak in die Nase beißen wird!"
„Du, Bub!" rief er, „wenn du alleweil nur Leut' foppen willst!"
Er zog die Brieftasche hervor, das Papierstreifchen heraus, auch den Tabaksbeutel, und sagte: „Auf *ein* Pfeiferl hab' ich noch in der Blader. Was gibst mir zu Lohn, wenn ich mir das Pfeiferl mit deinem neuen Zehner anzünde? Dir zu Gnaden tu' ich's, und jetzt geh' und arbeit' was, bist schon groß genug dazu. Ich, wenn ich dein Vater wär', wollt' dir deine Fabeleien und Schmierereien schon vertreiben! Arbeiten, daß die Schwarten krachen, ist gescheiter!"
's ist doch der beste Rat gewesen, den er mir hätte geben können. Er ist auch gar bald befolgt worden.
Aber in den Feierabendstunden habe ich meine kindischen Spiele und künstlerischen Beschäftigungen getrieben, weit über die Kindesjahre hinaus. Und wenn ich meine heutigen Taten betrachte – 's ist alles nur Versuch und Spiel. Es war ein kleines Kind, es ist ein großes Kind – ich bin damit zufrieden.

Der Ehrentag des Federlschneiders

Am Frauentage im Advent, noch in dunkler Morgenstunde gingen sie in die Kirche zum Engelamt, der Toni, der Seppel, der Festl, der Hansel, die Jula, die alte Kundel

und der Schneider. Der Federlschneider genannt, weil er immer wie auf Federn ging und hüpfte, weil er federleicht in den Lüften schwebte und eigentlich nie zur Erde fiel, auch wenn er im Rangeln und Ringen hingeschleudert wurde. Gleich einem losgelösten Federlein schwamm er in allen vier Winden dahin und hängen blieb er nur am Faden seiner Werkstatt und manchmal an den Haarflechten eines rundwangigen Dirndls. Also dieser Federlschneider war auch dabei.
Als sie auf dem eisigen Steg über die Fresen gingen, tat die alte Kundel einen Schrei und pletsch, lag sie auch schon im Wasser. Sofort wollten die Burschen heldenmütig in den Bach springen, um das arme Weiblein zu retten, aber der Toni sagte, das Wasser sei zu kalt, man könne sich leicht eine schwere Krankheit holen. Der Seppel meinte, der Fluß sei zu tief, man sinke gewißlich unter. Der Festl meinte, wenn weiter hin das Eis nicht wäre, aus welchem der etwa unterhalb hineingeratene Christenmensch nicht hervorkönne, so würde er es sehr gerne wagen, die Ertrinkende zu retten. Und der Hansel glaubte, es sei ohnehin schon zu spät. Der Federlschneider sagte: „Na wart', Alte, dich will ich bald haben!" lief das Ufer entlang bis zur Stelle, wo das Weiblein wie eine dunkle Kugel dahinrann, dort stürzte er sich ins Wasser und bald hatte er seine Beute im Trocknen. Beleuchtet wurde der Hergang vom untergehenden Mond. Der Toni und der Seppel und der Festl und der Hansel trugen die alte Kundel in die warme Stube des Müllers und spielten sich bescheiden als die Retter aus. Nur die Jula wollte wahrhaben, daß es der Schneider gewesen sei!
„Ha, der Federlschneider!" lachten sie, „für den ist's freilich keine Kunst, ins Wasser zu hüpfen, der kann nicht untergehen, den tragt der Wind allemal wieder in die Höhe." Dieweilen schwepperte der pudelnasse Schneider mit den Zähnen, bis ihn die Müllerin ins Ehebett legte. Für ihn war's aber keins, und so schlummerte er ein.
Drei Wochen später war beim Stockerwirt ein Fest. Auf

der Kanzel war es bekannt gemacht worden: Am Unschuldigen-Kindertag solle die Gemeinde Gott und einem Menschen zu Ehr' auch einmal eine weltliche Lustbarkeit abhalten. Die Leute möchten zusammenkommen am Nachmittage beim Stockerwirt, dort würde gesungen, gegeigt und geblasen werden und der Bezirksvorsteher von Vorau würde sich einfinden, um dem braven Justus Alland die von einem Wohltäter gestiftete Rettungsmedaille an die Brust zu heften. „Dem Justus Alland? Wer ist denn der?" fragten die Leute einander. „Jeseles, das ist ja der Federlschneider! Der die alte Kundel aus dem Bach gefischt hat. So, der kriegt einen Stern auf die Brust? Wie der Kaiser Josef einen hat gehabt, wenn er den Mantel auseinandergeschlagen hat! Na, was sie mit so einem Schneider für Geschichten machen! Hätt' unsereins das bissel Weibsbild herausgezogen, da tät' gewiß kein Hund weiter einen Beller machen, deswegen!" Aber ein anderer gab das Wort aus: „Dabei wollen wir doch sein, wenn der Schneider gefoppt wird!" Und so ist am Unschuldigen-Kindertag ein großer Zusammenlauf gewesen beim Stockerwirt am Alpsteig.

Auch von unserem Hause war alles dort, selbst Vater und Mutter, die sonst nie ins Wirtshaus gingen, denn der Vater hatte kein Geld und die Mutter keinen Durst, und bei solchen Zuständen ist's daheim kurzweiliger, als im Wirtshaus. Aber diesmal, so meinte mein Vater, diesmal müsse die Tapferkeit estimiert werden. Wenn man schon den Soldaten ein Ehrenfest gibt, die vom Leutumbringen heimgekommen, so wird man einem Lebensretter auch was Rechtschaffenes antun dürfen. Dazu fügte es sich, daß der Schneider Justus für die nächste Woche bei uns auf die Ster geladen war, da sollte er nicht sagen dürfen, der Waldbauer, dem er das Gewand mache, hätte sich bei seinem Ehrentag nicht blicken lassen. Wir hatten an demselben Tage Besuch erwartet. Der Jagerschwager vom Pusterwald hatte Post schicken lassen, er wolle um die Weihnachtsfeiertage zu uns kommen, um einmal meiner Mutter ihr kleines Kinderwerk anzuschauen und vielleicht auch das Schneiderfest mitzubegehen. Der Jagerschwager kam aber nicht an demselbigen Tage. Die Mutter ging erst gegen Abend zum Stockerwirt, nachdem sie die Haustiere und uns Kinder abgefüttert hatte und Anordnung getroffen, wie wir das Nachtgebet sprechen, dann das Licht auslöschen und hübsch ins Bett gehen sollten. Ich war damals schon so groß, daß man zwei Wickelkinder aus mir hätte machen können, wurde daher aufgestellt zum Verwalter über meine drei jüngeren Geschwister. Das gab mir für den Abend unermeßliche Vorteile. Ich durfte nach Herzenslust auf dem Kopfe stehen, was sonst verboten war, seitdem damals mit den Füßen in der Luft ein Fenster in Scherben geschlagen worden war. Ich durfte unbedenklich der Schwester Plonerl einen Husarenschnurrbart unter das Naselein malen und ich durfte die Lebkuchen aufessen, die uns drei Tage vorher das Christkind in alle Hosen- und Rocksäcke gesteckt hatte, während wir geschlafen in der heiligen Nacht. Aber siehe, mein Leser, der Ehrgeiz! Nun stellte ich die Verwaltungswürde höher als die persönlichen Neigungen und blieb durchaus anständig. Ich machte meinen Geschwistern sogar den Vorschlag, für diesen Abend auch die schönen und guten Lebkuchen zu schonen, denn sobald der süße Kuchen mit den weißen Mandeln verzehrt sei, hätten die Weihnachten ein Ende. Und darum predigte ich jetzt Entsagung. Meine Geschwister zeigten sich einverstanden, aber nicht leichten Herzens, und die kleine Plonerl hub schon an, den lebzeltenen Reiter mit den weißen Zuckerstriemen abzulecken, woraus die Entwicklung eines intimen Verhältnisses zu befürchten war. Mit nachgerade väterlichem Ernst nahm ich ihr den Reiter aus der Hand und die Kuchen wurden alle in ihre Schüsselchen und Körbchen gelegt und auf den Kasten gestellt.

Hernach forderte ich meine Untergebenen auf, hübsch vor dem Tische niederzuknien und ihre Abendgebete zu beten, ich tat desgleichen und kam mir dabei großartig vor.

Bald darauf losch ich vorschriftsmäßig das Licht aus und wir krochen in unsere Bettchen.
Meine Geschwister waren bald daheim beim himmlischen Vater und seinem Christkinde, ich hatte die Augen noch eine Weile offen und betrachtete das blasse Schneelicht, das zu den Fensterchen hereinschimmerte. Dachte auch an den tapferen Schneider, der sein Kreuzlein oder Sternlein oder was weiß ich, schon an der Brust haben werde, zum Andenken, daß er gleichsam einen Menschen wieder erschaffen hat, der schon des Todes gewesen. Allerdings war diese Schöpfung ein altes runzeliges Weiblein, während Gott lauter kleine herzige Kinder erschafft. Aber für den Federlschneider ist schon das viel!
Es knarrte die Haustür. Mein Schrecken war nicht sehr groß, weil ich dachte, daß Vater und Mutter hereintreten würden. Es waren aber nicht die bekannten sicheren Schritte, was jetzt langsam durch das Vorgelaß siffelte, sich manchmal dumpf polternd an den Flachstruhen und Krautkübeln stieß, und es war nicht die Hand des Vaters, die jetzt tastend die Klinke der Stubentür fand. Langsam ging diese auf, aber in der Dunkelheit konnte ich nicht sehen, wer da hereinkam. Es war ein unheimlicher Jemand, der jetzt neben dem Uhrkasten wie lauernd stehenblieb. Dann pochte er mit einem Stock auf den Boden und nun hub eine schauerlich fremde Stimme an zu knurren: „Ist denn da keine Menschenseel' daheim? Oder ist das alte Waldbauernhaus einmal ausgestorben?“ Dann lauerte er wieder. Endlich hub er an, mit Stahl und Stein Feuer zu schlagen und beim Blitzen der Funken sah ich ein großes glutrotes Gesicht mit weit auseinander gezogenem Mund und fletschenden Zähnen. Eine Erscheinung, wie ich sie noch mein Lebtag nicht gesehen hatte. Mein erster Gedanke war: Menschenfresser. Die Hammerschläge meines Herzleins hüpften bis in die Schläfe hinauf; zu sterben war ich allenfalls entschlossen, denn ich hatte damals schon von dem Gerüchte gehört, daß alle Menschen sterben müßten; aber aufgefressen zu werden! Das war mir äu-

ßerst peinlich. Plötzlich hatte er Licht gemacht und nun stand das Ungetüm in seiner ganzen Wesenheit da. Es war beiläufig so groß wie ein Mensch, hatte auch Füße, die in Wadenstrümpfen und Bundschuhen staken, hatte Hände, deren eine den Stock und deren andere ein Bündel trug. Den Kopf bedeckte ein breitkrempiger hoher Spitzhut mit mächtigem Federstoß.
„Hasasa!" rief der Fremde jetzt, als er sich in die Runde drehte, „da liegen sie ja herum die Kindlein, die unschuldigen, die lieben, die dummen!"
Die unschuldigen Kinder sucht er! Am Ende ist's der böse König Herodes. Und es war ja gerade Unschuldig-Kindertag. In der kurzen Lederhose zur Linken stak richtig ein langes Messer.
„Hörst, junge Brut, wo hast denn du deine Vater und Mutter?" fragte der Schreckliche und kam nahe an mein Bett heran. Ich wollte Bescheid geben, brachte aber aus Angst keinen Ton hervor.
„Was schaust denn so g'schreckt?" sagte er lachend. „Fürchten? Tschapperl. Beim Stockerwirt, na, freilich. Ich mag aber nimmer nachgehen, mir sind die Läufeln höllisch steif geworden vom Pusterwald her! Aber Hunger wie ein Wolf, hörst, Buberl?"
Nun hatte ich keine Angst mehr. Es ist der Jagerschwager und kein anderer.
Er setzte sich an den Tisch, zündete mit seiner Lunte das Kerzenstümpflein an und begann sachte umherzuspähen.
„Ist denn gar nichts übriggeblieben vom Nachtmahl?" fragte er laut, „habt ihr denn alles aufgegessen, ihr Siebenfraße! Und an den alten Vetter gar nicht gedacht? Seit Herrgottsfrüh keinen warmen Löffel im Magen. Und keinen kalten auch nicht. Werd'ts doch ein Stück Brot in der Lad' haben!"
Während er die Tischlade aufzog, um nachzusehen, schlüpfte ich ins Höslein und in der Hose stak der Mut. Ich ging hinaus in die Küche, suchte nach Milch, nach

Speck oder nach einem Rest von Heidensterz, den wir zu Mittag auf den Tisch bekommen hatten. Nichts. Der Mann bemühte sich mit mir, gab mir gute Worte, nannte mich ein sauberes, gescheites Bübel – aber wir fanden trotzdem nichts als drei Eier im Kasten, die er sofort mit den Zähnen aufschlug und austrank wie Wasser. Die Kerze in der Hand beleuchtete seine Tat. „Aber was wird deine Mutter sagen, wenn sie morgen sieht, daß der Eiermarder ist dagewesen?" So fragte er und schaute mich nachdenklich an. Setzte aber gleich bei: „Weißt du nicht, kleines Vetterlein, hat deine Mutter noch andere Eier? Oder Hühner? Heute verspeise ich sie mitsamt den Federn – meiner Seel'!"
Es wurde mir wieder unheimlicher. – Wenn sie nur endlich heimkommen täten vom Stockerwirt. Der Schneider wird sein Kreuzel ja haben, was tun sie denn noch? Lustbarkeit treiben, dieweilen daheim der schreckliche Jagerschwager eingefallen ist und alles verzehrt, die Eier, die Hühner, die Kälber, die Kinder.
„Hopserl!" schrie der Mensch jählings auf. „Da gibt's ja was!" Er hatte unsere Lebkuchen entdeckt auf dem Kasten. „Das ist gescheit", sagte er und nahm ein Schüsselchen auf den Tisch herab. „Seid's wohl recht brav, Kinder, daß ihr für den Jagerschwager auch was übrig gelassen habt." – Ein großes Herz mit lieblicher Zier – ich hätte einen halben Tag lang mit Andacht daran genascht – der Gewalttätige steckte es mit einemmal in den Mund. – „Das süße Zeug ...!" murmelte er unwirsch, „aber in der Not frißt der Jager Lebkuchen." Dann kam ein schönes achteckiges Stück mit Mandeln an die Reihe, dann kam der Plonerl ihr Roß und Reiter dran, und endlich zwei lebkuchene Wickelkinder mit weißgestreiften Fatschen und schwarzen Honigaugen. Jedes Stück ward verschlungen mit einem einzigen Schluck, meine und meiner ahnungslos schlummernden Geschwister teure Weihnachtshabe sah ich rettungslos zugrunde gehen. Als das eine Schüsselchen geleert war, nahm er das zweite vom Kasten. „Schau,

du, da ist ja noch was!“ rief er freudig und aß zuletzt auch den Inhalt des Körbleins auf.
Und als alles dahin war, wischte er sich mit einem blauen Sacktuche den Mund und die Finger ab und sagte: „So, der erste Hunger wär’ gestillt. Jetzt wird ein Schluck gut tun. Wo habt denn ihr euern Schnaps? Sag, Kind Gottes, hat dein Vater keinen Branntwein im Haus? Nicht? Nicht einmal einen Schnaps? Na, hörst du, das ist eine saubere Wirtschaft! Da wird’s freilich alleweil kleine Kinder geben, weil sie nicht groß und stark werden können. Ohne Schnaps! Ja, sag’ mir doch, Zwerg, wovon lebt ihr denn eigentlich?“
Offen gestanden, das wußte ich selbst nicht. Wir arbeiteten, wir aßen, wir schliefen – und starben nicht. Wir lebten sogar recht frisch und munter, mit Ausnahme zu dieser Stunde, wo der unerhörte Hunger des Jagerschwagers unsere Existenz mit einemmal zu vernichten drohte. Nachdem lange vergeblich auf die Heimkehr der Eltern gewartet worden war und auch die Kerze schon geendet hatte, so daß wir im Dunkeln saßen, fing der Jagerschwager an, über die Sittenlosigkeit dieses Hauses aufzubegehren. „Da sieht man’s! Wär’ ein Schnaps im Haus, so brauchten sie nicht ins Wirtshaus zu gehen!“ Nachher kam die Frage der Liegerstatt. Ich schlug die Strohkammer vor. Da wäre es ihm zu kalt. Den Kuhstall. Da wäre es ihm zu dunstig. Die Ofenbank. Da wäre es ihm zu hart. Den Herd, da fürchtete er die Schwabenkäfer. Wie glücklich, als zuletzt Vater und Mutter doch nach Hause kamen. Der Vater nannte den fremden Mann Schwager, die Mutter nannte ihn Bruder und beide fanden es sehr brav, daß er gekommen sei, uns einmal heimzusuchen. Im blauen Bündel hatte er nichts zum Essen mitgebracht, wohl aber etwas zum Kochen, nämlich Kienholz, wie es damals von den Köchinnen als Zunder verwendet wurde. Kienholz brachte er sinnig der Schwester zum Weihnachtsgeschenk. Ob sie es noch an demselben Abend benützt, ob der Jager noch etwas zu essen bekommen hatte, oder welche Liegerstatt

ihm eingeräumt worden war, das weiß ich nicht mehr, denn mit meiner Würde habe ich auch die Sorgen zurückgegeben.
Das Ehrenfest des Schneiders beim Stockerwirt war mißlungen. Begonnen hatte es auf die erfreulichste Weise: viele Leute, prächtige Blechmusik, verzuckertes Getränke; der Herr Pfarrer von Kathrein war vorhanden und rauchte seine lange Pfeife, was allemal ein Zeichen seiner besonderen Nachsicht war. Wenn der Pfarrer die lange Pfeife schmauchte, da durfte getanzt werden, da durften die Bursche Schnaderhüpfeln singen, ihre Dirndeln unter den Achseln anfassen und hoch in die Luft heben. Der Pfarrer bastelte an der Pfeife um und tat, als merke er nichts. Einer der Lustigsten war der Federlschneider, der flog heute tatsächlich mehr, als er ging oder saß. Trinken tat er nichts als ein Glas Apfelmost. Wein war ihm unheimlich, Wein war der einzige Gegner, der ihn entschieden zu Boden brachte. Aber das gelang nicht oft, starke Getränke haßte er wie höllisches Feuer. Es war ihm so auch hübsch warm. Tanzen, das war seine Passion und kaum berührte er dabei mit den Zehenspitzen den Boden. Dazu konnte er zierlich pfeifen, machte allerlei Vögelein nach, so daß es war wie mitten im Mai. Die schlanken Burschen vergleichbar mit blühenden Lärchstämmen, die Dirnlein mit Rosenstöcken. – Als der Abend dunkelte, kam der Wagen des Bezirksvorstehers angefahren, das machte den Schneider stutzen. Er hatte geglaubt, das wäre nichts als eine gewöhnliche Tanzunterhaltung. Denn man hatte ihm gesagt, sein Ehrentag wäre verschoben worden auf ein anderesmal. Er hatte nämlich verlauten lassen: Wenn sie mit ihm Geschichten machen wollten, da müßten sie ihn wohl erst mit den Gendarmen ins Wirtshaus holen!
Und als nun die Lichter angezündet waren, die Lustbarkeit etwas gedämpfter wurde und der Bezirksvorsteher an seinem weißgedeckten Tische eine feierliche Würde hervortat, da war der Federlschneider nicht zu finden. War nicht oben und war nicht unten, nicht drinnen und drau-

ßen. Sein Hut war auch weg, und wie ein Schreckhauch ging's durch das ganze Haus: „Der Schneider ist durchgegangen!" – Sie haben angefangen, ihn zu suchen, zu suchen im Stockerhause und seiner Umgebung, bei den Nachbarhäusern, im Almbauernhof, wo er sein Wohnzimmer hatte. Aber der Federlschneider, der konnte so zierlich pfeifen ... das haben sie gemerkt, aber leider nicht gehört. Die Leute blieben beisammen bis spät in die Nacht, in der Erwartung, daß man endlich doch des Flüchtlings habhaft werden würde, um ihm sein Recht anzutun. Am schlimmsten war der Gemeindevorstand dran, der dicke, ehrenwerte Thomeggel. Der hatte eine große Rede im Leib und die ging ihm im Kopf herum wie ein Rad.

Wenn der Schneider nicht zustande gebracht wurde, so mußte der würdige Mann mitsamt seiner Rede ins Bett und es war kein Absehen, wann er sich ihrer entledigen konnte.

Als denn der Schneider nicht eingebracht wurde, hat der Bezirksvorsteher dem Pfarrer ein zartes Paketlein übergeben: Wenn der Schneider einmal die Gnade haben würde, vorhanden zu sein, dann möchten es Seine Hochwürden ihm anhängen. – Die Leute haben sich hernach allmählich verzogen, und so sind auch mein Vater und meine Mutter nach Hause gekommen, ärgerlich darüber, ihre fünf Groschen für Wein und zwei Semmeln umsonst ausgegeben zu haben.

Am nächsten Morgen kam frühzeitig jemand zu uns ins Waldbauernhaus und wer war es? Der Federlschneider. Er hatte sein Werkzeug bei sich, nahm dem Vater und mir das Hosenmaß und begann am großen Stubentische ruhig zu arbeiten, als ob weiter nichts wäre. Er war im Werktagsgewande, das als solches weit netter und adretter stand, als anderer Sonntagsgewand. Er war ein durchaus niedliches und überaus bewegsames Herrlein, schon ziemlich in jenem Alter, wo der Mensch nicht mehr das Haar von vorne nach rückwärts kämmt, um eine hohe Stirn zu gewinnen, sondern von hinten nach vorn, um einer ungezie-

mend hoch werdenden Stirn möglichst zu steuern. Im übrigen war er glatt rasiert und kaute an einem Fadenstümpfchen, dessen äußeres Ende munter auf- und niederschlug, während er auf den braunen Loden mit der Kreide allerlei Striche und Halbkreise zog als eine Wegmarkierung für die nachfolgende Scheere.
Beim Mittagsessen nahmen der Schneider und der Jagerschwager die Ehrenplätze ein. Und während letzterer bei Knödeln und Geselchtem das am Abende zuvor Vermißte reichlich einzubringen suchte, sagte mein Vater plötzlich ganz vorwurfshart: „Na, der Schneider hat uns gestern sauber sitzen lassen beim Stockerwirt."
„Uh, na freilich", entgegnete der Angeredete, „ich werd' just der Narr sein und mich eine Weil ansingen lassen."
„Der Schneider hätt' halt sein Ehrenzeichen bekommen."
„Mir ist auch *so* schön warm", antwortete dieser und aß gar emsig mit der Gabel Krautfasern.
„Mit der Gabel heißt's nichts", unterbrach der Jagerschwager, den Schneider belehrend, „mit dem Löffel muß man in die Schüssel fahren, sonst zahlt sich's nicht aus. So macht man's!" Und er erhärtete seinen Unterricht mit einem praktischen Beispiel.
Mein Vater aber fuhr fort: „Da meint ihm's der Kaiser so gut, daß er ein Ehrenkreuzel schickt, und der Herr Bezirksvorsteher fahrt so weit her und die Leut' laufen zusammen und alles für die Katz!"
Jetzt hätte aber ein anderer die Gabel weggelegt und hätt' in schönem Ernste folgendes gesagt: „Meine lieben Herren! Wenn ihr glaubt, daß ich die alte Kundel aus dem Wasser gezogen habe, damit ich auf die Brust das Kreuzel krieg, so irrt ihr sehr! Ich hab's getan aus Menschenpflicht, ohne Gedanken auf Lohn oder Ehr', und ich will mich für meine selbstverständliche Tat nicht feiern lassen, dieweil manch anderer mit größeren Verdiensten unbedankt seiner Wege gehen muß. Lasset mich meine bescheidenen Werke der Nächstenliebe im Verborgenen vollbrin-

gen und mich jenen schönen Lohn genießen, der im eigenen Gewissen liegt!"
Solche Rede hätte er ganz gut auch vor dem Bezirksvorsteher halten können, nachdem das güldene Ehrenzeichen schon am Rockflügel gehangen wäre, die Leute hätten vor Rührung geweint und dann ausgerufen: „Dieser kleine Schneider hat ein großes Herz. Vivat!" Und am Ende wäre es gar noch in die Zeitung gekommen.
Aber unser Federlschneider hat die schöne Rede dort nicht gehalten und hier nicht. Er hat nichts getan als Kraut gegessen mit der Gabel.
Da schleuderte der Jagerschwager jäh seinen großen Löffel weg, hieb seine Hand schwer auf die zarte Achsel des Schneiders und brüllte: „Mensch, du gefallst mir! Und paß auf, was ich dir jetzt sag': Ich bin der Forstjäger vom Pusterwald und du sollst von mir was bekommen! Gib acht! Was du von mir kriegst, das wird ein bissel was Besseres sein, als ein Kreuzel oder ein Sterndel oder ein Münzel, oder was weiß ich für Tandelmandel. Nicht umsonst sollst du ins kalte Wasser geflogen sein. Du kriegst was von mir!"
Es war ein geradezu erhebender Augenblick. Und die Mutter sagte auch ein Wort: „Wenn ein Mensch so demütig ist, da verdient er erst recht was Schönes."
Der Jagerschwager nickte noch wiederholt mit dem Kopf, sagte aber nichts mehr, als: „Schneider, du kriegst was von mir!"
Und um Heiligendreikönig kam vom Pusterwald her der Bote gegangen. Er fragte dem Schneidermeister Justus nach, er trug im inneren Sack seines Mantels einen schweren Gegenstand. Als er denselben niederließ im Almbauernhof vor dem Schneider auf dem Tisch, da war's noch wie eine verhüllte Kunststatue; als aber das blaue Tuch abgenommen ward, da stand ein bauchiger Schnapsplutzer da: „Den schickt der Forstjäger aus dem Pusterwald."
Der Federlschneider soll ein langes Gesicht gezogen und dann nachgedacht haben, ob er nicht irgendwo auf der

Welt einen grimmigen Feind hätte. Er fand aber keinen, dem er den Plutzer hätte versetzen mögen. Hingegen hieß es, daß die alte Kundel sich gar nicht mehr erwärmen könne seit jenem kalten Bad in der Fresen. Dem alten Weiblein schickte der Schneider den Branntwein: „Immer einmal ein kleines Schlüpferl!"

Wie der Meisensepp gestorben ist

In meinem Vaterhause fand sich die „Lebensbeschreibung Jesu Christi, seiner Mutter Mariä und vieler Heiligen Gottes. Ein geistlicher Schatz von Pater Cochem".
Das war ein altes Buch; die Blätter waren grau, die Kapitelanfänge hatten wunderlich große Buchstaben in schwarzen und roten Farben. Der hölzerne Einbanddeckel war an manchen Stellen schon wurmstichig, und eine der ledernen Klappen hatte die Maus zernagt. Seit vielen, vielen Jahren war im Hause niemand gewesen, der darin hätte lesen können; was Wunder, wenn die Tierlein Besitz nahmen von Cochems „Leben Christi" und aus dem „geistlichen Schatz" ihre leibliche Nahrung zogen.
Da kam ich, der kleine Junge, verjagte die Würmer aus dem Buche und fraß mich dafür selber hinein. Täglich las ich unseren Hausleuten vor aus dem „Leben Christi". Den jungen Knechten und Mägden gefiel der neue Brauch just nicht, denn sie durften dabei nicht scherzen und nicht jodeln; die älteren Hausgenossen aber, die schon etwas gottesfürchtiger waren, hörten mir mit Andacht zu „und das ist", sagten sie, „als wie wenn der Pfarrer predigen tät'; so bedeut ausführen und so eine laute Stimm'!"
Ich kam in den Ruf eines Vorlesers und wurde ein gesuchter Mann. Wenn irgendwo in der Nachbarschaft jemand krank lag oder zum Sterben, oder wenn er gar schon gestorben war, so daß man an seiner Leiche zur Nacht die Totenwache hielt, so wurde ich von meinem Vater ausgebeten, daß ich hinginge und lese. Da nahm ich das gewichtige

„Leben-Christi-Buch" unter den Arm und ging. Es war ein hartes Tragen und ich war dazumal ein kleinwinziger Knirps.

Einmal spät abends, als ich schon in meiner kühlen und frischduftenden Futterkammer schlief, in welcher ich zur Sommerszeit bisweilen das Nachtlager hatte, wurde ich durch ein Zupfen an der Decke von unserem Knecht geweckt. – „Sollst fein geschwind aufstehen, Peter, sollst aufstehen. Der Meisensepp hat seine Tochter geschickt, er laßt bitten, du sollst zu ihm kommen und ihm was vorlesen! er wollt' sterben. Sollst aufstehen, Peter." –

So stand ich auf und zog mich eilends an. Dann nahm ich das Buch und ging mit dem Mädchen von unserem Hause aufwärts über die Heide und durch die Waldungen. Das Häuschen des Meisensepp stand einsam mitten im Wald.

Der Meisensepp war in seinen jüngern Jahren Reuter und Waldhüter gewesen; in letzterer Zeit hatte er sich nur mehr mit Sägeschärfen für Holzhauerleute beschäftigt. Und da kam plötzlich die schwere Krankheit.

Wie wir, ich und das Mädchen, in der stillen, sternenhellen Nacht so durch die Ödnis schritten, sagten wir keines ein Wort. Schweigend gingen wir nebeneinander hin. Nur einmal flüsterte das Mädchen: „Laß her, Peter, ich will dir das Buch tragen."

„Das kannst nicht", antwortete ich, „du bist ja noch kleiner wie ich."

Nach einem zweistündigen Gang sagte das Mädchen: „Dort ist schon das Licht."

Wir sahen einen matten Schein, der aus dem Fenster des Meisenhauses kam. Als wir diesem schon sehr nahe waren, begegnete uns unser Pfarrer, der dem Kranken die heiligen Sakramente gereicht hatte.

„Der Vater – wird er wieder gesund?" fragte das Mädchen kleinlaut.

„Ist noch nicht so alt", sagte der Priester; „wie Gott will, Kinder, wie Gott will."

Dann ging er davon. Wir traten in das Haus.
Das war klein und nach der Art der Waldhütten standen die Familienstube und die Schlafkammer gleich in der Küche. Am Herd in einem Eisenhaken stak ein brennender Kienspan, von dem die Stubendecke in einen Rauchschleier gehüllt war. Neben dem Herde auf Stroh lagen zwei kleine Knaben und schlummerten. Sie waren mir bekannt vom Walde her, wo wir oft mitsammen Schwämme und Beeren suchten und dabei unsere Herden verloren; sie waren noch um etliche Jahre jünger als ich. An der Ofenmauer saß das Weib des Sepp, hatte ein Kind an der Brust und sah mit großen Augen in die flackernde Flamme des Kienspans hinein. Und hinter dem Ofen, in der einzigen Bettstatt, die im Hause war, lag der Kranke. Er schlief; sein Gesicht war recht eingefallen, das grauende Haar und der Bart ums Kinn waren kurz geschnitten, so daß mir der ganze Kopf kleiner vorkam als sonst, da ich den Sepp auf dem Kirchweg gesehen hatte. Die Lippen waren halb offen und blaß, durch dieselben zog ein lebhaftes Atmen.
Bei unserem Eintritt erhob sich das Weib leise, sagte eine Entschuldigung, daß sie mich aus dem Bette geplagt habe, und lud ein, daß ich mich an den Tisch setzen und die Eierspeise essen möge, die der Herr Pfarrer übrig gelassen hatte, und die noch auf dem Tische stand.
Bald saß ich auf dem Fleck, und jetzt aß ich mit derselben Gabel, die er hatte in den Mund geführt!
„Jetzt schläft er passabel“, flüsterte das Weib nach dem Kranken deutend. „Vorhin hat er allweg Fäden aus der Decke gezupft.“
Ich wußte, daß man es für ein übles Zeichen auslegt, wenn ein Schwerkranker an der Decke zupft und kratzt; „da kratzt er sich sein Grab“. Ich entgegnete daher: „Ja, das hat mein Vater auch getan, als er im Nervenfieber ist gelegen. Ist wieder gesund worden.“
„Das mein' ich wohl auch“, sagte sie, „und der Herr Pfarrer hat dasselbe gesagt. – Bin doch froh, die Beicht' hat der

Seppel recht fleißig verrichten mögen und ich hab' jetzt wieder rechtschaffen Trost, daß er mir noch einmal gesund wird. – Nur", setzte sie ganz leise bei, „das Spanlicht leckt alleweil so hin und her."

Wenn in einem Hause das Licht unruhig flackert, so deutet das der Glaube des Volkes: es werde in demselben Hause bald ein Lebenslicht auslöschen. Ich selbst glaubte daran, doch um die Häuslerin zu beruhigen, sagte ich: „Es streicht die Luft alles zuviel durch die Fensterfugen, ich verspür's auch." Sie legte das schlummernde Kind auf das Stroh; auch das Mädchen, welches mich geholt, war schon zur Ruh' gegangen. Wir verstopften hierauf die Fensterfugen mit Werg.

Dann sagte das Weib: „Gelt, Peter, du bleibst mir da über die heutige Nacht; ich wüßt' mir aus Zeitlang nicht zu helfen. Wenn er munter wird, so liest uns was vor. Gelt, du bist so gut?"

Ich schlug das Buch auf und suchte nach einem geeigneten Lesestück. Allein, Pater Cochem hat nicht viel geschrieben, was armen weltlichen Menschen zum Troste sein könnte. Pater Cochem meint, Gott wäre gerecht und die Leute wären sündig, und die meisten Menschen liefen schnurgerade der Hölle zu.

Es mag ja wohl sein, dachte ich mir, daß es so ist; aber dann darf man's nicht sagen, die Leute täten sich nur grämen und des weiteren blieben sie so sündig wie früher. Wenn sie sich bessern hätten können, so hätten sie's längst schon getan.

Die schreckhaften Gedanken gingen durch das ganze Chochemsche Buch. Fürwitzigen Leuten gegenüber, die mich nur anhörten, der „lauten Predigerstimm" wegen, donnerte ich die Greuel und Menschenverdammung recht mit Vergnügen heraus; wenn ich aber an Krankenbetten aus dem Buche las, da mußte ich meine Erfindungsgabe oft sehr anstrengen, daß ich während des Lesens die harten Ausdrücke milderte, die schaudererregende Darstellung der vier letzten Dinge mäßigte und den grellen Gedanken

des eifernden Paters eine freundlichere Färbung geben konnte.
So plante ich auch heute, wie ich, scheinbar aus dem Buche lesend, dem Meisensepp aus einem anderen Buche her Worte sagen wollte von der Armut, von der Geduld, von der Liebe zu den Seinen und wie darin die wahre Nachfolge Jesu bestehe, die uns – wenn die Stunde schlüge – durch ein sanftes Entschlummern hinüberführe in den Himmel.
Endlich erwachte der Sepp. Er wendete den Kopf, sah sein Weib und seine ruhenden Kinder an; dann erblickte er mich und sagte mit lauter, ganz deutlicher Stimme: „Bist doch gekommen, Peter. So dank' dir Gott, aber zum Vorlesen werden wir heut' wohl keine Zeit haben. Anna, sei so gut und weck' die Kinder auf."
Das Weib zuckte zusammen, fuhr mit der Hand zu ihrem Herzen, sagte aber dann in ruhigem Tone: „Bist wieder schlechter, Seppel? Hast ja recht gut geschlafen."
Er merkte es gleich, daß ihre Ruhe nicht echt war.
„Tu dich nicht gar so grämen, Weib", sprach er, „auf der Welt ist's schon nicht anders. Weck' mir schön die Kinder auf, aber friedsam, daß sie nicht erschrecken."
Die Häuslerin ging zum Strohlager, rüttelte mit bebender Hand am Schaub, und die Kleinen fuhren halb bewußtlos empor.
„Ich bitt' dich gar schön, Anna, reiß' mir die Kinder nicht so herum", verwies der Kranke mit schwächerer Stimme, „und die kleine Martha laß schlafen, die versteht noch nichts."
Ich blieb abseits am Tisch sitzen und mir war heiß in der Brust. Die Angehörigen versammelten sich um den Kranken und schluchzten.
„Seid ihr nur ruhig", sagte der Sepp zu seinen Kindern, „die Mutter wird euch schon morgen länger schlafen lassen. Josefa, tu' dir das Hemd über die Brust zusammen, sonst wird dir kalt. Und jetzt – seid allweg schön brav und folgt der Mutter, und wenn ihr groß seid, so steht ihr bei

und verlaßt sie nicht. – Ich hab' gearbeitet meiner Tag' mit Fleiß und Müh'; gleichwohl kann ich euch weiter nichts hinterlassen, als dieses Haus und den kleinen Garten, und den Reinacker und den Schachen dazu. Wollt' euch's teilen, so tut es brüderlich, aber besser ist's, ihr haltet die Wirtschaft zusammen und tut hausen und bauen. Weiters mach' ich kein Testament, ich hab' euch alle gleich lieb. Tut nicht ganz vergessen auf mich und schickt mir dann und wann ein Vaterunser nach. – Und euch, die zwei Buben, bitt' ich von Herzen: Hebt mir mit dem Wildern nicht an; das nimmt' kein gutes End'. Gebt mir die Hand darauf. So. – Wenn halt einer von euch das Sägefeilen wollt' lernen; ich hab' mir damit viel Kreuzer dermacht; Werkzeug dazu ist da. Und sonst wißt ihr schon, wenn ihr am Reinakker die Erdäpfel anbaut, so setzt sie erst im Mai ein; 's ist wohl wahr, was mein Vater fort gesagt hat, bei den Erdäpfeln heißt's: baut mich an im April, komm' ich, wann ich will; baut mich an im Mai, komm' ich glei (gleich). – Tut euch so Sprüchlein nur merken. – So, und jetzt geht wieder schlafen, Kinder, daß euch nicht kalt wird, und gebt allzeit Obacht auf eure Gesundheit. Gesundheit und gutes Gewissen, das ist das beste. Geht nur schlafen, Kinder."

Der Kranke schwieg und zerrte an der Decke.

„Frei zuviel reden tut er mir", flüsterte das Weib gegen mich gewendet. Eine bei Schwerkranken plötzlich ausbrechende Redseligkeit ist ja auch kein gutes Zeichen.

Nun lag er, wie zusammengebrochen, auf dem Bette. Das Weib zündete die Sterbekerze an.

„Das nicht, Anna, das nicht", murmelte er, „ein wenig später. Aber einen Schluck Wasser gibst mir, gelt?"

Nach dem Trinken sagte er: „So, das frisch' Wasser ist halt doch wohl gut. Gebt mir recht auf den Brunnen Obacht. Ja, und daß ich nicht vergess', die schwarz' Hosen legst mir an, und das blau' Jöppel, weißt, und draußen hinter der Tür, wo die Sägen hängen, lehnt das Hobelbrett, das leg' über den Schleifstock und die Drehbank; für drei

Tag' wird's wohl halten. Morgen früh, wenn der Holzjodel kommt, der hilft mich schon hinauslegen. Schau aber fein gut, daß die Katz' nicht dazu kommt; die Katzen gehen los und schmecken's gleich, wenn wo eine Leich' ist. Was unten bei der Pfarrkirche mit mir geschehen soll, das weißt schon selber. Nicht zu lang' bimmeln (läuten); kostet Geld und hilft nicht viel. Meinen braunen Lodenrock und den breiten Hut schenk' den Armen. Dem Peter magst auch was geben, daß er heraufgegangen ist. Vielleicht ist er so gut, und liest morgen beim Leichwachen was vor. Es wird ein schöner Tag sein morgen, aber geh' nicht zu weit fort von heim, es möcht' ein Unglück geschehen, wenn draußen in der Lauben das Licht brennt. – Nachher, Anna, such' da im Bettstroh nach; wirst einen Strumpf finden, sind etlich' Zwanziger drin."

„Seppel, streng' dich nicht so an im Reden", schluchzte das Weib.

„Wohl, wohl, Anna – aber aussagen muß ich's doch. Jetzt werden wir wohl nicht mehr lang' beisammen sein. Wir haben uns zwanzig Jahre gehabt, Anna. Mußt nicht weinen, Anna, mußt nicht weinen, du bist mein alles gewesen; kein Mensch kann dir's vergelten, was du mir bist gewesen. Das vergess' ich dir nicht im Tod und nicht im Himmel. Mich gefreut's nur, daß ich in der letzten Stund' noch was mit dir reden kann, und daß ich gleichwohl soviel bei Verstand bin."

„– Stirb doch nicht gar hart, Seppel", hauchte das Weib und beugte sich über sein Antlitz.

„Nein", antwortete er ruhig, „bei mir ist's so, wie bei meinem Vater: leicht gelebt und leicht gestorben. Sei nur auch du so und leg' dir's nicht schwer. Wenn wir nun auch wieder jedes allein ankommen, zusammen gehören wir gleichwohl noch und ich heb' dir schon ein Platzel auf im Himmel, gleim (nahe) an meiner Seit', Anna, gleim an meiner Seit'. Nur das tu' um Gottes willen, die Kinder zieh' gut auf."

Die Kinder ruhten. Es ward still und mir war, als hörte ich irgendwo in der Stube ein leises Schnurren und Spinnen. –
Plötzlich rief der Sepp: „Anna, jetzt zünd' die Kerzen an!" Das Weib rannte in der Stube herum und suchte nach Feuerzeug; und es brannte ja doch der Span. – „Jetzt hebt er an zu sterben!" wimmerte sie. Als aber die rote Wachskerze brannte, als sie ihm dieselbe in die Hand gab, als er den Wachsstock mit beiden Händen umfaßte und als sie das Weihwassergefäß vom Gesimse nahm, da wurde sie scheinbar ganz ruhig und betete laut: „Jesus, Maria, steht ihm bei! Ihr Heiligen Gottes, steht ihm bei in der höchsten Not, laßt seine Seele nicht verloren sein! Jesus, ich bete zu deinem allerheiligsten Leiden! Maria, ich rufe deine heiligen sieben Schmerzen an! Du, sein heiliger Schutzengel, wenn seine Seel' vom Leib muß scheiden, führ' sie ein zu den himmlischen Freuden!"
Sie schluchzte und weinte nicht; sie war ganz die ergebene Beterin, die Fürbitterin.
Endlich schwieg sie, beugte sich über das Haupt des Gatten, beobachtete sein schwaches Atemholen und hauchte: „So behüt' dich Gott, Seppel, tu' mir meine Eltern und unsere ganze Freundschaft (Verwandtschaft) grüßen in der Ewigkeit. Behüt' dich Gott, mein lieber Mann! Die heiligen Engel geben dir das Geleit' und der Herr Jesus mit seiner Gnad' wartet schon deiner bei der himmlischen Tür."
Er hörte es vielleicht nicht mehr. Seine blassen, halboffenen Lippen gaben keine Antwort. Seine Augen sahen starr zur Stubendecke auf. Und aus den gefalteten Händen aufragend brannte die Wachskerze; sie flackerte nicht, still geruhsam und hell, wie eine schneeweiße Blütenknospe stand die Flamme empor – sein Atemzug bewegte sie nicht mehr.
„– Jetzt ist er mir gestorben!" rief das Weib aus, schrill und herzdurchdringend, dann sank sie nieder auf einen Schemel und begann kläglich zu weinen.

Die wieder erwachenden Kinder weinten auch; nur das kleinste lächelte ...
Die Stunde lag auf uns wie ein Stein.
Endlich richtete sich die Häuslerin – die Witwe – auf, trocknete ihre Tränen und legte zwei Finger auf die Augen des Toten.
Die Wachskerze brannte, bis die Morgenröte aufging.
Durch den Wald war ein Bote gegangen. Dann kam ein Holzarbeiter. Der besprengte den Toten mit Weihwasser und murmelte: „So rücken sie ein, einer nach dem anderen."
Dann taten sie dem Meisensepp festtägige Kleider an, trugen ihn hinaus in die Vorlauben und legten ihn auf das Brett.
Das Buch ließ ich liegen auf dem Tisch für die Leichenwachen der nächsten Nächte, zu denen ich der Häuslerin das Lesen zugesagt hatte. Als ich fortgehen wollte, kam sie mit einem grünen Hut, auf welchem ein weit ausgeborsteter Gemsbart stak.
„Willst den Hut mitnehmen für deinen Vater?" fragte sie, „der Seppel hat deinen Vater gern gehabt. Den Gamsbart magst zum Andenken selber behalten. Bet' einmal ein Vaterunser dafür."
Ich sagte meinen Dank, ich tat noch einen unsteten Blick gegen die Bahre hin; der Sepp lag lang gestreckt und hielt seine Hände über der Brust gefaltet. – Dann ging ich hinaus und abwärts durch den Wald. – Wie war's licht und taufrisch, voll Vogelgesang, voll Blütenduft – voll Leben im Walde!
Und in der Hütte, auf dem Bahrbrett lag ein toter Mensch.
Ich kann die Nacht und den Morgen – das Sterben mitten in dem unendlichen Lebensquell des Waldes nimmermehr vergessen. Auch besitze ich heute noch den Gemsbart zum Andenken an den Meisensepp.
Wenn mich die Gier anpackt nach den Freuden der Welt, oder wenn mich die Zweifel überkommen an der Mensch-

heit Gottesgnadentum, oder wenn mich gar die Angst will quälen vor meinem vielleicht noch fernen, vielleicht schon nahen Hingang – so stecke ich den Gemsbart des Sepp auf den Hut.

Auf der Wacht beim toten Jäger

Mein Vater litt zu jener Zeit an einer langwierigen Krankheit. Es war selten wer um ihn, als sein ältester Bub. Auch der Jäger Wolf saß zuweilen neben auf der Ofenbank und freute sich, wenn dem Kranken der gespendete Wildbraten recht mundete. Und der Wildbraten stellte meinen Vater richtig soweit wieder her, daß dieser eines Tages, es war im August um die Zeit des Maria-Himmelfahrtsfestes, zu mir sagte: „Bub, jetzt werd' ich doch endlich wieder was anfangen müssen. Was meinst, zum Korbflechten wär' ich wohl stark genug?"

Und am nächsten Tage gingen wir schon zur Morgenfrühe aus und gegen die sogenannte Wildwiese hinauf, wo Weiden wuchsen. Die Wildwiese war oben in den hinteren Waldungen. Oft blieb mein Vater unterwegs stehen, stützte sich auf seinen Stock, schöpfte Luft, und dann fragte er mich immer, ob ich ein Schnittchen Brot beißen wolle.

Als wir über die Schafhalde hinaufgekommen waren, wo der junge Lärchenanwachs noch im Morgentaue stand, sahen wir im Dickichte einen Mann dahinhuschen, der ein Stück Hochwild über der Achsel trug und etwas wie ein Schießgewehr hinter sich barg. Er duckte sich so sehr, daß nur ein paar schwarze Haarfetzen von seinem Haupte zu sehen waren.

Als diese Gestalt vorüber war, blieb mein Vater stehen und sagte: „Hast geguckt? Das ist der schwarz' Toni gewesen."

Der schwarz' Toni war ein Mann, vor dem sie überall die Türen verriegelten.

„Ja, Kind“, sagte der Vater, als wir uns auf den Stamm eines gefallenen Baumes gesetzt hatten, „ist hart für einen Menschen, dem's so geht, wie dem Toni. Der hat sein Lebtag nicht Vater und Mutter gesehen. Als Kind ist er aus dem Findelhause in unsere Gegend gebracht worden. Freilich nicht aus christlicher Barmherzigkeit, sondern des Geldes wegen, das für ihn ausgezahlt worden, hat ihn ein Köhlerweib an Kindesstatt genommen. Halb erwachsen hat sich der Toni im Wald herumgetrieben, kein Mensch hat sich um ihn gekümmert; so ist er verwildert. Wie das Köhlerweib sieht, der Ziehsohn bringe nur Schande, so hat sie gesagt: Toni, du Lump, bei mir bist nimmer daheim! – Wo denn? hat drauf der Toni gefragt, aber überall, wo er angeklopft, ist ihm die Tür verschlossen gewesen. Mögen ihn die Menschen nicht, so gibt er sich mit den Tieren ab – verlegt sich aufs Wildern. Vor einem Jahr hat ihn der Jäger Wolf in das Zuchthaus gebracht; aber jetzt wieder frei, mag ihm kein Mensch gern begegnen, gleichwohl ich nicht glaub', daß er wem was zuleide tät'. Schlecht, sag' ich, ist er nicht, aber verkommen durch und durch; und so, mein Bübl, wird oft ein Mensch hinausgestoßen auf die schiefe Straßen, und so rutscht er ab und kann sich nicht mehr halten.“

Nach diesen Worten schritten wir wieder langsam dahin und nachdem wir durch viel Wald und schattendunkle Schluchten gegangen waren, kamen wir endlich zur Lichtung der Wildwiese. Teilweise lag sie noch im Schatten des Teufelssteinberges; die Bachweiden aber, die in einer langen Reihe hin standen und sich über ein stillrieselndes Wässerlein wölbten, schimmerten in dem lichten Sonnentag, als ob sie alle silberne Blätter hätten. Die Wiese war bereits gemäht und das Heu fortgebracht; sehr still und verlassen lag die Matte. An den Rändern wuchsen blaue Enzianglocken und es war schon die Zeitlose da.

Wir kamen um die Weidenruten, die am Bache standen. Wir gingen quer über die Wiese bis hin zum Rande, wo wieder die sehr hohen Fichten begannen und wo ein rot angestrichenes Kreuz stand, dessen Dachbrettchen reichlich mit Moos bewachsen waren. Hier wollten wir vor der Arbeit uns ein wenig setzen, auf die Bäume hinausschauen und ein Stück Brot essen.

Aber noch ehe der Vater sich niederließ, sah er lange und unverwandt auf eine Stelle hin.

Am Fuße einer Weißtanne lag ein Mann. Ein Jägersmann mit einem Schießgewehr; die Locken gingen ihm über Stirn und Auge, man wußte nicht, ob er denn wirklich so fest schlafe, als es aussah.

Mein Vater trat endlich hinzu, schob aber mich mit der Hand hinter sich zurück. Dann sahen wir es: Der Mann lag in einer Blutlache; der aus einer Halswunde sprudelnde Quell war bereits gestockt.

Mein Vater legte die Hände ineinander und sagte ganz leise: „Jetzt haben sie da den Jäger Wolf erschlagen!"

Als ich hierauf zu weinen begann, hob mich mein Vater empor zu seiner Brust; und wie ruhig er auch scheinen wollte, ich hab' es doch wahrgenommen, wie ihm war. Dann untersuchte er den Erschlagenen – die Augen waren gebrochen, die Lippen fahl wie trocken Erdreich – das Leben war dahin.

„Mit dem Weidenschneiden ist es heute nichts", sagte mein Vater, „jetzt muß einer von uns Leute holen, daß sie den Wolfgang wegtragen; und der andere wird dieweilen dableiben müssen. Einen Toten kann man nicht allein lassen, solange er nicht im Grabe ruht. Es könnte auch leicht ein Tier über ihn kommen. Das beste wird sein, ich gehe hinaus in den Brandgraben zu den Holzknechten, und du setzest dich schön still da unter das Kreuz."

Mir gab's einen Stich. Wie konnte mir mein Vater das antun, mich stundenlang allein lassen im Walde bei einem Toten! Aber ich wußte die Wege nicht und hätte die Holzknechte nicht gefunden.

„Freilich, Büblein, ist das ein trauriges Warten da", fuhr er

fort, „aber wachen, diese christliche Lieb' müssen wir dem Wolf schon erweisen."
Ich starrte auf den Toten.
Mein Vater zog seine kleine Axt aus dem Gürtel, mit welcher er die Weidenruten hauen wollte, und fällte nun Äste von den Bäumen und hüllte den Jägersmann mit Reisig ein. Dann kniete er nieder vor der grünen Bahre und betete still ein Vaterunser. Und als er sich wieder erhob, sagte er: „Und jetzt, mein Knabe, tu' unserem Mitbruder den Liebesdienst, und wache. Die Axt laß ich dir da, die halt' fest. Fuchsen und Raben können leicht kommen; andere Raubtiere weiß ich in der Gegend nicht. Bis zu den Weiden dort magst hingehen, aber weiter weg nicht. Ich will recht eilen; bis die Schatten anheben zu wachsen, wird schon wer kommen!"
Dann legte er für mich Brot unter ein Bäumchen und ging davon. Er ging hin quer über die Wiese, wie wir hergegangen waren, und er verschwand in dem Dunkel des Waldes.
Nun war ich allein auf der umwaldeten Wiese und das Sonnenlicht war ausgegossen über die einsame Matte, über die glitzernden Weiden und über den stillen Reiserhügel am Waldrande. Ich wollte nicht hinblicken auf die seltsame Bahre; ich schritt gegen das Weidengebüsche, aber mein Auge wendete sich immer wieder zurück zum roten Kreuze und zu dem, was daneben lag.
Der arme Jäger Wolf! Ich wußte es noch recht gut, wie er vor wenigen Jahren mit seiner Braut und seinem Hochzeitszuge an unserem Hause vorübergekommen war. Die Waldhörner und die Pöller schallten, daß die Fenster unseres Hauses klirrten. Der Wolf war ein hübscher Bursche gewesen; einen großen Strauß trug er auf dem Hut, und ein rotes Band ging nieder über seinen Nacken, wo jetzt die Blutstrieme war.
Ich ging den Weidenbüschen entlang. Manches Zweiglein regte sich und zitterte fort und fort. Hie und da schnellte ein Heupferdchen. Ich bog die Äste auseinander und

blickte in das Wässerlein; das stand still unter dem dichten Flechtwerke und glitzerte kaum. Ein großgefleckter Molch kroch hervor und nahm seine Richtung gegen mich; da floh ich entsetzt davon.

Dann begann ich mit meinen kurzen Schritten die Schatten der Bäume zu messen – bis diese zu wachsen anheben, kommen die Leute. – Noch aber wurden sie kürzer und kürzer. Die Sonne stand hoch über dem Teufelsstein und über dem Talgrunde lag ein bläulicher Duft.

Ich kehrte wieder zum Kreuze zurück und setzte mich auf den Stein, auf welchem sonst andächtige Waldwanderer knien. Das Kreuz war hoch und hatte keinen Heiland. Weit streckte es seine Arme aus, als wollte es den Wald umfangen.

Ich wendete mich von dem Pfahle und von dem Bahrhügel und sah hin gegen den Bergrücken des Teufelsstein. Die Himmelsglocke lag in mattem Blau, kein Vogel und kaum eine Mücke war vernehmbar. Es war ein fast traumhafter Frühherbstmittag, durchklungen von einer ewigen Stille.

Wildschützen haben ihn erschossen. Ich ging über die Wiese und sagte mir, wenn ich zehnmal über die Wiese gegangen sein würde, dann wollte ich wieder den Schatten messen. Aber der Schatten duckte sich noch mehr unter die Bäume als früher.

Dann ging ich hin zu der verhüllten Leiche des Waldmannes und stand lange vor derselben; ich fühlte kaum ein Schauern mehr. Dann setzte ich mich wieder unter das Kreuz und aß ein Schnittchen Brot. Da hörte ich plötzlich ein Knistern; ein Reh stand und guckte durch das Gestämme.

Zuletzt kam das Tier gar zu dem Reiserhügel heran und schnupperte; vor diesem Jägersmanne fürchtete es sich nicht mehr. Erst als es den Pulvergeruch des Gewehrlaufes gewahrt haben mochte, wendete es sich mit großen Sätzen dem Dickichte zu.

Endlich, als ich wieder den Schatten maß, hatte er sich um

ein weniges gedehnt. Ich mußte ja doch schon viele Stunden auf der Wildwiese geweilt haben.
Wie immer, so hatte mein Vater auch diesmal recht. Ich hörte einen getragenen Schall und Widerhall im Walde. Es nahten Menschen. Doch nicht die Holzknechte waren es, die um den Wolfgang kommen sollten, sondern quer über die Wiese her kam ein junges Weib, das trug einen Korb am Rücken und führte ein etwa dreijähriges Kind am Arm. Sie sangen ein lustiges Kinderlied, und das kleine Mädchen lachte dabei und hüpfte flink über das weiche Gras.
Ich erkannte die Nahenden bald, es war das Weib und das Kind des erschlagenen Jägers Wolf.
Sie kamen heran, und als sie mich sahen, sagte die Jägerin zum Mädchen: „Schau, Agatha, da beim Kreuz sitzt ein Bub', der betet ein Vaterunser; das ist gar ein braver Bub."
Dann kniete sie hin auf den Stein, legte die Hände zusammen und betete auch. Das Kind tat desgleichen und war gar ernsthaft dabei.
Wie mir wehe war! Wie hätte ich sagen können, was unter dem Reisig lag? Sie wußten von nichts. Ich ging abseits gegen die Weiden.
„So, mein Herz", sagte das Weib hierauf zur Kleinen, „jetzt geh' ich Enziankraut schneiden, du setz' dich dieweilen da auf das G'reisigbett und brocke dir Zäpfchen ab. Hernach kommt der Vater vom Teufelsstein herab, und hernach setzen wir uns zusammen und essen den Schottenkäs, den ich im Korb hab', und hernach hopsen wir lustig miteinander heimzu."
Und sie setzte das Kind auf den Reiserhaufen – auf die Bahrstätte des Vaters. Dann ging sie mit dem Korb gegen den Wiesenrain, wo Gebüsche von Enzian standen. Von dort aus rief sie mich an, was ich denn so allein mache auf der Wildwiese, ob ich mich verirrt hätte oder etwa Ziegen suchte?
Ich wußte keine Antwort, deutete auf einen großen schneeweißen Schmetterling und sagte: „Jetzt schau das Tier an, wie's herumfliegt! Schau, wie's fliegt!"

„Bist ein Närrisch, du!“ versetzte die Jägerin lachend und ging an ihre Arbeit.
Die kleine Agatha spielte auf dem Reiserhügel, sie zupfte an den Zweigen und wühlte in denselben und nestelte etwas hervor. Endlich wurde ihr bang und sie hub an nach der Mutter zu rufen.
Nach einer Weile kam das Weib heran, da hielt ihm das Kind einen Ring entgegen und sagte: „Schau, das hab' ich gefunden, das ist des Vaters!“
Die Jägerin tat einen hellen Ruf: „Kind, wie kommst du zu diesem Ring?“
Die Kleine lächelte vergnügt.
Das Weib hub das Kind auf die Erde, warf einen Blick auf das Gezweige und stieß einen gellenden Schrei aus. Sie sah im Reisig eine Menschenhand.
Wie wütend stürzte sie hin auf die Schichtung und raffte die grünen Zweige auseinander – mit Hast und heißer Angst – dann sank sie zurück und schlug sich die flachen Hände in das Antlitz. Vor ihr lag er im Blute erstarrt.
Zur selben Stunde gingen zwei Holzhauer über die Wiese und brachten eine Tragbahre mit. Zuerst knieten sie vor dem Toten und beteten, dann hoben sie ihn auf die Bahre, legten das Gewehr an seine Seite und trugen ihn davon.
Der Korb blieb stehen bei dem Enziangebüsche, das Weib folgte der Bahre; es sagte kein Wort, es vergoß keine Träne, es trug das spielende Mädchen auf dem Arm. Das starre Angesicht der Gattin, das helläugige Lockenköpfchen des Kindes hinter der Bahre her – das mag ich nimmermehr vergessen.
Ich bin auch hinten dreingegangen. Die Weiden standen in ihrem wässerigen Schimmer; die Schatten der Tannen lagen hingestreckt über die ganze Wiese. Das rote Kreuz ragte regungslos im Dunkel des Waldrandes.
Die Bahre schwankte dem fernen Jägerhause zu. Ich ging gegen unser Gehöfte. Als ich zu demselben hinabkam, führten handfeste Burschen einen Mann herbei. Es war der schwarz' Toni. Da wir ihn am Morgen im Lärchenan-

wachs gesehen, so hatte mein Vater auf seine Spur gewiesen. Der Richter kam, und unter der großen Esche, die vor unserem Hause stand, wurde das Verhör gehalten. Der Toni war geständig, den Jäger Wolf aus Rache erschossen zu haben. Hierauf wurde der Bursche in Ketten gegen die Stadt geführt, aus der er einst als Wickelkind gekommen war.

Als ich in die Stube kam, saß mein Vater an seinem Bette. Er war sehr bewegt, hub mich zu sich auf das Knie und sagte: „Bübel, das ist ein böser Tag gewesen."

Wir gingen in jenem Jahr nicht mehr hinauf zur Wildwiese. Seither aber bin ich wohl mehrmals auf derselben gewesen. Die Weiden glitzern, die hohen Fichten stehen noch heute – und ihr Schatten schwindet und wächst, wie das trübe Erdengeschick, und ihr Schatten wächst und schwindet, wie das menschliche Leben.

Dreihundertvierundsechzig und eine Nacht

Mein Vater hatte vier große Ziegen im Stalle stehen, so wie er vier Kinder hatte, welche zu den ersteren stets in freundschaftlicher Beziehung standen. Jede der Ziegen hatte ihren kleinen Futterbarren, aus dem sie Heu und Klee fraß, während wir sie molken. Keine einzige gab die Milch am leeren Barren. Die Ziegen hießen Zitzerl, Zutzerl, Zeitzerl und Heitzerl und waren, einer schönen Schenkung zufolge, das Eigentum von uns Kindern. Das Zitzerl und das Zutzerl gehörten meinen zwei Schwesterchen; das Zeitzerl meinem achtjährigen Bruder Jackerl, das Heitzerl war mein!

Jedes von uns pflegte und hütete sein ihm zugeteiltes Gespons in Treue; die Milch aber taten wir zusammen in einen Topf, die Mutter kochte sie, der Vater schenkte uns dazu die Brotschnitten – und Gott der Herr den Hunger.

Und wenn wir so mit den breiten Holzlöffeln, die unser

Oheim geschnitzt hatte, und die ihrer Ausdehnung wegen fürs erste kaum in den Mund hinein, fürs zweite kaum aus demselben herauszubringen waren, unser Nachtmahl ausgeschaufelt hatten, so nahmen wir jedes unseren Roßhaarkotzen und legten uns, eins wie's andere, in den Futterbarren der Ziegen. Das waren eine Zeitlang unsere Betten, und die lieben Tiere befächelten uns mit ihren weichen Bärten die Wangen und beleckten uns die Näschen.
Aber, wie wir Kindlein auch in der Krippe lagen, so kam das Einschlafen auch nicht just immer nach dem ersten Lecken. Ich hatte von unserer Ahne wundersame Geschichten und Märchen im Kopfe.
Die erzählte ich nun in solchen Abendstunden, und meine Geschwister waren darüber glückselig, und die Ziegen hörten auch nicht ungern zu; nur daß diese dann und wann, wenn ihnen das Ding gar zu unglaublich vorkam, so ein wenig vor sich hinmeckerten oder mit den Hörnern ungeduldig an den Barren pufften. Einmal, als ich von der Habergeiß erzählte, die, wenn sie um Mitternacht auf dem Felde schreit, den Haber (Hafer) schwarz macht, und die nichts frißt, als die grauen Bärte alter Kohlenbrenner, da begann mein Heitzerl dermaßen zu meckern, daß die anderen drei auch mit einstimmten, bis meine Geschwister schließlich in ein Gelächter ausbrachen, und ich wie ein überwiesener Aufschneider erbärmlich schweigen mußte.
Von derselben Zeit an erzählte ich meinen Schlafgenossen lange keine Geschichten, und ich nahm mir vor, mit dem Heitzerl mein Lebtag kein Wort mehr zu reden.
Da kam der Sonnwendtag. An diesem Tage kochte uns die Mutter den üblichen Eierkuchen, mein liebstes Essen auf der Welt. In diesem Jahre aber hatte uns der Geier die beste Leghenne geholt, so wollte sich das Eierkörblein nicht mehr füllen und als am Sonnwendtag der Kuchen kam, war er ein gar kleinwinzig Küchlein. Wehmütig lugte ich hin auf den Holzteller.
Mein fünfjährig Schwesterchen guckte mich an, und wie

wenn es meine Sehnsucht wahrgenommen hätte, rief es plötzlich: „Du, Peterl, du! wenn du uns ein ganzes Jahr in jeder Nacht eine Geschichte erzählen magst, so schenk' ich dir meinen Teil von dem Kuchen!"

Dieser hochherzigen Entäußerung der Kleinen stimmten seltsamerweise auch die anderen bei, sie patschten in die Hände, und ich ging die Bedingung ein. So stand ich plötzlich am Ziele meiner Wünsche und hatte auch mein Ehrgeiz etwas davon.

Ich nahm meinen Kuchen unter die Jacke hinein und ging damit in die Milchkammer, wo mich niemand sehen und stören konnte. Dort verriegelte ich die Türe, setzte mich auf einen umgestülpten Zuber, und ließ meine zehn Finger und das wohlgeordnete Heer meiner Zähne über den armen kleinen Kuchen los.

Aber nun kamen die Sorgen; daß meine Geschwister strenge auf ihrer Forderung bestehen würden, daran konnte kein Zweifel sein. Ihr Opfer war groß genug gewesen. Anfangs tat es sich ja, ich hatte noch ein Vorrätchen seltsamer Historien, aber das war bald erschöpft. Dann ging ich auf meinen Hirtenzügen Pecher, Kohlenbrenner, Halter und manches wohlerfahrene Weiblein, wie ich's im Wald und auf der Heide traf, um eine Geschichte an. Es waren ergiebige Quellen, und ich war jeden Abend in der Lage, meiner Schuldigkeit nachzukommen. Mitunter allerdings war's ein Elend, bis ich was Neues auftrieb, und nach einer Zeit geschah es nicht selten, daß das Schwesterlein mich unterbrechend von seinem Barren herüberrief: „Du! die wissen wir, die hast uns schon erzählt!"

Ich sah wohl, daß ich auf neue Wege sinnen mußte, und war daher bemüht, das Lesen besser zu lernen, um aus manchen Geschichtenbüchern, wie sie in den Waldhütten nutzlos auf den rußigen Wandstellen herumlagen, Schätze zu ziehen. Nun hatte ich neue Quellen: die Geschichte von der Pfalzgräfin (das Jackerl sagte immer Schmalzgräfin) Genovefa; die vier Heymonskinder; die schöne Melusina; Wendelin von Höllenstein – ganz wunderbare Dinge.

Da sagte mein Bruder wohl oft aus seiner Krippe heraus: „Mein Kuchen reut mich gar nicht! Das ist wohl soviel unmöglich schön. Gelt, Zeitzerl?"
Nun wurden die Abende zu kurz und ich mußte eine solche Geschichte in Fortsetzungen geben, womit aber klein Schwesterchen schier nicht einverstanden sein wollte, denn es behauptete, für jede Nacht eine *ganze* Geschichte! so sei es ausgemacht.
So verging das Jahr. Ich erwarb mir nach und nach eine gewisse Fertigkeit im Erzählen, und tat es sogar hochdeutsch, wie es in den Büchern stand! Oft geschah es auch, daß sich während des Erzählens meine Zuhörer tief in die Kotzen vergruben und vor Schauer über die Räuber- und Geistergeschichten zu stöhnen anhuben; aber aufhören durfte ich doch nicht.
Es war schon wieder der Sonnwendtag nahe, und mit ihm die Lösung meines Vertrages. Doch – ein eigen Geschick! – noch vor dem letzten Abend ging mir gänzlich der Faden aus. Alle meine Erinnerungen, alle Bücher, deren ich habhaft werden konnte, alle Männlein und Weiblein, denen ich begegnete, waren erschöpft – alles ausgepumpt – alles hoffnungslose Dürre. Bat ich meine Geschwister: „Morgen ist der letzte Abend – schenkt ihn mir!" War ein Geschrei: „Nein, nein, nichts schenken! Du hast deinen Sonnwendkuchen kriegt!" Wieder die Ziegen meckerten mit.
Am nächsten Morgen ging ich herum, wie ein verlorenes Schaf. Da kam mir plötzlich der Gedanke: Betrüge sie! *Dichte* was zusammen! Aber alsogleich schrie das Gewissen drein: Was du erzählst, das muß wahrhaftig sein! Du hast den Kuchen wahrhaftig bekommen!
Doch geschah im Laufe dieses Tages ein Ereignis, von dem ich hoffte, daß es im Drange der Aufregung mich meiner Pflicht entbinden würde.
Mein Bruder Jackerl verlor sein Zeitzerl. Er ging in kreuz und krumm über die Heide, er ging in den Wald und suchte klagend und rufend die Ziege. Aber endlich spät am

Abend brachte er sie heim. Ruhig aßen wir unsere Suppe, gingen in unsere Krippen und von mir wurde die Geschichte verlangt.
Es war still. Die Zuhörer harrten in Erwartung. Die Ziegen scharrten im Wiederkauen mit den Zähnen.
Nun denn, so sollen sie die Geschichte haben.
Ich sann – – ich begann:
„Es war einmal ein großer, großer Wald gewesen. Und in dem Wald war es allweg finster gewesen. Keine Vöglein haben gesungen; nur der Totenvogel hat geschrien. Mitten in diesem Wald ist eine Heide, wie der Totenacker so still, und wer über dieselbe hingeht und nicht umkehrt, der kommt nicht mehr zurück. Über diese Heide sind einmal zwei blutige Knie gegangen."
„Jesses Ma-!" rief mein älteres Schwesterl aus und alle drei krochen unter die Kotzen.
„Ja, zwei blutige Knie", fuhr ich fort, „und die sind über die Heide dahingeschwebt gegen den finsteren Wald, wie verlorene Seelen. Aber auf einmal sind die zwei blutigen Knie –"
„Ich schenk' dir mein blaues Hosenband, wenn du still bist!" wimmerte mein Bruder angstvoll und verbarg sich noch tiefer in die Decke.
„– sind die zwei blutigen Knie stillgestanden", fuhr ich fort, „und auf dem Boden ist ein Stein gelegen, so weiß, wie ein Leichentuch. Dann sind zwei funkelnde Lichtlein gewesen zwischen den Bäumen, und darauf sind vier andere blutige Knie dahergegangen." –
„Mein neues Paar Schuh' schenk' ich dir, wenn du aufhörst!" hauchte das Jackerle in seinem Trog und zog aus lauter Furcht das Zeitzerl am Barte zu sich.
„Und so sind alle sechs zusammengegangen durch den finsteren Wald, und heraus auf die Heide und über das Haferfeld herab zu unserem Hause – und herein in den Stall –"
Jetzt kreischten alle drei auf, und sie wimmerten vor Angst, und klein Schwesterlein versprach mir mit Zagen

seinen Teil von dem auch heuer wieder zu erwartenden, morgigen Sonnwendkuchen, wenn ich aufhöre. Ich aber fuhr fort:
„Jetzt – na, jetzt hab' ich zum Anfang zu sagen vergessen, daß die zwei ersten blutigen Knie unserem Jackerl und die vier letzteren seinem Zeitzerl gehört haben – wie sie heut' im Wald herumgegangen sind, und daß die Knie nicht auswendig, sondern nur inwendig blutig sind gewesen."
Brach das Gelächter los. „Jeder Mensch hat zwei blutige Knie!" rief Schwesterlein, und die Ziegen meckerten, daß es ein Spott war.
Ich hatte meine Rolle ausgespielt. Dreihundertvierundsechzig Nächte lang hatte ich geglänzt als weiser, wahrhaftiger Geschichtenmann; die dreihundertfünfundsechzigste hatte mich entlarvt als argen Schwätzer.
Das Versprechen in betreff des zweiten Sonnwendkuchens wurde rückgängig gemacht; Schwesterlein erklärte, die Zusage sei nichts als Notwehr gewesen.
Und die Gläubigkeit meiner Zuhörerschaft hatte ich mir verdorben ganz und gar, und wenn sie in Zukunft an irgendeinem Erzählten ihre Zweifel ausdrücken wollte, so hieß es einstimmig: „Aha, das ist wieder ein blutiges Knie!"
Ob nicht auch die Leser meiner gedruckten Geschichten schon manchmal mit eingestimmt haben?!

Geschichten unter dem wechselnden Mond

Eine sommerliche Mondnacht im Waldlande! Was kann es auf dieser Erde Lieblicheres geben!
Das Haus steht einsam auf der tannenumgrenzten Au. Alles ruht; der Brunnen aber sprudelt seine ewige Kette. Diese hebt in der Dunkelheit nun auf einmal an zu glühen und zu funkeln. Dort über den scharfgeschnittenen Zakken des Tannenwaldes steigt still und klar der Mond her-

auf, als hebe er sich empor mitten aus einem geheimnisvollen Urwalde, in dem die wunderbaren Märchen sind. Der höchste Wipfel eines alten Baumes steht noch wie ein schwarzer Punkt in dem leuchtenden Rund. Aber bald löst sich dieses los von den dunkeln Massen des Waldberges und steht frei auf dem Himmelsgrund und wird immer reiner und glänzender; und die Schattengestalten auf der Au heben sich scharf ab vom blassen Boden, und über den Wäldern liegt der strahlendurchwirkte, bläuliche Duft.
Heute noch träume ich in solchen Mondnächten den glückseligen Traum vom Reiche Gottes auf Erden. Und vollends, als ich noch ein Knabe, nicht allein den Glauben an Gott, sondern auch noch den an die Weltheit hegte, da lebte ich in den ahnungsvollen Stunden eine große Seligkeit. Ich war in solchen Mondnächten kaum zu Bette zu bringen. Da stand ich an der Tür vor dem Hause, sah den Mond an und dachte – an das Paradies.
Der Mond – er kam ja vom Paradiese her, sah man doch, wie er mit den Augen zwinkerte und vielsagend lächelte, als wisse er so manches, was er den Menschen wohl leise andeuten, aber nicht erzählen dürfe. Gott hat's verboten. Und so blieb er stumm bis auf den heutigen Tag, er lächelt uns nur von weitem so an, und weise Männer sagen, eines Tages würde der tanzende Alte schwindelig werden, würde einen Sprung machen nieder auf die Erde.
Ob wir dann wohl Näheres erfahren werden? –
Meine Ahne, welche zu jener Zeit, die ich meine, noch immer um mich war, deutete oft mit dem Finger nach dem Mond und rief:
„Du schau, Bübel, schau, der Mannähndl!"
Mannähndl, so heißen die Kinder bei mir daheim den Mond.
Dann setzte die Ahne noch dazu:
„Lug' aber recht, Bübel, dort drin im Mannähndl sitzen Adam und Eva!"
Ja richtig, da sah ich wohl auch selbst die zwei dunkeln Gestalten, unsere ersten Voreltern im Monde sitzen. Sie dür-

fen des Sündenfalles wegen nicht in den Himmel hinein, sie müssen zur Strafe im Monde verbleiben und niedersehen auf das Elend, das sie angerichtet haben.
Recht liebhaben mögen sich die zwei noch immer, dennoch aber müßt' ihnen schauderlich langweilig werden bei ihrem Sitzen im Monde, täten sie nicht doch zuweilen hiernieden auch was anderes sehen als Elend.
Es gehört dieses nicht ganz in die jungen Jahre des Waldbauernbuben hinein, aber zu leugnen ist's eben nicht: Der Weidknecht liegt auf seinem öden, einsamen Heu und kann nicht schlafen. Eine übermütige Heuschreck' hüpft fortweg über seine Knie und schließlich gar auf sein Gesicht. Der Mond guckt durch das Dachfensterchen herein und blinzelt. Hol' der Kuckuck so ein Liegen da! denkt sich der Bursche und steht auf und geht hinaus in die schöne, wohlige Nacht. Wohin?
Der Mond guckt ihm nach – verrät aber nichts.
Ich auch nicht.
Ich war schon ziemlich erwachsen, als ich merkte, wo Barthel den Most holt. Dann freilich ging ich sofort auch mit meinem Kruge aus. Der Mond hat es gesehen, wie mir's dabei erging. Ich wußte, in der hinteren Zimmerung des Nachbarhofes schlief sie mit dem gelben Haar. Ich krümmte den Zeigefinger und klopfte und flüsterte: „Du!" Da hörte ich, wie sich's drin rührte, pusterte und mit den Zähnen scharrte; endlich hub es an zu meckern. Ich war an den Ziegenstall geraten.
Sofort versuchte ich es bei dem nächsten Fenster.
„Närrisch, du!" sagte sie in der Kammer, „was willst denn jetzt um Mitternacht? Ist ja die Geisterstund'!"
„Ja", sagte ich, „desweg fürchte ich mich und möcht' gern zu zweien sein."
„Schau", entgegnete sie, „bei mir ist das gerade umgekehrt. Ich schlaf' zu einzeln gut und tät' mich zu zweien fürchten."
„Aber du wirst einsehen, Julie, es ist eine kalte Nacht –"
„Bigott, Bübel!" sagte das Mädchen mit dem gelben Haar,

„erkälten darfst du dich nicht; das litte ich auf keine Weis'. Und desweg ist es, daß ich dir treuherzig sag': geh' heim in dein warmes Bett!"
Ich denke über diese soviel närrische Zeit hinweg lieber wieder an die Kindschaft zurück.

*

Gingen ich und meine Mutter einmal mitten in der Nacht durch den Wald. Es war ein Kohlenbrennermädchen gestorben, und nun gingen wir zur Bahre, um zu beten und den Eltern der Verstorbenen die Leichenwache halten zu helfen. Wir schritten langsam über das Moos dahin, der Wald war finster. Hoch über den Wipfeln aber stand der Vollmond und legte, wo er durch das dichte Geäste dringen konnte, milchweiße Sternchen und Täfelchen vor uns auf den Boden.
Als wir in eine kleine Lichtung kamen, stand meine Mutter still, wendete ihr Gesicht empor, hielt eine Hand über die Augen und sagte:
„Jetzt, da kann man es einmal schön sehen, das Spinnrad unserer lieben Frau."
Sie meinte den Mond, der ja so zarte Fäden spann hernieder zwischen den Wipfeln und Ästen.
Dann wendete sich die Mutter zu mir:
„Du hast gute Augen, Bub. Lug' in den Mannähndl hinein, dort drin sitzt unsere liebe Frau und tut spinnen. Sie spinnt ein himmlisches Kleid für das Mägdlein, das heute auf der Bahr' liegt. Und guck' noch ein wenig. Deine Urahne sitzt auch daneben!"
Wahrhaftig, da sah ich's, dort im Monde saßen zwei wunderholde Frauen beim Rocken.
Dann gingen wir wieder, und der Mond oben ging mit uns den gleichen Schritt und spann seine himmlischen Seiden nieder in unseren weiten Wald.
Als wir zum Hause kamen, in welchem das Kohlenbrennermädchen lag, stand die Tür weitmächtig offen, und der Mond schien hinein auf die Leiche, und das Angesicht

des Mädchens war zart und lieb und mild, wie weißes Wachs.

„Es ist uns das Öl ausgegangen", sagte der Kohlenbrenner, „wir können keine Ampel herstellen, und so haben wir die Tür aufgemacht, daß der Mondenschein das Totenlicht sollt' sein!"

Da dachte ich wohl gleich an unsere liebe Frau; sie spinnt für das Mägdlein ein himmlisches Kleid.

Wir wachten so lange bei der Leiche, bis das Morgenrot auf den Waldwipfeln begann zu schimmern und der Mond blaß und glanzlos niedersank hinter den fernen Felsen des hohen Schwab.

Dann huben sie das Kind auf und trugen es davon. Und als der Mond wieder kam, fand er auf dem Kirchhof einen neuen Hügel und ein hölzernes Kreuzlein darauf, und darüber senkte er süß und still seinen Strahlenschimmer.

*

Ein anderes Mal war wieder Leichenwache.

Des Waldjosel kleiner Franz war gestorben, und ich, ein Knabe mit neun Jahren, nahm mein Erbauungsbuch und mein Fernrohr, das ich einem alten Hausierer abgeschachert hatte, und ging zur nächtlichen Leichenfeier.

Wir besaßen im Hause einen hundertjährigen Kalender, der hatte schon vor vielen Jahren für die heutige Nacht eine Mondesfinsternis prophezeit, ohne daß er gewußt haben mochte, daß ich, der Waldbauernbub, um diese Zeit wirklich mit einem Fernrohre gerüstet war. Ich wollte doch gar zu gern sehen, wie das schwarze Ungetüm, das kein Mensch kannte und das auch der Hundertjährige nicht zu beschreiben wußte, den lieben Mond anpacken und sich in denselben hineinfressen würde.

Als ich über die Felder ging, stieg der runde Mond gerade über die Teufelssteinwälder herauf, vollwangig und freundlich lächelnd. Er hatte wohl keine Ahnung, was nach dem Hundertjährigen ihm heute bevorstand. Mein

Instrument hielt ich in der inneren Rocktasche verborgen und so kam ich zum Hause, wo der tote Franzel lag. Er lag in der Wohnstube aufgebahrt und daneben stand ein Tisch, um welchen schon mehrere Leute saßen, die Tabak rauchten, dabei über Wirtschaftsdinge sprachen und auf mein Vorlesen warteten. Glaubensgrübler waren dabei, so die alte Riegelbergerin, so der Holzschlager Thomerl; und das war mir gerade recht, denn ich hatte in meinem Buche ein Kapitel über den Weltuntergang vorbereitet.
Zuerst, als sich die Weiber herangezogen hatten, wurde ein geistliches Lied gesungen:

„Hört, liebe Kinder insgemein,
All' Reiche, Arme, Groß und Klein,
Höret zu mit Traurigkeit,
Der jüngste Tag ist nimmer weit.

An einem so erschrecklichen Tag
Da fallen die Stern vom Himmel herab;
Sonn' und Mond verfinstern sich,
Die Allmacht Gottes kündet sich."

Und weiter war im Liede die Rede vom Tale Josaphat, von Posaunengetön, von der Auferstehung der Toten und vom Gerichte.
Somit war das Volk in die rechte Stimmung versetzt. Ich schlug mein Buch auf, um mit den Vorhersagungen eines theologischen Schriftstellers und mit nachdrücklicher Stimme die Wahrheit des Liedes zu beweisen. Die prächtigsten Zeichen und Wunder predigte ich zusammen; die Sterne purzelten vom Himmel wie Hagelkörner und Sonne und Mond verfinsterten sich derart, daß ein alter Bauer, der Brunnmichel, es für nötig hielt, mit den Fingern das Kerzenlicht zu putzen. „Au weh!" sagte er dabei, „auch beim Waldjosel ist das Feuer heiß."
„Ja, das magst dir merken", meinte die alte Riegelbergerin, „und kein solcher Übermut sein, du alter Tatel. Bedenk's

nur, wenn schon das Feuer beim Waldjosel so heiß ist, wie wird's erst in der Höll' brennen!"
„Bedank' mich sauber für deine Christenlehr'", antwortete der Brunnmichel, „du meinst, weil ich, der siebzig Jahre alte Schippel, aufs Steirischtanzen noch was halt'. Weißt, Riegelbergerin, ich denk' mir halt so:

Seid's lustig, seid's lustig,
Tut's singen und hupfen,
So kann euch der Teuxel
Kein Haar'l ausrupfen!"

„Aber du mein Gott!" rief der Holzschlager Thomerl entrüstet, „jetzt hebt er mit seinen Schelmenliedern an, und neben uns liegt ein Totes!"
„Jesus Maria und Josef!" kreischte ein Weib und riß ihren Kopf vom Fenster zurück, „schaut's hinaus, Leut', der Jüngste Tag! Den Mond schaut's an, ein großmächtiges Stuck ist weg'brochen!"
Alles stürzte zu den Fenstern, zur Tür.
„Das ist gewiß, der höllisch' Drach frißt den Mond auf!"
„Und kehr' die Hand um, wird er auch die Sonn' im Rachen haben, nachher, behüt' dich Gott, Taglichten, nachher mögen wir in der Finsternis den Haber schneiden."
„Ja, wenn einer wachst!"
„Ja, wenn einer anbaut wird! Ich denk', nach dem Haberfeld werden wir nicht viel fragen. Werden bald die Posaunen zu hören kriegen!"
„Wer hätt's gemeint, daß wir *das* noch sollten erleben!"
„Und von Toten auferstehen sollten, ehvor wir gestorben sind", sagte der alte Michel, „aber ich fürcht', es ist nur eine Mondesfinsternus."
In der Erregung war das Licht ausgelöscht; die Ampel an der Leiche glimmte kaum; der Mond schien mit mattem Lichte auf den Fußboden der Stube herein. Ich tat mein Fernrohr hervor, zog es auseinander und hockte unter den

Tisch hinab, damit ich durch das kleine Fenster mit meinem Instrumente dem schon hochstehenden Mond beikommen konnte.

Ich erschrak selber. Der ganze untere Teil, wo sonst Adam und Eva saßen, war weg, und der andere, der noch da war, zitterte, wie das zusammengebrochene Lamm vor dem Wolfe.

Mehrere Weiber waren, wie es bei Finsternissen gebräuchlich, mit Hafendeckeln, Pfannen und Töpfen ins Freie geeilt und huben an zu schellen und zu klirren: vielleicht geläng' es doch noch, dem Ungeheuer die Beute abzujagen.

Mittlerweile war die vorher leuchtende Scheibe schier zu einem Kipfel zusammengeschwunden und ich begann nun zu meinem Erstaunen auch jenen Teil wiederzusehen, der gar nicht da war. Es stand wahrhaftig noch der ganze Mond am Himmel, nur war er fleckig und schwarz geworden, wie im Herbst die kranken Erdäpfel schwarz werden. Und nun dachte ich bei mir: Es sieht nicht aus, als ob ein Ungeheuer den Mond im Rachen hätte, es weist sich vielmehr, als wie eine Krankheit, die den lieben Mond überfällt, daher auch das Fieber, das Zittern, wie ich es durch mein unruhiges Fernrohr beobachten konnte.

Ich war mitten in meinen Forschungen, da rief plötzlich einer: „Was macht denn der da unter dem Tisch? Hat er was Heimliches?"

„Das werden wir gleich sehen, herauf mit dem Waldbauernbuben!"

Sie zogen mich hervor, und jetzt sahen sie mein Instrument, womit ich den Mond betrachtet hatte.

Das war Unheil. Zuerst fuhr die Riegelbergerin auf mich los. Sie hieß mich den Unchrist, der selber nicht glaubt, was er gerade erst aus dem heiligen Buch gelesen hat, der wie die Heiden mit Röhren und Gläsern den Himmel ergründen will, mit Teufelswerkzeugen dem Herrgott gleichsam ins Auge schaut und in den Magen hinein!

Der Holzschlager Thomerl riß mir das Fernrohr aus der

Hand und stürzte damit zum Ofen: „Da gehört's hinein!"
Alles war aus Rand und Band und wollte mir böse. Da flüsterte mir der Michel ins Ohr: „Bub, lüg' ihnen geschwind was vor, sonst kratzen sie dir die Augen aus."
Jetzt rief ich den Leuten zu: „Seid's froh, daß ich mit dem Fernrohr hinaufgeschaut hab', daß ich's euch erzählen kann, wie's jetzt zugeht da oben!"
„Wir wollen's nicht wissen!" schrien einige.
„Ist alles Verblendung!"
„Na!" sagten ein paar Weiber spottweise, „wenn du schon so gescheit bist, so erzähl's halt, was du hast gesehen."
„Soviel ich hab' sehen können", sprach ich, „hält der Mond sein Sacktuch vors Gesicht und weint."
„Über was kunnt' er denn weinen", rief die Riegelbergerin aufgeregt, „als über die Schlechtigkeit der Welt!"
„Oder über die Dummheit der Leute", ergänzte der Michel.
Ich sah, daß es schief ging und meinte gleichwohl mit etwas Schalkheit, ich wäre in meiner Beobachtung nur zu früh gestört worden und hätt' es nicht so genau gesehen, möglicherweise – und mir habe es sogar so geschienen – hätte der Mond vor lauter Lachen sein Taschentuch vors Gesicht gehalten.
„So hat er wen ausgelacht!" sagte der alte Michel und schielte auf die Riegelbergerin hinüber.
„Weißt du was, Bub!" fuhr mich diese an, „du bist ein Fabelhans und du gehst hinaus! – aber *gleich* gehst hinaus!" – Sie hob gegen mich ihre zwei mageren Fäuste.
„Oho!" rief der Michel und stellte sich dazwischen, „ist das eine Mode! Beim Leichwachen! Dem Bübel geschieht nichts, und jetzt, Weiberleut', singt's wieder eins, wißt's kein Lustiges, so tut's ein Trauriges, aber fein nach dem Takt, daß einer dabei tanzen kann ..."
„Die Finsternis ist schon vorbei", berichtete der Hausvater, der zur Tür hereinkam. Und siehe, der Mond war wieder licht und rund, er weinte nicht und lachte nicht – in

stiller Freundlichkeit blickte er nieder auf den Zimmermann, der über den Anger schritt und auf der Achsel den kleinen weißen Sarg herantrug.
Neben diesem glitt ein schwarzes Ungeheuer daher. Es war der Schatten vom Zimmermann und dem Sarge.

*

Einmal zur Herbstzeit war ich mit Markus, unserem alten Knechte, spät abends noch auf dem Felde. Wir lehnten Habergarben aneinander; ich hielt die Garben zusammen, und der Markus bog die Hüte darauf.
Ich blickte dabei den aufgehenden Mond an und konnte mein Auge gar nicht wenden, bis der Markus plötzlich rief:
„Jesus Maria, das ist ein Unglück! Jetzt ist mir der Bub mondsichtig geworden!"
Ich erschrak.
Ich kannte einen Mondsüchtigen, der schlafend auf allen Dächern herumstieg und dabei ein Gesicht hatte, so blaß, wie der Mond selber.
Der Markus lachte über meinen Schreck und ich wendete mein Auge von der Mondscheibe ab.
„Ja, ja, magst schon gucken", sagte der alte Knecht, „jetzt aber werd' ich dir's deuten, wie der Mond da oben aufgekommen ist."
Das war mir gleich recht, obwohl wenn der Markus was erzählte, man nie wußte, ob er zum Ernste oder zum Spaße rede; sein Gesicht freilich, das war dabei ernsthaft genug, und diesem nach meinte man immer, seine Worte seien der dreizehnte Glaubensartikel ein- für allemal. Aber ein paarmal waren doch Reden von ihm ertappt worden, die keinen Reisepaß durch das Land der Wahrheit mit sich getragen hatten.
„Wie der Mond aufgekommen ist?" fragte ich erstaunt.
„Wie der Mond aufgekommen ist", versetzte der alte Knecht. „Spitz' die Ohren, Kleiner, aber fürcht' dich nicht, daß ich dich dran fasse; höre, gewesen ist es so: Wie

Sankt Michael Adam und Eva aus dem Paradiese vertrieben gehabt hat, kehrt er zurück in den Himmel. – Nu, hast sie ausgejagt, diese Herrgottssakermenter? frägt der Gottvater. – Hätt' der Herr auch einen anderen schicken mögen! brummt Sankt Michael in seinen Bart; – nein du, Bart wird er keinen gehabt haben. Ich hab' mir, sagt er, in dieser Höllenfinsternis da unten das Knie angestoßen, daß schon all des Teufels ist, oder was. Beim Tag geht's noch an, da schupfen die Engel den Sonnenball hin und wieder; aber in der Nacht ist das schon eine stockfinstere Welt übereinand! Kann's der Eva gar nicht für übel halten, wenn sie in der rabenschwarzen Nacht einen unrechten Apfel erwischt hat; wird schon noch öfters so was passieren. Die Leut' müssen einen Mond haben! – Ja? fragt der Gottvater, nu, so steh' ein wenig beiseite, Sankt Michael! ich erschaff' jetzt den Mond! – Richtig, hat's getan! Aber, sagt der Gottvater, auf daß die Leute wissen, daß es nur ein guter Wille ist von mir, und daß sie sich nicht eine Rechtssache daraus machen, so lasse ich den Mond im Monate allemal nur vierzehn Nächte scheinen, die übrigen vierzehn Nächte laß ich's finster sein. – Und deswegen", setzte der Knecht bei, „haben wir den zunehmenden und den abnehmenden Mond."

„Ja so, deswegen", sagte ich sehr zufrieden; nun wußte ich schon mehr als der Pfarrer, der an die Offenbarungen unseres alten Evangelisten Markus nicht immer glauben wollte.

*

So ging es eine Weile fort, da kam endlich für mich und den guten Mond eine andere Zeit. Ich hatte in Kindberg einen Vetter, der ein gelehrter Mann war. Den besuchte ich einmal, und fand ihn desselben Abends spät auf dem Dache seines Hauses, wo er vor einer erschreckend großen Kanone stand. Die Kanone war schnurgerade auf den armen Mond gerichtet, der über den Giebeln des Ortes mit weinendem Vollgesichte stand und herniederschaute. Der Vet-

ter guckte durch das gewaltige Rohr so hinaus und sagte dann zu mir:
„Jetzt komm', Bursche, stell' dich da her und gucke auch einmal!"
So guckte ich denn auch einmal. – Josef und Jerum, hab' ich aber jetzt meinen Kopf zurückgeworfen! – Was habe ich gesehen? Da drin in der Kanone ist ein mächtig großes helles Schneefeld gewesen; und wie ich länger geschaut, hab' ich Berg und Tal gesehen und ein ganzes Alpenland – und alles wie von purem Eis und Schnee. Ich habe mit meinen Augen alle Höhen und alle Täler und Schluchten abgesucht – aber ich habe Adam und Eva *nicht* gefunden, und ich habe unsere liebe Frau mit dem Spinnrocken *nicht* gefunden. –
„Ist ein schöner, lieblicher Glaube gewesen", sagte mein Vetter, „und wenn du dabei bleiben willst, gut, aber gehen wir jetzt schlafen."
„Nein", rief ich, „wenn etwas dahinter steckt, so will ich's wissen."
Dann hat mir der Vetter die Naturgeschichte des Mondes erzählt. – Was hab' ich jetzt? Einen starren, toten, ausgebrannten Himmelskörper ohne Wärme, ohne Lächeln – selbst das Licht ist nicht sein Eigentum.

Die fremden Holzknechte

Mein Vater verstand sich gut auf das Gerben der Häute, auf die Weberei, auf die Müllerei und auf das Leinölpressen. Bei letzterem war ich als etwa zehnjähriger Knabe ihm oft recht wacker behilflich, indem ich eine Schnitte Weißbrot ins Öl tauchte, das aus der Kluft der Preßbäume rann, und dann mit der gelbglänzenden Schnitte in meinen Mund fuhr.
Während solcher Beschäftigung trat eines Tages der Holzhändler Klemens Zaunreuter in die Preßkammer. Der war

einmal Waldmeister bei einem Großgrundbesitzer gewesen, hatte sich aber im Holzhandel so heidenmäßig viel Geld erworben und war bei dieser unerquicklichen Beschäftigung ganz mager geworden, im übrigen aber immer noch leidlich bei Humor. Der Klemens fragte nun, als er in der Holzmulde das Rieseln hörte, ob der Most süß wäre?

Er solle ihn verkosten, lud mein Vater ein; aber als der Klemens die ganze Mulde hob und daraus einen Schluck machte, taumelte er zurück, als ob ihm einer einen Faustschlag ins Gesicht versetzt hätte, und machte den Schluck auf das lebhafteste wieder ungeschehen.

„Schaden kann's nicht, Klemens", tröstete der Vater, „es ist reines Leinöl."

„Waldbauer", sagte hierauf der Holzhändler, sich wieder in Ordnung stellend, „ich bringe dir viel gute Sach' ins Haus und du tust mir so was an!"

„Du bist mir auch der erste, der den Flachswein nicht mag!" sagte hierauf mein Vater. „Ist ja richtig wie ein Wein, so guldfarbig und klar. Und für die liebe Gesundheit kannst gar nichts Besseres finden. Ich bin den Ärzten ein paar Ochsen schuldig worden, und dennoch tät' ich heut' tief unter der Erden liegen, wenn der himmlisch' Vater das Leinöl nicht hätt' wachsen lassen."

„Und weil du, gottlob, noch über der Erden stehst, Waldbauer, so wirst halt Geld brauchen", fädelte der Klemens ein, „schau, mich hat dein Schutzengel hergeführt, ich bring' dir eins."

„O mein du", versetzte hierauf der Vater und legte sich mit seiner ganzen Schwere über den Hebel, daß der Leinkuchen in der Presse noch seine letzten Tropfen lassen mußte, die aber in ein besonderes Töpflein kamen, weil solcher Rest nicht ganz so klar und milde war als die erste Abrunne. „O mein du", sagte er, „das Geld hätt' ich freilich wohl zu brauchen, aber trag's nur wieder fort, ich weiß, was du dafür haben willst. Du willst die sechs alten Fichten haben, die bei meinem Haus stehen. Es geht mir

heute um ein groß' Trumm schlechter als vor einem Jahr, wo du dich der Bäume wegen hast angefragt, aber ich hab' dir keine andere Antwort als wie dazumal: die sechs Bäume neben dem Haus, die sind ein Angedenken von alters, und wenn ich Acker und Wiesen verkaufen muß und das Vieh aus dem Stall: die Bäume bleiben stehen, und wenn sie mich ohne Truhen ins Grab legen sollten müssen: die alten Bäume bleiben stehen, bis sie selber fallen."
Die letzten Worte waren schnaufend gesprochen, und mit denselben war nun auch der letzte Tropfen aus dem Leintreber.
Der Klemens aber sagte: „Waldbauer, du wirst keinen Acker verkaufen und kein Stück Vieh aus dem Stall; du wirst eine Truhen aus weißem Eschenholz kriegen, Gott geb', daß du sie noch lange nicht brauchest! Du wirst auf der Welt noch gute Tage haben. Du wirst nicht die alten Fichten, aber du wirst aus deinem Wald die schlagbaren Lärchen verkaufen, die drinnen stehen. Hast deine Brieftasche bei dir, so halte sie auf!"
Ich erschrak, als ich die Ziffer der Banknote sah, die der Versucher jetzt aus seinem Leder gezogen hatte und mit zwei Fingerspitzen wie ein Fähnlein vor den zuckenden Augen meines Vaters hin- und herflattern ließ. Das Mißgeschick hatte bei uns dem Holzhändler gut vorgearbeitet, wir konnten all das, was wir unser zehn Köpfe und Mägen bedurften, nicht mehr aus den achtzig Jochen Berggrund herausziehen; der Arzt schickte uns Briefe, die ich nicht weich und sanft genug lesen konnte, daß sie dem Vater erträglich wurden: „Der Waldbauer wird hiermit aufgefordert, binnen vierzehn Tagen ... widrigenfalls ..." „Da meine Geduld endlich gerissen, so habe ich bewußte Angelegenheit dem k. k. Gerichte übergeben, und wird, wenn nicht innerhalb acht Tagen ... die Pfändung ..." Derlei sind so ziemlich die ersten Sätze gewesen, die ich in unserer lieben, hochdeutschen Sprache zu lesen bekam. Auch das „Steuerbüchel" mit seinem „Datum der Schuldigkeit" und „Datum der Abstattung" ließ mich ahnen,

welche Kraft in der Sprache Schillers und Goethes verborgen liegt.

Es war ein leibhaftiger Hunderter, den nun der Holzhändler mit den zwei Fingern an der Ecke hielt. – Ob in demselben Augenblicke nicht ein kaltes Schauern durchs Gewipfel der Lärchen gegangen ist, die draußen einzeln zerstreut im Fichtenwalde standen! Ob nicht ein banges Ahnen durch die kleinen Vogelherzen geweht hat, die in jenen Wipfeln ihre Nester gebaut! – Mein Vater streckte die Hand nicht aus nach dem Gelde, aber er verbarg sie auch nicht im Kleide, er beschäftigte sie nicht mit dem Hebel, er ließ sie – wie er von der Arbeit erschöpft, so dasaß – halb offen, wie sie die Natur gebogen, auf seinem Schoße ruhen. Der Klemens senkte das seltsame Papier hinein, da krümmten sich die hageren Finger sachte – und hielten es fest.

Die Lärchen waren verkauft.

„Nur muß ich mir noch eine Bedingung machen“, sagte der Holzhändler, da er wußte, der arme Mann lag bereits in der Gewalt des Geldes, „im Spätherbst, wenn der Schnee kommt, lasse ich die Bäume schlagen. Du wirst dich verwundern, Waldbauer, wenn ich dir sage: über deine Lärchenbäume wird der Kaiser fahren! Ja, ja, zum Eisenbahnbau brauchen wir sie. Meine Bedingung ist die, daß meine Holzknechte, solange sie im Walde arbeiten, in deinem Hause kochen und schlafen dürfen.“

„Warum denn nicht!“ meinte der Vater, „das ist ja recht brav, wenn's ihnen unter meinem Dach gut genug ist!“

Welch ein Unheil wurde mit diesen gutmütigen Worten über unser Waldhaus heraufbeschworen!

Der Klemens schenkte mir noch ein sehr glänzendes Gröschlein und ging dann munter davon.

Ich erinnere mich noch, daß ich mich darüber wunderte; die Munterkeit war doch offenbar unsere Sache, denn wir hatten das Geld. Der Vater trug das seine in den Dachboden hinauf und verbarg es im Gewandkasten; es wird ja bald wieder auswandern. Dann gingen die Tage hin, wie sonst, und im Walde standen die Lärchen und schaukelten im Winde ihre langen Äste, wie sonst, und wurden im Herbste gelb, wie sonst, und setzten an den Zweigen für ein nächstes Frühjahr an, wie sonst.

„Die wissen's auch nicht, daß sie schon so bald sterben sollen!" sagte mein Vater einmal zu mir, als wir von der Wiese herauf durch den Wald gingen. Ich tröstete mich aber mit der Hoffnung, daß der Holzhändler Klemens, der gar nicht mehr in unsere Gegend kam, dieser Lärchen vergessen würde. Meine Mutter, der ich das heimlich aussprach, rief laut:

„O, Kind, der vergißt auf seine Seel', aber nicht auf die Lärchen!"

Und eines Tages, als der Erdboden schon fest gefroren war, als das Moos unter den Füßen knisterte und brach, da hörten wir im Walde das Rauschen der Säge. Wie wir über die braunen Fichtenwipfel hinschauten, sahen wir aus denselben den gelblichen Spitzkegel eines hohen Lärchenbaumes ragen. Das Rauschen der Säge verstummte, die Keilschläge klangen, da neigte sich sachte der Kegel, tauchte nieder und im Erdboden war ein Zittern.

Am Abende darauf hatten wir die Holzknechte im Haus. Es waren nur zwei, und als wir sie sahen, gefielen sie uns allen. Der eine war schon betagt, hatte einen langen roten Vollbart, eine Glatze und eine scharf krummgebogene Nase. Die Äuglein des Mannes schienen sehr klein, weil die roten Wimpern und Brauen von der Hautfarbe kaum abstachen, aber in den Äuglein war viel Spaß und Schalkheit. Der andere war wohl um zwanzig Jahre jünger, hatte ein braunes Bärtlein; wer seinen strammen Nacken und seine breite Brust beachtete, der wußte es: ein kernfester Holzknecht. Beide hatten steife Schurzfelle um und rochen nach Harz und Holzspänen.

Für uns war bald abgekocht, so überließ ihnen die Mutter den Herd. Und wahrlich, die verstanden ihn zu benützen! Was sie da kochten, war nicht das bekannte Holzknechtwildbret, als Hirschen, Fuchsen, Spatzen und dergleichen

Nocken, wie man sie aus Mehl und Fett zubereitet: das war wirklich Fleisch und Speck und Braten, und das schmorte und knatterte in den Pfannen, daß unsere Mägen, welche mit einer Brotsuppe und Erdäpfeln abgetan worden, in Aufregung gerieten. Aber der Rote zerriß mit den Fingern ein ganzes Speckstück und wir sollten kosten. Einen mit Stroh umwundenen Zuber hatten sie bei sich, daraus tat einer und der andere tapfere Züge. Der Rote lud meinen Vater ein, ihren Wein zu versuchen. Er tat's und dabei erging's ihm noch schlechter als dem Klemens bei der Leinölmulde: im Zuber war höllischer Branntwein. – Jetzt war's Tag für Tag, daß die Holzhauer in unserem Hause praßten. Uns verging die Lust an unserer täglichen Kost, weil wir den Überfluß und das Wohlleben sahen. Wir wurden unzufrieden, und unser Gesinde, das aus zwei halberwachsenen Dienstmägden und der blinden Einlegerin bestand, tat manchen Seufzer. Doch der Rote wußte uns zu ergötzen. Er erzählte von den Städten und Ländern, denn die beiden Männer waren viel herumgekommen und hatten in großen Fabriken gearbeitet. Dann gab er Schwänke und Schalkheiten zum besten; in den ersten Tagen auch Rätsel und drollige Wortspiele, bei denen die Mädchen viel kicherten, Vater und Mutter stillschwiegen und ich nicht recht wußte, was ich mir denken sollte. Dann kamen Liedchen, in welchen zum inneren Entzücken unseres Gesindes das ländliche Liebesleben in allen seinen Gestalten zu klarem Ausdrucke kam. Für uns Kinder war's da allemal Zeit ins Bett zu gehen, aber unsere Strohschaube befanden sich eben in der Stube, in welcher die lustigen Dinge vorgingen. Wir schlossen wohl die Augen und ich hatte wirklich den festen Willen einzuschlafen, doch die Ohren blieben offen und je fester ich die Augen zudrückte, je mehr sah ich im Geiste.

Der junge Holzknecht war still und ordentlich, blieb des Abends auch nicht so lange in der Stube, sondern suchte stets beizeiten seine Schlafstelle auf, die draußen im Heustadl war. Diesem gesitteten Beispiele konnten doch auch die Mädchen nicht nachstehen, sie ließen den Roten schwatzen und verloren sich. Mein Vater bemerkte einmal zum Roten, daß der Junge gescheiter wäre als der alte, worauf der Rote fragte, ob dem Bauer etwa die lustigen Liedlein nicht recht wären, dann wolle er fromm sein und beten. Und hub betrunkenerweise an, im Tone des Vaterunsers Spottsprüche herzusagen; stieg auf den Herd und verhöhnte in der Predigermanier eines Kapuziners die heiligen Apostel, Märtyrer und Jungfrauen, so daß meine Mutter mit aufgehobenen Händen vor meinen Vater trat: „Ich bitte dich tausendmal, Lenzel, wenn du mir diesen gottlosen Menschen nicht bei der Türe hinauswirfst, so tu' ich es selber!"

„Weibel, tu's selber!" rief der Rote, sprang vom Herd herab und wollte die Mutter packen und liebkosen.

Das war unerhört. In unserem Hause, wo jahraus jahrein kein unanständiges Wort gesprochen wurde, plötzlich solche Sachen! Mein Vater war schier gelähmt vor Erstaunen, die Mutter aber faßte den frevelhaften Holzknecht am Arm und rief: „Jetzt gehst, Schandmaul! und in mein Haus kommst mir nimmer!"

Nicht einen Zoll ließ sich der Holzhauer vom Fleck rükken.

„Wenn die Waldbauernleut' schon so fromm sind", sagte er immer noch im Predigerton, „daß sie vergessen, was sie unserem Herrn versprochen haben, so geh' ich deswegen doch nicht aus diesem Dach hinaus. Weiber jagen mich nicht, da zieht's mich noch alleweil näher hin."

„Vielleicht jagen dich Männer und Ofenscheiter!" sagte jetzt mein Vater und riß mit einer Schnelligkeit und Entschlossenheit, die ich an dem sanftmütigen Manne bisher nicht erlebt, ein Holzscheit von der Asen. Der rote Holzknecht fiel ihm in die Arme, sie rangen. Die Mutter suchte den Vater zu schützen, meine Geschwister in Stroh und Windeln erhoben ein Geschrei, ich sprang im bloßen Hemde zur Türe hinaus und rief die Mägde um Hilf' an, die wohl schon friedsam in ihren Nestern ruhen mußten. Die blinde Jula kam als die erste glücklich über den Hof gehumpelt, während eine der Sehenden über den Schweintrog stolperte. Und die Jungmagd kletterte auf mein Geschrei und den Lärm im Hause, des Schreckens voll, die Sprossenleiter hernieder, die vom Heustadl in den Hof herabführte. Ohne damals die Tragweite dieser letzteren Tatsache zu erwägen, eilte ich wieder ins Haus, wo die beiden Männer im Kampfe schnaufend und ächzend in der Stube von Wand zu Wand fuhren. Der lange Bart des Holzhauers hatte sich in Fetzen um das Haupt meines Vaters geschlungen; dieser schien doch die Oberhand zu gewinnen; da kam der junge Holzknecht, bloß im Hemd und blauer Unterhose zwar, aber mit der ganzen Wucht seines Körpers. Die Weiber taten, was bei solchen Auftritten ihres Amtes ist, sie schlugen die Hände zusammen und jammerten. Meine Mutter nur, als sie sah, es wäre alles verloren, erfaßte auf dem Herd einen lodernden Feuerbrand, rief: „Ich will euch noch hinaustreiben, ihr Raubersleut', das weiß ich gewiß!" und fuhr mit dem Brande an den Bretterverschlag.

„Die Furie will uns verbrennen!" kreischten die Holzknechte und stürzten durch den wirbelnden Rauch zur Tür hinaus.

Wir waren von den unflätigen Gesellen befreit, aber die Flammen züngelten lustig die Wand hinan. Mit Not und Wasserkübeln gelang es noch, die Feuersbrunst zu erstikken.

So ist derselbe Abend in eine stille bange Nacht übergegangen. Die Haustür hatten wir verriegelt und verrammelt, und als wir das Kienspanlicht ausgelöscht, horchte später der Vater an den Fenstern, ob sie etwa noch draußen.

Es blieb still, erst am nächsten Morgen kam der junge Holzknecht, um seine und seines Kameraden Geräte mit sich zu nehmen. Sie haben sich dann im Walde aus Holzschwarten und Baumrinden eine Hütte gebaut, in welcher sie den halben Winter über wohnten, bis die Lärchenstämme verarbeitet waren.

Wir waren jedoch überzeugt, daß sie Böses gegen uns spinnen mußten, worauf aber die Jungmagd einmal ganz klug bemerkte, das beste wäre doch, mit solchen Leuten sich stets in gütlicher Weise zu vertragen.

„Du hast leicht reden, Dirn, du weißt nichts", entgegnete ihr mein Vater.

Auf ein solches – schwieg sie. Sie wußte viel.

Da hatte ich zur selben Zeit einen neuen Schreck. Aus Begierde, die gottlosen Gesellen doch noch einmal zu sehen und zu beobachten, ob ihnen bei ihrer Holzarbeit nicht etwa der Teufel knechtliche Arbeit leiste, lugte ich eines Tages vom Waldwege aus durch das Dickicht auf ihren Arbeitsplatz hin. Da sah ich, daß sie lange Totentruhen machten.

Ich berichtete das zu Hause und rief damit eine große Erregung hervor.

„Wie ich sag', sie haben noch was im Sinn!" sagte meine Mutter.

Der Vater vermutete: „Bub, du wirst wieder einmal beim hellichten Tag geträumt haben. Nachschauen will ich aber doch gehen."

Wir gingen in den Wald. Mein Vater guckte durch das Dikkicht zu den Holzhauern hin – und da sah ich, wie er blaß wurde. „Uh, Halbnarr!" lachte er ächzend, „die graben uns Bauern von ganz Alpel ein!"

In ganzen Stößen waren die Totensärge aufgeschichtet und noch immer hackten sie mit ihren Beilen an neuen herum. – Wir schossen davon, um alsogleich dem Ortsrichter, der auf dem Berge jenseits des Engtales sein Haus hatte, die Mitteilung zu machen von dem, was wir gesehen. Unterwegs dahin begegnete uns der Zimmermann Michel, dem sagte mein Vater, er möge all seine Hacken und Messer bereit halten, es habe den Anschein auf schlimme Zeiten. Die fremden Männer, die in seinem Walde arbeiteten, täten nichts, als Totentruhen machen.

„Ja", antwortete der Michel, „ich hab's auch schon gesehen, ein Glück ist nur, daß diese Truhen nicht hohl sind." Hierauf belehrte uns der erfahrene Mann über die Form der Eisenbahnschwellen, die, gewöhnlich zu zweien aus dem Block gehauen, bevor sie auseinandergeschnitten wurden, mit ihren sechs Ecken einem Sarge glichen. Wir kehrten alsogleich um und als wir auf dem Feldraine hingingen, wo der Rasenweg glatt und hübsch eben war, sagte mein Vater zu mir: „Jetzt hätten wir schön Zeit, daß wir uns selber auslachen kunnten, sonst tun's andere. So geht's, wenn man wem feind ist, des Schlechtesten zeiht man ihn und ist so verblendet, als hätte einem der bös' Feind die Hörner in die Augen gestoßen. Am Ende sind auch die zwei Holzhacker nicht so schlecht, als sie ausschauen. Wie der Will', ich werd' froh sein, wenn sie beim Loch draußen sind. Und das weiß ich: der Klemens kauft mir keine Lärchen mehr ab."
„Weil Ihr keine mehr habt", war meine Weisheit drauf. Der Vater schien sie nicht gehört zu haben.
Die Holzknechte waren endlich fortgezogen und mit ihnen die Lärchenschwellen. Die rötlichen Baumstöcke blieben zurück und auf den Poren derselben standen helle Tröpflein des Harzes. „Daß sie keine Christen waren", bemerkte mein Vater einmal, „zeigt sich schon darin, daß sie nicht in einem einzigen Stock das Kreuzel eingehackt haben." Im Walde war's nämlich damals noch Sitte, daß die Holzknechte in jeden Stock, sobald der Baum gefallen war, mit dem Beil ein Kreuzlein eingruben. Warum, das habe ich nie recht erfahren können; es wird wohl aus demselben Grunde geschehen sein, aus welchem der Schmied beim Wegziehen des glühenden Eisens mit dem Hammer noch ein paar leere Schläge auf den Amboß tut. Man will mit solchen Dingen dem Teufel, der bekanntlich nie müßig ist und sich in alle Arbeiten der Menschen mischt, das Handwerk legen.
Mein Vater, dessen Leben stets so sehr mit dem Kreuze verwoben war, ging hinterdrein und hieb in die Lärchen-

stöcke Kreuze ein. Also war's wieder in Ordnung mit dem Walde und voller Frieden, wie es ehedem gewesen.
Und das ist die Geschichte von den fremden Holzern, den Kindern der Welt, die wie ein erster Wellenschlag aus dem hochbewegten Meere des Lebens in unseren entlegenen Waldwinkel gedrungen waren. Wie klein war dieser Wellenschlag, und wieviel Unruhe, Unzufriedenheit und Ärgernis hatte er herangeschwemmt! Nach und nach waren die fremden Elemente wieder vergessen, selbst die Mutter war ihrer Entrüstung endlich Herr geworden. Unsere Jungmagd jedoch träumte bisweilen wachend von einem jungen Holzknecht.

Wie ich mit der Thresel ausging und mit dem Maischel heimkam

Die Kramerthresel, das war eine der acht Seligkeiten meiner Kindheit. Sie war ein altes Weib, und das war ein Glück, denn die *jungen* Weiber jener Gegend tragen ihre Seligkeiten nicht auf dem Rücken umher, wie das die Kramerthresel tat, und die jungen Weiber bieten ihre Schätze nicht an Knaben unter siebzehn Jahren aus, wie das die Kramerthresel tat. Sie trug eine braune Holzkraxe auf ihrem krummen Rücken, in derselben waren der Schubladen drei oder vier, und obendrauf lag noch ein großes blaues Bündel festgebunden.
Wenn wir Kinder etwas recht Braves, recht unerhört Braves taten, so sprach aus dem Munde unserer guten Mutter der Geist der Verheißung. „Kinder", sprach er, „wenn einmal die Kramerthresel kommt, so will ich euch was kaufen."
Da huben wir denn allemal ein Freudengeschrei an und stampften mit den Füßen, bis die Mutter wieder sagte: „Ja, wenn ihr ein solches Getös' macht, da werde ich euch nichts kaufen!"

Alsogleich war's still, daß man ein Mäuschen hätte laufen hören können, wenn eins gelaufen wäre. Aber die Mäuse kamen nur in der Mitternacht hervor – und die Kramerthresel kam gar nicht.
Heißt das, sie kam. Seit urewigen Zeiten kam sie des Jahres ein- oder zweimal in unser Haus, wir selbst hatten das schon erlebt – doch so unbeschreiblich langsam ging die Zeit dahin, daß uns Kindern zwischen Frühjahr und Herbst, und zwischen Herbst und Frühjahr eine blaue Ewigkeit lag, in der die Mythe von der Kramerthresel schwamm und verschwamm, wie eine Lerche im Himmelsblau.
Und einmal mitten im Winter, an einem ganz gewöhnlichen Tage, da der Vater im Stalle die Ochsen striegelte und die Mutter in der Stube spann und meine kleineren Geschwister sich einer zerbrochenen Spule wegen auf dem Flötz herumbalgten und ich Feldrüben in den Schweinstrog schnitt, im Busen den Trieb, mich an dem Kampfe zu beteiligen – ging die Tür auf und sie war da.
Die Kramerthresel. Und als aus ihrer Kraxe die Schubladen mit den Taschenfeiteln und den Mundharmoniken, und den Tabakspfeifen, und den hellrot angemalten Spielkästlein, und den messingenen Hosenknöpfen und Hafteln, und den bunten Zwirnsträhnen und Nähzeug, und den feingeschnitzten Holzlöffeln, und den Stehaufmandeln und allem, allem auf unserem Tische ausgestellt waren, und wir Kinder mit Poltern und Stoßen ringsumher die Bänke besetzten und Augen und Mund auftaten, da sah ich erst ein, was dieser Tag für ein grauenhaftes Loch gehabt hätte, wenn die Kramerthresel nicht gekommen wäre.
Mein Sinn stand nach allem, obzwar ich mir sofort klarstellte: Alles kannst nicht haben, den Himmel kriegst erst, wenn du gestorben bist, aber auf eins setz' dich fest. – Meine Hand zuckte nach einem Rößlein, das auf einem Brett stand, welches vier „Radeln" hatte. Das Rößlein war

ziegelrot angestrichen und hatte an den Weichen weiße Blumen.
Und im Sattel saß ein blauer Reiter, der hatte einen großen Schnurrbart im Gesicht und sogar Augen, und einen wirklichen Federbusch auf.
„Laß stehen, Bub, und greif' nicht alles an!" verwies mir die Mutter, aber die Kramerthresel, welche so gütig und geduldig war wie unsere liebe Frau, sagte: „Oh, das macht nichts, tu's nur angreifen, das Zeugl, schau, der Husar reitet dir schon entgegen!" und schupfte das Rößlein, daß es zu mir über den Tisch her rollte.
„Haben ja kein Geld nicht", bemerkte die Mutter.
Die Kramerthresel überhörte zum Glück das gefährliche Wort, sie machte einen Deuter auf mich und sagte: „Das ist gewiß das ausbündige Bübel, das lesen und rechnen kann und allerhand austüpfelt, wie's die Leut' verzählen?"
„Ja", antwortete die Mutter, ohne das Spinnrad auch nur einen Augenblick stehen zu lassen, „austüpfeln kann er schon was, wenn er nur nicht so schlimm sein tät!"
„'s selb glaub' ich nicht, daß er schlimm ist", meinte die Thresel, „weißt was, Waldbäurin, das Bübel kunntst mir leihen. – Ganz ernster Weis, Waldbäuerin. Meine Tochter, die hat bei den Geißen heimbleiben müssen und nu bin ich morgen auf dem Rattner Kirchtag hell allein. Der Kramerstand (die Verkaufsbude) ist nicht klein, Leut' sind viel und ist allemal ein Gedräng ums Standel herum, eins kann nicht genug aufpassen, und hab' ich mir unterwegs noch träumen lassen: wenn ich den Waldbauernbuben kunnt mitkriegen. Ich tät' schon was hergeben."
So die Thresel, und als jetzt die Mutter das Spinnrad stehen ließ, um Antwort zu geben, war mir, „wie einer armen Seel' beim Jüngsten Gericht".
Die Mutter sagte: „Ja, wenn die Thresel meint, daß sie ihn brauchen kann, vielleicht friert ihm der Unend (Vorwitz) dabei ein Eichtl aus und Zeit hat er, daß er mitgeht auf den Rattner Kirchtag."
Ich bin von der Bank geflogen, und ehe noch an den Vater

berichtet werden konnte von meiner unglaublichen Standeserhöhung, war ich schon im Sonntagsgewandel.
Meine Geschwister erhielten jedes ein Holzlöffelchen, das glänzend schwarz lackiert war und in der Höhlung ein rotes Blümlein hatte. Sie fuhren alsogleich damit in den Mund und bildeten sich ein, sie äßen Kindsbrei.
„Und der Reiter gehört dein", sprach die Kramerthresel zu mir, „den hebt dir die Mutter auf und morgen, wenn du heimkommst, laßt ihn recht ausreiten."
Die Mutter riet, ich sollte ein Stück Brot mitnehmen, allein die Thresel sagte, indem sie ihre Warentrage wieder zurecht machte: „Das wär' nicht schlecht! Verköstigen werde ich meinen jungen Kramer schon selber. Verhoff's, daß wir ein gutes Geschäft machen werden auf dem Rattner Kirchtag. Und jetzt werden wir anrucken müssen, Bübel."
„So geht halt in Gottes Namen!" sagte die Mutter und spann. Meine Geschwister aßen mit ihren neuen Löffeln von der Tischplatte weg noch die leere Luft und wir gingen, wie es die Mutter gesagt.
Ratten ist ein Dörflein zwischen den Waldbergen der Feistritz am Fuße der Rattneralpe. Es hat viele Bauernhäuser auf den Hängen und in den Schluchten zerstreut. Es hat einen ausgiebigen Dorftrost, nämlich ein paar stattliche Wirtshäuser, und es hat eine schöne, geräumige Kirche, in welcher jener heilige Martinus reitet, und in welcher der heilige Nikolaus als Pfarrpatron wohnt. Diesem Patron zu Ehren wird alljährlich zu seinem Namenstag, am 6. Dezember, ein Kirchtag abgehalten, und das war der Kirchtag, zu dem wir gingen.
Wir hatten drei Stunden dahin zu gehen, weil wir unterwegs in einigen Häusern zusprachen, verhoffend, ein paar Kreuzer zu lösen. Die Leute verschoben aber ihre Einkäufe auf den morgigen Kirchtag. „Macht nichts", meinte die Thresel, „sie kommen uns morgen." Da im tiefen Schnee der Graben, den wir Pfad nannten, gar schmal war, so schritt voran die Thresel mit ihrer Kraxe, deren ange-

bundener Ballen hoch über ihr Haupt hinausragte; und hintendrein trippelte ich und hatte nur selten einen Blick frei über die Schneemauer hinaus in die weite Welt. Diese weite Welt dehnte sich bis zum Waldhang, der hinter dem vereisten und versulzten Wasser aufstieg und an welchem dort und da ein Häuslein klebte oder eine träge rauchende Kohlenstätte war. Und endlich sah ich über einer Höhung den roten Riesenzwiebel des Kirchturms von Ratten hervorragen. Auf der Straße, in die wir nun einbogen, war es recht lebhaft. Da fuhren Schlitten, mit einem alten Roß oder mit einem alten Weib bespannt, da schleppten andere an hochgeschichteten Rückentragen, Jüdlein darunter mit ihren Bündeln, doch den übrigen vorhastend; da huschten hinter aufgestülpten Rockkrägen Musikanten mit vereisten Schnurrbärten, da kamen schon Holzknechte und Tagwerker in ihrem Sonntagsstaate daher und trotteten recht langsam, als wenn es gar nicht eile, aber doch auf kürzestem Wege dem schon durch und durch lebendigen Wirtshause zu.

Auf dem Kirchplatz baute das Krämervolk schon an seinen „Ständen", deren Bretter noch öde und leer lagen, deren Wand- und Dachgerippe noch von keiner Plache überspannt waren.

Als wir mitten auf den Platz gekommen waren, blieb die Thresel stehen, starrte gegen das Kirchhofstor hin und murmelte: „Was ist das?"

War der Standplatz schon verbaut, der an der lebhaftest begangenen Stelle lag, just vom Kirchtore her, und den die Thresel seit altersher besessen hatte. Der Maischel, ein wegen seiner spottbilligen Waren berüchtigter Hausierjude, hatte hier seine Stätte aufgeschlagen.

„Ich pack' nit aus", sagte die Thresel mit einem schönen Ebenmaß von Entrüstung und Selbstgefühl und tat just so, als wollte sie auf der Stelle umkehren. Stand noch zu rechter Zeit der Taferner da, der Kirchenwirt, der die Standplätze zu vergeben hatte, und der seine Handlung damit entschuldigte, daß er der Thresel zu bedenken gab, der

Jude habe doppeltes Standgeld für den Platz am Kirchhofstore geboten.
Für einen solchen Handel, sagte nun die Thresel, sei ein Jude zu wenig, einer müsse sein, der das Gebot mache und ein zweiter, der es annehme.
Der Taferner tat ein süßes Lächeln, als hätte ihm die Thresel eine Schönheit gesagt, dann schlug er ihr den gegenüberliegenden Platz vor, just neben der Bildsäule des heiligen Nikolaus, das wäre eigentlich noch ein viel besserer Platz und für den alten Preis zu haben.
Was blieb uns übrig, als anzunehmen? Nun gingen wir eine warme Suppe essen, dann machten wir uns flink an das Standaufrichten. Die Thresel hatte ihr eigenes Zeug dazu, welches in einem Gelasse der Taferne aufbewahrt war und welches wir nun herbeischleppten. Als wir die Bretter heranschleiften, wußte die Thresel ein paarmal solche Schwenkungen zu machen, daß wir damit scharf an das gegenüberstehende Judenständel anrannten. Dieses wackelte, aber der Maischel stützte es behendig und schmunzelte dabei. Der Jud' Maischel war ein gar schlichtes, aber rührsames Männlein, sein Haar und Bart war kohlschwarz und gekräuselt, wie bei neugeborenen Lämmern die Wolle, in seinem dunkelroten Gesichte lugten zwei Äuglein, die einem nie ins Antlitz schauten, sondern allemal, wenn er sprach, der Gegenperson an den Hals oder an die Achsel guckten. Der Jud' Maischel hatte eine geradezu überchristliche Sanftmut, er war mit nichts zu erzürnen. Tief entrüstet war er einzig nur, wenn man ihm für eine Ware, die er um drei Gulden schätzte, etwa zwölf Groschen anbot. Aber voll tiefer Verachtung schlug er die Ware um dies schmähliche Angebot los und dem Käufer wurde angst und bang.
„Frau Thresel“, sagte ich nun zu meiner etwas schwermütig gewordenen Prinzipalin, „die Rattnerleut' sind Ehrenleut', die kaufen dem Leutanschmierer nichts ab, die Frau Thresel wird's schon sehen.“
„Gott geb's!“ seufzte sie auf.

Nun wurde es Abend, und am Abend wurde es lustig. Beim Taferner waren alle Tische besetzt und auf jedem Tisch stand ein Kerzenlicht und darüber war der Wein- und Bratenduft und der blaue Tabakrauch, daß es eine helle Pracht war.
Wir zwei saßen im Ofenwinkel, hatten neben uns auf der Bank ein Glas Obstmost stehen, in das wir – einmal ich und einmal die Thresel – eine Semmel tauchten. Die Wirtin wollte auch uns Licht bringen, indem sie sagte: „Nicht einmal ein Toter mag ohne Licht sein."
„Das schon", antwortete die Thresel, „aber wir zwei sind noch lebendig und zum Dasitzen sehen wir häufig genug, und daß wir uns für andere beleuchten lassen wollten, dazu sind wir zu wenig schön."
In Wahrheit wollte sie nur nicht, daß das übrige Krämervolk, welches in der Wirtsstube hochmütigerweise bei Wein und Schöpsenfleisch schwelgte, unser bescheidenes Nachtmahl sehen sollte. Sie hatte eine Ahnung davon, was bei einem Kaufmann der äußere Schein bedeutet.
Die Gesellschaft wurde immer lauter und unbändiger und etliche Burschen huben an zu singen:

„In Ratten, da ist's lustig,
In Ratten, da ist's lustig,
In Ratten, da ist alles frei,
Da geht ka Polizei!"

„Leider Gottes!" sagte die Kramerthresel vor sich hin, „und jetzt gehen wir schlafen."
Sie hatte sich eine Kammer bestellt; ich wurde zum Pferdeknecht ins Bett getan. Der Pferdeknecht hatte schon von Natur einen stattlichen Leib, als er aber so neben mir im Bette lag und schlief – er schlief wie ein Pferdeknecht – floß er so sehr auseinander, daß ich an den Rand gedrückt wurde und Gefahr lief, auf den Boden zu fallen. Glücklicherweise war vom Bette etwa nur einen Fuß entfernt die Stallwand, an welcher zwar das Wasser des Stalldunstes niedertropfte, an welche ich mich aber mit dem ausge-

streckten Arm dermaßen anstemmen konnte, daß ich dem Drucke meines Bettgenossen die ganze Nacht hindurch glücklich standhielt. Daß man in solcher Lage vom Schlafe nicht belästigt wird, ist selbstverständlich, und so hatte ich denn Zeit, in Gedanken den Pferdeknecht zu entschuldigen, der, müde von des Tages Last und Plage, rechtmäßig ja über das ganze Bett verfügen konnte; und im Gedanken auch Gebete zu verrichten, daß morgen unter meiner Mitwirkung der Kirchtag für meine Prinzipalin doch um Gottes willen gut ausfallen möge. Ich sann mir Reden aus, um die Käufer anzulocken und die Waren zu preisen, und ich sah die Leute herbeiströmen zu unseren köstlichen Sachen. Wir hätten alles verkauft, auch das leere „Standl" noch dazu, wenn ich nicht zu früh von meinem Traume erwacht wäre. Und nun gewahrte ich, daß sich mein Pferdeknecht mitsamt den Pferden fortgemacht hatte – „schon fahrend draußen auf den kalten Straßen". Jetzt, das war ein Wohlbehagen, wie ich mich nach Gefallen strecken konnte im weiten Bette, und mich einmal gründlich durchwärmen durfte. Ich bedauerte den Pferdeknecht, daß er schon so früh in den Winter hinaus gemußt, aber im Grunde war's mir doch lieber, als wenn er noch im Bett gelegen wäre mit seiner breiten, schlaftrunkenen Wesenheit.
Leider dauerte das nicht lange. Die Thresel tastete sich in den Stall, rief meinen Namen und fragte, ob ich ausgeschlafen hätte. Ich sprang sogleich auf. Als wir bei der Frühsuppe saßen in der wohldurchwärmten Wirtsstube, gab mir die Thresel Weisung, wie ich mich am Standl zu verhalten hätte. Für's erste einmal achtgeben, daß nichts „Füße kriegt", dann, wenn um den Preis von etwas gefragt würde, es ihr – der Thresel – alsogleich mitzuteilen, nach ihrem Ausspruch aber wohl nicht mehr „handeln" zu lassen, weil sie die Sachen nicht überschätze. – Dann gab sie mir zwei Sechser, damit ich wisse, wofür ich mir am Standl Finger und Nase erfrieren lasse, dann nahm sie ihre Kraxe und wir gingen in des lieben Gottes Namen hinaus auf den Kirchplatz.

Es war noch nächtig, aber man hörte schon das Gesurre der Leute und die Kirchenglocken läuteten zu der Rorate. An den „Kramerstandln“ war viel Hämmern und Schreien, und auch wir prüften nochmals unsere Bude und legten, während drin in der Kirche die Orgel tönte, unter stillem Einschluß in die heilige Messe, die Ware aus. Und nun trat mir die Größe und Vielfältigkeit der Habe meiner Prinzipalin ganz vor Augen. Sie hatte alles, denn was sie nicht hatte, daran dachte ich nicht, es war Nebensache. Sie hatte Klein- und Lockwaren, wie sie der Bauer braucht, oder wenigstens gerne besäße, wenn er sie kaufen könnte: allerlei Messer und Gabeln und andere Werkzeuge, Geldtäschchen, Brieftaschen, Hosenträger, Uhrschlüssel, Rauchzeug, Sacktücher, Heiligenbildchen, Einschreibebüchlein, Zwirn, Bänder, Kinderspielwaren, Handspiegel, und so weiter über den langen und breiten Tisch hin, und was an den Stangen und Haken hing, und was noch in den Laden der Kraxe und in dem unerschöpflichen Ballen war.

Aber als nun der Tag graute – ein trüber, sachte schneiender Wintertag – da mußte ich sehen, daß der Jude uns gegenüber all dieselben Sachen ausgestellt hatte, aber viel kecker und wirrer ausgestellt, daß sie ordentlich in die Augen schrien. Und an den Dachecken seines Standls prangten zwei rote Fähnlein, wie bei uns zu Kriegszeiten, wenn die Soldaten fortzogen, oder beim Festscheibenschießen am Kaisertag, oder wenn sonst etwas Unerhörtes war. Und hinter den Fähnlein war eine große Tafel: „Gut und billig, da kauft ein!“ Und nahm jetzt – wie die Leute aus der Kirche strömten – der Racker eine Mundharmonika zwischen die Zähne und blies darauflos und schrie über die Leute hin, daß er einen Haupttreffer gemacht hätte in der Lotterie, und daher heute alles verschenke. „Das Stück Silberlöffel fünf Kreuzer, das Dutzend noch billiger!“ rief er und brachte damit die Leute in Verwirrung. Dann schwang er hellrote Seidentücher über die Köpfe hin, „für Dirndaln!“ rief der Maischel, konnte aber nicht einmal die Worte aussprechen, „und wenn eine das tragt um den Hals, laufen ihr alle Buiben nach. Ich geb's aber nicht her!" Und zog es hastig wieder zurück. Solche Sachen trieb er und schrie fortwährend: „Da geht herbei! Da wird gehandelt, geschenkt, noch was draufgegeben, da ist der Glücksberg!" Und immer dichter wurde um das Judenstandl die Menschenmenge, und uns, dem ehrbaren Stande der Thresel, wendeten sie den Rücken zu.

Mir wurden in meinem Zorne alle Schneeflocken grün und gelb vor den Augen und ich stieß die Thresel: sie solle doch auch zu schreien anheben, daß uns die Leute sähen.

„Du bist nicht gescheit", sagte sie zu mir, „wo *solche* Leut' lärmen, da ist's ein Schand und Spott, das Maul aufzumachen. Da packen wir lieber z'sam."

Jetzt hub weiter unten auf dem Platz auch noch ein anderer zu schreien an; das war ein Krainer, wollte aber gescheiter sein als der Jude und rief: „Daher Leutel, daher! Bei mir ist die Schönheitsseife zu haben, die echte, approbierte und privilegierte Schönheitsseife! Werden alle garstigen Dirndln, die sich damit waschen, engelsauber und alle alten Weiber blutjung!"

„Das ist Schwindel vom Krainer!" rief der Maischel, „bei mir zu bekommen die ganz neu erfundene, blütelweiße und rosenrote Schönheitsseife, aber *nur für die Jungen und Schönen* zu gebrauchen, daß sie nicht werden alt. Echt und billig. Meine Herren und Damen, geht nicht vorbei an eurem Glück!"

Selbstverständlich wählte jede die Seife des Juden.

Nun hub der Maischel an und schellte in einem Sack Nummern und ließ ziehen. Er spielte seine Waren aus; mit einem Groschen Einsatz konnte man goldene Ringe und Uhren, ganze Fläschchen von Liebestränken und die unglaublichsten Schätze gewinnen.

Die Thresel hatte den lärmenden Juden lange beobachtet – Zeit hatte sie dazu – und nun sagte sie kopfschüttelnd: „Der ist vom Teufel besessen."

Der Markt war schon im vollsten Gange, es wurde gefeilscht und gekauft, es wurden Späße getrieben beim Lebzelter und beim Schnapsschenker und man hörte singen:

„In Ratten, da ist alles frei,
Da gibt's ka *Polizei!*"

Weiber gingen umher von Stand zu Stand, und füllten ihre Handbündelchen mit Äpfeln, Nüssen, Lebzelten und Spielwaren, für ihre Kinder zum „Nikolo". Ich hielt die Hände in den Hosentaschen und zappelte mit den Füßen hin und her und klöpfelte die hartgefrornen Schuhe aneinander. Von den Zehen wußte ich ohnehin nichts mehr, sie gaben kein Lebenszeichen von sich, was übrigens in jenen Zeiten bei mir nichts Neues war – die Zehen hielten ihren Winterschlaf und die Kälte fing mir in ihnen allemal erst an wehe zu tun, wenn es warm wurde. Nun, so trippelte ich an unserem vergessenen Standel und wir hatten immer noch nicht ein Stück verkauft. Mir war zum Verzagen.
„Ich möchte in den Erdboden versinken", flüsterte ich der Thresel zu.
„Dazu ist er viel zu hart gefroren", war ihre Antwort, „aber das muß ich schon sagen, ein solcher Kirchtag ist mir was Neues."
Das Wort hatte mich ins Herz getroffen. Vielleicht war ich die Schuld! Ich hatte keinen Schick, gar keinen, konnte die Sache nicht betreiben, stand da, „wie der Damerl beim Tor" und schaute blitzdumm drein. – Ein solcher Kirchtag ist ihr was Neues!
Jetzt sah ich am Rande unseres Standels einen guten Bekannten von meiner Gegend, es war des Grabenbergers Schafbub, das Natzelein. Das lugte so auf die bleiernen Taschenuhren her, und auf die Ludelpfeifen und auf die blinkenden Federmesserlein und auf mich, wohl erwägend, wieso ich bei diesen Schätzen stehe, die er mit gierigen Augen angriff, nachdem ihm früher die Thresel mit den Worten: „Schau, das gehört nicht dein, das laß stehen!"

seine Finger von einem zinnernen Streichholzbüchslein losgelöst hatte. Zu diesem Natzelein strich ich nun hin und ihm heimlich meine zwei Sechser in die Hand drükkend, flüsterte ich ihm hastig ins Ohr: „Kauf' was! Kauf' dir was!"

Alsbald stand ich wieder auf meinem Platz und schaute mutiger auf die ergebene Thresel hin, mit Herzklopfen die Herrlichkeit erwartend, da ja jetzt bald ein Käufer anrükken würde.

Das Natzelein lugte in seine hohle Hand und wie es sah, da wären zwei silberne Sechser drin, machte es ein grinsendes Gesicht zu mir herüber, dann drehte es sich langsam um und kaufte drüben beim Juden ein Tabakrauchzeug.

Jetzt vergaß ich meiner Würde, hin schoß ich zwischen den Beinen der Leute, wie ein gereizter Tiger auf das Natzelein zu und warf es zu Boden. Ein Gebalge entstand, daß der Schnee stäubte und die Leute mit hellem Gelächter einen Kreis um uns bildeten. Ich wollte dem Natzelein für seinen Hochverrat die neue Pfeife entwinden und sie zu Scherben machen, aber jetzt war die Rattner Polizei da. Der Gemeindediener! Dieser Mensch faßte mich auf einmal beim Rockkragen an und zog mich hübsch kräftig in die Höhe; und weil alles rief, ich hätte ohne jeden Anlaß den arglosen Jungen überfallen, so war nun vom Gemeindekotter die Rede.

Da kam ich drauf, daß der Ausspruch der Thresel auch auf mich passe: „Ein solcher Kirchtag ist mir was Neues." Aber ich biß in die Lippen hinein, und wie sie mich auch verhörten: warum ich wäre raufend worden? das wäre sauber, wenn es an Kirchtagen die kleinen Buben den Großen nachmachen wollten! – ich sagte kein Wort. Ich konnte keins sagen und wollte auch nicht, weil ich mir dachte, sie könnten dann glauben, das, was geschah, wäre aus Geschäftsneid geschehen.

So wurde ich nun befragt, ob ich der Kramerthresel ihr Sohn sei; da schrie meine Prinzipalin vom Standel her, ich wäre nichts weniger als ihr Sohn, ich wäre der Waldbau-

ernbub, sonst ein gutes Kind, aber ich müsse vor Kälte wahnsinnig geworden sein.
Der Gemeindediener von Ratten konnte nichts Besseres tun, als stark in seinen Schnurrbart hineinzupfauchen und mich dann an der Hand durch die Leute, die ganz grauenhaft bereitwillig uns eine Gasse bildeten, vom Marktplatze wegzuführen. Vom Markte weg und hinaus vor das Dorf, wo er mich mit dem wohlgemeinten Rate, ich sollte schauen, daß ich heimkäme, auf der freien Straße stehen ließ.
Von Rechts wegen hätte ich jetzt wimmern sollen, allein ich konnte nicht, meine Entrüstung war zu groß. Ich beschloß, nicht zu schauen, daß ich heimkäme, sondern auf der Straße zu warten, um über den Grabenberger Buben, wenn er des Weges ginge, ein gerechtes Gericht zu halten, und auch die Kramerthresel abzupassen, um ihr den ganzen Sachverhalt mitzuteilen, wie ich dem Natzelein mein Geld gegeben, daß er ehrenhalber bei uns was für sich kaufe und wie diese Kreatur die Silberlinge zum lärmenden Juden getragen habe.
Spät am Nachmittage, als schon das Volk der ganzen Gegend mit seinen verschiedenen Einkäufen und Räuschen zu Fuß und zu Schlitten vorübergezogen war, kam die Thresel mit ihrer schweren Trage herangeschnauft, und neben ihr watschelte die Kreatur daher mit dem verbundenen Kopf, liebreich von der Alten an der Hand geführt und gezärtelt, als wollte sie es gut machen, was ihr Bursche an diesem Natzelein verbrochen. Unter solchen Umständen verbarg ich mich rasch hinter einen Fichtenstamm und ließ sie vorbeiziehen. Und dann ging ich ihnen langsam nach, voll der tiefsten Betrübnis.
Ich war noch nicht auf halbem Wege, als eine solche Müdigkeit über mich kam, daß ich mich an den Schnee hinlehnte, um zu rasten. Auf diesem Pfade gingen keine Menschen mehr. Es war im Hausteiner Walde, die Häher und Krähen stäubten Schnee herab von den Bäumen. – Und jetzt wiederholte sich etwas, wie es ähnlich schon früher

einmal gewesen war – mit der Mooswaberl. Ich mußte im Schnee schon recht gut geschlafen haben, da wurde ich plötzlich aufgerüttelt und vor mir in der Abenddämmerung stand der Hausierer Maischel mit seinem Bündel. „Was ist's denn mit dir, Würmlein", sagte er, „das Erfrieren ist ja nicht gesund! Da müssen wir noch beizeiten einheizen!" Er hielt mir ein Holzplützerchen an den Mund, und als ich daraus ein paar Schlucke tat, da wurde mir so warm inwendig, so warm ums Herz, daß es mir zu Sinn kam: der Maischel ist ja eigentlich ganz brav! Da er fand, daß es nicht ratsam sei, mich allein zu lassen, so ging er mit mir bis zum Hause meines Vaters. Also ist es geschehen, daß ich mit der Thresel ausging und mit dem Maischel heimkam.

Als ich auf den Taschenfeitel wartete

Bei einer Christenlehre im Waldlande hatte ich mich ausgezeichnet, und da kam nun für mich eine herrliche Zeit. Nimmer war ich das nichtige Waldbauernbüblein, sondern vielmehr der junge Gottesgelehrte, der dem Pfarrer hatte sagen können, was christkatholisch glauben heißt, was zur Seligkeit notwendig ist, worin die christliche Gerechtigkeit besteht und was der heilige Paulus über die Ehe gesagt hat. Die Bauern, in deren Gegenwart solche Fragen beantwortet worden, haben sich nur darüber gewundert, daß der Pfarrer mich nicht auf der Stelle zum Priester geweiht; vielleicht, meinte der Höfelhans, weiß er ihm zuviel, der Peterl, so daß er gleich zum Papst gewählt werden müßte, und dazu wäre der Bub zu jung.
Zehn Jahre war ich alt. Um diese Zeit hat der Mensch noch eine Menge Vettern. Einer von diesen – der Vetter Jakob wird's gewesen sein – tuschelte mir ins Ohr: „Wart', Peterl, bis dein Namenstag kommt, kriegst was von mir – was Schönes! Extra was, weil du's so brav hast gemacht, allen Verwandten eine Ehr'! Einen Taschenfeitel, wenn du

magst!“ – Ja, Vetter Jakob, den mag ich! jubelte es in mir auf, und von der Stunde an begann ich mich unbändig zu freuen auf den Taschenfeitel. Wenn man so einen hat, da kann man nachher was! Man kann Peitschenstecken abschneiden, man kann aus Kiefernrinden Rösser schnitzeln, man kann aus Spänen Kreuzeln machen und sie ans Haustor heften, man kann Pfeil und Bogen herrichten, man kann auf dem Felde die Rüben ausziehen und sie abschälen und hübsch stückweise in den Mund stecken, man kann den Forellen die Köpfe wegschneiden, bevor man sie in die Bratglut wirft, kurz, man kann alles mögliche tun, wenn man einen Taschenfeitel hat. Jede Nacht träumte ich vom Taschenfeitel mit dem gedrechselten gelben Hefte, bis der Namenstag endlich herangekommen war. Am Vorabende, als sie mir mit Kübeln, Pfannen, Hafendeckeln und Feuerzangen die übliche Namenstagsmusik gemacht hatten, kehrte ich mich nicht viel drum, mein ganzes Wesen erfüllte der Gedanke: morgen hast du deinen Taschenfeitel.

Am nächsten Frühtage, als die Wände des Hauses im Morgenrote leuchteten, strich ich schon draußen auf dem taufrischen Anger herum und guckte zwischen Bäumen und Sträuchern nach allen Seiten aus, ob nicht der Vetter Jakob dahersteige. In die Stube zurückgekehrt, gab's eine Überraschung. An die Namenstagsstrauben hatte ich gar nicht gedacht. Die Mutter hatte sie mir heuer mit besonders viel Weinbeerlein ausgestattet; ich steckte sie in großen Brokken rasch in den Mund, um die Finger abgeschleckt zu haben und bereit zu sein, wenn der Vetter Jakob mit dem Taschenfeitel käme. Die Stubentür ging auf, der Vater trat herein, ging langsam auf mich zu: „Dem Namenstagbuben muß man doch eine neue Kappen aufsetzen!“ und streifte mir eine buntgestreifte Zipfelmütze mit schönem Boschen (Quaste) über die Ohren. Fast wollte er sie in guter Laune mir auch über die Augen ziehen, ich wehrte mit den Händen ab, die Augen müssen freibleiben, wenn der Vetter Jakob kommt!

Jetzt erschienen meine Geschwister. Der Jackerl brachte von seiner Henne, er besaß eine, drei Eier, die Plonele verehrte mir ein Sträußlein aus frischen Nelken und Reseden und einen Kreuzer dazu; die Mirzele schluchzte in ihr Schürzlein, weil sie nichts hatte, worauf ihr meine Mutter eine hölzerne Perlenschnur gab, damit sie mir dieselbe als Angebinde schenken konnte, und ich solle damit nur fleißig rosenkranzbeten. „Der Hund bellt!“ rief ich und horchte erwartungsvoll, ob die schweren Schuhe des Vetters Jakob nicht schlürfelten draußen am Antrittstein. Man hörte so was. Die Grableringodel kam daher, ganz schämig kam sie zur Tür herein und stellte auf die Ofenbank einen großen Handkorb. „Für den braven Namenstagbuben“, flüsterte sie und begann auszupacken. Zwei große Krapfen und ein braunglänzendes Honigtöpflein und etliche Kaiserbirnen; irgendwo auf der Welt mußten sie also schon reif sein. Und endlich ein Päcklein mit nagelneuem Herbstgewandel, grünausgeschlagenes Jöpplein, roter Brustfleck, braunseidenes Halstüchlein, schwarzes Lederhöslein; ich fuhr alsogleich mit der Hand in den Hosensack: „Da tu’ ich den Taschenfeitel hinein!“ Ein paar Schuhe noch und ein Filzhütlein mit Hahnenfeder. „All’s z’viel ist’s, G’vatterin!“ rief meine Mutter aus. „Da kommt der Taschenfeitel hinein!“ wiederholte ich immer wieder.
„Wenn er geistlich wird, soll er einmal eine Messe für mich lesen“, antwortete die Godel bescheidentlich.
Während die Mutter der Spenderin eine Eierspeise buk, um sie zu ehren, und ich dann eingeladen wurde, mitzuessen, kamen erst unsere Mägde daher. Auch ein paar aus der Nachbarschaft. Die Kathel brachte mir ein kirschrotes Sacktüchlein, die Traudel ein paar Wollensocken, die sie selber gestrickt hatte; die Rosel ein Lebkuchenherz mit Bildchen drauf, wo in einem güldenen Körblein zwischen Rosen ein Liebespaar saß. Der alte Steffel brachte mir ein Kränzlein Zithersaiten; die Zither selber bringe er später, wenn er sie selber erst bekommen hätte. Er habe einen

Bruder, und wenn dieser einmal sterbe, dann erbe er die Zither, und dann bekäme sie der Namenstagbub, und dieweilen möge er halt mit den Saiten fürliebnehmen, die ja auch sehr schön wären. Der ganze Tisch war schon voller Sachen, als noch der Stallbub Michel mit einem Napf frisch gepflückter Kirschen daherkam.
„Aber, Bübel!" schrie meine Mutter voller Glück, „dich mauern sie heut' in lauter gut Sach ein! Das ist doch aus der Weis', da mußt jetzt wohl recht zum Bravsein schauen."
Ich ging von einem Fenster zum andern. Draußen waren die Torsäulen und die Bäume und die Büsche, und auf dem Anger die Schafe, der Vetter Jakob aber –. Endlich wakkelte über die Wiese etwas daher. Der dicke Vetter Martin kam und hatte ein hölzernes Trühlein bei sich. Während er es in der Stube säumig auftat, redete er zu mir: „Du, Peterl, wann du etwan doch nit Papst solltest werden, so rat' ich dir, werd' ein Zimmermann, da geht's dir auch gut. Zimmerleut' braucht man alleweil und gibt's Geld und gut Essen. Und deswegen hab' ich gemeint, ich wollt' dir meinen alten Zimmerzeug schenken; ich brauch' ihn nimmer, weil ich mir einen neuen zugelegt hab'. Sollt' der Zeug zu rostig sein und Scharten haben, so tust ihn halt ein wenig schleifen, und ich wünsch' dir, einen glückseligen Namenstag." Bohrer, Stemmeisen, Hobel, Reifmesser, das war schon was! Jetzt, wenn nur auch der Vetter Jakob mit dem Taschenfeitel tät' kommen!
Statt dessen kam der Firmpate, der gute Simon Miesebner, mit einem weißen Lämmlein, und als er das meckernde Tier vor mir auf die Bank stellte, schlug meine Mutter die Hände über den Kopf zusammen: „Das helle Christkindel kunntst sein, Bub, soviel tragen sie dir zu! Na, geh', das ist zuviel, das bist doch nit wert!"
Ich streichelte das weiche Lämmlein und schielte dabei mit einem Auge zum Fenster hinaus.
Beim Mittagsmahl gab's meine Lieblingsspeisen, ich konnte nichts essen. Ich saß im neuen Herbstgewandel da,

steckte meine Hände in die Taschen; allerlei war schon drinnen, nur kein Taschenfeitel.

Nachmittags kam weiterer Besuch. Da gingen ein paar Schulkameraden aus Kathrein herüber. Der eine hatte eine Sammlung von Hosenknöpfen aus Horn und aus Messing und aus Stahl. Von einigen Gattungen, wovon er mehrere hatte, schenkte er mir zum Namenstag. Ein anderer verehrte mir eine Schachtel mit den damals neuen Streichhölzern, warnte mich aber so lange vor dem „Zündeln", bis mir eins aufzischend an den Fingern brannte, daß ich es entsetzt von mir warf. Der Nachbarn-Thomerlbub schenkte mir ein Handschlittlein mit dem Vorbehalte, ihm selbiges im Winter, so oft Schneebahn wäre, wieder zurückzuleihen. Den Thomerlbuben fragte ich hierauf nur, ob er den Vetter Jakob kenne.

Der alte Schuster Ernest brachte ein Büchlein über Obstbaumzucht; bei uns wuchsen aber nur Wildkirschen und Holzäpfel. Die Nähterin Leni schickte durch ihr Dirndl den „Himmelschlüssel". Das war ein Gebetbüchlein für die armen Seelen im Fegefeuer. „Den Himmelschlüssel wird der Petrus wohl eh selber haben", bemerkte der alte Steffel, auf meinen Namensheiligen anspielend, worauf die Magd Kathel scharf zurückgab: „Ja, ja, Steffel, für *deine* arme Seel' möcht' der Schlüssel auch nit genug sein, die wird wohl auch noch Gebeter brauchen." „Kann eh sein", entgegnete der Steffel und pfiff mit der Nase. Mir machte das keinen Spaß, ich dachte nur an den Vetter Jakob. Ich hatte den ganzen Tag nichts zu arbeiten gebraucht, aber warten ist schwerer als arbeiten!

Gegen Abend kam des Nachbars Hieserl und schenkte mir eine Mundharmonika, an welcher zwar einige Zünglein fehlten, doch blies ich darauf das „Großer Gott wir loben dich!" und dachte dabei: Bis auch der Taschenfeitel da ist, nachher tut sich's!

Es tut sich auch so! mochte die Jungmagd Rosel gemeint haben; das von mir geblasene „Te Deum laudamus" für

einen Walzer haltend, packte sie mich um die Mitte und hopste mit mir eins über den Anger.
„Ist das schon die Papsteinweihung?“ fragte plötzlich jemand hinter mir, und eine Hand hatte mich am Rockkragen gefaßt. Der Vetter Jakob! – Vor Freudenschreck fiel mir die Mundharmonika von den Lippen in das Gras.
„Wir müssen doch einen Namenstagball haben!“ suchte die Rosel das Tänzlein zu rechtfertigen.
„Christi Heustadl!“ rief der Vetter lustig aus. „Heut' ist zuletzt gar dem Peterl sein Namenstag! – Wenn das ist, da muß man wohl –“ Er bohrte seine Hand in den Sack, zerrte gemächlich ein ledernes Beutelein heraus, bandelte an demselben herum und kletzelte mir ein funkelndes Silbergröschlein hervor. „So, Bübel, das tust in dein Sparbüchsel und bleib' halt schön gesund und brav, daß deine Eltern mit dir eine Freud' haben. Und ich muß wieder anrucken, sonst komm' ich ins Finstere.“
Darauf ist er mit Stock und Füßen weit ausschreitend fortgegangen. –
Am Abend, als in der Stube das Spanlicht aufgesteckt wurde, was war das für ein stolzes Eigen! Mein Gewandtrühlein, mein Winkelkastel, die Wandstellen ringsum voller Sachen. Die standen, lehnten, lagen, hingen da, teils noch in blaues Papier geschlagen, teils in hellen Farben auf mich herlachend. Und ich? Ich bin in meinem Leben selten so traurig gewesen, als an jenem Namenstagabend. Sachen von zehnfacher Güte und Schöne hatte ich bekommen, sie machten mir kein Vergnügen, denn sie waren nicht erwartet worden, für sie war in dem kindischen Herzlein kein Platz vorgerichtet worden, sie waren mir gleichgültig. Und der eine einzige, der heißbegehrte und sehnsuchtsvoll erwartete, der, an dem schon so viele Vorstellungen und Absichten geknüpft waren, der Taschenfeitel ist nicht gekommen.
So geht es oft auf dieser Welt, auch das wohlwollendste, aus allen Füllhörnern Gaben streuende Glück kann enttäuschen, wenn es blind ist. Nicht darauf kommt es an,

daß man ein argloses Menschenkind mit Schätzen überhäuft, als vielmehr einzig nur darauf, daß man seinen oft recht bescheidenen Wunsch erfüllt.

Die Geschichte vom Schlüssel

Sind jetzt vor etlichen Jahren Schweizer in die Waldheimat gekommen, haben die Wälder erworben, sind aber, ohne sie auszurotten, wieder verzogen. Doch haben sie ein Denkmal zurückgelassen, das fein ist. Auf einer Anhöhe, die mitten aufragt, ringsum die Waldberge, die Almen, haben diese Schweizer eine Aussichtswarte gebaut. Diese ist so hoch, daß sie einen großen Fernblick bietet und auch einen guten Rückblick in die Vergangenheit. Letzteren freilich nur für mich.

An der Stelle, wo diese Warte steht, in Moos und Heidekraut, muß ich einst den Schlüssel verloren haben. Den Schlüssel zu meinem Schatz.

Diese kindische Geschichte aus der Kindheit muß ich ja erzählen. Auf der Warte rücklings liegend, um mich nichts als Himmel, sehe ich sie deutlich.

In der großen Stube meines Vaterhauses stand ein braunes Winkelkastel, das sich dreieckig in den Wandwinkel schmiegte. Es hatte drei Fächer und ein Lädchen, in denen ich meine Schätze barg. Es waren ganz besondere Sachen, wie sie kein anderer Bewohner des Waldbauernhauses aufzuweisen hatte. Besonders hervor leuchtete ein runder Taschenspiegel aus verzinntem Blech, aber ohne Glas. Eine Mundharmonika, der einige Kläppchen, und ein altes Kartenspiel, dem einige Blätter fehlten. Ein weißbeschaltes Taschenmesser, an dem die Klingenspitze abgebrochen war, ein stählernes Pfeifenbeschläge ohne Pfeife und ein ganzes Säckchen voll Messingknöpfe ohne Hafteln. Wie man möglicherweise merkt, hatten die Dinge einige Mängel, aber es ist zu bedenken, daß ich gerade diesen Mängeln ihren Besitz verdankte. Es war eine wertvolle Sammlung unbrauchbarer Dinge. Zudem hatten die „Messingdukaten" echten gegenüber den Vorteil, daß einem nicht leid zu sein brauchte, wenn man einmal einen verlor. Mir tat's aber doch leid, ich hätte am liebsten allen meinen Hosenknöpfen die Hafteln abgerissen, um den Dukatenbesitz zu vermehren. Zudem hatte ich in diesem Kastel noch andere Schätze, die den genannten an Wert nicht nachstanden. So etwa die dünnen, mit festem Zwirn zusammengenähten Papierhefte, in welche der kleine Bub schon was hineingedichtet hatte. Sonntags brachte mir der Vater vom Kirchgang manchmal eine Semmel heim, die verwahrte ich sofort in meinem Winkelkastel und behielt sie dort so lange auf, bis sie steinhart war, dann aß ich sie.

Die Tür des Kastels hielt ich natürlich stets zugelehnt und ließ niemanden gern hineinschauen. Die Tür hatte ein Eisenschloß, das ganz gut gesperrt haben würde, wenn es einen Schlüssel gehabt hätte. Aber es hatte keinen Schlüssel. Der mußte verloren worden sein schon vorzeiten, ich hatte ihn nie gesehen. Seit Menschengedenken war das Kastel unversperrbar und ich mußte alle meine wunderschönen Sachen vor aller Welt offen halten. Es war mir zwar nie das mindeste abhanden gekommen, mit Ausnahme von ein paar Dukaten, die ich beim oftmaligen Zählen verloren hatte. Meine jüngeren Geschwister zeigten sich zwar manchmal habgierig gegen manches besondere Glanzstück. Der Jackerl schreckte auch vor Gewalt nicht zurück, wenn es ihm nach der zahnschartigen Mundharmonika gelüstete. Das Gewahrsam des Kastels aber respektierten sie. „Das ist dem Peterl sein Kastel, da darf man nichts herausnehmen." Hielt es doch auch ich mit ihrem Eigentum so. In gemeinsamer Anwesenheit wurde gerauft um die Sachen, doch hinter dem Rücken des Eigentümers waren sie sicher.

Und dennoch stand mein Denken und Plangen nach einem Schlüssel. Der umgedreht und abgezogen in den Sack gesteckte Schlüssel sollte nicht bloß das unversehr-

bare Siegel auf mein Besitztum bedeuten, es sollte vielmehr auch noch sein, als ob ich mit dem Schlüssel gleichsam alle meine Schätze in der Tasche mit mir herumtrüge. – So lange betrieb ich die Sache, bis auf Zureden der Mutter eines Tages der Vater das Schloß vom Kasteltürchen löste und es auf seinem Kirchgange mit nach Krieglach nahm, um dort beim Schlosser einen Schlüssel dazu machen zu lassen.
Seit der Taschenfeitelgeschichte war ich nicht mehr in einer so gespannten Erwartung als an jenem Sonntag. Es war Herbst, ich hatte in der Talwiese beim Bache das Vieh zu hüten. Sonst pflegte ich bei diesem Hirtenamte im Wasser den Fischen nachzuspähen, wie sie von Stein zu Stein oder von Uferrasen zu Rasen hin und her glitten, legte mich wohl gar auf den Bauch hin an den Bach und fing mit der Hand manche Forelle unter dem Rasen hervor. Machte dann ein Feldfeuer an, bereitete die Fischlein zu und briet sie an der Glut. Wobei diese Arbeiten weitaus genußreicher waren, als nachher das Essen des halbverbrannten Fischfleisches. An diesem Sonntage aber gab es keinen Bach und keine Forelle und kein Feldfeuer. Gab es nur einen steinigen, wasserdurchwaschenen Fahrweg, der über die Wiese hereinzog und auf welchem mein Vater von Krieglach kommen mußte mit dem Schlüssel. Er kam sehr lange nicht, doch endlich – es war schon Abend – sah ich seine Gestalt zwischen den Erlen herangehen. Aber er hatte keinen Schlüssel. Der Schlosser hatte gesagt, vor acht Tagen könne er ihn nicht machen. Mir ward auf solchen Bescheid übel bis in den Magen hinab. Wie soll jetzt wieder eine Zeit kommen ohne Schlüssel! – Die Ungeduld ist überhaupt oft mein peinigender Gesell' gewesen. Sie hat mich manche harmlos schöne Stunde übersehen, versäumen lassen, weil diese nicht just das brachte, was ich erwartet hatte. Übrigens ist jene Woche ganz glatt vergangen auch ohne den Schlüssel. Am nächsten Sonntag war der Knecht auf dem Kirchgang. Schon am Freitag begann ich, ihm aufzutragen, ja gewiß zum Schlosser hinzugehen; am

Samstag gab ich ihm schon die zwei Sechser; soviel ungefähr konnte der neue Schlüssel kosten. Am Sonntag kam der Knecht beizeiten heim. Er setzte sich zu seinem ihm aufbewahrten Mittagsmahl und aß empörend gleichgültig wie jeden Tag und – sagte nichts. Mit zuckendem Atem fragte ich ihn endlich nach Schloß und Schlüssel. Da tat er gelassen sein Ledertäschchen aus dem Sack, kletzelte die zwei Sechser hervor und legte sie auf den Tisch. Auf den Schlosser habe er vergessen. – Mir war hilflos zum Verzweifeln. Totschlagen konnte man diesen Knecht nicht, ja nicht einmal ihn einen Todel schimpfen. Er hatte die Gewohnheit, in Fällen, als der kleine Bub sich ihm gegnerisch zeigte, denselben bei den Ohren zu nehmen und zu schütteln. – Nun verstrichen zwei Wochen, bis wieder jemand aus unserem Hause nach Krieglach ging. Das war diesmal die Weidmagd. Weiberleute sind immer verläßlicher. Ich konnte sicher sein, heute bekam ich den Schlüssel. Ich bereitete schon den Hammer vor und die Eisennägel; deren sechs mußten sein, um das Schloß sofort ans Kastentürlein zu schlagen. Dann den Schlüssel anstecken, umdrehen, abziehen und an der Tür rütteln, um zu sehen, daß sie nicht aufgeht. Es wunderte mich, daß an diesem Tage im Hof alles seinen gewöhnlichen Trott ging und sich nicht schon die ganze Welt auf das Ereignis zuzuspitzen begann. Je tiefer es in den Nachmittag ging, je unbändiger ward mein Herzschlag. Ich konnte nicht mehr stehen und nicht mehr sitzen, nur immer aus und ein gehen nach dem Wiesenwege und berechnen, wo die Weidmagd unterwegs jetzt sein könne. Bei der Holzerreide. Beim Brünndl am Alpsteig. Jetzt beim Höllkogel. Jetzt bei der Zettelbauernbrücke. Jetzt beim Müllner. Jetzt bei der Heidenbauernmühle. Diese Mühle war am Rand unserer Wiese, ich wendete meinen Blick unverwandt hin und siehe – der Weiddirn roter Kittel schimmerte durch die Erlenbüsche. Ich lief ihr entgegen: „Hast den Schlüssel?“
„Na freilich hab’ ich ihn.“
Umständlich setzte sie sich auf den Steinhaufen, aber so,

daß der rote Kittel hübsch ins Breite gelegt ward, und nestelte aus dem Knopfe ihres Handtüchels den Schlüssel hervor. Er war zierlich und glänzte wie Silber. Mit beiden fiebernden Händen habe ich danach gegriffen – nach dem schönen, kalten, kleinen Schlüsselein.

„Und das Schloß?“ fragte ich.

„Jeß Manand Josef!“ kreischte die Weidmagd auf, „jetzt hab' ich's Schloß vergessen, daß ich's hätt' eing'steckt. Das liegt beim Schlosser auf dem Fensterbankel!“

Ich wage es heute noch nicht, die Höllenpein zu berühren. Am liebsten, wenn der Abend nicht schon gedämmert, wäre ich stehenden oder besser laufenden Fußes selber nach Krieglach geeilt, um endlich dieses boshafte Glück persönlich zu zwingen. Aber noch eine Woche lang mußte das Türlein ungeschlüsselt auf und zu gehen, bis am nächsten Sonntag ich selbst zum Schlosser kam. In der Phantasie meiner Erregung erwartete ich beinahe, daß mittlerweile das Schloß in Verlust geraten sein konnte – so weit war ich in der Einsicht auf die tückischen Menschengeschicke bereits geschult. Aber das Schloß hat sich vorgefunden. Ich habe es heimgebracht und noch an demselben Tage angeschlagen.

„Jetzt sollt' just einmal der Schlüssel nit passen!“ sagte mein Vater, der mir zusah. Als ich den Schlüssel anstecken wollte, fiel er mir zweimal zu Boden; das letztemal schnellte er so weit unter die Bank hinein, daß wir ihn mit dem Spanlicht suchen mußten. Aber endlich steckte ich ihn an und er – paßte. Wie geschmiert ließ er sich umdrehen, abziehen – und jetzt saß das Türl im Falz und rührte sich nicht. Das Kastel war zugesperrt.

Das war einmal ein Gefühl!

Vor den Augen meiner staunenden Geschwister sperrte ich das Kastel auf und sperrte es zu und eine Lust zu hören, wie allemal der Riegel klapp einschnalzte. Dann hub ich an, auch meine anderen Sachen, die zufällig noch zerstreut gewesen, ins Kastel zusammenzutun; so das neue Paar Socken, das die Mutter erst fertiggestrickt; so das grüne Wollentäschchen mit dem Kresen-(Taufpaten-)geld, das mir bislang der Vater aufbewahrt; so die Kaiserbirne, die mir an jenem Tage eine uns besuchende Muhme geschenkt hatte. Und als das alles im Kastel war und nach einigem Nachdenken auch noch anderes zusammengetragen wurde, damit jegliches Kleinod, so ich auf Erden besaß, in sicherem Horte sei, sperrte ich das Kastel mit einem flotten Schnalzer zu und steckte den Schlüssel in den Hosensack.

Wie das bequem war, überall – auf Wiese und Feld, in Wald und auf der Alm seine Sach' geschlossen bei sich zu haben! Ich ging den Schafen nach, die sich auf den Kogel verlaufen hatten. Eine Weile mußte ich mich mit dem Widder herumhetzen, der über den Zaun auf das Riegelberger Gebiet gesprungen war. Endlich hatte ich die wollige Bande glücklich im Stall und nachher, wie ich wieder zu meinem Winkelkastel gehe, um es aufzusperren und die Kaiserbirne zu verzehren – ist der Schlüssel nicht im Sack ...

Tagelang habe ich gesucht in Moos und Heidekraut des Kogels und ringsum, wo das Schafgjaid war – der Schlüssel hat sich nicht gefunden. Mich verlangte, mein Leid in Verse zu bringen, ich konnte nicht zum Papier; mich fror in die Zehen, ich konnte nicht zu den Socken. Alles, was ich Tag für Tag bedurfte, war im Kastel.

Endlich, da nach abgelaubtem Heidekraut die Spätherbstsonne auf den Boden schien und der Schlüssel trotzdem nicht zu finden war, habe ich alle Hoffnung fahren lassen. Mein Vater bog einen Nagel krumm und öffnete das Schloß. Mit Ausnahme der verfaulten Kaiserbirne alles in guter Ordnung. Das Türl ging wieder ungesperrt auf und zu wie früher – und so ist es verblieben.

Jetzt steht auf dem Kogel die Warte. Sollte von einem Besucher derselben der Schlüssel gefunden werden, so möge ihn der redliche Finder behalten. Ich brauch' ihn nicht mehr, mir fehlt jetzt das Kastel dazu.

Einst war in der Waldheimat ein alter Knecht, der einen gloriosen Spitznamen hatte – er hieß der Talerbüchsentoni.

Er besaß nämlich – ob als Erbschaft oder als Fund, das ist nicht ergründet worden – einen kleinen Schatz von alten Silbermünzen, teils mit Bildnissen Maria Theresias, Friedrichs des Großen, teils mit dem Bilde der Mutter Gottes oder mit dem Zeichen von Krummstab und Schwert, von Adlern, Löwen, zweiköpfigen Tigern, von Kreuzen und Ringen, seltsamen Buchstaben oder anderen geheimnisvollen Markungen. Etliche dieser Münzen, die wir, ohne Unterschied des Landes, der Prägung und der Größe, Taler nannten, sollen sogar vom Dreißigjährigen Kriege hergestammt haben. Den Schatz hielt Toni der Knecht eingeschachtelt in einer runden, blutrot angestrichenen Holzbüchse. Wenn nun der Feierabend kam oder eine stille Feiertagsstunde war, holte er aus seiner Kleidertruhe die Büchse hervor, aber nicht etwa, um nach alter Geizhalsart für sich allein darin zu wühlen und zu schwelgen, sondern um die Talerfreude mit seinen Hausgenossen zu teilen, ihnen nach seiner Weise die Geldstücke zu erklären, sie dann auf dem Tische klingen zu lassen, um die Feinheit des Silbers zu bekunden und sich an den gierigen Blicken zu weiden, die auf seine schönen Taler niederstachen.

Sobald jedoch die Leute merkten, es fiele bei dieser wiederholten Silberbeschau weiter nichts für sie aus, wurde ihnen die Sache langweilig und sie sagten: „Geh', laß uns in Ruh', Toni, mit deinen alten blinden Schimmeln, wenn du keinen herschenkst, so wollen wir sie auch nicht sehen." Derlei undankbare und lieblose Bemerkungen verdrossen den Knecht Toni allemal so tief, daß er in dem betreffenden Hause sofort den Dienst kündigte und in einen anderen Hof zog, wo man die Talersammlung, die den Inhalt seines Knechtelebens ausmachte, wieder besser zu würdigen verstand. – Aber die Bauersleute sind soviel

hochsinnig, sie halten nichts aufs Geld, wenn sie es nicht kriegen. Und so kam es, daß der Toni gar häufig seinen Dienst wechselte, trotzdem er sonst ein stiller, zufriedener Mensch und kein schlechter Arbeiter war.
Nun, so war der Talerbüchsentoni auch in unser Waldhaus gekommen. Und weil er an meinem Vater einen Mann fand, der die Geldstücke nicht nach deren Gewicht schätzte, sondern an den Bildnissen der Könige und Kaiser und besonders an der lieben Mutter Gottes seine Freude hatte, und weil er an uns Kindern eine jubelnde Schar von unersättlichen Bewunderern sah, so lebte er in unserem Hause neu auf.
Jeden Abend nach dem Vesperbrot kam er denn von seiner Gewandtruhe, die oben im Dachgelasse stand, zu uns in die Stube, geheimnisvoll, die rote Büchse noch unter dem Rocke bergend, sie dann langsam hervorziehend, stets mit einer Miene, als ob es das allerserstemal geschehe und er etwas unerhört Neues aufzuzeigen hätte. Und wenn er dann am sicheren Orte des großen Eichentisches saß und wir in einem festen Wall um ihn herum waren, schraubte er mit einer bedächtigen Fertigkeit die Büchse auf und faßte einen um den andern mit zwei Fingern an, wie der Priester die Hostie, und begann mit seinen Auslegungen. An jedem Stücke war eine besondere Merkwürdigkeit. Da war eine Maria Theresia, die scheinbar ihre Augen verdrehte, wenn man ihr die blinkende Münze Fritz des Großen gegenüberhielt. Ein anderer Taler zeigte noch Rostflecken vom Dreißigjährigen Kriege, von welchem der Knecht bemerkte, man müsse nicht glauben, daß dieser Krieg dreißig Jahre lang ohne alle Unterbrechung gedauert habe; in den meisten Nächten, besonders aber zu den hohen Festtagen, habe man die Schlacht unterbrochen und Freund und Feind in Gemeinschaft sein Gebet verrichtet. – Auf einem anderen Taler war das wahrhaftige Bildnis unserer lieben Frau und ein Ablaß daran für den, der es küßte. Wir durften es auch küssen, alle der Reihe nach, auch jene Dienstboten, die der Knecht gut leiden konnte; zu den an-

deren sagte er, sie möchten sich ihren Ablaß nur anderswo holen.
Besonders ein halberwachsener Bursche, der Hiasel, war es, welcher durch manch lose Bemerkung über den Toni und seine Büchse des alten Knechtes Unwillen in so hohem Grade erweckt hatte, daß er nicht ein einzigmal zur Talerschau, geschweige zum Kusse zugelassen wurde.
Der Hiasel war kurze Zeit früher als unterstandsloser, etwas verkommener Junge des Weges gestrichen und mein Vater hatte ihn aufgenommen, mit gutem Hanfzeuge bekleidet, auch ordentlich ausgefüttert, denn die ersten Wochen war der heimatlose Bursche schier nicht zu sättigen gewesen. Dafür griff der Hiasel nun auch die Arbeit flink an, war munter und das regelmäßige Leben schien ihm gar nicht übel zu gefallen. Er sah jetzt recht gesund aus, war schlank gewachsen, und weil er auch die Haare kämmte, so wollte er schier ein hübsches Bürschlein werden. Ich, das muß ich wohl gestehen, hatte keine besondere Zuneigung zum Hiasel, nicht allein, weil er mir immer als Beispiel aufgestellt wurde, wenn ich mich nicht waschen und strählen wollte, sondern und vielmehr noch, weil der Hiasel „Peitenstegga" anstatt Peitschenstecken sagte. Er war aus dem Niederösterreich herübergekommen und mir war das „Fremdeln" in der Sprache zuwider und dieses „Peitenstegga" geradezu eine Ungeheuerlichkeit. Der Bursche schnitt mir manchen Peitschenstecken und unterstützte mich bisweilen in meinen Spielen; doch niemals mochte ich ihn gut leiden, da wandte ich mich zehnmal lieber dem alten Toni und seiner Talerbüchse zu.
Des Alten Gesicht anzuschauen war für mich eine Unterhaltung. Dieses platte, runzelige Gesicht mit den großen Wangenknochen, mit den völlig wasserfarbigen Äuglein, die fortwährend hinter den buschigen Brauen Versteckens spielten, wenn die Taler aufmarschierten, dieses Gesicht war ein großer Spaß; und wie der Mann als Zeichen seiner wichtigtuerischen Befriedigung die furchige Stirnhaut auf

und nieder riß und selbst die Ohrläppchen bewegte wie ein Eselein – das war doch gar zu possierlich. Und nun kam mir auf einmal der Gedanke: Wenn der Toni schon in seiner Lustigkeit ein so spaßiges Gesicht macht, wie erst, wenn er zornig und wild ist? – Mit diesem Gedanken hebt die Geschichte an.

Eines Tages, als die Leute auf dem Feld waren, stieg ich die Stiege vom Dachgelaß herab und freute mich auf die Stunde, wenn der Toni wieder seine Taler aufzeigen will und sie nicht findet. Das wird eine tolle Geschichte geben! Aber ich lache still und sag' den Spaß erst am anderen Tag.

Es war die genötige Schnittzeit, da wird bis in die späten Abende hinein gearbeitet, da ist's nichts mit dem Talergukken. Ich vergaß auch bald darauf, ich mußte Garben tragen und dem Vater die Kornschöberlein aufspreizen helfen. Auch waren die Kirschen reif, eine Zeit fruchtlosen Plangens für mich, denn ich wagte noch nicht den Stamm emporzuklettern und das Niederziehen der Äste vermittelst Haken war verboten; wenn ein Ast brach, da war mein Vater streng. Das mutwillige Abreißen von Ästen nannte er: Den Nachkommen Kirschen stehlen. Das war freilich ein garstiges Wort und verzichtete ich schließlich doch lieber auf die so hellrot niederleuchtenden Kirschen bis zum Samstagfeierabend, wenn sie mir der Vater regelrecht herabholte oder es der Hiasel tat, der ein arger Kletterer war.

Damals erfuhr ich, was ein Spottwort vermag. Als der Hiasel hoch oben an einem schaukelnden Aste saß und ihm bei jeder Schwenkung des Hauptes die frischen Kirschengabelein förmlich in den Mund hineinhingen, rief er zu mir nieder ins Gras, es wäre eine Schande, daß ich noch auf keinen Kirschbaum könne! und warf mir – der ich die Haube nach Kirschen auftat – ein paar feuchte Körner hinein. Ich sprang ergrimmt an den Baumstamm und in wenigen Augenblicken war ich zu meiner eigenen Überraschung oben beim Hiasel.

Ich wollte eben der Jubelstimmung über meine plötzlich eingetretene Mannhaftigkeit in einem hellen Juchschrei Luft machen, als neben im Hause auf einmal ein unheimlicher Lärm entstand. Der Toni sprang wie rasend zur Tür heraus, hielt mit beiden Händen seinen grauen Kopf und schrie: „Mein Geld ist weg! Mein Geld ist weg!"
Ihm folgte mein Vater: der Toni solle sich doch nicht den Kopf wegreißen, das Geld würde sich ja finden, er ließe das ganze Haus durchsuchen. Ein paar Dienstmägde zeterten: das wäre ihnen auch auf der Welt noch nicht passiert, daß sie sich aussuchen lassen müßten, wie Schelminnen, aber sie täten es von selber, würfen dem Bauer all ihre Habseligkeiten vor die Füße, Stück für Stück, und solle er schauen, ob die dumme Talerbüchse darunter sei.
„Die dumme Talerbüchse!" stöhnte der alte Knecht, „o Bauer! mein Bauer! Das Herz möcht' mir zerspringen vor lauter Unglück!" und er hub an laut zu gröhlen und ging, immer noch den Kopf zwischen den Händen haltend, ums Haus herum, als müsse die Talerbüchse irgendwo auf dem grünen Rasen liegen.
Jetzt hörte ich auch die Stimme meiner Mutter, welche darüber schalt, daß die Leute an ihren Gewandtruhen die Schlüssel stecken ließen, daß sie damit leicht ein ganzes Haus in Unehr' bringen könnten; sie halte aber dafür, der Toni hätte in seiner verrückten Weise das Geld aufs Kornfeld mitgeschleppt und dort verloren. Seit Wochen sei kein Bettler, kein Handwerksbursch' oder sonst ein Fremder in den Hof gekommen und daß im Haus kein Dieb lebe, dafür lege sie sich ins Herdfeuer.
Mir, der ich auf dem Kirschbaumast hockte, war wunderlich zumute. Wenn ich jetzt nur wieder unten wäre, das Ding geht schief.
Im Hause wurde der Hiasel gerufen.
„Wenn's eins im Haus getan hat – niemand anderer als der Hiasel!"
Als der Junge dieses Wort gehört hatte, sprang er vom

Baum mit einem kecken Schwunge über die Äste hinweg auf den Erdboden. Bald war er von den Leuten umringt. Der Toni hatte seine Fassungskraft wieder erlangt, er faßte daher den Hiasel am Arm und fragte, wo er das Geld habe!

Der Bursche war im Gesichte röter als die reifste Kirsche und sagte, er wisse von keinem Gelde.

Das Leugnen würde ihm nichts nützen. Man wisse bestimmt, daß er die Taler genommen habe!

Auf eine solche Anschuldigung ist der Bursche – überhaupt ungewandt im Reden, aber gewohnt, herrischen Aussprüchen sich zu fügen – ganz stumm geworden. Er stand da wie ein Stück Holz und starrte den Ankläger schier seelenlos an.

„Wenn du's willig hergibst, Hiasel, mein Geld", sprach der Toni in milder, fast bittender Weise, „so geschieht dir nichts; ich lege beim Waldbauer ein Gebitt ein, daß er dich frei laufen laßt. Wenn du aber leugnest, so schlage ich dich tot!"

Und ich? Als ich merkte, welch schreckbare Wendung mein „Spaß" zu nehmen begann, und daß die Sache jetzt gar nicht einmal wie ein Spaß aussah, und als ich eine Geisterstimme hörte: *das was du getan, war Diebstahl!* – da war wohl mein erster Gedanke: alsogleich sagen, du hast das Geld hinter der Gewandtruhe unter den Holzsparren gesteckt. – Aber sehr rasch rief eine andere Stimme: das wäre zu gefährlich! Siehe, jetzt reißt er schon die Heckenrute ab, die kriegst du, sobald du das Wort sagst! – Denn das Gesicht des alten Knechtes war ganz schreckbar anzusehen, die Wut, die Ratlosigkeit und den Jammer habe ich in meinem Leben nirgends so scharf ausgedrückt gefunden, als damals auf dem Angesichte des Toni. Da gab's nichts zu lachen!

Wohl totenblaß mag ich gewesen sein, als ich mich hinter den Kirschbaumstamm schlich, dann plötzlich kehrt machte, ins Haus eilte, ins Dachgelaß hinauf, die unselige Talerbüchse aus ihrem Versteck holte und in die

sperrangelweit offene Gewandtruhe des alten Knechtes warf.
Als ich hernach wieder zum Kirschbaum zurückgekommen war, lagen von der Heckenrute nur mehr die weißen Splitter umher auf dem grünen Rasen; die Leute verzogen sich grollend und scheltend und den Waldweg entlang wankte der Bursche mit zerrauftem Haar.
Der Knecht wimmerte im Hause umher, der Vater trat zu mir und sagte, ich hätte nun gesehen, wohin Unehrlichkeit führe; den Hiasel habe er verjagt und ich solle nun wieder auf den Kirschbaum steigen.
Jetzt sag's! Jetzt sag's! rief es ungestüm in mir. Aber ich habe es nicht gesagt. Mir war, als *könnte* ich es nicht mehr sagen, als sei schon zuviel geschehen. Ich war ja fürs ganze Haus das fromme, gutmütige Bübl, das schier den ganzen Katechismus auswendig wußte und das heilige Evangelium lesen konnte so schön und kräftig, wie der Pfarrer auf dem Predigtstuhl, ich sollte nun als Dieb und Schuftlein dastehen! Hatte ich nicht die haarsträubende Entrüstung der Leute gesehen, die sich in allen Formen über den armen Hiasel entleert? Über mich mußte es noch ärger kommen, denn ich war ein doppelter Bösewicht. Für einen solchen ist es doppelt unklug, sich zu verraten – und ich habe *nichts* gesagt.
Hingegen bin ich jetzt fortgegangen, den Waldweg entlang, um den Hiasel zu suchen. Ich bin, wie der Steig führt, in den Schmiedhofgraben hinabgegangen und jenseits wieder emporgestiegen zu den Hochwaldungen des Teufelssteingebirges. Und auf der Höhe, dort wo der weite grüne Anger liegt mitten im Wald und wo das rotangestrichene Christuskreuz steht, dort habe ich ihn gefunden. Er lag unter dem Kreuze und schlief und sein Antlitz war verweint.
Über den schwarzen Baumwipfeln lag die Abendröte, kein Lüftchen und kein Laut war auf dem dämmernden Anger – ich saß neben dem schlafenden Burschen und schluchzte – Kinder weinen oft, aber es wird wohl selten

sein, daß eins so bitter bitterlich weint, als ich's damals getan habe, da ich Wache hielt vor dem schlummernden Jungen, dem so grob Unrecht geschehen war.
Wecken wollte ich ihn nicht. Er war ja so müde gehetzt. Daß er unschuldig ist, das weiß er und wird ihm's sein lieber Schutzengel auch im Traum sagen. Er hat nicht Vater und Mutter, er hat nichts Gutes auf der Welt, und wenn ihm jetzt schon fremde Sünden zugeworfen werden, weil ihn kein Mensch in Schutz nimmt, wie erst, wenn er groß ist und es die schlechten Leute inne werden: das ist einer zum Tragen und Büßen ...! Er soll schlafen.
Ähnliches mag ich gedacht oder gefühlt haben und ein unendliches Mitleid kam über mich, eine Reue und eine Liebe, und ich wußte mir vor Weinen nicht zu helfen. Als er sich einmal ein klein wenig bewegte, da ging's mir heiß durchs Herz und mir verging der Mut, es ihm zu sagen, daß ich das Schelmenstück getan hätte, wofür er mißhandelt worden. Konnte ihn das nicht gegen mich empören, wütend machen? Konnte er mich nicht auf der Stelle totschlagen in diesem finsteren Wald und mir dabei zuschreien: die Strafe dafür hätte er schon im voraus empfangen?
Aber – und das allein ist's, was aus jenem bösen Tage heute noch milde auf mich herüberschaut – ich blieb neben dem Schlummernden kauern und war entschlossen, nicht eher von ihm zu gehen, als bis ich ihm alles gestanden und abgebeten hätte. Dann wollte ich ihn mitnehmen hinein in mein Vaterhaus, daß er alles dort habe, was ich bisher gehabt, und das so lang', so lang, als die Heckenruten wachsen neben dem Kirschbaum.
Bevor jedoch der Hiasel aus seiner schweren Betäubung erwachte, kam was anderes. Den Waldweg heran knarrte ein Leiterwagen, bespannt mit zwei Ochsen, die ein Mann leitete. Der Stegleitner von Fischbach war's, er fuhr von seinem Walde heim – ich kannte ihn von einem Ochsentausche her, den er etliche Wochen früher mit meinem Vater abgemacht. Trotz der tiefen Dämmerung erkannte ich

auch die Ochsen als jene, welche er von uns fortgeführt hatte. Das heimelte mich an. Als der Stegleitner hier unter dem Kreuze einen schlafenden und einen schluchzenden Jungen fand, war er gar erschrocken und fragte, was das zu bedeuten habe. Und vor den Stegleitner bin ich hierauf hingekniet, als ob er der Bestohlene oder der Mißhandelte gewesen wäre, und habe ihm wohl mit gefalteten Händen alles erzählt.

Der Stegleitner war ein ruhiger, ernster Mann; als ich fertig war, fragte er nur, ob ich fertig wäre, und da ich schwieg, hat er mir folgendes gesagt: „Mit dem Hiasel hast du und hat dein Vater nichts mehr zu schaffen, der gehört jetzt mein, ich nehme ihn mit mir. Abbitten wirst du ihm's, wenn du größer geworden bist, denn das – mußt du wissen – verjährt nicht. Für jetzt werde ich ihm sagen, was zu sagen ist, daß sein Schutzengel seine Unschuld ans Licht getragen hat. Mehr braucht er nicht zu wissen. Und du, Waldbauernbub, gehst jetzt heim, und was du zu tun hast, das weißt du."

„Das Geld ist schon zurückgegeben", berichtete ich gefaßter.

„Das Geld ist Mist", sagte der Stegleitner, „die Ehre gibst zurück. – Mein Kind!" fuhr er fort und richtete mich mit seiner Hand auf, „schau, dort oben heben jetzt die Sternln an zu leuchten. Sie schauen nieder auf dich, wenn du bei der Tür eintrittst in dein Vaterhaus, sie sehen, was du tun wirst und was lassen – und sie brennen fort, bis zum Jüngsten Gericht!"

Die Worte waren ruhig, fast leise gesprochen, und doch war mir, als bebe vor ihnen der Erdboden unter meinen Füßen.

Der Stegleitner blieb mit seinem Gefährte noch stehen bei dem roten Kreuz; ich tat einen kurzen Blick auf den Schläfer und war mir, als sähe ich das Bild eines Heiligen. Dann ging ich heimwärts; ging und lief und ahnte Gespenster, die mir folgten.

Als ich gegen unser Haus kam, hörte ich schon von

weitem die Stimme meiner Mutter, die meinen Namen rief.
„Was das für ein Tag ist!“ klagte sie, „Geld und Kinder werden gestohlen, da müssen doch rein Zigeuner im Land sein!“
Aber Geld und Kind hatte sich nun glücklich wieder gefunden und in der Stube kniete der Vater am großen Tische, knieten die anderen Leute an den Wandbänken herum und sie beteten laut und gemeinstimmig den üblichen Samstagsrosenkranz. Mir war wohl und weh. Ich kniete zum alten Knecht, dem Toni – recht nahe an seine Seite hin – und begann laut mitzubeten. Sie wiederholten immer wieder das Vaterunser und das Ave Maria und ich stimmte in den surrenden Ton mit ein und sagte fortwährend: „Lieber Knecht, vergib mir meine Schulden, ich habe dir das Geld gestohlen! Lieber Knecht, vergib mir meine Schulden, ich habe dir das Geld gestohlen! Lieber Knecht, vergib mir meine Schulden, ich habe dir das Geld gestohlen!“
Weil der Toni entweder stark schläfrig war, oder weil er während des Rosenkranzes in Gedanken an die wiedergefundene Talerbüchse schwelgte, so währte es ziemlich lang', bis ihm mein wunderlicher Text auffiel. Endlich hub sich seine Stirnhaut und sein Ohrläppchen an zu bewegen, er wendete sachte sein entsetztes Gesicht und schrie in die Stube hinein, man solle still sein und den kleinen Buben allein weiterbeten lassen.
Und als von solcher Unterbrechung überrascht alles still war, duckte ich mich in den Wandwinkel und wimmerte laut: „Ich habe das Geld genommen!“
Der Rosenkranz war für heute aus. Die Begebenheiten spitzten sich nun rasch und scharf einem herben Ende zu, welches Ende jedoch durch den Umstand, daß der Hiasel geborgen war und von seiner Ehrenrettung bereits durch den Stegleitner Kenntnis haben mußte, bedeutend gemildert worden ist.
Von diesem verhängnisvollen Tage an ist der Talerbüchsen-

toni nicht mehr lange bei uns geblieben. Aber zum Abschiede nahm er mich an seine Gewandtruhe. Dort öffnete er würdevoll die Büchse und schenkte mir daraus ein funkelndes Tälerlein als – Finderlohn.

Nach Jahren, als der Toni mühselig und krank geworden war, wollte er mit seinem Silberschatze eine „wundertätige Kapelle“ stiften, was ihm aber der Pfarrer entschieden mißriet. Hingegen ward ihm nahegelegt, ob er nicht einen braven Bauernburschen, dem dieser Silberlinge wegen einmal unrecht geschehen, ein kleines Angedenken hinterlassen wolle?

Aber der Hiasel war nicht im Lande. Er war lange im Stegleitnerhofe gewesen und man hatte schon davon gemunkelt, daß er dort die hübsche Haustochter heiraten werde – da wurde die Gegend plötzlich geräumt. Alle jungen, kräftigen Männer mußten fort. Es war die Zeit, in welcher nach dem Sprichwort die Weibsleute um jeden Stuhl raufen, auf dem einmal ein Mannsbild gesessen. – Wie die Meereshochflut, die den Damm zerreißt, so wollte der Feind ins Vaterland herein. Der Hiasel kam mit einem durchschossenen Fuß zurück.

„Armer Bursch“, so begrüßte der alte Stegleitner den Heimkehrenden, „jetzt bist ein zweitesmal unschuldigerweis’ geschlagen worden.“

„Ich trag’s“, antwortete der Hiasel, „mir ist’s nur *ihretwegen* hart!“

„Was ihretwegen!“ sagte der Bauer, „ihre Ahndl, meine Mutter selig, hat auch einen hinkenden Mann gehabt. Dirndel, geh’ her! Schau, der Krumme kann dir nicht so leicht davonlaufen. Der lieb’ Herrgott geb’ seinen Segen dazu!“

Heute ist der Hiasel angesehener Stegleitner. Ob er das Andenken vom Talerbüchsentoni erhalten hat, weiß ich nicht. Gebührt hätte es ihm.

Die Ankunft des heiligen Geistes

Das war nun wieder einmal was. Die Firmung! Bis der Mensch ins zehnte oder zwölfte Jahr kommt, braucht er schon eine Stärkung im Glauben. Die Kindheit schwindet, die Flegeljahre nahen; wann im Leben ist er gerechtfertigter, der Ruf: Komm', heiliger Geist!

Noch in den letzten Tagen hatte mir der Katechismus harte Mühe gemacht. Das Hauptstück von der Firmung mit allerlei schriftlichen Beisätzen vom Katecheten wollte wörtlich auswendig gelernt sein und kann ich mich erinnern, wie dieser Sache wegen der Nachbar Jochembub mit dem geistlichen Herrn Kaplan Verhandlungen pflegte. Ob er das Hauptstück nicht *nach* der Firmung lernen dürfe? Es wäre auf solche Weise das Lernen erleichtert, denn da hätte man schon den heiligen Geist. – Auch mir leuchtete dieser Vorteil alsogleich ein, doch der Kaplan war der Meinung, so viel Geist müsse der Mensch aus eigenem aufzubringen wissen, daß er der paar „Bsätzeln" Herr würde; den göttlichen Geist hätte er schon noch zu anderem zu brauchen.

Dann aber der Firmpate! Den Schwarzen wollt' ich haben, den schwarzen Hans, den Kohlenbrenner. Ich hatte meine besondere Ursache, mit ihm in Verwandtschaft zu treten, denn erstens gefiel mir der Name Hans zum Firmnamen, zweitens besaß dieser Hans einen Schatz, der mich unwiderstehlich an ihn zog, nämlich ein altes Büchlein mit der Geschichte von der Pfalzgräfin Genofeva. Aber der Hans sagte, eines einzigen Tages wegen zahle es sich nicht aus, daß er sich wasche. Er rate mir zu meinem eigenen Besten den Schmiedhofer an.

Der Schmiedhofer war ein wohlangesehener, vermögender Mann und meine Mutter wollte ihn daher nicht; bei dem, sagte sie, käme es gerade heraus, als ob man ihn der Firmgeschenke wegen ausgesucht hätte.

Mein Vater jedoch hatte gehört, daß der Schmiedhofer auch diesmal bereits sechs Firmlinge angenommen

hätte und daß er den siebenten nicht zurücktauchen würde.
„Damit er seine sieben Schmerzen beisammen hat“, gab die Mutter drauf. Und an demselben Tage, als es Abend geworden war, und der Schmiedhofer auf seinem Acker den Pflug ausgespannt hatte, ging meine Mutter mit mir hinab in sein Haus. Der Bauer – er war ein großgewachsener Mann, aber mit dem Oberkörper schon stark nach vorne gebeugt, war ältlich und hatte graue Bartstoppeln im ganzen Gesicht – stand just am Strohschneidstock und schnitt für die Zugochsen das Abendfutter.
„Wär' schier Zeit zum Feierabendmachen“, grüßte meine Mutter.
„Eh wahr!“ dankte der Bauer und schnitt mit der Sense, die im Hebel lief, drauf los, daß es knarrte. Wir standen da und meinten, er würde aussetzen und uns fragen nach dem Begehr. Endlich als alles Stroh durch den Barren gelaufen und kleingehackt war, ließ er die Arbeit ruhen und murmelte nach gebräuchlicher Weise: „Gott Lob und Dank!“
Die Bauern sind nämlich wunderliche Leute, sie danken dem Herrgott auch für des Tages Arbeit und Mühe.
Was die Waldbäuerin mit ihrem Bübel suche – noch so spät? war jetzt seine Frage.
„Magst dir's leicht denken, Schmiedhofer“, antwortete die Mutter, „denkst dir's nicht, so red' ich mich hart. Kehr' um die Hand ist der Bischof in Birkfeld.“
„Aha“, sagte der Bauer, indem er neben uns aus der Scheuer trat und mit Stein und Schwamm ein Tabaksfeuer machte. Das Ding war wider Erwarten rasch in Ordnung, Luft hatte es auch; steckte er daher seine Hände jetzt in die Taschen und hielt die Pfeife mit den Zähnen; so würde er nicht sprechen können, sollte man meinen, aber er sprach deutlich und vernünftig folgendermaßen: „Ich führ' ihn schon und g'freut's mich, wenn ihm mein Namen recht ist. Der Simon – wie ich heiß – paßt ehselb zum Petrus, sind vorzeit auch beisammen gewesen. Nur muß ich halt wohl

das sagen, Waldbäuerin: Verpflichten kann ich mich für nichts, bei den anderen nicht und bei dem nicht. Im ganzen werde ich Stuck ein vierunddreißig haben. Da magst dir's eh denken. Weil's halt gern heißt, wenn's so einem Menschen schlecht geht und daß er was braucht: Geh' zu deinem Firmgöden, dein Firmgöd soll dir helfen. Daß man tut, was man kann, versteht sich. Ist's dir so recht, Petrus?"

„Tu' ihn halt schön bitten, die Händ' zusammenhaben und bitten", ermahnte mich meine Mutter.

„Ist schon recht, ist schon gut", wehrte der Bauer ab. „Samstag, als am Vorabend um Stund' zwei mußt in meinem Haus sein. Kommen die anderen auch. Ein G'wandl hast?"

„Wohl, wohl." Und so war alles in Ordnung.

Der Samstag kam und um zwei Uhr saßen wir in der Stube des Schmiedhofers der Reihe nach auf den Wandbänken herum, alle fein herausgestiefelt, gewaschen und gekämmt und mit weißen Hemdkrägen, bunten Halstüchlein, oder derlei vom Besten, was eben jeder auftrieb. Wir flüsterten zueinander oder saßen auch ganz still da und schämten uns ein wenig, daß wir auf der Welt waren. Jetzt trat der Schmiedhofer zur Tür herein, glatt rasiert und in seinem braunen Tuchgewand, was noch sein Bräutigamsgewand war und nur bei festlichen Gelegenheiten angetan wurde. Da in seinem Hause die Kindstaufen vorüber waren, so konnte der feine Anzug nun schon auch für die Firmungen herhalten. Der liebe Mann blickte uns der Reihe nach an und mehrmals scharf mit dem Kopf neigend sagte er: „Der heurige Trieb ist, gottlob, wieder rechtschaffen stark."

Es sah nicht aus, als ob er die sieben Firmlinge für sieben Schmerzen hielte.

„Seid's tüchtige Kampeln übereinand", sagte er, und als hierauf die Schmiedhoferin mit der großen Sterzschüssel kam und mit den Milchtöpfen: „Nu wollen wir einmal sehen, ob auch jeder brav essen kann. Dem heiligen Geist muß man mit Sterz ein Nest bauen. Setzt's euch zusamm'!"

Über unser Nestbauen war keine Klage zu führen. Dann verließen wir das Haus und der Schmiedhofer hatte seinen Stock mit, weil er etwas ungleich auf den Füßen war. Wir gingen durch den Anger hinab, wo die Schafe grasten, schwarze und weiße und graue, und da fragte der Bauer jeden von uns, welche Farbe ihm am besten gefiele? Die meisten waren für das Weiße; ich halte es bei den Lämmern allemal mit den schwarzen; einer, der Rüsselbub, gab seine Meinung dahin ab: er sei in der Sache wie unser Herrgott, schaue nicht aufs Äußere, sondern aufs Innere, ob es auch feist sei. Der Bauer hat sich aber weiter nicht in die Sache eingelassen, sondern uns auf den weiten Weg aufmerksam gemacht, den wir vorhatten.
Derselbe ging anfangs zum Bach hinab, wo sehr hohe Sauerampferblätter und Germen standen, so daß der Firmpate warnte, wir sieben sollten acht haben und keine Forelle tot treten. Hernach ging der Weg durch den Fischbacherwald hinauf, der zuerst leidlich licht war, weil der Schmiedhofer ihn erst vor einigen Tagen geschoren hatte. Der Weg ging sachte die Bergeshöhe hinan und dann sahen wir über die Welt hinaus. Unsere Gegend Alpel war tief eingesunken. Und auf der anderen Seite weitum standen fabelhafte Berge, wovon der allerentfernteste, wie wir glaubten, schon in der Türkei stehen mußte. Seither habe ich jenen „Berg in der Türkei“ mehrmals bestiegen – der freundliche Kulm bei Weiz war's.
Nun ging auf der anderen Seite unser Weg abwärts, durch Baumgruppen, Matten und Schläge, und steil bisweilen in den vertrockneten Rinnsalen der Wildbäche. In der neuen Gegend, auf die wir hinabsahen, war es auch wieder stark buckelig, wohl alles grün und mitten drinnen zwischen Halden und Holzzäunen lag ein weißes Dorf mit einem schimmernden Kirchturm. „Das ist Birkfeld?“ fragten wir. „Das ist Fischbach, meine lieben Buben“, belehrte der Firmpate, „aber wir werden uns schon trösten.“
Als ob er sich daran erinnert hätte, was die Fischbacher Bauern für ein Kirchenlied singen: „Mein einziger Trost

ist der Wein und der Most!“ – Beim Staudenwirt alldort hat uns der Pate soviel Trost gespendet, daß wir des eigentlichen Trösters, den wir doch zu suchen ausgegangen waren, allmiteinander schier vergaßen. Als wir hernach auf der schönen Straße dahintrippelten, die den großen Fischbacherwald durchzieht, waren wir so munter und übermütig, daß wir mit Geschrei und Gelächter uns gegenseitig hin und her zerrten und auch den Schmiedhofer, der bestrebt war, in seiner jungen Schar den Anstand aufrecht zu halten, ins tolle Treiben verstrickten. Der Lustigste war er und zettelte Schabernack an, bis wir zu jenem stillen Waldanger kamen, wo das hohe Christuskreuz steht: „Donnerwettersbuben, da henkt er und wir sind rauschig!“ Mit diesem Ausrufe stellte der Bauer die Ordnung her. Denn im Grunde waren wir Firmlinge mehr oder weniger alle in weihevoller Stimmung; bei einigen mochte sie durch den Fischbacher Apfelmost augenblicklich etwas geschädigt worden sein, bei mir ward sie durch ihn nur erhöht.

Recht still, ja fast armselig ging das Würzelein einher. Das war der bausbackige, aber noch sehr kleine Sohn einer armen Häuslerin, er hieß Franz Wurzel und wir änderten den Namen entsprechend seiner zwergenhaften Gestalt. Das Würzelein trabte meist ganz allein hinten drein, schaute zu Boden, als unterhalte er sich an dem Watscheln seiner Beinchen und sagte fast nie ein Wort, außer dem „Bitt’ gar schön!“, wenn es was essen oder trinken wollte und „Vergelt’s Gott!“, wenn es damit fertig war. Anfangs wollten wir es zum besten halten und Späße mit ihm treiben, da es aber alles ganz ruhig hinnahm, so kamen wir unter uns überein, das Würzelein wäre sehr dumm! Und ließen es gehen. Aber einer war unter uns, der Rüsselbub, der war viel gescheiter, trieb seine Gescheitheit jedoch sehr arg. Er war weitaus der Größte von uns und doch trug er Kleider, die ihm viel zu weit am Leibe schlotterten. Er war armer Leute Kind, und obwohl die Firmung nicht unerläßlich notwendig ist, so sagte er doch, daß sie allen anderen tausend Sakramenten weit vorzuziehen sei. Ich machte ihn nebenbei aufmerksam, daß eigentlich nur sieben Sakramente wären, er behauptete, sein Vater zähle deren immer tausend und blieb dabei. Daß der Rüsselbub ein ungewaschenes Maul hatte, war mir wohl bekannt, daß er aber fünf Schritte hinter dem Schmiedhofer seinen Genossen zu sagen wagte, er lasse sich die Stirne nicht umsonst mit Chrisam bestreichen (oder wie er das in seiner Mundart ausdrückte), das hat mich empört. Allerdings lieh ich den Knaben nicht ungern mein Ohr, als sie flüsternd nun zu mutmaßen anfingen, was der „Göd" (Pate) wohl für jeden springen lassen werde.

„Wir kriegen was Lebendiges, paßt auf!" sagte der Heidenmaxel.

„Wenn das ist, so soll er mir seine Tochter geben", sagte der Rüsselbub.

Wir anderen meinten, das wäre zuviel verlangt, denn die Mirzel war eine allzu herzige Dirn.

„Oder soll mir sie leihen!" so der Rüssel. Das war mehr als zuviel verlangt. Hätte der Göd nur darauf geachtet, daß die kleine Gruppe weiter zurückblieb und der Lärm in ein Flüstern übergegangen war, er hätte es ahnen müssen, welche Richtung das Gespräch genommen hatte. Der Rüsselbub mit seinem schleifenden Gang und mit seiner männlich tiefen, fast gröhlenden Stimme, der sonst seiner Unmanierlichkeit wegen von uns gemieden wurde, war jetzt der Mittelpunkt der Unterhaltung, in der er aber auch ganz unglaublich gewandt seinen Mann stellte. Mit Entrüstung hörte ich zu, aber auch mit Angst, daß es der Göd hören und ihn unterbrechen könnte. Ein Hauptkerl war's, der Rüsselbub! Da hatten wir noch weit hin.

„Was tut euch denn der Rüssel soviel erzählen?" fragte der Göd auf einmal und drehte sich gegen uns um.

„Die Firmung tu' ich ihnen auslegen", log der Rüsselbub, „weil ja keiner was weiß von der Sach'!"

Ob es der Schmiedhofer geglaubt hat oder nicht, das weiß ich nicht, doch sagte er, er wolle auch was davon hören

und mischte sich unter uns. Jetzt war der Unterricht aber gerade aus geworden.
Der Wald hatte endlich aufgehört, die Straße führte über Bauerngründe hinab in eine weite kesselartige Gegend, an deren fernen Bergen weiße Punkte von Dörfern und Kirchtürmen schimmerten. Und draußen in der Niederung auf einem grünen Bühel lag das stattliche Birkfeld. Die Abendsonne schien darauf hin, und da glänzten die Fenster und es funkelte der goldene Turmknauf. Gerade, als wir die Straße gegen den Markt hinangingen, huben alle Glocken zu läuten an, so daß der Göd schmunzelnd sagte: „Ob das nicht etwan uns zu Ehren geschieht, Buben?"
„Freilich", lachten etliche, „sie läuten, weil der Rüsselbub kommt!"
Während wir an der einen Seite des Berges hinangingen, zog an der anderen Seite der Bischof herauf. Und oben auf dem Marktplatz, wo an dem Kirchentor die Statuen der Apostel Petrus und Paulus stehen, trafen wir zusammen. Die Schar der Geistlichen und der Bischof unter dem roten Thronhimmel zogen feierlich in die Kirche und wir tappten hinten nach. In der kühlen großen Kirche strahlten alle Kerzen im Abenddämmern. Von dem Schiff, wo goldene Sterne funkelten, hingen in weiten Bogen Tannenkränze nieder, und die festlichen Fahnen und das helle Klingen der Orgel und der vor dem mit Glanz und Rosen geschmückten Hochaltar aufwogende Weihrauch – alles das erweckte in mir eine unbeschreibliche Feierstimmung. Leider saß im Kirchenstuhl hart neben mir der Rüsselbub. Als der Reigen der Kranzjungfrauen, die morgen auch gefirmt werden sollten, an uns vorbeizog, stieß mich der Rüssel mit dem Ellbogen und zischelte: „Bei der dort, die ihre Augen so niederschlägt und den Wachsstock so fest auf die Brust drückt, bei der möchte ich Bischof sein."
Er solle beten und nicht schwatzen, war mein Verweis. Aber er hat mit seinem ungebührlichen Ohrenblasen nicht nachgelassen, bis meine ganze Andacht zerstört war und

bis er uns alle übrigen Sechse so sehr aus Rand und Band gebracht, daß uns das verhaltene Lachen inwendig wie ein Bock stieß, bis es aus einem und dem andern meckernd hervorbrach. Weil ich mir wohl die meiste Mühe gab, das Auflachen zu verwinden, so wurde bei mir die Spannung auch am größten; während mir schon der Angstschweiß auf der Stirne stand und ich alle Heiligen anrief, daß sie mir beistehen möchten gegen die schrecklichen Späße des Rüsselbuben, platzte ich plötzlich aus.

Der Göd stürzte zu meinem Sitz, riß mich am Arme weg und zerrte mich rasch aus der Kirche hinaus. Er machte mir nur sanfte Vorwürfe, aber unter dem blühenden Holunderstrauch der Kirchhofsmauer, bei einem Häuflein von Knochen und Totenschädeln, ward ich weinend.

„Dieser Rüssel wird's noch kriegen von mir", sagte der Schmiedhofer und es zitterte in seiner Hand der Stock, „aber was hat er denn gesagt?"

„Weil eine Jungfrau so das Licht vor ihr Gesicht hat gehalten", erzählte ich, „so hat er gesagt: Du schau, Betschwester, daß deine lange Nasen nit brennend wird!" Dabei stieß es mich wieder so gewaltig, halb im Lachen, halb im Schluchzen, wie ja meine Mutter immer gesagt hat, ich hätte Weinen und Lachen in einem Sack beisammen.

„Steh' auf, Peterl, und laß Zeit", tröstete der Göd, „ich will vor der Firmung keinen Unfried anheben, aber morgen auf dem Heimweg, da werde ich dem Rüsselbuben meine Meinung zu wissen tun. Und du sei gescheit jetzt und denk', 's Lachen ist Sünd' und 's Röhren (Weinen) eine Schand'."

So ist dieselbige Vesper, die so feierlich begonnen, zwischen Sünd' und Schand' zu Ende gegangen. Aber das Gericht war nahe.

Nach dem Gottesdienst scharten wir sieben uns um den Göden und er zog mit uns Markt auf, Markt ab und suchte eine Nachtherberge. Alle Wirtshäuser waren schon vollgepfropft von Fuhr- und Krämersleuten, Wallfahrern, Firmlingen und Paten. Es war in der Gegend lange keine Fir-

mung mehr gewesen, daher sammelte und staute es sich nun, und wir trippelten noch am späten Abend umher und suchten eine Ruhestatt für die müden Glieder. Abendbrot hatte uns jeder Wirt angetragen. „Schafbradel", „Speckfleck", „Eingemachtes", „Schöberl" oder was zu trinken! Unser Pate aber erklärte überall: „Habt's uns keine Liegerstatt, so laß ich euch gar kein Geld da."
Wir zogen aus dem Markt hinaus. Am Himmel flimmerten die Sterne, auf den tauenden Feldern sangen die Grillen und auf der Straße gröhlte der Rüsselbub herum. Wir verloren ihn zeitweilig, und auf einmal war er doch wieder da. Er kaute an etwas.
„Bei der Firmung Krautblotschen fressen", knurrte er, „das ist mir auch noch nicht passiert."
Endlich hatten wir eine alte Scheune gefunden, in deren unterem Gelaß Schweine grunzten, deren Überboden aber Heu und Stroh barg. Der Göd erteilte folgenden Unterricht: „Meine lieben Buben! Einwendig braucht der Mensch nichts, wenn er liegt, aber auswendig braucht er was, sonst kann er nicht liegen. Er braucht unter sich was, daß er nicht durchfallt, und er braucht über sich was, daß nichts auf ihn drauffallt. Und da gibt's nicht leicht was Besseres als so einen Stadl. Schlupft's hinauf, Buben."
Es war für den, der's genau nahm, noch eine Jauche zu umgehen, ein Gestrüpp zu zerteilen, das Loch war fast schwer zu finden. Wie Katzen krochen wir einer über den anderen hinauf; das Würzelein blieb der letzte und hatte tüchtig zu schnaufen, bis es sich auf den Heuboden wand, wo wir uns alle miteinander heimisch machten. Der Göd ermahnte uns noch, den heiligen Geist anzurufen, erinnerte an die Bedeutung des morgigen Tages, als an dem wir vor dem Hochgottesdienste das heilige Sakrament empfangen würden. Derlei Rede beförderte den Schlummer. Anders aber das, was der Heidenmaxl sagte: „Wenn heut' nacht in diesem Stadl Feuer auskommt, sind wir hin."
„Das ist wohl gut, daß dieselbige mit der brennenden Nasen nicht bei uns ist", flüsterte ein Nachbar. „Wenn

Feuer ist, ich spring' beim Dachtürl hinaus", tat ein anderer kund. Das wäre noch das beste, meinten wir. Mittlerweile trieb der Rüssel heimlich allerlei Allotria.
„Wem gehört die Hand da?" rief der Knittlernatz, „es ist eine fremde da, wem gehört sie?"
Keiner meldete sich. Der Natz hielt sie fest. „Will's bald sehen, wem sie gehört", sagte er und biß hinein. Da tat der Rüsselbub einen Schrei.
„Du Großer!" sagte nun der Firmgöd, sonst sagte er nichts, aber es war mit einer unheimlichen Betonung ausgesprochen.
Die Turmuhr schlug schon späte Stunde. Der Nachtwächter rief seinen Spruch aus. Ich war davor erschrocken, denn ich hatte früher den nächtlichen Ruf noch niemals gehört. Ich dachte an das Unheil, das den Menschen immerfort umlauert; ich dachte auch an die Toten in ihren Gräbern, die nicht aufwachen, wenn der Wächter schreit; die nicht aufwachen, wenn die Feuersbrunst wütet; die nur aufwachen werden, wenn die Posaune ruft.
Wenn die Toten nicht erwachen wollen, so sollen auch die Lebendigen einschlafen in Gottesnamen.
Mitten in der Ruh' erscholl draußen ein Horn.
Durch die Dachfugen herein drang ein Schein.
Wir fuhren empor, wir schrien durcheinander; einige jammerten, der Göd ermahnte zur Besonnenheit; einer setzte über unsere Glieder hin, tastete sich zum Dachtürl, riß es auf und sprang hinaus. Wir hörten ein Geplätscher, wie wenn einer in den Tümpel fällt, wir hörten ein Sprudeln und Abschütteln, wie wenn das langwollige Schaf dem Waschbottich entspringt.
„Was ist denn alles das gewesen?" rief der Göd, „man hört nichts mehr. Das Posthorn hat vorbeigeblasen, der Mond ist aufgegangen. Aber welcher von diesen Sackermentsbuben ist denn hinausgesprungen?"
Alle waren da – bis auf den Rüssel. Jetzt, da er auf unser Rufen nicht zum Vorschein kam, kletterten mehrere von uns hinab und gingen ihn suchen.

Es war erbärmlich, er wälzte sich im Grase und sprudelte aus dem Mund und suchte sich zu reinigen. Er war gerade in die Jauche hineingesprungen. Endlich riß er die Kleider von sich herab und wollte sich im Strauchwerk abscheuern; das Strauchwerk bestand aus Nesseln und Dornhekken und so ging der Jammer an.
Das war keine Nacht zum Schlafen und als der Morgen kam, mußte der Rüsselbub bei den Bewohnern des unteren Gelasses Zuflucht suchen, um sich zu erwärmen. Und im Zustande seiner Kleider konnte an diesem Tage bei ihm von der Firmung keine Rede sein. Der Schmiedhofer wollte Mittel finden, indem er in den Häusern herumging, bittend, man möge ein Christenwerk tun und seinem verunglückten Firmling für den Vormittag ein Gewand borgen.
„Ja recht gern, warum denn nicht, versteht sich!“ Den Wachshofer hießen sie ihn, der's so freundlich zusagte. Er brachte Kleider von seinem Söhnlein. Und als diese zu klein waren, rief er: „O Narr! Ist denn der Lümmel so groß? – Den sollt' ich schier kennen. Bist du nicht der Augustin Rüssel? Und du willst dich heut' zur Firmung führen lassen? Lump, schlechter!“
„Was habt's denn mit ihm?“ legte sich der Göd drein.
„Und den wollt's Ihr heut' firmen lassen?“ fragte der Wachshofer und tat seine vierschrötige Gestalt auseinander und schlug ein Gelächter auf. „Der Kerl ist ja schon gefirmt. Vor zwei Jahren oder drei, wie diese Leut' noch in der dasigen Pfarr' sind umhergestromert, hab' ich ihn selber geführt.“
Eilends hat sich der Rüsselbub davon gemacht und es war auch hohe Zeit dazu gewesen, denn die beiden Firmpaten hätten ihm ein Angebinde versetzt, das er gewiß nimmer vergessen haben würde.
Jetzt, da der Bock dahin war, schien auf die sechs Schäflein der Segen zurückzukehren. Wir wuschen uns am eiskalten Bächlein, das aus dem Waldgraben hervorkam. Der Göd hatte einen Kamm bei sich, mit dem glättete er nun der

Reihe nach unser Haarwerk, tat mancherlei am Anzug in Ordnung und als wir leidlich beisammen waren, führte er uns ins Wirtshaus, und es wird damals bei mir das erstemal gewesen sein, daß ich Kaffee gegessen habe.
Als wir hernach durch das festliche Gewühl der Menge in die Kirche gingen, wurde manchem von uns bange. Es war viel die Rede gewesen von einem Backenstreich, den der Bischof dem Firmling versetze. „Aber totgeschlagen hätte er noch keinen."
Als wir uns hernach in der Kirche allen anderen Firmlingen anreihten und vom Hochaltare her das Strahlen des silbernen Kreuzes, des goldenen Bischofstabes sahen, wie das immer näher heranschwankte und endlich die weiße Bischofsmütze sichtbar wurde, während einer auf der Kanzel fortwährend das Vaterunser betete, bereiteten wir uns klopfenden Herzens vor. Wir steckten die Firmkarten, die uns daheim der Kaplan als Befähigungszeugnis ausgestellt hatte, zwischen die Finger der gefalteten Hände. Der Göd stand hinter uns und strich jedem der Seinen das Haar aus der Stirne. So warteten wir, bis sie herankamen.
Sie kamen heran, die Priester in Chorröcken, jeder mit dem Zeichen seiner Würde. Der erste trug das Kreuz, der zweite salbte mir die Stirne mit Chrisam, der dritte nahm die Firmkarte aus den Fingern und nannte den Firmnamen: „Simon"; dann war er selber da, der Bischof! Er legte die Hände auf das Haupt, berührte mit zwei Fingern die Wange und war vorüber. Nun folgte einer mit einem Zinnteller, worauf Brotstücke mit Salz lagen, damit rieb er mir das Chrisam wieder von der Stirne; ein weiterer fuhr noch mit einem Tüchlein drüber und der letzte gab mir den gedruckten Firmschein in die Hand, dann waren sie alle vorbei.
Das ganze dauerte nicht eine Minute und das war alles, das war die Firmung gewesen. Die anderen atmeten auf, ich aber erschrak. Wo war die Weihe, die innere Glückseligkeit, die ich erhofft hatte? Angsterfüllt betete ich dem Prie-

ster das Glaubensbekenntnis nach, es war aber wie immer, ich sagte die Formel wie immer, ohne dabei zu denken, daß man glauben oder nicht glauben könne, und empfand nichts. Während alle anderen muntere Gesichter machten und sich des heiligen Geistes freuten, war ich tief unbefriedigt und fühlte Traurigkeit. Und ich war doch auch mit frommem Herzen gekommen und hatte Sehnsucht gehabt nach dem heiligen Geiste. Was hatte ich denn getan?

Aber so ist es mir ja immer ergangen in der Welt, wo ich am sehnlichsten gehofft, bin ich am tiefsten enttäuscht worden. Es mag meine Phantasie der Möglichkeit ja um ein Stück voraus sein, aber daß sie selbst den heiligen Geist überflügeln sollte –?

Ich habe es später meinem Katecheten gestanden, daß mir nach der Firmung so bange geworden wäre, und der sagte, das eben sei die Gnade des heiligen Geistes, daß ich mich nach dem heiligen Geist sehne ...

Beim Mittagsmahl ließ sich unser Göd nicht spotten und er schaute zufrieden auf die stattliche Reihe seiner Firmlinge, während andere deren bloß einen oder zwei bei sich hatten. Seine Firmlinge waren ihm ja wie eine öffentliche Auszeichnung; es tut immer wohl, wenn die Leute sehen, daß man der Erwählte von vielen ist. Der Heimweg war genau so weit als der Ausweg, aber äußerst lustig, und so oft wir an einem Wirtshause vorbeikamen, fand es der Schmiedhofer für nötig, die heilige Taube trinken zu lassen.

So kamen wir in der Tat einigermaßen begeistert zu Hause an. Bevor uns der Firmgöd entließ, erhielt jeder von uns einen Silberzwanziger zum Andenken. „Vielleicht“, sagte der Göd, „kommt auch einmal was anderes nach.“

Es vergingen kaum vier Wochen, so brachte der Jungknecht des Schmiedhofers ein kohlschwarzes Lämmlein in unser Haus, und das Lämmlein gehöre mir, der Firmgöd ließe mich grüßen.

Auch die anderen hatten ein jeder ein Lamm bekommen, und mehreren von ihnen ist selbes zur Stammutter eines fruchtbaren Geschlechts geworden. Mir hat man von der Wolle des meinen nur ein einziges Paar Socken machen können; im zweiten Jahre habe ich mir beim Köhlerhans für das Schäflein das Buch der heiligen Pfalzgräfin Genovefa eingetauscht. Dieser Handel soll den Köhler überaus befriedigt haben, und das freute mich, denn ich hielt dafür, daß ich ihn weit übervorteilt hätte. Das Buch hat mich gefreut und nichts zu fressen gebraucht.

Was den Rüsselbuben anbelangt, so sage ich nur einiges. Weil er ein fleißiger Arbeiter geworden, so ist er bei unseren Bauern verblieben. Wie er für die Firmung noch Kleider am Leibe gehabt hatte, die ihm zu groß und weit gewesen, so trug er später deren so enge, wie ein Reitknecht. Sein Bauer ließ ihm eine blaue Schürze machen, die er aber wie einen Strick um seinen Leib wand. Er hatte ein so freches, widerliches Ansehen, daß man ihm am liebsten auswich. Und doch fand er seine Genossen; solchen, die eine schamlose Seele haben und keinen rechten Ausdruck für sie finden, war er der rechte. Alles Züchtige, Schöne, Erhabene wußte er nachgerade zündend lächerlich zu machen, zu verhöhnen, zu beschmutzen, er hatte hierin eine ganz eigentümliche Fertigkeit. Er kauerte in der Kirche stets im dunkelsten Winkel, wo er seinen Hut oder die Zipfelmütze gern auf das Haupt eines Heiligen stülpte, die Formeln des Geistlichen gerne nach seiner Weise zurichtete und sich Stellungen gab, die mit keinem Kultus der Welt in Einklang zu bringen gewesen wären. Er war bei Hochzeiten als Pöllerabbrenner tätig, bei Begräbnissen der Totengräber. Gebrauchen ließ er sich zu allem, nahm auch keine Belohnung dafür, außer Wein oder Most im Wirtshause. Drastische Namen erfand er für Dinge, die keinen brauchen. Zudem hatte er den Drang, derlei zu verewigen, und da er nicht schreiben konnte, so hielt er sich ans Zeichnen und Grabeln. Viele Torsäulen, Kreuzpfähle und Türpfosten haben müssen verhobelt und verstümmelt werden, um die Illustrationen des Augustin Rüssel zu vertilgen. Selbst wenn er ernst war, konnte er endlich gar nicht mehr wie ein gewöhnlicher Mensch sprechen, alles, was er sagte, kam roh, wild und schamlos aus ihm hervor. Daß er ein Dirndl gehabt hätte wie andere Bursche, ich wüßte es nicht und ich glaube es nicht. Die Weiber wichen ihm von weitem aus. Dieser Mensch verdarb im Alter von dreißig Jahren in einer Strohscheune.

Nur das Würzelein, das nun aber eine tüchtige Wurzel geworden war und braver Oberknecht bei unserem Großbauer, erinnerte sich daran, daß er ja mit dem Rüsselbuben kameradschaftlich dazumal zur Firmung gegangen sei und daß man ihn in der Not doch nicht ganz verlassen dürfe. Er suchte den Augustin auf; der lag auf schlechtem Stroh und seine weit offenen, starren Augen hatten kein Leben mehr. Der Oberknecht drückte sie zu und betete für seinen Frieden.

So hat sich von uns sechsen – die wir einstmals mit Chrisam gesalbt worden sind – nur beim Würzelein der heilige Geist augenscheinlich gezeigt.

Als ich Bettelbub gewesen

Die schmale Straße, die durch den Wald ging, hatte weißen Sand und dunkles Moos, war zur sonnigen Zeit nicht staubig und in Regentagen nicht lehmig. Sie zog nicht in der Schlucht, sie zog auf der sanften Bergeshöhe hin, wo das kurze, grüne Heidekraut und in dünner Anzahl die alten, verknöcherten Fichtenbäumchen standen. Stellenweise ging der Weg über eitel grünen Rasen, und ein Wagengeleise war gedrückt; strebsame Ameisenvölker trieben auf dieser Straße ihren Handel und Wandel.

Und doch erstreckte sich der Weg aus weitem her und war von Menschen getreten. Hie und da stand etwas, wie ein Wegzeiger, eine hölzerne, wettergraue Hand wies geradeaus oder seitab und sagte nicht, wohin. An anderen Stellen wieder, wo ein alter, flechtenbewachsener Baumstamm hart am Wege ragte, prangte daran ein rotangestrichenes Holzkästchen mit einem Liebfrauenbildnis oder mit einem „Martertaferl", erzählend vom Unglücksfalle, der sich an der Stelle zugetragen, bittend um ein christlich Gebet.

Ich habe in der weiten Welt keinen Weg mehr gefunden, der mir so grauenhaft heilig erschienen wäre, als diese Straße, die durch unseren Wald strich und von der wir Kinder nicht wußten, woher sie kam und wohin sie ging. Erfahrene Leute sagten es zwar, sie käm' aus dem fernen Ungarlande und führe nach Mariazell. – 's ist ein ewiges Wandern von Sonnenaufgang her. Auch die wilden Türken vor drei- und mehr hundert Jahren sollen diesen stillen Weg herangewütet haben; auch kleine Zigeunerbanden trippelten zuweilen auf demselben daher, und dann einmal ein Handwerksbursche oder ein Bettelmann oder ein Schwärzer kam des Weges und verneigte sich vor den Bildnissen.

Im ganzen jedoch war der Weg sterbens einsam und die wenigen Häuser standen fernab im Tale oder auf entlegenen Bergen.

Doch war es alle Jahre einmal, zur Zeit der Bittage, in jener Maienwoche, in welcher unsere Religion das Fest der Himmelfahrt des Herrn feiert, daß auf diesem Waldwege eine förmliche Völkerwanderung ausbrach. Seltsame Menschen mit fremden Kleidern, Gebärden und Sprachen wallten scharenweise heran. Sie hatten braune Gesichter, knochige Glieder und struppige Haare. Sie hatten scharfe Augen, weiße Zähne, lange, kühn aufgeworfene Nasen und fremdartige Züge um die Mundwinkel. Die Männer trugen weiße, flatternde, unten befranste Linnenhosen, die so weit waren, daß sie aussahen wie Kittel, und dunkelblaue Übermäntel mit breit zurückgeschlagenen Krägen, und kleine Filzhütchen mit schmalen, aufgeringelten Krempen. Auch hatten sie blaue Westen an, besetzt mit einer Reihe von großen Silberknöpfen. Andere trugen wieder so enge weiße Beinkleider, als wären selbige über und über an die Glieder gewachsen, und anstatt mit Stiefeln hatten sie die Waden und den Fuß in kreuz und krumm mit Binden umwunden. Auch hatten manche der Männer schwere Übermäntel aus weißem Filze an ihren Achseln hängen, und diese Mäntel, sowie auch ihre Beinkleider waren ausgeziert mit roten oder blauen Rändern, und allerlei Geschnüre schnörkelte sich um die Wämser.

Die Weiber trugen blauschwarze oder weiße Kittelchen, die kaum ein bißchen übers Knie hinabgingen und bei jedem Schritt keck hin und her schlugen. Bei anderen wieder waren die Kittel so eng und die schwarzen faltenlosen Schürzen so breit, daß bei jedem Schritte die Rundungen der Gestalt hervortraten. Ferner trugen sie hohe und schwere Stiefel, daß unter denselben der Sand knarrte, oder sie gingen gar barfuß und hatten Staubkrusten an den Zehen. Weiters staken die Weiber in kurzen schwarzen Spenserchen oder sie hatten gar nur ein weites Hemd über Arm und Busen flattern. Die Köpfe hatten sie turbanartig mit einem Tuche umschlungen, unter dem schwarze Lokkensträhne hervorquollen.

So wogten sie lärmend und heulend heran, und jede Gestalt hatte ein weißes Bündel auf den Rücken gebunden und trug in der Hand einen glattgeschälten Stock. Diese Stöcke waren meist frisch in unseren Wäldern geschnitten, es waren Lärchenstäbe; auch an den Hüten trugen die Männer frischgeschnittene Lärchenzweige und Lärchenkränze; dieser herrliche Baum mit seinem weichen Genadel, wie er mit dem vielgestaltigen Marbelwerk der Rinde seines Schaftes in der Form einer hellgrünen Pyramide unsere Alpenwälder schmückt, war ihnen seltsam, er ist in jenen fernen, flachen Gegenden, aus denen die Scharen kamen, nimmer zu finden.

Die fremden Gestalten, welche in kleineren Rotten und großen Haufen einen ganzen Nachmittag lang heranströmten, kamen aus dem Ungarland und waren Magyaren und Slowaken. Es waren die bigotten Massen, die alljährlich einmal aus ihren Heimatsgemeinden davonwandern, um den weiten Weg von sechs bis acht Tagen bis zu dem weltberühmten Wallfahrtsorte Mariazell zu wallen. Ungarische Herren und slawische Fürsten hatten einst viel zum Ruhme und zur Verherrlichung der Gnadenstätte zu Zell getan, und so wogt heute noch der Strom jener Völker dem berufenen Alpentale zu und macht einen Hauptteil der gesamten Wallfahrer aus, die alljährlich in Zell erscheinen.

Es waren also fromme Wallfahrerscharen, die betend und singend unseren stillen Wald durchzogen. Jedes Häuflein trug eine lange rote Stange mit sich, auf welcher ein Kreuz mit bunten Bändern oder ein wallendes Fähnlein war. Vor jedem Bildnisse, wie sie am Wege standen, verneigten sie tief diese Stange; und wenn sie zu jener Höhung herangestiegen waren, auf welcher dem Wanderer das erstemal die zackige Hochkette des Schwabengebirges und der gewaltige Felsrücken der Hohen Veitsch sichtbar wird, standen sie still und senkten dreimal fast bis zur Erde ihren Fahnenstab. Begrüßten die Menschen aus dem Flachland die wilderhabene Alpennatur? Nein. In der Felsenkrone jener hohen Berge lag ihr heiliges Ziel, und das begrüßten sie mit Herz und Gebärden.

An diesem Punkte waren sie nur noch eine starke Tagreise entfernt von Zell; manche empfanden in solchem Gedanken zum Wandern neue Kraft, anderen sank der Mut im Anblicke der blauenden Alpenwände, die zu übersteigen waren. Bisweilen schleppten die Fremdlinge einen Genossen mit sich, der unterwegs erkrankt war. Einmal trugen sie auf frischer Lärchbaumtrage die Leiche eines auf der Straße verstorbenen Kameraden, um sie im nächsten Friedhofe zu bestatten.

So hallten am ersten Tage der Bittwoche die grellstimmigen Gebete der Ungarn und die melancholischen Lieder der Slawen durch unsere Gegend. Die Leute traten aus fernen Häusern und horchten den seltsamen Stimmen; wir Kinder aber pflegten eine andere Sitte. Wir zogen unsere

zerfahrensten Kleider an und mit fliegenden Lumpen hüpften wir der Straße zu. Dort knieten wir auf den Sand, aber so, daß wir auf unsere eigenen Fersen zu hocken kamen, und wenn eine der Kreuzscharen nahte, so rissen wir die Hauben vom Kopf, stellten dieselben als Gefäß vor uns hin und schlugen zuerst mit zagender, bald mit kecker Stimme zahlreiche Vaterunser los.
Die Früchte blieben nicht aus. Die Männer schossen Kreuzer in unsere Hauben, Weiber warfen uns Brot und Kuchen zu, welche, wie die Spuren ihrer Zähne daran gar oft bewiesen, sie ihrem eigenen Munde entzogen hatten. Andere hielten gar an, und öffneten ihr Bündel und kramten drin herum, und reichten uns Backwerk, und manch alt' Mütterlein, das unsertweg auf ein paar Minuten zurückgeblieben war, konnte die Schar wohl oft lange nicht mehr erreichen.
Manchmal stellten die Fremden Worte an uns, die wir nur mit glotzenden Augen zu beantworten wußten. Je seltsamer ihr Wesen und ihre Sprache war, je feiner und lieblicher zeigte sich die Gabe. Je brauner die Gesichter, je weißer war das Brot – wir hatten die Erfahrung bald gemacht. Vielleicht dachten die Geber an ihre Angehörigen in ferner Heimat, denen die Liebe galt, die uns fremden Kindern erwiesen wurde.
Bisweilen wurden wir auch in deutscher Sprache angeredet: wie wir hießen, wem wir zugehörten, wieviel unser Vater Ochsen hätte und ob wir auch Kornfelder besäßen. Des Grabenbergers Natzelein war unter uns, das gab stets die Antwort und log fürchterlich dabei: Wir gehörten armen Holzhauerleuten an, der Vater wäre vom Baum gefallen und die Mutter läge krank schon seit Jahr und Tag; Ochsen hätten wir nicht, aber zwei Ziegen hätten wir gehabt und die hätte der Wolf gefressen. Mit einem Kornakker wär's schon gar nichts, aber Pilze äßen wir und die wären heuer nicht gewachsen. – Ich bohrte vor heimlicher Wut über derlei Darstellungen die Zehen hinter mir in die Erde hinein. Ja, das Natzelein verfing sich derart in das

Lügen, daß es schließlich selbst unsere ehrenhaften Taufnamen falsch angab.
Die guten Ungarn schlugen hell ihre Hände zusammen über so arme Würmer, dann blickten sie in die Waldgegend hinaus und meinten, es wäre leicht zu glauben, es wäre eine elende Gegend; gar der Schnee lag noch hie und in den Gruben, zu einer Zeit, da auf den weiten Ebenen draußen längst das Korn in Ähren stand. Sie griffen dann in den Sack.
Das Natzelein war mir schon von jenem Rattner Kirchtag her verleidet, aber ich getraute mich vor den Fremden kein Wort zu sagen; und wenn sie mich zuweilen doch dahin brachten, daß ich den Mund aufmachte, so ward das Wort so ängstlich und leise hervorgemurmelt, daß sie mich nicht verstanden. Die anderen, besonders das Natzelein, kriegten daher immer mehr in ihre Hauben als ich; nur dann und wann ein mildherziges Weiblein legte mir, dem „Hascherl", was bei.
Einmal – ich und des Grabenbergers Natzelein waren allein – gerade vor dem Herannahen einer größeren Schar, nahm ich eine Stellung ein, die vorteilhafter war als der Platz, auf welchem das Natzelein hockte. Das Natzelein war darüber erbost, und als die Gaben wirklich in größerer Menge mir zuflogen, rief es aus: „Der da ist eh reich, sein Vater hat vier Ochsen und einen großen Grund! Vater unser, der du bist, usw."
Auf der Stelle wendete sich das Glück und alles Brot und Geld wäre in den Hut des Natzelein geflogen, da erhob ein Mann, der mitten unter den Wallfahrern stand, das Wort: „Schaut einmal den neidischen Schlingel an! Ihr seid beide nicht so arm, als daß ihr ohne unser Brot verhungern müßtet und auch nicht so reich, als daß wir euch die kleinen Gaben versagen wollten. Ihr seid Waldbauernkinder, aber ich gebe meinen Sechser diemal dem, dessen Vater vier Ochsen hat!"
Mein Lebtag vergeß ich's nimmer, wie jetzt die Batzen in mein Häublein klangen – hell zu Dutzenden, und ich

konnte nachgerade nicht schnell genug die „Vergelt's Gott!" sagen, daß auf jeden eins kam. Und da dieser wundersame Hagel, wie ich ihn noch nie erlebt hatte, gar nicht wollte aufhören, konnte ich die Lust in meinem Herzen nimmer verhalten, in ein helles Wiehern und Lachen brach ich aus; das Natzelein aber schleuderte seine fast leer gebliebene Haube mitten in die Straße und schoß wütend in den Wald hinein.

Mit Gelächter zog die Kreuzschar ab. Und ich hub an, meine Schätze zu zählen; in der Kappe und um dieselbe, im Sand und auf dem Moos und im Heidekraute lagen die Kreuzer und Sechser zerstreut. Und als ich sie alle versammelt hatte, wollte ich wohl verzichten auf alle weiteren Wallfahrertruppen, die heute noch kommen konnten, wollte schnurstracks heim zu meinen Eltern laufen, um ihnen das Glück zu verkünden. Da bin ich angepackt von rückwärts, zu Boden geworfen und auf meiner Brust reitet das Natzelein. Mit seinen strammen Händen preßt es meine Arme tief in das Heidekraut hinein und so grinst es mir ins Gesicht.

Stärker bin ich nicht, wie er, dachte ich bei mir, wenn ich auch *gescheiter* nicht bin, so ist's um mich gefehlt.

„Du!" murmelte das Bürschlein zwischen den Zähnen hervor, „gib mir die Hälfte vom Geld!"

„Nein", sagte ich trocken.

„So nehm' ich mir's selber."

„Dann spring' ich auf."

„Aber ich laß dich nicht los!"

„Dann kannst du das Geld nicht nehmen."

„Ich setz' dir meine Knie auf die Gurgel!"

„Ich laß mich umbringen, nachher wirst du gehenkt."

Der Gesang einer neuen Schar unterbrach die Verhandlung. Wir beide sprangen auf, stürzten zur Straße hin und lallten unser Gebet.

Das von den vielen Abenteuern an der Straße nur als Stücklein.

Und wenn das Tagwerk vorbei, so versammelten wir Kinder uns auf der Au, wo die Schafe noch grasten, und tauschten unsere Gaben um, wie sie jedem entsprachen. Geld war stets der gesuchteste Artikel; nur die Kinder armer Kleinhäusler und Köhlersleute gaben feine Leckerbissen und Kreuzerchen für ein Stück schwarzes Brot, wenn es nur groß war.

Am fünften Tage kehrten dieselben Scharen stets auf demselben Wege wieder zurück. Und jeder von den Wallfahrern hatte an seiner Brust einen oder mehrere Rosenkränze hängen oder Amulette, Frauenbildchen und funkelnde Kreuzlein und Herzen. Die Mädchen trugen rote und grüne Krönlein von Wachs auf ihrem Haupte. Die Bündel auf den Rücken hatten sich sehr bedeutend verkleinert und die Brote, die wir bekamen, waren hart und Geldstücke sprangen spärlich hervor aus den Taschen.

Doch lohnte es sich des Hockens immer noch und die Erwartung der Gabe war mindestens so anziehend, als die Gabe selbst.

Einmal, ich war schon an die elf Jahre alt geworden, kniete ich ganz allein am Stamme eines Bildnisses, und recht zungenfertig im Vaterunserhersagen, wie ich endlich geworden war, kehrte ich alle Vorteile des Absammlers heraus und hoffte reichlichen Gewinn. Da kam eine Kreuzschar; ein paar Brötchen wurden mir zugeworfen, und sie war vorüber.

Nur ein schon betagter, gutmütig aussehender Mann war zurückgeblieben, schritt ganz nahe an mich heran, neigte ein wenig sein Haupt zu mir nieder und sagte: „Bettelbub'!" Dann ging er den anderen nach.

Mir war das halbe Vaterunser im Mund steckengeblieben. Ich glotzte eine Weile um mich, dann stand ich langsam auf und schlich von dannen.

Das war mein letztes Hocken gewesen an unserer Waldstraße.

– Bettelbub! – Das Wort hat mich aufgeweckt. Ein junger gesunder Bursche, der mit seinem neuen grünen Hut Sonntags schon etlichemal gleich den Knechten ins Wirtshaus gegangen ist, der es demnächst mit dem Tabakrauchen probieren wird und der nicht allzuselten ins Fensterglas guckt, wie es mit dem Bart steht – ein solcher Bursche betteln!

Auch das Natzelein tut's nimmer. Das Natzelein ist ein reicher Bauer geworden und es gibt, wenn man ihm glauben darf, jeden Tag erklecklich Almosen an wahrhaft bedürftige Bettelleute.

Und die Magyaren und Slowaken kommen noch heute jenen einsamen Waldweg gezogen, immer an Kinder, die am Weg kauern, Gaben spendend, in ihrem Beten und Flehen *selbst* Bettelleute vor der Gnadenmutter zu Zell.

Weg nach Mariazell

Mein Vater hatte elf Saatfelder, die wir „Kornweiten" nannten und wovon wir alljährlich im Herbste ein neues für den Winterroggenbau umackerten, so daß binnen elf Jahren jeder Acker einmal an die Reihe kam. Ein solcher Jahresbau lieferte beiläufig dreißig Metzen Roggen; für die nächsten drei Jahre wurde dann das Feld für Hafersaat benützt und die sieben weiteren Jahre lag es brach, diente als Wiese oder Weide.

Unser vier – ich, mein Vater und die zwei Zugochsen – bestellten im Herbste das Roggenfeld. Hatten wir den Pflug, so führte mein Vater hinten die Pflug- und ich vorn die Ochsenhörner. Hatten wir die Egge mit ihren sechsunddreißig wühlenden Eisenzähnen, so leitete der Vater die Zugtiere und ich –

Ja, das war ein absonderlich Geschäft. Ich hockte mitten auf der Egge oben und ließ mich über den Acker hin und her vornehm spazieren fahren. Fuhr spazieren und verdiente dabei mein Brot. Der Acker hatte nämlich stellenweise so zähes und filziges Erdreich, daß die Egge nicht eingreifen wollte, sondern nur so ein wenig obenhin kratzte. Trotzdem durfte die Egge nicht zu schwer sein, schon um der Ochsen willen und auch nicht, weil an anderen Stellen doch wieder eine mürbe Erdschichte lag, in welcher tiefgehende Zähne mehr geschadet als genützt hätten.

So mußte denn stellenweise die Egge beschwert werden, und zwar durch ein lebendiges Gewicht, das zu rechter Zeit aufhocken und zu rechter Zeit abspringen konnte. Und dazu waren meine vierzig Pfunde mit den behendigen Füßlein gerade recht. Gefiel mir baß, wenn die Ochsen gut beim Zeug waren und die Egge hübsch emsig dahinkraute und auf und nieder wuppte, so daß mir der Vater zurief: „Halt' dich fest, Bub, sonst fliegst abi!"

Da hat sich eines Tages das große Glück zugetragen.

Es war morgens vorher mein zweiter Bruder geboren worden – ein Junge, daß es eine Freude war. Als wir hierauf das steile Schachenfeld umeggten, war mein Vater etwas übermütig und knallte stark mit der Peitsche. Fuhr- und Akkersleute, die keine Stimme haben zum Jauchzen oder Fluchen, lassen die Peitsche knattern und schmettern, daß es hinhallt in das Gebäume und zu anderen Menschen, die, wenn sie wollen und können, mitjauchzen oder mitfluchen mögen. Wir fuhren gerade an einem mit Büschen bewachsenen Steinhaufen vorüber, als meinem Vater – sicherlich des kleinen Jungen wegen – wieder die helle Lust aufschoß, die Peitsche schwang er und knallte eins herab. In demselben Augenblicke rauschte erschreckt eine ganze Familie von Haselhühnern aus dem Gebüsche auf – davor machten unsere Ochsen einen Sprung und schossen wild mit der Egge und mit mir, der darauf saß, quer über das steile Feld hinab. Mein Vater war beiseite geschleudert worden und konnte nun nachsehen, was mit seinem Gespann geschah. Die Rinder raseten dahin, die Egge hüpfte hoch empor und im nächsten Augenblicke war ich unter den Zähnen derselben und wurde hingeschleift.

Mein Vater soll die Augen zugemacht und sich gedacht haben: Jesses, kaum ist der Kleine da, ist der Große schon

hin. – Dann schlug er die Hände zusammen und rief es zu den Wolken empor: „Unsere liebe Frau Mariazell!"
Mittlerweile waren Ochsen und Egge über den Feldrücken hinüber und nicht mehr zu sehen. Dort unten aber auf dem braunen Streifen, den das Fuhrwerk über den Acker hingezogen hatte, lag ein Häuflein und bewegte sich nicht.
Mein Vater lief hinzu und riß es von der Erde auf – da hob es auch schon ketzermäßig an zu schreien. Der ganze Bub voll Erde über und über; ein Ärmel des Linnenröckleins war in Fetzen gerissen, über die linke Wade hinab rann Blut – sonst nichts geschehen. Hinter dem Feldsattel standen unversehrt auch die Ochsen. Mich nahm mein Vater jetzt auf den Arm. Ich hätte zehnmal besser laufen können als er, aber er bildete sich ein, ich müsse getragen sein, aus Zärtlichkeit und Dankbarkeit, daß ich noch lebe und aus Angst, ich möchte mich etwa jetzt erst verletzen. Als ich hörte, daß ich eigentlich in Todesgefahr gewesen war und von Rechts wegen jetzt in Stücke zerrissen nach Hause getragen werden sollte, hub ich erst recht an zu zetern. – Und so kamen wir heim, und wenn die alte Grabentraudel nicht vor der Tür die Antrittsteine sauber kehrt – weil die Godel kommen soll – und sie uns solchergestalt nicht den Eingang zur Wöchnerin verwehrt, so geschieht erst jetzt das Unglück: die Mutter springt vor Schreck aus dem Bett, kriegt das Fieber und stirbt.
Auch das hat die liebe Frau Mariazell verhindern müssen und hat es durch ihre Fürbitte erwirkt, daß es der Grabentraudel eingefallen ist, es wäre draußen der Antrittstein nicht ganz sauber und die Godel könnte leichtlich daran ein Ärgernis nehmen.
Später hat das mein Vater alles erwogen und ist hierauf zum Entschluß gekommen, mit mir zur Danksagung eine Wallfahrt nach Mariazell zu machen.
Ich war glückselig, denn eine Kirchfahrt nach dem eine starke Tagreise von uns entfernten Wallfahrtsort war mein Verlangen gewesen, seit ich das erstemal die Zeller Bild-

chen im Gebetbuche meiner Mutter sah. Mariazell schien mir damals nicht allein als der Mittelpunkt aller Herrlichkeit der Erde, sondern auch als der Mittelpunkt des Gnadenreiches unserer lieben Frau. Und so oft wir nun nach jenem Gelöbnisse auf dem Felde oder im Walde arbeiteten, mußte mir mein Vater all das von Zell erzählen, was er wußte, und auch all das, was er nicht wußte. Und so entstand in mir eine Welt voll Sonnenglanz und goldener Zier, voll heiliger Bischöfe, Priester und Jungfrauen, voll musizierender Engel, und inmitten unter ewig lebendigen Rosen die Himmelskönigin Maria. Und diese Welt nannte ich – Mariazell; sie steht heute noch voll zauberhafter Dämmerung in einem Abgrunde meines Herzens.
Und eines Tages denn, es war am Tage des heiligen Michael, haben wir vormittags um zehn Uhr Feierabend gemacht.
Wir zogen die Sonntagskleider an und rieben unsere Füße mit Unschlitt ein. Der Vater aß, was uns die Mutter vorgesetzt – ich hatte den Magen voll Freude. Ich ging ruhelos in der Stube auf und ab, so sehr man mir riet, ich solle rasten, ich würde noch müde genug werden.
Endlich luden wir unsere Reisekost auf und gingen davon, nachdem wir versprochen hatten, für alle daheim, und für jedes insbesondere bei der „Zellermutter" zu beten.
Ich wüßte nicht, daß meine Füße den Erdboden berührt hätten, so wonnig war mir. Die Sonne hatte ihren Sonntagsschein, und es war doch mitten in der Woche. Mein Vater hatte einen Pilgerstock aus Haselholz, ich auch einen solchen; so wanderten wir aus unserem Alpel davon. Mein Vater trug außer den Nahrungsmitteln etwas in seinem rückwärtigen Rocksack, das, in graues Papier eingewickelt, ich ihn zu Hause einstecken gesehen hatte. Er war damit gar heimlich verfahren, aber jetzt beschwerte es den Säckel derart, daß dieser bei jedem Schritte dem guten Vater eins auf den Rücken versetzte. Ich konnte mir nicht denken, was das für ein Ding sein mochte.
Wir kamen ins schöne Tal der Mürz und in das große Dorf

Krieglach, wo einige Tage zuvor mitten im Dorfe einige Häuser niedergebrannt waren. Ich hatte in meinem Leben noch keine Brandstätte gesehen. Ich schloß die Augen und ließ es noch einmal nach Herzenslust brennen, so daß mich mein Vater gar nicht von der Stelle brachte. Eine Frau sah uns zu und sagte endlich: „Mein, 's ist halt armselig mit so einem Kind – wenn es ein Hascherl ist."
Ich erschrak. Sie hatte mich gemeint und ich kannte die Ausdrucksweise der Leute gut genug, um zu verstehen, daß sie mich – wie ich so dastand mit offenem Mund und geschlossenen Augen – für ein Trottelchen hielt.
Ich war daher froh, als wir weiter kamen. Nun gingen wir schon fremde Wege. Hinter dem Orte Krieglach steht ein Kreuz mit einem Marienbilde und mit einer hölzernen Hand, auf welcher die Worte sind:
„Weg nach Mariazell."
Wir knieten vor dem Kreuze nieder, beteten ein Vaterunser um Schutz und Schirm für unsere Wanderschaft. „Das greift mich frei an", sagte mein Vater plötzlich und richtete sein feuchtes Auge auf das Bild, „sie schaut soviel freundlich auf uns herab." Dann küßte er den Stamm des Kreuzes und ich tat's auch und dann gingen wir wieder.
Als wir in das Engtal der Veitsch einbogen, begann es schon zu dunkeln. Rechts hatten wir den Bergwald, links rauschte der Bach, und ich fühlte ein Grauen vor der Majestät und Heiligkeit dieses Zeller Weges. Wir kamen zu einem einschichtigen Wirtshaus, wie solche in den Wäldern der Räubergeschichten stehen – doch über der Tür war trotz der Dämmerung noch der Spruch zu lesen: „Herr, bleib' bei uns, denn es will Abend werden!" – Aber wir gingen vorüber.
Endlich sahen wir vor uns im Tale mehrere Lichter. „Dort ist schon die Veitsch", sagte mein Vater, aber wir gingen nicht so weit, sondern bogen links ab und den Bauernhäusern zu, bei welchen es in der Niederaigen heißt. Und wir schritten in eines dieser Häuser und mein Vater sagte zur Bäuerin:

„Gelobt sei Jesu Christi, und wir zwei täten halt von Herzen schön bitten um eine Nachtherberg'; mit einem Löffel warmer Suppen sind wir rechtschaffen zufrieden und schlafen täten wir schon auf dem Heu."

Ich hatte gar nicht gewußt, daß mein Vater so schön betteln konnte. Aber ich hatte auch nicht gewußt, daß er auf Wallfahrtswegen nur ungern in ein Wirtshaus einkehrte, sondern sich Gott zur Ehr' freiwillig zum Bettelmann erniedrigte. Das war ein gutes Werk und schonte auch den Geldbeutel.

Die Leute behielten uns willig und luden uns zu Tische, daß wir aßen von allem, was sie selber hatten. Dann fragte uns der Bauer, ob wir Feuerzeug bei uns hätten, und als mein Vater versicherte, er wäre kein Raucher und er hätte sein Lebtag keine Pfeife im Munde gehabt, führten sie uns in den Stadl hinaus auf frisches Stroh.

Wir lagen gut und draußen rauschte das Wasser. Das mutete seltsam an, denn daheim auf dem Berge hörten wir kein Wasser rauschen.

„Im Gottesnamen", seufzte mein Vater auf, „morgen um solch' Zeit sind wir in Mariazell." Dann war er eingeschlafen.

Am anderen Morgen, als wir aufstanden, leuchtete auf den Bergen schon die Sonne, aber im Schatten des Tales lag der Reif. Von der Veitscher Kirche nahmen wir eine stille Messe mit; und als wir durch das lange Engtal hineinwanderten, an Wiesen und Waldhängen, Sträuchern und Eschenbäumen hin, über Brücken und Stege, an Wegkreuzen und Bauernhäusern, Mühlen, Brettersägen und Zeugschmieden vorbei, trugen wir jeder den Hut und die Rosenkranzschnur in der Hand und beteten laut einen Psalter. Des schämte ich mich anfangs vor den Vorübergehenden, aber sie lachten uns nicht aus; an den Zeller Straßen ist's nichts Neues, daß laut betende Leute daherwandern. Mein Vater betete überhaupt gern mit mir; er wird gewiß immer sehr andächtig dabei gewesen sein, aber mir kamen im Gebete stets so verschiedene und absonderliche Gedan-

ken, die mir sonst sicherlich nicht eingefallen wären. War ich im Beten, so kümmerte ich mich für alles, woran wir vorüberkamen, und wenn sonst schon gar nichts da war, so zählte ich die Zaunstecken oder die Wegplanken.
Heute gab mir vor allem das Ding zu sinnen, das mein Vater in seinem Sacke hatte und das im Rockschoß gerade so hin und her schlug, wie gestern. – Für einen Wecken ist's viel schwer. Für eine Wurst ist's viel groß. –
Ich war noch in meinen Erwägungen, da blieb mein Vater jählings stehen und das Gebet unterbrechend, rief er aus: „Du verhöllte Sau!"
Ich erschrak, denn das war meines Vaters Leibfluch. Er hatte sich ihn selbst erdichtet, weil die anderen ja alle sündhaft sind. „Jetzt kann ich schnurgerade zurückgehen auf die Niederaigen", sagte er.
„Habt Ihr denn was vergessen?"
„Das wär' mir ein sauberes Kirchfahrtengehen", fuhr er fort, „wenn man unterwegs die Leut' anluigt! – Hast es ja gehört, wie ich gestern erzählt hab', ich hätt' mein Lebtag keine Pfeifen im Maul g'habt. Jetzt beim Beten ist's mir eingefallen, wie ich dort den Holzapfelbaum seh', daß wir daheim auch einen alten Holzapfelbaum gehabt haben und daß ich unter dem Holzapfelbaum einmal 'glaubt hab', 's ist mein letztes End'. Totenübel ist mir gewesen, weil ich mit dem Riegelberger Peter das Tabakrauchen hab' wollen lernen. – Das ist mir gestern nicht eingefallen und so hab' ich unserm Herbergvater eine breite Lug' geschenkt und desweg will ich jetzt frei wieder zurückgehen und die Sach' in Richtigkeit bringen."
„Nein, zurückgehen tun wir nicht", sagte ich und in meinen Augen wird Wasser zu sehen gewesen sein.
„Ja", rief der Vater, „was wirst denn sagen, wenn du unsere liebe Frau bist und einer kommt weit her zu dir, daß er dich verehren möcht' und bringt dir eine großmächtige Lug' mit?!"
„Gar so groß wird sie wohl nicht sein", meinte ich und sann auf Mittel, das Gewissen meines Vaters zu beruhigen.

Da fiel mir was ein und ich sagte folgendes: „Ihr habt erzählt, daß Ihr Euer Lebtag keine Pfeife im Mund gehabt hättet. Das kann ja wohl wahr sein. Ihr habt bloß das Rohr und von dem nur die Spitz' im Mund gehabt."
Darauf schwieg er eine Zeitlang und dann sagte er: „Du bist ein verdankt hinterlistiger Kampel. Aber verstehst, das Redenverdrehen laß ich dir nicht gelten, und auf dem Kirchfahrtweg schon gar nicht. Ich hab's so gemeint, wie ich's gesagt hab', und der Bauer hat's so verstanden."
„So müsset es halt gleich beichten, wenn wir nach Zell kommen", riet ich und darauf ging er ein und wir zogen und beteten weiter.
Beim Rotwirt hielten wir an, mußten uns stärken. Wir hatten nun die Rotsohl zu übersteigen, den Sattel der Veitschalpe, die mit ihren Wänden schon lange auf uns hergestarrt hatte. Die Wirtin schlug die Hände zusammen, als sie den kleinwinzigen Wallfahrer vor sich sah und meinte, der Vater werde mich wohl müssen auf den Buckel fassen und über den Berg tragen, wenn ich nicht brav Wein trinke und Semmel esse.
Hinter dem Wirtshause zeigte eine Hand schnurgerade den steilen Berg hinan: „Weg nach Mariazell." Aber ein paar hundert Schritte weiter oben im Waldschachen stand ein Kruzifix mit der Inschrift: „Hundert Tage Ablaß, wer das Kruzifix mit Andacht küsset, und fünfhundert Tage vollkommenen Ablaß, wer Gelobt sei Jesus Christus sagt."
Auf der Stelle erwarben wir uns sechshundert Tage Ablaß.
Dann gingen wir weiter, durch Wald, über Blößen und Geschläge, bald auf steinigen Fahrwegen, bald auf glatten Fußsteigen, nach einer Stunde waren wir oben.
Wir setzten uns auf den weichen Rasen und blickten zurück in das Waldland, über die grünen Berge hin bis in die fernen blauen. Und zwischen den blauen heraus erkannte mein Vater jenen, auf welchem unser Haus stand. Dort ist die Mutter mit dem kleinen Brüderlein, dort sind sie alle,

die uns nachdenken nach Zell. Wie müssen die Leute jetzt klein sein, wenn schon der Berg so klein ist wie ein Ameisenhaufen! –
Es war die Mittagsstunde. Wir vermeinten vom Veitschtale herauf das Klingen der Glocke zu hören.
„Ja", sagte dann mein Vater, „wenn man's betrachtet, die Leut' sind wohl recht klein gegen die große Welt. Aber schau, mein Bübel, wenn schon die Welt so groß und schön ist, wie muß es erst im Himmel sein?"
Wir erhoben uns und gingen den ebenen Weg, der hoch auf dem Berge dahinführt, und ich sah schaudernd zum schroffen Gewände der Veitsch empor, das drohend, als wollte es niederstürzen, auf uns herabstarrte. Endlich standen wir vor einem gemauerten Kreuze, in dessen vergitterter Nische ein lieber, guter Bekannter stand. Der heilige Nikolaus, der alljährlich zu seinem Namenstage mich mit Nüssen, Äpfeln und Lebzelten beschenkte, anstatt daß ich ihm es tat. Und von diesem Kreuze sahen wir auf die Zeller Seite hinab. Doch wir sahen noch lange nicht Zell; wohl aber ein so wildes, steinernes Gebirge, wie ich es früher meiner Tage nicht gesehen hatte. Ein Gebet beim Nikolo, und wir stiegen hinab in die fremde, schauerliche Gegend.
Wir kamen durch einen finsteren Wald, der so hoch und dicht war, daß kein Gräslein wuchs zwischen seinen Stämmen. Mein Vater erzählte mir Raub- und Mordgeschichten, welche sich hier zugetragen haben sollen, und ein paar Tafeln an den Bäumen bestätigten die Erzählungen. Ich war daher recht froh, als wir in das Tal kamen, wo wieder Wiesen und Felder lagen und an der Straße wieder Häuser standen.
Wir waren bald in der Wegscheide, wo sich zwei Wege teilen, der eine geht nach Seewiesen und den anderen weist eine Hand: „Weg nach Mariazell."
„Wenn du nach Zell gehst, so wirst du die größte Kirche und die kleinste Kirche sehen", sagte mein Vater, „die größte finden wir heut' auf den Abend, zur kleinsten kom-

men wir jetzt. Schau, dort unter der Steinwand ist schon das rote Türml.“

Das Wirtshaus war freilich viel größer als die Kirche; in demselben stärkten wir uns für den noch dreistündigen Marsch, der vor uns lag.

Dann kamen wir an der gezackten Felswand vorüber, die hoch oben auf dem Berge steht und „die Spieler“ genannt wird. Drei Männlein sitzen dort oben, die einst in der Christnacht hinaufgestiegen waren, um Karten zu spielen. Zur Strafe sind sie in Stein verwandelt worden und spielen heute noch.

Die Straße ist hin und hin bestanden mit Wegkreuzen und Marienbildern; wir verrichteten vor jedem unsere Andacht und dann schritten wir wieder vorwärts, wohl etwas schwerfälliger als gestern, und im Rockschoße meines Vaters schlug fort und fort das unbekannte Ding hin und her.

Neben uns rauschte ein großer Bach, der aus verschiedenen Schluchten, zwischen hohen Bergen herausgekommen war. Die Berge waren hier gar erschrecklich hoch und hatten auch Gemsen.

„Jetzt rinnt das Wasser noch mit uns hinaus“, sagte mein Vater, „paß auf, wenn es *gegen* uns rinnt, nachher haben wir nicht mehr weit nach Zell.“

Wir kamen nach Gußwerk. Das hatte wunderprächtige Häuser, die waren schön ausgemeißelt um Türen und Fenster herum, als ob sich die Steine schnitzen ließen, wie Lindenholz. – Und da waren ungeheure Schmieden, aus deren Innern viel Lärm und Feuerschein herausdrang. Wir eilten hastig vorbei und nur bei der damals neuen Kirche kehrten wir zu. Das war wunderlich mit dieser Kirche – nur ein einzig Christusbild war drin, und sonst gar nichts, nicht einmal unsere liebe Frau. Und so nahe bei Mariazell! Die Lutherischen sollen es gerade so haben. – Wir gingen bald davon.

Und als wir hinter das letzte Hammerwerk hinaus waren und sich die Waldschlucht engte, daß kaum Straße und

Wasser nebeneinander laufen konnten – siehe, da war das Wasser so klar und still, daß man in der Tiefe die braunen Kieselsteine sah und die Forellen – und das Wasser rann gegen uns.

„Jetzt, mein Bübel, jetzt werden wir bald beim Urlaubkreuz sein“, sagte der Vater, „bei demselben siehst du den zellerischen Turm.“

Wir beschleunigten unsere Schritte. Wir sahen die Kapelle, die gerade vor uns auf dem Berge stand und die Sigmundskirche heißt. Da oben hat vor lange ein Einsiedler gelebt, der sich nicht für würdig gehalten, bei der Mutter Gottes in Zell zu sein, und der doch ihr heiliges Haus hat sehen wollen jede Stund'. Ein Vöglein hätte ich mögen sein, daß ich hätte hinauffliegen können zum Kirchlein und von dort aus Zell etliche Minuten früher schauen, als von der Straße.

An der Wegbiegung sah ich an einem Baumstamm ein Heiligenbild.

„Ist das schon das Urlaubkreuz?“

„Das kleine“, sagte mein Vater, „das ist erst zum Urlaubkreuz das Urlaubkreuz. Schau, dort steht es.“

Auf einem roten Pfahl ragte ein roter Kasten, der hatte ein grünangestrichenes Eisengitter, hinter welchem ein Bildnis war. Wir eilten ihm zu; ich hätte laufen mögen, aber mein Vater war ernsthaft. Als wir vor dem roten Bildstock standen, zog er seinen Hut vom Kopfe, sah aber nicht auf das Bild, sondern in das neu hervorgetretene Tal hin und sagte mit halblauter Stimme: „Gott grüß' dich, Maria!“

Ich folgte seinem Auge und sah nun durch die Talenge her und durch die Scharte der Bäume eine schwarzglänzende Nadel aufragen, an welcher kleine Zacken und ein goldener Knauf funkelten.

„Das ist der zellerische Turm.“

Mit stiller Ehrfurcht haben wir hingeschaut. Dann gingen wir wieder – ein paar Schritte vorgetreten und wir haben den Turm nicht mehr gesehen. Wir sollten ja bald an seinem Fuße sein ...

Noch eine Wegbiegung und wir waren im „Alten Markt" und hinter diesen Häusern stiegen wir die letzte Höhe hinan und hatten auf einmal den großen Marktflecken vor uns liegen, und inmitten, hoch über alles ragend und von der abendlichen Sonne beschienen, die Wallfahrtskirche.
Die Stimmung, welche zu jener Stunde in meiner Kindesseele lag, könnte ich nicht schildern. So wie mir damals, muß den Auserwählten zumute sein, wenn sie eingehen in den Himmel.
Wir taten, wie alle anderen auch – auf den Knien rutschten wir in die weite Kirche und hin zum lichterreichen Gnadenbilde, und ich wunderte mich nur darüber, daß der Mensch auf den Knien so gut gehen kann, ohne daß er es gelernt hat.
Wir besahen an demselben Abende noch die Kirche und auch die Schatzkammer. An den gold- und silberstrotzenden Schreinen hatte ich lange nicht die Freude, wie an den unzähligen Opferbildern, welche draußen in den langen Gängen hingen. Da gab es Feuersbrünste, Überschwemmungen, Blitzschläge, Türkenmetzeleien, daß es ein Schreck war. Es ist kaum eine Not, ein menschliches Unglück denkbar, das in diesen Dank- und Denkbildern nicht zur Darstellung gekommen wäre. Wer hat diesen Volksbildersälen je eine nähere Betrachtung gewidmet?
Wir stiegen auch auf den Turm; das war unerhört weit hinauf zwischen den finsteren Mauern, wie oft mochte der Rockschoß meines Vaters hin und her geschlagen haben, bis wir da oben waren! Und endlich standen wir in einer großen Stube, in welcher zwischen schweren Holzgerüsten riesige Glocken hingen. Ich ging zu einem Fenster und blickte hinaus – was war das für ein Ungeheuer? Die Kuppel eines der Nebentürme hatte ich vor Augen. Und du heiliger Josef! wo waren die Hausdächer? Die lagen unten auf dem Erdboden. – Dort auf dem weißen Streifen krabbelte eine Kreuzschar heran. Als der Türmer dieselbe

gewahrte, hub er und noch ein zweiter an, den Riemen einer Glocke zu ziehen. Diese kam langsam in Bewegung, der Schwengel desgleichen und als derselbe den Reifen berührte, da gab es einen so schmetternden Schall, daß ich meinte, mein Kopf springe mitten auseinander. Ich verbarg mich wimmernd unter meinen Vater hinein, der war so gut und hielt mir die Ohren zu, bis die Kreuzschar einzog und das Läuten zu Ende war. Nun sah ich, wie die beiden Männer vergebens an den Riemen zurückhielten, um die Glocke zum Stillstand zu bringen; hilfebereit sprang ich herbei, um solches auch an einem dritten niederschlängelnden Riemen zu tun – da wurde ich schier bis zu dem Gebälke emporgerissen.

„Festhalten, festhalten!" rief mir der Türmer zu. Und endlich, als die Glocke in Ruhe und ich wieder auf dem Boden war, sagte er: „Kleiner, kannst wohl von Glück sagen, daß du nicht beim Fenster hinausgeflogen bist!"

„Ja", meinte mein Vater, „kunnt denn da in der Zellerkirchen auch ein Unglück sein?"

Abends waren wir noch spät in der Kirche; und selbst als sich die meisten Wallfahrer schon verloren hatten und es auch an dem Gnadenaltare dunkel war bis auf die drei ewigen Lampen, wollte mein Vater nicht weichen. Gar seltsam aber war's, wie er sich endlich von seinen Knien erhob und in die Gnadenkapelle hineinschlich. Dort griff er in seine Rocktasche, langte den von mir unerforschten Gegenstand hervor, wickelte das graue Papier ab und legte ihn mit zitternder Hand auf den Altar.

Jetzt sah ich was es war – ein Eisenzahn von unserer Egge war es. –

Und am anderen Tage gegen Abend, als wir meinten, unsere Kirchfahrt so verrichtet zu haben, daß Maria und unser Gewissen zufrieden sein konnten, gingen wir wieder davon. Beim Urlaubkreuz blickten wir noch einmal zurück auf die schwarze, funkelnde Nadel, die zwischen zwei Bäumen hervorglänzte.

„Behüt' dich Gott, Mariazell", sagte mein Vater, „und

wenn Gottes Willen, so möchten wir noch einmal kommen, ehvor wir sterben." –
Dann gingen wir bis Wegscheid', dort hielten wir nächtliche Rast. Und am nächsten Tage überstiegen wir wieder den Berg und durchwanderten das Veitschtal. Als wir zu den Bauernhäusern der Niederaigen kamen, sprach mein Vater dort zu, wo wir auf dem Vorweg zur Nacht geschlafen hatten, machte das Einbekenntnis wegen der Pfeife und überreichte der Bäuerin ein schön bemaltes Bildchen von Mariazell.
Als wir am Abende desselben Tages heimgekommen waren und uns zur Suppe gesetzt hatten, soll ich, den Löffel in der Hand, eingeschlafen sein.

Als ich zur Drachenbinderin ritt

Wenn mein Vater am Sonnabend beim Rasieren saß, da mußte ich unter den Tisch kriechen, weil es über dem Tisch gefährlich war.
Wenn mein Vater beim Rasieren saß, wenn er seine Backen und Lippen dick und schneeweiß eingeseift hatte, daß er aussah wie der Stallbub, welcher der Kuhmagd über den Milchrahm gekommen; wenn er dann das glasglänzende Messer schliff an seinem braunledernen Hosenträger und hierauf langsam damit gegen die Backen fuhr, da hub er an, den Mund und die Wangen und die Nase und das ganze Antlitz derart zu verzerren, daß seine lieben, guten Züge schier gar nicht mehr zu erkennen waren. Da zog er seine beiden Lippen tief in den Mund hinein, daß er aussah wie des Nachbars alter Veit, der keine Zähne mehr hatte; oder er dehnte den Mund nach links oder rechts in die Quere, wie die Köhlersani tat, wenn sie mit den Hühnern keifte; oder er drückte ein Auge zu und blies eine Wange an, daß er war, wie der Schneider Tinili, wenn ihn sein Weib gestreichelt hatte.

Die spaßhaftesten Gesichter der ganzen Nachbarschaft fielen mir ein, wenn der Vater beim Rasieren saß. Und da kam mir das Lachen.

Darauf hatte mein Vater stets liebevoll gesagt: „Gib Ruh', Bübel." Aber kaum die Worte gesprochen waren, wuchs wieder ein so wunderliches Gesicht, daß ich erst recht herausplatzte. Er guckte in den kleinen Spiegel und schon meinte ich, sein schiefes Antlitz werde in ein Lächeln auseinanderfließen. Da rief er plötzlich: „Wenn du keine Ruh' gibst, Bub, so hau' ich dir den Seifenpinsel hinüber!"

Kroch ich denn unter den Tisch und das Kichern schüttelte mich, wie die Nässe den Pudel. Der Vater aber konnte sich ruhig rasieren und war nicht mehr in Gefahr, über seine und meine Grimassen selbst in ein unzeitiges Lachen auszubrechen.

So war's einmal an einem Winterabend, daß der Vater beim Seifenschüsselchen saß und ich unter dem Tisch, als sich draußen in der Vorlauben jemand den Schnee von den Schuhen strampfte. Gleich darauf ging die Tür auf und ein großer Mann trat herein, dessen dichter roter Schnurrbart Eiszapfen trug, wie draußen unser Bretterdach. Er setzte sich gleich nieder auf eine Bank, zog eine bauchige Tabakspfeife aus dem Lodenmantel, faßte sie mit den Vorderzähnen und während er Feuer schlug, sagte er: „Tust dich balbieren, Waldbauer?"

„Ja, ich tu' mich ein wenig balbieren", antwortete mein Vater, und kratzte mit dem Schermesser und schnitt ein Gesicht.

„Na, ist recht", sagte der fremde Mann.

Und später, als er schon von Wolken umhüllt war und die Eiszapfen bereits niedertröpfelten von seinem Barte, tat er folgende Rede: „Ich weiß nicht, Waldbauer, wirst mich kennen oder nicht? Ich bin vor fünf Jahren einmal an deinem Hause vorbeigegangen und hab' beim Brunnen einen Trunk Wasser genommen. Ich bin von der Stanz, bin der Drachenbinderin ihr Knecht. Ich bin da um deinen größeren Buben."

Mir unter dem Tisch schoß es bei diesen Worten heiß bis in die Zehen hinaus. Mein Vater hatte nur einen einzigen größeren Buben und der war ich. Ich duckte mich in den finstersten Winkel hinein.

„Um meinen Buben bist da?“ entgegnete mein Vater, „den magst wohl haben, den werden wir leicht entraten; halt ja, er ist gar so viel schlimm.“

Bauersleute reden gern so herum, um ihre vorwitzigen Kinder zu necken und einzuschüchtern. Allein der Fremde sagte: „Nicht so, Bauer, gescheiterweis'! Die Drachenbinderin will was aufschreiben lassen, ein Testament oder so was, und sie weiß weit und breit keinen zu kriegen, der das Schreiben tät' verstehen. Jetzt, da hat sie gehört, der Waldbauer im Alpel hätt' so ein ausbündig Bübel, dem solch Ding im kleinen Finger stecken tät'; und so schickt sie mich her und laßt dich bitten, Bauer, du sollst die Freundschaft haben und ihr deinen Buben auf einen Tag hinüberleihen; sie wollt' ihn schon wieder fleißig zurückschicken und ihm was geben zum Lohn.“

Wie ich das gehört hatte, klopfte ich mit den Schuhspitzen schon ein wenig an den Tischschragen – das täte mir gleich nicht übel gefallen.

„Geh'“, sagte mein Vater, da er auf einem Backen bereits glatt gekratzt war, „wie könnt' denn mein kleiner Bub' jetzt im tiefen Winter in die Stanz gehen, ist ja völlig vier Stunden hinüber!“

„Freilich wohl“, versetzte der große Mann, „deswegen bin ich da. Er steigt mir auf den Buckel hinauf.“

„Versteh's schon“, drauf mein Vater, „Buckelkraxentragen.“

„Nu, und nachher wird's wohl gehen, Waldbauer, und wenn der Sonntagabend kommt, trag' ich dir ihn wieder ins Haus.“

„Je nu, dasselb' weiß ich wohl, daß du mir ihn wieder redlich zurückstellst“, sagte mein Vater, „und wenn die Drachenbinderin was will schreiben lassen und wenn du der Drachenbinderin ihr Knecht bist, und wenn mein Bübel mit dir will – meinetwegen hat's keinen Anstand."

Die Worte hatte er bereits mit glattem, verjüngtem Gesichte gesprochen.

Eine kleine Weile nachher stak ich in meinem Sonntagsgewand; glückselig über die Bedeutung, ging ich in der Stube auf und ab.

„Du ewiger Jud', du", sagte mein Vater, „hast mehr kein Sitzfleisch?"

Aber mir ließ es keine Ruhe mehr. Am liebsten hätte ich mich sogleich auf das breite Genick des großen Mannes niedergelassen und wäre davongeritten. Da kam erst die Mutter mit dem Sterz und sagte: „Esset ihn, ihr zwei, ehe ihr fortgeht!"

Umsonst hatte sie es nicht gesagt; ich habe unseren breitesten hölzernen Löffel nie noch so hochgeschichtet gesehen, als zur selbigen Stunde, da ihn der fremde große Mann von dem Sterztrog unter seinen Schnurrbart führte. Ich aber ging in der Stube auf und ab und dachte, wie ich nun der Drachenbinderin ihr Schreiber sein werde.

Als hierauf die Sache insoweit geschlichtet war, daß die Mutter den Sterztrog über den Herd stülpen konnte, ohne daß auch nur ein Brosamchen herausfiel, da hüpfte ich auf das Genick des Mannes, hielt mich am Barte fest und ritt denn in Gottes Namen davon.

Schon ging die Sonne unter; in den Tälern lagen Schatten, die fernen Schneehöhen der Almen hatten einen mattroten Schein.

Als mein Gaul über die kahlen Weiden aufwärts trabte, da trug ihn der Schnee, aber als er in die Gegend des jungen Lärchenwuchses und des Fichtenwaldes kam, da wurde die Bodenkruste trügerisch und brach ein. Jedoch darauf war er vorgesehen. Als wir zu einem alten, hohlen Lärchenbaum kamen, der sein Geäste recht keck in die Luft hinausreckte, hielt er an, langte mit einer Hand in die schwarze Höhlung und zog ein paar aus Weiden geflochtene Fußscheiben hervor, die er an die Schuhsohlen band.

Mit diesen breiten Sohlen begann er die Wanderung von neuem; es ging langsam, denn er mußte die Füße sehr weit auseinanderbiegen, um die Scheiben füreinander zu bringen, aber mit solchen Entenfüßen brach er nicht mehr durch.

Auf einmal, es war schon finster und die Sterne leuchteten klar, hub mein Gaul an, mir die Schuhe loszulösen, zog sie zuletzt gar von den Füßen und tat sie in seine aufgebundene Schürze. Dann sagte er: „Jetzt, Bübel, steck' deine Pfötelein da in meine Jackentaschen, daß die Zehen nicht herabfrieren." Meine vorgereckten Hände nahm er in die seinen und hauchte sie mit dem warmen Atem an – was anstatt der Handschuhe war.

An meinen Wangen kratzte die Kälte, der Schnee winselte unter den Scheiben – so ritt ich einsam fort durch den Wald und über die Höhen. Ich ritt über den ganzen langen Grat des Hochbürstling, wo ich nicht einmal zur Sommerszeit noch gewesen war! Ich preßte zuweilen, wenn es schon ganz langsam ging, meine Knie in die Weichen, und mein Gaul ertrug es willig und ging, wie er konnte, und er wußte den Weg. Ich ritt an einem Pfahle vorbei, auf welchem Winter und Sommer der heilige Viehpatron Erhardi stand. Ich kannte den heiligen Erhardi von daheim; ich und er hatten zusammen die Aufsicht über meines Vaters Herden; er war immer viel angesehener als ich, ging ein Rind zugrunde, so hatte ich, der Halterbub, die Schuld; gediehen die anderen recht, so hatte er das Lob. – Nun tat's mir wohl, daß er sah, wie ich es zum Rittersmann gebracht.

Endlich wendete sich der Lauf, ich ritt abwärts über Stock und Stein, und immer niederwärts, einem Lichtlein zu, das unten in der Tiefe flimmerte. Und als so alle Bäume und Gegenden an mir vorübergegangen waren und ich vor mir den dunkeln Klumpen mit der kleinen Tafel des Lichtscheines hatte, stand mein guter Christof still und sagte: „Du liebes Waldbauernbübel! Da du mir fremdem Menschen so unbesonnen gefolgt bist – wohl könnte es sein, daß ich schon jahrelang einen Groll hätt' gegen deinen Vater, und daß ich dich jetzt in eine Räuberhöhle führte."

Horchte ich einen Augenblick so hin.

Weil er zu seinen Worte nichts mehr beisetzte, so sagte ich in demselben Tone: „Da mein Vater mich der Drachenbinderin ihrem Knechte so anvertraut hat, und da ich so unbesonnen gefolgt bin, so wird der Drachenbinderin ihr Knecht keinen Groll haben können und mich nicht in eine Räuberhöhle führen."

Der Mann hat nach diesen meinen Worten in seinen Bart gepfustert. Bald darauf hub er mich auf einen Strunk an der Wand und sagte: „Jetzt sind wir bei der Drachenbinderin ihrem Hause." Er machte an dem dunkeln Klumpen eine Tür auf und trug mich hinein.

In der kleinen Stube war ein Herd, auf dem das Häufchen Glut lag, ein Kienspan, der brannte, und ein Strohlager, auf dem ein Kind schlief. Daneben stand ein Weib, das schon sehr alt und gebückt war und das im Gesicht schier so blaß und faltenreich aussah, wie das grobe Nachtkleid, in das es gehüllt stand.

Dieses Weib stieß, als wir eintraten, jauchzende Töne aus, hub dann heftig zu lachen an und verbarg sich hinter dem Herde.

„Das ist die Drachenbinderin", sagte mein Begleiter, „sie wird gleich zu dir reden, setze dich hieweilen auf den Schemel da neben dem Bett und tu' deine Schuh' wieder an."

Ich tat es und er setzte sich daneben auf einen Holzblock.

Als das Weib still geworden war, trippelte es am Herde herum und brachte uns in einer Tonschüssel eine graue dampfende Mehlsuppe und zwei beinerne Löffel dazu. Der Knecht aß würdevoll und beharrlich, mir wollte es nicht schmecken. Zuletzt stand der Knecht auf und sagte leise zu mir: „Schlaf' wohl, du Waldbauernbub!" und ging davon.

Und als ich in der schwülen Stube allein war mit dem

schlummernden Kinde und dem alten Weibe, da hub es mir an, unheimlich zu werden. Doch nun trat die Drachenbinderin heran, legte ihre leichte, hagere Hand an meine Wange und sagte: „Dank' dir Gott unser lieber Herr, daß du zu mir gekommen bist! – Es währet kein halbes Jährlein noch, seit mir meine Tochter ist gestorben. Das da“ – sie deutete auf das Kind – „ist mein junger Zweig, ist ein gar armer Wurm, wird mein Erbe sein. Und jetzt hör' ich schon wieder den Tod anklopfen an meiner Tür; ich bin alt schon an die achtzig' Jahr'. Mein Leblang hab' ich gespart – mein Sargbett will ich mir wohl erbetteln von guten Leuten. Mein Mann ist früh gestorben und hat mir das Drachenbinderhäusel, wie es genannt wird, zurückgelassen. Meine Krankheiten haben mir das Häusel wieder gekostet – sind's aber nicht wert gewesen. Was ich hinterlaß, ist meinem Enkelkind zu eigen. In sein Köpfel geht's heut noch nicht hinein und in die Hand geben kann ich's keinem Menschen. So will ich's schreiben lassen, daß es bewahrt ist. Durch den Schulmeister in der Stanz will ich's nicht tun und der Doktor kann's ohne Stempelgeld vielleicht nicht machen. So haben die Leut' vom Waldbauernbuben erzählt, der wär' so hoch gelehrt, daß er einen letzten Willen wüßt' zu schreiben. Und hab' ich dich von weiten Wegen bringen lassen. Morgen tu' mir die Lieb', und heute geh' zur friedsamen Ruh'.“

Sie geleitete mich mit dem brennenden Span in eine Nebenkammer; die war nur aus Brettern geschlagen. Ein Lager von Heu und eine Decke aus dem dicken Sonntagskleide des Weibes war da, und in einem Winkel stand aus wurmstichigem Holz ein winziges Kirchlein mit zwei Türmen, in welchen Glöcklein schrillten, so oft wir auf den schwankenden Fußboden traten. Die Drachenbinderin steckte den Span in ein Turmfenster, segnete mich mit einem Daumenkreuze und bald darauf war ich allein in der Kammer.

Es war kalt, ich fröstelte vor dem Winter und vor dem Weibe, das meine Gastfrau war; aber noch ehe ich mich ins

Nest verkroch, machte ich mit Neugierde die Tür des Kirchleins auf. Eine Maus huschte heraus, die hatte wohl eben an dem goldpapiernen Altare und der pappenen Hand des heiligen Josef ihr Nachtmahl gehalten. Es waren Heilige und Engel da, und bunte Fähnlein und Kränzlein – ein lieblich Spiel. Ich meinte, das sei gewiß der alten Drachenbinderin ihre Pfarrkirche, weil das Weib doch schon viel zu mühselig, um nach Stanz zum Gottesdienst zu wandern. Ich betete vor dem Kirchlein mein Abendgebet, worin ich den lieben Herrgott bat, mich in dieser Nacht recht zu beschützen; dann löschte ich den Span aus, daß er nicht zu den Turmfenstern hineinbrennen konnte und legte mich auf das Heu. – Mir kam es vor, als wäre ich losgerissen von mir selber und ein gelehrter Schreiber in einem fernen kalten Hause, während der wahrhaftige Waldbauernbub daheim in dem warmen Nestlein schlummere. Als ich endlich im Einschlafen war, hörte ich drinnen in der Stube wieder das kurz ausgestoßene Jauchzen und bald darauf das heftige Lachen.

Was ergötzt sie denn so sehr und wen lacht sie aus? –

Ich sann auf Flucht.

Ein Wandbrett wäre doch leicht ausgehoben – aber der Schnee!

Erst gegen Morgen schlief ich ein und träumte von einer roten Maus, die allen Heiligen der Kirche die rechte Hand abgebissen hatte. Und zum Turmfenster sah mein Vater mit den eingeseiften schiefen Backen heraus, und er hielt einen brennenden Span im Mund; ich schluchzte und kicherte zugleich.

Als ich endlich erwacht war, spielte es, als wäre die Kammer ein Käfig mit silbernen Spangen, so strahlte das weiße Tageslicht durch die aufrechten Bretterfugen. Und als ich hinausging vor die Tür, da staunte ich, wie eng die Schlucht, und wie fremd und hoch und winterlich die Berge waren.

Im Hause schrie das Kind und jauchzte wieder die Drachenbinderin.

Bei der Frühsuppe war auch mein Gaul wieder da; aber er sagte schier kein Wort, er sah nur auf sein Essen und als dieses um war, stand er auf, setzte seinen großmächtigen Hut auf und ging gegen Stanz hinaus zur Kirche.
Als das Weib das Kind beruhigt, die Hühner gefüttert und andere Dinge des Hauses getan hatte, schob es den Holzriegel vor die äußere Tür, ging in die Kammer und hub mit den kleinen Glocken des Kirchleins zu läuten an.
Dann entzündete sie zwei Kerzen, die am Altare standen und dann tat sie ein Gebet, wie ich meiner Tage keines gehört habe.
Sie kniete vor dem Kirchlein, streckte die Hände aus und murmelte:
„Von wegen der Marterwunden deiner rechten Hand, du kreuzsterbender Heiland, tu' meine verstorbenen Eltern erretten, wenn sie noch in der Pein sind. Schon der Jahre ein halbes Hundert sind sie in der Erden, und heut' noch hör' ich meinen Vater rufen um Hilf' mitten in der Nacht. – Von wegen der Marterwunden deiner linken Hand laß dir empfohlen sein meiner Tochter Seel'. Sie hat kaum mögen die Welt anschauen, und wie sie dem Gatten das Kindlein in die Hand will legen, da kommt der bittere Tod und tut sie uns begraben. – Von wegen der Marterwunden deines rechten Fußes will ich dich bitten wohl im Herzen für meinen Mann und für meine Blutsfreund' und Guttäter und daß du den Waldbauernbuben nicht wolltest vergessen. – Von wegen der Marterwunden deines linken Fußes, du kreuzsterbender Heiland, sei auch eingedenk in Lieb' und Gnaden all' meiner Feinde, die mich mit Händen haben geschlagen und mit Füßen haben getreten. – Von wegen der Marterwunden deines heiligen Herzens sei zu tausend- und tausendmal angerufen: Du gekreuzigter Gott, schließe mein Enkelkind in dein göttliches Herz. Sein Vater ist bei den Soldaten in weitem Feld, ich hab' leicht kein langes Verbleiben, du mußt dem Kind ein Vormund sein, ich bitte dich! Amen!"
So hatte sie gebetet. Die roten Kerzen brannten fromm. –

Ich hab' gemeint zur selben Stund': wenn ich der lieb' Herrgott wäre, ich stiege herab vom Himmel und tät' das Kind nehmen in meine Händ' und tät' sagen: Auf daß du's siehst, Drachenbinderin, ich halt's an meinem Herzen warm und will sein Vormund sein! –

Aber ich bin der lieb' Herrgott nicht gewesen.

Nach einer Weile sagte das Weib: „Jetzt heben wir zu schreiben an." – Aber wie wir wollten zu schreiben anheben, da war keine Tinte, keine Feder und kein Papier. Allmiteinander hatten wir falsch gedacht; sie, daß ich das Zeug mitbringen, ich, daß sie es im Haus haben würde. „Ach", sagte sie, „das ist ein Kreuz!"

Ich hatte einmal das Geschichtchen gehört von jenem Doktor, der in Ermanglung der Dinge sein Rezept an die Stubentür geschrieben. – 's war hier der Nachahmung wert; fand sich aber keine Kreide im Haus. Ich wußte mir keinen Rat und ich schämte mich unsagbar, daß ich ein Schreiber ohne Feder war.

„Waldbauernbub", sagte das Weib, „leicht hast du's auch mit Kohlen gelernt?"

Ja, ja, mit Kohlen, wie sie auf dem Herde lagen, das war ein Mittel.

„Und das ist in Gottes Namen mein Papierblatt", sprach sie, und hob die Decke eines alten Schrankes empor, der hinter dem Ofen stand. In dem Schranke waren Lodenschnitzel, ein Stück Linnen und ein rostiger Spaten. Als die Drachenbinderin bemerkte, daß ich auf den Spaten blicke, wurde sie völlig verlegen, deckte ihr altes Gesicht mit der blauen Schürze und murmelte: „'s ist wohl eine Schande!"

Mir fuhr's ins Herz; ich hielt das für einen Vorwurf, daß ich kein Schreibzeug bei mir habe.

„Wirst mich rechtschaffen auslachen, Waldbauernbub, daß er gar so rostig ist", lispelte die Alte, „aber tu' ja nichts Schlechtes von mir denken; ich kann halt nicht mehr, ich kann nicht mehr, ich bin schon gar soviel ein mühseliger Mensch."

Jetzt verstand ich vielleicht, das arme Weib schämte sich, daß es den Spaten nicht mehr handhaben konnte und daß dieser so rostig geworden.
Ich suchte mir am Herd ein spitzes Stück Kohle – die Kiefer ist so gut und leiht mir die Feder, daß ich das Testament, oder was es sein wird, der alten Drachenbinderin vermag aufzuschreiben.
Als also der falbfarbige Schrank offen stand und ich bereit war, auf die Worte des Weibes zu hören und sie zu verzeichnen, daß sie nach vielen Jahren dem Enkel eine Botschaft seien – da tat die Alte neben mir plötzlich ein helles Aufjauchzen. Eilig wendete sie sich seitab, jauchzte zwei- und dreimal und brach zuletzt in ein heiseres Lachen aus.
Ich zerrieb in der Angst fast die Kohle zwischen meinen Fingern und schielte nach der Tür.
Als das Weib eine Weile gelacht hatte, war es still, tat einen tiefen Atemzug, trocknete sich den Schweiß, wendete sich zu mir und sagte: „So schreib'. Hoch werden wir nicht zählen, fang' aber doch an im oberen Eck'."
Ich legte die Hand auf die oberste Ecke des Deckbrettes.
Hierauf sprach das Weib folgende Worte: „Eins und eins ist Gott allein. – Das, du Kind meines Kindes, ist dein eigen."
Ich schrieb die Worte auf das Holz.
„Zwei und zwei", fuhr sie fort, „zwei und zwei ist Mann und Weib. Drei und drei das Kind dabei. Vier und fünf bis acht und neun, weil die Sorgen zahllos sein. – Bet', als hättest keine Hand; arbeit', als wär' kein Gott bekannt. Trage Holz und denk' dabei: Kochen wird mir Gott den Brei." – –
Als ich diese Worte schlecht und recht geschrieben hatte, senkte sie den Deckel auf den Schrank, versperrte ihn sorgsam und sagte zu mir: „Jetzt hast du mir eine große Guttat erwiesen, jetzt ist mir ein schwermächtiger Stein vom Herzen. Diese Truhen da ist das Vermächtnis für mein Enkel-

kind. – Und jetzt kannst du sagen, was ich dir geben soll für deinen Dienst."

Ich schüttelte den Kopf, wollte nichts verlangen, als daß ich das Sprüchel auswendig lernen und mit heimtragen dürfe.

„So gut schreiben und so weit herreisen und eine ganze Nacht Kälte leiden und zuletzt nichts dafür nehmen wollen, das wär' sauber!" rief sie, „Waldbauernbub, das kunnt ich nicht angehen lassen."

Ich blinzelte durch die offene Tür ein wenig in die Kammer hinein, wo das Kirchlein stand. – Da roch sie's gleich. „Mein Hausaltar liegt dir im Sinn", sagte sie, „Gotteswegen, so magst du ihn haben. Man kann's nicht versperren wie die Truhen, das liebe Kirchel, und die Leut' täten mir's doch nur verschleppen, wenn ich nicht mehr bin. Bei dir ist's in Ehren und du denkst wohl an die alte Drachenbinderin zur heiligen Stund', wenn du betest."

Das ganze Kirchlein hat sie mir geschenkt. Und das war jetzt vielleicht die größte Seligkeit meiner ganzen Kindschaft.

Gleich wollte ich es auf die Achsel nehmen und forttragen über die Alpe zu meinem Hause. Aber das Weib sagte: „Du lieber Närrisch, das kunnt wohl auf alle Mittel und Weis' nicht sein. Kommt erst der Knecht heim, der wird einen Rat schon wissen."

Und als der Knecht heimgekommen war und mit uns das Mittagsbrot gegessen hatte, da wußte er einen Rat. Er band mir das Kirchlein mit einem Strick auf den Rücken, dann ließ er sich nieder vor dem Holzblock und sagte: „Jetzt, Bübel, reit' wieder auf!"

Saß ich denn das zweitemal auf seinem Nacken, steckte die Füße in seine Jackentaschen wie in Steigbügeln und umschlang mit den Händen seinen Hals. Die Alte hielt mir das erwachende Kind noch vor, daß es mir das Händchen hinhalte, sagte noch gute Worte des Dankes, huschte hinter den Ofen und jauchzte.

Ich aber ritt davon, und an meinem Rücken klöpfelten die

Heiligen in der Kirche, und in den Türmen schrillten bei jeder Bewegung die Glöcklein.

Als der Mann mit mir emporgestiegen war bis zu den Höhen des Bürstling und sich dort wieder die Schneescheiben festband, da fragte ich ihn, warum denn die Drachenbinderin allfort so jauchze und lache.

„Das ist kein Jauchzen und Lachen, liebes Waldbauernbüblein", antwortete mir der Mann, „die Drachenbinderin hat eine Krankheit zu tragen. Sie hat jahrelang so ein Schlucksen gehabt und ist nach und nach, wie der Bader sagt, das Krampfschreien und das Krampflachen daraus geworden. Jetzt ballt sich ihr Eingeweide zusammen, und wenn sie in der Erregung ist, so hat sie die Anfälle. Sie kann auch keine Speisen mehr vertragen und sieht den Tod vor Augen."

Ich entgegnete kein Wort, blickte auf die schneeweißen Höhen, auf den dämmerigen Wald, und sah, wie wir an dem reinen Sonntagsnachmittag sachte abwärts stiegen gegen mein Heimatshaus. Ich dachte, wie ich die Kirche, die ich zum Vermächtnis bekommen, nun aufstellen wolle in der Stube und darin Gottesdienst halten, auch für das arme Weib, das vor lauter Kranksein jauchzen muß. Etliche Wochen drauf sind die Glöcklein zur Trauer geläutet worden ...

Als ich mir die Welt am Himmel baute

Nach solchen Erfahrungen wird einem das wiedergekehrte Alltagsleben zwischen den Wäldern langweilig. Man will immer was Neues haben.

Ich war damals ein Bursche in den Jahren, wo man mit dem Knaben nicht mehr viel anzufangen weiß, den Junggesellen aber lange noch nicht im Jöppel hat. Trug eine ungebleichte Leinwandhose, eine Jacke aus grauem Wilfling und eine buntgestreifte Zipfelmütze. War barfuß und ungeschickt im Gehen und Laufen, jeden Tag trug ich eine andere Zehe in der Binde. Die Haare hatte ich mit den fünf Fingern vorn herabgekämmt, mit den Zähnen kaute ich an einem Strohhalm. Es war mit mir bisweilen nichts anzufangen; wenn man mich auf das Feld stellte, so stolperte ich über den Pflug und den Spaten und wenn man mich in den Wald schickte, so hieb ich die Axt anstatt in das Holz in einen Stein und bald war die Schneide des Werkzeuges so stumpf, daß man darauf hätte reiten können. Und dann stand ich da und hielt die zehn Finger in den Händen und glotzte zum Himmel auf.

Unsere Waldwege waren mir schon gar so lästig geworden, das ewige Dunkelgrün und das ewige Vögelzwitschern und Windrauschen war nicht mehr auszuhalten. Es war einerlei, immer einerlei. Und ich sann, träumte anderem nach. Da eines Tages – ich weidete unsere Herde auf der Hochöde, wie wir ein hochgelegenes Brachfeld, auf dem schon die Eriken und Wacholder wuchsen, nannten – entdeckte ich – den Himmel, den wunderbaren Wolkenhimmel. Ich war nun plötzlich entzückt über die Formen und Gestaltungen in allen Lichtarten. Ich wunderte mich nur, daß mir dieser Himmel nicht schon längst aufgefallen war. So stand ich nun da und sah empor zu der neuen Welt, zu den Ebenen und Bergen und Schluchten, zu den ungeheuerlichen Tieren, die bewegungslos dastanden und dennoch dahinkrochen und sich reckten und dehnten und Arme und Beine ausstreckten, die sich wieder in Wedel und Rümpfe und Flügel verwandelten. Und ich glotzte die Luftschlösser an, die sich vor mir aufbauten.

Von nun an war auf der Heide meine Freude und gerne weidete ich die Herde, weidete ich dabei doch auch die lokkigen Lämmer des Himmels.

In demselben Jahre war ein heißer Sommer, da ging's am Himmel wohl auch oft ein wenig einförmig zu, aber des Morgens und des Abends gab's doch immer was zu sehen. Ich war eine Zeitlang wie vernarrt in das Firmament. Mein Vater wunderte sich, daß ich oft gar der erste aus dem

Bette war, daß ich die Morgensuppe stehen ließ und die Rinder mit einer fast ängstlichen Behendigkeit auf die Hochöde jagte. Er wußte nicht, warum. Ich aber setzte mich in der Hochöde auf einen Stein, über welchen das Moos ein zartes, gelblich-grünes Samtpelzchen gelegt hatte, und während die Kühe und die Kälber emsig im Heidekraut grasten und dabei mit ihren Schellen lustig glöckelten, biß ich allfort an einem dünnen Federgrashalm und blickte hin gegen Sonnenaufgang. Da war zuerst über dem fernen Gebirgszug des Wechsels eine dunkle mattrote Bank; sie dehnte sich weit, weit hin und verlor sich, man wußte nicht wo. Mit einemmal zogen sich goldene Fäden durch und die ganze Wolkenbank wurde durchbrochen von Licht und sah nun aus wie ein ungeheurer rotglühender Eisenklumpen.

Da waren alle meine Kühe rot und das Heidekraut war rot, das sie grasten, und die Steine waren rot, und die Stämme am Waldrande waren rot und meine Leinwandhose war rot. Jetzt flammte am Rande der Wechselalpe plötzlich ein kleines Feuer, wie es Hirtenjungen gern anzünden, wenn sie sich Erdäpfel braten wollen. Aber das Feuer dehnte sich aus nach rechts und links und ging in die Höhe; das war ja ein Brand, zuletzt brannten dort alle Almhütten? Aber in einer wunderbaren Regelmäßigkeit hob sich der Brand empor und eine großmächtige Glutscheibe tauchte auf – die Sonne. Da hatten meine Kühe und die Steine und ich auf einmal lange Schatten hin über die Heide. Mein Schatten war so lang, daß, wenn er vom Boden aufgestanden wäre, er mit seinen Fingern in den weißgelblichen Wolkenballen des Himmel hätte Wolle zupfen können. Die Nebelbank über dem Gebirgszuge wurde schmächtiger, es ging ihr ans Herz, noch streckte sie einen glühenden Speer aus, der ging mitten durch die Sonne, aber er schmolz und die Sonne wurde kleiner und funkelnder und bald war die Wolkenbank, waren die roten Fäden am Gesichtskreise verschwunden.

Hie und da in der weiten Himmelsrunde hing es wohl

noch wie weiße Wolle und dort und dort schwamm ein Federchen hin, aber bald gingen auch die Federchen verloren und die Wolle wurde unmerklich langsam auseinandergezupft in leichten Locken und dünnen Fädchen und auf einmal war gar nichts mehr da als der tiefblaue Himmel und der blitzende Sonnenstern.
Es lag fast wie Dunkelheit über den Waldbergen, so unsäglich klar und leer war der Himmel, es war, als ob die Sonne zu klein werden wollte für die unendliche Weite. Und doch konnte ich das Auge kaum auftun vor lauter Licht.
Gegen die Mittagszeit ging die Bläue etwas in das Graulichte über, da sah es noch sonniger aus und es war sehr heiß. Meine Herde hatte schon kühles, schattiges Dickicht aufgesucht, um sich die stechenden Fliegen abzuhalten; ich saß noch auf dem Stein und sah den Himmel an und dachte, wie schön das sein müßte, wenn die Himmelsrunde ein Spiegel wäre und wenn das Bild der Erde drin läge mit aller großen Herrlichkeit; vielleicht hätte ich dann von meiner Hochöde aus fremde Länder und große Städte sehen können.
Nach der neunten Stunde, die ich an dem Schatten einer aufrechtstehenden Stange bestimmte, hob sich gewöhnlich ein Lüftchen, das ein paar Stunden fächelte und leise in den Bäumen säuselte. Das war zum Einschlummern süß zu hören. Mir fiel gar der Grashalm aus dem Munde. Die Ameisen konnten innerhalb meines Höschens emporkrabbeln, wie sie wollten, ich gewahrte sie nicht. Ja, ich gewahrte es nicht einmal und wußte nicht, wie es kam, aber plötzlich waren zu allen Seiten des Gesichtskreises, sowohl über den schwarzbläulichen Waldbergen der Mittagsseite als über der Wechselalpe und über den Matten der Mitternachtshöhen, hinter welchen die kahle, wettergraue Rax aufragte, und über der fernen Felsenkette der Abendseite – schneeweiße Wolken. Sie waren in halbrunden Haufen, sie waren wie dicht aufqualmender Reisigrauch, der plötzlich versteinert wird zu weißem Marmor.
Die Ränder waren so scharf, wie mit einer Schere aus Pa-

pier geschnitten. Ganz unbeweglich schienen die Wolken und doch änderten sie sich in jedem Augenblicke und bauten sich auf, eine über die andere und schoben sich von unten nach, dichter und dichter, grauer und grauer, oder es war jählings ein Riß, eine Lücke hinaus in die Bläue.
Und hoch oben über meinem Scheitel standen auch Wolkenschichten, grau, stellenweise ganz dunkel, aber mit lichten, federartigen Rändern.
Da blickte man hin und sah das Verwandeln nicht und sah die Verwandlung. Wie war das wunderbar! Ist es möglich, daß das jeden Tag geschieht, und die Menschen achten es nicht, bemerken es nicht einmal und wundern sich mehr über ein Taschenspielchen, als über den allherrlichen Wolkenhimmel?
Die Schichten über der fernen Felsenkette waren niedlicher und gegliederter als die näheren Ballen; sie waren zum Teile bläulich wie der Himmel und wären von diesem oft kaum zu unterscheiden gewesen, wenn die Ränder nicht milchweiß geglänzt hätten.
Ich tat die Füße auseinander, bückte mich und guckte zwischen den Beinen hindurch auf die fernen Wolkenschichten hin, um durch diese ungewohnte Lage des Blickes ein möglichst abenteuerliches Bild zu schauen. Da sah ich unerhörte Bergriesen mit den schwindelndsten Kuppen und schauerlichsten Abgründen, und da ragten die Felshörner, und da glänzten die Gletscher in unermeßlichen Höhen. Wenn dann vor diesen Gebilden ein dunkles Wölkchen dahinschwamm, so hielt ich das für einen riesigen Steinadler oder gar für den Vogel Greif. Das war mein Tirol, von dem ich schon gehört hatte, und ich guckte so lange zwischen den Beinen darauf hin, bis ich schwindelig wurde und in das Gras purzelte.
Auch lächerliche Riesen mit goldigem Mantelsaum, mit verknorrten Gliedern und gewaltigen Köpfen standen am Himmel und schwangen ihre Arme und streckten ihre Finger nach der Sonne aus. Die Sonne hatte sich lange sehr geschickt zwischen diesen Ungeheuern durchgewunden,

aber endlich ging sie doch ins Netz. Da lag dann ein dunkler Flecken über dem Waldlande oder über den reifenden Feldern im Tale und es lagen mehrere Flecken und zogen sich langsam hin auf den Flächen und krochen wachsend empor an Hängen und verschwanden endlich wieder.

Je mehr die Sonne niedersank, je schöner wurde ihr Strahl. Die dichten Wolken schwanden, gingen in Federn und Fransen aus und gegen Abend weideten am Firmamente, wo früher die Ungeheuer gestanden, milde, weiße Lämmchen.

Nur die Bilder über der fernen Felsenkette blieben am längsten. Aber auch dort waren großartige Veränderungen; das Hochgebirge war zu einer leuchtenden Stadt mit goldenen Türmen und Kuppeln und Zinnen geworden. Das war meine Himmelsstadt, ich blickte wieder zwischen den Beinen darauf hin.

Aber wie wenn das ganze Reich von Butter gewesen wäre, so zerging es nun, als die Sonne nahe kam, und es dehnte sich eine weite Ebene aus über die Felsenkette, eine rötliche, unabsehbare Ebene mit Licht- und Schattenfäden und darüber hin der Himmel. Das war mir das Meer und ich guckte wieder durch mein dreieckiges Fernrohr.

Die Sonne durchbrach diese Ebene und tauchte als große rote Scheibe hinter den Kanten der Felsen hinab. Da lagen rote Linien und glühende Nadeln darüberhin, die noch lange leuchteten und erst zur späten Stunde erloschen, als über unserem Gehöfte schon die Stille der Nacht war und am Himmel die Sterne sichtbar wurden, oder das Mondlicht liebliche Schleier wob.

So waren die Tage des Juli und August. Die Kornfelder im Tale nahten langsam der Reife, sie wurden sorgfältig bewacht, sie machten für den Winter die einzige Hoffnung aus. Die Früchte an den Berghängen aber waren im Verdorren, denn es rieselte wochenlang kein Regen. Da blickten auch andere Leute zuweilen aufwärts zu den Wolken oder hin gegen die Rax, die aber stets klar war und an der nie die Nebelflocke klebte; eine Nebelflocke an der Rax wäre das sichere Anzeichen eines nahen Regens gewesen. Ich saß täglich auf meiner Hochöde und sah den Himmel an. Ich wußte nicht warum, ich dachte mir es oft auch kaum, was ich sah, ich fühlte es nur.

Einmal gegen die Abendstunde hin saß über der Felsenkette ein ungeheures Eichhörnchen. Es setzte seine Vorderfüßchen gerade auf, es hatte ein deutliches Schnäuzchen und spitzte die Ohren und der buschige, sanft wollige Schweif ging weithin gegen die Neubergeralpen. Es war ein launiges Wolkengebilde, gar ein Äuglein hatte das Tier, ein blaues Äuglein, durch welches der klare Himmel guckte; aber auf einmal wurde es licht und funkelnd in diesem Auge und es warf einen mächtigen Strahl quer über den Himmel hin. Hinter der Wolke die Sonne! Endlich erlosch das Auge wieder, ich wußte nicht, hatte ein Wölklein das Lid zugedrückt oder war die Lichtscheibe dahinter gesunken; ich wartete, bis die Sonne unterhalb am Halse herauskommen würde und freute mich schon auf das goldige Halsgehänge, das mein Eichhörnchen bekommen sollte. Aber siehe, während ich so wartete und mich freute, war das Tier zu einer formlosen Masse geworden, nur der buschige, sanft wollige Schweif ging noch weit hin in das Österreicherland.

Einmal war der Himmel mit einer leichten gleichmäßigen Nebelschichte umzogen, auf welcher tieferliegende Wolken verschiedene Figuren bildeten. So kroch eine Kreuzspinne dahin und der Sonne zu. Die Kreuzspinne war riesig groß und meine Phantasie sah acht oder zehn Füße. Sie kam der ohnehin matt scheinenden Sonne immer näher und sie fraß sie auf, so daß Schatten lag über dem Waldlande. Als ich wieder hinaufsah, war das Gebilde verschwommen und eine plumpe Wolkenmasse verhüllte die Sonne.

Wieder zu anderen Tagen war es wirklich lebendig am Himmel. Von der Felsenkette über unsere Waldberge und gegen Morgen und Mittag hin zog ein endloses Heer von Wolken. Stellenweise wanderten sie einzeln, stellenweise wieder in großen Gruppen und Massen, licht und dunkelgrau und „wollig“ und „lämmelig“ und sie duckten sich untereinander und sie ritten übereinander und es war eine wüste Flucht. In den Wäldern rauschte unwirtlich der Wind.

Das war eine wahre Völkerwanderung am Himmel, tagelang. Ich fragte die Wolken, woher sie kämen, wohin sie zögen? Sie hatten nur Schatten für mich und keine Antwort.

Nach den Tagen des Windes blieb der Himmel eine Zeitlang gleichmäßig trüb und es strich eine kühle, oft fast frostige Luft. Die Leute meinten, nun werde der ersehnte Regen kommen. Aber das Wolkengewölbe wurde lichter und durchsichtiger und endlich sah man durch dasselbe wieder den Sonnenstern schimmern.

Ich vergaß auf die welkenden, verdorrenden Pflanzen der Erde, die bereits fahl oder rot verbrannt waren; ich vergaß auf die Waldvöglein, die nicht mehr singen wollten, weil sie schier vertrocknete Kehlen haben mochten; ich freute mich, daß sich der Himmel wieder erheiterte. Die Wölklein waren nun so zart und leicht und milchweiß und leichte Fäden zogen hin, als ob in den weiten Lüften eine unsichtbare Spinnerin wäre oder ein Webstuhl stünde in der hohen Himmelsrunde.

Und aus all den wunderbaren Geweben fügten sich Nester mit Eiern und schneeweißen Tauben; dann machten diese Tierchen hohe Krägen und schnäbelten miteinander und da dachte ich mir: zuweilen trifft es doch zu, daß der Himmel ein Spiegel der Erde ist. Ich hatte zu derselben Zeit mehrmals von einem Müllerstöchterlein geträumt, das Maria hieß und ein weißes Hemdchen trug.

Die Himmelsgebilde waren an diesen Tagen gar zu lieblich und dazu hauchte eine labende Kühle von der fernen Felsenkette her. Die Leute aber waren mißmutig, man hörte kein Singen und Jauchzen, das sonst den Wald so lebendig macht. Es war eine große Trägheit im Walde.

Endlich, eines Morgens – sonst tiefblauer Himmel –

klebte an dem Gewände der Rax ein Nebelchen. Die Leute jubelten; ich betrachtete gedankenlos die Flocke an der Felswand, die fast den ganzen Vormittag in derselben Stellung blieb. Es zog ein beinahe frostiger Alpenhauch, zur Mittagsstunde aber wurde es empfindlich schwül.
Am Gesichtskreise stiegen wieder die vielgestaltigen Wolkenhaufen auf. Die Sonne verzog sich für kurze Zeit; an der Mitternachtsseite gingen mattgraue Streifen nieder und man hörte mehrmals ein fernes Donnern. Das Gewitter verging, ohne daß auf unsere Gegend ein Regentröpfchen fiel. Das Wölkchen an der Rax war verschwunden. Doch es war jetzt die Sonne nicht.
Das Waldland lag im Schatten, kein Vogel war zu hören, nur vernahm man zuweilen den Pfiff eines Geiers. Ich wäre noch gern auf der Hochöde geblieben und hätte die so ruhsamen Dinge betrachtet, aber meine Herde graste talab und gegen unser Haus, ehe es noch Abend wurde.
Als ich zum Hause kam, stand die Mutter am Gartenrain und betete aus einem Buche halblaut das Evangelium des heiligen Johannes und machte mit dem hölzernen Kruzifix unseres Hausaltares Kreuze nach allen Himmelsrichtungen.
Es war noch die Sonne nicht untergegangen, aber es war schon ganz dunkel. Das Bächlein unten in der Schlucht war so klein, daß es nur sickerte, und doch war ein seltsames Brausen wie von einem mächtigen Wasserfalle. Der Hof lag wie träumend da, die Tannen daneben regten sich nicht. Ein großer glitzernder Habicht schwamm von der Hochöde hernieder und über den Hof hin. Im Gewölke hallte ein halberstiktes Donnern, das sich mit Mühe weiterzudrängen schien und plötzlich abzuckte.
An der Mitternachtsseite des Hauses wurden die Fensterbalken geschlossen; einzelne Schwalben flatterten verwirrt unter dem Dache umher. Der Brunnen vor dem Hause spritzte zuweilen unregelmäßig über den Trog hinaus und doch merkte man sonst kein Lüftchen. Mein Vater

ging vor der Haustüre auf und ab und hielt die Hände über den Rücken.
Plötzlich begann es in den Tannen zu rauschen und mehrere bereits vergilbte Ahornblätter hüpften vom Walde heran. Regentropfen schlugen nieder und spritzten von der Erde wieder auf. Jetzt war es wie ein schwaches Aufleuchten durch die Abenddämmerung, dann tanzten wieder lose Blätter über den Anger. In den Wolken rauschte es wie das Rollen wuchtiger Sandballen.
Nun brach es los. Die Bäume wurden lebendig und es krachten die Strünke. Vom Dache der Scheune rissen sich ganze Fetzen los und tanzten in den Lüften.
In demselben Augenblicke sauste das erste Schloßenkorn nieder; hoch sprang es wieder auf und kollerte hüpfend über den Boden hin. Das Schloßenkorn war so groß wie ein Hühnerei.
Die Leute sahen es und mit einem leisen: „Jesus Maria!" eilten sie ins Haus. Ich blieb so lange im Freien, bis mir ein Eisklumpen auf die Zehen fiel, dann huschte ich unter das Dach.
Nun war eine Weile lang nichts als ein fürchterliches Geknatter. Die Leute beteten den Wettersegen, aber man verstand kein einziges Wort.
Zuletzt klirrten die Fenster der Morgenseite, auf den Dächern knatterte es und zackige Schloßen kollerten in die Stube und der Wind wogte herein und blies die Wetterkerze aus und fachte das Herdfeuer an zu einem wilden Sprühen und wir glaubten schon, es käme uns das Feuer zum Rauchfang hinaus. Erst als ein Donnerschlag krachte und ein zweiter, legte sich das wüste Getöse und es zog nur noch ein eiskalter Luftzug durch die Fenster und es rieselte der Regen. Endlich legte sich auch dieser. Es war Nacht geworden; draußen lag eine Winterlandschaft.
Wir nahmen kein Nachtmahl, wir gingen nicht zur Ruhe. Ich legte Strohschuhe an und ging mit meinem Vater hinaus auf das hohe knisternde Eis. Wortlos schritten wir um das Gehöfte. An den Gebäuden lagen Haufen von Schlo-

ßen und Dachsplittern, unter den Tannen waren hohe Schichten von Reisig und die schönen Stämme hatten nur kahles oder zerzaustes Geäste. Auf dem Kornfeld und auf dem Kohlgarten lag die gleichmäßige Eisschicht; kein einzig Hälmlein, kein einzig Häuptchen ragte hervor.
Mein Vater stand still, hielt die Hände über das Gesicht und seine Atemstöße zitterten.
Von der Mittagsseite war noch das ferne Murren des Gewitters zu hören. Über dem Wechsel ging zwischen zerrissenen Wolken der Mond auf und aus dem dunkeln Grunde der Wälder erhoben sich weiße Nebelgebilde. Am Himmel standen zarte Flocken mit silberigen Rändern.

Waldheimat

Erzählungen aus der Jugendzeit

Zweiter Band:
Der Guckinsleben

Als ich Christtagsfreude holen ging

In meinem zwölften Lebensjahre wird es gewesen sein, als am Frühmorgen des Christabends mein Vater mich an der Schulter rüttelte: ich solle aufwachen und zur Besinnung kommen, er habe mir was zu sagen. Die Augen waren bald offen, aber die Besinnung! Als ich unter Mithilfe der Mutter angezogen war und bei der Frühsuppe saß, verlor sich die Schlaftrunkenheit allmählich, und nun sprach mein Vater: „Peter, jetzt höre, was ich dir sage. Da nimm einen leeren Sack, denn du wirst was heimtragen. Da nimm meinen Stecken, denn es ist viel Schnee, und da nimm eine Laterne, denn der Pfad ist schlecht und die Stege sind vereist. Du mußt hinabgehen nach Langenwang. Den Holzhändler Spreitzegger zu Langenwang, den kennst du, der ist mir noch immer das Geld schuldig, zwei Gulden und sechsunddreißig Kreuzer für den Lärchbaum. Ich laß ihn bitten drum; schön höflich anklopfen und den Hut abnehmen, wenn du in sein Zimmer trittst. Mit dem Geld gehest nachher zum Kaufmann Doppelreiter und kaufest zwei Maßel Semmelmehl und zwei Pfund Rindschmalz, und um zwei Groschen Salz, und das tragst heim."
Jetzt war aber auch meine Mutter zugegen, ebenfalls schon angekleidet, während meine sechs jüngeren Geschwister noch ringsum an der Wand in ihren Bettchen schliefen. Die Mutter, die redete drein wie folgt: „Mit Mehl und Schmalz und Salz allein kann ich kein Christtagsessen richten. Ich brauch dazu noch Germ (Bierhefe) um einen Groschen, Weinbeerln um fünf Kreuzer, Zucker um fünf Groschen, Safran um zwei Groschen und Neugewürz um zwei Kreuzer. Etliche Semmeln werden auch müssen sein."

„So kaufest es", setzte der Vater ruhig bei. „Und wenn dir das Geld zu wenig wird, so bittest den Herrn Doppelreiter, er möcht' die Sachen derweil borgen und zu Ostern, wenn die Kohlenraitung ist, wollt' ich schon fleißig zahlen. Eine Semmel kannst unterwegs selber essen, weil du vor Abend nicht heimkommst. Und jetzt kannst gehen, es wird schon fünf Uhr, und daß du noch die Achte-Messe erlangst zu Langenwang."

Das war alles gut und recht. Den Sack band mein Vater mir um die Mitte, den Stecken nahm ich in die rechte Hand, die Laterne mit der frischen Unschlittkerze in die linke, und so ging ich davon, wie ich zu jener Zeit in Wintertagen oft davongegangen war. Der durch wenige Fußgeher ausgetretene Pfad war holperig im tiefen Schnee, und es ist nicht immer leicht, nach den Fußstapfen unserer Vorderen zu wandeln, wenn diese zu lange Beine gehabt haben. Noch nicht dreihundert Schritte war ich gegangen, so lag ich im Schnee, und die Laterne, hingeschleudert, war ausgelöscht. Ich suchte mich langsam zusammen und dann schaute ich die wunderschöne Nacht an. Anfangs war sie ganz grausam finster, allmählich hub der Schnee an, weiß zu werden und die Bäume schwarz und in der Höhe war helles Sternengefunkel. In den Schnee fallen kann man auch ohne Laterne, so stellte ich sie seithin unter einen Strauch und ohne Licht ging's nun besser, als vorhin.

In die Talschlucht kam ich hinab, das Wasser des Fresenbachs war eingedeckt mit glattem Eise, auf welchem, als ich über den Steg ging, die Sterne des Himmels gleichsam Schlittschuh liefen. Später war ein Berg zu übersteigen; auf dem Passe, genannt der „Höllkogel", stieß ich zur wegsamen Bezirksstraße, die durch Wald und Wald hinabführt in das Mürztal. In diesem lag ein weites Meer von Nebel, in welches ich sachte hineinkam, und die feuchte Luft fing an, einen Geruch zu haben, sie roch nach Steinkohlen; und die Luft fing an, fernen Lärm an mein Ohr zu tragen, denn im Tale hämmerten die Eisenwerke, rollte manchmal ein Eisenbahnzug über dröhnende Brücken.

Nach langer Wanderung ins Tal gekommen zur Landstraße, klingelte Schlittengeschelle, der Nebel ward grau und lichter, so daß ich die Fuhrwerke und Wandersleute, die für die Feiertage nach ihren Heimstätten reisten, schon auf kleine Strecken weit sehen konnte. Nachdem ich eine Stunde lang im Tale fortgegangen war, tauchte links an der Straße im Nebel ein dunkler Fleck auf, rechts auch einer, links mehrere, rechts eine ganze Reihe – das Dorf Langenwang.

Alles, was Zeit hatte, ging der Kirche zu, denn der Heilige Abend ist voller Vorahnung und Gottesweihe. Bevor noch die Messe anfing, schritt der hagere gebückte Schulmeister durch die Kirche, musterte die Andächtigen, als ob er jemanden suche. Endlich trat er an mich und fragte leise, ob ich ihm nicht die Orgel melken wolle, es sei der Meßnerbub krank. Voll Stolz und Freude, also zum Dienste des Herrn gewürdigt zu sein, ging ich mit ihm auf den Chor, um bei der heiligen Messe den Blasebalg der Orgel zu ziehen. Während ich die zwei langen Lederriemen abwechselnd aus dem Kasten zog, in welchen jeder derselben allemal wieder langsam hineinkroch, orgelte der Schulmeister, und seine Tochter sang also:

„Tauet, Himmel, den Gerechten,
Wolken, regnet ihn herab!
Also rief in bangen Nächten
Einst die Welt, ein weites Grab.
In von Gott verhaßten Gründen
Herrschten Satan, Tod und Sünden,
Fest verschlossen war das Tor
Zu dem Himmelreich empor."

Ferner erinnere ich mich, an jenem Morgen nach dem Gottesdienste in der dämmerigen Kirche vor ein Heiligenbild hingekniet zu sein und gebetet zu haben um Glück und Segen zur Erfüllung meiner bevorstehenden Aufgabe. Das Bild stellte die vierzehn Nothelfer dar – einer wird doch

dabei sein, der zur Eintreibung von Schulden behilflich ist. Es schien mir aber, als schiebe während meines Gebetes auf dem Bilde einer sich sachte hinter den andern zurück.
Trotzdem ging ich guten Mutes hinaus in den nebeligen Tag, wo alles emsig war in der Vorbereitung zum Feste, und ging dem Hause des Holzhändlers Spreitzegger zu. Als ich daran war, zur vorderen Tür hineinzugehen, wollte der alte Spreitzegger, soviel ich mir später reimte, durch die hintere Tür entwischen. Es wäre ihm gelungen, wenn mir nicht im Augenblicke geschwant hätte: Peter, geh' nicht zur vorderen Tür ins Haus wie ein Herr, sei demütig, geh' zur hinteren Tür hinein, wie es dem Waldbauernbuben geziemt. Und knapp an der hinteren Türe trafen wir uns.
„Ah, Bübel, du willst dich wärmen gehen", sagte er mit geschmeidiger Stimme, und deutete ins Haus, „na geh' dich nur wärmen. Ist kalt heut'!" Und wollte davon.
„Mir ist nicht kalt", antwortete ich, „aber mein Vater laßt den Spreitzegger schön grüßen und bitten ums Geld."
„Ums Geld? Wieso?" fragte er, „ja richtig, du bist der Waldbauernbub. Bist früh aufgestanden, heut', wenn du schon den weiten Weg kommst. Rast nur ab. Und ich laß deinen Vater auch schön grüßen und glückliche Feiertage wünschen; ich komm' ohnehin ehzeit einmal zu euch hinauf, nachher wollen wir schon gleich werden."
Fast verschlug's mir die Rede, stand doch unser ganzes Weihnachtsmahl in Gefahr vor solchem Bescheid.
„Bitt wohl von Herzen schön ums Geld, muß Mehl kaufen und Schmalz und Salz und ich darf nicht heimkommen mit leerem Sack."
Er schaute mich starr an. „Du kannst es!" brummte er, zerrte mit zäher Gebärde seine große, rote Brieftasche hervor, zupfte in den Papieren, die wahrscheinlich nicht pure Banknoten waren, zog einen Gulden heraus und sagte: „Na, so nimm derweil das, in vierzehn Tagen wird dein Vater den Rest schon kriegen. Heut' hab' ich nicht mehr."

Den Gulden schob er mir in die Hand, ging davon und ließ mich stehen.
Ich blieb aber nicht stehen, sondern ging zum Kaufmann Doppelreiter. Dort begehrte ich ruhig und gemessen, als ob nichts wäre, zwei Maßel Semmelmehl, zwei Pfund Rindschmalz, um zwei Groschen Salz, um einen Groschen Germ, um fünf Kreuzer Weinbeerln, um fünf Groschen Zucker, um zwei Groschen Safran und um zwei Kreuzer Neugewürz. Der Herr Doppelreiter bediente mich selbst und machte mir alles hübsch zurecht in Päckchen und Tütchen, die er dann mit Spagat zusammen in ein einziges Paket band und an den Mehlsack so hing, daß ich das Ding über der Achsel tragen konnte, vorne ein Bündel und hinten ein Bündel.
Als das geschehen war, fragte ich mit einer nicht minder tückischen Ruhe als vorhin, was das alles zusammen ausmache?
„Das macht drei Gulden fünfzehn Kreuzer", antwortete er mit Kreide und Mund.
„Ja, ist schon recht", hierauf ich, „da ist derweil ein Gulden, und das andere wird mein Vater, der Waldbauer in Alpel, zu Ostern zahlen."
Schaute mich der bedauernswerte Mann an und fragte höchst ungleich: „Zu Ostern? In welchem Jahr?"
„Na nächst' Ostern, wenn die Kohlenraitung ist."
Nun mischte sich die Frau Doppelreiterin, die andere Kunden bediente, drein und sagte: „Laß ihm's nur, Mann, der Waldbauer hat schon öfter auf Borg genommen und nachher allemal ordentlich bezahlt. Laß ihm's nur."
„Ich laß ihm's ja, werd' ihm's nicht wieder wegnehmen", antwortete der Doppelreiter. Das war doch ein bequemer Kaufmann! Jetzt fielen mir auch die Semmeln ein, welche meine Mutter noch bestellt hatte.
„Kann man da nicht auch fünf Semmeln haben?" fragte ich.
„Semmeln kriegt man beim Bäcker", sagte der Kaufmann.

Das wußte ich nun gleichwohl, nur hatte ich mein Lebtag nichts davon gehört, daß man ein paar Semmeln auf Borg nimmt, daher vertraute ich der Kaufmännin, die sofort als Gönnerin zu betrachten war, meine vollständige Zahlungsunfähigkeit an. Sie gab mir zwei bare Groschen für Semmeln und als sie nun noch beobachtete, wie meine Augen mit den reiffeuchten Wimpern fast unablösbar an den gedörrten Zwetschgen hingen, die sie einer alten Frau in den Korb tat, reichte sie mir auch noch eine Handvoll dieser köstlichen Sache zu: „Unterwegs zum Naschen."
Nicht lange hernach, und ich trabte mit meinen Gütern reich und schwer bepackt durch die breite Dorfgasse dahin. Überall in den Häusern wurde gemetzgert, gebakken, gebraten, gekellert; ich beneidete die Leute nicht; ich bedauerte sie vielmehr, daß sie nicht ich waren, der mit so großem Segen beladen gen Alpel zog. Das wird morgen ein Christtag werden! Denn die Mutter kann's, wenn sie die Sachen hat. Ein Schwein ist ja auch geschlachtet worden daheim, das gibt Fleischbrühe mit Semmelbrocken, Speckfleck, Würste, Nierenlümperln, Knödelfleisch mit Kren, dann erst die Krapfen, die Zuckernudeln, das Schmalzkoch mit Weinbeerln und Safran! – Die Herrenleut' da in Langenwang haben so was alle Tag, das ist nichts, aber wir haben es im Jahr einmal und kommen mit unverdorbenem Magen dazu, *das* ist was! – Und doch dachte ich auf diesem belasteten Freudenmarsch weniger noch ans Essen, als an das liebe Christkind und sein hochheiliges Fest. Am Abende, wenn ich nach Hause komme, werde ich aus der Bibel davon vorlesen, die Mutter und die Magd Mirzel werden Weihnachtslieder singen; dann, wenn es zehn Uhr wird, werden wir uns aufmachen nach Sankt Kathrein, und in der Kirche die feierliche Christmette begehen bei Glocken, Musik und unzähligen Lichtern. Und am Seitenaltar ist das Krippel aufgerichtet mit Ochs und Esel und den Hirten, und auf dem Berg die Stadt Bethlehem und darüber die Engel, singend: Ehre sei Gott in der Höhe! Und beim Heimgehen werde ich mich nicht

wieder verirren, wie dazumal, als mich die Mooswaberl hat müssen heimbringen. – Solche Gedanken trugen mich anfangs wie Flügeln. Doch als ich eine Weile die schlittenglatte Landstraße dahingegangen war, unter den Füßen knirschenden Schnee, mußte ich mein Doppelbündel schon einmal wechseln von einer Achsel auf die andere.

In der Nähe des Wirtshauses „Zum Sprengzaun“ fuhr mir etwas Vierspänniges vor. Ein leichtes Schlittlein mit vier feurigen, hochaufgefederten Rappen bespannt, auf dem Bock ein Kutscher mit glänzenden Knöpfen und einem Buttenhut. Der Kaiser? Nein, der Herr Wachtler vom Schlosse Hohenwang saß im Schlitten, über und über in Pelze gehüllt und eine Zigarre schmauchend. Ich blieb stehen, schaute dem blitzschnell vorüberrutschenden Zeug eine Weile nach und dachte: Etwas krumm ist es doch eingerichtet auf dieser Welt. Da sitzt ein starker Mann drin und läßt sich hinziehen mit soviel überschüssiger Kraft, und ich vermag mein Bündel kaum zu schleppen.

Mittlerweile war es Mittagszeit geworden. Durch den Nebel war die milchweiße Scheibe der Sonne zu sehen; sie war nicht hoch an dem Himmel hinaufgestiegen, denn um vier Uhr wollte sie ja wieder unten sein, zur langen Christnacht. Ich fühlte in den Beinen manchmal so ein heißes Prickeln, das bis in die Brust heraufstieg, es zitterten mir die Glieder. Nicht weit von der Stelle, wo der Weg nach Alpel abzweigt, stand ein Kreuz mit dem lebensgroßen Bilde des Heilands. Es stand wie es heute noch steht, an seinem Fuß Johannes und Magdalena, das ganze mit einem Bretterverschlag verwahrt, so daß es wie eine Kapelle war. Vor dem Kreuze auf die Bank, die für kniende Beter bestimmt ist, setzte ich mich nieder, um Mittag zu halten. Eine Semmel, die gehörte mir, meine Neigung zu ihr war so groß, daß ich sie am liebsten in wenigen Bissen verschluckt hätte. Allein das schnelle Schlucken ist nicht gesund, das wußte ich von anderen Leuten, und das langsame Essen macht einen längeren Genuß, das wußte ich

schon von mir selber. Also beschloß ich, die Semmel recht gemächlich und bedächtig zu genießen und dazwischen manchmal eine gedörrte Zwetschge zu naschen.
Es war eine sehr köstliche Mahlzeit. Wenn ich heute etwas recht Gutes haben will, was kostet das für außerordentliche Anstrengungen aller Art! Ach, wenn man nie einen Mangel zu leiden hat, wie wird man da arm!
Und wie war ich so reich damals, als ich arm war!
Als ich nach der Mahlzeit mein Doppelbündel wieder auflud, war's ein Spaß mit ihm, flink ging es voran. Nur nicht allzulange. Als ich später in die Bergwälder hinaufkam, und der graue Nebel dicht in den schneebeschwerten Bäumen hing, dachte ich an den Grabler Hansel. Das war ein Kohlenführer, der täglich von Alpel seine Fuhr ins Mürztal lieferte. Wenn er auch heute gefahren wäre! Und wenn er jetzt heimwärts mit dem leeren Schlitten des Weges käme und mir das Bündel auflüde! Und am Ende gar mich selber! Daß es so heiß sein kann im Winter! Mitten in Schnee und Eisschollen schwitzen! Doch morgen wird alle Mühsal vergessen sein. – Derlei Gedanken und Vorstellungen verkürzten mir unterwegs die Zeit.
Auf einmal roch ich starken Tabakrauch. Knapp hinter mir ging – ganz leise auftretend – der grüne Kilian. Der Kilian war früher einige Zeitlang Forstgehilfe in den gewerkschaftlichen Waldungen gewesen, jetzt war er's nicht mehr, wohnte mit seiner Familie in einer Hütte drüben in der Fischbacher Gegend, man wußte nicht recht, was er trieb. Nun ging er nach Hause. Er hatte einen Korb auf dem Rücken, an dem er nicht schwer zu tragen schien, sein Gewand war noch ein jägermäßiges, aber hübsch abgetragen, und sein schwarzer Vollbart ließ nicht viel sehen von seinem etwas fahlen Gesichte. Als ich ihn bemerkt hatte, nahm er die Pfeife aus dem Mund, lachte laut und sagte: „Wo schiebst denn hin, Bub?"
„Heim zu", meine Antwort.
„Was schleppest denn?"
„Sachen für den Christtag."

„Gute Sachen? Der Tausend sapperment! Wem gehörst denn zu?“
„Dem Waldbauer.“
„Zum Waldbauer willst gar hinauf! Da mußt gut antauchen.“
„Tu's schon“, sagte ich und tauchte an.
„Nach einem solchen Marsch wirst gut schlafen bei der Nacht“, sprach der Kilian, mit mir gleichen Schritt haltend.
„Heut' wird nicht geschlafen bei der Nacht, heut' ist Christnacht.“
„Was willst denn sonst tun, als schlafen bei der Nacht?“
„Nach Kathrein in die Mette gehen.“
„Nach Kathrein?“ fragte er, „den weiten Weg?“
„Um zehn Uhr abends gehen wir von Haus fort und um drei Uhr früh sind wir wieder daheim.“
Der Kilian biß in sein Pfeifenrohr und sagte: „Na hörst du, da gehört viel Christentum dazu. Beim Tag ins Mürztal und bei der Nacht in die Mette nach Kathrein! Soviel Christentum hab' ich nicht, aber das sage ich dir doch: wenn du dein Bündel in meinen Buckelkorb tun willst, daß ich es dir eine Zeitlang trag' und du dich ausrasten kannst, so hast ganz recht, warum soll der alte Esel nicht auch einmal tragen!“
Damit war ich einverstanden, und während mein Bündel in seinen Korb sank, dachte ich: Der grüne Kilian ist halt doch ein besserer Mensch, als man sagt.
Dann rückten wir wieder an, ich huschte frei und leicht neben ihm her.
„Ja, ja, die Weihnachten!“ sagte der Kilian pfauchend, „da geht's halt drunter und drüber. Da reden sich die Leut' in eine Aufregung und Frömmigkeit hinein, die gar nicht wahr ist. Im Grund ist der Christtag wie jeder andere Tag, nicht einen Knopf anders. Der Reiche, ja, der hat jeden Tag Christtag, unsereiner hat jeden Tag Karfreitag.“
„Der Karfreitag ist auch schön“, war meine Meinung.

„Ja, wer genug Fische und Butter und Eier und Kuchen und Krapfen hat zum Fasten!“ lachte der Kilian.
Mir kam sein Reden etwas heidentümlich vor. Doch was er noch weiters sagte, das verstand ich nicht mehr, denn er hatte angefangen, sehr heftig zu gehen und ich konnte nicht recht nachkommen. Ich rutschte auf dem glitschigen Schnee mit jedem Schritt ein Stückchen zurück, der Kilian hatte Fußeisen angeschnallt, hatte lange Beine, war nicht abgemattet – da ging's freilich voran.
„Herr Kilian!“ rief ich.
Er hörte es nicht. Der Abstand zwischen uns wurde immer größer, bei Wegbiegungen entschwand er mir manchmal ganz aus den Augen, um nachher wieder in größerer Entfernung, halb schon von Nebeldämmerung verhüllt, aufzutauchen. Jetzt wurde mir bang um mein Bündel. Kamen wir ja doch schon dem Höllkogel nahe. Das ist jene Stelle, wo der Weg nach Alpel und der Weg nach Fischbach sich gabeln. Ich hub an zu laufen; im Angesichte der Gefahr war alle Müdigkeit dahin, ich lief wie ein Hündlein und kam ihm näher. Was wollte ich aber anfangen, wenn ich ihn eingeholt hätte, wenn ihm der Wille fehlte, die Sachen herzugeben, und mir die Kraft, sie zu nehmen? Das kann ein schönes Ende werden mit diesem Tage, denn die Sachen lasse ich nicht im Stich, und sollte ich ihm nachlaufen müssen bis hinter den Fischbacher Wald zu seiner Hütte!
Als wir denn beide so merkwürdig schnell vorwärts kamen, holten wir ein Schlittengespann ein, das vor uns mit zwei grauen Ochsen und einem schwarzen Kohlenführer langsam des Weges schliff. Der Grabler Hansel. Mein grüner Kilian wollte schon an dem Gespann vorüberhuschen, da schrie ich von hinten her aus Leibeskräften: „Hansel! Hansel! Sei so gut, leg' mir meine Christtagsachen auf den Schlitten, der Kilian hat sie im Korb und er soll sie dir geben!“
Mein Geschrei muß wohl sehr angstvoll gewesen sein, denn der Hansel sprang sofort von seinem Schlitten und

nahm eine tatbereite Haltung ein. Und wie der Kilian merkte, ich hätte hier einen Bundesgenossen, riß er sich den Korb vom Rücken und schleuderte das Bündel auf den Schlitten. Noch knirschte er etwas von „dummen Bären" und „Undankbarkeit", dann war er auch schon davon.
Der Hansel rückte das Bündel zurecht und fragte, ob man sich draufsetzen dürfe. Das bat ich nicht zu tun.
So tat er's auch nicht, wir setzten uns hübsch nebeneinander auf den Schlitten und ich hielt auf dem Schoß sorgfältig mit beiden Händen die Sachen für den Christtag. So kamen wir endlich nach Alpel. Als wir zur ersten Fresenbrücke gekommen waren, sagte der Hansel zu den Ochsen: „Oha!" und zu mir: „So!" Die Ochsen verstanden und blieben stehen, ich verstand nicht und blieb sitzen. Aber nicht mehr lange, es war ja zum Aussteigen, denn der Hansel mußte links in den Graben hinein und ich rechts den Berg hinauf.
„Dank' dir's Gott, Hansel!"
„Ist schon gut, Peterl."
Zur Zeit, da ich mit meiner Last den steilen Berg hinanstieg gegen mein Vaterhaus, begann es zu dämmern und zu schneien. Und zuletzt war ich doch daheim.
„Hast alles?" fragte die Mutter am Kochherd mir entgegen.
„Alles!"
„Brav bist. Und hungrig wirst sein."
Beides ließ ich gelten. Sogleich zog die Mutter mir die klinghart gefrorenen Schuhe von den Füßen, denn ich wollte, daß sie frisch eingefettet würden für den nächtlichen Mettengang. Dann setzte ich mich in der warmen Stube zum Essen.
Aber siehe, während des Essens geht es zu Ende mit meiner Erinnerung. – Als ich wieder zu mir kam, lag ich wohlausgeschlafen in meinem warmen Bette, und zum kleinen Fenster herein schien die Morgensonne des Christtages.

Wenn der siegreiche Heiland in Brotesgestalt durch das Dorf zieht, da winken sie ihm mit Palmen zu. Die Palme der Alpen ist die Birke. So wie zu Weihnachten die Tannenbäumchen ihr Leben lassen müssen, so zu Fronleichnam die Birken. Zu Hunderten werden sie auf großen Karren hereingeschleppt in das Dorf und werden an den Gassen, durch welche die Prozession ziehen wird, der Reihe nach in den Boden gebohrt zu beiden Seiten. Und wie sie so auf dem frischen Erdboden stehen und der laue Wind in ihren leichten Zweigen rieselt, da ist's, als führten sie das junge fröhliche Leben wie jene Stammesgenossinnen dort drüben am Raine. Und man merkt es nicht, daß der Stamm in der Erde wurzellos ist, abgehauen durch das Beil, daß die Säfte in ihren Adern nicht mehr treiben, daß in wenigen Tagen die schönen gezackten Herzblättlein gilben werden; und die Raupe auf einem schwanken Ästlein, die ein künftiges Schmetterlingsleben träumt, sie ahnt nicht, daß sie auf einem Leichnam sich schaukelt.

Das Leben ist erfüllt, es kommt der Herr.

Bei der Fronleichnamsprozession werden im Freien an vier verschiedenen Stellen die Evangelien gelesen. Dazu errichten die Leute vier Altäre, damit „der Herrgott abrasten kann auf seiner Wanderschaft". Auf wessen Grund der Altar zu stehen kommt, und das ist seit alten Zeiten bestimmt, der hat diesen Altar zu errichten. Die fein geschnitzten und bemalten Bestandteile dazu sind das Jahr über auf dunkelm Dachboden gelegen, nun werden sie hervorgeholt, von Staub und Spinnweben gereinigt und im Freien zusammengestellt oft zu einem stattlichen, kapellenartigen Aufbau mit dem Altartische, dem Tabernakel, den anbetenden Engeln und den Kerzenleuchtern. Knechte, die gestern noch Dung gegraben, zeigen sich heute als geschickte Architekten, errichten den Altar noch vor Sonnenaufgang und umgeben ihn mit einem Birken- oder Lärchenwäldchen. Der Hausvater stellt alle Heiligenbilder, die im Hause vorhanden, auf den Altar oder heftet sie an, hoch oben an den Säulen. Die Bäuerin bringt bunte Töpfe mit glutroten Pfingstrosen, um damit den Altar zu schmücken, und die Dirnlein streuen Blumen und Rosenblätter als einen Teppich vor die Stufen.

Die Glocken heben an zu läuten, die Pöller krachen, über die Dächer her klingt Musik, in allen Fenstern brennen Lichter, und so zündet nun auch der Bauer die Kerzen an auf seinem Altare. Bald wehen die ersten Fahnen heran, summen die Gebete der Männer, schallen die Gesänge der Weiber, es kommen die langen Reihen der Kinder, die weißgekleideten Mädchen, über ihren Häuptern bunte Bildnisse tragend. Endlich die Musikkapelle mit hellen Trompeten und dröhnenden Trommeln, und dann der „Himmel". Der rote, von vier Männern getragene Baldachin, unter demselben von Ministranten und lichtertragenden Knaben umgeben, der Priester, der hoch vor seinem Angesichte her die funkelnde Monstranze trägt.

Die Monstranze, das wissen wir alle, ist das Haus für die Hostie. Diese ist von einem goldenen Strahlenkranze umgeben, ruht auf einem mondkipfelförmigen Behälter und ist durch Kristall geschützt. Das wichtigste Zubehör zu solchem Umzug ist der Glaube, und der ist in Fülle vorhanden. Sie beten ja nicht das Brot an, sondern das versinnbildlichte Geheimnis, in dessen Schoße unsere ewigen Geschicke ruhen. Es ist ja eigentlich unrichtig, wenn man von Bilderanbetung spricht, oder vom Götzendienste der Heiden, sie alle meinen dasselbe, das versinnlichte göttliche Geheimnis, das sich jeder in seiner Weise vorstellt, jeder nach seiner Natur fühlt. Und die Kraft, das unfaßbare, unendliche Geheimnis in eine den Sinnen faßbare Form zu übertragen und so zu ihm in ein trauteres Verhältnis zu bringen, diese Kraft gibt der Glaube.

Die Menschenreihen kommen zum Altare im Freien, die vorderen müssen weit voran, bis der Priester an die Stelle gelangt. Ist er da, so stellt er das Sakrament in den Tabernakel und liest Verse aus einem der vier Evangelien. Dann hebt er unter dem Dröhnen der Pöller die Monstranze, wendet sich mit ihr nach allen vier Himmelsgegenden hin und segnet die Auen, die Fluren, die Lüfte, auf daß der Sommer fruchtbar sei und kein Ungewitter den Fleiß des Landmannes vernichte. – Und die Prozession zieht weiter.

So ist es in größeren Dörfern. In kleinen Gebirgsortschaften wird das Fest einfacher abgehalten, doch nicht minder feierlich. Weil dort alle Gassen und Straßen bestanden sind von lebenden Bäumen und Sträuchern, so braucht keine Birke aufgesteckt zu werden, außer an Kreuzsäulen, wo sie dann gleichsam wie zur heiligen Wacht stehen, eine zur Rechten und eine zur Linken. Weil die Leute kleiner Ortschaften nicht vier Altäre haben, um sie aufzustellen, so ist ein tragbares Altärlein vorhanden, ein vierfüßiges Tischchen mit weißem Decktuche und der Tabernakelnische, in welche auf blauem Grunde Engel gemalt sind, die vor dem „Süßen Namen" knien. Darüber ein Dächlein mit Goldquasten. An der Rückseite sind die Tragbänder angebracht, mittelst welcher ein Bursche das Altärlein auf den Rücken nimmt und während der Prozession von einer Evangeliumsstelle bis zur anderen trägt.

So ein Altartischlein haben sie auch zu Kathrein am Hauenstein. Wer es sehen will, zur Sommerszeit steht es dort in der Kirche vor dem großen Bilde der vierzehn Nothelfer. Schon in meiner Jugendzeit stand es daselbst, und der Kaunigl, der mit der Hasenscharte, hatte die Obliegenheit, am Fronleichnamstage das Tischlein hinauszutragen und von einem Evangeliumsplatz zum anderen. War das eine Evangelium zu Ende und die Prozession zog auf ihrem Wege weiter, alsogleich faßte er das Altärlein bei den Tragbändern auf den Rücken, die Kerzenleuchter und den Knieschemel in die Hände und hastig über den Bühel hin durch den abkürzenden Waldsteig, um den Vorsprung zu gewinnen und am nächsten Platze den Altar aufzustellen. An den Füßen des Tischchens wurden etwa ein paar Stein-

chen untergelegt, daß nichts wackeln konnte, der Schemel zurechtgestellt und die Kerzen angezündet, dann war die erste Fahne aber auch schon in Sicht.
Und da ist's einmal geschehen, daß ich aus solchem Anlaß in eine seelenmordende Geschichte verwickelt worden bin. Ich war damals in den Jahren, da noch niemand weiß, wo es mit einem solchen Lecker hinaus will. Es kann ein halbwegs braver Kerl draus werden, aber auch ein Lumperl, wer weiß es? Nur der liebe Gott, und selbst der läßt dem schlanken blassen Bürschel die Wahl. Ich war an jenem Tage in meinem Waldbauernhause drüben etwas zu spät aufgestanden, oder ich hatte mit den bockigen Bundschuhen meine Plage, bis ich hineinkam, oder es war die Frühsuppe nicht zu rechter Zeit fertig, kurz, als ich der Kathreiner Kirche in die Nähe kam, ging es dort schon über und über los und zwischen den Bäumen her leuchteten die roten Fahnen, funkelten die Lichter. Ich schlich mich hinterwärts hinüber, denn das einfach Richtige zu tun, nämlich geradewegs auf die Prozession loszugehen und mich unter die Leute zu mischen, dafür hätte ich mich zu Tode geschämt. Da war's ja wieder, wo mir der liebe Gott die Wahl ließ: Geselle dich zu den Andächtigen oder schlüpfe wie ein Strick durch die Büsche hin. – Ich schlüpfte wie ein Strick durch die Büsche hin und da begegnete ich dem Kaunigl mit dem Altarl. Sogleich forderte er mich auf, ihm tragen zu helfen. Das war mir auch recht, so kam mein abseitiger Weg zu einer Rechtfertigung. Ich nahm dem Kaunigl Schemel und Leuchter aus der Hand und wir hasteten zwischen Jungwald hinauf zum Föhrenriegel, der hinter der Kirche steht, und wo das letzte Evangelium abgehalten werden sollte. Wir wirkten getreulich zusammen, und bald stand neben der Felswand das Altärlein fest und bald brannten darauf die Kerzen. Die Prozession erschien noch nicht, sie hatte einen weiteren Weg zwischen die grünenden Felder hin genommen, der Kauniglbub war aber nicht der Mensch, der eine Zeit unnütz verstreichen lassen wollte. Mit einem flinken Griff zog er aus

seiner Hosentasche ein Kartenspiel und warf es auf das Altärlein hin, daß die Lichter zwinkerten vor den flatternden Blättern. Schweigend, als wäre es so selbstverständlich, warf er zwischen mir und ihm ein Spiel aus, ein „Brandel". Es war nicht das erstemal, daß wir zusammen „taten", so hob ich die Karten auf, und wir machten ein regelrechtes Spiel auf dem Fronleichnamsaltare bei weihevoll brennenden Wachskerzen. Für ein zweites „Bot" war auch noch Zeit; während der Kaunigl ein drittes ausgab, kamen um die Biegung die ersten Männer mit entblößten Häuptern, laut betend heran. Keine Katze kann die behendige Maus hastiger packen, als der Kaunigl jetzt die Karten zusammenscharrte und in den Sack schob. Gar harmlos stellten wir uns auf die Seite und zogen unsere Kappen ab.

Bald kamen die Musikanten heran, der Eggbauer mit dem Flügelhorn, sein Sohn mit der ersten Trompete, der Schneider-Naz (der später mein Meister geworden ist) mit der zweiten, der Erhardbub mit der Klarinette, der Schmiedzenz mit der kleinen Trommel; der Rüsselfranz schleppte auf dem Rücken die große Trommel, auf welche der Hausteiner-Wirt mit Macht und Kunst dreinhieb. Der Jägerferdl handhabte die „Tschinellen". Hinter dieser heftigen Musik kam der Himmel. Der alte Herr Pfarrer mit dem weißen Haar trug das Allerheiligste hoch vor sich her und hielt das Haupt tief geneigt, erstens aus Ehrfurcht, und zweitens, weil ihm das Alter den Nacken schon stark gebogen hatte. Er schritt dem Altärlein zu, um die Monstranze auf dasselbe hinzustellen. Schon wollte das geschehen, da hielt er plötzlich ein und stand einen Augenblick mit starrer Miene da. Hatte er nicht zwischen der Falte des weißen Decktüchleins den Grünbub gesehen? War nicht dieses verhöllte Kartenblatt dort unversehens liegen geblieben? – Mit solchem Grün den Fronleichnamstisch zu schmücken, das wollte dem Herrn Pfarrer doch nicht ganz schicklich scheinen. Ohne ein Wort zu sagen, ohne eine Gebärde des Unwillens zu zeigen, wendete er sich gegen

den Felsen und stellte die Monstranze auf einen vorspringenden Stein.
Die wenigsten Leute hatten es wahrgenommen, warum dieses geschehen; das Evangelium, der Segen wurden ohne weiteren Zwischenfall abgehalten, ich aber lugte zwischen den Haselstauden her und sah, daß der Pfarrer blaß war. – Wäre er zornig geworden über seine Entdeckung auf dem Altärlein, hätte er gewettert und die Täter bei den Ohren nehmen lassen, ich würde das ganz stilgerecht gefunden haben, aber sein demütiges Schweigen, sein trauriger Blick, und wie er den durch das frevle Kartenspiel heimatlos gewordenen Heiland auf den wilden Felsen hinstellen mußte – das hat mir einen Riß gegeben. Gewußt kann er's nicht haben, wer der Mitschuldige war, aber merken hätte er es leicht können an meinem Armensündergesichte, so sehr dieses sich auch zu bergen suchte hinter den Haselstauden. Nachher, als in der Kirche das Hochamt anhub, zupfte der Kaunigl mich am Rockschößling und lud mich ein, mit ihm auf den Turm zu steigen, wo wir zum Sanktus und zur Wandlung die Glocken läuten und Karten spielen könnten. Den Grünbub hätte er schon wieder. – Das ist nun zwar nicht geschehen, aber verloren bin ich doch geblieben. Ich getraute mich von diesem Tage an nicht mehr zum Beichtstuhle. Der Kaunigl getraute sich, es war jedoch nicht so einfach gewesen, als er es sich vorgestellt, er hat mir's später erzählt. „Ich habe einmal Karten gespielt", hatte er gebeichtet. „So", antwortete der Pfarrer, „das Kartenspielen ist ja an und für sich nicht so schlimm, wenn nicht um Geld gespielt wird." – „Ja, um Geld ist nicht gespielt worden." – „Wo war es denn?" – „Ja, auf einem Tisch." – „Auf welchem Tisch?" – „Ja, auf einem hölzernen." – „War es etwa auf dem Fronleichnamstischlein?" fragte der Pfarrer. „O nein", sagte der Kaunigl. Dann ist er losgesprochen worden.
„So hast du ja bei der Beichte gelogen!" hielt ich dem Jungen vor.
„Das macht nichts", antwortete er rasch, „die Lug bringe

ich das nächste Mal leicht wieder an, die nimmt mir jeder hinein beim Fensterl. Weil ich nur das Kartenspiel vom Hals hab'. Teuxel noch einmal, das hat mich schon selber gefuchst, da kunnt einen auf die schönste Manier der Ganggerl (Teufel) holen."

Ich habe aus dieser Erfahrung meine Schlüsse gezogen. Wenn das Kartenspiel an und für sich nicht so schlimm ist, um Geld wurde nicht gespielt, so braucht man die Geschichte ja nicht zu beichten. Es steht auch weder im kleinen noch im großen Katechismus, daß der Mensch auf Altären nicht Karten spielen dürfe. – Diese feine Auslegung half mir aber nichts. Wenn ich an jenen Fronleichnamsfrevel dachte, bei welchem ich so dumm mitgetan, da ward mir manchmal ganz übel. In den Nächten träumte ich davon, und zwar sehr ungemütlich, und Sonntags in der Kirche sitzend durfte ich gar nicht hinblicken auf jenes Altartischchen, es stand so sonderbar da, als wollte es jeden Augenblick laut zu sprechen anheben und mich verraten. Zum Überflusse las ich um diese Zeit auch noch in einem alten Erbauungsbuche die Geschichte, wo ein frevlerischer Schustergeselle im Wirtshause das Aufwandeln der Hostie nachahmte, und wie ihm dabei die gehobenen Arme erstarrten, so daß er sie nicht mehr zurückbiegen konnte, daß er mit hoch in die Luft gestrecktem Arme herumgehen mußte, bis er durch die Lossprechung eines frommen Paters erlöst worden. Das wäre so was, wenn ich mit gehobenem Arm, das Trumpfaß in der Hand, umhergehen müßte und die Leute täten spotten: Na, stich, Peterl, stich! Und ich steche endlich zu und steche meine arme Seele tot! Das wäre so was!

Ich allein konnte mit mir nicht fertig werden, das war nun klar. Also ging ich eines Tages in der Feierabendstunde nach Sankt Kathrein zum Pfarrer. Der stand gerade vor dem Hause an seinem Brunnentroge, in welchen ein stattlicher Quell sprudelte, und der mit einem rostigen Drahtgitter übersponnen war. Der Pfarrer mochte glauben, daß ich nur so zufällig vorübergehe, er winkte mit seinem schwarzen Strohhut, ich möchte zu ihm kommen. „Was sagst du dazu, Peterl?“ rief er mir mit seiner weichen Stimme entgegen, „neun und fünf und sieben, macht das nicht einundzwanzig?“

Ich war nie ein besonderer Kopfrechner, diesmal sagte ich auf gut Glück: „Ja, das wird schon beiläufig so sein, einundzwanzig.“

„Nun also“, sagte er, „und jetzt schau einmal her.“ Er deutete in den Brunnentrog, „da hat mir der Bläßlerbub vor vierzehn Tagen neun lebendige Forellen verkauft, die habe ich in den Trog getan. Vor acht Tagen hat er mir wieder fünf Stück verkauft, habe sie auch hineingetan, und heute hat er mir noch einmal sieben Forellen verkauft, die habe ich auch hineingetan, und jetzt wieviel sind drinnen im ganzen? Acht Stück, und nicht um ein Schwanzel mehr! Es sind dieselben, die getupften, die er mir vor vierzehn Tagen gebracht hat, und es kann gar nicht anders sein, der Lump, hätt' ich bald gesagt, hat mir die Fische immer wieder aus dem Trog gestohlen und neuerdings verkauft! Das ist doch ein – ein –“ Er ballte die Faust in die Luft. – Der Bläßlerbub wird die Forellen wohl schon gestohlen gehabt haben, bevor er sie das erstemal verkaufte, denn der Bläßler hatte kein Fischrecht. Daran dachte der gute Pfarrer wohl kaum, er hatte sicherlich nur an seine Fasttage gedacht; das Kirchengebot erlaubt an Freitagen und Samstagen die Fische, ob es aber gestohlene sein müssen, davon schweigt es.

Zum Sündenbekennen war diese Gelegenheit nicht günstig. Ich unterließ es also, küßte ihm den Rockärmel, weil zu einem Handkuß die Faust nicht einlud, und ging weiter. Unterwegs erwog ich lange, welche Sünde schwerer sein mochte, des Bläßlerbuben seine, oder meine. Die seinige erschien mir als ein Schelmenstück, die meinige jedoch konnte eine Sünde gegen den heiligen Geist sein, und solche werden nicht nachgelassen.

Einige Tage später trieb der Kogelmirt vom Kreßbachgraben eine graue Ziege mit zwei Zicklein des Weges. Die Alte

hatte ein volles Euter, die Jungen hüpften um sie herum und wollten einmal ein wenig trinken. Der Kogelmirt aber zischte: „Gscht, nichts da! Das volle Euter müess'n mer dem Herrn Pfarrer bringen!"
Da war ich schon wieder neugierig, was dahinter wäre, und der Mirt, ein eingewanderter Tiroler war's, hatte auch noch seinen spitzen „Sternstecherhut" auf, und er sagte: „Das ischt halt so, mein du, 's Weib ischt mir gschtorben. Die Geiß, hat sie g'sagt, und die Kitzen, hat sie g'sagt, vermach' iach dem Kathreiner Pfarrer. Fürs Versechengehn und auf etlich' Messen. Das ischt noch ihr Willen g'west und nachher ischt sie g'schtorben. Dessentweg treib' iach jetzter die Viecher zum g'weichten Herrn abi."
Gut, denke ich bei mir, und in einer Stunde komme ich nach! Heute wird er gut aufgelegt sein, und heute ist die beste Gelegenheit. War insoweit ganz klug angestellt. Ich ging hin, der alte Herr war an demselben Nachmittage gar lustig und lud mich vor, eine Schale Kaffee mit ihm zu trinken, es wäre frische Milch vom Kreßbachgraben dabei. Und mitten im Kaffee war's, daß ich plötzlich sagte: „Halt schon lang' ein Anliegen hab' ich, Herr Pfarrer!"
„*Du*, ein Anliegen?" lachte er auf, „na, das wäre sauber, wenn nun auch die kleinen Buben schon ihr Anliegen hätten!"
Ich habe hierauf mit dem Löffel in der Schale eifrig den Kaffee gerührt, um dem Herrn nicht ins Gesicht schauen zu müssen, und dabei habe ich die Geschichte vom Kartenspiel auf dem Altarl erzählt.
Über alles Erwarten blieb der Pfarrer ganz ruhig. Dann fragte er: „Hast du es zu Fleiß getan? Hast du die Absicht gehabt, den heiligen Tisch zu verspotten?"
„Gott nein, Herr Pfarrer!" antwortete ich, bis ins Herz hinein erschrocken schon über den bloßen Gedanken.
„Nun also", sagte der Greis. Dann schwieg er ein Weilchen und trank seinen Kaffee aus. Hernach sprach er Folgendes: „Gehören tut sich so was nicht, das muß ich dir schon sagen. Und dem Kaunigl will ich's auch zu wissen

tun, daß man zum Gottesdienst das Gebetbuch mitnimmt und nicht die Spielkarten! Wenn du aber bei dem dummen Streich keine böse Absicht gehabt hast, so soll's diesmal gut sein. Ist so weit brav, daß du mir's gesagt hast. Magst noch ein Tröpfel?"

Als somit jene Fronleichnamsangelegenheit aufs beste geordnet war, hat die zweite Schale Kaffee doppelt gut geschmeckt. Als ich später aufstand um fortzugehen, legte der alte Herr mir die Hand auf die Achsel und sagte gütig: „Mir ist jetzt leichter, weil ich genau weiß, wie es gewesen ist an jenem Fronleichnamstag. Aber ein anderes Mal mußt nicht, Peterl. Schau – unser lieber Herrgott ..."

Als wir unschuldiges Blut vergossen haben

Blutvoll, blutvoll waren sie, die Leute des Waldlandes. Aber die Feldzüge nach Italien oder nach Böhmen oder anderswohin liebten sie nicht. Die Kriege machten sie sich selber nach Bedarf in den Samstagnächten auf der Gasse, oder Sonntags im Wirtshaus. Da konnten sie Krieg erklären und Frieden schließen, wann sie wollten. Waren etliche Löcher geschlagen, aus denen das überschüssige Blut entweichen konnte, so wurde der Friede geschlossen und Männer, die sich früher geschlagen und gestochen hatten, gingen nun mit verbundenen Köpfen gemütlich miteinander heim.

Das galt aber nur von den Männern, von den jungen und reckenhaften. Die anderen, die durchaus friedliebenden, die nichts schlagen konnten, als die Bäume, und nichts stechen, als die Schweine – die mußten sich bei Blutüberfülle anders behelfen – sie gingen zum Bader. Der Schröpf und der Aderlaß, das waren dazumal neben Lebensessenz und Rosenbuschbalsam die Universalmittel gegen alle Krankheiten. Die Vollblütigen, auch wenn sie gesund waren, gingen alljährlich zum Aderlaß, um sich zu sichern vor dem

Schlagtreffen. Die Blassen und Bleichsüchtigen gingen auch zum Aderlaß, weil man glaubte, daß denen das Blut in den inneren Organen gestockt sei und man es durch einigen Ablauf flüssig machen müsse. Ein rüstiger Jägersmann hatte mir einmal vertraut, es wäre viel leichter brav bleiben, wenn der Mensch öfters zum Aderlaß ginge. Ob man noch heute im Walde solche Blutzeugen der Bravheit finden kann? Die heutigen Waldburschen nehmen eher Eisentropfen zu sich, damit ihnen das Blut nicht zu wenig wird. Wohin sie's vorher verschwenden, das weiß ich nicht.

Der erste Anlaß zum Aderlaß war gewöhnlich eine „hitzige Krankheit" in der Jugend. Und es ging der Glaube, daß, wer einmal angefangen, nicht mehr aufhören dürfe. Versäume er den rechtzeitigen Aderlaß, so komme irgendeine schwere Krankheit über ihn oder gar kurzerhand der Schlagfluß. Waren sie dann gesund oder krank, vollblütig oder blutarm, sie gingen alljährlich zum Aderlaß. Der Bader meinte, schaden täte es nie, Blut wachse nach wie Klee auf der Wiese, daran junger allemal frischer und süßer sei, als alter, abgeblühter. Diese Kleewissenschaft mußte den Bauern einleuchten. Noch lieber als die Männer gingen die Weiber, was mich erst nachträglich besonders wundert. Sie gingen zum Aderlaß als Mädchen wie als Mutter, ja noch als Greisin glaubten sie, daß *junges* Blut nachwachsen würde, wenn das alte heraußen wäre.

Wenn die Jahreszeit seit dem letzten Aderlaß um war, dann meldeten sich auch tatsächlich gleich Beschwerden. Kopfschmerz, Gliederschwere, Abgeschlagenheit, Schwindel. Besonders, wenn letzterer sich einstellte, war es höchste Zeit, zum Bader zu laufen, um dem Schlaganfall zuvorzukommen. Bei vielen machte sich das Bedürfnis fühlbar im Frühjahr, wenn die Knospen sprangen.

So war es auch bei meiner Mutter. Um den Mai herum war allemal die Rede vom Bader. Sie säume schon zu lang', es wäre höchste Zeit; des Morgens, wenn sie aufstehe, tanze die ganze Stube um sie herum. – Da ging sie denn endlich in Begleitung einer Magd oder des Vaters den stundenlangen Weg nach Langenwang zum Bader. Begleitung war deshalb nötig, weil auf dem Heimweg manchmal Ohnmachtsanfälle drohten. Und einmal, als wieder der Tag kam, stand es so, daß mir, weil sonst niemand vorhanden war, die Aufgabe zufiel, die Mutter zu begleiten. Ich war zur Zeit noch der kleine Bub, und wie es in meiner Erinnerung ist, so will ich's erzählen, es ist wieder so, daß ich auf dem Weg nach Langenwang zu Fuß ausging und zu Wagen heimkam.

Des Morgens im Sonnenschein davon und in die weite Welt hinaus, als die mir damals das Mürztal galt, das war eine große Freude. Daß die Mutter in ihrem Armkörbchen so viele Tücher und Binden mit hatte, fiel mir nicht auf. Erst später, als auf der Landstraße lauter fremde Leute zogen, bettelnde Handwerksburschen, fluchende Fuhrleute, schreiende Zigeuner, wurde mir unheimlich in der Ahnung, daß in dieser schrecklichen Fremde der lieben Mutter, die so still und gütig neben mir herging, heute was geschehen würde.

So kamen wir nach Langenwang zum Bader. Vor seinem Hause stand ein blühender Kirschbaum, unter demselben liefen Kinder herum, schrien und lachten in den Baum hinauf, und oben im flaumigen Geäst kletterte der Bader auf und nieder. Er hatte ein altes bartstoppeliges Gesicht und eine graue gestrickte Wolljacke an und er stellte einem buttergelben Falter nach, der in und um den Baum munter hin- und herflatterte, als wollte er den Alten necken. Wir standen unten, meine Mutter hüstelte, daß der Bader uns gewahren möchte, er lugte auch zwischen den Ästen einmal herab, ohne sich in seiner Schmetterlingsjagd weiter stören zu lassen. Vor dem Hause auf der Bank saß ein borstiger Mensch, der wartete und wartete, und endlich schrie er hinauf: „Na, Bader, werst noch nit bald so gnädig sein und herabsteigen? 's ist not, mein Weib hat das Nervenfieber!"

Antwortete oben der Bader: „So, das Nervenfieber hat s'?

Na, wenn du's eh kennst, was gehst denn noch zum Arzt? Jetzt habe ich keine Zeit. Siehst es denn nit, daß die Kinder den Falter haben wollen?" und fächelte mit seinem Hut in die Luft hinaus, um den Gelben zu fangen.
Sagte hierauf der Borstige: „Wenn du selber nit so viel Vertrau hast auf deine Medizin, daß dir das gelbe Vieh wichtiger ist, nachher – behüt dich Gott!" Und ging mit seinen krummen Knien heftig davon.
Mir war dieser borstige Mann sehr zuwider vorgekommen. Wo der Bader eh so ein lieber Mensch ist und den Kindern Falter fängt! Nein, der gute Mann! *der* tut meiner Mutter nicht weh.
Als dem Schmetterling der Spaß zu langweilig wurde, flog er hoch im Zickzack gegen den blauen Himmel und der Bader stieg schnaufend vom Baum und jagte die Kinder auseinander. Als er das Anliegen der Mutter vernahm, wies er uns hinein in die Stube, dort sollten wir warten. – Ganz verwunderlich bald kam eine Frau in weißer Haube und brachte eine große grünglasierte Schüssel. Ich erschrak ein wenig, ohne recht zu wissen, warum. Meine Mutter packte das Verbandzeug aus, und als der Bader erschien, entblößte sie den Arm. Der Mann betastete und beguckte die großen bläulichen Adern und sagte: „Waldbäuerin, es ist wieder einmal die höchste Zeit. Nit einen Tag mehr kunnt ich dir sicher versprechen, alle Augenblick kann's geschehen sein. Wenn 's Blut ins Hirn steigt, bist fertig." Jetzt tat er aber selber mit den Vorbereitungen so langweilig um, daß ich die größte Angst bekam, es stiege derweil ins Hirn. Endlich zog er aus dem Sack das Schnappmesser, aber in demselben Augenblick stürzte die weißhaubige Frau zur Tür herein: Vom Stall wären die Ferkeln ausgekommen und liefen im ganzen Dorf umher. Da tat der Bader einen erklecklichen Fluch, schmiß das Schnappmesser auf den Tisch und ging Ferkel fangen.
Das ganze Jahr ist mir nicht so lang vorgekommen, als die Zeit, da wir jetzt warten mußten. Unverwandt blickte ich die Mutter an, die ergeben dasaß und sich manchmal mit

dem roten Handtüchel übers Gesicht fuhr. Als die Ferkeln wieder im Stalle geborgen waren, saß sie, gottlob, immer noch aufrecht da. „Jetzt werden wir's bald haben!" sagte der Bader, und kurze Zeit darauf schlug das Schnappmesser in die Ader des linken Armes. Und jetzt war ein schwarzer Springbrunnen da, der in die Schüssel plätscherte, wie daheim der Wasserquell in den Trog. Mir war gar behaglich im Ansehen dieses Brunnens, denn mit demselben ergossen sich ja alle möglichen Krankheiten, namentlich die Gefahr des „Gehirnschlages" in die Schüssel. Als aber diese mehr als zur Hälfte voll war, und der Strahl immer noch rann, da wurde mir bange. Der Bader hielt meiner Mutter eine Essigflasche unter die Nase. Und endlich legte er den Verband an. Die Schuldigkeit war ein Zwanziger, das Blut wurde draußen auf den grünen Rasen ausgegossen und meine Mutter wankte blaß und erschöpft wegshin. Ins Wirtshaus gingen wir, und da war es gut. Braten, Semmelschnitten mit Zucker und Zimt in Wein gebeizt und noch ein Glas Wein extra. Blutmachende Mittel hatte der Bader verordnet. Die dicke Wirtin saß neben uns am Tische, legte ihre Arme gekreuzt über den Busen, war sehr mitleidig und erzählte Geschichten, wie Aderlässe den Tod gebracht hätten.

Nach dem Essen war der Mutter ums Rasten, und am Nachmittage gingen wir den Heimweg an, nicht die weitere Straße, wie ich damals im Winter, sondern den kürzeren und steileren Sommerweg. Auf der Straße und an den kahlen Bergböschungen der Illach war es noch heiß. Im Trabachgraben am Waldhang und neben dem schäumenden Wasser wurde uns frischer, und ich kleiner Schlingel kam mir wichtig und bedeutsam wie ein Großer vor, als Begleiter und Beschützer der Mutter so einherzusteigen! Für alle Fälle hatte ich meine Vorschriften, die der Vater mir eingeschärft. Aber sie schienen überflüssig zu sein. Es kam der steinige Waldsteig bergan, die alten Bäume deckten uns mit ihren Astwüchsen ein, wie ein grünes Gewölbe, und mancher Windbruchstamm lag spießig über

dem Wege, so daß wir mühevoll drunter durchkriechen oder darüber klettern mußten. In dieser Wildnis stolperte die Mutter, fiel zu Boden und stieß ihren Arm an einen Stein. Sie erhob sich sehr schnell und brummte ein wenig, aber nicht über den schlechten Weg, sondern über ihre Ungeschicklichkeit. Da könnte man sich sogar wehtun, meinte sie. Daß sie sich wehe getan hatte, verschwieg sie. Nach einem Weilchen, als wir zum Anger kamen, der mitten im hohen Walde liegt und wo der Fußsteig an die Straße stößt, setzte sich die Mutter, ohne weiter ein Wort zu sagen, auf den Rasen. Ein in Essig getränktes Tuch, das sie mit hatte, tat sie fast hastig hervor, fuhr sich damit über die Stirn, an den Mund, dann sagte sie zu mir: „Ein klein Randel schlafen laß mich. Sieben Vaterunser sollst beten, nachher wecke mich wieder auf."
Sie lehnte sich zurück aufs Moos und schlief. Etwas zu schnell mochte ich das Vaterunser siebenmal hergesagt haben, sie hatte noch nicht ausgeschlafen. Mir fiel der Ausspruch des Vetters Jakob ein: „Im Schlafen wachst beim Menschen das Blut am geschwindesten." Auf dem Anger standen allerhand rote, blaue und weiße Blümlein, die brockte ich zu einem Strauß und legte ihn der Mutter heimlich auf die Brust. Wenn sie sich dann beim Erwachen darüber wundern würde, wollte ich sagen: „Ja, Mutter, dieweil Ihr geschlafen habt, sind die Blumen aus der Brust hervorgewachsen." – Sie schlief und schlief, im Gesicht blaß wie das Essigtuch, mit dem das Antlitz halb bedeckt war. Zwischen den Binden des Armes rieselte das Blut hervor und sickerte in raschen Tröpflein auf das Gras. Ich hatte für alle Fälle Vorschriften gehabt, die waren vergessen, ich wußte nichts und nichts. – Wenn's so war, wie mir's heute vorschwebt, so begann ich nun über den Anger hin und her zu laufen und in den Wald hineinzurufen um Hilfe. Im Walde knisterte es, ein Hirsch setzte zwischen den Stämmen dahin, mit hochgehobenem Kopfe, plötzlich wendete er sich, sprang heran, an mir vorbei in den Anger und mit gespanntestem Satz fast über meine Mutter

dahin. Sie ist nicht aufgewacht. Das Tier war zurückgescheucht worden von einem klappernden Scheiterkarren, der oben auf dem Wege herankam. Den Fuhrmann, der darauf saß und ein Liedel pfiff, rief ich an: „Komm' mir zu Hilf', ich weiß nit, was es mit meiner Mutter ist. Sie will nit mehr aufwachen!"

„Recht hat sie", antwortete der Fuhrmann, hieb auf das Roß ein und fuhr weiter. Ein scheckiges Hündlein hatte er mit, das umkreiste bellend den Karren, dann lief es zu mir, sprang mich an, schnupperte am Lager meiner Mutter herum, begann an ihrem Arm das Blut zu lecken und an ihrer Stirn die Tropfen. Auch dem Tiere schrie ich zu: „Hilf mir, du lieber Hund!" Der aber lief keifend dem Fuhrmann nach, gleichsam: Schämst dich denn nit, Christof! So davonzufahren! Geh' doch erst sehen, was ihr ist! – Und das ist auch wahr, mochte sich der Christof gedacht haben, es muß richtig was geben, weil der Hund so tut. Will doch umkehren und sehen, was ist. So wendete er das Fuhrwerk, fuhr herbei, hing das Roß an einen Baum an und ging herab zu dem Anger. Als er sie sah, und das Blut, und die Waldbäuerin erkannte, murmelte er: „So steht's! Na, dann muß man sie heimführen." Trug sie wie ein Kind auf den Armen zum Karren, wo er sie neben der Straße niederließ. Während er die Scheiter ablud, begann sie zu sich zu kommen. Ihr erster suchender Blick war nach mir. Auf mein zärtliches Hinsinken an ihre Brust sagte sie leise: „Hab' ich denn so lange geschlafen? Aber jetzt ist mir schon besser. Du, mich däucht, es sind die Binden ledig geworden. Bluten, das tät nit gut sein." Und band sich selbst die Fatschen fest, das eine Ende mit den Zähnen haltend, das andere mit der rechten Hand um den linken Arm windend.

„So, mein Bübel", sprach sie wohlgemut, „und jetzt rukken wir in Gottes Namen wieder an."

„Was?" lachte der Christof, „jetzt, wo ich die Scheiter hab' abgeworfen, will die Waldbäuerin auf den Füßen heimgehen? Wo ihr just totenschlecht ist gewest! Gewiß beim

Bader gewest! Gewiß auf dem Aderlaß! Unschuldiges Blut vergießen! Dummheiten!“
Weiter, deucht mich, hat er nichts gesagt, hat meine Mutter auf den Karren gelegt, hat mich auch dazugetan, das schekkige Hündlein ist selber hinaufgehüpft und hat sich niedergelegt zu der Mutter ihren Füßen. Der Christof – er hat ein blaues Jackel angehabt und eine Zipfelmütze auf, ich sehe ihn heute noch – ist zu Fuß gegangen, hat das Roß geführt und hat uns zur Abenddämmerung glücklich heimgebracht ins Waldhaus.

Als ich um Hasenöl geschickt wurde

Im Jahre soundsoviel hatten wir zu Pfingsten noch einen Kübel Schweinsfett vorrätig. Der Vater hatte ihn nicht verkauft, weil er meinte, die Mutter würde ihn zu Hause aufbrauchen, und die Mutter hatte ihn nicht aufgebraucht, weil sie glaubte, der Vater würde ihn ja verkaufen wollen. Und während dieses wirtschaftlichen Zwiespaltes war das Fett ranzig geworden. Jetzt hätte es die Mutter gerne verkocht, allein so oft ein Sterz mit diesem Fette auf den Tisch kam, schnupperten die Knechte mit der Nase und sagten: Schusterschmer äßen sie nicht! Es war aber kein Schusterschmer, es war heilig ein echtes reines Schweinsfett und das wußten sie auch, und deshalb war es höllisch bösartig, daß sie solche Reden führten. Die Mutter war sonst ein sehr frohes und glückliches Weib, wenn aber ein Dienstbote über die Kost klagte, da wurde sie ganz verzagt und lud die anspruchsvollen Knechte wohl auch ein, sich nur selber einmal zum Herde zu stellen und mit den vorhandenen Mitteln eine Prälatenmahlzeit zu kochen. Unter Prälatenmahlzeit verstanden wir nämlich nichts Schlechtes.
Nun hatten wir zu dieser Zeit noch die alte Einlegerin im Hause, die für alles einen guten Rat wußte. Sie war zwar auf beiden Augen blind, sah aber doch gleich, was da zu machen war.

„Ein schlechtes Schweinschmalz hast, Bäuerin!“ rief sie kecklich aus, „ranziges Schmalz kaufen sie nur noch in der Apotheken, sonst nirgends nit und gewiß auch noch!“

Ja, die Apotheken, das ist wahr. Die hat im vorigen Jahre auch Gamswurzeln genommen und Arnikablumen und gedörrte Hetschepetsch, die nimmt alles, was schmeckt (riecht), die nimmt auch das Schweineschmalz. Und ich, der zwölfjährige Hausbub, bin hervorgesucht worden, um am Pfingstmorgen zeitlich in der Früh das Kübelchen beim Henkel an den Stock zu hängen und so über der Achsel hinabzutragen nach Kindberg in die Apotheke. Und bei dieser Gelegenheit sollte ich auch etwas anderes besorgen.

Da hatten wir zur selbigen Zeit einen alten Weber in der Einwohne, der nahm, wenn keine Arbeit war, oft den Kopf in beide Hände, brummte schier unheimlich vor sich hin und sagte dann zu dem, der just da war: „Mensch, ich werde blöd. Just, als hätte ich ein Hummelnest im Kopf, so tut's brummen, weiß der Ganggerl, was das ist. Immer einmal ganz dumm komm' ich mir vor, das ist mir jetzt schon zu dumm!“

Und antwortete ihm nun auf einmal die alte Einlegerin: „Wenn du dumm bist, Hartl, so mußt du dir mit Hasenöl die Schläfe einschmieren.“

„Alte Dudel, wo soll denn ich ein Hasenöl hernehmen?“ begehrte der Weber auf.

„In der Apotheken kriegt man's“, lautete ihr Bescheid, und so sollte ich nun für den Weber Hartl um zwei Groschen Hasenöl einkaufen in der Apotheke zu Kindberg. Hasenöl? Geben denn diese Tiere auch Öl, so wie der Leinsamen und der Rüps? Natürlich wird's so sein, denn, wenn's kein Hasenöl gäbe, so könnte man ja keins kaufen.

Als ich nach langem Marsche gegen Mittag mit meinem Küblein in die lateinische Küche zu Kindberg kam, hieß es dort, Schweinsfett brauche man jetzt nicht, und wäre es auch ganz frisch.

„Es ist aber nit frisch!“ versicherte ich, „es schmeckt schon!“
Dann sollte ich nur in die Apotheke nach Bruck hinabgehen! meinte der Herr lachend, ich aber dachte: Wenn du mir kein Schweinsfett abkaufst, so kaufe ich dir kein Hasenöl ab – und machte mich auf den Weg. – Daß es aber so lange Straßen geben kann auf der Welt, wie dieser Weg war bis Bruck! An beiden Seiten des Tales Berge und Gräben, das Wasser einmal rechts und dann links und dann wieder rechts; ein Dorf ums andere, dieses hatte einen Kirchturm, jenes keinen, in manchem Wirtshause gab es Musik, in manchem helles Geschrei; mancher Wanderer lallte taumelnd des Weges dahin, mancher ruhte friedsam im Straßengraben – und immer so fort. Allzumal muß auch erzählt werden, daß die Sonne sehr heiß schien und mein Schweinsfett hinter dem Rücken Fluchtversuche machte, wie später an den Spuren auf meinem Rock zu bemerken war.
Bruck ist eine Stadt. Ich hatte noch nie eine Stadt gesehen. Ein vielgereister Handwerksbursche hatte bei uns einmal erzählt, Wien, Paris und Bruck wären die größten Städte der Welt und in Bruck stünde das achte Weltwunder: ein eiserner Brunnen.
Auf dem Wege zu solchen Merkwürdigkeiten wird man nicht müde. Die Sonne ging schon hinter den Berg hinüber, als ich mit meinem Küblein einzog in die große Stadt Bruck. Mein erstes war, dem eisernen Brunnen nachzufragen, denn auf dieses Wunder war ich vor allem gespannt. Welche Enttäuschung, als aus einem rostigen Gitterwerke ein Brunnen herausrann, ganz wie jeder andere Brunnen auch – von Wasser, und nicht von Eisen!
Die Apotheke ließ sich auch nicht lange suchen, stand doch der heilige Josef mit dem Knäblein an die Tür gemalt, und der steht, das wußte ich schon, immer bei den Apotheken. Da drinnen war ein altes weißköpfiges Männlein mit Brillen, die es dazu benützte, über- oder unterhalb derselben recht schalkhaft auf mich herzublicken, als ich

mein Schweinsfett ausbot, das Pfund um sieben Groschen. Er fragte, ob Safran in der Butter wäre! worauf ich eine Weile tat, als besänne ich mich.

„Na na“, sprach das Herrlein, „wenn du deine Schmier nicht gern gibst, so geh’ nur gleich wieder!“ Da ließ ich sie ihm ab. Er wog das Küblein mit einer unendlichen Gleichgültigkeit, das gab gerade drei Pfund, das Holz wie das Fett zahlte er pro Pfund zu fünf Groschen. Der Kübel wurde in eine dunkle Nebenkammer getragen, leichten Herzens bin ich von ihm geschieden. – Und nun um zwei Groschen Hasenöl! – Schön! Solle in einer Vierstelstunde wiederkommen.

Ich war hungrig und durstig geworden, ging hinaus und suchte ein Wirtshaus. Es standen ihrer ein paar stattliche da herum, mit großen Fensterscheiben, durch die schneeweiß gedeckte Tische zu sehen waren. Ich traute ihnen nicht recht. Wenn andere *gute* Wirtshäuser suchen, so ist das ihre Sache, ich für mein Teil suchte ein schlechtes, mir wohl bewußt, was draufgehen durfte. Glücklich fand ich das gesuchte; die Stube war dunkel und voller Fliegen, die an den braunen kleberigen Holztischen herumkrochen; das halbe Seidel Wein war lau und kamig, aber naß, und das genügte mir. Die Semmel von vorgestern war schon deshalb zweckmäßig, weil sie mehr ausgab als etwa eine von heute. Diese Genüsse verschlangen zu meinem nicht geringen Schrecken ein halbes Pfund Schweinsfett, und ich – als der bloß nach Kindberg geschickte – durfte über das Kapital nicht verfügen!

In die Apotheke zurückgekehrt, gab es dort Leute. Ich hatte zu warten und setzte mich hinterwärts auf eine Winkelbank, von der aus schön zu sehen war, wie dieses ehrwürdige Geschäft, mit allerhand Mitteln die Leute gesund zu machen, betrieben wurde. Da kam jemand und verlangte Fuchsschmalz. Das alte Männlein langte einen schwefelgelben Tiegel vom Gesimse, stach mit einem zierlichen Schaufelchen ein Batzlein heraus auf ein Papier, legte es auf die kleine Wage: „So, Vetter, da sind vier Quintel Fuchsschmalz, kosten zwei Groschen." Hernach verlangte eine Frau Pillen. Eine andere bekam ein winziges Fläschchen. Ein Knabe begehrte Dachsfett als Mittel gegen den Kropf. Der Apotheker langte emsig nach dem schwefelgelben Tiegel auf dem Gesimse und gab, ähnlich wie früher, das Verlangte. Das fiel mir auf, er mußte sich vergriffen haben, in diesem Tiegel war doch das Fuchsschmalz. Hierauf wurden Pulver angefertigt und kleine Schächtelchen und Fläschchen allerlei. Ein altes Weib kam hereingehumpelt, beklagte sich über die Gicht und ob sie nicht eine Gichtsalbe haben könne. „Gewiß, liebe Frau!" sagte das Männlein, langte wieder nach dem schwefelgelben Tiegel und gab die Gichtsalbe heraus. Jetzt hub dieser schwefelgelbe Tiegel auf dem Gesimse an, mir unheimlich zu werden. Weil die Zeit verging und ich immer noch nicht bemerkt wurde, so trat ich endlich aus dem Winkel hervor und bat um mein Hasenöl.

„Ei ja richtig, Kleiner. Du bist auch da. Du bekommst Hasenöl!" sprach freundlich das Männlein, nahm den Schwefelgelben vom Gesimse und stach mir gestocktes Hasenöl heraus.

Noch hatte ich das kostbare Mittel, welches in ein ganz kleines Tiegelchen getan war, kaum geborgen in meinem verläßlichsten Rocksack, und es redlich bezahlt, als wieder ein Frauchen zur Tür hereinkam und fragte, ob frisches Schweinsfett zu haben wäre als Medizin?

„Vollkommen frisch!" rief der Apotheker, „heute erst bekommen!" und stach aus dem schwefelgelben Tiegel Schweinsfett.

Hierauf bin ich fortgegangen und habe gleich bei mir selber die Erfahrung gemacht, wie heilsam so ein bißchen Hasenöl ist gegen die Dummheit. – Fuchsschmalz, Dachsfett, Gichtpflaster, Hasenöl und Schweinsfett, alles in *einem* Tiegel! Jetzt erst ist mir klar geworden, welch einen Schatz von köstlichen Arzneien ich in meinem Kübel aus dem Gebirge herabgeschleppt hatte. –

Als ich von der Bruckerstadt fortging, lagen die Schatten

der Berge schon weit in das Tal hinein. Meine Füße hatten sich in schwerem Schuhwerk heiß gegangen, auch das Atemziehen machte sich wichtig und es war, als ob mir jemand ein hartes Brett fest an die Brust gebunden hätte. Nach Alpel war es bloß noch acht Stunden. Weil es etwas langsam voran ging, so holte mich ein Fuhrwerk ein. Zwei klobige Pferde zogen einen großen Bauernwagen, auf dessen Vordersitz ein Bursche, etwa in meinem Alter, kutschierte. Der Wagen selbst war fast leer. Er war mit Lärchentaufeln nach Bruck zum Faßbinder gefahren, auf dem Rückweg hatte er einen Sack Feldbohnen und einen Stock Salz aufgeladen; daneben war noch reichlich Platz für einen einfältigen Buben, der am Leiblein ein paar müde Beine hatte, hingegen aber in der Tasche die Salbe für Dummköpfe, die gescheit werden wollen. Ich war bereits so gescheit, um den Burschen auf dem Wagen anzurufen, ob er mich aufsitzen lassen wolle.

„Wohin willst denn?" fragte er fast vornehm von seiner Höhe herab.

„Heimzu."

„So setz' dich auf, ich fahr' auch heimzu."

Bald war der Bohnensack mein Kopfkissen und der Salzstock mein Schlafkamerad, der Fuhrmann schnalzte mit der Peitsche und es ging knarrend voran. – Viel weiß ich nicht von derselbigen Fahrt „heimzu". Einmal, als ganz zufällig die Augen aufgingen, sah ich kohlschwarze Baumzacken in den nächtigen Himmel aufragen, welche ganz unheimlich ächzten, knarrten und holperten. Und dann wieder nichts.

Als ich erwachte, na, da war etwas! Da lag ich auf dem Wagen unter einem alten Holzschoppen, um mich war ein heller Tag, und eine fremde Welt. Eine schreckbar fremde Welt. Der rauschende Bach mit der Mühle daneben, das gemauerte Haus mit einer breiten, braunangestrichenen Tür, der Anger mit den Pferden und solcherlei war mir seltsam genug, noch unheimlicher war etwas anderes. Dort hinter den Waldbergen stand breit und hoch etwas

Weißes, Leuchtendes auf, fast ähnlich den mittägigen Sommerwolken, wie sie sich am Sehkreise aufbauen, wenn's nachmittags Gewitter gibt. Aber das stand so starr und ruppig und rissig da im Sonnenschein, und von unten hinauf sah es aus, als ob blaue Wälder sich hinanzögen, von steilen grauen Streifen überall unterbrochen. Und höher oben war alles wie purer Stein, der zerklüftet und zersprungen ist. Und so war es voran oben und so war es rechts oben und so war es links oben und überall die ungeheure Höhe, daß mir schwindlig ward, als ich den Kopf so weit nach rückwärts bog, um hinaufzuschauen. Mein Lebtag hatte ich derlei nicht gesehen. Zum Glücke kam nun mein junger Fuhrmann, der fragte mit lautem Lachen, ob ich gut ausgeschlafen hätte. Vom Wagen gesprungen war ich schon, so rief ich nun voll Entsetzen: „Mensch, wohin hast mich geführt?"

„Heimzu!" lachte er, „da bin ich daheim."

„Wie heißt's denn da?"

„Da heißt's Tragöß", sagte er.

„Und das da droben? Was ist denn das lauter?"

„Die Berge meinst?"

„Nit die Berge, was *hinter* den Bergen so steht, das meine ich."

„Jeßtl!" lachte der Bursche und klatschte mit beiden Händen auf seine Knie, „das sind halt wieder Berge, die Steinberge, und du sollst jetzt ins Haus gehen Suppen essen."

So habe ich an jenem Morgen das erstemal die hohen Felsenberge in der Nähe gesehen und jene Gegend, aus der mir fünfundzwanzig Jahre später der Geist zu meinem „Gottsucher" aufgestiegen ist. Auf dem Tisch der Hausstube, in die der Junge mich geführt, stand schon die dampfende Suppenschüssel mit weißem Brote. Ich wollte aber den Löffel nicht in die Hand nehmen; ißt du, so gehörst du ihnen, mußt dableiben und weißt gar nit, wer sie sind. Von der Küche kam ein älteres Weib herein, das schlug die Hände über dem Kopf zusammen, als es hörte, wie weit ich verführt worden war, und daß ich anstatt nach Krieglach im Mürztale, nach Tragöß am Fuß des Hochschwabengebirges gekommen bin.

„Jetzt mußt erst recht essen, Bübel, daß du nachher heimgehen magst."

„Frau Mutter, wie weit hab' ich denn heim?"

„Jetzt wart' einmal", antwortete sie und hub an, an ihren Fingern die Ortschaften und die Stunden abzuzählen, „ihrer zwölf Stunden wirst wohl brauchen bis ins Krieglach hinaus. Bist aber schon ein rechtes Tschapperl! So fest schlafen! Mein Seppel hat's freilich nit wissen können, wo du hinwillst, und hat sich gedacht, 's wird eh' recht sein ins Tragöß herein. Aber das ist jetzt schon ein helles Kreuz. Mach' dir nur nichts draus, mein Wagen hat dich hergeführt und dein Schutzengel wird dich hinführen."

Während sie mich so tröstete, war draußen in der Küche fortwährend ein klägliches Wimmern, und nun kam der Seppel herein und berichtete, das Mentschl hätte halt wieder gar so viel Zahnweh.

„Was aber das Zahnweh für ein Elend ist!" rief das Weib, „jetzt leidet das Kind schon die ganze Nacht wie eine arme Seel' im Fegfeuer. Alles haben wir schon angewendet: heiße Tücher aufgelegt, kaltes Wasser in den Mund getan, mit Rosenbuschbalsam ausgewaschen, Kalmusgeist hineingetropft, mit Salz eingerieben, einen Mariazeller Rosenkranz umgehängt, zwei Zehen mit einem Seidenfaden zusammengebunden, die Füße ins Ofenloch gesteckt, und sonst allerhand angewendet. Einen Kletzen hat's geholfen! Schreien tut das arme Wesen, als ob man's wollt' köpfen, und jetzt weiß ich nichts mehr. – Katherl, Katherl, du gutes, armes Kindel du! Wart' einmal, jetzt will ich dir Hühnermist aufs Gnack legen, das zieht's aus, das hilft, Katherl, wirst es schon sehen, das hilft!" Damit eilte sie wieder hinaus in die Küche.

Das ganze Hausgesinde war zusammengeeilt um die Leidende, die nun neuerdings anhub, herzbrecherisch zu schreien: „Mein Zahnt, mein Zahnt! Ahndl, mein Zahnt tut mir so viel weh!“

„Laß nur Zeit“, tröstete die Angerufene, „das Mittel greift halt an, jetzt wird's bald besser sein, schau, bist ja mein liebes Katherl, du!“

Auch ich war in die Küche hinausgegangen. Auf dem Herde, mit den Füßen im Ofenloch, kauerte ein Dirndl, das ein rundes, liebes Gesichtlein hatte, seine gefalteten Hände wie um Hilfe flehend an die rechte geschwollene Wange preßte und mich schrecklich erbarmte. Jedes im Hause hatte schließlich noch ein Mittel gewußt, keines und gar keines hatte geholfen. Ein Mensch war zugegen, der behauptete, Dummheit wär's, die Zähne nicht ordentlich zu pflegen, und deswegen alleweil das Zahnweh! – Gott, wenn's von der Dummheit kommt, da muß ja mein Hasenöl helfen! – Aus meinem tiefen Sacke zog ich das kostbare Tiegelchen hervor und aus meinem gescheiten Kopf den guten Rat, mit diesem gestockten Hasenöl die geschwollene Wange einzuschmieren. – „Schaden wird's wohl doch nit; wenn's ein Hasenöl von der Apotheken ist, kann's unmöglich schaden!“ sprach die Großmutter und fettete das Dirndel ein. – Nicht fünf Minuten, so rief die Kleine aus: „Ahndl, jetzt ist's gut!“ und flink sprang sie vom Herde herab.

Freilich ging nun meine Not an, denn alles Hasenöl wollten sie haben, ich sollt nur sagen, was es kostet! Von ihren dringenden Bitten kamen sie erst ab, als das geheilte Dirndel erklärte, der Zahn wäre so fest gut geworden, daß er gar nimmer wehtun werde, also konnte ich mein Öl wieder in den Sack stecken und sehen, wie man von Tragöß nach Krieglach-Alpel kommt.

Unterwegs bedachte ich das Hasenöl. Wenn es beim dummen Weberhartl auch so heftig wirkt, wie bei dem Zahnwehdirndl, dann geht er mit den drei Weisen aus dem Morgenlande als der vierte.

Nach einer fünfstündigen Wanderung war ich beiläufig wieder dort, wo der müde Junge einen Tag früher in den

Bauernwagen gestiegen. In einem Gehöfte sprach ich zu und fragte, wieviel es an der Uhr sei, wie weit es noch bis Krieglach wäre, ob ich wohl den richtigen Weg hätte. Die gründlichsten Auskünfte haben sie gegeben, jedoch, ob ich etwa einen Löffel Suppe möchte, das fragte niemand. Unter einem Kirschbaum lag ein Mensch und wimmerte vor Kopfweh: alsogleich wollte ich mein Mittel anbieten, jedoch ein Weibsbild, das da war, behauptete scharf und stramm, das Kopfweh sei in der vorigen Nacht in einem Wirtshause eingekauft worden und vor dem Abend gebe es gar kein Mittel; am Abend aber würde dieser Kopf schon von selber gut, hingegen dürften nachher dem, der ihn auf hätte, die Backen weh tun! – Eine Handbewegung des Weibes hat das undeutliche Wort sehr klar gestellt.

Unterwegs nach Krieglach lud mich ein Flossenführer (Roheisenführer) ein, auf seinen Eisenschollen Platz zu nehmen; ich besorgte, auch der möchte mich „heimzu" führen in die Stanz oder in die Veitsch oder sonstwohin; wollte daher ablehnen. Der Fuhrmann kannte mich aber und sagte, daß er über Alpel nach dem Rettenegger Hammer fahre – ja das war freilich eine Schickung Gottes. Gelegen bin ich mein Lebtag schon weicher, als damals auf den Eisenflossen, geschlafen habe ich selten besser. Richtig hätte ich mich jetzt auch an Alpel vorbei bis weit hinüber ins Rettenegg geschlafen, wenn mein Führer mich nicht abgesetzt hätte beim Heidenbauerntörl, nahe von daheim.

Um Mitternacht kam ich zu Hause an. Sie waren ein wenig in Spannung und schliefen noch nicht. „Wir haben schon gemeint, der Kindberger Apotheker hat zum Schweinschmalz dich selber als Draufgab' genommen", sagte der Vater, das war Spaß. Dem alten Weberhartl jedoch war etwas anderes eingefallen. Er erinnerte sich einmal gehört zu haben, daß die Apotheker jährlich ein Menschenkind abtäten, um daraus eine ganz besondere Medizin für ganz besondere Krankheiten zu gewinnen. – Es war wohl die

höchste Zeit für den alten Hartl, daß ich mit dem Hasenöl heimkam!
Erst steckte er seine Nase ins Tiegelchen. „Scharf schmekken tut's, das wird schon angreifen", murmelte er, „tut eh' schon wieder so viel brummen im Kopf." Mein Vater roch auch und schaute mich grauenhaft strenge an. – Ich hatte nie begriffen, weshalb die Apotheker auf jeden Tiegel, den sie verkaufen, einen Zettel mit ihrem Namen und Wohnort kleben. Jetzt ward es mir klar, ohne diesen Zettel auf dem Tiegelchen hätte man es mir daheim niemals geglaubt, daß ich mein Hasenöl nicht aus dem Schweinsfettkübel genommen, sondern aus der Apotheke zum heiligen Josef in Bruck.
„Hat er's genommen wo der will", rief der alte Weber hochgemut aus, „wenn's nur hilft!" und begann sich gleich die Stirn einzureiben mit dem Hasenöl.
Hat's geholfen? – Nun, die Wahrheit zu sagen, beim alten Weberhartl konnte eine nennenswerte Besserung nicht nachgewiesen werden, hingegen ist mein Vater durch dieses Hasenöl klüger geworden, obschon er sich damit gar nicht eingerieben hatte. Er hat wohl auch in späterer Zeit noch manches Küblein Schweinsfett, manches Bündlein Wurzeln und Kräuter in die Apotheke geschickt – holen aber ließ er nichts mehr aus ihr. – Das heilsame „Hasenöl" hat uns für alle Zukunft geheilt.

Stiegelhupfer – Batzenschupfer!

Na, da hätten wir uns wieder einmal sauber geirrt mit der Meinung, die Hauptsache am Menschen sei – das Haupt. Hauptsache an ihm ist vielmehr die Faust und nebenbei vielleicht auch jener Körperteil, der als Prügeldepot am geeignetsten erscheint. Denn des Menschen Ziel auf Erden ist, zu hauen und gehauen zu werden. Wer dafür keinen

Sinn hat, der ist das Schlimmste, was einer sein kann, er ist – feige.

Feigheit! Das ist ein verdammt schlimmer Schimpf. Wer hat Kurasch, feige sein zu wollen?

Denn ich muß wohl. Mein Angesicht trägt keines jener Zeichen, daß ich in der Waffenführung je – ungeschickt gewesen. Ich habe überhaupt niemals geschlagen, gestochen oder geschossen – bin das eine oder das andere im Ernste auch nie worden. Der Widerwärtigkeiten eines ungewöhnlichen Lebensganges waren gerade genug, um zu zeigen, was es bei mir mit Mut oder Feigheit für eine Bewandtnis hat. So habe ich weiter niemanden persönlich anzurempeln gebraucht. Sonst wird dem Freimütigen, dem Aufrichtigen geraten, stets hübsch einen Waffenpaß und was dazu gehört, bei sich zu tragen. Ich habe nichts bei mir, als mein Taschentuch, in das ich mir einen Knoten mache, wenn mich jemand tödlich beleidigt – um übrigens am nächsten Tage kaum mehr zu wissen, was der Knoten bedeutet. Mit einem solchen Taschentuch kommt man ohne viel Keilerei durch die Welt, und die Wörter „Mut", „Feigheit" brauchen weiter nicht strapaziert zu werden.

Einst, als Schuljunge, gehörte ich zu den Bravsten, obschon es sich in Biographien ganz gut macht, wenn es heißt: Ist als Schuljunge ein Strick gewesen. Das zeigt gleich von Energie und Persönlichkeit. Nun, mir tut es leid, ich war stets ein „braves Buberl". Zwar im Kleiderzerreißen ließ ich mich nicht lumpen, auf Löcher in den Hosen kann die Gassenjungenehre nicht verzichten. Beim Klettern, beim Rutschen, beim Hüpfen, beim Schaukeln und dergleichen beweglichen Festen gab es oft flotte Fetzen. Nicht so aber beim Ringen, Rangeln und Raufen. Bei solcher Kraftmesserei mit Kameraden sind freilich weniger die Löcher in der Joppe zu fürchten, als die im Kopf, wovon das im eigenen Kopf immer noch weniger Unannehmlichkeiten verursacht, als das im Kopf des Gegners. Ich kann mich als Junge nicht erinnern, je einmal einen Handel angefangen zu haben. Meine Lust waren fröhliche Spiele, bei denen Einvernehmen herrschte, und zeigten andere dabei einen lebhaften Willen, so gab ich gewöhnlich nach. Den Luxus eines eigenen Willens konnte ich mir erst viel später gestatten. Dafür ist er aber um so ausgewachsener geworden.

Nun wurde damals unter uns Schulbuben eines Tages ein Schimpf aufgebracht; ich weiß nicht, wer ihn erfand oder einführte, weiß auch nicht, was er besagen wollte und worin seine unerhörte Ehrenrührigkeit bestand – kurz, es war ein grauenhafter Tort, der dadurch verübt wurde, daß ein Junge dem andern zurief: „Stiegelhupfer – Batzenschupfer!" Keiner, auf den das Wort gemünzt war, ertrug es. Entweder er gab es mit gesteigerter Art in Ton, Miene und Gebärde zurück, oder er rächte sich sofort handgreiflich an dem Schänder seiner Ehre. Ich allein ertrug es. Anfangs zwar mit saurem Lächeln, später mit wirklicher Gelassenheit, und ging meines Weges. Das war ihnen nun aber gerade recht, daß sie eine Zielscheibe gefunden hatten, die – wie es sich für eine richtige Zielscheibe auch geziemt – nicht zurückschoß. Sie krähten mir also bei jedem Begegnen die Worte „Stiegelhupfer – Batzenschupfer" zu. Da war es einmal auf dem Heimweg aus der Schule, daß drei Buben – darunter der Stagler Luis – mir am Fresenbach den Steg vertraten, über den ich zu gehen hatte. Der Stagler Luis und ich waren überhaupt stille Feinde, ohne daß wir wußten, warum. Es konnte einfach einer den andern nicht leiden, und da ist nichts zu machen. Grundloser Haß wie grundlose Liebe sind immer die echteste Sorte. Sie standen also vor dem Steg, ich kam herbei und forderte sie auf, mich meines Weges gehen zu lassen. „Stiegelhupfer – Batzenschupfer!" sagten sie mit sehr ruhiger, entschlossener Stimme, streiften ihre Ärmlinge zurück und machten sich kampfbereit. Ich stand eine Weile da und überlegte, wie mit diesen Gegnern ein gütiges Übereinkommen getroffen werden könne, denn mein Vater pflegte jede Verspätung, mit der ich aus der Schule kam, zu ahnden.

„Wirst wohl umkehren müssen, Stiegelhupfer", höhnten sie. „Oder bleibst stehen, bis du in den Boden wachsest, so bleiben wir auch stehen. Stiegelhupfer – Batzenschupfer!"

Ich schaute in die rauschenden Wellen des Baches. Was ist da zu machen? Ohne Steg ist nicht hinüberzukommen, eine nächste Brücke nicht zu erreichen. Ich suchte vernünftige und würdige Vorstellungen zu machen: „Ist das schön, daß drei gegen einen stehen?"

„Stiegelhupfer – Batzenschupfer!" Das war ihr Bescheid und ihre Rechtfertigung. Dabei machten sie allerhand malerische Grimassen. Jetzt kam plötzlich etwas über mich, das mir sonst fremd gewesen: Wutgefühl. Ein paar Sätze, und wie ein wütender Bock rannte ich den Luis, als den mittleren der Besatzung, in den Bach hinein – so jäh und heftig, daß sich's keiner versah. Das Wasser plätscherte hoch auf und trug den Jungen dahin. Ein vierfacher Hilferuf, denn ich schrie selbst mit. Und dann hatten wir mit vereinten Kräften tüchtig zu tun, weiter unten, wo der Bach sich über Sand flacht, den Zappelnden und Gurgelnden hervorzuholen. Als der so Gerettete am Ufer lag, war ich mit ihm auf einmal allein, die beiden anderen hatten sich in Ansehung drohender Unannehmlichkeiten langen Fußes davongemacht.

„Hast nasse Füße bekommen, Luis?" fragte ich gleisnerisch, denn am ganzen Kerl war nicht ein Faden trocken. „Macht nichts, ich hab' zwei Paar Hosen an, davon kriegst eine. Tu' nur geschwind dein Gewand aus, sonst wirst krank."

Schweppernd tat er's, warf sein schwammig-schweres Zeug weg, schlüpfte in mein Gewand, so viel ich übrig hatte und huschte davon wie ein geprügelter Pudel. Nun erst hatte ich Zeit zur Schadenfreude und wiegte mich in ihr wie in einer Sänfte. Denn der Luisel schämte sich. Er schämte sich! Aber am nächsten Tage, als er mir das Gewand zurückbrachte, stand er eine Weile so seitlings da, schielte an die Wand hin und murmelte: „Gestern, das war dumm!“

„Ich bin halt so zornig gewesen“, war meine Entschuldigung.

„Geh’, Tschappel! Nit von dir, von mir ist’s dumm gewesen, daß ich dich nicht hab’ über den Bach lassen wollen.“

Da schlug ich vor: „Ist’s dir recht, Luisel, wenn wir von jetzt an gute Kameraden sind?“

„Gilt schon. Hätt’ dich eh’ alleweil gern gehabt, wenn du nit so stolz wärst gewesen“, gab er zur Antwort.

Meine Friedfertigkeit nannte er Stolz – diese Auffassung erfüllt mich noch heute mit Stolz. Und sie zeigt mir, daß der Junge vielleicht halb unbewußt die Schimpf- und Rauflust wie etwas Gemeines, die gelassene Friedfertigkeit aber wie etwas Vornehmes empfunden hat.

Wir sind dann wirklich gute Kameraden geworden, sind es bis heute geblieben, und erst vor kurzem haben die beiden Alten jenen Knabentort an der Fresenbachbrücke wieder einmal lachend besprochen.

So war also damals die einzige Heldentat, die ich je begangen, als Racheakt ganz vortrefflich mißlungen. Es ist wohl auch seither schon geschehen, daß Lumpen und Schurken mich in Zorn gebracht haben. Doch wäre ich in solchen Fällen für ein regelrechtes Duell schwer zu gebrauchen gewesen. Erstens schlage ich mich mit Lumpen nicht, und der mich aus Bosheit beleidigt, ist einer; und zweitens fehlt mir im Zorn die Geduld, um alle Förmlichkeiten zu erfüllen. Wenn ich den Feind nicht sofort durchbohren kann – nach wenigen Stunden ist der Zorn verpufft, und den Degen gegen einen völlig gleichgültigen Menschen zu heben, ist kein Vergnügen.

Im ganzen weiß man nicht, welcher Mut größer ist: der, den Feind totzuschlagen, oder der – ihn laufen zu lassen.

Als wir zur Schulprüfung geführt wurden

Öfter als zu oft schon ist von der Schule in Krieglach-Alpel erzählt worden, auf welcher ich mehr gelernt hätte, als auf allen übrigen Schulen zusammen. Die Wissenschaften und Künste, die ich mir auf dieser Hochschule angeeignet, sind freilich nicht wieder vergessen worden: Lesen, Schreiben und die absolute Gewißheit, daß zweimal zwei vier sind! – Aber das wissen wir alle.

Und doch wollen wir eins darüber plaudern.

Der Holzbauernhof, in welchem der alte Michel Patterer die Alpelschule eine Zeitlang gehalten hatte, lag dreitausendvierhundert Fuß über dem Meere, und so konnte der Mann, welcher sonst nichts weniger als ehrgeizig war, seinem Institut die Bezeichnung „Hochschule" mit gutem Fuge beilegen. Dieser Michel Patterer war früher ordentlicher Lehrer in Sankt Kathrein am Hauenstein gewesen; weil er es im Jahre 1848 ein wenig mit der neuen Mode hielt, – der alte besonnene Mann wird gewußt haben warum – so wurde er von der kirchlichen Behörde kurzerhand abgedankt und langen Fußes davon gejagt. Der alte Mann kam nach Alpel, um sich durchzubetteln, allein die Alpler Bauern standen zusammen und sagten: „Bettler haben wir ohnehin zu viele, aber Schulmeister haben wir keinen, und dahier keinen gehabt seit die Welt steht. Machen wir ihn zum Schulmeister, unsere Kinder sollen Lesen und Schreiben lernen; nützt's nichts, so schadet's nichts."

Der Michel blieb in Alpel und ging mit seinen Wissenschaften hausieren von Hof zu Hof. Je eine Woche lang wurde die Schule in einem und dem anderen der dreiundzwanzig Höfe abgehalten, wo die Kinder der Gemeinde in der Gesindestube zusammenkamen, sich um den großen Tisch setzten und lernten. Wenn die Bäuerin kam, um auf dem Tische ihren Strudelteig auseinanderzuziehen, oder das Gesinde, um Mittag zu essen, mußte freilich der Tisch geräumt werden. Die Kinder gingen hinaus, aßen ihr mitgebrachtes Stück Brot; der Schulmeister setzte sich zu den Knechten und Mägden und tat etwas, wozu damals nicht jeder Schulmeister das Talent hatte – er aß sich satt. Außer der Schulzeit machte er sich in dem betreffenden Hofe auch noch dadurch nützlich, daß er Streu hackte, Heu machen oder Dung führen half und dergleichen. Dabei hatte er stets die ruppige braune Lodenjacke am Leibe, die er vom Grabelbauer geschenkt erhalten, und den Seidenzylinder auf dem Kopf, den ihm der alte Dechant zu Birkfeld einmal verehrt hatte in früheren Tagen. Lachen und weinen muß ich, so oft ich des guten Michel Patterers gedenke; sein Schicksal ist seltsam, und sein Herz war so tapfer und geduldig! Er hatte niemanden mehr auf der Welt, als seine Schulkinder, denen er sein Bestes gab, und wenn er zur nächtlichen Stunde draußen in der Heuscheune lag, ein wenig fröstelnd vor Kälte und ein wenig schwitzend vor Sorge um sein nahes hilfloses Alter, da mag er sich wohl gedacht haben: Wie wunderlich geht's doch zu auf dieser Welt!

Eine längere Zeit war die Schule bei dem obenbesagten Holzbauer eingeheimt, und gerade aus jener Zeit habe ich die kleine Erinnerung, die hier erzählt werden soll.

Jahrelang hatte sich um unsere Alpelschule niemand gekümmert, sie war weder anerkannt noch verboten, und da der Mann von der Gemeinde verköstigt wurde, so ging die Sache weiter eigentlich niemanden was an.

Vielleicht, doch! – da ist oben im Gebirge ein Mensch mit dem neumodischen Geiste, und der unterrichtet die Kinder! Da kann etwas Sauberes herauskommen! Wie steht's mit der Religion? Werden die Kinder wohl auch zur heiligen Beichte vorbereitet? Zur Kommunion, zur Firmung? – Das müßte man doch einmal näher besehen! – Und eines Tages hieß es: eine große Geistlichkeit kommt nach Alpel, und es wird strenge Prüfung sein!

Der alte Schulmeister sagte nichts dazu und es war ihm nicht anzumerken, ob er sich fürchte oder freue.

Indes schlief alles wieder ein, und die „große Geistlichkeit“ kam nicht. Hingegen war im Frühherbste desselben Jahres etwas anderes. Als in der Krieglacher Ortsschule zum Schlusse des Schuljahres der Tag der Prüfung nahte, zu welchem stets auch der Dechant aus Spital erschien und andere Geistliche und Schulaufseher und Lehrer aus Nachbarspfarreien, kam unserem Michel vom Ortsschulrate der Befehl zu, er habe sich mit seinen Schulkindern am Tage der Prüfung im Schulhause zu Krieglach einzufinden. Und jetzt ging die Not an. Die Schule in Alpel war während der dringenden Feld- und Wiesenarbeiten geschlossen gewesen. Der alte Michel mußte nun von Haus zu Haus gehen, um die Kinder zusammenzusuchen und ihnen zu sagen, daß sie sich am nächsten Erchtag (Dienstag) beim Holzbauer zu versammeln hätten, hübsch im Sonntagsgewande, fleißig gewaschen und mit gesträhltem Haar, wie als ob sie am Ostertage in die Kirche gingen. Und die Schulsachen mitnehmen. Wir Kinder wußten nicht recht, was das zu bedeuten habe und was das sei: eine Prüfung! Und unsere Eltern wußten es auch nicht. Aber sie meinten, es würde schon was Rechtes sein, sonst wäre vom Sonntagsgewand nicht die Rede. Nur ein alter Kleingütler, der auf den Häusern umherzuklettern pflegte, um den Bauern ihre Strohdächer auszuflicken, hatte über die absonderliche Sache seine Bedenken. – Eine Prüfung! Ob die kleinen Buben etwa schon tauglich wären zu Soldaten gegen die Franzosen! Man dürfe nicht trauen! Wer heutzutag einen kleinen Buben habe, der solle ihn verstecken! – Solcher Meinung waren die Bauern nicht, und der Heidenbauer sagte frischweg: „Wir von Alpel brauchen unsere Buben nicht zu verstecken, wir können sie schon aufzeigen.“

Trotzdem gab es unter den Schulkindern etliche, denen das Ding mit der Prüfung nicht ganz geheuer vorkam. Aber an dem bestimmten Erchtage fanden wir uns fast vollzählig ein beim Holzbauer. Es dürften unser achtzehn bis zwanzig Kinder gewesen sein. Der Schulmeister hatte sich auf das allerbeste zusammengetan. Er hatte blank gewichste Stiefel, hatte ein schwarzes Gewand an, welches er von einem ehemaligen Kollegen, dem Lehrer in Ratten, ausgeborgt; sein mageres Gesicht war glatt rasiert, das dünne graue Haar glatt über den Scheitel zurückgekämmt. Am Halse stand sogar ein schneeweißer Hemdkragen hervor, ähnlich der Halsbinde eines Geistlichen, und als er nun auch den fast ganz glatt gebügelten Zylinder auf das Haupt setzte, da dachte ich mir: Mit unserem Schulmeister brauchen wir uns nicht zu schämen.

Wir hatten jedes zu Hause je nach Umständen unser Frühstück verzehrt, und nachdem der alte Michel das seine vielleicht nur aus der braunhornernen Dose genommen, machten wir uns auf den weiten Weg nach Krieglach. Unterwegs durch die Wälder gab der Schulmeister mehrere Verhaltungsmaßregeln aus: die hohen Herren höflich grüßen, beim Namensrufe sogleich aufstehen (in der Alpelschule blieben wir nämlich beim Ausgefragtwerden sitzen), auf die gestellten Fragen hübsch laut und deutlich antworten; wenn wir was geschenkt bekämen oder gar in Häusern zum Essen geladen würden, fein artig sein, und Schön' Dank sagen! und halt so weiter. Ob von den Prüfungsgegenständen selbst die Rede war, daran kann ich mich nicht erinnern; der Schulmeister schien der Sache sicher zu sein.

Das Wetter war trüb, nebelig, frostig; ohne eigentlich zu regnen, troff es von den Bäumen. Vor dem Orte Krieglach zum Sandbühelkreuz gekommen, wo im Tale das Dorf stattlich vor uns ausgebreitet lag, machten wir halt. Der alte Michel riß Sauerampferblätter ab, um einzelnen der Kinder damit die Schuhe zu reinigen, und auch wo es sonstwo und wie an uns auszubessern und fürsorglich zu schlichten gab, tat er's. Waren ja doch die allermeisten von uns, besonders die Dirndln, das erstemal in der weiten Welt und sahen einem äußerst ungewissen Schicksale entgegen. Enge aneinandergeschlossen marschierten wir hinter unserem Schulmeister drein durch das große Dorf und der Kirche zu, neben welcher das Schulhaus stand. Das war ein anderes Schulhaus, als wir deren in Alpel hatten, das stand mit seiner doppelten Fensterreihe da wie ein Schloß, und jedes Fenster war so groß, daß ein Reiter auf hohem Roß ganz bequem durch dasselbe aus- und einreiten hätte können. Wir durften aber nicht einmal bei der Tür hinein. Denn davor stand eine kleine alte Frau mit Brillen auf der Nase, diese schaute uns prüfend an und sagte, wenn wir die Kinder aus Alpel wären, so sollten wir uns in die Brennholzhütte hineinsetzen und warten, die Herren hätten eben die Dorfkinder in der Arbeit; wenn sie mit diesen fertig wären, würden wir schon gerufen werden. Als wir drin waren, schlug sie das Lattentor hinter uns zu, so daß es spielte, als wären wir eingesperrt.

Im Schoppen waren aufgeschichtete Scheiterstöße, darauf setzten wir uns und waren recht kleinlaut. Der alte Schulmeister war immer unter uns. Er sagte gar nichts, schnupfte aber sehr oft aus seiner Dose. Nach einer Stunde beiläufig, als unsere Beine schon steif und unsere Nasen schon blau geworden waren, hörten wir vom Hause her ein lebhaftes Getrampel, als ob ein Schock Ziegen über die Stiege liefe. Bald darauf stoben die freigewordenen Dorfkinder auseinander, und wir sahen, wie viele derselben schöne Sachen bei sich hatten, die sie betrachteten und einander zeigten. Da hatten sie Bildchen, rotgebundene Büchlein mit Goldschnitt und in Seidenmaschen gefaßte Silbermünzen. Unser Schulmeister sagte uns, daß solches die Prämien wären, womit die fleißigen Schüler bei der Prüfung beteilt würden. Er deutete nicht an, ob etwa auch uns derlei bevorstünde, für uns gewann aber die bevorstehende Prüfung nun ein anderes Ansehen. Wir wurden gerufen.

Ehrerbietig und leise schritten wir die Treppe hinauf und in das Zimmer hinein. Das war sehr groß und weiß und licht und hatte Bankreihen und roch nach Kindern. Und an der Wand stand eine Kanzel mit Bücherstößen. Und daneben am Schragen lehnte eine große schwarze Tafel, auf welcher noch die Kreideziffern einer Rechnung standen. Beim Anblicke der Zahlen ward mir sofort übel, denn so sehr ich die Buchstaben stets geliebt, so sehr habe ich die Ziffern von jeher gefürchtet. Wir setzten uns auf Befehl stolpernd in die Bänke und packten unsere Schulbücher und Schiefertafeln aus. Der alte Schulmeister war nahe an der Tür stehen geblieben, hatte unsere Ordnung gemustert und machte nun, als die Herren hereintraten, eine tiefe Verbeugung. Die Herren waren freilich danach. Da war ein schlanker ältlicher Priester in schwarzem Talar – der Pfarrer von Krieglach; dann ein junger, ebenfalls schlanker Geistlicher mit einem sehr ernsthaften Aloisiusgesichte, das war der Kaplan; hernach ein wohlbeleibter, rund- und rotgesichtiger Herr mit einer recht großen Glatze – das war der Dechant aus Spital am Semmering. Ferner noch mehrere Herren in schwarzem Gewande und mit dunkeln und roten Bärten und funkelnden Augengläsern. Sie musterten uns mit scharfen Blicken, und einer oder der andere zuckte wohl gar ein wenig die Achseln, gleichsam als bedauerte er, solche arme Hascherln so weit hergerufen zu haben für nichts und wieder nichts. Denn es waren gar kümmerliche Figürlein und gar einfältige Gesichtlein unter uns. Man könne sich's ja denken, flüsterte einer der Herren zu seinem Nachbar, wenn die Kinder aufwachsen wie die Tiere im Walde, und ein solcher Lehrer dazu! Man könne sich's denken!

Da war unter den würdigen Herren auch ein kleiner dicker Kumpan mit stets zwinkernden Äuglein und schmunzelnden Lippen. Er war, soviel ich weiß, ein Gerbermeister und „Schulvater"; er war gekommen, um bei der Prüfung auch sein Gewicht geltend zu machen. Dieser nun trat alsogleich vor, nahm einen Jungen der ersten Bank aufs Korn und fragte ihn: „Wieviel hat dein Vater Kinder?"

„Mein Vater hat sieben Kinder", antwortete der Kleine.

„Und wieviel hat dein Vater Finger?"

„Mein Vater hat zehn Finger."

„Falsch", rief der dicke „Schulvater", „wenn dein Vater sieben Kinder hat, so hat er wahrscheinlich achtzig Finger."
Auf das gab's ein paar laute Lacher, der gefragte Schüler aber schaute verblüfft drein.
Der Fragesteller wandte sich zur zweiten Bank. „Jetzt will ich dem saubern Dirndel dort eine andere Aufgabe geben. Wenn auf einem Kirschbaum zehn Gimpel sitzen, und ich schieße einen herab, wie viele bleiben oben?"
Das Mädchen stand auf und antwortete: „So bleiben neun oben."
Zog der „Schulvater" ein sehr schlaues Lächeln und sagte: „Ich glaube, es wird gar keiner oben bleiben, denn die neun übrigen werden davonfliegen."
Jetzt trat der alte Michel ein paar Schritte aus seinem Hintergrund und, mit gefalteten Händen gegen den Fragesteller gewendet, sagte er sehr demütig: „Wenn ich recht schön bitten dürfte, die Kinder nicht verwirrt zu machen!"
„Ich meine, daß wir in der Schule sind", nahm nun der Dechant ernsthaft das Wort, „und weil wir gerade auch beim Rechnen sind, so will ich den dort, den Kleinen mit dem roten Brustfleck fragen."
Der Kleine mit dem roten Brustfleck war ich.
„Paß nur einmal auf, mein Kind", sagte der Dechant. „Ein Bauer hat einen Tagelöhner, dem er für den Tag sechsunddreißig Kreuzer Lohn gibt; wieviel Gulden Konventionsmünze wird er ihm für die Woche schuldig?"
„Wenn der Bauer", begann ich abzuhaspeln, „dem Taglöhner sechsunddreißig Kreuzer gibt, so wird er ihm in der Woche schuldig – in der Woche schuldig – –." Ich weiß es noch genau, wie mir in jenem Augenblicke zumute war. Als ob ich auf einer sehr hohen Leiter stünde, welche zu schaukeln beginnt. Der alte Michel ruft mir noch zu: „Halt dich fest!" Aber ich sehe und taste keine Sprossen mehr, alles um mich wird blau und voll kreisender Sterne, ich stürze. – Als ich wieder zu mir kam, hörte ich nur, wie

unser Schulmeister entschuldigend sagte: „Das ist halt von den Schwächeren einer."
Ich setzte mich nieder.
An derselben Frage bissen sich noch ein paar andere die Zähne locker. Der eine antwortete, der Bauer würde dem Taglöhner für die Woche drei Gulden sechsunddreißig Kreuzer schuldig; der andere behauptete, der Lohn für die ganze Woche mache vier Gulden zwölf Kreuzer. Endlich stellte es sich heraus, daß beide recht hatten, nur daß letzterer von der Sonntagsruhe Umgang nahm. Diesen fragte daher der Pfarrer von Krieglach ziemlich scharf: „Wie lauten die zwei ersten der Kirchengebote?"
Rasch antwortete der Schüler: „Erstens, du sollst den Feiertag heiligen, zweitens, du sollst die heilige Messe mit gebührender Andacht hören."
„Nun also! Da gibt's doch keinen Taglohn! – Jetzt möchte ich von deinem Hintermann hören, wieviel bei dem bethlehemitischen Kindermorde der König Herodes Mädchen töten ließ?"
Der Hintermann war wieder ich, aber diesmal kam er mir recht. „Mädchen gar keins", war meine Antwort.
„Nun, wie kannst du mir das beweisen?"
„Ich kann's beweisen damit, daß der Herodes nur Knaben aufsuchen und töten ließ, weil er den kleinen Jesus umbringen wollte."
„Ah, vortrefflich!" riefen mehrere. Und der Pfarrer sagt gegen den alten Michel gewendet: „Das ist eine Antwort, die ich von Ihrer Schule nicht erwartet hätte."
Der alte Mann verneigte sich und sagte: „Religion macht den Kindern die meiste Freude. Ich lasse halt Evangelium lesen und was sie von selber nicht verstehen, das erkläre ich ihnen durch Beispiele."
„Du, Schwarzäugige, dort unten", rief jetzt wieder der Dechant drein: „Wie oft soll der katholische Christ beichten?"
„Der katholische Christ soll jährlich wenigstens einmal

beichten und zur österlichen Zeit das heiligste Sakrament des Altars empfangen."
Auf dem Gesichte des „Schulvaters" war die spöttische Miene gänzlich vergangen.
Nachdem in der Religion noch mehrere Fragen klipp und klar beantwortet worden waren, ließ der Pfarrer aus dem Lesebuche ein Stück biblischer Geschichte des Alten Testamentes laut lesen, jedem durch die Bank nur wenige Sätze. Das ging flott und die Herren schauten einander nur so an.
„Wieviel haben Sie in Ihrer Schule Klassen?" fragte der Dechant unseren Schulmeister.
„Eigentlich nur eine, oder gar keine", antwortete dieser. „Ich teile nicht ab. Wir arbeiten halt fort, bis sie lesen, schreiben und ein bißchen rechnen können."
Nun verlangte man, daß wir unsere Tafeln zum Schreiben bereit machten. Der Dechant gab folgendes Diktat: „Der Geist des Herrn wich von Saul und ließ einen bösen Geist über ihn kommen, der ihn plagte. Und siehe, Saul erschlug Tausende und David Zehntausende, denn mit David war der Segen Jehovas."
Das Diktando war durchgehends fast fehlerlos, nur mir passierte anstatt des heiligen Namens Jehovas ein dummes „J. Hofers", was sie aber wieder damit entschuldigten, daß ich einer der Schwächsten sei. Die Schriften der übrigen waren so, daß die Herren untereinander sagten: „In der vierten Klasse einer Bürgerschule selbst wäre ein solches Resultat glänzend zu nennen!"
Unser alter Schulmeister stand immer gleich demütig in seinem Hintergrunde.
„Aha, die hat's doppelt!" sagte der Pfarrer plötzlich, als er die Schiefertafel eines Dirndels umgewendet hatte und dieselbe dem Dechanten hinhielt. Die kleine Eigentümerin stand auf und sagte: „Das andere gilt heute nicht, das ist noch von der Schul' her."
„Wollen einmal sehen, was ihr in eurer Schule für ein Diktando habt", sprach der Dechant und las laut die Schrift

auf der Rückseite der Tafel: „Edel sei der Mensch, hilfreich und gut, das allein unterscheidet ihn von anderen Geschöpfen."

Sie neigten die Köpfe und der Dechant murmelte: „Nicht übel! Nur schade, daß es vom alten Heiden ist."

Damit war die Prüfung beschlossen. Die Herren hatten sich zusammengestellt und sprachen leise miteinander. Der Pfarrer schüttelte die Achseln und machte mit den ausgebreiteten Händen eine Geste, die wir erst verstanden, als er sich zu uns wendete und sprach: „Liebe Kinder! Wir sind mit euch sehr zufrieden. Es sind euch auch Prämien vermeint, aber ihr müsset warten, wir haben heute schon alle ausgegeben, sie werden euch nachgeschickt werden. Fahrt nur so fort, lernet fleißig und vergesset die Gebote Gottes und die Gebote der heiligen Kirche nicht."

Und dann konnten wir gehen. Der alte Michel machte vor den Herren noch seine ehrerbietige Verneigung und ging mit uns. An der Tür soll ihm im Vorübergehen der „Schulvater" ins Ohr geraunt haben: „Die Prämiierten haben es nicht halb so gut gemacht!"

Hernach standen wir auf dem Kirchplatze noch ein bißchen so herum; endlich fand unser Schulmeister, daß es Zeit sei, den Heimweg anzutreten. Die Wohlhabenden gingen noch in den Bäckerladen um je eine Semmel, wir anderen erquickten uns unterwegs an frischen Quellen und stellten Mutmaßungen an, wann wir die Prämien nachgeschickt erhalten, und worin sie bestehen würden. Der alte Schulmeister nahm aus seiner Dose eine Prise um die andere und schwieg.

Auf die Prämien warten wir noch heute.

Als ich Eierbub gewesen

Meine Mutter hatte im Hofe gewöhnlich drei Hühner gehabt. Waren ihrer bisweilen vier, so beklagte sich der Vater, daß dieses Gefieder zu viel Korn fresse, und gab es gar einmal fünf, dann war schon die Rede vom „schnurgeraden Abhausen", weil die Hühner alles Gesäme auskratzten und vernichteten. So manchmal gab es im Hofe etwas wie einen Hühnerkrieg. Als je schädlicher der Vater dieses flatternde Getier für die übrige Wirtschaft erklärte, je fester mußte die Mutter auf das Vorrecht der Bäuerin bestehen, sich Hühner zu halten. Denn die Eier waren zumeist ihre einzige Einnahmsquelle, von der sie einen Teil ihrer Kleider bestreiten mußte, überdies damit auch noch kleinere Bedarfe für die Kinder anzuschaffen hatte. Doch was der Vater nicht erreichte, das tat der Fuchs, der Iltis, die bisweilen den Hühnerkäfig ausleerten bis auf einige Federn und Knöchlein. Da gab's dann ein großes Klagen, und wenn dabei die Mutter gar mit der Schürze über die Augen fuhr, war der Vater allemal der erste, der von einem Nachbarhofe Hühner heimbrachte mit der weiteren Tröstung, daß der Nachbar im Bedarfsfalle auch den Hahn zur Verfügung stellen wolle.

Die gewöhnlichen drei Hühner nun waren das Kapital der Mutter, das im Frühjahr bis in den Sommer hinein höhere Zinsen trug, als heutzutage irgendeine neugegründete Aktienunternehmung bei allem Optimismus in Aussicht stellt. Das möchte ich gerne sehen, wie in unserer Zeit die Steuerbehörde hüpfen würde, wenn ihr ein Denunziant beibrächte, daß in irgendeinem Bauernhause drei wohlfeile Hühner im Monat um einen Gulden Eier legen! Welch hundertfältige Verzinsung! Da kann man ja die hochnotpeinliche Schraube anlegen! – Leider versiegte die Eier- und Steuerquelle allemal schon nach wenigen Monaten. In übriger Zeit machten die Hühner sich nur bemerkbar, da sie in Küche und Stube auf allen Kästen und über allen Töpfen herumflatterten, im Garten Gruben auskratzten und dann von vorbeikommenden Jagdhunden manchmal unter schrecklichem Gegacker bis auf die Dachfirste gescheucht wurden. In fruchtbarer Zeit war dem brummenden Vater der Mund leicht mit einer Eierspeise verstopfbar, aber in den vielen eierlosen Monaten

des Jahres mußte die Mutter dann ihre ganze Beredsamkeit aufbieten, um die Hühner zu rechtfertigen. Die Hühner brächten Glück ins Haus, sagte sie einmal, die Hühner seien ein Gottesschutz gegen Seuchen und Blitzschlag und sie wären nach altem Glauben auch die Friedensvögel. – Das war auf dem Geleise des „alten Glaubens“ um ein Wort zu weit gegangen, denn eben zankten sich die Hühner um ein paar Haferkörner, die auf dem Boden verstreut lagen; eine suchte die andere zurückzutreiben, so pickten sie sich gegenseitig mit dem Schnabel, schlugen unhold mit den Flügeln um sich, sprangen mit scharfen Krallen eine auf die andere und machten ein ohrenzerreißendes Gekreische. – „Na ja“, sagte die Mutter, während sie mit der Schürze bledernd die kämpfenden Tiere auseinanderscheuchte, „na ja, raufen tun's freilich auch. Was rauft denn nit auf der Welt? Sogar immer einmal ein paar Leut', und haben sich doch gern.“
Also war es ihr stets gelungen, die Hühner zu behaupten, bis sie im März wieder anfingen Ostereier zu legen. Diese wurden als Erstlinge rot gefärbt und dann verschenkt an arme Kinder, die von Hof zu Hof gingen, um Ostereier zu sammeln, und an die Dienstmägde, die mit solchen Eiern wieder junge Burschen erfreuten. In manchen Gegenden bedeutet es geradezu eine Liebeserklärung, wenn das Mädel dem Buben ein rotes Osterei schenkt. Das berechtigt den Burschen übrigens einzig nur, des Abends manchmal ans Fensterlein zu kommen, um ihr „Gute Nacht“ zu sagen. Die Burschen pflegen die geschenkten Eier zu benützen, um untereinander zu „dutschen“. Da werden die Spitzen der Eier aneinander gedupft; der, dessen Ei ganz bleibt, hat das zerbrochene damit gewonnen, es wird sofort verzehrt. Ein anderes Eierspiel besteht darin, daß einer das rote Ei hinhält, es mit der geschlossenen Hand so weit verdeckend, daß nur eine kleine Fläche offen bleibt. Ein anderer schleudert nun zielend eine kleine Münze darauf hin. Trifft diese die Fläche und bleibt sie im Ei stecken, so gehört es ihm, trifft die Münze nicht, so gehört diese

dem Eigentümer des Eies. Ein weiteres Gesellschaftsspiel ist das Eiersuchen. Die Mädchen verstecken Eier in Winkeln, unter Stroh, Busch und dergleichen und die Burschen müssen dann suchen. Wer eins findet, glaubt bisweilen nicht bloß Eigentümer des Eies zu sein, sondern auch derselben, die es versteckt hat. Sie meldet sich aber nur, im Falle der Bursche recht nett ist. Ansonsten will keine hinter dem gefundenen Ei stehen und der Finder „ist der Narr, frißt den Dotter samt dem Klar". – Mein Vater hat solche Eierspiele zwischen Burschen und Dirndlein nie gern gesehen. Tat man's aber hinter seinem Rücken, so ward es oft noch bedenklicher.

Waren die Ostern endlich vorüber, dann kam die Zeit der Ernte. Meine Mutter hatte einen semmelgelben Korb mit Henkelreifen. Manchmal am Sonntage füllte sie diesen Korb mit Eiern, streifte den Henkel über den Arm und trug ihn ins Mürztal zum Verkaufe. In den Jahren aber, als die Mutter kränklich war, mußte ich der Eierbub sein. Alle Monate ein- oder zweimal wurde der Korb voll; ich, der zehn- oder zwölfjährige Junge, trug ihn über Berg und Tal nach Krieglach, wo die festen Abnehmer waren, als: die Frau Bürgermeisterin, die Frau Lebzelterin, die Frau Wirtin und die Frau Bäckin. Zwei Kreuzer für das Ei, das war der Preis, keine gab mehr, keine weniger. Nur dazu noch einen „Tragerlohn", der bei einem vollen Korbe in einer Schale Kaffee bestand oder in einem Gläschen Wein oder in einer Semmel. Die Frau Bürgermeisterin gab fast allemal ein Silbergröschlein, weshalb ich den Korb am liebsten zu ihr trug. Der Nachteil war nur, daß ich an solchen Tagen auf der ganzen Wanderung nichts zu essen hatte, weil die Gröschlein für Bücher und Schreibpapier zusammengespart wurden. Daß dem kleinen, kleberen Waldbauernbuben eine Semmel oder eine Schale Milchkaffee besser bekommen hätte, als das „Ägyptische Traumbüchel" oder „Die Geschichte der heiligen Monika" oder ein Roman von Eduard Breier, das wollte ich heute schier meinen. Meine damalige Weisheit ging darauf hin, daß man morgen nichts mehr hat von den Schätzen, die man heute verspeist, weshalb man daher die Sachen nicht verspeisen soll, sondern sie für was Beständiges verwenden. Daß eine solche Weisheit allmählich recht mager macht, davon mag dieser Eierbub ein Beispiel gewesen sein. Manchmal bekam ich in Krieglach auch Bücher geborgt. „Bin froh, wenn sie mir weggelesen werden", sagte die alte Lebzelterin und öffnete mir ihren Dachboden. Es war eine untereinandergeworfene Sammlung von alten Geschichtenbüchern, Gedichtesammlungen, Reisebeschreibungen, Kalendern, Mode- und Theaterzeitungen, Anekdotenschätzen usw. Aus diesem Gelaß, das ich nach Herzenslust beherrschen durfte, ist mir im Laufe der Zeit so viel Geist und Weisheit entgegengeströmt, daß ich fast verrückt geworden bin. Wie ich den Korb voll Eier austrug, so trug ich ihn voll Bücher heim. Den Korb an den Arm gestreift, in einem Buche lesend, so trottete ich über Berg und Tal dem Waldhause zu, und wenn ich etwa einmal stark stolperte, so war ja nun keine Gefahr dabei. Die gelesenen Sachen mengten sich im Kopfe ohnehin zu einem so fabelhaften Weltgetrödel durcheinander, daß sie durch ein wenig Schütteln nicht leicht noch ungeheuerlicher werden konnten. Öfter geschah es auch, daß ich für das gelöste Eiergeld häusliche Notwendigkeiten einkaufen mußte und der Korb mit Band und Zwirn, Kerzen, Salz und dergleichen sich füllte. So war ich das merkantile Organ des Waldhauses geworden zur allseitigen Zufriedenheit. Da kam über den Eierbuben einmal das Verhängnis.

Als ich mit meinem reichlich gefüllten Eierkorb eines Tages wieder einmal auf der Waldstraße ging gen Krieglach hinab, holte mich der Jungfuhrmann Blasius ein mit seinem flinken Rößlein. Da er sah, wie sehr weich und behutsam ich voranschritt, erstens der Eier wegen und zweitens der steinigen Straße halber, deren scharfe Splitter mich in die Barfüße stachen, so hielt der Blasius seinen Wagen an und sagte, ich dürfe aufsitzen.

„Es sitzt ja schon wer im Wagen", lachte ich.

„Der liegt", antwortete er. Denn es war ein abgestochenes Kalb, das er zum Fleischhauer führte. Ein unterhaltsamer Fahrgast war das nicht, aber ich setzte mich zu ihm. Das Kalb schaute mich mit seinen feinen großen, pechschwarzen Augen gleichgültig an, als ich mich so zwischen seine vier ausgestreckten Beine hinschob und den Eierkorb daneben aufs Stroh setzte.

„Hat's dich denn nit derbarmt, Blasius, weil du es hast abgestochen?"

„Gerad' weil's mich derbarmt hat, hab' ich's abgestochen", sagte er. „Lebendigerweis' auf dem Wagen zum Fleischhacker schleppen, oder gar mit einem Hund hetzen, und am End' bleibt's ihm doch nit erspart, nur daß es der Fleischhacker vielleicht viel dümmer macht. Da hab' ich's Messer lieber gleich selber hineingeschoben. In zwei Minuten ist's hin gewesen."

Kaum er's gesagt, bewegte das Kalb den Kopf – es war aber nichts als das Schütteln des Wagens. Der Blasius ließ das Zeug flink vorangehen; mir tat das Sitzen auf dem hüpfenden Wagen sehr wohl. Da kam mir allmählich der Gedanke, es dürfte nicht ungeschickt sein, den Eierkorb auf den Schoß zu nehmen. Aber es war schon zu spät. Die schleimige, gelbliche Flüssigkeit sickerte hervor durch alle Spalten des Korbes.

Auf mein Klagegeschrei riß der Blasius sofort die Halfter zurück.

„Ein Pfund Fleisch hätt' ich sollen heimbringen für meine kranke Mutter, und ein Pfund Reis und drei Semmeln und jetzt ist das Eiergeld hin!"

Der Fuhrmann schaute auf die Bescherung und schwieg.

„Wart Bübel, das wollen wir gleich machen", sagte er endlich und langte um seinen Geldbeutel.

„Oha!" rief er überrascht, denn das lederne Säcklein mit dem roten Binderiemen war leer. „Macht nichts, ich geb' dir meine Taschenuhr. Der Knödel geht eh' nix nutz, aber ein paar Gulden ist das G'lump noch wert. Verkauf' sie in Krieglach und kauf' Fleisch für deine Mutter. Fleisch da aus dem Kalb schneiden, wenn wir könnten! Ist eh' dumm, daß wir Kalbfleisch hinführen, das Pfund nit teurer als etwa fünfzehn Kreuzer und dort mußt du's sicher um zwanzig zahlen."

„Ich kann von dir nichts verlangen, Blasius. Die Eier sind wegen meiner Leichtsinnigkeit zerbrochen."

„Dummes Zeug! Der Wagen hat sie zerschüttelt und wenn ich dich nit auf den Wagen steigen hätt' heißen, so wär' den Eiern nix geschehen. Ich bin schuld, seh', da hast die Uhr!"

Ich nahm sie leihweise und wir fuhren weiter.

Als wir zur Seßlerschen Kohlenbrennerei kamen, wo neben einer verfallenden Hütte zwei Meiler dampften, hielt der Blasius wieder an. Er stieg ab, nahm den triefenden Korb und rief durch die offene Tür in die finstere Köhlerhütte hinein: „Susanna! Hörst du? Bist daheim, so komm heraus und bist nit daheim, so sag's. Bis wir nach vier Stunden zurückkommen, sollst du uns eine Strauben (Eierkuchen) backen."

Daß aus einer kohlrabenfinsteren Hüttentüre ein blühröserlrotes Dirndlgesicht hervorgucken kann, sollte man sich nicht denken.

„Eine Strauben?" fragte sie zurück. „Hast Eier?"

Der Jungfuhrmann hielt ihr den Korb entgegen. Sie schlug die Hände zusammen: „Aber Jesseles na! Was habt's denn da ang'stellt?" Sie kam mit einer blumigen Tonschüssel und schüttete das Gemenge hinein: Klar, Dotter, Schalen, alles durcheinander. Es hatte in der Schüssel nicht Platz, sie füllte auch noch einen Milchtopf. Und wurde es festgemacht: nach vier Stunden kommen wir, die Strauben zu essen. Es fanden sich noch Eier, denen nichts geschehen war, diese nahm ich im Korbe wieder zu mir und so fuhren wir weiter talwärts.

In Krieglach angekommen, nahm der Blasius seinen Weg zum Fleischhauer, ich ging mit meinem Korb zur Bürgermeisterin. Da sie sich verwunderte über die geringe Anzahl der Eier, die ich heute brachte und wohl auch die

Spuren des Mißgeschickes sah, erzählte ich ihr das Malheur.
„Ja", lachte die Frau, „Bübel, da hast heut' ein gutes Lehrgeld gezahlt. Jetzt wirst dir's wohl merken, daß man den Eierkorb nicht in einen Kälberwagen hinstellt."
Da der Erlös für die Eier durchaus nicht reichen konnte für ein Pfund Kalbfleisch und für ein Pfund Reis und drei Semmeln, so zog ich die Sackuhr aus der Tasche und fragte, was die Frau dafür geben wolle. Die Uhr gehe zwar nicht, weil sie das Fahren gewohnt sei, aber sie koste drei Gulden, mindestens zwei. Wenn der Frau das zu viel, so sei sie auch um einen Gulden zu haben, oder wie viel man halt dafür geben wolle.
Das kam der Frau nicht recht vor, sie rief den Bürgermeister. Der kam aus seiner Kanzlei heraus, setzte sich auf der breiten Stumpfnase die Hornbrille zurecht und fragte kurz und schneidig: „Bub, woher hast du diese Uhr?"
Erschrocken stotterte ich, ein Fuhrmann hätte sie mir geschenkt.
„Das ist nicht wahr. Fuhrleute schenken keine Uhren. Du bleibst da, bis wir wissen, von wem du die Uhr hast!"
Die Bürgermeisterin wollte besänftigen, doch der Herr war überwältigt von seinem Richterberufe, er ließ schon den Gemeindediener rufen, der mich in den Kotter stekken sollte. – Es ist gefährlich, jetzt vor den Fenstern den Blasius vorbeifahren zu lassen, weil in solchen wahrhaftigen Erzählungen der Zufall nie eine zu auffallende Rolle spielen sollte, aber er fuhr doch vorbei. Erstens weil der Blasius bei seinem Fleischhauer schon fertig war und zweitens, weil die Straße da vorüberkam. Wie glaubte ich es der heiligen Kirche, daß Sankt Blasius ein Nothelfer ist, wie rief ich ihn an durch das Fenster: „Blasius, komm herein und sag', von wem ich die Uhr hab'!"
Da hat sich denn rasch und schön alles aufgeklärt. Und als die Frau Bürgermeisterin hörte, alles sei darum, daß die kranke Mutter daheim Fleisch, Reis und Semmeln bekomme, rief sie lebhaft, das hätte ich gleich sagen sollen,

und gab Geld her. Abzahlen sollte ich es mit Eiern, recht langsam und kleinweise, daß es mir nicht weh täte.
So steckte der Blasius seine Uhr wieder ein, ich ging ins Dorf, um meine Einkäufe zu machen und dann setzten wir uns auf den nun leeren Wagen und fuhren heimwärts.
Der Korb stand unter den Füßen und nun vertrug er die Püffe und Stöße ohne alle Gefahr. Der Jungfuhrmann fragte mich, was beim Fleischhauer das Pfund Kalbfleisch gekostet hätte.
„Fünfunddreißig Kreuzer."
„Was sagst du? Fünfunddreißig das Pfund? Fünfunddreißig Kreuzer, sagst du? Und mir hat er's am Kalb um vierzehn abgedruckt, das Pfund. Ist das ein Lump! Der ist ja für den Galgen zu schlecht! Und hat mir nicht einen Kreuzer ausbezahlt. Weil ich ihm schuldig bin gewest. Fünfunddreißig hast du ihm geben müssen für das Batzel! Und noch ein Knochen dabei. Sind doch Erzräuber, diese Fleischhacker, diese gottverfluchten Wuchererbuben, diese kreuzweis verdammten!"
Mit heiligem Schauder blickte ich auf. Als ob ein wildes Wetter mit Blitz, Donner und Hagel vom Hochgebirg herabkömme, so schreckbar erhaben kam mir dieser Fluch vor. Bei uns daheim wurde so was nie gehört. „Sapperawold nohamol!" war schon der höchste Zornesausruf, dessen mein Vater in den widerwärtigsten Momenten fähig war. Später freilich habe ich die Fleischer noch ganz anders verfluchen hören und man kann begierig sein, wie es diesen feisten Leuten ergehen wird am Jüngsten Tage, wenn die Teufel mit ihren neunmalhunderttausend Gehilfen in großen Krenzen (Rücktragkörben) all die Flüche vor den Richter schleppen werden, die je gegen die Fleischwucherer ausgestoßen worden sind. Ein halbdutzend Krenzen dürften allein von den meinen schon voll werden.
Als wir in die Nähe der Kohlenbrennerei kamen, wurde der Blasius sänftiglich. Mit dem Peitschenstab zog er sich von einem Vogelbeerbaume einen Ast nieder, pflückte eine

Rispenblüte und steckte sich dieselbe auf den Hut, dann drehte er seinen falben Schnurrbart in Spitzen, was bei den widerspenstigen Haaren, wovon jedes für sich Spitze sein wollte, nicht sonderlich gelang.
Als wir aus der dunkeln Hüttentüre den zarten blauen Rauch hervorsteigen sahen, schnalzte der Blasius mit der Zunge. Die Strauben war fertig und lag gleichsam wie ein goldener Turban (deren gab's in meinem Buch von dem Türkenkrieg) auf dem Porzellanteller. Auch überzuckert war er. Das Dirndl hatte sich ebenfalls bereitet, schön die blonden Haare geflochten und eine Steinnelke hinters linke Ohr gesteckt. Ich weiß von ihr nicht viel zu beschreiben, als daß sie wie ein lichtes Röselein in der dunkeln Hütte stand. Wir setzten uns um etwas, das sie Tisch nannte, einer nahm die eiserne Gabel zur Hand und begann den stattlichen Kuchen zu zerreißen. Wir aßen mit Andacht und Dank gegen die brave steinige Waldstraße, die den Wagen hatte holpern und die Eier in süßer Wehmut hatte zerfließen gemacht.
Das Köhlerdirndl aß auch mit und als dann die Abrechnung kam, was wir schuldig wären für das Kochen und für das Schmalz und für den Zucker, schickte der Blasius mich hinaus, um aufzupassen, daß das Pferd nicht davongehe. Weil das Tier ganz ruhig stand, so dachte ich, er habe mich fortgeschickt, um in seiner Großmut die Zeche allein zu bezahlen. Es war vielleicht nicht genau so. Um die Ecke – damals hatte ich noch ein scharfes Ohr – hörte ich folgendes, wenn auch nur geflüstertes Gespräch:
„Wie soll ich dir die Strauben denn bezahlen, Susanna?"
„Ja, das mußt du wissen, wohlfeil wird sie nit sein."
„Ist dir's derweil genug, wenn ich die Sackuhr da laß?"
„Uh, was brauch' ich denn eine Uhr, die nit geht!"
„Weißt, Dirndl, gehen tut gar keine Uhr. Jede muß man tragen."
„Schau, wie du g'scheit bist! Kannst denn so viel Gescheitheit derführen mit deinem Einspänner?"
„Ich tät' schon auch lieber zweispännig fahren", sagte er

und wie mir schien, legte er gleich seinen Arm als Joch um ihren Hals. Nach ihren halblauten Einwänden zu schließen, suchte sie sich einer solchen Zweispännigkeit zu entwinden.
Sprechen hörte ich nichts mehr. An einem der Kohlenmeiler, die neben der Hütte rauchen, war eine Glutstelle offen geworden, aus der Funken stoben. Ich wußte von meinem Vater her, der auch das Köhlern verstand, daß solches nicht sein dürfe und rief laut: „Köhlerin, das Feuer tut Schaden!"
Darauf sind beide hervorgekommen aus der Hütte, nicht wenig verwirrt und erschrocken darüber, daß der Meiler zu Schaden brenne!
Na, dann gegen Abend bin ich glücklich nach Hause gekommen. Es war ja soweit alles gut abgelaufen, aber als nach einem Monat wieder der Eiertag kam, habe ich mir doch gesagt: Einem Fuhrmann sitze nicht wieder auf!
Hoffentlich hat die junge Kohlenbrennerin nicht einen ähnlichen Vorsatz zu fassen gehabt.

Der Gang zum Eisenhammer

Noch tief in der Nacht weckte mich an einem Frühlingsmorgen mein Vater und sagte, er gehe heute in das Mürztal. Wenn ich mitgehen wolle, so möge ich mich eilig zusammentun, aber die scharfbenagelten Winterschuhe anziehen, es sei stellenweise der Weg noch eisig.
Sonst, wenn ich in früherer Stunde zur Alltäglichkeit geweckt wurde, bedurfte es allerlei Anstrengungen außer und in mir, bis ich die Augen zur Not aufbrachte, um sie doch wieder auf etliche Minuten zufallen zu lassen, denn meine alte Ahne war der Meinung, ein allzurasches Ausdem-Schlaf-springen mache Kopfweh. Heute war ich mit einem Ruck munter, denn ins Mürztal mitgehen, das war in meiner Kindheit das Erfreulichste, was mir passieren konnte. Wir waren bald reisefertig, der Vater nahm seinen

großen Stock, ich meinen kleinen; die Laterne nahmen wir nicht, weil es sternhell war – und so gingen wir davon. Die erste halbe Stunde war es wie allemal, wenn ich frühmorgens mit dem Vater ging, wir schwiegen still und beteten während des Gehens jeder für sich das Morgengebet. Wir hatten wohl so ziemlich das gleiche, aber ich wurde immer ein gut Teil früher fertig als er und mußte mich dann still gedulden, bis er den Hut aufsetzte und sich räusperte. Das war das Zeichen, daß ich ein Gespräch beginnen durfte, denn ich war fortwährend voll von Fragen und Phantastereien, auf die der Vater bisweilen derart einging, daß alles noch rätselhafter und phantastischer wurde. Gewöhnlich aber unterrichtete er mich in seiner gütigen und klaren Weise, daß ich alles wohl verstand.

Nachdem wir an diesem Frühmorgen etwa zwei Stunden gegangen waren, hin über die Höhen der Stangelalm, lag vor uns das weite Tal der Mürz. Von Mürzzuschlag bis Kapfenberg dehnte es sich stundenlang, und wenn ich es sonst im Morgengrauen sah, lag im Tale der Nebel wie ein grauer See, aus welchem einzelne Höhen und die jenseitigen Berge blauduftig emporragten. Heute war es anders, und heiß erschrak ich vor dem, was ich sah. War denn der Franzose wieder im Land? Oder gar der Türk'? In Kindberg, das tief unter uns lag, lohte an vielen Stellen glührotes Feuer auf. Auch im oberen Tal, über Mitterdorf, Krieglach und Feistritz, und gen Mürzzuschlag hin waren rote Feuersäulen; im nahen Kindtal sprühten mächtige Garben von Funken empor.

„Närrlein, du kleines!“ sagte mein Vater, als ich mich mit beiden Fäusten krampfhaft an seinen Rock hielt, „das ist ja nichts. Das sind ja nur die Eisenhämmer. Lauter Schmiedeauchfänge, aus denen Funken springen. Hörst du denn nicht das Pochen und das Klappern der Hämmer?“

„Ich höre es wohl, aber ich habe gedacht, das wären die Kanonen und Kugelstutzen“, sagte ich aufatmend.

„Kind, wo käme denn jetzt der Feind her? Der liebe Herrgott hüte unser Steirerland!“

„Aber wie ist es denn", fragte ich, „daß die Dächer nicht brennend werden, wenn soviel Feuer herumfliegt?"

„Die Dächer sind voller Staub und Asche, das brennt nicht. Und dieses Feuer, das so schreckbar wild aussieht, ist auch nur glühende Asche, Ruß und Geschlack, wie es aus der Esse aufsprüht, wenn der Blasebalg dreinbläst."

„Und warum sprüht es denn just in der Nacht so?" fragte ich.

„Es sprüht auch beim Tag so", antwortete der Vater, „aber gegen das Sonnenlicht kommt dieser Schein nicht auf, und was jetzt so blutrot leuchtet, das ist bei Tag nur der rußige Rauch, der aus dem Schornsteine aufsteigt."

„Tun sie denn in den Schmieden nicht schlafen?"

„Das wohl, aber sie stehen sehr früh auf, oder lassen in den größeren Essen gar das Feuer nicht ausgehen, weil es sonst schwer ist und viel Kohlen braucht, bis die Hitze wieder erzeugt wird. Da wachen und arbeiten die einen Schmiede, während die anderen schlafen."

„Gibt's denn soviel Ochsen zu behufen im Mürztal?" war meine Frage, denn ich hatte einmal dem Hufschmied zu Hauenstein zugeschaut, wie er einem Zugochsen Hufeisen an die Klauen nagelte.

„O Knäblein, Knäblein!" rief mein Vater, „die Schmiede haben noch ein wenig mehr zu tun, als wie zu hufen. Du bist ein Steirer; wenn wir auf unserem Gebirge auch nichts haben, als Feld und Alm und Wald, solltest du doch schon wissen, wozu die vielen hundert Krippen von Holzkohlen verwendet werden, die wir und unsere Nachbarn Jahr für Jahr ins Tal hinausführen. Solltest auch wissen, daß dein Heimatland Steiermark das Land der Hammerschmiede ist. Wenn du jetzt, bevor der Tag aufgeht, vom hohen Himmel mit sehr guten Augen herabschauen könntest auf unsere Steiermark, so würdest du, besonders im Oberland, auch die anderen Täler so sprühen und leuchten sehen, wie hier das Mürztal. Es sprüht in Neuberg und bei Mariazell und in der Veitsch, es sprüht im Ennstal und im Murtal, an der Feistritz, an der Kainach, an der Sulm und an der Sann, wo die Leut' schon gar nicht mehr deutsch sprechen, aber sprühen tut's doch. In Vordernberg, in Eisenerz, in Hieflau sollst es erst sehen, und überall, wo Hochöfen sind. In den Hochöfen wird das Erz, das sie aus dem Gebirg graben, geschmolzen, daß das Eisen herausrinnt wie ein hellglühender Mühlbach. Da sprüht's auch, mein Bübel! Da sind – wenn ihrer zwei, drei Hochöfen nebeneinander stehen – in der Nacht schier die Felsberge rot vor lauter Schein. Und schaust in den Ofen, so siehst ein schneeweißes Licht, blendend wie die Sonne. Das ist ein anderes Feuer, als daheim bei unserem Hufschmied. Das Erz graben sie aus dem Erzberg, der weit drinnen im Gebirg steht und mehr wert ist, als alles Gold und Silber von Haus Österreich. Das Eisen, das im Hochofen aus dem Erz rinnt, erstarrt in der freien Luft sogleich, wird nachher mit Hämmern zerschlagen und in schweren Schollen durch das ganze Land verführt, zu jedem Eisenhammer hin, wo sie aus diesem Roheisen immer feineres Eisen, das Schmiedeeisen, den Stahl und daraus allerhand Geräte und Werkzeuge machen."

„Auch Schuhnägel vielleicht?" fragte ich, weil mich einer davon durch die Schuhsohle in die Ferse stach.

„Schuhnägel, Messer, Stifte und Eisendrähte, das machen sie draußen bei Stadt Steyer herum. Bei uns im Land machen sie in den Eisenhämmern Pflugscharen, Eggenzähne, Strohschneidemesser, Hacken, Äxte, Drähte, Nägel, Schlösser, Ketten, Pfannen und allerlei, was du aus Eisen an den Häusern und Werkstätten nur sehen und denken magst. Die kleineren Schmiede, die fahren damit auf die Jahrmärkte. Größere Hämmer gibt's, die machen auch Zeug zum Leutumbringen – mußt du wissen. Das Wichtigste aber, was in den steirischen Hammerwerken gemacht und auch weit in fremde Länder verführt wird, sind Sensen und Sicheln. Millionen Stück werden dir verschickt alle Jahr, und darum können die Hammerherren mit ihren Frauen so vornehm herumfahren mit flinken Rößlein. Und mit dem Geld prahlen sie, daß es nur so prasselt im

Land, und wo ein übermütig Stückel aufgeführt wird, da ist gewiß ein Hammerherr dabei. Gar zu Gescheite sind gewesen, haben es mit Steinkohlen probiert, die tun's aber nicht; das rechte Eisen muß mit Holzkohlenfeuer gearbeitet werden, sonst ist's nichts nutz. Die Holzkohlen, die wir Bauern liefern, die machen es ja, daß steirisch Eisen in der Welt so gut estimiert wird. Kommen halt die polnischen und russischen Juden und türkischen Händler, auch aus Ungarn und Böhmen, werden von den Hammerherren brav bewirtet und kaufen ihnen die Eisenwaren ab, oft zu tausend Gulden auf einmal. Sollen da draußen in einer großen Stadt die Schmiede von der ganzen Welt einmal zusammengekommen sein um einen eisernen Tisch, und jeder wollt' die schärfsten Sensen haben, den feinsten Stahl drin. Der steirische Schmied hat nicht mitgestritten, sondern soll zuletzt mit seiner Sense den eisernen Tisch mitten auseinander gehauen haben."

„Wird sie wohl schartig worden sein, die Sense. Nicht?"

Ohne auf diese müßige Frage Antwort zu geben, fuhr der Vater – indem wir im Morgengrauen sachte talab stiegen – fort zu sprechen:

„Wie die Anzeichen sind, wird's nicht immer so dauern mit den Eisenhämmern. Man hört allerlei Sachen. Merkwürdige Sachen, mein Bübel, wie sie unsere Vorfahren nicht gehört haben. Da draußen auf dem flachen Land irgendwo – sie sagen im Mährischen oder wo – da bauen sie eine Eisenbahn."

„Eine Eisenbahn? Was ist das?"

„Da legen sie auf der Straße hin und hin zwei eiserne Leisten, daß darauf die Wagenräder recht glatt und eben gehen können. Auf diese Weise sollen ein Paar Rösser schwere Wagen fünf und sechs auf einmal ziehen können. Es wird auch gelogen über die Sach', daß sie eine Maschine erfunden hätten, die das Feuer treibt, anstatt der Fuhrmann, und daß die Maschine vor die Wagen gespannt wird und wie ein Roß ziehen kann. Sind dumme Sachen, ich sag' dir's nur, daß du's nicht glauben sollst, wenn du davon hörst."

„Nein, Vater", antwortete ich, „das werde ich gewiß nicht glauben."
„Aber das ist wahr", fuhr er fort, „daß sie jetzt viel mehr Eisen brauchen in der Welt, als vor Zeiten. Es werden da und dort auch schon große Eisenhämmer gebaut, wo mehr als hundert Schmiede beschäftigt sind, und wie sie extra noch mit Wasserdampf arbeiten sollen, was weiß ich, wie! In diesen großen Werken machen sie alles, und weit wohlfeiler als in den kleinen, und desweg wird's ein rechter Schade sein für unsere Eisenhämmer, und hört man, etliche sollen schon keine Arbeit mehr haben, zugesperrt oder an die großen Werke verkauft werden. Nachher ist's traurig um uns. Weiß Gott, wie's noch wird mit der Welt!"*
Mittlerweile war es licht geworden, und wo früher die feurigen Springbrunnen aus den Schornsteinen gestiegen

---

* Die Änderung ist vor sich gegangen. Die größten Eisenwerke des Landes sind heute Zeltweg, Donawitz, Neuberg, Graz, Köflach, Gußwerk. Mittlere Werke, wovon eines doch immerhin mehrere Hundert Arbeiter beschäftigt oder beschäftigen kann, sind Kindberg, Krieglach, Wartberg, Kapfenberg, St. Michael, Rottenmann, Aumühl, Eibiswald, Storee, denen sich anschließen die Werke in Turrach, Judenburg, Murau, Zeiring, Knittelfeld, Thörl, Mürzzuschlag, Breitenau, Stanz, Eppenstein usw. Außerdem bestehen auch noch unzählige kleine Eisenhämmer, wie sie hier beschrieben sind. Der Kammerbezirk in Obersteiermark vermag unter den heutigen Zuständen jährlich an 2 Millionen Meterzentner Roheisen zu erzeugen, nahezu 50 Prozent des in den gesamten österreichischen Kronländern jährlich erzeugten Roheisens. Die Sichelfabrikation hat in Obersteiermark aufgehört, hingegen ist die Sensenerzeugung gestiegen. Gegenwärtig gibt es in Steiermark an 800 Sensenschmiede, welche jährlich gegen 2 ½ Millionen Sensen verfertigen. Die Produktion von anderen Stahlwaren, Gußwaren, Blechen, Drähten und Maschinen steht auf hoher Stufe. Die Eisenbahn geht seit 40 Jahren durch das Mürztal.
Fußnote aus 1888.

waren, da flog jetzt dünner, brauner Rauch auf. Wir waren in das Tal gekommen, gingen an einem überquellenden Hammerbachfloß entlang und auf glattem, kohlschwarzem Wege einer der Hammerhütten zu, aus deren offenem Tor uns greller Glutschein entgegenleuchtete.
Über dem Tore war das Bergmannszeichen, die gekreuzten Hämmer und Schlegel, über dem schwarzen Dache ragten die weißgetünchten Schornsteine auf, die an ihrer Mündung mit lenkbaren Klappen versehen waren, womit man, wie der Vater belehrte, den Luftzug regeln könne.
So waren wir der Schmiede ganz nahe gekommen. Ich sagte nichts, denn ich wollte in die Schmiede gehen und hatte doch Angst vor dem Lärm, der drinnen war, und vor den Funken, die durch die finsteren Räume flogen. Mein Vater sagte auch nichts, sondern führte mich hinein. Vor dem Tore hatte eine Tafel gestanden: „Fremden ist der Eintritt nicht gestattet!" Aber ein Mann, den mein Vater fragend angeblickt, sagte: „Nur zu!"
Was ich zuerst sah, das war ein sprühendes Stück Sonne, das von der brüllenden Esse mit Schwung herbeigebracht wurde und auf den Amboß geworfen, tonlos, als wäre es von Teig. Jetzt hob sich auf wuchtigem Hebelbaume der Hammer und fiel nieder in die weiche Masse, daß ein Meer von Funken durch die Hütte schoß. Ich barg mich vor Schreck und Angst hinter den Rücken meines Vaters, aber die Funken waren bereits angeflogen an mein Leiblein, und ich war nur höchlich überrascht, daß ich nicht lichterloh brannte, ja nicht einmal einen Schmerz wahrnahm an den Händen, an welche die feurigen Mücken gesaust waren. Auch der zweite und dritte Hammerschlag jagte ein Heer von Schlacken und Funken hinaus, aber je platter das Eisenstück geschlagen wurde, je rascher der Hammer darauf niederfiel, desto weniger sprühte es. Ein Schmied stand da, der wandte mit langer Zange das Eisenstück hin und her, bis das Geschlacke von allen Seiten herausgehämmert war. Das weiße Glühen war immer röter und matter

geworden, und endlich hatte das Stück nur mehr die graue Farbe des Eisens. Es wurde hingeschleudert, der Hammer stand still.

Ich war ein wenig dreister geworden und besah mir jetzt die Dinge, obwohl es ganz dunkel war, wenn das Feuer nicht leuchtete. Vor allem fiel mir ein großer Lederkasten auf, der Atem schöpfte. Der Blasebalg war's, welcher, von Wasserkraft aufgezogen, durch Röhren in die Esse blies. Auf der Erde lag allerlei altes Eisen umher. An den Wänden lehnten und hingen in ganzen Reihen Zangen, Hämmer, Schlegel, Feilen, Hacken, Beile und anderlei, was ich gar nicht kannte. Jetzt erst fielen mir auch die Schmiede auf, über deren rußige Gesichter und entblößte Brust die Schweißtropfen rannen. Wir gingen weiter und kamen zu anderen Essen, wo die Schmiede mit Eisenschaufeln Kohlen in die Glut warfen, die sofort mit glanzloser, blauer Flamme grollend zu brennen begannen. In einer Esse glühte man Eisenstücke, die hernach unter kleinere, rascher pochende Hämmer kamen. Hier wurden sie – wie sie der Schmied wendete und drehte – in längliche Formen gehämmert, an denen ich nach und nach die Gestalt der Sense erkannte. Weil das Eisen bald kühlte und noch unrein war, so mußte es immer wieder in die Esse, aus der es glühend und sprühend hervorkam. So wiederholte sich's, bis der Hammer und das kleine Handgehämmer der Schmiede endlich eine richtige Sense zuwege gebracht hatte, die dann schrillend auf einen Haufen von Sensen hinfiel.

War der Lärm in der Schmiede auf einen Augenblick verstummt, so hörte man draußen das Rauschen des Wassers, das von hohem Floß auf die Räder niederstürzte. Aber der Lärm ging immer von neuem los, und es geschah an den Essen und Hämmern immer dasselbe. Auch meine Sense, die ich werden sah, war lange noch nicht fertig. Sie wurde neuerdings geglüht und kam unter die Handhämmer der Schmiede, die sie feiner formend in gleichem Takte bearbeiteten, bis der Henkel und der Rückenrand und die

Schneide und die Spitze fertig waren. Sie hatte nun eine Reihe von kleinen Narben bis zur Spitze hinaus und war überlaufen mit einem schönen violetten Blau.
Mir fielen aber die Schmiede auf. „Warum sie allemal noch einen leeren Schlag auf den Amboß machen, wenn die Sense schon weggezogen ist?“ so fragte ich. Mein Vater antwortete: „Das tun die Schmiede überall, weil es heißt, mit dem Schlage auf den Amboß schmieden sie die Kette fester, mit welcher der höllische Drach' gefesselt ist; sonst tät' sie endlich brechen und der böse Feind wär' los und ledig.“
Nun kam die Sense noch auf einen Schleifstein; der ging so scharf, daß die Stahlschneide, die fest auf ihn gedrückt lag, unter ohrenzerreißendem Geschrille beständig einen hellen Blitzschein von sich gab, was noch das Allerschönste war in der ganzen Schmiede.
Wollte ich's genau nehmen, so müßte ich auch das Personal aufzählen, durch dessen Hände ein Stück Eisen geht, bis es Sense ist; ich müßte den Kohlenbuben, den Strecker, den Breitenheizer, den Abschinner und den Kramrichter nennen und vor allem den Obersten, den Essemeister. Ich müßte auch den Streckhammer, den Breithammer und den Kleinhammer genauer beschreiben, endlich das Abschinnern der fertigen Sensen, und das Stempeln mit dem Firmazeichen und das Kramrichten. Ich bin aber kein gelernter Schmiedegeselle und werde wohl allerlei Handgriffe und Vorgänge übersehen haben, bis das Werkzeug des Mähders fertig war. – Ähnlich, sagte mein Vater, würden auch die Sicheln gemacht, aber ganz anders die Messer und alle Schneidewerkzeuge, die einen federigen Stahl haben.
„Glückauf!“ rief mein Vater den Schmieden zu. Diese hörten nichts. Wir gingen – stets angefochten von sprühenden Funken – ins Freie. Dort war es freilich noch schöner; wir gingen unter Pappeln hin und hörten noch lange das dumpfe Hammerpochen und das Wasserrauschen hinter uns.

Ich hatte ein blauschimmerndes Stück Schlacke mit mir genommen und betrachtete es jetzt wie einen errungenen Schatz.
„Das ist nichts“, sagte mein Vater und zog ein Schöllchen Roheisen aus dem Sacke. Das war rostfarbig und durchlöchert wie ein Schweizerkäse. „Wenn's auch nicht so glänzt wie das deinige, es ist doch mehr. Aus diesem Ding – heb' einmal, wie schwer es ist! – kann man feine Werkzeuge machen, die sehr wichtig sind. Du sollst mir auch noch das Tüchtige vom Schimmernden unterscheiden lernen.“
Nun gingen wir in den Marktflecken Kindberg hinein.
Wir hörten an allen Ecken die Hämmer pochen, und auf der Straße fuhren schwarze Kohlen- und Roheisenwagen, aber auch fertige Eisenwaren in Kisten, Fässern und Strohgewinden sahen wir schleppen die weiße Reichsstraße entlang gegen Graz und gegen Wien.
Im Brauhause bekränzten sie das bogenförmige Einfahrtstor mit Tannenreisig und schmückten es mit Fahnen, mit Hämmern, Hacken und Zangen. Mein Vater fragte, was das bedeute? Ja, morgen hätten die Schmiede hier einen Ball, sagte der Brauknecht.
„Den eigentlichen Ehrentag des Schmiedehandwerks, den feierten sie doch erst zu Jakobi!“ meinte mein Vater.
Das sei schon richtig – doch zur selben Zeit sei etwas anderes, da hätten die Schmiede einen zwei Wochen langen Feiertag, da täten sie nichts, als gut essen und trinken, tanzen und Scheibenschießen, und da kämen die Hammerherren von weit und breit, um Schmiede zu werben für das nächste Jahr. Die Geworbenen kriegen den Leihkauf auf die Hand und werden zum nächsten Silvester durch aufgeputzte Wagen oder Boten an ihren neuen Werksort gebracht. Vom Werksherrn kriegen sie nebst dem vereinbarten Jahrlohne auch die Kost; der Essemeister speist gar mit der Herrschaft.
„Ich weiß das alles“, versetzte mein Vater dem gesprächi-

gen Brauknecht, „aber meines Buben wegen ist's mir lieb, daß du's erzählst, der ist schon alt genug, und wenn er gleich Bauer bleiben wird, so schadet es ihm nicht, daß er auch anderer Stände Arbeit und Brauch kennen lernt. Ich hab' ihn darum vom Berge herabgeführt."

„Und bei solchem Schmiedefeste", erzählte der Mann weiter, „da kommen sie halt zusammen, jeder der's hat, im Steirergewand, jeder eine kecke Feder oder einen Gamsbart am Hute, jeder eine schwersilberne Uhrkette mit Talerbehängseln an der Brust, jeder eine volle Geldtasche im Sacke, jeder sein Mädel am Arme. Blasende und trommelnde Spielleute voran, so ziehen sie ins Wirtshaus zum Trunk, zum Tanz und zu anderer Lustbarkeit. Da darf sich kein Bürgerssohn, kein Bauernbursch, kein Holzknecht blicken lassen; denn diese Eindringlinge spotten die Schmiede ob ihrer Schwerhörigkeit, ob ihrer Kröpfe und dergleichen, und ihr Trachten geht dahin, den Hammerschmieden die Dirndlein wegzunehmen. Den Schmieden gehört der Tag, und der Marktflecken und die Leute lassen sich's gefallen – es springt Geld um. So kohlrabenschwarz sie am Werktag sind, die Schmiede", schloß der Brauknecht, „am Sonntag gibt's keine hochmütigeren Menschen, als diese Rußteufel. Und sind doch soviel Gaggen (Halbkretins) dabei!"

Schon jetzt, als wir dastanden und das geschmückte Haustor bewunderten, kamen sie herbei von den unteren und oberen Hämmern, um nachzusehen, wie weit die Vorbereitungen gediehen seien, und ein Glas Bier durch die Gurgel zu sprengen.

Da kam plötzlich ein Bote gelaufen, rußig im Gesicht, aber weiß vor Straßenstaub an den Beinen. Einen Sturmhut hatte er auf, wie Landwehrmänner zu Kriegszeiten. Ein langes Messer hatte er an der Seite baumeln, und schier atemlos war er, als er rief: „Kameraden! Kameraden!"

„Was gibt's?" fragten sie ihm entgegen.

„Keinen Schmiedball gibt's! Kein Flanieren und Karessie-

ren gibt's! Jetzt heißt's Messer, Spieß und Säbel schmieden, Kanonen, Kugeln gießen!"
„Ja", sagten sie, „wer gibt uns dazu das Privileg?"
„Ich!" rief der Bote. „Denn der Kaiser Ferdinand ist fort. In Wien ist Revolution!"

Ein Neujahrsmahl beim Hammerherrn

In meinem elften Lebensjahre am Silvestertag ging ich wieder einmal ins Mürztal. Ziemlich weit hinauf, in die Mürzzuschlager Gegend, bis dort, wo mein Vetter Jakob lebte und Sensenschmied war. Er hatte, als ich ankam, just Feierabend gemacht und schritt mit mehreren anderen Schmieden über die Brücke, vom Hammerwerk herüber. Er war so rußig, daß ich ihn nicht wieder erkannt haben würde, wenn er mich nicht mit zwei Fingern beim Ohr gefaßt und gezupft hätte. Das war stets seine Zärtlichkeitsbezeugung, wenn er den „kleinen Vetterbuben" sah, wie er mich nannte. Dann fragte er, wie es dem Vater ginge und der Mutter und dem Bruder und dem kleinen Schwesterl. Meine Antwort ist sicherlich fix gewesen: „Dem Vater geht's gut, die Mutter tut spinnen, der Bruder hat einen Kiniglhasen und das Schwesterl hat Zahnweh."
„Gut ist's", sagte der Vetter Jakob, „aber daß deine Mutter spinnen tut, das ist nit wahr. Oder ist bei euch der alte Brauch abgekommen, daß man in den Rauchnächten nicht spinnt?"
Wenn solche Buben unrecht haben, werden sie immer keck, und so sagte ich: „Was die Mutter jetzt tut, kann ich nit sagen, weil ich nicht daheim bin. Im Winter tut sie halt spinnen, weißt es eh!"
„Du bist ein Schnabel", verwies er, „ich hab' dich nit gefragt, was sie tut, sondern wie's ihr geht."
Da antwortete ich: „Gut", und damit war der Sache Genüge getan.

Während der Vetter dann seinen Waschtrog mit Wasser füllte, Seife, Rasierzeug und Kamm aus dem Wandkastel nahm, um sich „schön zu machen“ für den hohen Feiertag, saß ich vor der Hütte auf der Bank und schaute das vornehme Hammerhaus an, das jenseits des Baches stolz wie ein Schloß dastand mit den vielen kunstvoll vergitterten Fenstern, dem zweifach aufspringenden Schindeldach, in dem es neben den weißen, schlank und zierlich gebauten Rauchfängen auch noch funkelnde Fenster gab. Die Sonne schien schräg herein auf meine Bank, es war so lauwarm, daß ich mein Gebetbüchel aus dem Sacke zog und den Schulbleistift, und anfing, hinten auf dem leeren Blatt das Hammerhaus abzuzeichnen. Als der Bau fertig war, tat ich ein übriges und zeichnete darüber die dreieckige Mariazeller Mutter Gottes und Glanzstreifen, die von ihr gerade auf das Haus niedergingen. Denn ich hatte das Hammerhaus lieb, obschon ich nicht wußte, wem es gehörte und wer darin wohnte. Zu dem auf dem Papier war ja auch ich der Hausherr, und gerade wollte ich das Büchlein zumachen und in die Tasche stecken, als hinten von der Ecke danach eine Hand herübergriff.
Ein dicker Herr mit rotem Schnauzer war da, der rief lachend: „Du Sauschwanz, was hast denn da?“ Hat mein Kunstwerk in die Hand genommen und bewundert. Hat mich vor lauter Vergnügen über mein Talent einen kleinen Rotzbuben genannt, hat mich gefragt, wer und woher, und hat zum Schluß folgende Einladung gemacht: „Wenn du morgen noch da bist, Bauernböckel, so kannst bei mir essen mit den Schmieden, und dein Kunststückel da muß ich dem Schulmeister zeigen, verstehst, Schlingel?“
Dann ging er mit kurzen Schritten davon über die Brücke.
Seiner Höflichkeit nach zu schließen war das der Hammerherr selbst gewesen. Wen so einer lachend „Sauschwanz“ nannte, der stand in seiner Gunst, gleichsam geadelt. Mein Vetter, der mittlerweile so „schön“ geworden war, daß man in seinem guten breiten Gesichte wieder

alle Warzen sah, nannte mich obendrein einen „Teuxelsbuben“, was wieder nur eine Huldigung war, und zwar zu dem Glück, im Hammerhause zum Neujahrsfestmahl eingeladen worden zu sein.

Denn das war was! Das war mehr, als so ein Waldbauernbub denken kann. Ein Neujahrsmahl im Hammerhaus! „Brauchst drei Tag' vorher und drei Tag' nachher nichts zu essen“, sagte der Vetter. „Mußt dich um einen starken Ledergürtel umschauen, damit der Bauch seinen Reif hat. Oder mußt eine Hahnfeder rupfen, daß du dir, was zuviel ist, wieder aus der Gurgel herauskitzeln kannst.“ Zur weisen Vorbereitung gab's beim Vetter an demselbigen Abend bloß ein „Wasserfaferl“.

Am nächsten Tag in der Kirche fehlte mir die Andacht. Wo denn hernehmen, wenn mir der Hammerherr das Betbüchel weggenommen hat! Nach dem Gottesdienst bin ich mit dem Vetter ins Hammerhaus gegangen. Die Luft roch schon in der ganzen Umgebung nach Gebratenem und Gebackenem. Die große „Leutstuben“ war schon voller Schmiede, die an dem langen, mit Zinntellern, Stahlbesteck, Beinlöffeln und braunen Tonkrügen bedeckten Tisch herumstanden. Es waren deren wohl an die zwanzig, alle in schwarzem Festgewand oder grauem Steireranzug. Sie hatten hochgefederte Hüte auf, an den Westen schwere Uhrketten mit allerlei Anhängseln baumeln und etliche sogar an den Ohrläppchen güldene Scheiblein. Sie waren so gründlich durch Haar und Bart hinein gescheuert und in so weißer Wäsche, daß man die Feuer- und Kohlenteufel der Woche nicht wieder erkannte. Ich hielt mich hinter dem breiten Rücken meines Vetters und schämte mich ein wenig, daß ich kein Schmied war.

Plötzlich rauschte eine dicke, schwarzseidene Frau durch die Stube. An den teilweise ganz soldatischen Schmiedreihen ging sie vorüber, rings um den Tisch, um die Anordnung zu prüfen. Auf ein paar versuchte Handküsse entgegnete sie: „Ja, ja, ist schon gut, ist schon gut. Später!“ Damit rauschte sie in ein anderes Zimmer, wo die Herrschaft und

die geladenen Ortsgrößen beisammen waren. Man hörte aus diesem Zimmer die laute Stimme des Hammerherrn und manchmal ein Gelächter der übrigen.
Nach einem gemeinsamen lauten Gebet in unserer Stube setzten sie sich zur Tafel. Zuerst der graubärtige erste Hammermeister und dann je nach Rang bis hinab zum letzten Kohlenbuben. Mein Vetter war in der Reihe der Wassergeber. Ich stand hinter dem Uhrkasten und sog in Ermanglung von anderem an meinem Zeigefinger. Ich war vergessen worden und meinte schon, mit solchem Eigenbau fürlieb nehmen zu müssen, da rief der Bärtige: „Was ist's denn mit demselbigen Bübel dort?" Und wurde ich am untersten End' der Tafel mitten in die Kohlenbuben getan. Aber auch da noch fand ich's betäubend vornehm. Daß jeder seinen besonderen Teller hatte und sein glänzendes Besteck und sein Trinkglas und sein Stück Brot daneben, mutete mich, aus dem Bauernhause, wo wir alle aus einer Schüssel aßen, an, wie eine wahre Kaisertafel; oder so, wie ich mir eine Kaisertafel dachte. Aber ich habe mich mit Ehren dreingefunden. Auch andere schienen von der Würde des Tages überwältigt, sie bezähmten ihre Reden oder sagten sie leise und saßen sehr anständig da.
Es begann. Zwei Weibsbilder mit aufgekreselten Hemdärmeln trugen die Schüsseln auf. Zuerst kam eine braune Brotsuppe mit Fleischgehack. Bei der hielten wir uns eine Zeitlang auf. Die Schmiede aßen mit ihren großen Hornlöffeln so langsam, daß ich schon berechnete, wie lang' bei etwa viergängigem Mahl das Essen dauern konnte. Hernach wurde Bier eingeschenkt.
„Kriegen die Buben auch ihr Maß?" fragte der Schenk den Hammermeister.
„Alles, was Manndl ist, kriegt seine Maß!" beschied der Bärtige.
Aber mir half das nichts. Seit jenem Schluck Bier, den mir beim „Bäcken" einmal ein Holzknecht reichte und den ich sofort unter den Tisch spie, war ich mißtrauisch gegen derlei. Gallhantiges Zeug oder so was. Nicht alles ist so gut

trinken, wie Wasser. Und Wasser bekam ich heute nicht. Der zweite Gang brachte Brustkern mit Krennkoch. Spießte man die Fleischbrocken, tauchte sie ins Koch und verschlang sie. Dann kamen zwei Schüsseln voll Selchfleisch, eine Schüssel voll Bratwürste und ein großes Blechbecken voll Sauerkraut. Das gab Arbeit für längere Zeit. Die meisten aßen in schweigender Andacht, einer oder der andere aber begann schon Witze zu reißen, zuerst verstohlen, allmählich dreister. Manche hoben die Biergläser, tranken einander zu. Dabei fehlte es an kräftigen Ausdrücken nicht.

„Die abgestanden' Lacken! Da hat sich der Alt' schon drin gebadet!"

„Batsch du! Der Alt' badet sich ja gar nit!"

Das brauchte nicht mehr verstohlen gesagt zu sein, denn im Herrenzimmer ging es schon so laut her, daß die verwegensten Reden gewagt werden konnten. Das mit dem Nichtbaden war übrigens nur des Witzes wegen gesagt, denn damals badete sich überhaupt noch niemand, am wenigsten ein Schmied. Deshalb, hat einmal einer gesagt, sei damals noch das Gebirgswasser so rein gewesen.

Nun erschien, hochgetragen von den drallen Armen der Mägde, kälbernes Bratel mit gespecktem Krautsalat. Jeder langte mit kühnem Gabelstich sein „Trumm" aus der Schüssel, schleuderte es auf den Teller und bekränzte es mit Krautsalat. Jetzt kamen auch die ersten Flaschen Wein. Weißer untersteirischer Tischwein, kein „falsches Luder", wie es der Dorfwirt im Gebinde hat, sondern herb und echt. „Man kriegt davon seinen Rausch, aber kein Kopfweh." Mancher Hammerherr hatte im Unterland seinen eigenen Weingarten, bloß für den „Leutwein". Im Herrenzimmer hatten sie eine andere Gattung; wir sahen ihn nicht, wir rochen ihn nicht, aber wir hörten ihn knallen.

„Hau, bei dena drina geht's schun an!" sagte einer der Schmiede. „Knallen tuat's ban uns nit!"

„Knallen tuat's ban uns ah!" sagte ein anderer, rückte ein

wenig auf der Bank und brachte dafür einen ausgiebigen Beweis. Der machte weiter kein Aufsehen.

Ich verging fast vor Durst, aber statt Wasser wurde nur Wein eingeschenkt.

„Ja, so nobel wie bei dem Waldbauern", spottete mich einer, „künnen mir's nit geben. Aber wenn auch unser Trank nit so stark ist, wie der eurige, der Mühlräder treibt –"

„So treibt er wenigstens das Radl im Kopf", setzte ein anderer bei und zog mit dem Finger Kreislein an der Stirn. Da rückten neue Schüsseln an mit „Einmachfleisch" und „Lungenkoch".

Auf dem Kirchturm läutete es schon das erstemal zum Segen. „So lang ma Segen im Haus hat, holt ma kein' in der Kirchen", bemerkte ein Witzbold und wies auf das schweinerne Bratel, das eben in großen Flachpfannen auf den Tisch kam, begleitet von Schüsseln voll Triät. Der besteht in gerösteten Semmelschnitten mit Wein getränkt und mit Zimmt gewürzt – ein steirischer Leckersalat, zu hohen Festlichkeiten üblich. Dieses Gericht munterte meinen schon lange erlahmten Appetit wieder auf. Die Tropfen Wein, wovon die Semmelschnitten vollgesogen waren, schmeckten mir und brachten es dahin, daß ich nun auch aus dem Glase Wein zu trinken begann. Jetzt merkte ich erst, es sei sehr lustig, und lachte mein Teil munter mit zu den Späßen, die sich immer üppiger entwikkelten.

Einer griff sich mit dem Finger in den Mund und wußte mit dem Schneller des aufgeblasenen Backens einen Knall zu erzeugen, der dem Champagnerknallen im Herrenzimmer ganz ähnlich war. Da wurde plötzlich die Tür aufgerissen, der gewerkschaftliche Kohlenschreiber schaute mit brennendem Gesicht heraus und gebot Ruhe.

Diese Gelegenheit der offenen Tür wollte der Eßmeister (heut' war er's in doppeltem Sinn) benützen, um mit gehobenem Glase eine Gesundheit und ein glückseliges neues Jahr auszubringen auf den „hochehrengeachteten Herrn

Vattern und die gnädige Frau Muatter!" aber schon war die Tür wieder zugefallen, so daß die Gesundheit und das glückselige neue Jahr uns selber verblieb.
Länger als drei Stunden hatte der Schmaus gedauert, und als ich schon hoffte, nun würde des Guten genug sein, zündete der Hausknecht Lampen und Kerzen an, denn es begann zu dunkeln. Und jetzt kamen große, dampfende Schüsseln herein. Die Reissuppe. – Sollte es denn von neuem beginnen? Das geht ja nicht mehr, dachte ich mir; aber es ging. Bis aufs Neigerl haben wir die Suppe ausgelöffelt. „Ein' warme Suppen ist gut auf 'n nüchternen Magen!" Mit diesem Sprichwort leitete man lustigerweise die neue Epoche ein. Endlich war die große, langersehnte Krapfenstunde gekommen. Auf riesigen Reittern hoch getragen, erschienen, üppig gegupft, gelblich gerandet und bräunlich geschmort, die Butterkrapfen. Alle gossen die Gläser voll mit frischem Wein. Mit den Fingern zerrissen wir die Krapfen zu Fetzen und verschlangen sie, und gossen Wein nach. Eine gewisse Wütigkeit war ins Essen gekommen, als ob aus dem Hunger, dem das Haupt abgeschlagen worden, sieben neue gierige Häupter hervorwüchsen. So lange hatten sie getrunken, bis sie besoffen wurden, und wieder so lange hatten sie gegessen, bis sie nüchtern wurden. Aber mir kreiste im Kopf das Rädchen. Bereits tanzte die große, qualmige Stube ein wenig, als in weiten flachen Schüsseln die Germnudeln kamen, über und über mit brauner, süßer Branntweintunke begossen. Und das war zuviel.
Denn es war zu wenig. Fast balgten sie sich um die walzenförmigen Kräpflein, obschon immer und immer noch frische Nachschübe kamen. – Daß sie so *schwer* zu sättigen waren, ist kaum zu glauben, aber daß sie *gar nicht* zu sättigen waren, das leuchtet ein. Wer von der Unersättlichkeit genießender Weltkinder je etwas gehört hat. Trotz der Vorräte, die alle Schüsseln und Teller deckten, war zwar allmählich eine gewisse Erschöpfung eingetreten, aber in der Besorgnis, daß sie im nächsten Augenblick wieder anhe-

ben könnten, erhob sich der graubärtige Hammermeister – er torkelte ein wenig und sagte: „Wünsch' allerseits wohl gespeist zu haben." – Er lallte ein wenig. – „Aber eh wenn ihr die Pfeifen anzündet", setzte er bei, „wollen wir bei der gnädigen Herrschaft anfragen, ob wir danken gehen dürfen."

Hernach suchte er die Tür zum Herrenzimmer zu gewinnen und als es ihm gelang, klopfte er an. Die Doppelflügel gingen auf. Durch Rauchqualm, auf silbernen Armleuchtern schimmerten die Kerzen. Die Tafel da drin war eine prachtvolle Ruine, noch voll beladen von den Trümmern und Resten einer großen Vergangenheit. Nur wenige saßen mehr daran; der Hammerherr, der Bezirksrichter, der Pfarrer, der Schullehrer, der russische Agent lehnten an den Sofas und den Kästen herum, lärmten und lachten und rauchten Pfeifen, ja sogar nach der neuesten Mode Zigarren. An kleinen Tischen standen die weißen Schälchen des schwarzen Kaffees.

Die Hausmutter saß ausgebreitet auf einem großblumigen Kanapee und winkte uns mit der flachen Hand durch die Tür zu: „Nau nau, Leutln, kemts nur herein!"

So gingen sie nun hinein, schön der Reihe nach, trotz allem möglichst sittsam. Manches halblaut gemurmelte Wort über die liebe gnädige Herrschaft war fürs Gehörtwerden gesagt, manche in den Bart hineingekicherte Äußerung war nicht dafür berechnet.

Den Vortritt in die Herrenstube hatten der Hammer- und der Essemeister, denen schlossen sich die Wassergeber an und diesen die Schmiedgehilfen und Kohlenbuben. Einer der Gehilfen wollte sich unauffällig in die Reihe der Wasserer schmuggeln, aber der bekam einen ausgiebigen Rippenstoß, ihn an seinen niedrigeren Gesellschaftsgrad erinnernd. Dann kam aus anderen Räumen her von Tischen, die man gar nicht gesehen, das Gesinde der Hauswirtschaft, der Mar, der Marknecht, die Ackerer, der Mistknecht, der Kutscher, der Staller, die Roßknechte und die Jäger. Endlich erschienen schüchtern und ruckig getorkelt die Köchin, das Stubenmädchen, die Kucheldirn, die Mardirn, die Hausdirn, die Schweizerin, die Kuhdirn, die Felddirn und zuletzt ein paar alte Einleger.

In solcher streng vorgeschriebenen Ordnung, die der Vetter mir nachher erklärte, drückten sie sich zum Handkusse vor. Die Hammerfrau war sehr gnädig und streckte jedem die reichberingte Hand entgegen. Mancher machte seine Sache derb und ungeschickt, mancher gleichgültig, flüchtig, mancher zärtlich. Die Hammerfrau hatte für jeden ein bezeichnendes Wort, lobend oder auch tadelnd. Jeden duzte sie und nannte ihn bei seinem Taufnamen. So sagte sie gleich zum graubärtigen Hammermeister, der kurz seinen Neujahrswunsch vorgebracht hatte: „Is scho recht, is scho recht, Franzl. Wünsch' dir auch soviel. Und daß du gesund bleibst und uns noch viel Sengsen klopfest. Tut's euch nit verlaufen, Leut', 's kommt nachher noch was." – Zum Eßmeister, der sich für das Essen bedankte: „Hat's geschmeckt? Na, wenn's na g'schmeckt hat!" – Zu einem anderen: „Du kunntst dir auch besser die Pappen waschen, wenn du zum Handkuß kommst!" Wieder zu anderen: „Bist auch da, Hiesel? Dein' Weib geht's gut, gelt? Will ihr ein Körbel voll Resteln schicken lassen. – Laß gut sein, Michel, und schieb' dich weiter, daß die Hinteren nach können! – Wart', Josel, dir werd' ich ein besseres Halstüchel schenken, daß d' nit mit dem alten Fetzen zum Neujahrsessen gehen brauchst! – Geh', Ferdl, reib' deinen Bartwisch einer anderen in die Hand. Wenn du so gut sengsenschlagen kannst, wie Bußlgeben, nachher werden die Russen schon zufrieden sein." Zu meinem Vetter sagte sie: „Mir scheint, Jakel, du hast nit mehr weit zum Vormeister. G'freut mich, g'freut mich. Aber die Fingernägel kunntst dir einmal zwicken!"

Als nachher aus der Küche und den übrigen Wirtschaftsräumen, wo auch großes Essen stattgehabt hatte, die Weibsleute herbeikamen zum Handkuß, mit denen war sie weniger gnädig. Zur Köchin: „Die Nudeln san dir heut nit b'sunders g'raten. Is halt wieder einmal die

Germ nix nutz g'west, gelt!" – „Wie windschief hast denn heut' 's Halstüchel schon wieder um!" rügte sie an einer Küchenmagd. Und zu einer anderen: „Verhoff' mir mit dir eine bessere Zufriedenheit fürs nächst' Jahr! – Nau, du Rotkittlete, was machen denn d' Schweindln? Schau, daß wir zum Fasching ein paar feiste auf den Tisch kriegen. – He, da kommt ja meine liebe Kathl! Brav bist alleweil, brav bist; nur so fort. Ist schon gut, ist schon gut."

So ging es die lange Reihe der Schmiede und des Gesindes bis zum letzten Abwaschdirndl und den Einlegern, und knapp hinter diesen kam der Waldbauernbub. Der schämte sich noch immer, daß er kein Schmied war und trachtete sich so gut als möglich hinter den Vorgängern zu verstecken, damit die Herren ihn nicht sollten bemerken. Endlich kam ich zum Handkuß. Ich tat's wie bei einem Pfarrer und bedankte mich fürs Essen.

„Was ist denn das für ein Grill?" rief die Hammerfrau, „den kenn' ich gar nit."

„Ho ho!" lachte der Hammerherr von seinem Sofa her. „Das ist der klein' Spitzbub, der so sauber zeichnen kann. Na, geh' her da, daß ich dir dein Gebetbüchel zurückgeb'. 's Bildl hab' ich herausg'rissen, das b'halt ich mir. Da, seh' – das g'hört dein."

Einen Silberzwanziger warf er mir zu; der blieb auf dem Teppich liegen. Die Herren schauten mich alle an und betrachteten die Zeichnung, die von Hand zu Hand ging. Und so war ich, der in der Menge verschwinden wollte, aller Welt zum Anschauen ausgesetzt. Sogar die Schmiede verwunderten sich, daß der kleine Kerl, der ihnen unbeachtet unter den Füßen herumgelaufen war, Hammerhäuser zeichnen konnte.

„Der Knabe sollte in eine Zeichenschule kommen", meinte einer der Herren; das wunderte mich. Wenn man's schon kann, wie sie sagen, was braucht man denn da noch in eine Zeichenschule zu gehen?

„Waldbauer ist dein Vater?" fragte der Pfarrer. Und gleich

setzte der Hammerherr bei: „Sag' deinem Vater, dem Locherl, er sollt' mir einmal Holzkohlen bringen!"
Dann konnte ich gehen.
Aber es kam noch nicht dazu. „Wer einen Kaffee haben will, der soll wieder auf seinen Platz gehen!" verkündete die Hammerfrau so laut, daß es in allen Zimmern und Gängen zu hören war. Da truderten die Mägde vergnüglich in die Küche und die Schmiede setzten sich wieder an ihre lange Tafel. Ich war unsicher, ob das auch mir noch vermeint sei und stand wieder so herum, bis der Vetter mich an meinen Platz winkte. Der Tisch war derweil gedeckt worden mit Kaffeeschalen, Zuckerbüchsen, Germbroten und wuchtigen Gugelhupfen. Neben jeder Kaffeeschale lag ein rosenrotes Tüchlein und unter demselben – der Kohlenbub hatte es zuerst entdeckt – ein güldenes Kreuzerlein. Ein Aufruhr entstand um den ganzen Tisch, denn Kenner hatten erklärt, daß es keine Kreuzerlein wären, sondern Dukaten. Auch bei mir lag einer und da ich kein Neujahrsgeschenk beanspruchen durfte, so nahm ich ihn als Ehrenlohn für das gezeichnete Hammerhaus, das der Herr mir aus dem Gebetbüchlein gerissen und das ich nachher nie mehr gesehen habe.
Und auf einmal war der stattliche Hammerherr in der großen Schmiedstube. Mitten unter den Leuten stand er da, in seiner ganzen Höhe und Breite. Mit beiden Armen schlug er Räder und rief: „Lost's auf, Schmied!"
„Der Herr Vatter, der Herr Vatter!" flüsterte alles, und sie horchten.
Der Hammerherr sagte die gewichtigen Worte: „Alle Tag' geht's euch nit so gut wie heut' – gelt? Mir auch nit. Mir müssen jetzt neue Schmiede haben. Verhoff's, daß ihr euch gut mit ihnen vertragt. Eine große B'stallung aus Rußland ist da, eine großmächtige. Bis Ostern brauchen wir um dreißigtausend Sengsen mehr – was! Was sagt's denn da dazu – ha? Von der Türkei sind auch wieder B'stallungen da. Unser steirisches Eisen hat den Preis davongetragen

vor dem englischen und dem schwedischen. Werd's nit Vivat schreien, ihr Locherln?"
„Vivat!" riefen sie, „Vivat!" daß die Fenster surrten.
„Das hab' ich enk sagen wöllen und jetzt könnt's heimgehen."
Also ist dieser merkwürdige Tag beschlossen worden. Für mich war's der erste und der letzte dieser Art gewesen. Für andere ist er überall und oft wiedergekehrt in jener großen Eisenzeit, die das Land weltberühmt gemacht hat. Derb sind die Leute gewesen, aber einen guten Kern haben sie gehabt und weitum in ihrem Kreise hat's keine Not gegeben. An Essen und Trinken haben sie was geleistet und an Arbeit auch. Seither hat die steirische Eisenindustrie unvergleichlich größere Formen angenommen, die Technik hat sich fabelhaft vervollkommnet, aber die Gediegenheit jenes altsteirischen Eisens und Stahls ist nicht mehr erhöht worden. So sind die alten Geschlechter der Hammerherren in ihrer Art Adelsleute gewesen, die schon fest auftreten durften: „Mir san wer!" Ein großer Teil steirischen Wohlstandes und steirischer Sitte stammt noch aus ihrer Zeit. Und nebenbei haben sie auch Kunstmäzene gespielt, wie jener Mürztaler Hammerherr, der dem Waldbauernbuben ein bekritzeltes Blatt Papier mit einem Zwanziger, einem Dukaten und einem sieben Stunden langen Festessen honoriert hat.

Als ich Schullehrer gewesen

Ob es wahr sei, daß ich einmal Schullehrer gewesen? wurde ich schon brieflich befragt. Denn in irgendeiner Gesellschaft des Reiches hatte man sich mit meiner Wenigkeit für und wider befaßt und da hätte jemand die von den übrigen bestrittene Behauptung aufgestellt, der Waldbauernbub sei einmal Schulmeister gewesen.
Ob das richtig sei?
Soviel ich weiß, nein.

Das heißt –. Ganz kann ich es nicht ableugnen, und bei näherer Gewissensforschung komme ich drauf, daß jener Jemand recht hatte. Ich war doch einmal Schulmeister gewesen, und was für einer!

Als im Jahre 1857 der alte Michel Patterer verstorben war, drohte in Alpel die Kunst des ABC wieder verloren zu gehen, sowie den Deutschen einst die Glasmalerei und die Kunst, Knödel zu braten, verloren gegangen war. Das mußte vermieden werden. Ich fühlte mich als Hüter der Wissenschaft und hatte Lust, in die Ehren und Würden des alten Lehrers zu treten, erstens, um der schweren Feldarbeit zu entgehen, zweitens, um – Spielgenossen bei mir zu versammeln. Es war, wie man sieht, ein mehrfach begründetes Streben.

Meine Eltern waren unschwer zu überzeugen, daß es auch den jüngeren ihres Stammes – Mädlein wie Knaben – vorteilhaft sein würde, wenn sie christliche Bücher, Zuschriften des Amtmannes und die Papierflügeln auf den Medizinflaschen lesen konnten. Täglich auf zwei Stunden wurden mir meine Geschwister freigegeben, daß ich sie im Lesen, Schreiben und Rechnen unterwiese. Der Leuttisch in der Stube war zur Zeit von Nähterinnen besetzt. So richtete ich mir als Schulzimmer den Stubenwinkel ein, der zwischen dem breiten Elternbette und dem Ofen war. Ein Brett von der Bettstatt bis zur Ofenbank war der Tisch. Zu beiden Seiten einige Holzblöcke waren die Stühle. Das abgebrochene Stück einer Kastenleiste war das Lineal, eine Fibel und eine Schiefertafel sollten von Hand zu Hand gehen, und sonst bedurfte man nichts. Alles übrige mußte sich im Kopfe vorfinden. Meine Schuljugend befriedigte mich aber nicht recht. Der Bruder Jakob bestritt mir die Namen einzelner Buchstaben, und die Schwestern waren dumme Dinger, die immer lachten.

Ich sann nach, wieso beim alten Patterer eine größere Ordnung war. Natürlich, weil er mehr Schüler hatte. – So ging ich in die Nachbarschaft und warb Schüler. Ich täte es ganz

umsonst, ja, wenn meine Mutter Topfenstritzel backe, so bekämen sie auch davon.
Einige Nachbarn hatten mir sofort ihre Kinder probeweise zugesagt. Der alte Höfelzenz, er saß immer auf dem Herd seines Hauses, der nahm mich zwischen die Knie, faßte mich an beiden Ohren an, aber ganz leicht, und fragte nach meinem Alter.
„Dreizehn vorbei!"
„Sappermosthosen! – Na, die Altersschwäche wird noch nicht plagen. Sag', Peterl, was willst du denn werden?"
Glotze ich ihm ins Runzelgesicht. Werden? Ich *war's* ja schon!
„Schulmeister, natürlich!"
„Ah ja so. Richtig, richtig, Schulmeister."
„Auweh!" schrie ich auf, denn er war mir auf die Zehe getreten.
„W-a-s?!" fragte er ellenlang gedehnt. „Du schreist auweh, wenn dir einer mit den Tuchpatschen ein bissel auf die Zehen tritt. Und willst Schulmeister werden? Oh, mein kleiner Mensch, auf einem Schulmeister wird noch ganz anders herumgetreten!"
Dieser törichten Rede legte ich kein Gewicht bei. Wer wird denn auf einem Schulmeister herumtreten!
„Na, geh' nur, ich werde meinen Buben, den Klasel, schon schicken. Aber raufen, wenn's mir tut's!"
Als ich auf dem Heimweg über die Weide ging, wo sein Bub die Schafe hütete, winkte ich ihm wiederholt mit der Hand: „Grüß Gott, Klasel!" und schritt mit langsamen, großen Schritten fürbaß. – Strenge, das nahm ich mir vor, strenge wollte ich nicht sein. Wußte ich doch selbst am besten, daß der alte Patterer nur mit Güte bei mir was ausgerichtet hat. Einst, als er mir des Käfers im Tintenfasse wegen die Ohrfeige versetzt hatte, blieb ich nachher einfach wochenlang weg, bis er endlich gütlich und bittlich an mich herankam und mir ein Lebzeltenherz versprach, wenn ich wieder in die Schule käme. – Lebzeltenherzen hatte ich nicht zu vergeben, so durfte ich natürlich auch

keine Ohrfeigen austeilen, und das um so weniger, als meine Schüler fast alle stärker waren als ich.
Aus diesem Grunde geschah es auch, daß schon in der zweiten Lehrstunde, die wie die erste sehr feierlich begonnen hatte zwischen Bett und Ofen, ein Nachbarsbub den Vorschlag machte, wir sollten jetzt in den Schachen hinausgehen und „Esel über den Bock springen" spielen, hingegen am nächsten Tage um eine Stunde länger Fibel lesen. Nun dachte ich, wer nicht stark ist, der muß klug sein. Vergeben will ich mir nichts.
„Esel über den Bock springen? Ich kann euch das nicht erlauben, Kinder, denn es ist Schulzeit. Aber ich will es auch nicht verbieten. Wir werden jetzt diese Seite fertig lesen und dann werde ich abstimmen lassen."
„Wer für den Schachen nicht ja sagt, der wird gehaut!" rief der Nachbarsbub. Alle stimmten für den Schachen. Auch meine kleine Schwester Plonele, die sonst immer Wissensdrang heuchelte, hub ihr Bratzlein auf: „In den Schachen, in den Schachen!"
Einige Zeit früher, als ich des „Hasenöls" wegen in Bruck gewesen war, hatte ich Schulknaben gesehen, die im Garten der Reihe nach über einen mit Leder überzogenen Holzbock sprangen und der Lehrer kommandierte sie dazu wie Soldaten. „Turnen" hieß man das, eine Leibesübung, die nach neuem Brauch auch zur Schule gehörte. Als meine Schuljugend nun einstimmig für den Schachen war, erhub ich meine Stimme und rief strenge: „Schachen hin, Schachen her! Jetzt ist Turnstunde. Jetzt gehen wir Bockspringen. Marsch!" – So hatte ich den Anschein meiner Herrlichkeit gewahrt und kann sich's auch mein Leser merken: Willst du, daß dir die Leute stets gehorchen, so befiehl ihnen gerade das, was sie selber tun wollen. Da die Knaben keine hölzernen Turnböcke hatten, so gaben sich die Mädel dazu her, indem sie tief gebückt auf Füßen und Händen dastanden und die Jungen über sich springen ließen. Ich war natürlich der Turnmeister, hütete mich aber wohl, auch nur einen Sprung zu machen, um nicht etwa

die Meinung zu zerstören, daß ich der beste Springer sei. Das hinderte sie keineswegs, sich im Schachen in Knabenlust auszutoben.
Um meine Zöglinge nächstens doch wieder zu den Schulbüchern zurückzulocken, stellte ich ihnen für die Prüfung am Schlusse des Monats Prämien in Aussicht. Die ABC-Schützen waren noch die ehrgeizigsten, sie wußten in wenigen Tagen die Namen der vierundzwanzig kleinen Burschen, die seit vierhundert Jahren größere Reiche erobert haben, als alle Heere der Welt zusammen. Das Zifferrechnen wollte gar nicht gehen, hingegen waren die Finger an der Hand die denkbar bequemste Rechenmaschine. Die Schreibaufgaben wurden häufig illustriert. Zumeist ein Kopf mit langen Ohren und langer Nase. Ich hatte nie den Mut, die Künstler zu fragen, wer das sein sollte. „R!" rief die kleine Schwester, die auf dem Ofenmäuerlein saß und ihren Finger gar so harmlos an den genannten Buchstaben legte.
Ich war zur Zeit im Besitze eines alten Pulverhornes, wie es einst die Jäger an grüner Schnur seitlings getragen haben, ferner hatte ich vom verstorbenen Oheim, der „Uhrendoktor" gewesen, ein paar in Bein gefaßte Brillen inne und endlich war ich Eigentümer einer mausgrauen Pelzhaube, an der man rechts und links Tuchlappen über die Ohren herabbinden konnte. Diese Schätze stiftete ich als Ehrengaben für jeden besten Schüler im Lesen, Schreiben und Rechnen. Die Prüfung kam heran. Den alten Höfelzenz, den ich ein wenig als Gönner meiner Schule betrachtete, lud ich ein, der sollte den Schulinspektor abgeben. Ich hatte ihm in der Stube nächst dem „Schulzimmer" den Großvaterstuhl hergerichtet. Er kam, setzte sich hinein, behielt aber den breitkrempigen Hut auf dem Kopf und die Pfeife im Mund, was mich so irre machte, daß alle feierliche Stimmung zum Kuckuck ging. Unter den Schülern war leidliche Zucht, ich ließ lesen, schreiben und rechnen, und zwar das Urelementare im ABC, und die ewige Wahrheit, daß zwei mal zwei gleich vier ist. Bei einigen

ging es recht notig, aber sie brachten es ziemlich richtig vor, ein paar aber ratschten ihre Wissenschaft mit großer Zungengeläufigkeit herab, an der nur die Kleinigkeit auszustellen gewesen wäre, daß fast alles unrichtig und falsch war. Natürlich nickte ich stets zufrieden mit dem Kopf und hütete mich, auch nur einen Fehler auszubessern. Darob ließ freilich auch der alte Höfelzenz sein Köpflein bewundernd wackeln, jetzt tat er auch den Stinktiegel vom Gesicht, spuckte über das Ehebett hin in den Stubenwinkel und sagte: „Deuxels Fratzen seid's, daß' schon lesen und rechnen könnt's, wie der Herr Verwalter! Hätt' mir's nit erwartet von dem Rotzbuben, daß er schon so brav schulhalten kunnt! Wie der Pfarrer tun's lesen, daß nur gleich alles scheppert, die Schlingel, die verschwammelten! So ein kleberer Nixi da, dem die Windeln schier noch beim Hösel heraushängen! Und schon so schulhalten können! Wirst halt einer werden müssen, bist eh sonst zu nix."

Auf solche Anerkennung blickten meine Schüler auf mich her voller Hochachtung und Geringschätzigkeit zugleich, ganz im Geist der Rede des verehrlichen Inspektors. Und dann wurde die Preisverteilung vorgenommen. Meine Schwester erhielt das Pulverhorn, der Klasel die Brillen, der Grabenhupferfranzel für sein fixes Rechnen die Pelzhaube. Nun mochte der gute Rechner auf etwas Besseres gerechnet haben, als auf eine schäbige Pudelhaube, er schmiß sie dem Höfelzenz an die Beine, worauf dieser ihn mit zwei Fingern beim Ohrläppchen nahm und es wie eine Schraube drehte: „Werden wir halt einmal ein bissel uhraufziehen, vielleicht, daß nachher im Köpfel doch der Verstand anhebt. Aften wollen wir das Pelzkappel schon noch aufsetzen."

Der Klasel war übrigens mit seinen Brillen auch nicht zufrieden, wollte das Pulverhorn haben. Ans Schießen dachte er, allerdings nicht ermessend, daß zum Horn auch noch Pulver und zum Pulver das Gewehr gehört. Darauf kam er erst, als das Horn durch Tausch für die Brillen sein

Eigentum geworden war, und also einen Schock unerfüllbarer Wünsche in ihm geboren hatte. Meine Schwester wollte die Brillen sofort an das Nasel stecken, blieben aber auf dem kleinen Ding nicht stehen; und als sie doch ein wenig durchguckte, konnte sie durch diese guten Gläser sehen, wie es ist, wenn man nichts sieht, wenn man die Augen aufmacht in den hellichten Tag und nichts sieht, als nebelige Sachen, die alle ineinanderrinnen.
So hatte ich mit meinen Prämienstiftungen schon das Richtige getroffen, jedes war unzufrieden mit der seinigen, und die mehreren, die nichts bekommen hatten, waren es noch am meisten.
In den Vakanzen, während des Herumarbeitens im Heu und Korn, legte ich mir manchmal die Frage vor, ob für nächstes Jahr meine Schule nicht einen anderen Geist bekommen sollte? Eine Schulreform, die sich aber in erster Linie auf den Schullehrer selbst beziehen sollte. Vor allem mußte er älter werden, und das wurde er bis zum nächsten Winter. Dann mußte er gescheiter werden, und das wurde er nicht. Denn als der Winter kam, machte er mit Kreide an der Haustür bekannt, daß das neue Schuljahr beginne.
Die Nachbarn taten diesmal aber nichts desgleichen, nur einer warf es mir so im Vorbeigehen über die Achsel zu, er schicke seinen Buben nicht mehr. Das sei ein kindisches Wesen und es käme nichts dabei heraus. Der Knabe des Höfelzenz, der Klasel, sandte mir ein zierlich zusammengefalztes Brieflein, in welchem nichts Geringeres stand, als der folgende Bericht:
„I g a i k Schul kun e lesen un schreim a."
(In unserer umständlichen Alltagssprache heißt das: „Ich gehe auch in keine Schule, kann ohnehin lesen und schreiben auch.")
Nun also! Das war doch ein Erfolg. Und was für einer! Mit so wenigen Buchstaben soviel zu sagen! – Übrigens war das aber auch die einzige schriftstellerische Leistung des Klasel. Später ist er Eseltreiber geworden. Nun, da kam er mit seinen Selbstlauten ja reichlich aus.

Der Preuß' in der Waldheimat

Das Jahr 1866 war den Bewohnern meiner Waldheimat durchaus nichts mehr Neues gewesen. Dort war schon in den Fünfzigerjahren „der Preuß'" eingedrungen. Wir Halterbuben kletterten manchmal an seinen Brennholzstoß hinauf und guckten ihm zum Fenster hinein, beim Grabenhäusel, wo er Wohnung genommen hatte. Das war ein anderes Fenster, als die Fenster der übrigen Bauernhütten! Das alte Grabenhäusel unter der Felswand und den zerzausten Hollerbäumen hatte eine unbeschreibliche Herrlichkeit angenommen, seit es von „Preußen" bewohnt war. Die braunen Holzwände hatten eine Kalktünche bekommen, so daß sie aussahen wie das Herrenhaus in Krieglach. Die kleinen Guckfenster, zu denen vor Zeiten der alte einäugige Grabenhäusler kaum das kleine Kahlköpflein herausstecken konnte, waren vergrößert worden wie Wirtshausfenster. Später, als das Geschick des „Preußen" sich erfüllt hatte, standen sogar Töpfe mit Grüngewächsen und blauen „Veigerln" auf dem Gesimse und dahinter Vorhänge, die so rot waren, wie Kirchenfahnen. Und wer so gut auf dem Scheiterstoß saß, daß er zwischen den Vorhängen in das Stübchen gucken konnte, der sah eine unerhörte Pracht. Da waren an der Wand geheimnisvolle Bilder, deren Darstellung man nicht erkennen konnte, deren breite Goldrahmen aber im dunkeln Zimmerlein viel Sonnenschein ausstrahlten. Dann gab es auf dem Tisch ein buntes Tuch, auf welchem Bücher lagen, und eine beinerne Tabaksdose. An der Wand eine breite dunkelgrüne Polsterbank, deren Lehnen mit weißen Sticktüchlein behangen waren. Daneben ein schwarzer lackierter Schubladkasten mit messingbeschlagenen Griffringen. Auf diesem Kasten unter einem hohen Glassturze ein elfenbeinernes Gestell, das wie ein Altärlein gebaut war, statt des Tabernakels aber ein weißes Zifferblatt hatte. Daneben allerhand Figurlein, Kästlein, gemalte Gläser und Krüge, wie derlei in keinem Hause von Alpel geschaut worden war. Was sich weiter in den Winkeln noch befand, das konnte nicht gesehen werden, maßen selbst ein Halterbubenaug' durchs Fenster um die Ecke nicht zu gucken vermag. In diesem Hause nun hauste der „Preuß'". Er selbst aber war nicht zu erblicken, er war tagsüber weiter oben in der Waldschlucht bei einer kleinen Branntweinbrennerei tätig, die er sich hergerichtet, sowie auch das Grabenhäusel nach seiner Besitznahme von ihm die unerhörten Veränderungen erfahren hatte. Gekommen waren die Sachen auf mehreren Blachenwagen, ähnlich wie sie die Schleifersleute haben, oder Schaufelschnitzler, Korbflechter und andere fahrende Leute. Der „Preuß'" selbst war nicht etwa drangespannt gewesen, um in Gemeinschaft mit einem mageren Hunde das Gefährte zu ziehen, nein, er war vorne auf dem Bocke gesessen neben dem Fuhrmann, sein Gewand war feierlich schwarz, die Hemdärmeln, die man sah, weil es heiß war und er keinen Rock anhatte, waren grau gestreift und hatten an den Ellbogen Flicken. Er trug einen langen roten Bart und auf dem kleinen Näschen blaue Hornbrillen, die dem Manne etwas Geheimnisvolles und Ehrwürdiges verliehen, obschon er im Grunde noch kein graues Haar unter dem roten gehabt hatte. Anstatt des Filzhutes, wie ihn bei uns daheim jeder ordentliche Mensch trug, hatte der Fremde ein schwarzes Käpplein mit glänzendem Lederschilde. Auf dem Schoße hielt er einen kleinen fuchsroten Hund, von dem er sich das Gesicht lecken ließ. So war er angefahren und wir wußten nicht, kam da ein vornehmer Herr oder einer von der entgegengesetzten Seite. Wir hatten nur gehört, daß der Mann aus dem Preußenlande sei. Da hatten wir schon genug. Jemand wußte, daß im Preußenlande lauter Lutheraner lebten! Dieser Herr war am Ende auch so einer, er lugte durch die blauen Brillen gerade so drein, als wie wenn es mit seiner Seele nicht geheuer wäre; als ihm das Hündlein einmal bei der Liebkosung mit der Pfote ungeschickterweise die Hornbrille von der Nase gestreift hatte, sah man kleine grünlichgrau schillernde

Augen. Und erst, wenn er sprach! „Der hat ja alle Buchstaben (es waren wohl die Laute gemeint) im hinteren Gaumen oben!" äußerte sich der Schneider Steff; wenn der Mann den Mund auftat und seine Wörter stoßweise hervorschnarrte, so war es zu hören wie eine Karfreitagsratsche. Anfangs hatten die Leute kein Wort verstanden, er mußte handgreiflich werden. Er griff in die Hosentasche, zog einen aus roter Wolle gestickten Beutel hervor, verschob daran das Messingringlein, so daß das Eingeweide auf die flache Hand herausrieselte. Mit Silbermünzen begann er zu sprechen, und siehe, das begriffen die Leute schnell. Das Grabenhäusel hat er gepachtet, Holz, Milch, Butter, Brot, Eier, kurz alles, was der Mann brauchte, bezog er von den Waldbauern und alles zahlte er mit barer Münze. Sogar den Strohschaub für ein Bett wog er meinem Vater mit einem Silberzwanziger auf, obschon bei uns daheim seit Erschaffung der Welt kein Bettstroh für Bargeld verkauft worden ist. „Für den Schaub ein Vergelt's Gott ist genug!" sagte mein Vater zum Preußen, dieser aber entgegnete: „Sehn Sie mal, Bauer, 'n Silberzwanziger ist mehr!" Mein Vater nahm zwar das Geld, steckte es aber in einen anderen Sack, als wo die gut katholischen Kupfermünzen waren, denn der Knecht Markus – es war aber Schalkheit dabei – hatte ihm gesagt: „Gib Achtung, Lenz! Laß das lutherische Silberböcklein nicht zu den Kupferschafen! Für was Gutes wirst mit diesem Geld nicht viel Segen aufheben. Das gescheiteste, du vertrinkst es." Mein Vater wollte aber auch keinen lutherischen Rausch haben. „Na, nachher machst es so!" sagte der Markus, nahm ihm den Silberzwanziger aus der Hand, ging zur Tür, wo das Weihbrunngefäß hing, tauchte ihn hinein, hielt ihn dann mit zwei Fingern hoch in der Luft und sprach mit feierlichem Tone: „Jetzt ist er getauft!" Denn zur Zeit hat man in jenen Gegenden die Lutheraner – und wären sie selbst von Silber gewesen – für Heiden gehalten.
Beim Preußen stimmte es aber nicht. Der ging am Sonntag in die Kirche nach Krieglach, wie wir anderen. Er stand

stets am Seitenaltar vor dem Dreikönigsbild und benahm sich ganz anständig. Auffallend war es nur, daß er beim gemeinsamen Rosenkranzgebet das Vaterunser allemal vernehmlich, wenn auch stark aus dem Hintergaumen hervor, mitbetete, beim Ave Maria jedoch keinen Laut von sich gab. Solche Widersprüche mußten näher untersucht werden.

So hockten wir eines Tages auf dem Holzstoß, den der „Preuß'" an der Außenwand seines Hauses geschichtet hatte und guckten zum offenen Fenster hinein. Den Mann wußten wir zur Stunde oben in der Schlucht bei seinen dampfenden Branntweintöpfen. Der Heidenflorl hätte gerne gewußt, wie es sich aus der beinernen Dose schnupft, die auf dem Tische lag. Der Haltergustl hätte gerne versucht, wie es sich auf der grünen Polsterbank langhingestreckt liegt und mir wäre für alle Welt um das schwarzgebundene Buch zu tun gewesen, das neben der Dose geheimnisvoll-feierlich dalag. Vielleicht war es das Buch vom Martin Luther! Dann durfte es kein Christenmensch anrühren. Aber, wenn er's nicht anrühren darf, nicht aufschlagen, wie soll er dann erfahren, daß es das Lutherbuch ist! – Ich weiß nicht mehr, welcher von uns dreien den Vorschlag gemacht, durchs Fenster einzusteigen. Dieweilen ich darüber nachdachte, ob es zu wagen wäre, waren die Kameraden schon drinnen. Und – wups, stand ich auch in der Stube. Da gab's einen bremseligen Geruch, ganz eigen. Der Gustl streckte sich sofort auf der Polsterbank, gab derselben mit seinem Hinterteil etliche Stöße, so daß das Zeug schwellend auf- und niederwogte. Der Florl untersuchte die Stockuhr; ich faßte Mut und schlug das schwarze Buch auf. „Kurzgefaßte Anleitung zur Destillation von Ebereschenbeeren." – Jetzt wußte ich erst noch nicht, war der Mann Christ oder Heide. Der Florl fand an der Uhr weiter nichts auszusetzen, nahm die Schnupftabaksdose, versuchte sie mit den Fingernägeln aufzumachen, was ihm auch gelang, aber so, daß das feuchte schwarze Pulver auf den Tisch niederpatschte.

Über das Mißgeschick erschrocken, huben wir alle drei an, mit den Fingern den Schnupftabak in die Dose zu fassen, da kam plötzlich einem das Niesen an, sogleich auch dem anderen, und bald niesten alle drei wie bezahlt.
„Potztausendmillion, ist jemand in der Bude!" schnarrte draußen eine Stimme. Der Schlüssel rasselte im Türschloß, wir purzelten zum Fenster hinaus, aber der letzte, der Florl, tat einen kreischenden Schrei, er fühlte sich am Bein gepackt und zurückgezerrt in die Stube. Der „Preuß'"! – Wir beiden anderen waren hinter die Hollerbäume gestoben und glotzten uns sprachlos an. „Na nu!" hörten wir von drinnen, „die Diebe läßt man mal 'n bißchen hängen, wie?" – Diebe? – Wenn es so stand, konnten wir jetzt nicht davonlaufen, den Kameraden nicht im Stich lassen. Wir müssen hinein. „Geh' du voraus!" flüsterte ich dem Gustl zu und wollte ihn durch die Tür schieben. „Geh' du voraus!" gab er zurück und schupste mich hinein. – Der Preuß' war schrecklich anzusehen. Nicht sein feines Sonntagsgewand hatte er am Leibe, sondern einen groben Zwilchkittel mit Brandflecken. Der rote Bart krauste sich wirr auf, die Brillen baumelten, nur noch an einem Ohr hängend, an der Backe, seine Augen mit den strohfalben Wimpern waren bloßgelegt, der scharfe Blick war so krumm wie eine Fischangel und damit schien er den armen Florl festzuhalten. Denn dieser stand wie eingebohrt in der Stube und war totenblaß, und seine braunen Augen zuckten hilflos wie zwei gefangene Vöglein umher. Mich macht die Gefahr trutzig, mir ist in ihrem Angesichte allemal, als müßte ich sie schüren, daß sie einen recht großen Brocken gibt. So auch damals. „Herr Preuß'!" sagte ich, „wir sind keine Diebe. Wir sind halt beim Fenster hereingestiegen, weil wir das Glumpert da herum haben anschauen wollen." Hazih! Denn die Nase hatte sich wieder soweit erholt vom Schreck, daß sie ihrem herkömmlichen Brauch obliegen konnte, bei Schnupftabak zu niesen.
„Zur Genesung, junger Herr!" spottete der Preuß'. „Wollen Sie man Ihre Taschen umkehren."

„Das nicht!“ schrie ich und biß in seinen Rockärmel, weil er schon Hand anlegen wollte. Es hätte sich ein abscheuliches Gemenge zugetragen, wenn nicht zur Stunde der Almhausel hereingekommen wäre. Der Almhausel war ein großer, derbknochiger Mann mit einem ganz feinen, fast zirpenden Stimmlein.

„Sind die Buben ’leicht über Ihner Branntweinhäfen ’kommen?“ fragte er zierlich den Mann.

„Zu den Fenstern sind sie ’reingestiegen, die jungen Herren!“

„Beim Fenster sind wir wohl hereingestiegen“, berichtigte ich, „aber Herren sind wir keine und gestohlen haben wir auch nichts. Ob er ein Lutherischer ist, das haben wir wollen wissen!“ Damit glaubte ich, unser Eindringen vollgültig entschuldigt zu haben. Doch gestaltete sich durch mein Geständnis die Sache wesentlich schlechter. Der Almhausel meinte, daß man durch Einbruch erstens weder seine katholische Gesinnung sonderlich beweise, und zweitens, daß die Lutherischen ihren Glauben nicht daheim auf dem Tisch liegen ließen, während sie oben in der Waldschlucht Branntwein machten.

„Hab’ gemeint, daß es dem Martin Luther sein Buch wäre!“ gestand ich, auf die Anleitung zur Destillation zeigend.

Da riet der Almhausel, um der Weltgeschichte einen anderen Lauf zu bereiten, dem „Preußen“: „Jagen’s das Bubenwerk davon und verkaufen’s mir ein Glasel Kranabethenen.“

Für uns „Bubenwerk“ war diese Fenstergeschichte nun zwar abgetan. Doch hatte sie eine Folge. In den Heugräben bei Alpel lebte eine junge Holzmeisterswitwe, eine kleine, recht geschmackige Person, die immer am „Rematischen“ litt. Sie ging stets mit verbundenem Kopfe um, so daß man das rotwangige Gesichtel nur partienweise zu sehen bekam, an einem Tage die rechte, am anderen die linke Backe; oder sie trug um das Kinn ein wulstiges Tuch, wie der Soldat das Helmband, und sie zog dieses Tuch über den Mund hinauf wegen „der scharfen Luft“, wobei dem männlichen Kennerblicke wieder die vollen kirschroten Lippen vorenthalten blieben. ’s ist halt ein Kreuz, wenn man alleweil das „Rematische“ hat, einmal im Kopf, einmal in den Zähnen, einmal in den übrigen Gliedern, daß man oft nächtelang nicht schlafen kann. Und die Leute denken nicht daran, was eine verlassene Witwe leiden muß.

Der „Preuß’“ dachte dran. Er hatte sie im Walde beim Schwämmesuchen kennen gelernt und gefragt, weshalb sie den Beißkorb trage vor dem Mund? Sie nahm ihm die ungeschickte Rede nicht übel und erzählte treuherzig von ihrem „Rematischen“. Da gab er ihr fürs erste Ebereschenbranntwein zum Einreiben. Solange sie rieb, war’s gut, dann hatte sie wieder ihr „Rematisches“. Dann riet er ihr, sich abends vor dem Schlafengehen in ein warmfeuchtes Tuch einschlagen zu lassen und erbot sich zu Diensten. Sie tat’s aber allein und am nächsten Tage war es schlimmer, als vorher. – Schließlich mußten sie doch auf das rechte Mittel gekommen sein, denn die Witwe half dem „Preußen“ Ebereschenbeeren sammeln und ihr Gesichtl war nicht mehr verbunden.

So stand es zur Zeit, als wir dem „Preußen“ in die Stube gestiegen waren, und als nun der Almhausel bei ihm saß und das „Stamperl Kranabethenen“ austrank, so oft es sich gefüllt hatte. Und sagte unter anderem Gespräch plötzlich der „Preuß’“, wenn es sich so verhielte, daß ihm die Leute schon bei eitel Tageslicht zum Fenster hineinstiegen, so würde er künftighin allein nicht leben können.

„Werden’s halt ein bösen Haushund müssen anschaffen“, meinte der Almhausel.

„Ne was!“ schnarrte der „Preuß’“, „’n Weibsen werd’ ich mir mal anschaffen.“ Und rückte kühnlich hervor mit der von den Heugräben.

„Hau!“ lachte der Almhausel, „die lassen’s Ihna nit!“

Der „Preuß’“ antwortete ganz barsch, da werde er niemand fragen, der „Kranabethene“ koste drei Groschen

und der Hausel möge sehen, daß er beizeiten zur Tür hinauskomme.
Der Almer sah sich verabschiedet, sagte auch nichts weiter, behielt aber doch recht. Schon am zweiten Tage, nachdem die Holzmeisterswitwe ganz unauffällig eingezogen war in das fürnehme Grabenhäusel, kam der Schragelfranz mit dem langen Stecken. Der Schragelfranz war damals in Alpel Ortsrichter und der Stecken bedeutete die Würde.
Die Witwe tat wie eine Hausfrau, rückte dem Schragel einen der Polsterstühle zurecht, fächelte mit der Schürze allfälligen Staub ab und lud zum Niedersitzen ein. Der Richter blieb stehen und pflanzte seinen Stab auf vor den Augen des Weibes, dem jetzt schier ein wenig unheimlich zu werden begann.
Der Richter stand großartig da. Nun öffnete er seinen Mund, hielt ihn ein Weilchen offen und ließ ihn dann wieder zugehen. Er hatte eine Anrede im Kopfe und fand dazu den Anfang nicht. Dabei war ihm die strenge Richtermiene abhanden gekommen und nun setzte er sich nieder. Jetzt kam auch der „Preuß'" herein, stellte sich neben die Witwe hin, daß man sah, wie gut sie zusammenstanden, und fragte dann den Richter, ob Geist gefällig wäre?
Der Richter antwortete, Branntwein trinke er aus Sittlichkeitsgründen nicht, außer es wäre guter Weichselgeist. Dann begann er mit dem Stabe auf das Fletz zu klöpfeln und endlich – als er die beiden groß angeschaut hatte – begann er zu sprechen: „Also, jetzt hätte ich euch einmal beisammen, dich, Preuß', mit der, und dich, Holzmeisterin, mit dem. Und jetzt muß ich euch sagen, daß ihr nit beisammenbleiben dürft, daß ihr wieder auseinander müßt. Und das heut' noch. Ich leid's keine Nacht mehr länger, und desweg bin ich da, und die Holzmeisterin muß auf der Stell' mit mir gehen. Unsereiner hat die Verantwortlichkeit und ich laß euch nit beieinander. Keinen Tag mehr länger. Ich leid's nit. Und desweg muß sie mit mir."

Als der Richter merkte, er wäre in seiner Rede bereits zweimal herum und es wiederhole sich möglicherweise immer so, schloß er ab und stieß den Stab scharf in den Boden – gleichsam: punktum.
Die Holzmeisterswitwe schaute ein wenig verblüfft auf zu ihrem „Preußen", und was der jetzt sagen werde. Dieser sagte gar nichts, sondern lachte scharf auf. Das Lachen ging dem Richter durchs Mark. Er war hier zwar der Höhere, aber nicht der Stärkere, und im Lachen lag's: Wollen mal sehen! –
„Und wenn's auch wär'", sagte der Schragelfranz sänftiglich, „daß ich euch heut' noch beieinander ließ', freiwillig – so kommen morgen die Schandarn! – Heiraten? Ihr zwei zusammen? Das ist eine dumme Red'. Ein Lutherischer! Das wär' noch schöner! Zwiescheckige Kinder! Das darf nit sein. Ich sag' es euch. Und gesagt hab' ich's euch und jetzt geh' ich wieder."
Er ging und die zwei blieben.
Am nächsten Tag kamen die „Schandarn" noch nicht, aber acht Tage drauf kamen sie.
Die Holzmeisterswitwe wollten sie „davontreiben". Aber das kleine Weibsbild schaute auf die großen Landwächter von oben herab, vom Söller, und drällerte ein Spottliedchen:

„Mei Schatz is a guata Bua,
Is a Schandar.
Sei Pulver is naß
Und sei Taschl is lar
Er hat a schöns Ketterl mit,
Schliaßt aber nit,
Er hat a schöns Hüaterl auf,
Grüaßt aber nit.
Er hat an schwarn Spiaß ban eahm,
Sticht aber nit,
Er hat a feins Büchserl um,
Schiaßt aber nit."

Das ließen sich die Gerichtsboten nicht zweimal sagen, doch als sie dem Weibe das „schöne Ketterl“ um die Hände legen wollten, tat der „Preuß'“ in der Eile eine schneidige Wachebeleidigung, so daß sie jetzt auch ihn mitnehmen mußten.
Nun hatten aber die „Schandarn“ nur ein Handschloß, und da von einer besonderen Freundschaftlichkeit der beiden Leute gegen die Landwächter keine Spur war, so wurden die beiden, der „Preuß'“ und die Witwe, aneinandergeschlossen, er an der rechten, sie an der linken Hand, und so stapften sie, von der Ehrenwache begleitet, die Straße entlang.
Der Bezirksrichter in Kindberg mußte freilich lachen, als er sah, wie dieses Paar, das behördlich getrennt werden sollte, behördlich zusammengeschlossen worden war.
„Tut's weh, das Kettel?“ fragte er die Witwe und befühlte ihr gefesseltes Handgelenk.
„Aber nit ein bissel tut's weh“, antwortete sie frisch.
„Na, wenn's nicht weh tut“, sprach der Bezirksrichter, „so wird sich ja wohl ein Mittel finden lassen, daß statt diesem Band ein anderes angelegt werden kann, eins, das nur die Untreue brechen kann oder der Tod.“
„Die Untreue gewiß nit!“ schrie die Witwe.
„Na nu, und der Tod ooch nich“, setzte der „Preuß'“ bei, „denn weil zwee verliebte Christenleut' in Ewigkeit zusammenhalten wollen.“
Wenige Wochen später ist das Ehepaar eingezogen ins Grabenhäusel zu der fürnehmen Stockuhr, zu den güldenen Bilderrahmen und zu der grünen Polsterbank. Ich habe später noch ein einzigesmal ganz flüchtig zum Fenster hineingeguckt nach dem Lutherbuch und der Tabaksdose. Auf der Polsterbank saß das Weib und hatte einen kleinwinzigen „Preußen“ auf dem Schoß. –

Das Schläfchen auf dem Semmering

Das Mittagsmahl war vorüber. Den Rest der Milchsuppe hatte der Kettenhund bekommen, der dankbar mit dem Schweife wedelnd die Schüssel so blank leckte, daß die roten und blauen Blumen, sowie die Zahl des Geburtsjahres der geräumigen Tonschüssel klar zum Vorscheine kam. Der Hund beleckte, gleichsam zum Danke, dann auch noch die Blumen und die Jahreszahl, und gut war's. Den Rest der Schmalznocken hatte die Bäuerin dem alten Zottentrager (Lumpensammler) verehrt, der auf der Ofenbank saß bei seinem großmächtigen Bündel, in welchem alle alten Fetzen von Alpel beisammen waren und der Papiermühle harrten. Der Zottentrager nahm weder die „Zotten" umsonst, noch die Schmalznocken, er tat ein Täschlein auseinander und bot der Bäuerin zur Gegengabe drei Ellen blaue Schürzenbänder und ein paar englische Nadeln. Der Großknecht nannte ihn trotzdem einen Lumpenkerl.

Als wir vom Tische aufstanden, um wohlgesättigt wieder dem Tagwerke nachzugehen, steckte der Großknecht Rochus einen Ballen Tabak in den Mund. Trotzdem vermochte er noch zu reden und zum Hausvater das Wort zu sagen: „Bauer, brauchst du heute das Bendel?" Bendel, das ist nämlich der geringschätzige Ausdruck für einen nichtigen kleinen Buben, der den Leuten unter den Beinen umherschlupft, wenn er beim Vieh nichts zu tun hat. Das Wort Bendel mußte auf mich passen, weil der Zieselhofbauer, bei dem ich damals als Schafhirt angestellt war, auf mich herabschaute und die Achseln zuckte. Er brauche mich nicht. Die Schafe seien ja in der eingezäunten Halde.

„Wenn du ihn nicht brauchst, so brauch' ich ihn", sagte der Knecht. „Wenn ich morgen ins Österreichische hinaus soll mit dem Leab, so muß das Vieh heut' ein paar Stunden umgetrieben werden auf dem Anger."

Der Leab, das war durchaus kein „Vieh", wie der Knecht

in seiner Grobmauligkeit sagte, sondern das war unser falbes Öchslein, der Liebling des Hauses. Es mußte besonders brav sein, denn es wurde besser gehalten, als die anderen Rinder, es bekam Heu statt Stroh und Salzrübenbrei statt Spreufutter. Warum die Bevorzugung? Weil der Leab eben ein lieber Kerl war, der auch so schön jodeln konnte. Wenn er satt war und vor dem Stalle stand, so begann er zu lauten, die Töne, die er in kurzen Zwischenräumen ausstieß, waren wie heller Juchschrei, der drüben im Wald klingend widerhallte. Die anderen konnten es bei weitem nicht so. Ich wußte damals noch gar vieles nicht, unter anderem auch, warum der Leab so schön jauchzte. War es, weil es gar so lustig ist auf dieser Welt, wenn man nicht an den Pflug muß und so guten Salzrübenbrei kriegt, oder war es, weil er Genossen und Genossinnen herbeirufen wollte von den Weiden, oder war es, weil der Wald sein Jauchzen so munter beantwortete. Kurz, es machte sich alles so fein und nett mit dem Leab, und das war nicht bloße Höflichkeit, wenn es hieß, daß er sehr gut aussehe. Mit diesem lieben Öchslein nun sollte der Knecht Rochus am nächsten Tage ins Österreicherland reisen, über den Semmering hinüber. Man sprach gar von Wien, wo der Leab, wie es hieß, sein Glück machen sollte.

„Sodl, jetzt komm einmal, Bendel, nichtiges!“ Also hat der Knecht mich geworben. „Jetzt führ’ den Leab aus dem Stall auf den Anger und treib’ ihn ein paar Stündlein langsam herum. Na, hast mich verstanden?“

Nun war das vom Leab eine besondere Gefälligkeit. Wenn ich ein gesunder starker Ochs bin, wie der Leab, so lasse ich mich nicht von einem Jungen, den sie das Bendel heißen, mir nichts dir nichts auf dem Anger umhertreiben. Entweder ich gebe ihm einen Deuter mit dem Hinterbein, daß er mich in Ruh lassen soll, oder ich tauche ihn mit dem gehörnten Kopf zu Boden. Mein Leab aber erkannte mir die Oberhoheit zu, oder es war ihm nicht der Mühe wert, einem winzigen Knirps sich zu widersetzen; er ließ sich gutmütig treiben. Etwas schwerfällig trottete er auf dem

Rasen dahin, ich trappelte barfuß hinter ihm drein und wenn er stehenbleiben wollte, um sich zu lecken oder eine Schnauze voll Gras zu sich zu nehmen, so versetzte ich ihm mit der Gerte einen leichten Streich an den Schenkel, daß er weiter ging. So hatte es der Knecht angeordnet. Ich wußte nicht, was das Herumtrotten heute zu bedeuten hatte und mein Leab wußte es wahrscheinlich auch nicht. Der Mensch, wenn er so etwas nicht weiß, macht sich Sorgen darob, der Ochs nicht, trotzdem kam letzterer genau so weit als ich – etwa fünfzigmal um den Anger herum.

Am Abend, als wir müde und mit steifen Beinen in den Stall gingen, habe ich's erst erfahren, weshalb die Rundreise verhängt worden war. Der Leab mußte sich für seine bevorstehende Fußpartie ins Österreicherland eingehen, weil er das Marschieren nicht gewohnt war. Bei mir stand die Sache nicht viel anders, denn auch ich war auserlesen, die Reise mitzutun.

Am nächsten Frühmorgen hatten wir, der große Knecht Rochus und der kleine Bendel, unser Halbfeiertagsgewand angelegt, ich auch mein neues Paar Schuhe, dann aßen wir Sterz und Milch, und der Leab bekam noch einmal seinen Salzrübenbrei. Während er mit Behagen sein Frühstück verzehrte, ahnungslos, daß es das letzte war in der Heimat, striegelte ihm der Zieselhofbauer noch die Haare glatt und betastete mit Wohlgefallen den rundlichen Leib.

„Unter hundertsechzig treibst ihn wieder heim", sagte er dann zum Knecht. Das war mir nicht ganz verständlich, der Rochus aber nickte seinen Kopf. „Geh' nur her, Öchsel!" sprach er und legte dem Genannten den Strick um die Hörner. Ich stand hinten mit der Gerte. Als wir so zu dreien durch das Hoftor hinaus davonzogen, brüllten die anderen Rinder des Stalles, und der Leab stieß ein paarmal sein helles Jauchzen aus. War ihm wirklich so wohl ums Herz, weil es jetzt in die helle Fremde ging, oder hatte der Arme nur einen einzigen Laut für Freud und Leid? Die

Hausleute schauten uns nach, bis der Weg sich verlor im Schachen.

Anfangs ging's etwas rostig, es waren uns die Beine noch steif von der gestrigen Angerwanderung, aber schon über dem Alpsteige wurden wir gelenkiger, und im Mürztale trabten wir zu acht Füßen ganz rüstig fürbaß.

„Sodl", sagte der Knecht, „bis die Sonne abi geht müssen wir z'Gloggnitz sein. Heimfahren können wir morgen auf dem Dampfwagen, ist sicherer mit dem Geld."

Und kam es jetzt auf, was der Rochus im Sinn hatte. Den Leab wollte er verkaufen. Zu Gloggnitz an einen Viehhändler, der ihn dann nach Wien führen würde. – Nein, das konnte dem Knecht nicht ernst sein. Verkaufen, den Leab! Derselbe Knecht hatte früher einmal am Feierabend eine Geschichte erzählt, wie ein Mann seinen Bruder an die Juden verkauft hatte ... Und stimmte denn das mit dem, was meine Mutter daheim oftmals gesagt hatte, nämlich, daß auch das liebe Vieh unserem Herrgott gehöre, und daß Ochs und Esel die ersten gewesen, die beim Christkind Wache gehalten? –

Weil die Straße so breit und glatt vor uns da lag und das Öchslein so willig fürbaß ging, so konnten wir plaudern. Daheim plaudert kein Knecht mit dem Schafbuben, am wenigsten der ruppige Großknecht mit dem Bendel, aber in der Fremde schließen die Menschen sich nahe aneinander, selbst wenn ein Ochs dazwischen ist.

„Was wird er denn nachher machen, der Leab, z'Wien?" fragte ich.

„Der wird totgeschlagen", antwortete der Knecht. Ich lachte überlaut, weil ich das grobe Wort für einen feinen Witz hielt.

„Übermorgen um die Stund hängt er schon an den Hinterbeinen beim Fleischhacker", setzte der Knecht bei. Mir ward plötzlich bange, ich schaute dem Leab ins Gesicht, das glotzte harmlos drein; er hatte nichts verstanden, gottlob. – Fleischhacker! Man hatte den Namen übrigens schon gehört. Als daheim die Mutter einmal schwer krank gewesen war, hatte der Arzt ein Pfund Suppenfleisch verordnet, zum Kraftmachen. Das war auch beim Fleischhakker geholt worden.

„Hi, Leab!“ sagte der Rochus und zog am Strick.

Dann fuhr er fort, wunderlich zu sprechen: „Das beste Fleisch geht allemal nach Wien. Wenn unsereiner auf der Kirchweih beim Fleischhacker im Dorfe ein Stückel kauft, kriegt man ein wiedenzähes Luder.“ – Was er nur da redet!

Als wir beim jungen Lärchenwald am Anfang des Semmeringberges waren, wußte ich alles. Es war ganz unerhört. – Zurückführen nach Alpel konnte ich den armen, armen Leab nicht, ich hätte mit dem Knecht darum bis auf den Tod raufen müssen. Der Knecht Rochus hatte ja vom Bauern den Auftrag, den Leab in Gloggnitz dem Fleischhakker zu überantworten! Dann sollte das gute Ochsl zur Schlachtbank geführt, dort mit einer großen Hacke niedergeschlagen und hernach mit einem langen Messer erstochen werden. Alsdann sollten ihm die schönen schwarzen Hörnlein vom Haupte geschlagen und die Haut herabgezogen werden. Dann sollten ihm die Eingeweide herausgerissen und das Fleisch in tausend Stücke zerschnitten werden. Und diese Stücke würden gekocht, gebraten, von den Wienern verzehrt, so wie der Wolf das Schaf frißt, und die Katze die Maus! – Mir ward blau vor den Augen, ich taumelte hin an den Rain. Der Rochus steckte mir einen Bissen Brot in den Mund.

Später, wieder zu mir gekommen, schaute ich den Leab an. Der biß einen Grasschopf ab und kaute ihn mit aller Behaglichkeit hinein. Er weiß von nichts. Er hat’s gehört, aber nicht verstanden. O, argloses Gottesgeschöpf! – Ich hub an, laut zu brüllen.

Der Rochus lachte und gab mir zu bedenken, daß ich selbst schon Ochsenfleisch gegessen hätte! Ich selbst? Das war noch schöner! – Ja! Am Leihkauftag, wie uns der Bauer beim Wirt Braten mit Salat gezahlt. Das sei so etwas gewesen. – Mir wurde übel. Braten hatte ich freilich geges-

sen, er war sogar sehr gut gewesen, aber daß das ein Stück Tierleib sollte gewesen sein, der vorher geradeso warm gelebt, und vielleicht so hell gejauchzt hatte, wie der Leab! – Und daß die Menschen so etwas tun!
Als mir das erstemal die Gewißheit ward, daß alle Menschen sterben müssen, auch ich – da war mir nicht so abscheulich weh ums Herz, als an diesem Tage, wie ich erfahren, daß der Mensch das Tier ißt, mit welchem er vorher so zutraulich beisammen gelebt hat.
„Was ist denn das?" fragte der Rochus und stupfte mit dem Stock auf meinen Fuß. „Ist das nicht ein Schuh?"
„Das ist mein Feiertagsschuh", gab ich artig zurück.
„Gelt, und mit dem gehst du in die Kirche und betest fleißig. Sag' mir schön, hast du die Scheckige noch gekannt, die unser Bauer im vorigen Jahr für ein Kalb umgetauscht hat?"
„Die scheckige Kuh, die mit dem Melkstuhl geschlagen worden ist von der Stallmagd, weil sie keine Milch geben hat wollen?"
„Richtig. Und geben hat sie keine wollen, weil sie keine mehr im Euter hat gehabt, und deswegen hat sie unser Bauer fortgetauscht. Was meinst, Schafhalterbub, wo wird sie sein jetzt, die scheckige Kuh?"
Riet ich: „Auf der Fischbacher Alm."
Sagte er: „O, Tschapperl, auf der Fischbacher Alm! Wo du jetzt in ihrer Haut steckst!" Und tippte wieder auf meine Schuhe. – Mich machten diese Offenbarungen ganz verwirrt. Inwendig Ochsenfleisch, auswendig Kuhhaut! Und so einer will Kind Gottes sein?! –
Auf der Semmeringhöhe, wo die grünen Matten waren, wollte unser Leab auf einmal nicht weiter, sondern setzte sich nieder.
„Das ist gar nicht so dumm!" meinte der Rochus und setzte sich auch in den Schatten einer Lärche, denn es war heiß geworden. Ich hockte ebenfalls hin und lugte heimlich auf das Rind. Das tat gemütlich wiederkauen, der Knecht tat's auch an seinem Tabak, und dabei kratzte er

das Tier zärtlich hinter den Ohren. Der Leab war dessen froh und streckte traulich den großen Kopf so zurecht, daß der Rochus gut krauen konnte. Und jetzt dachte ich: Wie doch der Mensch so falsch sein kann! – Ich meinte damit den Knecht und mich und alle, die ein Haustier so liebhaben, daß sie es endlich zur Schlachtbank führen und aufzehren. Endlich hatte der Leab sein schweres Haupt auf den Rasen hingelegt und machte die großen runden Augen zu. Der Rochus lehnte sich an den Baumstamm und duselte auch ein. Jetzt schliefen sie beide – aber den Schlaf des Gerechten sicherlich nur einer. Der Knecht hatte den Strick noch schlafend um die Hand gewunden, mit dem er das ahnungslose Schlachtopfer hielt. Ich war voller Betrübnis.

Kam des Weges her, den wir gekommen, ein großes graues Bündel, unter denselben gebückt der alte Zottentrager, der tags zuvor in unserem Hause gewesen. Der stand still, streckte seinen langen braunen Hals nach mir vor und fragte flüsternd: „Was hat's denn, Bübel?"

Schluchzend stand ich auf und vertraute dem weltfremden Menschen meinen Schmerz.

„Das Öchsl tut mir so viel derbarmen, weil es zum Fleischhacker muß."

„So, so! zum Fleischhacker!" flüsterte der Alte und verzog sein runzeliges Gesicht zu einer schrecklich lächerlichen Larve. Aber ich konnte nicht lachen, mußte immer noch heftiger weinen aus Erbarmnis, weil der liebe gute Leab so arglos und unschuldig schlummerte.

„Ist das nit dem Zieselhofer von Alpel sein Knecht?" fragte dann leise der Zottentrager, auf den Rochus deutend. „Ist schon gut. Der hat mich gestern mit einem Lumpenkerl angemurmelt. Lumpenkerl, der bin ich, gewiß auch noch, daß ich's bin. Weil ich ein Kerl bin, der Lumpen tragt. Aber anmurmeln laß ich mich nit so. Gesagt ist's! Heute wird er die Lumpen nit verachten, wenn sie ihm der Viehhandler als nagelneue Hunderter auf die Hand tut. Aber wart, altes Murmeltier, so gut sollst es nit haben! Gesagt ist's! Dem kleinen Edelmann da tut eh' der Ochs leid. Mir auch. Schlaf süß, du holdseliger Bauernknecht, du kotzengrober! Der Ochs soll in den grünen Wald gehen, und nit zum Fleischhacker. Gesagt ist's und –" mit dem Taschenmesser schnitt er den Strick durch – „getan ist's."

Das alles war im Flüsterton herausgestoßen, nun rüttelte er den Ochsen bei den Hörnern: „Steh' eilends auf, Herr Ochs, und fliehe!"

Der Leab glotzte ob solcher Belästigung etwas verblüfft umher, dann stand er schlotterig auf, zuerst mit den Hinter-, dann auch mit den Vorderfüßen und ließ sich vom Zottentrager in den Wald führen. Der alte Spitzbube zischelte mir noch zu: „Du schlafst auch, Jüngling, und weißt von nichts." Dann rückte er sein Bündel wieder auf und huschte davon.

Ein junger Mensch ist bald verführt, wenn er verführt sein will. Ich streckte mich auf den Rasen, drückte meine Augen zu und wartete, bis der Knecht Rochus die seinen aufmachte. – Das wird ein schreckliches Erwachen werden! Ich bangte davor und war höllisch neugierig drauf. Ich blinzelte zwischen den Augenwimpern wohl doch ein wenig auf ihn hin. Er schlief so arglos, wie früher der Leab. Jetzt tat mir der Knecht leid, wie früher der Ochs. Fest um die Hand gewickelt hielt er den abgeschnittenen Strick. Jetzt zuckte er ein wenig mit derselben Hand, als wollte er das Tier an sich ziehen. Das gab keinen Widerstand. Er riß die Augen auf, warf den Kopf, sprang empor: „Der Ochs!" Ein wahrhaftes Angstgebrüll: „Bub, wo ist der Ochs!"

Ich tat, als wäre ich eben auch erst erwacht, streckte die Arme aus, gähnte und sagte mit der ganzen Niederträchtigkeit eines Zottentragers: „Hast du den Leab schon verkauft?"

„Gestohlen! Geraubt! Weggeraubt!" schrie der Knecht und schoß umher wie ein scharf losgelassener Kreisel. Die Faust, um welche der Strick noch geschlungen war, streckte er gegen Himmel, und an mir vorüber rasend,

schien es einen Augenblick, als wollte er sie auf mich niedersausen lassen. Mir war nicht zum Lachen, und die Freude an dem geretteten Leab löste sich in eine schreckliche Angst vor dem schnaubenden Großknecht. Seine Fäuste lösten sich bald in flache Hände auf, mit denen er sich jammernd den Kopf hielt. Das viele Geld! Auf Jahre hinaus der Dienstlohn weg, auf viele Jahre hinaus! Der Bauer werde ihm nichts schenken. Vielmehr strafen werde er ihn für die Fahrlässigkeit. Auf fremden Straßen einzuschlafen! Es sei auch zu pflichtvergessen! Zu pflichtvergessen!
„Mein Bübel", rief er mir zu, in seiner Verzweiflung zärtlicher als je, „lauf du zurück auf der Straßen, wo wir hergekommen, vielleicht derwischest du den Dieb! Ich werde auf die Österreicherseiten hinaus. Weit kann er ja noch nicht sein. O, mein liebes Geld, mein liebes Geld!"
So wollten wir uns aufmachen zur Verfolgung des Wichtes, der uns den Leab gestohlen, da hub es im nächsten Dickicht an in hellen Stößen zu lauten ...
O, Ochs, du jauchzest dich in den Tod hinein! – Drei Stunden später hat zu Gloggnitz der Händler den Leab übernommen und ihn dem großen Mastviehtransport einverleibt, der nach Wien ging.

Als der Kaiser die Kaiserin nahm

Das war am Tage des heiligen Ritters Georgi. Ein Montag war's – sonst für manche der unangenehmste Morgen der ganzen Woche. Der liebe Sonntag ist vorbei und hat nichts zurückgelassen, als einen leichten Geldbeutel und etwa einen schweren Kopf; und zuvor stehen wieder sechs lange, alltägliche Gesellen, oft mager beim Tisch und herb bis in die Nacht hinein. Da seufzte zwar unser Knecht Markus allemal, wenn der Haushahn die Montagsfrühe krähte, aber schließlich brummte er: „Arbeiten ist auch kein Unglück!" und sprang flink vom Bette auf. Und heute, als die Leute zum Frühstück zusammen kamen, sahen sie mit Verwunderung das schneeweiße Tischtuch mit den roten Querstreifen, welches so groß war, daß es an allen Seiten weit über den Tisch hinabhing, eine Erscheinung, die mich allemal an das Bild vom letzten Abendmahl Christi erinnerte. Und auf dem Tische lagen ringsum die beinernen Löffel, jeder seines Mannes oder Weibes harrend, dessen Ernährung er übernommen hatte. Diese Löffel waren von einem Bauer in Wenigzell aus Kuh- oder Ochsenhörnern verfertigt und wiesen je nach der gesprenkelten Farbe der Hörner die prächtigsten Zeichnungen. Mein Vater besaß deren ein Dutzend, hielt sie die meiste Zeit in seiner Truhe verwahrt und gab sie nur zu besonderen Anlässen und Festlichkeiten in Gebrauch. Endlich kam heute auf den Tisch auch noch die große Porzellanschüssel mit den gemalten roten Blumen; sie war voll gelblichweißer Milch, in welcher diesmal nicht das mindeste von jenem unliebsamen bläulichen Ton bemerkbar war, über welchen der Knecht Markus einmal die Worte gesagt hatte: „Jesses Maria, heut' ist uns die Suppen ertrunken!"

Wir sahen ihn damals alle erschrocken an, wie er das meine? „Im Wasser ertrunken", fuhr er fort, „seht's denn nicht, daß sie schon ganz blau angelaufen ist?"

Aber heute, als er in der Milch das erfreuliche, zarte Gelb sah, und wie jetzt noch weißes Brot hineingeschnitten wurde, schmunzelte er, zerbrach sich aber den Kopf darüber, was denn in dieser Woche für eine hantige (herbe) Arbeit kommen müsse, daß sie mit solcher Kost anfange.

Nun die Leute beisammen waren, kam mein Vater in schneeweißen Hemdärmeln und hatte die Haare gekämmt und seine schöne rote Weste an.

„Jetzt setzt's euch zur Suppen", sagte er, „und nachher mögt's euch anlegen gehen."

Sie stutzten, sie waren ja schon angelegt (angezogen).

„Das bessere Gewand meine ich", fuhr der Vater fort, „wir halten heut' einen Feiertag."

Da hellten sich die Augen auf und die Magd lobte den Hausvater, daß er ein so großer Verehrer vom heiligen Georgi sei.
„Nicht deswegen", antwortete der Vater, „der heilige Georgi ist wohl auch nicht zu verachten, aber für den ist gestern in der Kirche schon etwas getan worden. Heut' ist's wegen was anderm, heut' ist dem Kaiser seine Hochzeit."
Das war eine helle Verwunderung und so fragte der Vater, ob sie denn nicht gehört hätten, wie es der Pfarrer von der Kanzel verkündet.
Ja, meinte der alte Knecht, gehört hätte er wohl so etwas vom Kaiser, aber er hätte gemeint, es gehöre nur zu der Predigt und hätte nicht weiter darauf geachtet.
„Tut's halt jetzt fleißig in die Kirchen gehen, Leutl, und beten. Wird schon ein Glück zu brauchen haben, wenn's auch der Kaiser ist." So sagte mein Vater, und wir – ich bin dazumal das lose ins Leben guckende Bürschel gewesen – richteten uns zusammen zum Kirchgang.
Und als unsere Leute unterwegs waren und gleich auch die Morgensonne ganz anders golden war, als an einem ordinären Montag, da führten zwei Mägde unter sich folgendes Gespräch:
„Aber na", sagte die eine, „jetzt heiratet der Kaiser auch! Der wird was eine Noble nehmen!"
„Das kannst dir denken", sprach die andere, „eine Postmeisterische zum Niedrigsten, vielleicht gar eine Verwalterische."
„Meinst!"
„So ein Herr, da!"
„Aber na – mei!"
„Ihr redet so viel närrisch daher", bemerkte eine dritte, „der Kaiser wird 'leicht doch wohl eine Prinzessin nehmen."
„Gibt's denn Prinzessinnen auch noch?" fragte die erste sehr überrascht, „jetzt hätt' ich vermeint, die wären nur so in den alten Geschichten drinnen. Na, nachher wohl."

Hierauf sagte ein Knecht: „'s ist doch auch nicht, daß er eine Prinzessin nimmt. Hat's ja der Pfarrer verkündet, daß er eine Bäuerische heiraten wird."
„Eine Bäu'rische? Geh', Rüppel, da lugst 'leicht doch."
„Wenn der Pfarrer lugt, lug ich auch."
„Ah na, der Pfarrer nit – das nit – der Pfarrer nit. –"
„Ja, ja", sagte ein anderer, „es ist richtig, ich hab's auch gehört, eine Bäu'rische nimmt er."
Darüber kamen nun alle Mägde in eine zuckende Aufregung. Und der Ältesten wurde es zuerst klar: „Wenn er schon so ist und eine Bäu'rische mag, so hätt' er auch auf mich können verfallen! Gefehlt wollt' ihm bei mir nichts haben, ich bin nicht so, daß ich etwan grob wär'. Kochen kann ich auch was. Das Kaiserhaus hätt' ich ihm schon sauber hergeputzt und alle Wochen hätt' mir der Fußboden müssen hinausgewaschen werden, na, das hätt' ich nicht anders getan."
Die Magd war nicht so dumm, daß sie das bloß dachte, sie war so dumm, daß sie es auch vor sich hinsagte. Da lachten die anderen Mädchen hell auf und riefen: „Die Kathel will Kaiserin sein!"
Der Haber-Michel-Anton – ein verabschiedeter Soldat, dem im Neunundvierzigerjahr eine piemontesische Kugel durch den linken Arm gefahren war – trat nun auf die Kathel zu und sagte: „Kathel, es ist zu spat, heut' hält er Hochzeit. Grimm' (gräme) dich nicht, kriegst den Kaiser nicht, so nimmst einen Kaiserlichen. Schaust meinen Kragen an, so wirst es sehen, daß ich Feldwebel bin. Leider Gottes habe ich den Abschied, bin aber erst einunddreißig Jahr alt und möcht' doch noch einmal einrucken. Kathel, pack' ihn z'samm', den Kaiserlichen!"
„Wenn du meinst, Anton, daß dich deine linke Hand nicht irrt?"
„Aber schon gar nicht, Kathel. Die Kugel ist heraußen, das Loch ist verwachsen. Geh' du, es wär' gar nicht dumm, wenn wir uns heut' miteinander täten versprechen."
Und die Kathel – gut kaiserlich war sie – –

„Geh' schau, daß du weiter kommst, kleiner Spatz! Da tröttelt er unsereiner alleweil hinten nach.“ So grollte die Kathel, meinte aber nicht den durchschossenen Feldwebel, sondern mich, der hinter beiden einhergelaufen war und sich nur für den piemontesischen Kugelschuß interessiert hatte. So eilte ich nun zu den anderen, die immer noch darüber hin und her redeten, daß es kaum glaublich sei, wie der Kaiser eine Bäu'rische nehmen könne.

So kamen wir zur Kirche. Dort, wo das schöne Lindenbäumchen stand, welches jemand zur schuldigen Danksagung für die glücklich abgewendete Gefahr des 18. Februar 1853* pflanzen ließ, standen heute auch die fünf Musikanten, welche an hohen Festen mit Trompeten, Klarinetten, Geigen und Trommel zusammenwirkten, um dem lieben Gott oder einem seiner Heiligen ein Ständchen zu bringen. Als nun der Herr Pfarrer im Talare vom Pfarrhof den Kirchberg heranstieg, begann das klingende Spiel. Dem Pfarrer brachten sie's, dem Kaiser vermeinten sie's. Der war weit weg in der Wienerstadt, dem konnten sie persönlich die Ehre nicht antun, seiner Braut auch nicht, so bereiteten sie dieselbe dem Fürnehmsten der Gemeinde. Der Pfarrer jedoch sah sich im Volke um und entdeckte den achtzigjährigen Höfelbauer mit seinem Weibe, beide tief gebeugt am Stock und weiß an Haaren und halb taub. Vor mehreren Jahren schon hätten sie die goldene Hochzeit halten können; die Jahre waren dazu da, aber das Gold nicht, um ein Fest zu machen, und so lebten die Leutchen still über den Gedächtnistag hinaus. Dieses greise Paar nahm nun der Pfarrer in seine Arme, so, daß sie zur Rechten und er zur Linken war und stellte sich mitten auf dem Kirchplatze auf. Als die Musikanten ihr erstes Stück zu Ende gespielt hatten, nahm der Priester das Wort und sprach folgendes:

---

* Attentat auf Kaiser Franz Josef I. in Wien.

„Es ist recht erfreulich, liebe Pfarrkinder, daß ihr so zahlreich erschienen seid, um den heutigen Tag zu ehren und Gott zu bitten, daß er unserm allergnädigsten Kaiser Franz Josef, der sich heute mit Elisabeth, der schönen und tugendreichen Prinzessin aus dem erlauchten bayerischen Hause, vermählt, ein langes Leben, Glück und Segen für das durchlauchtigste Kaiserhaus und für unser geliebtes Österreich bescheren möge. Wolle Gott unserem geliebten jungen Kaiser, der ritterlich ist wie der heilige Georg, dessen Gedächtnis die Kirche heute begeht, die Kraft und Gnade verleihen, den Drachen zu besiegen, der in dieser bewegten Zeit Reich und Thron noch immer bedroht! – Weil es aber nach dem Willen Gottes ist, daß seine Ehre wieder den Menschen zugute komme und weil es nach dem Wunsche unseres gnädigsten Kaisers ist, daß die heutige Festfreude auch den Ärmsten des Reiches zuteil werde, so habe ich hier unsere guten, alten Höfelbauerleute aufgefunden und lade euch ein, mit mir zuerst in der Kirche und dann im Wirtshause bei einem frohen Glas Wein, schlicht, wie es ohne alle Vorbereitung nur sein kann, dieses betagten Paares goldenes Ehegedächtnis zu begehen. Und das ist halt wie ein Gebitt an den lieben Gott, es möchten auch der Kaiser und die Kaiserin den goldenen Hochzeitstag erleben!"
So sprach er, und da drängten die Leute auf ihn ein und riefen: „Das ist brav, Herr Pfarrer, das ist brav! – Wir sind alle dabei!"
Die alten halbtauben Höfelbauerleute hatten wohl ihre Ohren gespitzt und dem Herrn Pfarrer stockscharf auf den Mund geschaut, was er denn da zwischen ihnen heute für eine schöne Predigt halte – aber sie konnten es doch nicht recht loskriegen, um was es sich eigentlich handle. Fragend blickten sie umher, bis ihnen einer recht ins Ohr schrie: „Eure goldene Hochzeit ist heut'!"
„Jesses und Josef!" ächzte das Weib erschrocken auf und sah nach allen Seiten auf ihr Gewand hinab, das freilich nicht gerade hochzeitlich war.

Nun tat auch der Höfelbauer den Mund auf – ach, der arme Alte hatte sich an der harten Nuß eines achtzigjährigen Lebens alle Zähne ausgebissen – und fragte mit seiner heiseren Stimme: „Eine goldene Hochzeit ist heut'? Ei, so wohl! Und wenn man fragen darf: wer denn?"

„Unsere ist, du alter Lapp!" schmetterte ihm das Weib freudvoll unters runzelige Kinn hinein.

Da fiel schon wieder die Musik ein, und mit den Klängen des „Kaiserliedes" zogen wir in die Kirche. Die zwei alten Leute kamen auf die Ehrenbank vor dem Altar; der Mann sah immer noch höchst verwundert drein, das Weib preßte ihre Schürze ins Gesicht.

Der Gottesdienst war recht feierlich, selbst die Buben hinterseits des Chores, wo die Glockenstricke hingen, ließen heute ihr heimlich Kartenspiel, zogen aber um so heftiger an den Stricken, damit das Geläute recht hell und weit hinausklinge in die Berge und Wälder, wo der junge Frühling aufstand.

Ich hockte unter dem Seitenaltar des heiligen Michael und befliß mich der Andacht. Ich hatte drei Bitten: Erstens für das junge Kaiserpaar, zweitens für die alten Höfelbauerleute und drittens für mich selber. Mein Anliegen war, ob mich der Knecht Markus wohl ins Wirtshaus mitnehmen werde. Ein kleiner Bub', der kein Geld hat und sich auch noch keinen Kredit zu machen weiß, kann nur unter dem Horte eines Erwachsenen zu den gesegneten Tischen gelangen. Nun hatte ich aber wohl die Erfahrung gemacht, daß der Markus der Ansicht war, kleine Buben gehörten nicht ins Wirtshaus. Doch heute schien auf mein Gebet Gott den alten Knecht wunderbar erleuchtet zu haben, denn als wir aus der Kirche gingen und mir der braune Brustfleck zitterte vor dem Moment, da der Markus sagen werde: So, du gehst jetzt heim, Bub'! Aber daß du mir unterwegs keine Allotria treibst! – nahm er mich am Arm und sagte: „Darfst heut' ein Glasel Wein mit mir trinken, Peter!"

So gingen wir alle miteinander ins Wirtshaus. Ich kam just

neben einem sehr angesehenen Mann zu sitzen, dem Schneider Natz, der nachmals mein Lehrmeister geworden ist. Der nahm plötzlich eine Semmel aus dem Korb, brach sie mitten auseinander, legte die eine Hälfte zu seinem Glase, die andere Hälfte vor mich hin und sagte: „Die gehört dein, Bub, daß du auch was zu beißen hast."

Wir kannten uns nicht weiter und er hatte gewiß keine Ahnung, daß er mit dem Jungen, mit dem er jetzt die Semmel teilte, dereinst ein Stück Leben zu teilen haben würde. In mir ist aber an jenem Tage das erstemal der Gedanke erwacht: Ich möcht' auch so ein braver Schneider werden.

Die alten Höfelbauernleut' saßen beim vordersten Tisch; sie verzehrten umständlich, doch mit stillem Behagen den vorgesetzten Braten, sie nippten vom Wein, das Weib tat Zucker ins Glas und tauchte die Semmel ein und nun begann ihre Glückseligkeit, an welcher wir alle uns freuten. Bald wurde Gesundheit getrunken und der Haber-Michel-Anton stand auf – dem saß die Kathel richtig schon bei – pochte mit dem Glase auf den Tisch und brachte einen Trinkspruch aus auf das kaiserliche Brautpaar in der Wienerstadt.

„Ich wünsch' Glück!" sagte er, „das Heiraten ist freilich leicht, wenn der Bräutigam so mannbar ist und die Braut so schön. Das Beieinanderleben ist auch leicht, wo sich zwei so gern haben. Aber halt das Länderregieren! Gleich auf einmal neununddreißig Millionen Leut' in Ordnung zu halten, wenn Krieg ist und wenn Sturm ist und die Leut' *auf* sind und selber nicht wissen, was sie wollen! Da gehört ein Kopf dazu! Unsere Hausteinerpfarr' hat vierhundertsechzehn Seelen, und was das schon immer einmal ein Kreuz ist! Nicht wahr, Herr Pfarrer? Na, ich sag's ja. Und erst so ein unsinniger Leuthaufen, wo die einen ungarisch sind, die anderen böhmisch, slovakisch, wällisch, deutsch, polnisch – was weiß ich! Aber *wenn's* einer imstand ist, so sag' ich: Unser Kaiser Franz Josef hält's auf gleich! Denn warum: sie haben ihn alle gern. Drum heb' ich mein Glasel

Wein zu Gott dem Herrn: Der Kaiser soll leben und die Kaiserin daneben!"
Nach diesem Spruch war das beim Wirt und der Kellnerin ein Rennen und Laufen, denn alle Gläser waren auf einmal leer geworden. Und die Kathel, wie sie stolz war darauf, daß ihr Beisitzer so fürnehm reden konnte, und so gesetzt und so gescheit! Ja, wer einmal bei den Kaiserlichen gewesen, gleich ganz was anderes ist's!
Wie alt er denn täte sein, der Bräutigam z'Wien?
„Nicht ganz vierundzwanzig Jahr."
„Just recht. Und die Braut?"
„Ist siebzehn."
„Schau du! Schon gar blutjung. Na, ist auch recht, älter wird der Mensch."
Und jetzt kam man auch auf das Mißverständnis, daß sie keine Bäu'rische, sondern eine Bayerische sei, und da wurde rechtschaffen gelacht.
„Es ist viel", meinte ein Bauer, „daß ein so junger Herr schon das Haus Österreich regiert."
„Vor sechs Jahren ist er noch jünger gewesen", berichtete der Anton, „und der Kaiser ist gar über die Revolution Herr geworden."
„Ja, das hat man gehört."
„Ich nicht, wenn ich ein achtzehnjährig Bürschel bin, ich nicht", sagte ein anderer und tat stolz darüber, daß er hier auch mitreden konnte.
„Aber einer muß doch sein, der sich traut. Wenn der Kaiser Ferdinand auf einmal hergeht und sagt: ich mag nimmer regieren, das Volk ist mir zu bockbeinig. Soll's ein Jüngerer probieren. Was wirst denn machen? Einen Bruder hat der Ferdinand, der ist nicht viel jünger als er selber, der macht einen Deuter mit der Hand und sagt: Mich laßt's aus, ich bin nicht für das und will mein' Fried' haben. – Hat auch recht gehabt, der alte Herr, ich hätt' ihnen's g'rad so gesagt. Das Kaisersein wäre schon recht, aber das Länderregieren ist eine verkiefelte Sach'! Ich nicht, ich; lieber den ganzen Tag holzhacken im Wald!"

„Das sag' ich auch."
„Nun, und so hat der Erzherzog – vom Kaiser Ferdinand der Bruder – gesagt: wenn mein Sohn, der Franzel, will, der ist jung und stark, die Leut' haben ihn auch gern, so soll er's im Gottesnamen probieren. Der Franzel aber hat ihm zur Antwort gegeben: Herr Vater, ums Kaisersein ist mir gar nichts, aber wenn ich's übernehme, so tue ich's, weil einer sein muß, der sich die Sach' angelegen sein läßt und ihr *vor* sein kann. Die Österreicher sind im Grund brave Leut', ich komme mit ihnen schon wieder auf gleich. Ich fahr' überall herum und mach' gute Gemeinschaft mit jedem Land extra, und frage die Leut', was sie für Gesetze haben wollen, und dieselbigen mach' ich ihnen nachher. Ich bin nicht der Mensch – hat er gesagt – der sich auf was kapriziert; wie es dem mehreren Teil recht ist, so soll's sein. – Hat darauf sein Vetter, der gute Kaiser Ferdinand, gesagt: Franzel, das gfallt mir von dir, du bist der Rechte. Auf das, ob du als Regent selber glücklich sein wirst, darfst nicht schauen, aber 's Land mach' glücklich. – Ausgeredet ist's gewesen und Österreich ist gleich ganz verliebt worden in seinen braven blutjungen Kaiser." So redeten sie und der alte Höfelbauer legte die hohlen Hände an die Ohren, daß er den Schall der Worte hineinleite, und murmelte dann traurig: „Daß ich aber schon gar nichts versteh'!"
Der Pfarrer teilte ihm's mit, und da nickte der Alte gar befriedigt mit seinem weißen Haupt und dann sagte er: „Na das! So hätten wir schon seit sechs Jahren einen neuen Herrn? Nicht ein bissel was hab' ich davon gehört; halt dasselbig' ist mir letzt' Zeit her wohl vorgekommen, daß alles einen anderen Lauf hat. Hab' ich's nicht immer einmal gesagt, Alte, ich weiß nicht, was das ist, daß jetzt die Welt ganz anders kugelt, als voreh!"
„Freilich, freilich, Alter, wie sie voreh ist kugelt, da sind wir alleweil untenauf gewesen. Jetzt heben wir uns bissel in die Höh'!"
Für die Weiber war das kein Gespräch; die wollten lieber

von der „Frau Kaiserin“ was wissen, wann und wie die zwei so nahend wären bekannt worden, daß es zur Heirat geführt hätte.

„Wie werden sie denn auch sein bekannt worden?“ belehrte der Toni, „hat halt gehört sagen von der schönen Prinzessin im Bayerland. Darauf hat er sich als Rittersmann verkleidet und ist hingereist und hat sie gefragt, ob sie ihn nehmen wollt’. Sie schaut ihn an und gibt zur Antwort: Tu’ der Herr halt mit meinen Eltern reden. Die Eltern – versteht sich – die haben ihm gleich zu verstehen geben, die Prinzessin dürfte wohl doch nicht recht passen für so einen einfachen Rittersmann, und er solle ihnen nichts für ungut halten. Darauf hat er geantwortet: wenn sie schon für den einfachen Rittersmann nicht paßt, leicht paßt sie für den Kaiser von Österreich. Könnt euch wohl denken, daß jetzt keine Dreinred’ mehr gewesen ist; aber die Prinzessin hat gesagt: ich heirate ja nicht den Kaiser von Österreich, ich heirate meinen Franzel.“

„Schau, das ist brav!“ sagten die Bauern und bissen fest in ihre Pfeifenrohrspitzen. Und die Weiber waren über die Geschichte schier glückselig, und die Kathel gestand sich’s nun auch, ihr sei eigentlich nicht so sehr um den Kaiserlichen zu tun, als um den Anton. Die Kaiserhochzeit wäre nach Bauernart noch des weitern erörtert worden, hätten die Musikanten den Dingen nicht einen anderen Lauf gegeben. Dieser andere Lauf ging in der Stube rund im Kreis herum. Das alte Paar selbst mußte ein Ehrentänzchen reigen. –

Die Wirtshausfreuden haben dazumal sicherlich bis tief in die Nacht hineingedauert. Bei mir waren sie am Nachmittage, als der Kirchturmschatten das Wirtshaus strich, zu Ende.

Der Markus stand auf, langte mir das Filzhütlein von der Wand, sagte noch: „Trink’ aus dein Neigel.“ Ich tat’s, wandte mich noch zum Meister Natz und sagte kleinlaut: „Ich bedank’ mich nochmals für die halbe Semmel.“ Dann gingen wir heimwärts.

Zu jener Abendstunde, als in der Hofburgkirche zu Wien im Feststrahle von tausend Kerzen und des milden Abendrotes unser Kaiser mit seiner Erwählten getraut worden war, gingen wir durch den stillen lenzenden Wald!

Wie dem Hartl an einem Tage die Sonne zweimal aufging

Nach solch außerordentlichen Vorkommnissen, gar schon das Wirtshaus! war's denn wohl kein Wunder, wenn mein Vater eines Tages sagte: „Den Buben müssen wir besser einspannen. Bei den Schafen tut er's nimmer, liest mir auch zu viel zusamm', daß er ganz närrisch wird. Werden ihn halt jetzt zur Kohlstatt stellen; der Ruß ist ihm gesund."

Aber bei der Kohlstatt ist mir auch was Außerordentliches begegnet.

Zum meisten Teil geht's den Knecht Hartl an.

Oben auf der Hochöde zogen eines Tages im Frührot zwei graue Ochsen einen Leiterkarren dahin. Sie fuhren um Futter aus. Auf dem Karren lag der Riegelberger Knecht, der Hartl. Wie gestorben lag er auf der Leiter und einen Fuß ließ er niederhängen zwischen den Sprossen und hin und her schlängeln, so oft die trägen Ochsen einen Schritt machten. Auf der Brust lag ihm die Tabakspfeife; er hatte sie schon angezündet und in den Mund gesteckt gehabt, aber sie war wieder herausgefallen und verloschen. Der Hartl war gar verzagt. Er kniff die Augen zu und dachte: Hin sein, ganz mausetot sein, das wär' das beste. Es gibt gar keine Religion mehr auf der Welt. Hi, Grull, Wald! Die Alpelbauern schimpfen über die Mürztaler Leut', daß sie keinen Festtag halten und in keine Kirche mehr gehen wollen. Die Alpelbauern sind selber um kein Haar besser. Noch schlechter sind sie. Hi, Grull, Wald! – So lang ich was denk', ist der Magdalenentag ein Feiertag gewesen in der Gemein, und daß wir das Kirchenfest haben mitgemacht in Haustein. Jetzt auf einmal bringen sie den Brauch auf und halten das Fest Sonntags ab und es mag Magdalena zehnmal auf den Erchtag fallen, óder auf den Pfingstag (Donnerstag). Weil der arme Dienstbot' ein Zugochs sein soll, den sie die ganz' Wochen einspannen wollen. Nicht einmal einen Tabak hat eins mehr in der Blader (Blase). So verfluchtlete Feiertagsschänder. Hi, sag' ich! Gelt, Grull, du selber hast heut' keine Schneid! Am heiligen Magdalenentag! Wenn ich mich leichter reden tät', eher wie nit ging' ich zum Pfarrer und wollt' ihm's sagen: Hochwürden Herr, der Sonntag gehört unserem Herrgotten selber zu, das geht nicht, daß man ihn an einen Heiligen verschenkt! Fällt der Heilige, und schon gar ein Kirchenpatron, auf einen Wochentag, so muß er am Wochentag gehalten werden. Ganz wahr, daß jetzt die g'nötige Zeit ist – das Vieh zu versorgen, das Mähen und Branden – aber soll eins deswegen auf die Kirchen vergessen? – Was kunnt er sagen drauf? Nichts. – Was ist's vor Zeit immer lustig gewesen am Magdalenentag! Leut' hat's geben beim Hausteinerwirt, daß die Trinkgläser zu wenig sind worden. Nicht *einmal*, oftmal hab' ich meinen Hut unter die Pippen gehalten. Gespielt, getanzt und gesungen ist worden. Räusch' hat's geben. – 's kommt alles ab. – Hi, Grull, Wald! –

Die Ochsen pfusterten und gingen ihren zähen Schritt über die Hochöde hin gegen die steile Lehnwiese, wo das Futter wuchs.

„He, Hartl! Schlafst noch?" rief es jählings und eine Hand klatschte her. Der Knecht fuhr auf, rieb sich die Augen und griff nach dem Haupte, um den Hut zu rücken. Aber der Hut saß gar nicht oben.

Ein Schock Herren stand da. Der Bezirksrichter von Kindberg, und der Apotheker, und der Bräuer, und der Schullehrer von Krieglach, und der Kaufmann, und der Lederer und der Bader und noch ein paar Fremde. Ein

geistlicher Herr war auch dabei. Der Bader hatte den Hartl aufgeschreckt.
Im Grunde war der Hartl ein sehr manierlicher Mensch, er wollte von seinem Karren springen, aber die Herren sagten, er möge nur sitzen bleiben, sie gingen bald wieder ihres Weges, sie wollten noch bis zur Spitze steigen, um den Sonnenaufgang zu sehen. Ob das der rechte Weg wäre?
„Ja, versteht sich, ist das der rechte Weg. Nur alleweil grad' auf!"
Die Gesellschaft folgte der Weisung; der Hartl blieb liegen auf dem Leiterkarren, die Ochsen trotteten schwerfällig über die Hochmatte dahin.
„Narren, das", brummte der Hartl den Herren nach. „Die sind heut' um Mitternacht aufgestanden, heißt das, wenn sie schlafen gegangen und nicht etwa so lang im Extrazimmer sitzen geblieben sind. Und schnaufen mit Mühsal auf den Berg, daß sie den Sonnenaufgang sehen. Ist das so was Schönes? So lang' die Sonn' hinterm Berg ist, sieht man sie nicht; und ist sie heroben, so kann man sie nicht anschauen. Und kunnt man sie anschauen, was hätt' man davon – sie ist halt die Sonn' und von der kann man sich nichts herabbeißen. – Aber so Herren müssen sich selber ihre Plag' machen, sonst hätten sie ein gar zu schönes Leben. Ein andermal schlafen sie wieder, bis ihnen die Sonn' in den Hals hinab scheint. Wissen nichts davon, wie's unsereinem geht, der alle Tag' im Stockfinstern muß die Hosen anlegen und schon wieder müd' und hungrig ist, bis die Sonn' aufgeht. Und jetzt auch schon an den Feiertagen. – 's ist ein Hundeleben, bei meiner Seel'! – Hi, geht's einmal weiter, ihr Viecher, ihr zaunmarterdürren!" Mit der Peitsche pfiff er den Ochsen eins über die Rücken.
Dieweilen ging schon die Sonne auf. Der Hartl lugte sie mit zwinkernden Augen an und lachte sie aus. Sie und die Herren, die ihretwegen über den Berg hinaufschwitzten. – „Möcht' wissen, was das Schönes ist! Nur die Augen tun einem weh. Heiß wird's und gleich ist man durstig. Mein

Bauer, der Riegelberger, das weiß ich, der legt sich heut' schon einen Feiertag zu. Der ist christlich, der geht zur Meß und nachher ins Wirtshaus – und bleibt drin sitzen, bis es finster wird und nachher – wird das Licht angezündet. Unsereins muß in der Hitz' rackern den ganzen Tag. Geh' zum Teufel!"

Die Wut kam ihm plötzlich; aufsprang er und mit dem umgekehrten Peitschenstiel versetzte er den trägen Zugochsen ein paar tüchtige Schläge: „Das will ich sehen, ob ihr keine Füße habt, ihr Sakermenter!"

Er sah's, sie hatten Füße. Einen wilden Sprung machten sie im ersten Schreck und dann schossen sie schnaubend davon über die Höhe, über die Biegung, über die steile Lehnwiese nieder. Der Karren klapperte und hüpfte hoch auf. Der Hartl hielt sich mit Händen und Füßen an die Leitersprosseln, daß er nicht abgeschleudert wurde und rief mit aller Stimme den Ochsen zu: „Ho, Ho!", daß sie stehenbleiben sollten. Aber sie raseten schnurgerade in die Tiefe hinab – gegen die schattenfinstere Felsenschlucht.

Der Hartl konnte sich noch eine Menge denken: „Jetzt ist mein letztes End'. Ade, du schöne Welt! Bin noch so jung – hätt' gern noch eine Zeit gelebt. Das geht ja wie der Wind. Dort steht der Buchenbaum mit dem grünen Platzel. Meine liebe Dirn. B'hüt dich Gott, meine liebe Dirn! – Damisch geht's talab. Dort drüben am Weg ist das Kreuz, wo sie allemal die Leichen abstellen, die sie von Alpel hinabtragen ins Pfarrdorf. Heut' ist Pfingstag, am Samstag stellen sie meine Truhen vors Kreuz ... daß die Sonn' noch einmal drauf scheint. Unter der Erden ist's finster. Ade Welt! – Ho, Grull, ho, Wald! – Keine Menschenmöglichkeit mehr. Wir drei sind hin ..."

An demselben Magdalenenmorgen war's, als ich unten im Tale an der Kohlstatt meines Vaters stand und den glimmenden Meiler zu überwachen hatte, daß das Feuer nicht ausschlug. Es war mir öde zumute neben dem schwarzen, langweiligen Haufen mit dem grauen Rauche. Ich blickte zu den Gipfeln der Berge auf, an denen schon die Morgen-

sonne lag. Da hörte ich plötzlich ein Tosen und Rasseln – wußte anfangs nicht, woher es kam – sah's aber bald. Die steile Lehne herab schoß ein Gefährte mit Ochsen und Karren. Von letzterem war schon ein Rad abgegangen, das tanzte in der Luft und hüpfte selbständig hernieder, und die Achse schleifte im Gerölle, daß die Steine flogen. Und jetzt sah ich auch den Mann, der sich förmlich in die Leitern des Karrens verschlungen hatte. – Ein Unglück ist fertig, denk ich noch und ruf' die heilige Magdalena an, daß sie an ihrem Ehrentag doch keinen solchen Jammer geschehen lasse. Da ist ein Krachen – die Ochsen fahren auf den Anger hinab, der Karren liegt in Trümmern an einem Baumstrunk, in der Luft fliegt was und just vor meinem Meiler fällt ein Menschenfuß nieder.
Mir wird blau vor den Augen. Hat ihn zerrissen, denk' ich; es war aber kein Fuß, es war nur der Stiefel allein. Und von den Karrentrümmern her hinkt der Riegelberger Knecht, der Hartl. – Der Schuh weg, der Ärmel weit aufgerissen, einen Schurf am Schenkel, die Tabakspfeife beim Teufel ... sonst war ihm nichts geschehen.
Er setzte sich aber auf meinen umgestülpten Wasserschöpfer, stützte den Kopf auf die Arme und war totenblaß.
Unten auf dem Anger grasten die Ochsen und jeder hatte ein Stück des zertrümmerten Joches an den Hörnern.
Ich brachte dem Hartl einen Topf Wasser – er trank nicht; brachte ihm ein Schälchen Milch – er trank nicht. Stumm wie der Fisch saß er da und stierte auf den schwarzen Boden. Ich stand ganz verzagt neben ihm und wußte nicht, was ich tun sollte.
Endlich – der helle Schein, der niederging über sein Gesicht, weckte ihn. Er erhob sich, breitete die Arme aus und blickte gegen den jenseitigen Waldkamm auf. –
Dort guckte eben die Sonne herfür. In funkelndem Vormittagsglanze stieg sie über den Waldrücken empor – und der Hartl lachte. Aber er lachte sie nicht aus und er lachte niemanden aus ...
„Hab' allzuviel geschmäht", so sagte er jetzt, „'s ist eine

große Gnad' Gottes, daß mir die Sonnen heut' das zweite Mal aufgeht."

Darauf hat er mir seine Morgenfahrt erzählt.

„Und jetzt geh' ich wohl gleich in die Kirchen und bedank' mich bei der heiligen Magdalena für ihren Beistand, daß mir nichts geschehen ist." So schloß er. Dann ging er. Und weil er zur Messe schon zu spät kam, so setzte er sich ins Wirtshaus, um das Wunder zu feiern, wie an einem Morgen ihm zweimal die Sonne aufgegangen war. –

Als er nach Hause wankte, ging sie schon unter. Er stand still, blickte sie mit verschwommenen Augen an und lallte: „Dieser Magdalenentag! In der Früh geht die Sonne zweimal auf und jetzt geht sie doppelt unter."

Der große Wald

Von meinem Heimatberge gegen die Abend- und Mitternachtsseite hin stehen spitze und kuppige Waldberge, über deren viele man hinwegsieht in das Kalkgebirge der Alpen. Gegen die Morgenseite hin steht in weiter Ferne eine langgestreckte blaßgraue Wand. An sonnigen Sommertagen ist sie kaum zu sehen, im Schleier des Äthers verschwimmt sie mit dem Himmel. Bei feuchter Luft hingegen steht die Wand klar und leicht gegliedert da, so daß man die Waldtäler erkennen kann, die in sie hineinschneiden, und die Almblößen, die sich über den meilenlangen, fast wagrechten Höhenrücken dahinziehen. Es ist das Wechselgebirge. Zwischen diesem und meinem Heimatberge liegt ein weiter Landkessel von Berg und Tal mit vielen Ortschaften, alles so in die Tiefe gesenkt, daß unser Blick hoch und frei darüber hinfliegen kann. Menschenaugen, die auf solchen Bergen glänzen, können nie ganz kurzsichtig, Herzen, die auf solchen Höhen wachsen, nie ganz engherzig werden. Außer man ist ein dummer Junge, dessen blöde Augen selbst vor dem Leuchten der Johanniswürmchen erschrekken.

Aber auch gegen die Mittagsseite hin steht eine hohe, langgezogene Wand, sie ist viel näher da, ist ganz dunkelbewaldet und nur gegen den obersten Rand hin geht das grünliche Braun in ein leichtes Blau über. Das sind die Fischbacher Alpen, ein stundenlanger Bergzug, der meiner Heimatsgegend die unabsehbare Breitseite zuwendet. Von dieser Nordseite steigt das Gebirge sachte und gleichmäßig an, auf der Höhe flacht es sich weit und fast eben hin, um im Süden gegen das hochgelegene Dorf Fischbach steil abzufallen. In meiner Jugendzeit war dieser Gebirgszug mit einem einzigen unendlichen Wald überzogen. Kein Märchenwald kann geheimnisvoller sein als dieses dunkle Meer, das, vom hochgelegenen Vaterhause aus gesehen, ewig und unbeweglich vor meiner kleinen, ahnenden Seele dalag. Immer und immer wieder zieht's mein Erinnern zurück zu diesem Walde. Und während in der Waldheimat so vieles andere klein und unbedeutend geworden ist im Vergleiche mit dem, was die weite Welt geboten: der Fischbacher Alpenwald ist groß geblieben, er trägt groß und bedeutsam die Kindesmär herüber bis an die Schwelle des Greisenalters.

Der Wald bestand fast nur aus Fichten, untermischt mit mancher weißschimmernden Tanne, deren älteste in verwitterter Wildheit starr über den Fichtengipfeln aufragten und sich auch im Winde kaum bewegten. Ganz selten stand aus der braunen Fläche das hellere Spitzchen einer Lärche hervor. Die wenigen kleinen Lichtungen, die der Wald hatte, waren aus der Ferne gar nicht zu sehen, wohl aber die scharfen Zähnchen jener Tannenwipfel, die weit hinten am gerade gezogenen Rande des Bergrückens in den Himmel standen. Noch im späten Erinnern sehe ich eine Gruppe solcher Wettertannen höher in den Himmel hineinragen, dort, wo auf der Höhe eine verfallende Halterhütte stand, die „Hirtelstube" geheißen. An dieser weit ausschauenden Baumgruppe führte der Fußsteig vorbei, der von unserem Alpel über den Bergrücken nach Fischbach ging. Auf dem höchsten Punkte dieses langen Bergzuges ragt der Teufelsstein. Mit einigen Riesenklötzen, die übereinandergelegt sind, hatte dort „bekanntlich" der Teufel einst begonnen, einen Turm in den Himmel hinaufzubauen. Wenn es ihm gelänge, in einer Christnacht beim Mettenamte während der heiligen Wandlung von der Erde aus einen so hohen Turm zu bauen, dann dürfe der Teufel an demselben in den Himmel emporsteigen. Aber der arme Kerl hat's nicht einmal so weit gebracht, daß das begonnene Mauerwerk über die Baumwipfel emporragte. Heute klettern Touristen hinauf an den drei übereinandergeschichteten Felsklötzen, um über den hier verzwergten Fichtenwald in die weite Alpenwelt hinauszuschauen. Das Merkwürdigste an der Teufelssteinsage war mir immer, daß die Waldheimatbewohner, die doch sonst für allerlei Phantastereien zu haben gewesen, an sie nicht glauben wollten. Es kam ihnen zu unchristlich vor, daß einer in der heiligsten Stunde des Jahres, anstatt mit Beten, mit Arbeiten den Himmel hätte sollen erwerben können. Und als dann gar unser alter Schulmeister einmal dartat, daß der Stein auf der Höhe nur ein bloßgelegter Kopf des Felsgerippes sei, von dem die Weichteile des Erdreiches im Laufe der Zeit abgeschwemmt worden wären, kümmerte sich kein Mensch mehr um den Teufelsstein, außer man hatte dort oben ein verlaufenes Vieh zu suchen.

Ganz andere Geheimnisse barg der große Wald und von einigen derselben will ich erzählen.

Zu jener Zeit, als mein Vater jahrelang an einer Brustkrankheit siechte und zum Sterben sachte Vorbereitungen traf, ging er gerne langsam mit einem Stocke in Flur und Wald umher, betrachtete die Schöpfung Gottes, trug den Hut in der Hand und betete. Mich, seinen älteren, aber immer noch recht kleinen Knaben, nahm er dabei gerne mit, daß ich ihm beten helfe. So gingen wir auch einmal hinüber in jene Waldschlucht der Fischbacher Alpen, wo der Vater eine Lichtung wußte, auf der Erdbeeren wuchsen. Als wir vom Hause fortgegangen waren, hatte mir – da ich in bloßen Hemdsärmeln war – die Mutter das neue

Schafwolljäckchen über die Achsel gelegt, im Walde würde es kühl sein. Ich ging hinter meinem Vater einher und wir beteten halblaut murmelnd den Rosenkranz zur Erlangung einer glückseligen Sterbestunde. Ich wußte damals kaum, daß mein kranker Vater von dem Arzte aufgegeben war, und ich dachte, wir beteten nur so im allgemeinen um ein gutes Sterben, wenn's je in achtzig Jahren einmal dazu kommen sollte. Als wir eine Weile über frisch gemähte Wiesen mit dem Heudufte und am Waldraine mit den Himbeersträuchern dahingegangen, dann über ein schattiges Bächlein gestiegen waren, das unter Huflattich und Germen gurgelte, kamen wir in die Waldschlucht. Zwischen jungen Fichten, durch Haselnuß- und Brombeergesträuche tasteten wir uns langsam voran. Ins Gebet mischte sich mancher Ausruf, der eigentlich nicht dazu gehörte, besonders, wenn ein federnder Busch oder eine hochgewachsene Distel uns ins Gesicht schlug oder wenn im Schlinggewächse des Bodens eine Natter dahinschlängelte, auf die unsere Füße schier getreten waren. Aber nun prangten in diesem wilden Garten auch schon die großen, roten Erdbeeren. Während das Gebet beschlossen wurde, pflückten wir Beeren, um sie in den Mund zu tun. Eigentlich nein. Sie waren viel zu gut, um von uns gegessen zu werden. Wir pflückten die Frucht in unsere Hüte, um sie der Mutter und meinen Geschwistern heimzubringen. Durch die Waldmulde herab strich eine kühle Luft, mein Vater knöpfte seinen Rock zu und plötzlich unterbrach er ein gemütlich begonnenes Gespräch: „Bub, wo hast du dein Jöppel?"
Ich erschrak arg. Auf meiner Achsel lag es nicht, unter meinen Füßen lag es nicht, die zehn Schritte, die man nach rückwärts blicken konnte, lag es auch nicht. Wir gaben alles auf und suchten das Röcklein. In kreuz und krumm, wie wir durch das Struppwerk gegangen waren, gingen wir wieder zurück, aber das Röcklein war nicht zu finden. Mein Vater schlug vor, daß wir drei Vaterunser zum heiligen Antonius beten sollten, als zum Patron verlorener Sa-

chen. Wir taten es, aber das Röcklein fand sich nicht. Es war schier neu gewesen, erst einmal war ich mit ihm in die Kirche gegangen. „Beim Bachel wird es liegen, wo du so drüber gehüpft bist", riet der Vater. Aber am Wasser lag's auch nicht, am Waldrain entlang lag es nirgends und auf der frisch gemähten Wiese war es nicht. Es wurde schon halbdunkel, als wir heimkamen, wir getrauten der Mutter unseren Verlust nicht mitzuteilen und siehe – in der Stube am Wandnagel hing mein Röcklein. „Ich hab's ja gewußt, daß er's bringt, der heilige Antoni!"

„Ja, ja, der heilige Antoni!" rief die Mutter fast erzürnt. „Der soll just gut genug sein, euch das Gewand nachzutragen! Leichtsinnigerweise verloren habt ihr's! Schon beim Fortgehen. Gleich da hinter dem Haus oben bei dem Zaunstiegel hat's die Weiddirn gefunden."

„So, so", sagte mein Vater zufrieden. „Beim Beten ist's dem Bübel halt über die Achsel gerutscht. Weil wir's nur wieder haben."

„Versteht sich, beim Beten!" gab die Mutter zurück. „Beim Beten alleweil wird euch noch mancherlei über die Achsel rutschen."

„Wird eh sein. Aber, Mutter sei gut. Schau, wir kriegen ja alles wieder."

Derart war die kleine Angelegenheit abgetan. So oft ich später durch jenen Wald hinanging, fiel mir das kleine Abenteuer ein. Denn gar oft bin ich dort dahingegangen.

Bin dahingegangen den Waldsteig, der voll braunen Genadels und voll roter Baumwurzeln war, immer durch den Wald, dem breiten, flachen Rücken des Berges zu. Und jenseits die steilen Hänge hinab bis ins Dorf Fischbach, das mit seinen grauen Bretterdächern und der weißblechernen Kirchturmkuppel auf weiten Almmatten dalag. Wie viele Dinge, die uns Alpelleute mit diesem Fischbach verbanden! Dort waren die Schuster, die wir auf unsere Steren luden, damit sie uns für das ganze Jahr die Schuhe machten. Dort war ein geprüfter Arzt und ein Winkeldoktor, die unseren Kranken das Lebenselixier schickten oder die Todeskrankheiten zu gutem Ende führten. Dort war der Krämer Kajetan, der uns in schlechten Zeiten Mehl, Schmalz und andere Lebensmittel besorgte. Dort waren am Kirchweihsonntag und am Bittmontag, dann an den Tagen des heiligen Egydius und der heiligen Anna die Kirchenfeste, die nirgends so feierlich abgehalten wurden als in Fischbach. Dort wurde einmal eine Volksmission abgehalten, die uns Alpler nahezu aus Rand und Band gebracht.

Ich will morgen davon erzählen.

Auch nach dem ferneren Birkfeld und dem Obstlande draußen führte dieser Fußsteig über das Waldgebirge.

So ist denn keine Stunde des Tages, in der ich als Knabe nicht auf dem Wege gewesen bin über den Berg. Am sonnigen Morgen, wenn an allen Ästen des jungen Fichtenwaldes noch die Tautropfen zitterten, wenn der Auerhahn im Gewipfel der alten Tannen balzte, bin ich den Waldsteig still dahingegangen. Am Mittage, wenn tausend Tierlein über das Gewurzel liefen und in der Luft summten; am sinkenden Abende, wenn Wildhühner durch Dickicht und Heidekraut gespenstig dahinhuschten und dürres Gefälle unter den Beinen flüchtiger Rehe und Hirsche knisterte, bin ich durch den Wald gegangen. Dann, wenn die trüben Nebel des Herbstes spannen im Geäste, daß man nicht fünfzehn Schritte weit vor sich hinsah und die Wipfel ins Unermeßliche der grauen, tropfenden Düsternis aufragten; und in den Nächten, wo man sich mit Stock und Hand langsam dahingreifen mußte, an die Stämme stieß, über Gewurzel stolperte und doch den rechten Weg einhielt; und bei stürmischem Wetter, wenn der Wind in den unbeugsamen Wipfeln toste und der Regen hagelscharf durch das Gestämme sauste, bin ich durch all das dahingegangen. Und im Winter endlich, wenn alle Pfadspur ganz verschneit war und die schneebelasteten Äste tief niederhingen – zu all diesen Zeiten bin ich über den waldigen Berg gegangen, der in zwei Stunden zu bewältigen war, wenn ihn tiefer Hochwinter nicht überhaupt unmöglich machte. Hatte man den ersten scharfen Anstieg hinter sich, so war es ja nicht steil, auf der Höhe eine lange Strecke hin fast eben. Wo man von dieser Hochebene aus durch eine Scharte die lichte Welt erschaute, da zeigte es sich, wie sehr sie sich verschoben hatte und wie tief sie unten lag; nur die graue Wand des Wechselgebirges stand immer gleich hoch und ruhig in der Ferne.

Dann gab es auf diesem an Werktagen einsamen Waldweg über die Höhe hin manch unheimliche Örtlichkeit. Da war der „Rauberkessel". Mitten in einem grünen Angerlein stand ein riesiger halbvermoderter Baumstock, der in der Mitte hohl war und an dem nur die äußeren Teile wetterzernagt aufragten. Verkohlter Holzreste nach zu schließen, war in dem Stocke manchmal Feuer unterhalten worden. Die Räuber der Wälder versammelten sich hier, um ihre Schätze unter sich zu teilen, Wildbret zu braten und dann neue Raubzüge zu verabreden. So wurde geredet. In Wahrheit gab es in den Waldgegenden weitum zu jener Zeit nicht einen einzigen Menschen, der – vielleicht etliche Wildschützen ausgenommen – seinen Lebensunterhalt nicht redlich als Holzknecht, Kohlenbrenner, Kohlenführer, Wurzelgräber, Kräutersammler, Förster oder Jäger, verdient hätte. Dem kleinen Waldbauernbuben rieselten aber doch manchmal einige Erbsen über den Rücken, wenn er in die Wildnis zu diesem „Rauberkessel" kam.

Weiterhin, zwischen Wildfarren, aus Stein und Sand aufsprudelnd, war eine Quelle. Sie war nicht gefangen, rann auf keinem Rinnlein in den Trog, sondern rieselte im Sande weiter. Daneben lag ein großer Holzblock zu einer Art von Bank ausgehauen, in die gar wunderliche Zeichen eingeschnitten waren, seltsam zueinandergestellt und verschlungen, daß man wohl vermuten konnte, es müsse etwas Bestimmtes, Geheimnisvolles damit gemeint sein. Daneben ragte die gewaltige Ruine eines Fichtenbaumes, den der Blitz entwipfelt hatte und der jetzt in seiner obersten Krone eine ganze Wipfelgruppe gegen Himmel streckte. Auch an seinem Schaft waren die Zeichen eingeschnitten. Trotz seiner fahlen Äste, die wie Riesenklauen in die Lüfte ausgriffen, lebte dieser Baum noch und wucherte fort, aber seine hunderttausend gekreuzten Zweige schwiegen und sagten es nicht, was die Zeichen bedeuteten. Diebszeichen oder Zaubererformeln! Wer sie hätte lesen können!

Eines Tages, als ich an dieser Quelle getrunken hatte und dann ein wenig gesessen war auf der Bank, fiel mir ein, es wäre wohlgetan, wenn man den heiligen Namen Maria in den Baum schnitte, damit die bösen Zeichen, die dort standen, keine Kraft hätten. Mit der Spitze des Taschenfeitels grub ich mühsam die Buchstaben ins Holz, aber als sie dastanden, unterschieden sie sich kaum von den anderen Zeichen, und da wußte ich auch, was sie alle miteinander bedeuteten. Der erste vor soundso viel Jahren hatte die weihevolle Stelle an der Quelle wohl mit einem heiligen Zeichen ehren wollen; ein Nachfolger tat es ebenso und ein weiterer wollte die ihm unbekannten und unheimlichen Zeichen durch ein anderes beschwören und so entstanden allmählich die Einritzungen, jede aus frommer Meinung, um aber von späteren für Diebsmarken oder Zauberformeln gehalten zu werden.

Auf diesen Höhen waren die Bäume nicht mehr so buschig und hoch, sie waren verknorrter, starrer und hatten Flechtenbärte. So standen sie auch dort, wo das Wunderbare war, daß über die bewaldete Hochebene hin ein stattliches Bächlein rann. Woher kam dieses Wasser? Von der Gegend des Teufelssteins kam es her, aus hohen Quellen, den Ursprung habe ich nie ergründen können. Es war ein kristallklares Wasser, in dem die Steinchen und Sandkörner wie Gold glänzten, es rann ganz leise und flach, gleichsam wie ein lebendiges Geflechte über diesen Grund dahin. Und warum dieser stille Bach „der Schreier" heißt, habe ich nie erfahren können. Man sagte, daß es im Bache rote Forellen gebe, und zwar – singende Forellen. Sie sängen zauberhaft süß, aber nur besonders auserwählte Menschenkinder könnten sie hören. Zu diesen werde ich wohl kaum zählen, denn nie habe ich eine Forelle singen gehört und im „Schreier“ einen Fisch auch nie gesehen. Etwa hundert Schritte von der Stelle, wo das Brücklein über dieses Wasser führt, ein wenig wegsab, ragte aus dem Moosboden ein verwitterter Stein. Er wurde „die Mutter“ genannt. In alten Zeiten soll einmal eine Mutter mit ihrer jungen Tochter aus Alpel gegen Fischbach gegangen sein. Hier am „Schreier“ hätten sie gerastet. Es war im Walde still, fast zum einschlummern, da sagte die Tochter plötzlich: „Mutter, hörst du nichts? Ich höre singen. Dort aus dem Wasser höre ich singen.“

„Gott behüte dich, mein Kind, dann sind es die singenden Forellen.“

„O schönes Singen! O liebliches Singen!“ flüsterte das Mädel, stand leise auf und ging nach der Richtung hin, wo der Bach aus dem Dickicht hervortritt und von wo das Singen kam. Und horchte und legte die Hand an die Stirn und ging im Dickicht dahin. Die Mutter blieb auf dem Moose sitzen und wartete, bis ihre Tochter sich an dem Singen genugsam ergötzt haben und zurückkommen würde. Sie wartete drei Stunden lang, das Mädel kam nicht zurück. Die Mutter wartete drei Tage lang, drei Monate lang, drei Jahre lang, dreimal hundert Jahre lang – die Tochter ist nicht mehr gekommen. Die Mutter aber ist bei diesem Warten zu Stein geworden und ragt noch heute aus dem Moosboden. Ich habe an dem Steine nie Ähnlichkeit mit einer menschlichen Gestalt finden können, mit Ausnahme einer einzigen Begegnung. Eines Abends im Hochsommer mußte ich für einen erkrankten Nachbar nach Fischbach zum Arzt. Dem sagte ich die Leiden des Kranken, er gab mir eine Flasche Medizin und die dazu gehörigen Verordnungen und ich ging in der Nacht heim. Den steilen Hang herauf ließen sich auf dem Wege die weißen Steine noch erkennen. Endlich auf die Höhe gekommen, war es finster geworden wie in einem Ofen, am Himmel kein Stern, schwül war die Luft. Ich achtete auf eine besonders knor-

rige Baumwurzel, die zu übersteigen war, auf einen alten, grobrindigen Lärchbaum, der rechterhand stehen mußte, auf einen Viehzaun, der oberhalb der Hirtelstube überstiegen werden mußte. Das alles stimmte. Mir fiel auf einmal das Sprichwort ein: So finster, daß man eine Todsünde machen könnte. – Dann mehrten sich die Blitze; es waren aber keine Strahlen, nur rote Scheine; kein Donner war zu hören in nah und ferne. – Endlich war das rote Flackern, das Himmel und Wald erfüllte, so anhaltend geworden, daß es schier wie ein einziger beständig zuckender Schein war, und wenn er ein paar Sekunden aussetzte, so war es finsterer als finster und ich mußte stehen bleiben, wo ich stand. Nun fiel mir meine Mutter ein. Ich hatte Angst, daß sie Angst haben würde um mich. Und führte mich doch Gott so schön mit seinem Lichte. So war der Wald durchwogt von einem einzigen roten Feuermeer, glühend und schattenlos standen die Bäume und über den Himmel sprangen die großen Scheinfluten, eine nach der anderen, eine in die andere. Und in diesem Scheine stand plötzlich vor mir – die Mutter. Aber nicht die meine, vielmehr die andere, die schon dreihundert Jahre dasteht und auf ihr Töchterlein wartet. Wie eine hellglühende Menschengestalt, so stand zu jener Stunde der Stein. Nun hörte ich in der Nähe auch den Bach rieseln, ganz leise, und ich horchte, ob nicht auch ein Fischlein sänge. Da fiel mir das Vaterunser ein: „Führe uns nicht in Versuchung."
Nach Stunden, als das elektrische Glutmeer über das Gebirge dahingeflutet und verlodert war, ohne daß ein Donner grollte, ein Tropfen fiel, war ich hinabgekommen ins Alpel.
Zu jener Zeit war ich ein Knabe von etwa zehn Jahren gewesen. Damals hatte ich mich unter Ausnahmen noch vor nichts gefürchtet. Ein paar Jahre später war ich von unseren alten Mägden doch schon so weit unterrichtet, daß ich mich in den Nächten tapfer vor den Geistern fürchtete. Nun wurden die nächtlichen Gänge durch den Wald der Fischbacher Alpen schon bedenklicher. Wie, wenn am

Rauberkessel doch Räuber säßen, oder unerlöste Seelen von Gemordeten? Wie, wenn die steinerne Mutter plötzlich lebendig würde? Die Hirtelstube, die halb verfallen unter den großen Schirmbäumen stand und keine Fenstergläser hatte, war besonders unheimlich. Die Leute wichen ihr in weiter Runde aus, so daß der Fußsteig, der hart an ihr vorüberging, schon ganz verwachsen war und weit oben durch den Jungwald ein neuer ausgetreten wurde. Denn in jener Zeit war es, daß zu den Fenstern der Hirtelstube Leute herausschauten, die schon lange gestorben waren. So sah jemand den alten Hirten Kilian, den man ein Jahr vorher in der Hütte tot aufgefunden, herausschauen, mit traurigen Gebärden um Hilfe bittend. Dem er also erschienen, der ließ zu Fischbach eine Messe lesen für seine arme Seele. Da war es an einem späten Juliabend, daß ich von einer Missionsandacht nach Alpel heimging. Andere waren noch bei Tage nach Hause gegangen, ich aber hatte die Abendpredigt über die vier letzten Dinge nicht versäumen wollen. Nun war ich im weiten Walde ganz allein, begleitet nur von meinem durch die Predigt aufgeregten Herzen. Es war schon ganz dunkel geworden. Auf der Höhe wollte ich natürlich den Fußsteig durch den Jungwald einschlagen, konnte es aber nicht lassen, einen Blick gegen die Hirtelstube hin zu tun, die unter der schwarzen Masse der Schirmbäume stand. Da sah ich um die Hütte kleine blaue Lichter schweben. Sie schwebten langsam hin und her, auf und nieder, verschwanden zum Teile und traten wieder hervor und schwebten in geheimnisvollen Kreisen um die alte verlassene Hütte. Anfangs war ich vor Entsetzen starr gewesen, dann floh ich durch den Jungwald und stieß mir an den Stämmen Beulen in den Kopf. Naß wie ein Pudel vor Angstschweiß war ich nach Alpel gekommen.
Nach mir ging in der gleichen Nacht ein anderer von Fischbach her denselben Weg. Steinreiters kleiner Kühbub, der Franzl. Auch der sah an der Hirtelstube die schwebenden Lichtlein, und weil sie ihm so wundersam schienen, ging er näher hin, um sie anzusehen. Da hörte er,

daß in der verfallenden Hütte ein Gewimmer war. Ein klägliches Stöhnen. Der Missionär zu Fischbach hatte von den armen Seelen im Feuer gepredigt. Wimmerten ihrer da drinnen? Waren die fliegenden Lichtlein Funken des schrecklichen Feuers? Das waren diese gerade einmal nicht, sondern Johanniswürmchen, wie der Junge dergleichen auch unten am Berghang gesehen hatte. Dann kann das Stöhnen wohl auch nicht von einer armen Seele sein. Eher von einem armen Leibe. Der Kleine ging um den alten Holzbau herum, bis er den Eingang fand, stolperte über die Schwelle und hörte vor sich ein lautes Dankgebet dafür, daß endlich jemand komme. Tagelang schon war der alte Wurzelsammler Joachim in dieser Höhle gelegen auf einem Mooshaufen. Sein Brot hatte er all schon verzehrt; dem Regen, der zweimal durch die Dachluken auf sein Lager fiel, konnte er nicht entweichen, denn er hatte den „Brand in den Füßen“. „Wer bist denn, Mensch? Vom Steinreuter der Kühbub? So nimm den Hut und bring' mir Wasser!“ Gröhlend fast war die alte Stimme, gröhlend vor Freude, daß jemand gekommen, der „ihm sterben helfen“ konnte. Der Franzl ging im Walde hin bis zum „Schreier“ und brachte Labung. Und als es anfing, zu tagen, ging er wieder hinaus, suchte Pilze und briet sie an einem Feuer. Der Kranke verzehrte sie mit Gier. „Ach“, sagte er und rang seine hageren Finger. „Franzl, du bist wohl brav. So viel schwer, wenn der Mensch hungrig und durstig versterben muß. Verlaß' mich nit, ich vermach' dir zu Lohn mein Geld.“

Dann ist der Wurzelgraber nach Alpel in ein Bauernhaus geschafft worden, wo er nicht mehr lange gelebt hat. Einen Strumpf voll Maria-Theresientaler, so hieß es, hatte der Franzl von dem Alten geerbt. – Geradeso gut hätte ich die Erbschaft machen können, wenn die Angst vor den – Johanniswürmchen nicht gar so groß gewesen wäre. Der Strumpf soll zwar nicht allzuviel innegehabt haben, nur ganz unten bei den Zehenspitzen seien ihrer etliche Silberklinger beisammen wie ein Beutlein gebunden gewesen.

So waren die Geheimnisse des großen Waldes allmählich entgeistert worden, daß schließlich nicht mehr viel übrig blieb als Bäume, als der Fußsteig mit den braunen Nadeln und dem knorpeligen Gewurzel, und als das schöne Wasser, das so seltsam über den breiten Hochrücken heranfließt.

Dreißig Jahre später, als ich einmal von Graz über Birkfeld und Fischbach dem Alpel zugewandert, fand ich den Weg nicht mehr. Auf der Höhe war Wald wie immer. Aber als es dann niederwärts ging, da brach der Wald plötzlich ab und vor mir tief unten lag Alpel, wie eine weite, lichte, schier fremde Gegend. Die alten Riesenbaumstämme sind teils als Kohlen, teils als Zimmerholz ins weite Land hinausgegangen. In den Tälern nagen Tag und Nacht die Holzsägen, um den Urwald zu zerschneiden, und die Parkette in den Salons von Wien und Graz ruhen auf den Trambäumen, die einst in dieser weltfernen Wildnis gewachsen. Ganz zu bewältigen aber ist der große Wald nicht. Immer noch ziehen sich ungemessene Waldflächen über das Gebirge dahin, und in den weiten abgeholzten Gründen zwischen dem teils modernden Gestock und unter den wuchernden Himbeer- und Erdbeergebüschen sprießen kleine, weiche Fichtenbäumchen frisch hervor, so daß es den Anschein hat, als sollte ich auf den Fischbacheralpen noch ein zweites Waldgeschlecht erleben.

Der „Schreier" rinnt in der Sonne dahin und ist versandet, „die Mutter" steht nicht mehr unter hundertjährigen Bäumen, sondern zwischen jungen Sprößlingen, sie ist noch bemooster und noch verwitterter geworden und wartet auf ihr Kind. – An der Stelle, wo unter Schirmbäumen die Hirtelstube gestanden, ragt ein knochenweißer, halb vermoderter Strunk auf, an den ein großer Ameisenhaufen hingebaut ist.

Der Kühbub Franzl, der einst die Erbschaft des Wurzners gemacht hat, lebt noch, aber in einer anderen Gegend. Er hat sich aus jenen Silbertalern einen großen, eisernen Kessel schmieden lassen, mit dem er zur Herbstzeit von einem

Bauernhof zum andern fährt, um den Leuten vom Garten weg im Freien über einem Feuer die Kohlköpfe zu brühen, bevor diese im Krautschacht für den Winter aufbewahrt werden. Dieser Kessel hat den Mann wohlhabend gemacht. Das kann nur einem solchen passieren, der sich vor den schwebenden Johanniskäferchen in der Waldnacht nicht fürchtet.

Die Mission zu Fischbach

Im Sommer des Jahres 1855 kam eine große Aufregung in unsere Waldgemeinde Alpel. Schon im Frühlenz hatte der Nachbar Auenhofer das Gerücht heimgebracht, nach Fischbach täten die „frommen Geistlinger" kommen.
Sprach hierauf die alte Riegelbergerin: „Du redest daher, wie ein Unchrist. Die Geistlinger sind ja alle fromm – denke ich!"
„Denkst du!" sagte der Auenhofer und schob sich einen Tabaksballen in den Mund – das war so einer! „Ich denk's nit. Was ist denn das für eine Frommheit, wenn der zu Waldegg beim Versehgang sein Büchsel mitnimmt und sich am Heimweg vom Kranken aufs Jagern verlegt! Was ist denn das für eine Frommheit, wenn er mit derselbigen Hand, die morgens die heilige Hostie aufwandelt, am Abend die Schellsau (das Schellaß) herpackt und mit einem geschmalzenen Sapperment seinen Trumpf aufhaut! Was ist denn das für eine Frommheit?"
„Du wirst noch ersticken an deinem Tabaksknödel", unterbrach ihn die Riegelbergerin, „wenn du die Goschen so vollnimmst! Denk' auf das, was sie sagen, die Geistlinger, und nit auf das, was sie tun."
Und muß jeder Vernünftige mit der alten Riegelbergerin einverstanden sein. Der Auenhofer drückte sich.
Ein wenig später brachte unser Knecht Diktel die Nachricht heim: „'s wird halt doch Ernst. Sie tun schon die Kir-

chen auskränzen in Fischbach. Die schwarzen Geistlinger kommen."

Auf das lachte unsere Kuhdirn: „Hu, als ob sie nicht alle schwarz wären!"

„So!" sagte der Diktel und bog seine lange, hagere Körpergestalt krumm nach vorwärts, was ein Zeichen der Entrüstung war. „Ist der Krieglacher schwarz, wenn er auf der Kanzel steht? Ist der Kathreiner schwarz? Oder der Stanzer? Wenn du dein Lebtag einmal in einer Predigt bist gewest, so mußt es gesehen haben: die weiß' Pfaid haben sie an. Die Fremden herentgegen, die nach Fischbach kommen, die steigen dir kohlrabenschwarz wie Schwabenkäfer auf den Predigtstuhl."

„Jessas Maria!" rief die Kuhmagd, „was du wieder zusammenschwatzest, Diktel! Hat Christus der Herr die weiß' Pfaid angehabt beim Predigen? Hab' nichts davon gehört!"

„Ich auch nicht", brummte der Diktel und zog sein Knochengerüst wieder in die Höhe.

Zwischen Alpel und Fischbach steht der langgestreckte bewaldete Rücken des Teufelssteingebirges. Er steht an der Mittagsseite von Alpel, wie schon gesagt, als dunkelblauer Wall ins Firmament auf, an welchem sich dort und da ein aus dem Jungwald steigender verknorrter Baum scharf abhebt. Von meinem Heimatshause aus konnte man die ganze Ausbreitung des Waldgebirges übersehen. Wer gute Augen hatte, der konnte auch auf dem höchsten Punkte des Bergzuges über den Wald etwas wie eine Warte aufragen erblicken; das war der Teufelsfels, ein von dem Volke verrufener und gemiedener Ort. Mitunter, wenn ein leichter „Landwind" (Südwind) zog, konnte man ein zartes Klingen hören über dieses Gebirge her, nicht anders, als ob jemand in den Lüften ganz leise Zither spielte. Das war das Geläute vom Kirchturme zu Fischbach. Und ein solches Zitherspielen war am Abende des Pfingstsamstages im genannten Jahre. Mein Vater und ich standen auf dem Rain hinter dem Hause und horchten. Einmal war es weich, wie das Summen einer Hummel, dann verwehte und erstarb es fast ganz, um allmählich wieder rein klingend aufzutauchen, daß man sogar die Glockenschläge hörte.

Mein Vater trug zwei buschige Lärchenwipfel auf der Achsel, die er von unserem Schachen geholt hatte, um damit das Fest zu schmücken. Er vergaß die Last abzulegen, selbst wie eine mit Reisig geschmückte Bildsäule stand er da und horchte. So schön hatte er zeitlebens die Fischbacher Glocken nicht gehört an seinem Hause. „Es ist doch eine Entfernung! und der große Berg dazwischen! Aber ein prächtiges Geläute haben sie, die Fischbacher."

„Wie lang' wird's denn her sein", so unterbrach uns jetzt der Schuster Florl, der mit seinem Leistenbündel auf dem Heimweg von einer Ster an uns vorbeiging. Er blieb bei uns stehen, stopfte sich eine Pfeife Tabak und sagte: „Wie lang' wird's denn her sein? Nicht zehn Jahr', daß die Fischbacher Glocken christkatholisch sind eingeweiht worden. Bin dabeigewest. Dazumal werden sie sich's nicht gedacht haben, daß sie einmal den anderen Christen (Antichrist) einläuten sollen."

„Den anderen Christen?" fragte mein Vater.

„Die Missiongeistlinger halten jetzt ihren Einzug in Fischbach", so berichtete der Schuster Florl, hob einen Schenkel, fuhr sich mit einem Streichholz über das Hinterteil – da hatte er Tabaksfeuer. „Bei uns in Krieglach", fuhr er fort, „haben sie sich auch angemeldet, aber unser Pfarrer hat gesagt: Ich kann eh selbiger predigen. Wenn sie das befolgen, was einer sagt, bin ich schon zufrieden; ich brauch' nicht vier. Ist schon recht, unser Pfarrer. In Fischbach sind vier fremde Geistlinger angekommen und wollen jeden Tag drei Predigten halten, vierzehn Tag' lang. Da wirst wohl doch auch zuhören gehen, Waldbauer."

„Wenn's der andere Christ ist, gehe ich nicht."

„Grad' den will ich sehen."

„Ich bleib' schon bei meinem alten Glauben."

„Bei dem bleib' ich auch. Aber predigen hören will ich sie

doch, die Fremden. Bei mir greift nichts Gutes an, so wird auch nichts Schlechtes angreifen."
„Hast eh recht", sagte mein Vater.
Soviel ward gesprochen, dann schupfte der Schuster seinen Leistenknäuel höher auf den Rücken, gab uns noch „recht glückselige Pfingstfeiertage" und ging seines Weges.
Noch an demselben Abende kam die alte Riegelbergerin zu uns. Die hatte ihren Kopf immer dicht in Tücher gewikkelt, weil er gichtisch war; aber ihr Mundwerk achtete weder der Tücher noch der Gicht, das war ein scharfes Zeug, besonders wenn sich die Alte in religiöser Aufregung befand, da ging ihr alle Vernunft durch und sie wollte die Welt erlösen. So kam sie an diesem Abende, es war schon in der Dämmerung, in unsere rauchige Küche und hub einen Lärm an. Unser Haus und unsere Leute, sagte sie, die gingen sie zwar nichts an, aber soviel Recht habe sie als Nachbarin und Christenmensch, daß sie in jedem Alpelhause jedem verbiete, nach Fischbach zu den fremden Geistlingern zu gehen. Es seien keine Geistlinger, es seien falsche Geistlinger! Es sei ihr nicht leid um die Nacht, sie laufe durch ganz Alpel und warne vor dem anderen Christen, der, schon von Jesum Christum vorhergesagt, endlich erschienen wäre.
Es widersprach ihr kein Mensch, aber sie schrie sich so sehr in den Zorn, daß von der Stube und von der Dachkammer und vom Stalle herein das Gesinde zusammengelaufen war, um die Alte zu hören.
„Ihr seid imstand' und geht nach Fischbach!" schrie sie, „denn ihr seid allmiteinander ein schlechtes Gesindel!" Hieráuf hub sie an, jedem seine Fehler vorzuhalten, bis wir alle laut lachten. Da fluderte die Alte auf mich zu: „Du lachst auch? Mistiger Rotzbub! Wie einen Frosch tret' ich dich ins Fletz hinein. Schlepp'st eh allerhand schlechte Bücher zusamm'! Waldheid' du! Rosenkranz beten! Ist g'scheiter, wie christliche Leut' auslachen! Junger Kochlecker, miserabliger! Du bist recht für den ande-

ren Christen, geh' nur, soll dich aufspießen der höllische Feind mit seinen Hörnern. Die Ohrwaschel reiß' ich dir aus!"
Kaum gelang es mir, mich unter die Beine des Diktel zu retten; dieser schnupperte durch die Nase und sagte, mit der Hand mein Haupt streichelnd: „Laß sie nur ausgaustern, die alte Hex. Ich habe wollen morgen nach Krieglach in die Kirchen gehen, jetzt gehe ich nach Fischbach. Wer mitgeht?"
Unter allerlei Verwünschungen verließ die Riegelbergerin das Haus und noch lange hörte man ihr Zetern, als sie hinabhuschte gegen den Auenhof.
Das Aufsehen für die fremden Priester von Fischbach war nun erregt und der Weidknecht Natz sagte: „Wenn schon einmal der Diktel geht, nachher ist's was!"
Der Diktel war bei uns nicht als Knecht, sondern nur als Tagwerker. Obwohl in der Arbeit tüchtig und handsam im Umgang, stand er nicht eben in gutem Ruf. Der Mann hatte immer Geld, und wenn man seinen kargen Erwerb betrachtete, so stimmte es nicht. Er war aus der Leobner Gegend eingewandert. Er war einäugig und es hieß, das Auge hätte er im Kampfe mit einem Jäger verloren. Andere sagten, es wäre umgekehrt, er wäre schon früher einäugig gewesen und er sei Wildschütze geworden, weil man zum Schießen ohnehin nur ein Auge brauche. Man wurde nicht klug.
Am Pfingstsonntage früh war er wieder recht brav herausgestiefelt, der Diktel. Braune Hosen hatte er an, die waren unten mit Leder besetzt, schlotterten ein wenig über den kräftigen Bundschuhen und machten spitze Knie. Durch den Hosenträger etwas zu stramm hinaufgezogen waren die Hosen, es traten die Rundungen rückwärts schier stark gespannt hervor. Um die Hüften hatte er eine blaue Schürze strickartig gewunden, in welcher hinten der strotzende Tabaksbeutel stak. Die graue Lodenjoppe trug keiner so kurz, als der Diktel, und keiner hatte soviel grünes Gebäume und anderes Zierwerk daran. Auf dem Haupt –

aber nie ordentlich aufgesetzt, sondern immer schief nach einer Seite geneigt – saß der graue Rundhut mit Gemsbart und Schildhahnfedern. Darunter kräuselten sich die lichtfalben Haare hervor, aber heute zu Pfingsten waren sie hübsch geschoren. Das taten sie gestern, der Weidbub Natz schor den Diktel, dieser den Weidbuben, hierauf der Diktel meinen Vater und mein Vater den Nachbar Michel und der Michel mich. Dreimal des Jahres war eine ähnliche Schur, und einmal rühmte sich der Weidknecht Natz, daß er unter allen die dicksten Haare habe, worauf ihm die Kuhmagd zurückgab: „Allemal, das größte Schaf hat die meiste Wolle."

Nun das unterwegs. Ich wollte nur sagen, daß der Diktel, so sauber zusammengestellt, frühmorgens das Haus verließ und über die Felder hinging den Weg gegen Fischbach. Auch andere folgten ihm, und eine Stunde später – mein Frühsüppel hatte mich solange aufgehalten – ging ich denselben Weg.

Es war ein warmer, nebeliger Frühsommermorgen. Als ich den Berg erstiegen hatte und über die Höhe hinging, immer durch jungen Fichten- und Lärchenwald, da lag der Nebel so dicht, daß ich von den Bäumen die Wipfel nicht sah. Auf allen Zweigen zitterten und funkelten die Tautropfen, in allen Kronen sangen die Finken. Auf dem Boden das junge grüne Gras, und wo im Dickicht oder auf alten morschenden Baumstöcken Spinnengewebe gespannt waren, glitzerten sie wie Silberfäden. Ich weiß nicht mehr, ob mir damals die Schönheit eines solchen weichen, stillen Sommermorgens im Walde aufgefallen ist; ich glaube kaum, aber daß ich mich durch und durch frisch und freudig fühlte, das weiß ich.

Es war kein eigentlicher Weg, es war nur eine baumfreie Gasse hin über grünen Rasen und über glatten, graubemoosten Sandgrund – rechts Wälder, die kein Ende hatten, links Wälder, die kein Ende hatten auf dieser hohen Ebene.

Doch hat dieser Weg eine Ablenkung erfahren, die mich

nicht nach Fischbach geführt hat, sondern einem anderen Erlebnisse zu, das ich vorerst erzählen will.

Nachdem ich länger als eine Stunde gegangen war, fiel es mir auf, daß der Waldpfad sich nicht talwärts zu wenden begann. Ich sollte ja schon längst auf der Fischbacher Seite sein, aber der Weg stieg noch immer sachte an und statt jungen Anwuchses war ein schütterer Wald von kleinen verkümmerten Bäumen da, die schon alt sein mußten, weil sie so lange graue Bärte trugen. Auf dem Boden war niedriges, kleinblätteriges Heidelbeerkraut, und dort und da lagen, wie aus der Erde quellend, graue Steine. Endlich nahm ich auch wahr, daß auf dem Federgras des Weges noch überall der Schimmer des Taues hing. So war heute vor mir noch niemand da gegangen. Und kaum mir endlich klar wurde, daß ich mich verirrt hatte, stand ich erschrocken vor einem ungeahnten Bilde. Der verkrüppelte Wald hatte aufgehört, eine Lichtung war da, deren kahler Boden nach allen Seiten abfiel. Ein paar graue Fichtengerippe standen einsam, und fast auf dem Mittelpunkte dieser Blöße ragte eine Felsmasse empor – die übereinanderliegenden Klötze.

Ich stand vor dem Teufelsstein, das machte mir aber nichts; und wenn's in Fischbach unten heute ohnehin zweifelhaft ist mit dem Gottesdienst, so kann man am Pfingstsonntag ja wohl einmal den Teufelsstein besteigen. Es war schon lange mein heimlich Verlangen gewesen, dieses Stümperwerk des Bösen zu sehen.

Zwei Leitern waren angelehnt, eine von der Erde bis zur Zinne des ersten Steines empor, die andere von dort bis zur Platte. Nachdem ich ein paarmal um den Fels herumgegangen war und überlegt hatte, ob ich mich meiner armen Seele wegen wohl näher mit dieser absonderlichen Sache einlassen dürfe, rief ich plötzlich fast laut: „Na, wer wird denn abergläubisch sein!“ und steig' die Leitern hinan. Oben staunte ich. Die Felsplatte war ganz eben und so groß, daß darauf zwei Liebespaare bequem nebeneinander hätten steirisch tanzen können. Und die Umsicht! Ich war plötzlich über dem Nebel. Oben war der reinste blaue Himmel mit der lichten, heißen Sonne, und rings um mich war ein weißes, grenzenloses Meer, aus welchem mein Fels wie eine Insel emporstand. Weit draußen waren auch noch andere Inseln. Bei dieser Rundschau war mir schier schwindelig, daß es vorkam, als gleite der Teufelsstein mit mir wie ein Schiff auf dem weißen Meere dahin. Dort und da waren die Nebel unruhig, wirbelten und wogten, als koche es in den Tälern, und stiegen dann in vergehendem Dunst auf. Ungeheure Gewalten ringsum, und doch war es so still um mich, daß ein Sandkorn, welches am Felsen niederrieselte, schier unheimlich rauschte. Kein Wasser aus dem Tale war zu hören, kein Vogel von den Wipfeln, kein Lüftchen. Aus den Tiefen des Nebels drang ein weiches Klingen und Tönen – es waren die Glocken zu Fischbach. Da unten also, in diesen steilen Tiefen lag das Dorf und die Kirche, in der heute die fremden Priester das erstemal Gottesdienst hielten. Fast überkam es mich bei diesen Glockenklängen wie Heimweh, nicht gerade nach den Priestern, wohl aber nach der Menschengemeinschaft, die dort unten war.

Auf der warmbesonnten Felsenplatte hatte ich mich ausgestreckt, hatte mein taufeuchtes Schuhwerk von den Füßen getan, daß es trocknen konnte, und auf dem Rücken liegend hatte ich mein Angesicht dem Himmel zugewendet und mich verloren im Sinnen, wie es wäre, wenn jetzt aus blaudämmernden Höhen nieder ein weißer Punkt geschwebt käme, und er zucke wie ein silbernes Lichtlein und schlüge seine Flügel aus – und es wäre die Taube des heiligen Geistes ...

Da knallte ein Schuß. Ich sprang auf. In nächster Nähe von mir war er gefallen. Unten um den Fels herum verdampften die Nebel, daß nur mehr ein sonniger Dunst war zwischen den Baumwipfeln. Als ich so über die Kante des Steines hinabspähte, sah ich über die Blöße einen Mann laufen, ein Schußgewehr in der Hand und ein totes Reh beim Hinterläufel über das Gras zerrend. Der Mann war unser

Tagwerker Diktel. Er wollte gegen das Gebäume hinab, aber quer den Hang heran sprang ein Jäger – der alte Förster Baldhauser war's – und rief dem Wilderer ein heiseres „Halt!" zu. Jetzt setzt's was! dachte ich und kroch zurück auf die Mitte meiner Platte, wo ich auf dem Bauch liegen blieb. Der Diktel ließ das Reh sofort auf dem Rasen liegen, aber sein Gewehr riß er fest an sich und eilte dem Teufelsstein zu. Mit zwei Sprüngen war er auf dem unteren Vorsprung des Felsens, gleichzeitig zog er die Leiter herauf – da war er in der Festung. Ich guckte durch eine Scharte hinab und konnte genau sehen und hören, was nun geschah, ohne von unten bemerkt zu werden.

Der Diktel unter mir hatte sich flach auf seinen Felsvorsprung hingelegt, lud rasch sein Doppelgewehr und schnob dabei wie ein gereizter Eber. Der Jäger Baldhauser schritt mit schußgerechtem Stutzen langsam über die Blöße heran, warf einen Blick auf das Wild und knurrte: „Ewig Sünd' und Schad', jetzt in der Schonzeit ein solches Tier umzubringen! Hängen soll man den gottverdammten Lumpen, der so was tun kann!" Dann näherte er sich dem Fels und rief: „Was treibst da oben, Haderlump!"

„Passen", antwortete der Diktel.

„Wirf mir dein Gewehr herab!"

„Das brauch' ich selber."

„Oder ich schieß' dich vom Stein, wie einen Raben!" rief der Jäger und machte dazu die bedenklichsten Anstalten.

Mir wurde angst und bang.

„Schieß zu!" höhnte der Wildschütz, denn er war auf seiner Platte so geborgen, daß ihn, den flach Ausgestreckten, der Stein gegen unten vollkommen deckte. Er hob auch während der Verhandlung den Kopf nicht, lauerte aber mit dem Ohr, welche Stellung sein Feind unten einnahm. Dabei legte er seinen Finger an den Hahn des Gewehres, dessen Lauf ein wenig über die Scharte des Felsens hinausstand. Der Jäger überlegte, wie dem Manne beizukommen sei; dann pfiff er seinem Hunde, der das tote Reh beschnuppert hatte. Es war nicht der Jagdhund; an solchen Tagen pflegte der Baldhauser den großen Fanghund mit sich zu nehmen. Den hetzte er nun gegen den Wilderer. Da krachte es und mit einem schrillen Gewinsel purzelte der Hund über und über. Im selben Augenblick hatte auch der Jäger nach dem etwas gehobenen Kopf des Wilderers gezielt, aber der duckte sich noch zu rechter Zeit, die Kugel prallte an den Stein und flog summend auf den Rasen hinab.

„Ich ruf' es zum letztenmal, ergib dich!" schrie der Jäger, hob von neuem sein Gewehr und entfernte sich einige Schritte vom Fels, um den Wilderer auf die Mücke zu kriegen.

„Und ich", sagte der Diktel ruhig, indem er sich noch enger an die Platte schmiegte und den Finger schärfer an das Schloß bog, „ich rate dir, Baldhauser, geh' heim. Es geht eine ungesunde Luft da heroben auf dem Berg."

„Ja, das wirst du bald spüren", gab der Jäger zurück.

„Wenn du ein Kugel hättest, die ums Eck geht!" spottete der Diktel.

„Sie wird dich auch auf dem geraden Weg noch finden!" Der Jäger machte jetzt Miene, am Felsen emporzuklettern, aber so, daß er durch denselben gedeckt blieb.

„Baldhauser", sagte der Wildschütz, „wenn du da heraufsteigen willst, das hilft dir nichts. Du wirst es einsehen. Mein Stutzen hat einen Doppellauf und einen Kolben, ich geb' dir einen guten Rat: bleib' unten. Schau, dein Weib und Kind derbarmt mich. Ich bin heute ausgegangen, um ein Tier zu schießen. Ich bitt' dich, derspar' es mir, daß ich einen Menschen umbringen muß am Pfingstsonntag."

Aus der Tiefe klangen die Glocken. Mir kam in den Sinn, den Vermittler zu machen. – Misch' dich nicht drein! rief sogleich eine Stimme in mir, gib acht, daß sie dich nicht sehen, sonst kann's dir schlecht bekommen!

Der Jäger hatte ein Weile überlegt und die vorteilhafte Stellung seines Feindes wohl erwogen.

„Wenn du mir den Hund nicht erschossen hättest", sagte er

dann, „ich ließe dich laufen. Wer du bist, das weiß ich doch."
„Tu', wie du willst, Jäger", entgegnete der Diktel; „du wirst einsehen, daß sich der Mensch um sein Leben wehrt. Laßt du mich in Fried, so –"
Er brach ab. Nach einer Weile sagte der Jäger: „Wenn ich jetzt geh', du bist das Hundsfott und brennst mir eine Kugel nach."
„Stell' dich sicher dagegen!" sagte der Diktel trotzig; „leg' mir einen Eid ab, daß du mich nicht verraten wirst!"
„Legst du mir einen ab, daß es das letztemal sein soll bei dir?"
„Jäger", sagte der Diktel, „mich gefreut das von dir, daß du auf mein Ehrenwort noch was gibst. Die heutige G'schicht ist mir zu dumm. Ich laß es sein."
„Und zum Beweis gibst mir jetzt das Gewehr."
„Das nicht, Jäger, das Gewehr geb' ich dir jetzt nicht. Wir trauen uns einander nicht, und wir zwei werden unser Lebtag keine guten Freunde. Aber das versprech' ich dir, wenn du mir bei deiner Seel' und Seligkeit zusagst, daß du mich nicht anzeigen wirst, so gehen wir heut' gesund auseinander."
„Es soll dir für das Mal geschenkt sein!" sagte der alte Baldhauser. „Aber das Reh rühr' mir nicht mehr an! Ich werde es von hier holen lassen durch meinen Burschen."
„Alsdann behüt' dich Gott, Jäger Baldhauser." So der Diktel. Dann ging der Förster eiligen Schrittes gegen den Wald hinab. Der Wildschütz blieb noch eine Weile kauern auf dem Steinvorsprung, endlich erhob er sich, sprang auf die Erde, lauerte und lief davon. –
Das hatte ich erlebt am selbigen Pfingstsonntag auf dem Teufelsstein. Noch stellte ich mir vor, wie es sein könnte, wenn der Jägerbursche käme, das tote Reh, den toten Hund und mich hier fände – dann machte ich mich auch davon, so rasch es ging.
Mittlerweile hatte sich in den Tälern der Nebel gelöst, und tief unten im blauen Dunstschimmer lag auf den Matten

das Dörflein Fischbach mit seinem silberig leuchtenden Turm. Um die Kirche herum und zwischen den Häusern war es schwarz vor lauter Menschen. Auf dem Steinbühel hinter der Kirche sprang bisweilen ein Rauchwölklein auf, aber es währte unglaublich lange, bis der Schall des Pöllerschusses empordrang zu meiner Höhe.

Ich eilte gegen die Gegend von Alpel hinab, und am späten Mittag war ich zu Hause.

Nach und nach kamen die Leute von der Kirche heim, auch die von Fischbach. Diese waren schier kleinlaut, und als sie während des Mittagsmahls mein Vater fragte, was die fremden Geistlinger gepredigt hätten, antwortete die Magd: „Alles ist derlogen!"

„So grob mußt nicht reden", verwies ihr mein Vater, „Wort Gottes wird's doch gewesen sein."

Mit Entrüstung wiederholte sie: „Alles ist derstunken und derlogen, was sie geschwatzt haben, die Leut', daß die fremden Geistlinger schwarz täten auf die Kanzel steigen und daß sie der andere Christ täten sein! Ich hab' meiner Tag' keine weißere Wäsch' gesehen, als wie die Chorpfaid, die der geistliche Herr hat angehabt."

„Und fromm sind sie dir!" rief der Weidbub Natz, der auch in Fischbach gewesen. Das Wort war ursprünglich an den Hausvater gerichtet, aber als dem Natz das unehrerbietige „Dir" entschlüpft, drehte er seinen Kopf geschwind gegen den Knecht, als sei es dem vermeint gewesen. „Wenn du sie beten hättest gesehen! Da sind sie dir gekniet vor dem Altar, und die Hände hoch aufgehoben, ineinandergepreßt bittweis. Und Augenäpfel hat man schier keine gesehen, so haben sie selbige gegen Himmel geschlagen."

„Und predigt hat er!" rief die Magd, legte den Löffel weg, um die Hände zu falten, „predigt hat er! Leut', ich sag' euch's, wenn wir kein frömmeres Leben anheben, so wird's gefahlt sein mit uns!"

„Nau, nau, nau", sagte mein Vater, „was ist denn das, die Dirn ist ja ganz aus dem Häusel."

„Geh' der Vater selber zuhören", sagte die Magd. „Morgen ist eine Predigt für Hausväter und Eheleute."
„Und übermorgen ist eine für die Junggesellen", wußte der Natz, „da muß ich wohl bitten, daß ich gehen darf. Ich bring' die Arbeit gern ein anderes Mal ein."
„Nachher kommt auch eine für die Kinder, da soll *der* gehen, wird ihm nicht schaden." So die Magd und deutete auf mich.
„Nachher kommt eine für die Greise und Greisinnen. Das muß man dem alten Köhlerhansel sagen und dem krumpen Mirt."
„Der krump Mirt kann ja nicht gehen", warf ich ein.
„So soll er sich tragen lassen", eiferte die Magd, „wird sich nachher auch müssen tragen lassen, wenn er in der Truhen liegt."
„Laßt's die Knödelsuppen nicht kalt werden!" mahnte nun meine Mutter, „ich weiß gar nicht, wie ihr mir heut' vorkommt."
Aber es war keine Lust zum Essen da und mit dem Pfingstmahl hatte sich meine Mutter doch gewiß niemals spotten lassen. Alles sprach von der Mission, die in Fischbach begonnen hatte, vom Einzug der Geistlichkeit, von der Feierlichkeit des Hochamtes, von der Eindringlichkeit der Predigten – es waren deren zwei an einem Vormittage gewesen, und jede über eine Stunde lang. – „Aber zu kurz, viel zu kurz! Den ganzen Tag könnte man ihnen zuhören. Wie ein Kind haben die Leut' geweint, und niedergepredigt hat er sie!"
Niederpredigen heißt – so muß ich weislich erläutern – wenn einer so eindringlich predigt, schließlich zum Altare gekehrt kniend Gott und die Heiligen anruft, bis die Zuhörer auf die Knie sinken. Diese Art zumeist nur von außerordentlichen Predigern beliebt, verfehlt ihre Wirkung niemals.
Hierauf erzählte die Magd, wie die fremden Geistlinger noch gleichwohl recht jung wären, aber blaß im Gesicht, und jeder ein rundes Glatzerl auf dem Scheitel. Nach dem

Gottesdienst seien sie auf den Kirchhof gegangen, niedergekniet an den Grabhügeln und hätten gebetet, denn das hätte einer der Prediger auch gesagt, wie sie von Jesum gesandt worden als Apostel nach dem lieben Fischbach, so wollten sie nicht früher von dannen gehen, als bis die Lebendigen und die Toten dieser Gemeinde gerettet wären.

Ob heute denn keine Predigt mehr wäre? fragte mein Vater.

„Ja freilich ist noch eine", wußte der Natz zu berichten. „Um sechs auf den Abend."

Mein Vater zog sein Kirchengewand an, um nach Fischbach zu gehen. An der Haustür begegnete ihm der Diktel fast mehr noch verstört als die anderen.

„Dich hat's auch gefreut zu Fischbach", redete ihn der Vater an, „weil du so spat kommst. Weißt was?"

„*Den* Pfingstsonntag will ich mir merken", murmelte der Diktel und ging, ohne einen Bissen von seinem Mahle zu berühren, in die Kammer. –

Und dann kam eine absonderliche Zeit. Ein vierzehntägiger Feiertag. Vom Felde liefen die Leute weg und gingen nach Fischbach. Früh vor Tags gingen sie aus den Häusern davon, ohne Morgenbrot, und standen viele Stunden lang in einem finsteren Winkel der Kirche, zum Beichtstuhle drängend. Viele, die sonst gewohnt waren, ihren Morgenkaffee noch im Bett zu sich zu nehmen, wie die Bäckin zu Falkenstein, fasteten nun willig bis zum Abend, wo sie erst dran kamen und die Kommunion empfingen. Ich war natürlich bei allem dabei, und wenn wir dann spät abends durch die Wälder heimwärts gingen, standen längst die Sterne am Himmel, um unseren aufgeregten Gemütern die Predigten von Tod, Gericht, Himmel und Hölle in stiller, aber großer Sprache zu wiederholen. Die Riegelbergerin war gar nicht mehr in ihrem Ausnahmshäusel. In den ersten Tagen der Mission war sie wie rasend durch die Gegend gelaufen und hatte die Leute beschworen, den fremden Geistlingern ja nicht in die Fallstricke zu gehen. Und wenn man ihr riet, sich selbst die Missionäre einmal anzuhören, kreischte sie: „Nicht mit vier Ochsen bringt ihr mich nach Fischbach!“ Zu Beginn der zweiten Woche war die Wandlung vollzogen. In der Absicht, einen Prediger in der Kirche zu unterbrechen und ihn laut den „anderen Christen“ zu heißen, war die alte Riegelbergerin nach Fischbach gegangen. Sie hatte aber den Prediger nicht unterbrochen, sondern nach dem Gottesdienste, als die Leute nach Hause gingen, ausgerufen: „Nicht mit sechs Rössern bringt man mich von Fischbach weg, solange die heilige Mission nicht zu Ende ist.“ Da die Wirtshäuser überfüllt waren, so brachte sie, wie viele andere, die kurzen Nächte auf Heustadeln zu, und wenn zum Tagesgrauen die Aveglocke klang, ging sie schon zur Kirchentüre, wo bereits eine Menschenmenge auf Einlaß harrte.

Einer der eifrigsten Kirchengeher war Martin, der junge Jägergehilfe des Försters Baldhauser. Anfangs hatte er sein Dirndl, die saubere Schmiedstochter Kathrin, mit hineingeführt, in der Meinung, wenn sie eine scharfe Predigt höre, bliebe sie ihm sicherer treu. Bald war es so, daß er nichts mehr von ihr wissen wollte, denn die Predigt gegen unerlaubte Liebschaften war zu schreckbar gewesen. Die Verlassene weinte sich halbblind – und es hieß, sie hätte Grund dazu gehabt. Der Martin nahm sich nach den Darstellungen des Predigers vor, die irdischen W, Weib, Wirtshaus und dergleichen, zu meiden, um dem ewigen Weh zu entgehen.

Also unglaublich war die Wirkung der Missionäre auf das Volk. Meilenweit kamen die Leute denn herbei, anfangs aus Neugierde, bald aus Frömmigkeit und Buße, deren Ausübung plötzlich zu einem Hochgenuß geworden war. Die Priester predigten längst nicht mehr in der Kirche, sondern im Freien, wo an der Kirchhofsmauer eine Kanzel errichtet worden war. Und es war kein gewöhnliches Predigen jenes stets nur dogmatischen Inhaltes, der die Gemeinde so gleichgültig läßt, wie den Prediger. Schon Ton und Aussprache der Priester war eigenartig; sie kamen aus dem Tiroler Land. Ihre Predigten waren voll Glut und Leidenschaft, und dann wieder voll Innigkeit, sie bewegten sich immer nur im Ideenkreise des Volkes, brachten zahllose Geschichten, die scheinbar aus dem Leben gegriffen waren, und Beispiele aus der bäuerlichen Anschauungsweise. Mit Hinweis auf die lieben Kleinen in der Wiege, auf die duldenden Kranken, die fern in den stillen Stuben leiden, während die Gesunden der Gnaden der heiligen Mission teilhaftig werden, auf die Angehörigen in fremden Ländern, auf die Toten, die unter den Füßen der Zuhörer ruhen, griffen sie den Leuten ans Herz; und als das Herz aufgefurcht war, legten sie den Samen zu vielen Tugenden hinein, aber auch den der Frömmelei, der Unduldsamkeit, der Verachtung gegen Schule und geistige Entwicklung. Besonders ging es gegen Telegraph und Eisenbahn, als die richtigen „Höllenstraßen". – So schlicht und einfältig sich alles anhörte, es war doch unendlich klug und fein gewoben und heute weiß ich's: nicht dem Sittengesetze sind wir damals gewonnen worden, sondern der Kirche. In mir war eine wahre Leidenschaft erwacht, ein Haß und Rachegefühl gegen Andersgläubige oder auch gegen solche Katholiken, die sich aus dem Papste nichts machten. Sogar die Seelsorger unserer Nachbarspfarren begann ich zu verachten, weil sie mir zu weltlich gesinnt schienen, die Hausierjuden und Protestanten nicht austrieben aus ihren Gemeinden, die Eisenbahn nicht zerstören ließen, die doch soviel Unheil in die Gegend brachte. Ein halbes Jahr lang wurde in unseren Bergen nichts als gegen die Sünder geflucht und nichts als gebetet um Erlösung der armen Seelen aus dem Fegefeuer, um Erlangung von Ablässen, und nichts gebetet, als immer wieder die Missions-, Segen- und Ablaßgebete, die Amulette und Rosenkränze, die man sich während der Mission in den Buden auf dem Kirchplatz zu Fischbach gekauft hatte. Nach einem halben Jahre begann die Frömmigkeit wieder langsam zu verdunsten.

Die Missionspriester mußten das wohl vorausgeahnt haben. Als Andenken und „ewigen Mahner an die Gnadenzeit“ wollten sie am Tage ihres Abschiedes das große Missionskreuz aufstellen an der Kirchenmauer zu Fischbach. Solche Kreuze pflegen bekanntlich riesigen Grabkreuzen ähnlich und ohne Christusbild zu sein. „Der Heiland ist herabgenommen“, sagen sie bei der „Kreuzpredigt“, „jetzt Sünder, mußt *du* hinauf.“
Aber der Pfarrer von Fischbach machte seine Missionäre darauf aufmerksam, daß die Leute gegen ein „herrgottsloses“ Missionskreuz Mißtrauen haben könnten, weil im Volke eine alte Prophezeiung gehe: daran werde man den Antichrist erkennen, daß er heilandslose Kreuze aufstelle.
So mußte eilends nach Graz um einen „Christus“ telegraphiert werden, „aber nicht auf dem Postwagen schicken, sondern auf der Eisenbahn bis Marein, sonst kommt er zu spät!“
Mittlerweile erhielt der Zimmermeister Josef in Fischbach den Auftrag, das Kreuz zu verfertigen; es hatte vierzehn Schuh hoch zu sein. Der „Zimmermeister“ dingte sich einen Taglöhner – und zwar unseren Diktel – um mit ihm in den Wald zu gehen und einen Baum zu fällen. Am Fuße des Teufelssteingebirges standen stattliche Fichten und Kiefern, aber da hieß es, zu einem Kreuze müsse ein hartes Holz sein. Jedes Kreuz ist hart, das war freilich einzusehen. Der Meister entschloß sich für die alte wetterfeste Steinschlaglärche, die oben an der Schanz stand. Aber als sie hinaufkamen, um diesen Baum zu fällen, hing an ihm ein toter Mann. Der – ein schiefsinniger Mensch – hatte die Mission mitgemacht vom ersten bis zum letzten Tage – und da war er zu diesem Schluß gekommen.
Zu den Bekehrten dieser Tage gehörte auch der Knecht Diktel, aber nicht die fremden Geistlinger hatten ihn bekehrt, sondern die schreckliche Gefahr am Teufelsstein, ein Mörder zu werden.

Vom heiligen Wasser

Eines Tages – es war an einem sommerfrohen Pfingstmontage – führte meine Base mich über die Almen stundenlang dahin. Sie trug einen Armkorb mit Brot und anderlei, in der Hand einen Gehstock und einen Rosenkranz, der am Stocke hinabpendelte. Ich trug nichts als ein freudig gehobenes Herzlein, denn wir gingen an einen Ort, den ich noch nicht kannte, der aber nach aller Beschreibung unerhört merkwürdig war.

Wir wanderten nach Heilbrunn. Dort steht hoch auf dem Berge, zwischen Wäldern, eine große Kirche und in derselben ist ein Brunnen, der die Kranken gesund macht. Meine Base und ich, wir waren beide gesund, aber die Base trug in ihrem Armkorb bei dem Brot eine leere Flasche bei sich –.

Als wir die Fischbacher Almen hinter uns und unterwegs den Rosenkranz dreimal abgebetet hatten, setzten wir uns vor einer Waldkapelle nieder und aßen. Die Base hatte ihre blaue Schürze so über die Knie gespannt, daß es einen kesselförmigen Tisch gab, in dem das Weißbrot und der Kuchen lagen. Schon dieser Wallfahrtskuchen mit den süßen Korinthen brachten mich in Weihestimmung, und wie wir früher gegangen waren und gebetet hatten zu Ehren der Mutter Gottes, so aßen wir jetzt ihr zu Ehren den Kuchen und waren heiter. Und die Base behauptete, der Mensch könne so lustig sein wie er wolle und zeitweise auch ein bißchen tun, was man Schwachheiten nennt, wenn er nur alles unserem Herrgott zu Ehren aufopfere, so sei es gleich ein gutes Werk. Soviel ich noch weiß, war dann meine Frage, ob man Gott zu Ehr' anstatt auf dem Stein zu knien auf dem Kopf stehen könne und die Füße gegen Himmel recken? „Ei ja, freilich, mein Kind", beschied die Base, „ob du die Hände bittweise gegen Himmel reckest oder die Füße, das wird alles eins sein, wenn du nur einen guten Gedanken dabei hast." Gute Gedanken zu haben hielt sie für sehr wichtig, mir war nur nicht ganz klar, was sie unter

guten Gedanken verstand. Denn ich war schon inne geworden, daß man Gedanken an gute Sachen – böse Gedanken nennt.
Wer weiß, wie tief wir uns noch in die Geheimnisse der Gottverehrung verstiegen hätten, wenn nicht hier ein Weggenosse zu uns gestoßen wäre. Der Kaplan von Fischbach, ein junger Herr mit frischrotem Gesicht, an dem die Wangen zwei Grübchen bildeten, wenn er lachte. Er war in schwarzem Gehrock und gewichsten Röhrenstiefeln. Ich wäre fast lieber mit der launigen Base allein gegangen; denn mit dem geistlichen Herrn Kaplan zu marschieren, da ist man keinen Augenblick sicher, ob er nicht auf einmal anhebt, aus dem Katechismus auszufragen. Das tat er nun aber nicht, im Gegenteil, er erzählte unterwegs Geschichten. Er ging nämlich auch nach Heilbrunn, um am nächsten Tage dort die Messe zu lesen und Beichte zu hören – als Aushilfe bei den vielen Wallfahrern, die am Pfingstdienstag sich einzufinden pflegten.
„Wenn wir gut anziehen", sagte er gleich zu uns, „so können wir in einer Stunde schon den Kirchturm sehen. – Wirst du wohl so weit laufen können, kleines Böckel?"
Das Böckel war an mich gerichtet, und mir wurde ganz heiß in den Wangen ob der auszeichnenden Anrede, die noch dazu ohne jeden Beigeschmack von Katechismus war.
„Und wenn wir ihn auch erst in zwei Stunden sehen", fügte der Kaplan bei, „er läuft uns nicht davon; die Mutter Gottes steht auch noch am Abend auf dem Altar und erhört uns, wenn wir nur recht fleißig beten können."
Da wir also den Alm- und Waldwegen entlang, die bergauf und talab gingen, mit Weile eilten, so entfaltete sich ein freundliches Gespräch, bei welchem meine Base die Frömmigkeit etwas mehr hervorkehrte, als es ihr vielleicht gerade ernst gewesen, während der Kaplan ganz weltlich plauderte und lachte.
Und plötzlich fragte er: „Kennt ihr wohl auch den Ur-

sprung von Heilbrunn? Nein? Aber der ist ja sehr schön, den muß ich euch doch erzählen."
Geschichten! Ich trappelte nicht schlecht neben seiner dahin.
Der Kaplan erzählte: „Es war vor mehr als zweihundert Jahren. Da lebte in Holland ein reicher Mann. Er konnte aber seinen Reichtum nicht genießen, denn er war stockblind. Alle berühmten Ärzte und alle Arzneimittel wollten nicht helfen, da hat er gemeint, ob ihm nicht unsere liebe Frau helfen könne, wenn er recht fleißig zu ihr wollte beten. Das hat er getan und darauf hatte er in der Nacht einen merkwürdigen Traum. Er sah eine wilde Gebirgsgegend mit finsteren Wäldern, tiefen Schluchten und hohen Bergkuppen und es träumte ihm, daß er sich sollte aufmachen und ins Land Steiermark reisen. Dort sei im wilden Birg eine Gegend, Ofenegg genannt, da werde er an einem Bildnis Mariens einen Brunnen finden; mit diesem Wasser solle er sich waschen, dann würde er sehend werden. Das erstemal gab er nicht viel auf solchen Traum, als ihm aber in der zweiten Nacht gerade so träumte und in der dritten Nacht wieder, da nahm er das für eine Erscheinung und teilte seiner Frau den Entschluß mit, ins Land Steiermark zu reisen und den Brunnen zu suchen. Die Ehefrau erkannte ebenfalls die göttliche Fügung und beide machten sich auf die Reise. Zuerst wußten sie gar nicht, wo das Land Steiermark liege. Von einem gelehrten Mann erfuhren sie, daß sie über Länder und Länder hin so lange der Mittagssonne zureisen müßten, bis sie in die Welt der hohen Berge kämen, die Alpen genannt. Dort würden sie das Land Steiermark wohl erfragen. Also sind sie gereist und nach vielen Wochen in die Alpen gekommen. Das war aber Tirol, sie mußten wieder viele Tage lang gegen Sonnenaufgang wandern, bis sie endlich ins Land Steiermark kamen und in die Hauptstadt Grätz. Dort fragten unsere Reisenden aus Holland nach der Gegend Ofenegg. Ja, die wäre weit hinten in den Bergen und sie sei eine rauhe Wildnis. Wohlgemut wanderten sie die angegebene Rich-

tung hin, bis sie durch einen langen Graben hinaufkamen zu dem Berge Ofenegg. Aber dort gingen nun drei schlechte Steige auseinander und sie standen lange da und wußten nicht, nach welcher Seite sie sich zu wenden hätten. Da kam ein Hirtenknabe gegangen, der hatte nasses Haar, obschon es nicht regnete. Und als sie den Knaben fragten, weshalb er so naß sei, antwortete er, er käme just vom Bild am heiligen Brunnen, wo er sich das Haupt gewaschen habe, damit sein Kopfweh, an dem er leide, geheilt werde. So hat er sie dahingewiesen. Die Wallfahrer aus dem fernen Holland sind niedergekniet vor dem Bild in der Wildnis, der Blinde hat an der Quelle sich die Augen befeuchtet und ist zur selbigen Stunde sehend geworden. Wie er den ersten Blick tut hinaus in die Berge und Täler, da ruft er aus: O mächtiger Gott, das ist jene Gegend, die ich im Traume gesehen habe! – Solches Wunder hat der geheilte Holländer im Lande weitum verkündet, bevor sie die Heimreise angetreten. Er ist sehend geblieben und hat sich des Lebens gefreut. Zum Heiligen Brunnen aber sind Andächtige gekommen von nah und fern, und viele haben dort Heilung gefunden. Bald wurde über dem Brunnen und dem Bildnisse eine Kapelle errichtet, und später ist die große Kirche erbaut worden, zu der wir heute wallfahrten."

Als der Priester so erzählt hatte, sind wir eine Weile schweigend neben ihm hergegangen, die Base wohl in Verwunderung und Andacht versunken, ich mit einer Frage auf der Zunge, die sich lange nicht ins Freie getraute. Endlich aber rief ich doch aus: „Ist das wahr?"

Der Kaplan schaute mich über quer an, solche vorwitzige Fragen schien er nicht gewohnt zu sein. Dann antwortete er ganz gemütlich: „In Heilbrunn kannst du dir die ganze Beschreibung kaufen; ist ja auch die Geschichte vom Holländer dabei."

Endlich blickte über den Waldrücken die Kirchturmspitze herüber. Da stellte meine Base den Armkorb auf den Boden, nestelte aus demselben ein rotes Wollentuch, um es sich über Achseln und Brust zu legen – auf daß sie vor der lieben Frau im Festgewand erschiene. Dabei hatte sie aus dem Korb die große Flasche, wie man solche schon damals für Sauerbrunnwasser zu haben pflegte, hervorgezogen, um zu sehen, ob sie nicht etwa Schaden genommen.

„Ah", sagte der Kaplan, „das ist gescheit, daß ihr Sauerbrunn bei euch habt. Da darf man sich wohl ein wenig den Durst löschen."

„Sauerbrunn ist halt keiner drinnen", antwortete sie demütig, „sie ist leer, weil ich beim heiligen Brunn Wasser hineinfüllen und mit heimnehmen werde."

„Ihr nehmt vom Wasser mit heim?"

„Wenn was krank wird, Leut' oder Vieh, daß man gleich eine Hilf' hat."

Der Kaplan schwieg, ich glaube gar, er hat den Kopf geschüttelt, als ob ihm die Sache nicht ganz recht wäre.

So sind wir zur Kirche gekommen. Da drinnen war der Brunnen, der in einen Kessel niederplätscherte. Viele Andächtige waren schon da, Männer und Weiber, sie knieten vor dem Altare und an den Bildnissen herum; andere standen in Reihen vor dem Beichtstuhl; andere strebten sachte vor zum Brunnen, um sich Hände und Gesicht zu waschen, mit einem angeketteten Blechschöpfer zu trinken oder Wasser in Flaschen zu füllen. Unerschöpflich rieselte aus dem Gestein die Quelle und hoch oben stand unsere liebe Frau, von vielen Lichtern umgeben. Während dann ein Priester in goldenem Mantel vor den Altar trat und unter Orgelbegleitung die Litanei gesungen wurde, und während die Base in der Kirche herumschlich, um die Bildstöckeln zu küssen, stellte ich mich zum Beichtstuhl an. Als ich dahin kam, saß drinnen der Kaplan von Fischbach, unser Reisebegleiter. Das war mir unangenehm, denn das, was ich zu beichten hatte, betraf auch ihn. Aber gesagt mußte es werden: Ich sei im Glauben sündig geworden.

„Wie meinst du das, im Glauben sündig geworden?" fragte er leise durch das Gitter heraus.

„Ich kann nicht mehr alles glauben, was geschrieben steht und was zu glauben vorgestellt wird“, antwortete ich nach der Formel.
Er wendete sich angelegentlicher zu mir und fragte nach den näheren Umständen. Da habe ich ihm zagend einbekannt, den Ursprung von Heilbrunn könne ich nicht recht glauben. Wenn unsere liebe Frau dem reichen Holländer schon habe helfen wollen, warum nicht gleich in Holland, warum hat er erst so weit nach Steiermark reisen müssen? Und warum wirkt sie gerade bei einem Reichen Wunder, daß er seinen Reichtum genießen könne!
„Das Vertrauen, mein Kind!“ sagte der Kaplan, „Gott hat sein Vertrauen prüfen und stärken wollen. Wenn du das nicht fassen kannst, so bete fleißig. Die Geschichte ist freilich aufgeschrieben und verbreitet worden, daß sie die Leute glauben sollen. Aber wenn du sie gerade nicht glauben kannst, so ist das Unglück auch nicht gar so groß. Es ist ja kein Glaubensartikel. Nur nimm dich in acht. Wenn's einmal anfängt abzubröckeln, da fallen nachher immer größere Brocken. – Gehe hin und bete drei Vaterunser, drei Ave Maria und den Glauben.“
Dann murmelte er die lateinische Lossprechung und machte mit flacher Hand das Kreuz über mich.
Von der darauffolgenden Nacht ist nichts zu berichten als ein Traum. Den berichte ich aber auch nicht, weil der Träume dummer Bauernjungen wegen doch keine Kirchen gebaut werden.

Als ich nach Emaus zog

Am Ostermontag, wenn der Gottesdienst vorüber ist und im Waldlande die Leute beim Mittagsmahle sitzen, kommt es vor, daß einer sagt: „Heut' ist Ostermontag, heut' sollen wir nach Emaus gehen.“ Und fast allemal entgegnet ein anderer: „Nach Eb'naus (eben aus) gehen, das ist bei uns im

Gebirg eine Kunst.“ Aber der strenge Hausvater verweist: „Gescheiterweis’ reden! Heilige Sach’ ist kein Spaß!“
Am Vormittag haben sie es bei der Predigt gehört, daß nach dem Tode Jesu die Jünger vereinsamt und betrübt umhergegangen seien, immer nur an den Herrn und Meister denkend, der ein paar Tage früher gekreuzigt und begraben worden war. Und als sie die Straße entlang gingen, die nach Emaus führte, da begegnete ihnen der Gekreuzigte leibhaftig und grüßte sie: „Der Friede sei mit euch!“ also daß sie wußten, er ist von den Toten auferstanden. – Dessen gedenkt man im Walde frommen Sinnes, und sei es nun auf der Bergstraße oder im Tale draußen, irgendwo steht doch ein Wirtshaus, und das ist das Emaus, nach welchem man an diesem Tage pilgert. – Jenem, der still beschaulich zwischen den grünenden Saaten dahinschreitet, unter dem Gesange der Vögel, die auf treibenden Zweigen sich schaukeln, und der in den milden Sonnenäther des Himmels aufschaut, Sehnsucht im Herzen, dem begegnet der Auferstandene mit dem Gruße: „Der Friede sei mit dir!“ – Jenen, die nach ernsten Berufsarbeiten zur feiertägigen Erholung in heiterer Geselligkeit dem Wirtshaus zuwandeln, sei es Freund mit Freund, sei es Bursche mit Mädchen in ehrsamer Neigung, sei es der Geigenspieler und der Pfeifenbläser zur hellen Osterfreudigkeit, denen begegnet der Herr und grüßt sie: „Der Friede sei mit euch!“ – Dem aber, der mit frömmelnder Miene, Schlimmes sinnend, nach „Emaus“ schleicht, dem begegnet der Heiland nicht – doch möglicherweise etwas anderes.
In jener Knabenzeit war’s, da wollte mein Vater einmal in der Fasten einen eingewanderten vazierenden Tagwerker aufnehmen; es gab zu solcher Zeit eigentlich nicht mehr Arbeit in der Wirtschaft, als wir mit unserem Gesinde selbst verrichten konnten, doch mein Vater meinte: „Arbeitet er schon nicht viel, so soll er uns wenigstens fasten helfen. Wo will er denn sonst hingehen, jetzt? Hat auch schon einen grauen Bart.“
„Ist selber schuld“, antwortete die Mutter, „warum bal-

biert er sich nicht. Der Tritzel gefallt mir nicht, sie sagen ja, er wäre schon einmal eingesperrt gewesen."
„Mußt nicht alles glauben, was sie sagen. Die Leut' tun alleweil gern andere noch schlechter machen, als sie selber sind."
„Und der Tritzel gefällt mir nicht", wiederholte die Mutter, „er hat einen krummen Blick."
„Einen krummen Blick hat er, weil er schielt", sagte der Vater, „und fürs Schielen kann der Mensch nicht."
„Da hast freilich wieder recht", darauf die Mutter, „und wenn er jetzt im Märzen keinen anderen Platz findet, und er auf der freien Weid' müßt' liegen, da mögen wir ihn doch lieber nehmen."
Also war es verabredet worden. Aber bei der Aufnahme konnte mein Vater nicht unterlassen, den Tagwerker zu fragen: „Bist du nicht einmal in der Keichen (im Arrest) gesessen?"
„Ja, das ist gewiß", antwortete der Tritzel.
„Was hast denn angestellt?"
„Schon etwas der Müh' wert, das magst dir denken, Waldbauer. Mir ist nicht zu trauen, mir!"
„Darf man's wissen?"
„Warum denn nicht! Im Arzbachgraben bin ich ein armer Kleinhäusler gewesen."
„Deswegen werden sie dich doch nicht gestraft haben!" rief mein Vater.
„Armut ist halt ein Verbrechen", sprach der Tritzel sehr tiefsinnig. „Und weil ich meine Steuer nicht hab' zahlen können, so sind die Pfändersleut' gekommen und haben mir meine Kuh wegtreiben wollen. Die lass' ich nicht! schrei' ich, und hau' dem Pfändersmann eine ins Gesicht. Alsdann haben sie anstatt der Kuh mich fortgetrieben."
„Dem Pfänder hast eine gegeben!" lachte mein Vater auf. „Na, bleib' halt da, Tritzel."
Der Alte zog – aber so, daß es mein Vater nicht merkte – das runzelige Gesicht schief, blinzelte mit den falben

Wimpern und murmelte in seinen Bart: „Ein Gusto, wie sich der anplauschen laßt! – Ja, freilich bleib' ich."
Und abgemacht war's.
Tat dann der alte Tagwerker Tritzel zuerst ein bissel Schnee schaufeln bei uns um den Hof herum, dann ein bissel Streu hacken, hernach ein bissel Dung führen mit der Schiebtruhe in den Garten hinaus. Dabei tat er mit uns fleißig die vierzigtägige Fasten halten und ein sittsames Leben führen. Als die Ostern nahten, gab mein Vater zu verstehen, daß der Tritzel nun im Frühjahr wohl auch anderweitig einen Platz finden würde, und jetzt war es meine Mutter, die sprach: „Weil er uns hat fasten helfen, der Tritzel, so kann er uns auch essen helfen; wer weiß, wo er sonst sein Weihfleisch und die Osterkrapfen finden kunnt."
Also blieb der alte, graubärtige Bursch' über das Osterfest in unserem Hause, aß sich gewissenhaft satt und führte gern christliche Gespräche. So sagte er am Ostermontag beim Mittagsmahle: „Heut' sollen wir nach Emaus gehen. Gehst mit, Bübel?"
Die Frage war an mich gerichtet. „Ja, nach Emaus ginge ich mit!"
„Versteht sich!" begehrte die Mutter auf, „Kinder ins Wirtshaus!"
„Waldbäuerin", versetzte der Tritzel ernsthaft, „vom Wirtshaus ist keine Red'. Bei mir schaut das Christentum anders aus. Der Gang nach Emaus ist ein heiliger Gang. Ein heiliger Gang, meine liebe Waldbäuerin! Wir gehen zu der Kreuzkapellen hinauf, dort werden wir den Heiland sicherer finden, als im Wirtshaus – will ich meinen."
„'s selb' wär' eh wahr", gab mein Vater bei, und ich durfte mit dem Tritzel gehen.
Die Kreuzkapelle stand etwa eine Stunde von uns, weiter oben im Gebirge, auf einem Waldanger. Wenn der Wetterwind ging im Sommer und dort das Glöcklein geläutet wurde, konnte man bei uns im Hof den Klang hören. In der Fastenzeit war die Kapelle ein beliebter Wallfahrtsort, kamen an jedem Freitag aus nah und fern Andächtige her-

bei, zündeten vor dem lebensgroßen Kreuzbilde, das in der Kapelle über dem Altare stand, Lichter an, beteten, legten bescheidene Opfergaben hin und gingen erleichterten Herzens wieder nach Hause. Da in der Nähe dieses Andachtsortes keine Menschenwohnung war, so ging täglich von den Waldbauernhäusern ein altes Weiblein hinauf, um die Kapelle zu öffnen, zu schließen und das Glöcklein zu läuten.

Das war also unser Emaus, zu welchem der alte Tagwerker Tritzel und ich auszogen – ein heiliger Gang, wie der Alte unterwegs wiederholt versicherte.

Der Weg ging über Wiesen, durch Wäldchen hinan, war stellenweise noch mit schmutzigen Schneekrusten belegt, stellenweise rann die Gieß und stellenweise ging es über aperen Rasen. Bei jeder Wegbiegung blickte ich scharf aus, ob uns nicht der liebe Heiland entgegenkäme. Endlich sah ich von ferne aus dem Schachen hervortretend die Gestalt; sie schwankte langsam heran, kam immer näher, und als sie ganz nahe, war es nicht der liebe Heiland, sondern das alte Weiblein, welches mit dem Schlüssel von der Kapelle herkam.

„Jetzt wird doch einmal schön' Wetter werden", redete sie der Tritzel an.

„Ja, Zeit wär's", sagte die Alte und trippelte fürbaß.

Als wir sie nicht mehr sahen, sagte der Tritzel: „Das ist sauber, jetzt hat uns die gewiß die Kapellen zugesperrt!"

„Ich lauf' ihr nach, daß sie wieder zurückgeht", war mein Vorschlag.

„Ah geh', hast denn du kein Herz für alte Leut'!" verwies er mir, „den Weg mehrmal hin und wieder machen, wie ein Hundel! Die geht nicht mehr auf ihren ersten Fußen wie du! Wir werden uns schon helfen."

Bei einer Wegzweigung fragte mich der Tritzel: „Geht's da links nicht hinauf zum Schützenhof?"

„Ja, da geht's hinauf zum Schützenhof."

„Ist's wahr, daß er so viel' Sachen haben soll, der alte Schützenhofer?"

„Ja, sie sagen, daß er reich ist", war die Antwort.
„Nachher kommt der Schützenhofer in die Höll'. Die Reichen müssen alle hinab", sagte der Tritzel. „Aus Nächstenlieb' sollte man machen, daß sie in den Himmel kommen."
„Ist eh wahr", gab ich bei.
Endlich kamen wir auf den Waldanger. Da lag der Schatten, nur die Baumwipfel standen im Sonnenschein. Auf dem Anger gab es noch Schnee, auch auf dem Dache der Kapelle lag er und ließ am Rande tropfende Eiszäpfchen herabhängen. Als wir dem Eingange nahe kamen, zog der alte Tritzel den Hut vom Haupt und glättete mit der anderen Hand sein graues Haar. Dann drückte er an der Türklinke. Da gab nichts nach, und er blickte mich betroffen an.
„Ja, weil sie zugesperrt hat", sagte ich.
„Freilich hat sie zugesperrt, du Narr, sonst wär' es offen!" schnarrte er mich an. Das war mir zuwider. Folgerichtig war mein Wort und seines ebenfalls, aber warum denn so anschnarren!
Er ging rings um die Kapelle, als suche er einen zweiten Eingang. „Schau du!" rief er plötzlich, „da ist ein Fenster. Der Laden geht auf, so! Es ist zwar nicht groß, aber eine Spindel wie du kann hinein!"
„Eine Spindel wie ich", war mein Aufbegehren; „nein, da schlief' ich nicht hinein!"
„Ei freilich schliefst hinein, Buberl. Nachher schiebst von innen an der Tür den Riegel weg und laßt mich ein; wir knien uns hin vor das Kreuz und beten eins miteinand'."
Vor das Kreuz hinknien und beten, das war freilich verlockend, denn ich hatte den gekreuzigten Jesus sehr lieb und wollte ihm mit dem Gebet eine Freude machen. Ich ließ es also geschehen, als der Tritzel mich empor hob, ins Fenster steckte und tapfer nachschob, weil es doch ein bißchen eng herging an diesem Himmelspförtlein. Ein Ruck, und ich kollerte drinnen hinab. Auf einen

Schrei, den ich ausgestoßen, fragte er draußen: „Hast du dir weh getan?"
„Weiß nicht, es ist finster", war die Antwort, denn ich konnte es nicht sehen, ob das Nasse an den Nüstern Blut war oder etwas anderes. Hernach machte ich mich an die Tür. „Schieb' den Riegel zurück!" rief draußen der Tritzel.
„Es ist kein Riegel", berichtigte ich nach längerem Umhertasten.
„Lalli! Wird doch ein Riegel sein. Jedes Schloß hat einen Riegel."
„Aber das ist ein eisernes Schloß mit dem Blechmantel, und man kann nicht dazu."
„Ein eisernes? – Du verdammt! hätt' ich bald gesagt, christlich Weih' ausgenommen." Also er draußen. „Wart', Buberl, greif ans Fenster. Da hast eine Zündholzschachtel. Damit zünd'st die Kerzen an, die auf dem Altar stehen. – – Raspel nur, raspel! Aber du raspelst ja auf der verkehrten Seiten, wo das Weibsbild pickt! Auf der rauhen mußt raspeln! So! Brennt's schon? Richtig, brennt schon, bist ein Buberl, ein braves. Kannst noch Meßner werden, du, oder gar Pfarrer und Bischof, und noch ein bissel später Papst. Ei, das wohl! – Du Buberl, weil du schon drinnen bist, geh' schau, siehst auf dem Altar kein zinnernes Schüsserl stehen?"
„Ja", antwortete ich, „und sind mächtig viel Kreuzer und Groschen drin."
„Hat 's die Alte akurat wieder stehen lassen!" sagte der Tritzel draußen in grollendem Tone. „Wenn man halt nicht überall nachschaut! Auf die alten Weiber ist hell kein Verlaß. Für was geht sie denn Brot sammeln bei den Bauern, wegen Kapellendienst, wenn sie doch aufs Geld nicht schaut! Schandbare Leichtsinnigkeit! Mach', Bub, gib's heraus! Das Schüsserl sollst mir herausgeben, das zinnerne Geldschüsserl!"
Jetzt, das kam mir nicht ganz richtig vor.
„Kirchen ausrauben?" sagte ich endlich.

„So ist's! Kirchen ausrauben kunnten sie, die Schelm', wenn man das Geld tät' stehen lassen da in der Kapellen!" sprach der Tritzel. „Kirchengut muß man wahren. Geh', Buberl, gib's heraus, schau, ich g'lang schon." Reckte den Arm zum Fensterchen herein und krabbelte mit den langen, hageren Fingern in der Luft umher.
„O nein", war mein Bescheid, „das holt Sonntags allemal der Pfarrer. Kirchenausrauben tu' ich nicht."
„Kindisch, wer redet denn von so was! Bei dem heiligen Gang so dumm reden! Dich wird unser Herrgott noch einmal recht strafen! Dem Herrn Pfarrer tragen wir das Geld hinab. Der Herr Pfarrer hat mich gebeten, daß ich ihm von der Kreuzkapellen das Geld möcht' holen."
„So hol's, Tritzel."
„Wenn ich aber nicht hinein kann. Und du bist schon drinnen. Willst in den Himmel kommen?"
„Ja freilich."
„So gib mir das Geld heraus!"
Ein kleines Weilchen überlegte ich, da war's, als flüsterte irgendwo jemand: Tu's nicht! Tu's nicht! Und laut war mein Schrei: „Nein, ich tu's nicht!"
„Waldbauernbübel, mach' keine Geschichten!" schmeichelte er draußen. „Dem Herrn Pfarrer muß man das Wort halten. Kannst ihn auch einmal zu brauchen haben. Steig' nur auf die Betbank und gib's heraus. Verstreu' nichts, jeder blutige Kreuzer ist heilig! Na, mach', Bürschel, mach'! Kriegst nachher was von mir!"
Es half ihm nichts. Und als er das endlich einsah, ging er fluchend von dannen. Der Boden knarrte, da er über den Schnee hinschritt gegen den Wald.
Ich war in eine trotzige Stimmung gekommen, ohne eigentlich recht zu wissen,warum. Als es jetzt aber ganz stille war in der dämmerigen Kapelle, und die zwei von mir angezündeten Kerzen wie Totenlichter brannten vor dem Kreuzbilde, da begann mir unheimlich zu werden. Das Blut sah ich an den Händen und Füßen des Gekreuzigten, und als ich so hinaufstarrte zum blassen, dornengekrönten

Antlitze mit dem gebrochenen Aug', da war's, als bewege sich ein wenig das Haupt. Nur ein einzigmal – und dann war's wieder wie früher.
Mein Versuch, vermittels eines Betpultes zum Fenster wieder hinauszukriechen, mißlang; so faßte ich den vom Türmchen niederhängenden Glockenstrick und hub an zu ziehen, aber nicht gleichmäßig, sondern mit heftigen Zügen und in Absätzen, wie man die Feuerglocke läutet. Als die Erschöpfung kam, setzte ich mich an die Altarstufen und wartete auf einen Retter.
Es erschien weder der Tritzel, noch jemand anderer. Schreien und Poltern, neues Zerren am Stricke. Endlich ganz matt geworden, mußte mich der Schlaf übermannt haben. Als ich wieder zu mir kam, flackerte vor dem starren Kreuze nur noch eine Kerze in den letzten Zügen, die andere war niedergebrannt und ausgeloschen. Zum Fenster schaute die Nacht herein. Neu erwachende Angst gab mir zugleich neuen Mut; ich kletterte wieder auf die Betbank, zwängte mich durch das Fenster, diesmal zuerst den Kopf und den rechten Arm hinaus, und jetzt ging es. Ich fiel in den Schnee, blieb aber nicht lange liegen, sondern lief wegshin. Der Boden war gefroren, der Himmel sternenbesäet. Was ich bei all diesen Unternehmungen gedacht habe, weiß ich nicht – sehr viel kaum; wenn der Mensch soviel tut, hat er nicht Zeit zum Denken. Nun aber, als ich über die Felder hinablief und von weitem ein zuckendes Lichtlein sah, das immer näher kam, dachte ich: Am Ende kommt mir jetzt der liebe Heiland entgegen. – Und er war's. Voran schritt ein Knecht vom Schützenhof mit Laterne und Glöcklein, hinter ihm drein der Pfarrer in Chorrock und Stola, an seinem Busen das Sakrament bergend. Alsogleich kniete ich am Wegrande nieder, wie es Sitte ist, und bat um den Segen.
Der Pfarrer blieb stehen und sagte: „Das ist ja der Waldbauernbub. Warum bist du noch aus, so spät in der Nacht?"
Hab' ich denn erzählt, daß der Tagwerker Tritzel mich in

die Kreuzkapelle gesteckt, um ihm das Opfergeld herauszulangen, und weil ich es nicht tun wollen, er mich im Stiche gelassen hätte.
„O, dieser Spitzbub!“ rief der Knecht vom Schützenhofe aus. „Aber heut’ ist sein Krügel ’brochen. Hat den Ostermontag, wo die Leut’ im Wirtshaus sitzen, nicht unbenützt lassen wollen. Von der Kreuzkapellen in den Schützenhof, dort beim Bodenfenster einsteigen, Kästen ausrauben, vom Bauer derwischt und niedergeschlagen werden. – Ja, mein lieber Waldbauernbub, das sind Geschichten! Und jetzt ist der Tritzel just beim Sterben. Um den Geistlichen geht’s ihm, ich glaub’, diesmal ist’s sein Ernst. Und so bin ich halt gelaufen bei der Nacht. Jetzt rucken wir wieder an, er wird hart warten.“
Der Pfarrer gab mir den Segen, dann schritten sie weiter. Noch lange sah ich das Lichtlein dahingleiten, bis es endlich zuckend zwischen dem Gestämme des Waldes verschwunden war.

Ein funkelnagelneues Jahr

Übrigens so schlimm ist es ja gar nicht. Der Mensch ist allmächtig und allwissend. Allmächtig durch die Phantasie und allwissend durch die Theorie.. Er ist der Schöpfer der Begriffe. Er stellt sich was vor und mit dieser beliebigen Vorstellung mißt er alle Dinge. Vorwegs ist ja alles unbegreiflich, aber der Mensch macht sich einen „Begriff“. Der Begriff ist sein Eigentum, sein ganzes Um und Auf. Zum Beispiel: der Begriff von *neben*einander, das ist der Raum. Der Begriff von *nach*einander, das ist die Zeit.
Wir haben da ein neues Jahr im Kopf. Im Kopf ist es fix und fertig. Dieses „Jahr“ ist nicht etwas Gewordenes, es ist etwas Gemachtes. Etwas ganz willkürlich Gemachtes und Eingeredetes. Es hält sich nicht etwa an das durchschnittliche Menschenalter, dann müßte das Jahr an fünfzigmal so lang sein. Es hält sich nicht an den Sonnenlauf,

sonst müßte es an einem Sonnwendtage oder an einem Tage der Tages- und Nachtgleiche beginnen. Ohne allen Sinn, nur an lässiges Herkommen geheftet, läßt der Mensch sein Jahr irgend einmal beginnen und nennt den Tag den ersten Jänner. Der letzte Dezember ist zwar von Natur wegen genau so ein Tag, wie der erste Jänner. Aber der Mensch mit seiner Phantasie und Theorie macht zwischen diesen zwei Tagen einen großen Unterschied. Den Unterschied zwischen Greis und Kind.

Da es schon alle Welt so treibt, so kann man es dem phantastisch-wilden Waldbauernbuben nicht verdenken, wenn er am Abend des Silvestertages auf der Anhöhe hinter dem Berghause steht und dem sterbenden Jahre zuschaut.

Spät und mühesam war die Sonne hinter dem Wechselgebirge heraufgestiegen, mit blassem Gesicht und tiefhängendem Kopf kroch sie am Himmel mühsam dahin. Um zehn Uhr vormittags, als die Hausmutter das zweitemal ihr Herdfeuer anblies, kam die Sonne an der kahlen, reifgrauen Esche vorbei; um Mittag war sie erst bei den Fichtenwipfeln. Höher ging's nicht mehr, erschöpft sank sie dem Waldschachen zu und hinter demselben hinab. Der Schein auf dem schneebedeckten Hausdach erblaßte, die Wipfel der Fichtengruppe, die erst wie grünes Gold geleuchtet hatten, wurden schwarz und standen als finstere Zacken in den Himmel hinein. Über den fernen Almen lag glatt und blaß das Leichentuch und hinter ihnen dunkelte feierlich die Nacht herauf, in der allmählich Sternlein zu glimmen begannen, wie Ampeln an einer Bahre. Tagsüber waren von den Dachrändern Tropfen gefallen, zu hören, wie das Ticken von Uhren; das war nun still geworden. An den Dachrändern hingen Eiszapfen – erdwärts wachsend. Auch der Hausbrunnen hatte ein Eismäntelchen angelegt und sein bisher ununterbrochenes Rauschen eingestellt, gleichsam nur noch hinter der hohlen Hand Geheimnisse flüsternd. Die Hühner hatten ihre Stangen gesucht und gackerten nicht mehr, sondern hockten unbeweglich und horchten. Die Rinder im Stalle lagen auf frischer Streu und scharrten im Wiederkäuen mit den Zähnen. Der Vater aber ging würdigen und leisen Schrittes mit einem Rauchgefäß im Hofe herum, beräucherte sein Hab und Gut: das Haus, den Brunnen, die Ställe, den Dunghaufen, die Vorräte und Werkzeuge, die Tiere und die Menschen. Das war sein Segnen am Ende einer Zeit. Denn die Sonne des Jahres war gestorben und versunken.

Trotz der feierlichen Stimmung sagte ein schalkhafter Knecht: „Jetzt wird's lang finster bleiben. Die Sonn' geht erst im nächsten Jahr wieder auf." Und beim Nachtmahl hieben sie mit den breiten Hornlöffeln tief in die Schüssel: „Brav Sterz essen, heunt! Heuer kriegen wir nix meh'!"

Und dann – es war ja in meinem Vaterhause – legten wir uns schlafen. Die Neujahrsstunde erwarten, das war im Waldhause nicht der Brauch. Der Schlaf des Gesunden, die Leiden des Kranken, die Träume und die Sorgen, das alles war wie in jeder Nacht. Ich aber in meinem Dachkammerbette hatte weder Schlaf noch Schmerzen, weder Träume noch Sorgen – ich wachte, hielt Ohren und Augen auf und wartete auf das neue Jahr. Das Geheimnis der Nacht lag über dem einsamen Hause. Wenn sonst draußen der Wind ging, da ächzte immer ein wenig die Holzwand; heute ächzte sie auch manchmal, aber so, als ob jemand im Sterben läge. Durch das Fenster sah ich Sterne. Sie benahmen sich nicht viel anders als sonst, und doch merkte man, es gehe was Besonderes vor, dort oben. Auch wußte ich's von der Ahne: In der Neujahrsnacht tun die lieben Engelein Sterne scheuern, daß sie schön funkelblank werden fürs neue Jahr. – Unten in der großen Stube schlug heiser röchelnd die Wanduhr. Elf Schläge. Das ist nun die letzte Stunde. Ich hub an zu denken, was in diesem jetzt vergehenden Jahre alles gewesen war. Zu Lichtmeß hatte die Katze den Finken in der „Vogelsteigen" getötet. Zu Ostern hatte mir der Fleischhacker, als er das Kälbel holte, zwei Groschen Futtergeld geschenkt. Eine Woche vor Pfingsten hatte ich mein Taschenmesser mit der Schildkrötenschale verloren. Am Peter- und Paulitag war die Geschichte mit der Tabakspfeife und dem Angstschweiß. Zu Jakobi einen Zahn reißen lassen, hat fünf Groschen gekostet. Zu Michaeli ein Schaf von einem Jagdhund verjagt worden. Drei Tage vor Allerheiligen beim Forellenfangen in den Bach gefallen, vom Fischpächter herausgezogen und geschopft worden. Das waren die hervorragendsten Ereignisse des Jahres. Möglicherweise waren in der Welt noch wichtigere vorgegangen; möglicherweise sogar um mich und in mir selber. Man sieht nur die oberflächlichsten, es geht auch den Erwachsenen nicht anders. Die geheimen Mächte in unserem Innern, die sachte wirkenden Wünsche und Leidenschaften, die Entwicklung von Schuld oder Seligkeit – diese stillen aber großen Schicksalsgewalten, die uns das Jahr über geändert haben, so daß wir am Ende desselben nicht mehr das sind, was wir am Anfang gewesen – selten gedenken wir ihrer bei der Rückschau am Silvesterabend.

Aber die Ereignisse, die flüchtigen, versinken mit dem Jahre. – Noch die letzten Minuten. Die Spannung wächst. Es ist, als ob man einem Sterbenden zusähe bei seinen letzten Atemzügen. Man wünscht, daß es zu Ende wäre, und will ihn doch nicht lassen scheiden. Noch ein Atemzug – und noch einer. – – Und noch einer ... Nun schlägt die Uhr. – Es ist aus. Es geht an.

„Hat's nicht einen Schnalzer gemacht irgendwo am Himmel? Nicht einen Ruck, einen Stoß gegeben in der Weltkugel? Nein, die Uhr geht ihren gleichmäßigen Schritt, und der, mit dem sie über den Abgrund gestiegen, war nicht größer gewesen als die anderen.

Ich dachte, in Gottes Namen, jetzt ist das neue Jahr! Und legte mich aufs andere Ohr. Nun schlafen. Neben Sterbenden wacht man, neben Neugeborenen schläft man. Die ersten Stunden des funkelnagelneuen Jahres gehören dem Traum – dem Zukunftsgesichte. Vielleicht kann es weissagen. Doch siehe, auch die *neue* Straße ist nächtig und nebelig.

In einer solchen Neujahrsnacht sah der kleine Waldbauernbub einmal einen Fußsteig, der in der Wildnis steil bergan ging. Ein Knabe mit dem Hirtenstabe stieg munter hinauf. Der Hirtenstab ward zum Wanderstabe – ein neues Land, ein neues Leben in Wort und Geist, ein dornenreiches, freudenreiches, köstliches! – Plötzlich erwachend, wußte ich, es war meine Zukunft. Aber groß verwundert habe ich mich nicht. War es doch in einem der früheren Leben auch einmal so ähnlich gewesen. Ist ja recht, wenn's so kommt, ist ja recht. – Damit legte ich mich aufs andere Ohr. In dem darauffolgenden Jahre kam aber gar nichts, als wieder die Reihe der Kindereien. Der Traum indes wiederholte sich, er gehörte zur Art jener Träume, die immer wieder einsetzen und weiterspinnen und mit denen man allmählich so vertraut wird, daß sie neben dem wirklichen Leben wie ein zweites wirkliches Leben einherranken, bis endlich die beiden Leben, das wirkliche und das geträumte, in eins zusammenfließen, um sich zeitweilig wieder zu spalten und gelegentlich auch die Rollen zu wechseln. Hatte ich einst einen glücklichen Büchermann geträumt, so träume ich jetzt den noch glücklicheren Waldbauernbuben.

Nun, und wie war nach solcher Neujahrsnacht der erste Morgen? War er wirklich funkelnagelneu? Nein. Die Fensterscheiben hatten geradeso ihre Eisgärten, wie an gewöhnlichen Wintertagen. Die Sonne ging geradeso trüb und träge auf, kroch geradeso kraftlos über die kahle Esche hin, kam geradeso spät zu den Fichtenwipfeln und ging geradeso schläfrig und frühzeitig zu Bette, wie gestern. Und doch – es war eine andere Sonne! Gestern konnte sie nicht empor, weil sie eine alte Frau war, heute kann sie nicht, weil sie noch ein Kind ist.

Die Sonne hatte dem Buben aber schon Gedanken gemacht. Da stimmte etwas nicht.

„Vater, wie ist denn das, daß über dem Wechselgebirge alle Tage eine Sonne aufgeht?"

„Mein Kind, das ist die Allmacht Gottes."

„Ja, hat Gott denn so viele Sonnen im Sack?"
„Kind, ich sage es dir noch einmal, das ist die Allmacht Gottes."
Dann aber kam der Schulmeister. Zuerst der kleine und hernach die großen, und die Schulmeister wollten gar nicht mehr aufhören. Sie stellten die Welt auf den Kopf, so daß der Himmel einmal unten war und die Erde oben. Sie ließen die Erdkugel tanzen, wie mein jüngstes Brüderchen den Schnurrhiesel, den ihm der Vater gemacht hatte. Und sie ließen diese tanzende Weltkugel alle Jahre einmal um die Sonne kreisen, die unendlich größer war als die Erde und anderseits doch wieder unendlich kleiner als andere Sonnen, die im unendlichen Raum unter- und durcheinanderwirbelten, jede auf ihrer bestimmten, unabänderlichen Bahn. – So war's, jetzt wußte man's. Aber seit wann es war? Warum es war? Durch wen es war? Das wußte man nicht.
Früher die Welt und die Allmacht Gottes darüber, das war so einfach gewesen. Und jetzt alles so ungeheuerlich und unbegreiflich, tausendmal unbegreiflich. Man hatte keinen Boden mehr unter den Füßen, kein Dach mehr über dem Haupte, keine Richtschnur mehr in der Hand – man hing nur so da und wurde mitgewirbelt, daß dem armen Waldbauernbuben Hören und Sehen verging.
Früher hatte er gewußt, daß zur Jahreswende das Knistern der Kohlen in dem Ofen, das Miauen der Katze von der Zukunft spricht; hatte gewußt, daß die Form des gegossenen Bleies, das Begegnen gewisser Personen am Neujahrsmorgen von der Zukunft spricht; hatte gewußt, daß man mit Almosen und Beten den Himmel bewegen kann, ein glückseliges Jahr niederzuregnen und herabzulachen. Und jetzt sagte der Schulmeister, auf das alles sei kein Verlaß. Und wenn der Knabe fragte, auf *was* denn eigentlich ein Verlaß wäre, wußte der alte Herr keine rechte Antwort. Er suchte lange nach einer herum und sagte schließlich ganz leise: Urkraft. Allmacht. Weltgeist. – Gott.
Wie? – Allmacht? Gott?

So war wieder ein funkelnagelneues Jahr gekommen. Es stand im Glanze des Himmels. Trotz allem Leide – es war zum Jauchzen.

Wenn nun die Menschen, bangend vor dem Rollen der Zeiten, draußen in der starren Schneelandschaft nachsinnen den ewigen Dingen, oder wenn sie in der Kirche beten, so andächtig, wie man das ganze Jahr hindurch nicht beten sieht, da sagt der alte Waldbauernbub leise vor sich hin: Bange sein sollen wir nicht, wir sollen freudig sein. Und wenn in der langen Winternacht alles zu ersterben droht und das zitternde Menschenherz beim Jahresbeginn sich fragt: Werde ich mich noch einmal durchzuschlagen vermögen? Und wenn am Fenster ein Sarg vorbeigetragen wird, gerade am Neujahrstage, und der Abergläubische nichts gesehen haben will und doch des unheimlichen Zeichens nicht zu vergessen vermag, da sagt der alte Bub: Bange sein sollen wir nicht, wir sollen freudig sein. Der Herr der Zeiten hebt die Sonne höher von Tag zu Tag und läßt sie hinfliegen über Winter und Sommer, über Sarg und Wiege. Das irdische Jahr mit all seinem Wandel, nichts bedeutet es vor Gottes Ewigkeit, der an Größe nur eines standhält – die unsterbliche Seele des Menschen. Vor dieser sind alle Jahresläufe und alle Geschicke im letzten Sinne ohnmächtig. Arm in Arm mit Gott ist sie die Schöpferin der Zeit und die Beherrscherin des Raumes, schreitet groß und des ewigen Lebens froh über Welten und Sonnen dahin.

So ist der alte Bub vom kindlichen Glauben durch die Erkenntnis gegangen und mit der Erkenntnis wieder zum Glauben gelangt. Und so – denkt er – möchte allen, die guten Willens sind, endlich wieder einmal kommen ein funkelnagelneues, ein glückseliges neues Jahr, eine Zeit göttlicher Weltfreudigkeit.

Als ich das erstemal auf dem Dampfwagen saß

Noch viel seltsamer als diese Dinge waren, ist jenes Erlebnis gewesen, das hier erzählt wird.

Mein Oheim, der Knierutscher Jochem – er ruhe in Frieden! – war ein Mann, der alles glaubte, nur nicht das Natürliche. Das Wenige von Menschenwerken, was er begreifen konnte, war ihm göttlichen Ursprungs; das Viele, was er nicht begreifen konnte, war ihm Hexerei und Teufelsspuk. – Der Mensch, das bevorzugteste der Wesen, hat zum Beispiel die Fähigkeit, das Rindsleder zu gerben und sich Stiefel daraus zu verfertigen, damit ihn nicht an den Zehen friere; diese Gnade hat er von Gott. Wenn der Mensch aber hergeht und den Blitzableiter oder gar den Telegraphen erfindet, so ist das gar nichts anderes als eine Anfechtung des Teufels. – So hielt der Jochem den lieben Gott für einen gutherzigen, einfältigen Alten (ganz wie er, der Jochem, selber war), den Teufel aber für ein listiges, abgefeimtes Kreuzköpfel, dem nicht beizukommen ist und das die Menschen und auch den lieben Gott von hinten und vorn beschwindelt.

Abgesehen von dieser hohen Meinung vom Luzifer, Beelzebub (was weiß ich, wie sie alle heißen), war mein Oheim ein gescheiter Mann. Ich verdankte ihm manches neue Linnenhöslein und manchen verdorbenen Magen.

Sein Trost gegen die Anfechtungen des bösen Feindes und sein Vertrauen war die Wallfahrtskirche Mariaschutz am Semmering. Es war eine Tagreise dahin und der Jochem machte alljährlich einmal den Weg. Als ich schon hübsch zu Fuße war (ich und das Zicklein waren die einzigen Wesen, die mein Vater nicht einzuholen vermochte, wenn er uns mit der Peitsche nachlief), wollte der Jochem auch mich einmal mitnehmen nach Mariaschutz.

„Meinetweg'", sagte mein Vater, „da kann der Bub gleich die neue Eisenbahn sehen, die sie über den Semmering jetzt gebaut haben. Das Loch durch den Berg soll schon fertig sein."

„Behüt' uns der Herr", rief der Jochem, „daß wir das Teufelszeug anschau'n! 's ist alles Blendwerk, 's ist alles nicht wahr."
„Kann auch sein", sagte mein Vater und ging davon.
Ich und der Jochem machten uns auf den Weg; wir gingen über das Stuhleckgebirge, um ja dem Tale nicht in die Nähe zu kommen, in welchem nach der Leut' Reden der Teufelswagen auf und ab ging. Als wir aber auf dem hohen Berge standen und hinabschauten auf den Spitalerboden, sahen wir einer scharfen Linie entlang einen braunen Wurm kriechen, der Tabak rauchte.
„Jessas Maron!" schrie der Jochem, „das ist schon so was! spring' Bub!" – Und wir liefen die entgegengesetzte Seite des Berges hinunter.
Gegen Abend kamen wir in die Niederung, doch – entweder der Jochem war hier nicht wegkundig oder es hatte ihn die Neugierde, die ihm zuweilen arg zusetzte, überlistet, oder wir waren auf eine „Irrwurzen" gestiegen – anstatt in Mariaschutz zu sein, standen wir vor einem ungeheuren Schutthaufen und hinter demselben war ein kohlfinsteres Loch in den Berg hinein. Das Loch war schier so groß, daß darin ein Haus hätte stehen können, und gar mit Fleiß und Schick ausgemauert; und da ging eine Straße mit zwei eisernen Leisten daher und schnurgerade in den Berg hinein.
Mein Oheim stand lange schweigend da und schüttelte den Kopf; endlich murmelte er: „Jetzt stehen wir da. Das wird die neumodische Landstraßen sein. Aber derlogen ist's, daß sie da hineinfahren!"
Kalt wie Grabesluft wehte es aus dem Loche. Weiter hin gegen Spital in der Abendsonne stand an der eisernen Straße ein gemauertes Häuschen; davor ragte eine hohe Stange, auf dieser baumelten zwei blutrote Kugeln. Plötzlich rauschte es an der Stange und eine der Kugeln ging wie von Geisterhand gezogen in die Höhe. Wir erschraken baß. Daß es hier mit rechten Dingen nicht zuginge, war leicht zu merken. Doch standen wir wie festgewurzelt.

„Oheim Jochem“, sagte ich leise, „hört Ihr nicht so ein Brummen in der Erden?“
„Ja, freilich, Bub“, entgegnete er, „es donnert was! es ist ein Erdbiden (Erdbeben).“ Da tat er schon ein kläglich Stöhnen. Auf der eisernen Straße heran kam ein kohlschwarzes Wesen. Es schien anfangs stillzustehen, wurde aber immer größer und nahte mit mächtigem Schnauben und Pfustern und stieß aus dem Rachen gewaltigen Dampf aus. Und hintenher –
„Kreuz Gottes!“ rief der Jochem, „da hängen ja ganze Häuser dran!“ Und wahrhaftig, wenn wir sonst gedacht hatten, an der Lokomotive wären ein paar Steirerwäglein gespannt, auf denen die Reisenden sitzen konnten, so sahen wir nun einen ganzen Marktflecken mit vielen Fenstern heranrollen, und zu den Fenstern schauten lebendige Menschenköpfe heraus, und schrecklich schnell ging's, und ein solches Brausen war, daß einem der Verstand still stand. Das bringt kein Herrgott mehr zum Stehen! fiel's mir noch ein. Da hub der Jochem die beiden Hände empor und rief mit verzweifelter Stimme: „Jessas, Jessas, jetzt fahren sie richtig ins Loch!“
Und schon war das Ungeheuer mit seinen hundert Rädern in der Tiefe; die Rückseite des letzten Wagens schrumpfte zusammen, nur ein Lichtlein davon sah man noch eine Weile, dann war alles verschwunden, bloß der Boden dröhnte und aus dem Loche stieg still und träge der Rauch.
Mein Oheim wischte sich mit dem Ärmel den Schweiß vom Angesicht und starrte in den Tunnel.
Dann sah er mich an und fragte: „Hast du's auch gesehen, Bub?“
„Ich hab's auch gesehen.“
„Nachher kann's keine Blenderei gewesen sein“, murmelte der Jochem.
Wir gingen auf der Fahrstraße den Berg hinan; wir sahen aus mehreren Schachten Rauch hervorsteigen. Tief unter unseren Füßen im Berge ging der Dampfwagen.

„Die sind hin wie des Juden Seel'!" sagte der Jochem und meinte die Eisenbahnreisenden. „Die übermütigen Leut' sind selber ins Grab gesprungen!"

Beim Gasthause auf dem Semmering war es völlig still; die großen Stallungen waren leer, die Tische in den Gastzimmern, die Pferdetröge an der Straße waren unbesetzt. Der Wirt, sonst der stolze Beherrscher dieser Straße, lud uns höflich zu einer Jause ein.

„Mir ist aller Appetit vergangen", antwortete mein Oheim, „gescheite Leut' essen nicht viel, und ich bin heut' um ein Stückel gescheiter worden." Bei dem Monumente Karls VI., das wie ein kunstreiches Diadem den Bergpaß schmückt, standen wir still und sahen ins Österreicherland hinaus, das mit seinen Felsen und Schluchten und seiner unabsehbaren Ebene fern dorthin lag. Und als wir dann abwärts stiegen, da sahen wir drüben in den wilden Schroffwänden unseren Eisenbahnzug gehen – klein wie eine Raupe – und über hohe Brücken, fürchterliche Abgründe setzen, an schwindelnden Hängen gleiten, bei einem Loch hinein, beim andern hinaus – ganz verwunderlich.

„'s ist auf der Welt ungleich, was heutzutag' die Leut' treiben", murmelte der Jochem.

„Sie tun mit der Weltkugel kegelscheiben!" sagte ein eben vorübergehender Handwerksbursche.

Als wir nach Mariaschutz kamen, war es schon dunkel.

Wir gingen in die Kirche, wo das rote Lämpchen brannte, und beteten.

Dann genossen wir beim Wirt ein kleines Nachtmahl und gingen an den Kammern der Stallmägde vorüber auf den Heuboden, um zu schlafen.

Wir lagen schon eine Weile. Ich konnte unter der Last der Eindrücke und unter der Stimmung des Fremdseins kein Auge schließen, vermutete jedoch, daß der Jochem bereits süß schlummere; da tat dieser plötzlich den Mund auf und sagte:

„Schlafst schon, Bub?"

„Nein", antwortete ich.
„Du", sagte er, „mich reitet der Teufel!"
Ich erschrak. So was an einem Wallfahrtsort, das war unerhört.
„Ich muß vor dem Schlafengehen keinen Weihbrunn' genommen haben", flüsterte er, „'s gibt mir keine Ruh', 's ist arg, Bub."
„Was denn, Pate?" fragte ich mit warmer Teilnahme.
„Na, morgen, wenn ich kommuniziere, leicht wird's besser", beruhigte er sich selbst.
„Tut Euch was weh', Oheim?"
„'s ist eine Dummheit. Was meinst, Bübel, weil wir schon so nah' dabei sind, probieren wir's?"
Da ich ihn nicht verstand, so gab ich keine Antwort.
„Was kann uns geschehen?" fuhr er fort, „wenn's die anderen tun, warum nicht wir auch? Ich lass' mir's kosten."
Er schwätzt im Traum, dachte ich bei mir selber und horchte mit Fleiß.
„Da werden sie einmal schauen", fuhr er fort, „wenn wir heimkommen und sagen, daß wir auf dem Dampfwagen gefahren sind!"
Ich war gleich dabei.
„Aber eine Sündhaftigkeit ist's!" murmelte er, „na, leicht wird's morgen besser, und jetzt tun wir in Gottes Namen schlafen."
Am anderen Tage gingen wir beichten und kommunizieren und rutschten auf den Knien um den Altar herum. Aber als wir heimwärts lenkten, da meinte der Oheim nur, er wolle sich dieweilen gar nichts vornehmen, er wolle nur den Semmeringbahnhof sehen, und wir lenkten unseren Weg dahin.
Beim Semmeringbahnhof sahen wir das Loch auf der anderen Seite. War auch kohlfinster. – Ein Zug von Wien war angezeigt. Mein Oheim unterhandelte mit dem Bahnbeamten, er wolle zwei Sechser geben, und gleich hinter dem Berg, wo das Loch aufhört, wollten wir wieder absteigen.

„Gleich hinter dem Berg, wo das Loch aufhört, hält der Zug nicht", sagte der Bahnbeamte lachend.
„Aber wenn wir absteigen wollen!" meinte der Jochem.
„Ihr müßt bis Spital fahren. Ist für zwei Personen zweiunddreißig Kreuzer Münz."
Mein Oheim meinte, er lasse sich was kosten, aber soviel wie die hohen Herren könne er armer Mann nicht geben; zudem sei an uns beiden ja kein Gewicht da. – Es half nichts; der Beamte ließ nicht handeln. Der Oheim zahlte; ich mußte zwei „gute" Kreuzer beisteuern. Mittlerweile kroch aus dem nächsten, unteren Tunnel der Zug hervor, schnaufte heran, und ich glaubte schon, das gewaltige Ding wolle nicht anhalten. Es zischte und spie und ächzte – da stand es still.
Wie ein Huhn, dem man das Hirn aus dem Kopfe geschnitten, so stand der Oheim da, und so stand ich da. Wir wären nicht zum Einsteigen gekommen; da schupfte der Schaffner den Jochem in einen Wagen und mich nach. In demselben Augenblicke wurde der Zug abgeläutet und ich hörte noch, wie der ins Gelaß stolpernde Jochem murmelte: „Das ist meine Totenglocke." Jetzt sahen wir's aber: im Wagen waren Bänke, schier wie in einer Kirche; und als wir zum Fenster hinausschauten – „Jessas und Maron!" schrie mein Oheim, „da draußen fliegt ja eine Mauer vorbei!" – Jetzt wurde es finster und wir sahen, daß an der Wand unseres knarrenden Stübchens eine Öllampe brannte. Draußen in der Nacht rauschte und toste es, als wären wir von Wasserfällen umgeben, und ein- ums andermal hallten schauerliche Pfiffe. Wir reisten unter der Erde.
Der Jochem hielt die Hände auf dem Schoß gefaltet und hauchte: „In Gottes Namen. Jetzt geb' ich mich in alles drein. Warum bin ich der dreidoppelte Narr gewesen."
Zehn Vaterunser lang mochten wir so begraben gewesen sein, da lichtete es sich wieder, draußen flog die Mauer, flogen die Telegraphenstangen und die Bäume und wir fuhren im grünen Tale.

Mein Oheim stieß mich an der Seite: „Du, Bub! Das ist gar aus der Weis' gewesen, aber jetzt – jetzt hebt's mir an zu gefallen. Richtig wahr, der Dampfwagen ist was Schönes! Jegerl und jerum, da ist ja schon das Spitalerdorf! Und wir sind erst eine Viertelstunde gefahren! Du, da haben wir unser Geld noch nicht abgesessen. Ich denk', Bub, wir bleiben noch sitzen."
Mir war's recht. Ich betrachtete das Zeug von innen und ich blickte in die fliegende Gegend hinaus, konnte aber nicht klug werden. Und mein Oheim rief: „Na, Bub, die Leut' sind gescheit! Und daheim werden sie Augen machen! Hätt' ich das Geld dazu, ich ließe mich, wie ich jetzt sitz', auf unseren Berg hinauffahren!"
„Mürzzuschlag!" rief der Schaffner. Der Wagen stand; wir schwindelten zur Tür hinaus.
Der Türsteher nahm uns die Pappeschnitzel ab, die wir beim Einsteigen bekommen hatten, und vertrat uns den Ausgang. „He, Vetter!" rief er, „diese Karten galten nur bis Spital. Da heißt's nachzahlen, und zwar das Doppelte für zwei Personen; macht einen Gulden sechs Kreuzer!"
Ich starrte meinen Oheim an, mein Oheim mich. „Bub", sagte dieser endlich mit sehr umflorter Stimme, „hast du ein Geld bei dir?"
„Ich hab' kein Geld bei mir", bekannte ich.
„Ich hab' auch keins mehr", murmelte der Jochem.
Wir wurden in eine Kanzlei geschoben, dort mußten wir unsere Taschen umkehren. Ein blaues Sacktuch, das für uns beide war und das die Herren nicht anrührten, ein hart Rindlein Brot, eine rußige Tabakspfeife, ein Taschenfeitel, etwas Schwamm und Feuerstein, der Beichtzettel von Mariaschutz und der lederne Geldbeutel endlich, in dem sich nichts befand als ein geweihtes Messingamulettchen, das der Oheim stets mit sich trug im festen Glauben, daß sein Geld nicht ganz ausgehe, solange er das geweihte Ding im Sacke habe. Es hatte sich auch bewährt bis auf diesen Tag – und jetzt war's auf einmal aus mit seiner Kraft. – Wir durften unsere Habseligkeiten zwar wieder einstecken,

wurden aber stundenlang auf dem Bahnhofe zurückbehalten und mußten mehrere Verhöre bestehen.
Endlich, als schon der Tag zur Neige ging, zur Zeit, da, auf ehrlichen Füßen wandernd, wir leicht schon hätten zu Hause sein können, wurden wir entlassen, um nun den Weg über Berg und Tal in stockfinsterer Nacht zurückzulegen.
Als wir durch den Ausgang des Bahnhofes schlichen, murmelte mein Oheim: „Beim Dampfwagen da – ’s ist doch der Teufel dabei!“

Als ich den Kaiser Josef suchte

Ich habe mich unversehens in die reiferen Jahre herauferzählt und muß jetzt jenes Erlebnis nachholen, das der junge Waldbauernbub einst gehabt und der alte nachher aus dämmernder Erinnerung wiedergegeben hat.
Heut’, mein lieber Waldbauernbub, heut’ magst du deine Füße in meine Schuhe stecken, aber dazumal bin ich noch selber barfuß gegangen, hab’ dir nicht helfen können, und wir haben allzwei nicht gewußt, daß es eine arge Sach’ ist, wenn man mit nackten Füßen den Schafen nach über Stoppelfelder laufen, über Steinhaufen klettern, über Brennesseln springen muß. Hatten denn die Schafe und die Ziegen Stiefel an? Stiefel nicht, aber Schlappschühlein wohl.
Nur nicht erst auf die Kälte warten. Wir liefen und hüpften wie die Lämmlein, bis die Sonne den Reif aufleckte, als ob er Zucker gewesen wäre. Hätten wir dazumal nur von jenen Dichtern schon was gewußt, welche aus Tautropfen Diamanten machen, wir hätten uns leicht ein warmes Gewand kaufen mögen; in mancher Morgenfrüh’ hing jeder Grashalm voll von Diamanten. Aber so schön vermochten wir uns das Schäferleben nicht auszumalen, als jene poetischen Leute es können, die noch nie mit nackten Füßen in Reif und Tau gestanden haben.

Ein Höslein hattest du an, von dem ich gesehen, daß es nicht mehr ganz tadellos war, wenn deines Vaters langer Zwilchrock die zweifelhaften Stellen nicht verdeckt hätte.

Deine Mütze, die – wenn die Sonne schien – mehr schadete als nützte, hättest wegtun mögen, denn sie zwängte die dichten buschigen Haare ein, die sonst dem Gesichte Schatten zu geben imstande gewesen wären. Ei, was lag dir am Schatten, du blasser Waldbauernbub, blicktest ja ganz geflissentlich in die Sonne hinein, wolltest ein gebräuntes Gesicht haben, wie der Knierutscherjakob.

Wenn man die Schafe aus dem Stalle läßt und so lange sie noch hungrig sind, laufen sie ganz gottlos über die Weide hinaus – das weißt. Jedes will das vorderste sein und den ausgiebigsten Bissen erhaschen; erst später kommen sie zur Ruhe und ist der Heißhunger gestillt, so grasen sie behaglich. –

Und das letzte, Halterbübel, gab für dich die rechte Zeit. In den Himmel magst schließlich auch nicht immer hineingucken – das macht dumm. Du steigst auf einen Steinhaufen, wärmest dir dort an den besonnten Platten die Hände, die Füße und was sonst noch zu wärmen ist, und dann – ja jetzt hebt ein anderes Kapitel an – du zerrst aus den Weiten des vielsäckigen Rockes ein Buch hervor, legst es auf dein lebendig Lesepult, die Knie, und hebst zu blättern an. –

Ja, das war derselbige Junge. Mit den Leuten ging er nicht allzugern um, sie waren meist recht roh oder bissig – mögen keinen, der nicht in allem so ist, wie sie sind. So unterhielt er sich mit solchen, die oft weit, weit von ihm waren, vielleicht in prächtigen Palästen, vielleicht längst vermodert. Mit solchen ging der barfüßige Waldbauernbub um und mit solchen saß er auf dem Steinhaufen. Sie waren nicht die dümmsten, sie wußten über alles zu sprechen, von allem zu erzählen, bei allem zu raten, waren oft recht spaßhaft noch dabei. Die ganze Welt ist nicht voll Stoppelfelder und Steinhaufen und alle Leute gehen nicht barfuß. Meere und Schiffe, Urwälder und Städte gibt es, wundervolle Kunstwerke und allerlei Unglaubliches. – Wenn der kleine Bursche des Nachts in seiner Strohkammer schlief, so träumte er davon.

Jetzt auf dem Steinhaufen, da las sich's besonders von der Wienerstadt gut. Vom Stefansturm, von der Türkenbelagerung, vom Volkssänger Augustin, vom Kaiserhaus, vom Kaiser Josef, der unter das Volk gegangen war, um dessen Leiden und Wünsche zu erfahren; der unter die Bauern gegangen war, um zu sehen, wie sich so ein Pflug angreift. – So lieb gewannst du den guten Kaiser Josef, daß du das Buch an die Wange drücktest, weil der Kaiser Josef selber nicht da war. Bilder waren im Buche und es schien die Sonne drauf; aber du wendest dein Auge drüber hinaus. Dort hinter dem blauen Wechsel liegt die Wienerstadt. – Wenn der Kaiser zu den Bauern gegangen ist, warum sollte der Waldbauernbub nicht zum Kaiser gehen? In einem oder zwei Tagen wäre er dort – wäre in Wien, ginge ins Kaiserhaus, auf den Stefansturm, ginge zum Donaustrom, wo Schiffe fahren, sähe alles. Spräche dann mit den Wienern, fragte, wie es ihnen gehe, wie sie's trieben, gäbe sich als den Waldbauernbuben aus Alpel zu erkennen, welcher ihre Bücher lese – und schlösse etwa Freundschaft mit ihnen.

Und da ist – du armer kleiner Bursche – ein Sehnen und eine Unruhe in dich gekommen, daß du gar nicht mehr zu lesen vermochtest im Buche, gar nicht mehr zu hocken auf dem Steinhaufen. Mit den langen Ärmeln, die weit über die Finger hinausgingen, hubst du an zu fächeln, jagtest die Schafe heimwärts, liefest zu deiner Mutter.

„Mutter, ich möcht' so viel gern nach Wien gehen."

„Wirst schon hinkommen, wenn du einmal Soldat bist."

„Nein, heute. Und ich erzähl' dem Kaiser, wie es uns geht, und daß er auch einmal ins Alpel kommen möcht'."

„Du Närrisch, was fällt dir denn ein?" rief die Mutter, „wer tät' denn die Schaf' halten und wo nähmst du das Gewand und das Geld her? Wirst jetzt auf Wien gehen!"

„Die Schaf' tät' ich schon in die Hald' (eingezäunte Weide) sperren. Den Rock liehe mir der Knierutscherjakob, die Hosen hab' ich selber und das Geld hab' ich auch selber – weil ich ja vorgestern mein Lampel verkauft hab'."
Darauf die Mutter: „Du bist gar so viel trotz (kühn), Bub! Aufhalten wollt' ich dich nicht; man weiß ja alleweil nicht, wie man mit dir dran ist. Man versteht's nicht. Meinetweg' kannst schon gehen, gleichwohl ich mich genug werde grimmen (sorgen) müssen um dich. Frag' den Vater."
Der Vater aber sagte: „Du Halbnarr!"
Hub das Waldbauernbüblein an zu murren – es könne nicht allfort schafhalten, es wolle ihm keine Ruh' geben, es müsse Wien sehen; nachher möchte es schon wieder daheim bleiben und brav arbeiten.
„Was tät' denn das nutzen?" rief der Vater unwirsch, „möcht' wissen, was du z' Wien zu tun hättest! Willst zum Kaiser um Geld, so geh'! Glaub' nicht, daß er dir eins gibt, ehvor tragst du eins ins Wien. Und nicht einmal eine Wallfahrt kunntst dabei verrichten."
„Eine Wallfahrt kunnt er just wohl dabei verrichten", redete die Mutter drein. „Nicht weit von Wien ist ja Mariaschutz, da soll er ein Gebitt machen, daß doch die Saukrankheit einmal aufhören möcht'. Heut' hat mir die alte auch schon brennheiße Ohrwaschel."
„Das ist schon wieder ganz was anders", sagte der Vater, „wenn er eine Kirchfahrt will verrichten und sein eigen Lampelgeld dabei brauchen – ich geb' keinen Groschen – so mag er meinetwegen schon gehen. Aber Bub, daß du mir übermorgen wieder daheim bist, sonst kunnt ich dir für nichts gutstehen."
Die Bewilligung in aller Form.
Und jetzt war's eine Freude! In zwei Stunden war alles fertig. Die Schafe staken in der Halde und der Hirt in des Knierutscherjakobs Gewand. Noch während auf dem Tische Suppe und Sterz stand, auf daß er sich für die Reise satt esse, redete ihm die Mutter zu, die Nacht noch daheimzubleiben und erst am nächsten Morgen zu wandern.

Vergeblich Bemühen. Der kleine Bursche packte auf und sagte: „Jetzt geh' ich."
Und die Mutter sprach: „Hast alles?"
„Ja."
„Geh' nicht zu geschwind und trink' nicht zu jäh', und sei schön ordentlich, wenn du unter fremde Leut' kommst."
„Bet' fleißig", setzte der Vater bei.
Und dann ging er – der Hirtenbursche – fort von seiner Elternhütte in den Waldbergen – ging in eine große Stadt – er ahnte nicht wohin.

*

An einem hellen Maitag war's, als ich von dem Berge niederhüpfte und hinausging die Waldstraße des Alpsteigs gegen das breite Mürztal. Wer nach dem Kleide frägt: ein dunkelgraues Linnenhösel hatte ich an und Kuhlederschuhe, hübsch mit eisernen Nägeln beschlagen, daß die Sohle geschützt war, und trug eine braune, grün ausgeschlagene Lodenjacke. Der Brustfleck war aus rotgefärbter Leinwand, das Hemd aus grauer; dieses hatte am Halse einen breitumgeschlagenen Kragen, der mit einem blauen, etwas wulstigen Tuche zusammengebunden war, so daß der Hals nicht viel dünner aussah, als der Kopf. Auf dem Kopfe saß meines Vaters Hut, der ging mir bis über die Augen herein und tanzte stets ein weniges, so oft ich mich rasch wendete. In der einen Hand trug ich das Bündel mit dem Brote und dem Eierkuchen, den mir die Mutter mitgegeben hatte, trotz meines Sträubens; mir war es nicht recht faßlich, wie man in Wien an das Essen denken könne. In der anderen Hand trug ich den Stock, den ich das einemal fest in den Boden stieß, das anderemal lustig in den Lüften schwang, so wie es die Handwerksburschen machen, wenn sie die Welt durchwandern.
Fröhlich kam ich an Krieglach und Langenwang vorbei. Heute würdigte ich diese Orte, die sonst meine Städte gewesen waren, kaum eines Blickes. Wer nach Wien geht! – Als ich ins obere Tal kam, ging die Sonne unter und ein

blauer Dunststreifen lag über den Weidenbüschen der Mürz.
Ich sprach bei einem Bauer zu, bei dem ich nicht ganz unbekannt war, weil er mit meinem Vater öfters im Viehhandel stand. – Ob ich über Nacht im Stalle schlafen dürfe?
„Habt ihr jetzt zur Anbauzeit denn nichts zu tun daheim, daß du so herumgehst?“ fragte der Bauer.
„Ich geh’ zum Kaiser Josef!“ antwortete ich trotzig.
Sah mich an. – „Der Bub – den kenn’ ich“, sagte er zu seinen Leuten, „der hat kuriose Flausen im Kopf, der ist alles imstand’. Der red’t mit dem Kaiser, wie unsereiner mit dem Viertelrichter. Von dem hören wir was, wenn er nach Wien geht – werdet es schon sehen. – Na ja freilich kannst schlafen im Stall.“
Das war die erste Nacht in der Fremde. Das Heu hatte schon einen anderen Duft, als wie jenes daheim in Alpel. – Ich kannte einen Oberländer, der Soldat war und gar sehr an Heimweh litt. Er hatte aber nichts daheim, weder Vater noch Mutter, noch Geschwister, noch Haus und Hof, noch einen Schatz. Er wußte lange selbst nicht, warum er sich so sehr nach seinen Bergen sehnte; endlich, als er einmal über ein ungarisches Moor ging, wo er gemähtes Gras roch, wurde es arg – wurde ihm klar, er habe das Heimweh nach dem Alpenheu. –
Am anderen Morgen – es stand noch das weiße Mondkipfel am Himmel – war ich schon auf der Straße. – Das Mondkipfel in die Milch der Milchstraße tunken – wäre das nicht ein gutes Frühstück? –
Am Gansstein stand ich still und blickte hinan zur Felswand, die über den Tannenwald aufragt. In diesem Felsen soll ein großer Schatz verborgen sein – ein Sonntagskind könnte ihn heben. Wozu auch, hatte ich doch mein Lampelgeld in der Tasche!
In Mürzzuschlag schnalzten schon die Fuhrleute durch den Markt, und beim Fleischhauer und beim Bäcker gingen Weibsbilder mit Handkörben aus und ein. Am Eck-

hause saß ein Weib, das hatte Semmeln und Äpfel. Äpfel im Mai – das muß eine gute Gegend sein!

Bei Spital gab mir ein Reisender, dem ich mich angeschlossen, den Rat, daß ich fechten solle.

„Mit wem denn?" fragte ich, und als ich wußte, wie er's gemeint, antwortete ich: „Nein, das mag ich nicht. Ich hab' mein Lampelgeld."

Endlich bin ich zum Semmering gekommen. Dort habe ich an die Eisenbahnfahrt gedacht, die ein paar Jahre früher mit meinem Oheim Jochem so kecklich unternommen worden. Ich hatte Heimweh nach dem Oheim, wäre der bei mir, es würde sicherlich wieder gefahren – so arg wir auch dazumal aufgesessen waren.

Ich schritt die Höhe hinan und freute mich der Lärchenbäume, die an beiden Seiten des Weges standen und mir heimlich waren, weil solche auch in unserem Walde wuchsen. Oben, wo der große Kaiserdenkstein steht, setzte ich mich ein wenig ins Grüne und trocknete mein Angesicht. Ob sie auch dem Kaiser Josef, wenn er einmal gestorben sein wird, so ein Denkmal setzen? Da müßt' wohl auch der Pflug hinaufkommen!

Hier ist die Grenze. Wie liegt das Österreicherland so tief unten! Und dort weit draußen hinter den Bergen die graue Ebene mit den kleinen weißen Punkten. Dort steht sicherlich die Wienerstadt.

Als ich jenseits hinabschritt, war die Straße recht einsam und ich hörte nichts, als manchmal einen fernen Pfiff herüber von den wilden Wänden, in denen der Eisenbahndrache seine Höhlen und Löcher gebohrt hat. In solcher Fremdheit wurde mir schier bange.

Bevor man noch in das Tal von Schottwien hinabkommt, steht rechts, abseits von der Straße, eine Kirche mit zwei Türmen – Mariaschutz. Ich ging hin, um die von meinen Eltern ausbedungene Andacht zu verrichten. Ich habe seither für mich selber kaum einmal so stark gebetet, als damals für die Säue daheim, welche uns eine böse Krankheit dahinzuraffen drohte, eine Krankheit, die etliche Tage früher bei einem der Nachbarn das ganze hoffnungsvolle Schweinevölklein unter die Erde gebracht hatte. Ich bedauerte einen solchen Verlust allerdings auch darum, weil er uns für das nächste Jahr den Weihnachts- und Osterbraten kostete, zumeist aber darum, weil ich das Leid meiner Mutter erwog, deren einziges Glück es war, uns zuweilen einen guten Bissen auf den Tisch zu bringen. Als ich der Mutter gedachte, hub ich an zu flennen, schämte mich aber dann vor der lieben Frau auf dem Altare, weil sie leicht vermuten konnte, ich weine um die Säue.

Dann saß ich unter der Linde und das Herz war mir so weich geworden, daß ich sann, wie es wohl wäre, wenn ich nun wieder umkehrte?

Aber das Wien! Das Kaiserhaus und der großmächtige Herr, der es mit uns Bauersleuten so gut meint!

Ich wanderte weiter. Wanderte durch Schottwien, und zwar eiligen Schrittes, bevor von den drohenden Hängen ein Felsblock niederginge; wanderte an Gloggnitz und anderen Orten vorüber, sah merkwürdige Häuser und Schlösser mit kirchturmhohen Rauchfängen. Jetzt zog auch wieder die Eisenbahn neben der Straße hin und sie war so glatt und eben wie früher, und man sah es ihr nicht an, daß sie aus unterirdischen Wildnissen herabkam.

Hinter Gloggnitz fiel es mir ein, das Lampelgeld wäre auch nicht unvergänglich und der reisende Mensch müsse alles probieren auf der Welt. In einem Bauernhause hielt ich um Mittagsessen an und bekam Sauerkraut. Es schmeckte, ich sagte schön Vergelt's Gott, und dachte bei mir: Jetzt wenn ich nur noch einen Speckknödel hätte! Bei dem nächsten Hause hielt ich wieder um Mittagsessen an und bekam ebenfalls Sauerkraut. Es schmeckte etwas minder, aber ich sagte Vergelt's Gott und ging. Als ich hierauf in schöner Beharrlichkeit beim Nachbar das drittemal um Essen bat, fluchte mich der Hausherr zur Türe hinaus; ein „Bettelgesindel" bekam ich nachgeworfen – an dem hatte ich lange zu würgen, es sättigte mich und ich habe das Fechten nicht wieder versucht.

Oft und oft gingen Landjäger mit glänzenden Spitzhauben an mir vorbei. Weiß noch heute nicht, wie es zuging, daß mich keiner angehalten hatte; ich hätte in meiner Lodenrocktasche nur *ein* Papier gehabt, und zwar die „Sieben Himmelsriegel, sieben kräftige Gebeter, die den, der sie an der Brust trägt, zu Wasser und zu Land von allen Gefahren behüten". Weiß nicht, ob sie befriedigt hätten, aber, so meinte nachher, als ich die Sache zu Hause erzählte, die Muhm' Kathel: „Hättest nur die Himmelsriegel nicht bei dir gehabt, wurd'st schon gesehen haben, wie dich die Standarn angehalten und zusammengepackt hätten!"
Die Straße war heiß, die Felder ringsum waren grau vor Staub. Die Kuhlederschuhe wetzten die Fersen wund – aber das wird alles gut sein, sehe ich nur erst den Stefansturm.
Als ich zu den Häusern und Gärten kam, auf deren Ortstafel das Wort „Neunkirchen" stand, waren die Berge weit zurückgetreten und mit ihnen auch die Sonne. Die Pappeln, die an der Straße standen, warfen lange Schatten. – Herberg nehmen? Nein – ein rechter Waldbauernbub kommt vor Mitternacht leicht noch nach Wien.
Auf der schnurgeraden Straße, die über das Steinfeld führt, ging ich hin. Links die Bergkette mit den rötlichgrauen Wänden, die sich immer weiter zurückzogen; rechts die Ebene, auf die das Firmament niedergesunken war. Die Straße war still und verlassen, nur an der Bahn, die zur linken Hand mit ihren Strängen hinzog, brauste bisweilen ein Eisenbahnzug vorbei. Ach, was müssen die Leute für Geld haben, die so lustig eisenbahnfahren können! Da rutscht just einer gegen Wien hinaus. Wenn der Zugfuhrmann wüßte, wie mich der Schuh wetzt, er nähme mich mit; eines solchen Bübels wegen dürft's doch nicht um soviel schwerer gehen.
Dann kam der Föhrenwald. Die Sonne war trüb hinter den blauen Bergen niedergegangen; es hub an zu dunkeln und ich sah es ordentlich, wie hinter der weiten Ebene die blaue Nacht heraufkam. Leibhaftig! Daheim im Gebirge

war der Tag da, oder es war die Nacht da – aber so von weitem herankommen hatte ich die Finsternis niemals gesehen!

Jetzt wird doch bald wo ein Dorf stehen oder ein Haus auf dem handebenen Boden. Nicht? Föhrenwald und Föhrenwald. Dort wird er aus, dort heben die Felder an. Ja, aber nur schmale Streifen, Heidestreifen, dann wieder Föhrenwald. Die Bäume waren klein, aber langästig, zwischen den rötlichen Stämmen sah man tief in die Dunkelheit hinein. Mein Schuhwerk war schneeweiß vor Staub, aber ich vergaß, daß es mich gedrückt hatte, ich vergaß, daß ich müde gewesen war – ich ging und ging.

Die Sterne waren aufgegangen; es waren Bekannte von daheim darunter, es war die Romstraße da. – Wenn ich in Wien gewesen bin, dann gehe ich auch einmal nach Rom und richte beim heiligen Vater einen schönen Gruß aus vom Kaiser Josef. – Wenn der grünfunkelnde Stern dort noch um eine Klafter höher steigt, so ist die Geisterstunde da. Die Geisterstunde mitten in einem großen, fremden Wald ... Daheim werden sie jetzt von mir reden. – Mein, wo wird der Peterl schlafen? wird die Mutter sagen. – Oh, wird der Vater antworten, der hockt schon lang wo in einem warmen Nest. Dem, wenn er schon z' Wien ist, läßt der Kaiser ein Bettstadel aufschlagen im Dachboden ...

Dieses Wien ist doch weit weg. Wenn nur noch ein Wirt auf ist, bis ich hinkomm'!

Hie und da sah ich ein Licht flimmern, bald blau, bald weiß und bald rot, aber es war kein Gespenst und es war kein Wirtshaus, es war von der Eisenbahn. – Was den Stock betrifft, so hielt ich's für geraten, ihn nicht zu fest auf die Straße zu stoßen. Möglichst still hinschleichen, daß man nichts Schlimmes aufweckt!

So ging es denn fort durch die Nacht und durch den Wald und immer durch Nacht und Wald und Heide. Es war mir angst und bang.

Endlich tauchten vor mir in der Ferne kleine Lichtlein auf. Es wurden deren immer mehr und zuletzt lag ein langer

Streifen von Lichtern, und über demselben ragte dort und da eine dunkle Masse empor. Nun war ich plötzlich frisch – jetzt stand ich vor Wien. Vor Wien, wie einst der Türke; aber ich ziehe ein und belagere es mitten in der Stadt. – Sie sind sicherlich noch alle auf und sitzen in ihren Häusern beisammen um den Tisch oder sie spinnen und erzählen sich Geschichten.

Ich brauchte noch eine Weile, bis ich hinkam, aber endlich schritt ich über lauter steinerne Platten, und um mich ragten die dunkeln, hohen Häuser. Auf freier Straße brannten Laternenlichter aus eisernen Kerzen hervor und sie waren so groß und breit, wie ein großer Schwalbenschwanzfalter, wenn er die Flügel ausstreckt. – Hinter gläsernen Wänden, die noch viel schöner beleuchtet waren, als daheim zu Weihnachten das Krippel in der Kirche, lagen Backwerk, Würste, Tücher und anderlei Dinge. Und da gingen Leute herum, links und rechts, auf und ab, und so oft ich an einem vorbeikam, hob ich die Krempe meines Hutes ein wenig und sagte: „Guten Abend.“ Aber es hörte mich keiner; das war ein Geräusch überall, noch spät in der Nacht.

Jetzt stand ich vor einem Wirtshause, das hatte auf seiner Wand mit großen Buchstaben aufgeschrieben: „Zum goldenen Hirschen“. In das ging ich hinein und bat um Herberge. Der Wirt sah mich an, und als ob ich ihm zu groß gewesen wäre, sagte er: „Kein Platz.“

Ich stand da. Und ich verwett' was drauf, daß ich jetzt zu flennen anhub; wenigstens weiß ich, daß die Wirtin daherkam und mich dem Hausknecht überlieferte, mit dem Bedeuten, daß er mir in irgendeinem Winkel des Hauses eine Liegerstatt anweisen möge. Der Hausknecht übergab mich einer Magd. Diese wollte die Aufsicht über den Jungen nicht übernehmen und führte mich zum Stallknecht.

Der Stallknecht fettete seine Peitsche ein und sagte zu mir: „Ich merk', dich schummeln sie im ganzen Haus herum.“ Da brach ich in helles Gröhlen aus.

„Du Lapp!“ rief er, „hier zwischen den Rössern legst dich nachher aufs Stroh – gibst halt Obacht, daß du im Schlaf dem Braunen nicht unter den Bauch kugelst, sonst bist des Mauses. – Seh’, magst ein Stückel Speck?“ Er aß Speck und Brot und ich war sein Gast. Dann schlief ich zwischen den stampfenden und schnaubenden Rössern.

Und am anderen Morgen, als anstatt der Stallaterne durch ein trübes Fenster der Tagesschein fiel, sah ich, wie zwischen mir und dem Braunen ein Scheidebrett aufgerichtet worden war, das mich vor Gefahr beschützt hatte.

Ich kleidete mich an und fragte meinen Herbergvater, was ich schuldig wäre fürs Dableiben.

„Geh’ nur, geh’“, antwortete der Stallknecht, „wirst soviel Geld nicht im Sack haben.“

Aber ich legte einen Kupferbatzen auf die Wandleiste, wo er seine Kleiderbürste, den Tabaksbeutel und das Rasierzeug hatte.

Hierauf fragte ich ihn, was er mir raten könne, daß ich in Wien zuerst anfangen solle.

„Willst nach Wien?“ sagte er.

Da mag ich ihn angeglotzt haben.

„Bin doch schon da!“

Es ist schrecklich, wenn so ein Stallknecht auflacht aus seiner ganzen Brust. Mir ging’s durch Mark und Bein, als er lachte und mir sagte, daß ich nicht in Wien, sondern in Wiener-Neustadt wäre und daß ich noch eine starke Tagereise bis zur Kaiserstadt hätte.

Umkehren? Nein. Ich machte mich in Gottes Namen wieder auf die Wanderung. Als ich ins Freie trat, war das Straßenpflaster so glänzend, daß die Leute, die mit Regenschirmen hin und her eilten, sich fast darin spiegelten. In den Dachröhren rauschte es und von dem grauen Himmel rieselte es nieder. – Macht alles nichts; regnet es, so ist’s kühl zu wandern.

Noch einen Blick auf die zwei Türme, die hoch oben durch eine Brücke verbunden waren – des weiteren hatte diese Stadt, die nicht Wien war, für mich keinen Wert.

Hinaus ging's auf schlammiger Straße in den trüben Tag. Ich kam zu einem Laubwald, in welchem ein zerstreutes Dorf lag – Theresienfeld. – Kommt der Name von Maria Theresia, der Mutter des Kaisers? – Wie immer, ich nahm hier mein Frühstück, eine Schale Rindssuppe. Die gab neuen Mut. Dann ging's wieder fort und fort.
Was doch des Vaters Hut wert ist – und schon gar in der Fremde! Wie auch der Regen rieselte, der kleine Knirps unter den breiten Krempen blieb trocken weit hinab, und hätten die Füßlein nicht immer nach vor- und rückwärts schlagen müssen, sie wären auch noch geborgen gewesen. Aber schwer wurde dieser Hut und noch tiefer sank er über die Augen herab.
Ein Kälberwagen knarrte daher; den Fuhrmann bat ich um Unterstand, da hob er mich unter das Gedache zu den armen, gebundenen Tieren hinauf. – Kälber, kommt ihr etwa auch aus Steiermark? und fahrt nach Wien? Ihr wäret besser daheim geblieben auf den Weiden, für euch ist die Kaiserstadt kein guter Platz. Der Gedanke wurde mir so unheimlich, daß ich wieder auf die Straße sprang und in Regen und Schlamm weiter watete.
Wie waren in dieser Gegend die Wolken träge und schwer, sie lagen ganz auf dem Erdboden! Ich zählte die Straßen- und Meilensteine, las die Tafeln und Wegweiser und immer öfter und öfter zeigte sich der Name „Wien". Darum wurde ich an diesem Tage weder hungrig noch durstig noch müde. An Dörfern, Märkten und Städten muß ich vorbeigezogen sein, ohne sie vor Regen und Nebel gesehen zu haben. Endlich zur Nachmittagszeit erhob sich ein Luftzug, der zerstreute die regnenden Nebel; sie schoben sich in dichten Ballen an den fernen Bergen zusammen, sie lagen in langen Streifen auf der weiten Ebene und der Himmel wurde blau.
Aber die Gegend war öde. Dort in der Weite gab es noch manchen Turm, manchen Schlot, manches Schloß, manche Ruine. Aber in der Nähe nichts, als gelblich-rote Erde und Ziegelbrennereien. Kaum ein Baum, ein Strauch; nur

die traurige Heide. Ich hätte nicht geglaubt, daß das ebene Land, welches mir stets als eine schöne, fruchtbare Gegend vorgeschwebt hatte, so ödweilig sein könne. Und die große Stadt, sollte sie denn nicht zu finden sein? Hier war ja fast die Spur verloren. – Nur rüstig weiter. Die sehr breite und mit vielen schweren Fuhrwerken belebte Straße ging etwas bergwärts, einer sanften Höhung zu, auf der eine Säule stand. Als ich näher kam, wuchs die Säule und zeigte allerlei Zacken und Statuen. Und hinter derselben aus der Talung huben seltsame Dinge an aufzutauchen. Zuerst ein Turm, dann ein zweiter, dann Dächer, dunkle Gründe, dann eine Kuppel um die andere, dann Türme und Türme, Zacken und Spitzen, so weit das Auge reichte, ein dunkelgraues Meer, inmitten aufragend hoch eine schwarze, schlanke Nadel.
Nun – das war Wien, das war's! – – War zwar anders zu sehen, als ich mir gedacht hatte. – Weiße Häuser, frische Gärten vor denselben, schöne Schlösser mit goldenen und silbernen Zinnen, Kirchtürme, einer nach dem anderen mit zinnoberroten Zwiebelköpfen – das war *mein* Wien gewesen. Hier aber die verworrene, unabsehbare Masse von schwarzen Flächen, Giebeln, Würfeln, Schiefecken, tausendfältig ineinander verklemmt, verschoben und dazwischen finster ragende Massen, dort und da ein Knopf, eine Scheibe funkelnd. Und über all dem ein mattblauer Rauchschleier, der alles noch mehr verwischte und verwirrte. So habe ich's gefunden.
Ich hatte mich auf eine der steinernen Stufen gesetzt, welche die Säule umgaben und hatte hinausgeschaut. Ein seltsames, dumpfes Geräusch war in der Luft und da unten sott und kochte es, summte und brauste es, daß es gar nicht zu sagen ist.
Jetzt trat die Abendsonne hervor und da hub es auf dem weiten, dunkeln, vielgestaltigen Grunde herrlich an zu glitzern, zu funkeln. Und das war die Kaiserstadt. Da stand der Türke, da ist die wilde Revolution gewesen und die Pest, und da hat der liebe Augustin gesungen. Ich hatte

wohl davon gelesen! Das ist die Stadt des guten Kaisers Josef. – Welches nur das Kaiserhaus sein mochte und wie ich es morgen würde finden können aus all den anderen heraus? Und dann – was ich sagen würde, wenn ich vor ihm stünde? ...

Arges Peitschenknallen der blaukitteligen Fuhrleute schreckte mich aus meinem Sinnen. Ich stand auf, ordnete meinen Anzug in den nötigsten Stücken, bog den im Trocknen steif gewordenen Filzhut hübsch zurecht, reinigte im Gras die Schuhe und stieg dann hinab in das wilde Meer der Weltstadt.

*

Wie es jetzt kam, ist freilich nicht zu beschreiben, denn die es lesen, werden kaum jemals in der Lage gewesen sein, den Eindruck und die Stimmung kennen zu lernen, welche in dem Waldbauernbüblein wirkten, als es einzog in die Wienerstadt. Der Knabe hatte wohl Märchen gehört von Glanz, Zauber und Wunder – aber das war ein Stilleben gewesen in seiner kleinen Seele. Hier die Pracht, die Wunder, die fieberhafte Bewegung und der Lärm. – Diese Paläste, von denen man in der Nacht nur die strahlenden Spiegelwände herunten sah, nicht aber das obere Ende und wie hoch sie in den nächtigen Himmel hinaufragten. Und der Schwarm von Menschen zu Fuß, zu Wagen, zu Pferde, dieses Rasseln, Schrillen, Klirren und Klingen, dieses Hasten, Rennen, Johlen, Schreien durcheinander. –

So gelangte ich durch eine breite Straße (wahrscheinlich die Wiedener Hauptstraße) hinein. Die Gassen wurden immer enger und immer lebendiger – endlich aber war's mit einemmal weit. Ein Platz mit Bäumen, ein Wald mit vielen tausend Lichtern – es war, als ob diese Wiener Bäume lauter Flammenblüten hätten. Ich glitt mit der Menge dahin. Es ging über eine hohe Brücke, es ging durch ein dunkles Tor, wo des Hallens und Schallens kein Ende war. Und als nun vollends die Nacht eingetreten war und nur die hundert Lichter über den gläsernen Wänden

blendeten, wußte ich nicht mehr, ob ich im Freien war, oder in den langen Gängen eines Palastes. Die Kärntnerstraße war's. Und das Gedränge fand ich hier derart, daß ich mich in einen Wandwinkel drückte und dort ein wenig abzuwarten beschloß, bis der ärgste Haufen vorüber sei. – Waldbauernbub, das geht nicht vorüber, oder du hättest bis in die späte Nacht warten müssen. So hast auch du dich bald wieder vorangemacht, und als du sahest, daß deine höflichen Grüße von niemandem erwidert wurden, daß die Leute – sonst alle so vornehm gekleidet und weiß im Gesichte – wie toll aneinander vorüberschossen, sich sogar anrannten, drängten und schoben und stießen, da hast du gedacht, du könntest es auch so machen – und damit bist du weitergekommen. Freilich wärest du, trotz deiner schwerbeschlagenen Schuhe, auf den glatten Steinen ein paarmal schier ausgeglitscht und hättest der nächsten Glaswand was angetan. Freilich warst du plötzlich drin unter Roß und Wagen und hast dir schon gedacht, mitten in der Wienerstadt bist hin, aber die Stadtrösser sind gescheit, die treten kein Bauernbübel nieder; wärest du nur erst zwischen den Stadtleuten glücklich durch.
Endlich gingen die Häuser etwas auseinander, um einem noch größeren – schon dem größten Gedränge Platz zu machen. Und da standen ganze Reihen von Fuhrwerken, die warteten gewiß, bis einer aufsaß. Und die Wagen glänzten, wie am Fronleichnamstag die gewichsten Stiefel des Schulmeisters in Krieglach; und jeder Wagen hatte voran zwei Laternlichter, als ob die Rösser ihre Augen hinten hätten.
Über all dem tausendfältigen Gewühle ragte eine ungeheure finstere Masse auf. Das war kein Haus, dazu war es zu riesig und schwarz, kein Berg, dazu war es zu schmal – es ging unabsehbar und einsam hinauf in die Nacht.
„Jetzt muß ich schon fragen, was ist denn das?" redete ich einen an.
Zweimal fragte ich, bis er mir Antwort gab.
Weit tat ich die Augen auf und wahrscheinlich auch den

Mund. Diese schwarze Wucht war die Stefanskirche! Es war unerhört. Ich suchte den Eingang und fand ihn. Da drinnen war es kühl und dunkel und fast still. Dort und da ging ein Menschlein herum zwischen den schwarzen Pfeilern; dort und da glimmte eine Ampel vor einem Bildnis. Ich hatte gar keinen Maßstab für die Schönheit und Größe dieses Baues, mir war er nur fremd und unheimlich. Trotzdem fühlte ich, daß es eine Kirche war und als solche ein heiliger Ort. Müde und erschöpft setzte ich mich in eine Bank und ruhte und träumte. Ich dachte an das ferne, liebe Daheim zwischen den Wäldern, und wie ich nun versetzt war mitten in das Wirbeln und Wogen der großen Stadt – ganz allein, ganz allein! Fast eine Trauer war es. – Wäre nur erst die Nacht vorbei und ich könnte mich umsehen und doch zum Kaiser kommen! – Einstweilen bat ich meinen Schutzengel um seinen Beistand, und dann ging ich wieder hinaus in das Gewühle und in das Schimmern der Lichter.

Ich ging durch Gassen und Gassen, durch breite, belebte, durch entlegene, finstere; ging durch Tore und über Brükken, gleichviel wohin. Wollte vor allem wissen, wo denn diese Stadt ihr Ende habe. Überall Häuser und Lichter und Menschen. Menschen, fremd in Kleidung, Sprache und Gebärde. Alle sind so gescheit – und von Krieglach-Alpel weiß gewiß kein einziger was.

Da kam ich an einem Bau vorbei, aus demselben strahlten Lichter, hallten Gesänge. Das war Gottesdienst in einer Kirche. Ich zog den Hut ab und trat durch das Tor hinein. Ja freilich war das feierlich und viele brennende Luster hingen nieder – viel schöner, wie daheim in der Christnacht, aber der Priester am Altare – ich erschrak fürchterlich, erschrak vor mir selber, daß ich denn ein Narr geworden. – Der Priester hatte einen hohen schwarzen Hut auf, und alle, die da waren, beteten und sangen, hatten ihre hohen, schwarzen Hüte auf dem Haupte. Du wunderliche Sach'! – Als der Schreck vorüber war, kam mir das Lachen; eine Weile vermochte ich es zurückzuhalten, allein als der Priester so ernsthaft seine Hände ausbreitete und ein so spaßhaftes Geschrei anhub und als die anderen dieses Geschrei nachmachten, brach mein Gelächter aus. Da nahm mich ein schwarzbärtiger Mann am Arm, führte mich hinaus und sagte: In der Synagoge müsse man sich anständig betragen.

Als es denn herauskam, daß ich in einem Judentempel gewesen war, erschrak ich noch einmal und machte meinem Schutzengel Vorwürfe, daß er nicht besser auf mich acht gegeben hatte.

Aus einem anderen Bau hörte ich lustige Musik und Gesang. Das war ein Schauspielhaus, ich merkte es bald. Mit dem Manne, der das Geld nahm, verhandelte ich um den Preis. Wie beliebig, ich konnte fünf Gulden zahlen, oder auch nur dreißig Kreuzer. Die Wahl fiel mir nicht schwer, doch erkundigte ich mich, wie lange ich um dreißig Kreuzer drinnen bleiben dürfe. Als ich erfuhr, daß ich bis zu Ende bleiben und alles sehen und hören könne, ging ich, den Hut schon in den Händen tragend, wohlgemut die vielen Treppen, die man mir wies, hinauf und plötzlich sah ich vor mich in einen Abgrund hinab, in dem nachgerade alles von Gold und Silber war. Aus den Wänden wuchsen goldene Äste heraus, darauf brannten Lichter und aus den hundert Wandfenstern sahen schöngeputzte Leute hervor, lächelnd und gar lebendig. Die Männer waren kohlschwarz bis auf die weißen Gesichter. An diese Gesichter setzten sie Dinge, in der Art, wie ich mir Doppelpistolen dachte, und zielten damit nach allen Richtungen herum. Die Weiber hatten an den Händen breite Flügel, mit denen sie in einemfort flatterten, wie unsere Hühner daheim, wenn sie Eier legen wollten. Von der merkwürdig prächtigen Decke hingen goldene Kronen mit leuchtenden Kugeln nieder, die machten hell, wie der Tag. Und unten statt des Fußbodens waren lauter Menschenköpfe und viele weiße Scheiblein darunter, die bei näherer Betrachtung auch Menschenhäupter waren, nur keine Haare aufhatten.

Jetzt hub plötzlich eine Musik an und so laut, daß ich schier erschrak. Darauf begann die einzige Wand, in der keine Leute hockten, sich zu bewegen und ging in die Höhe. – Jetzt waren euch auf einmal die Berge da. Weiße Jungfrauen kamen daher, sie waren fromm und schön, wie daheim die Mägdlein am Kranzeltag; sie haben ein Lied gesungen und ich meine schier, es ist ein heiliges gewesen. Aber die Bravheit hat nicht lange gedauert – jählings sind die langen Kleider weg und zu hüpfen und zu springen heben die Dirndeln an, gar wie besessen. Meiner Tag hatte ich noch nicht gesehen, wie so nackte Jungfrauenfüßlein ausschauen. Und sündhaft lang waren sie, und ich fand's schier wieder zum Verwundern, daß mich mein Schutzengel ins Haus gelassen hatte. Verhext war die ganze Sach', denn plötzlich waren die Tänzerinnen blutrot über und über, und gleich darauf schien eine so helle Sonne auf sie, daß alle anderen Lichter matt waren, und wie ich just zu jubeln anheben will über diese Pracht, da rauscht die Wand nieder und die Leute erheben sich. – Ich bin noch eine Weile stehengeblieben, in der Meinung, es würde noch was zu sehen geben, aber die Leute drängten bei allen Löchern hinaus und die Kronen verloschen.
Bald hernach stand ich auf der Gasse und überlegte, was nun zu machen. Hungrig war ich, müde war ich. Die Uhr des nächsten Turmes schlug zehnmal. – Für heute laß es genug sein; wo wirst du schlafen die Nacht? – Es fügt sich doch wieder gut, dort an der Ecke steht ein großes Wirtshaus. Durch die Fenster sah man's, wie die Leute an weißgedeckten Tischen aßen und tranken, Zeitungen lasen und Tabak rauchten.
Das Vorhaus allein schon war viel lichter und schöner als in Krieglach beim Kirchenbäcken das Extrazimmer. Ein schwarzgekleideter, sehr fein herausgeputzter Herr kam, der hatte sein weißes Sacktuch über der Achsel hängen. – Was ich wolle?
„Dableiben möcht' ich halt."
„Ein Zimmer?"

„Ist mir schon recht, wenn Ihr eines entraten könnt.“
Er führte mich über zwei breite Treppen und in ein Zimmer, in dem es eine Herrlichkeit war. Lauter gepolsterte Sessel und auch eine solche Bank. Und ein Spiegel, der war größer wie ich selber, ich hatte ihn zuerst für eine Tür gehalten, durch welche ein Bauernbub auf mich zukam.
Der Herr zündete zwei schneeweiße Kerzen an, da fiel mir glücklicherweise die Frage ein, wieviel ich denn für all das zahlen müsse.
„Per Tag drei Gulden achtundvierzig.“
„Na“, erklärte ich, „nur für die Nacht allein hätt' ich's mögen, aber es ist mir auch um die Halbscheid noch zu teuer. Dreißig Kreuzer will ich hergeben.“
Da wurde der Herr rot im Gesichte – ich hatte in Wien noch keinen mit so guter Farbe gesehen – und schob mich zur Tür hinaus. Sollte er mich für einen reichen Viehhändlerbuben aus Oberösterreich gehalten haben, so hätte er sich freilich geirrt. Jetzt stand ich auf der Gasse; sie war still und dunkel; ein Wald auf den Bergen tut sich nicht so ödweilig, und wenn auch kein einziger Mensch darin ist.
Bisweilen ein vornehmer Wagen rollte vorbei.
Eine Frau, die aber einen Flor über dem Gesichte hängen hatte, kam auf mich zu; als sie den Flor hob, sah ich, daß sie sehr jung und schön war. Ich hatte sie gebeten, mir eine Liegerstatt zu verschaffen.
„Gern“, flüsterte sie.
Als wir eine Strecke mitsammen gegangen waren, fragte sie, ob ich Geld habe.
„Ja“, antwortete ich, „ich hab' ein Lampel gehabt und das hab' ich verkauft, und davon hab' ich noch mehr als wie die Halbscheid.“
„Das ist nicht viel“, sagte sie, „das mußt du fleißig aufsparen.“
Und sie huschte davon.
Jetzt stand ich wieder verlassen. Ein Mann trillerte und taumelte vorüber; den wollte ich ansprechen, aber als ich

sah, daß er selbst eines Beistandes bedurfte, und wie er sich hinter einen Brückenpfeiler auf den Erdboden legte und darauf liegen blieb, ließ ich mir das einen Fingerzeig sein und dachte, so machst es auch und da legst dich gleich nieder.
Ein altes Frauchen, das schon früher an mir vorübergehumpelt war, kam wieder des Weges und fragte, was ich denn hier mache? Hub ich zu weinen an: „Keine Nachtherberg kann ich finden."
Auf der Stelle nahm sie mich mit.
Sie führte mich in eine Gegend, wo die schönen Pflastersteine aufhörten und wo viel kleinere Häuser standen als die anderen waren. Sie führte mich in einen Hof und über eine finstere Stiege hinauf. Bald waren wir in ihrer Stube; die alte Frau zündete eine Lampe an – das war freilich nicht so hell als im Schauspielhaus. In der Stube war ein eiserner Ofen, auf dem stand ein Topf. Die Frau nahm ihn und goß Suppe auf zwei Teller und legte von den Semmeln, die sie geholt hatte, eine vor mich hin, auch einen Löffel dazu; nun sollte ich essen.
Bei den Bauern ist der Brauch, daß, wenn sie zu Gaste sind, sie von allem, was sie essen, den Rest in der Schüssel lassen. Da war ich nun in Verlegenheit, denn der Teller war gar flach, und wollte ich etwas übrig lassen, so blieb nichts für meinen Löffel. Der Hunger half mir endlich über alle Bedenken hinaus.
Als wir gegessen hatten, fragte mich meine Gastfrau nach Stand und Heimat. Ich erzählte ihr alles, von meiner Mutter weg bis zu ihr.
Da sagte sie folgende Worte: „Bei meiner Seel', du bist mir ein recht leichtsinniger Bursch'. Von deinen Eltern so fortlaufen! Was willst denn in Wien, wenn du kein Geld hast und keinen Bekannten? Zugrunde kannst gehen, das kannst davon haben. Eine solche Stadt ist nicht wie ein steirisches Dorf; da gibt's schlechte Leut', und wenn du liegen bleibst auf der Straßen, kein Mensch kehrt sich darnach; und wenn du verhungerst, so schleppen sie dich in

die Totenkammer und schneiden dir den Leib auf, zu sehen, woran du gestorben bist. Und kein Mensch weiß, wo du hingehörst und dein Vater und Mutter daheim können sich die Lungen herausschnaufen und suchen und fragen nach dir, und das Herz herausweinen. – Kind, daß du ihnen den Kummer hast angetan! – Den Kaiser aufsuchen, das sind Albernheiten. Jetzt legst dich da aufs Sofa und schlafst dich aus. Und morgen früh gehst mir schnurgerade heimwärts. – So, und nun mach', daß du zur Ruh' kommst!"

Ich schluchzte noch lange in mein Kopfkissen hinein, doch endlich kam der ruhsame Schlaf.

*

Am nächsten Morgen aber, als ich wieder frisch und munter durch die reichen, rauschenden Gassen und über die Brücken und hohen Mauergänge zog und die helle Sonne hineinschien auf die Türme und Paläste und der Stefansturm frei in die Himmelsbläue aufragte – da war vergessen, was die alte Frau gesagt hatte. – Ich bleibe in Wien und gehe zu meinem Kaiser.

Rasch wandelte ich an allem vorüber und fragte nach dem Kaiserhaus. Nach manchem Hinundhersuchen stand ich auf jenem Platz neben dem eisernen Reiter, der damals noch allein stand, und sah vor mir das gelblich-graue Gebäude mit den unzähligen Fenstern. Da drinnen wohnt er? Wenn er nur daheim ist und nicht wieder in allen Ländern herumzieht wie ein Handwerksbursche. Und wenn er daheim ist, was reden? Frisch fragen, wie es ihm geht, was die Frau macht, und daß er doch so gut sein und keinen Krieg anheben sollt', und der Schmiedhofer Hansjörgel wär' jetzt auch bei den Soldaten, und wenn sie den niederschießen, so hätten sie im ganzen Alpel keinen, der das Metzgern verstünd'! – Für übel halten kunnt er's nicht.

Ich ging durch das dreifache Tor. Da war ein großer Platz mitten im Kaiserhaus, und da standen erschrecklich viele Soldaten mit aufgepflanzten Gewehren. Dort, wo ich

durchgehen zu müssen glaubte, standen zwei baumstarke Männer mit weißen Riemen über der Brust und ungeheuren schwarzen Pelzhauben auf den Köpfen. Zwei bärtige Kerle mit finsterem Gesicht, mit Säbel und Gewehr, just zum Dreinfahren. Ich wollte schier nicht zwischen ihnen durch, doch als ich sah, daß auch andere unbehelligt aus und ein gingen, wagte ich's und die beiden Torsteher blieben starr wie Holz.
Ich ging über breite Steintreppen empor, ging in schneeweißen Gängen entlang, so daß meine Schritte in den Mauern widerhallten. Da waren hohe, braune und vergoldete Flügeltüren der Reihe nach. – Ja, wenn man nur wüßte, welches des Kaisers Zimmer ist!
„Was machst du da, Junge?" fragte ein heranschreitender Herr mit Glasaugen und einer Stirne, die fast bis zu dem Scheitel hinaufging.
„Wenn ich bitten darf, den Herrn Kaiser tät' ich gern ein wenig heimsuchen."
„Den Kaiser? Seine Majestät? Ja, mein Lieber, das wird wohl etwas schwer gehen."
„Oh", sagte ich, „das geht leicht, mit dem Kaiser Josef darf jeder reden, auch der Bauersmann – hab's wohl gelesen."
„Kaiser Josef?" fragte der Herr. Da habe ich ihm erzählt, wie ich von Steiermark hergekommen wäre, um den Kaiser Josef zu sehen.
Er sah mich lange an, war ernsthaft, lächelte und wurde wieder ernsthaft. Ich bin ganz zutraulich geworden und habe vieles erzählt, was mir des guten Kaiser Josefs wegen auf dem Herzen lag.
Der Herr setzte sich auf eine Bank, nahm mich an der Hand und sagte:
„Knabe, du bist ein sonderbarer Kauz. Da du aber schon nach Wien gekommen bist, um Kaiser Josef den Zweiten zu sehen, so muß man dich auch zu ihm führen. Warte, jetzt haben wir neun Uhr. Um zehn Uhr stellst du dich vor den Eingang der Kapuzinerkirche, verstehst? Ich werde

mich dort einfinden, dann wollen wir zusammen gehen."
„Da bin ich wohl recht froh", antwortete ich, „ein bissel scheuen tu' ich mich aber auch, wenn's Ernst wird."
„Kaiser Josef tut dir nichts zuleide. – – Übrigens, Junge, komm' jetzt einmal mit mir."
Er führte mich treppauf, treppab, führte mich über Fußböden, belegt mit blumigen Tüchern, durch Gänge und Säle, schloß endlich eine Flügeltür auf, und jetzt waren wir in einem Tempel. Aber alle Wände waren voll von Büchern; auf den Tischen lagen offene Bücher, Bilder, in Glastruhen bemalte Schriften und sonst allerlei Papier.
„Das ist die Josefinische Bibliothek", sagte mein Begleiter.
Ich blickte ihn an, war seinem Worte gegenüber hilflos.
An einer Ecke des Saales stand die Weltkugel mit den Gewässern und Ländern der Erde, wie mein Führer mich unterwies.
„Wenn das die ganze Welt ist", sagte ich, „so wird wohl auch Krieglach-Alpel darauf sein."
„Freilich, aber das kann man mit freiem Auge nicht mehr sehen, da müssen wir etwas anderes nehmen."
Und er schlug eine große Landkarte auf. – „Steiermark, Mürzzuschlag, Krieglach – Alpel, siehst du?"
Ich guckte und ich sah, und da war noch ein schwarzes Pünktchen, und bei dem stand's geschrieben: „Waldbauer!" Da jubelte ich auf. – Mein Heimathaus im Kaiserhaus! Und da ist der Wald, und da sind die Felder, und da ist die Weide, wo ich die Schafe hüte! Alles ist da – o du merkwürdiges Wien!
„Gut", sagte der Herr, „es ist, wie du mir erzählt hast, und nun spaziere noch ein bißchen in der Stadt herum und um zehn Uhr warte bei der Kapuzinerkirche. Du wirst sie leicht erfragen."
So verließ ich das Haus, kam glücklich wieder an den zwei ungeheuren Pelzmützen vorüber, kam in einen Garten hinaus, wo ich mich auf den Besuch beim Kaiser vorzubereiten suchte. Mir war unstet zumute. Es ist doch ein

hoher Herr und kann mit seinen Untertanen machen, was er will. Aber ich rief alle Geschichten, die ich von ihm in den Volksbüchern gelesen hatte, in meine Erinnerung zurück – es ist ein edler, ein gescheiter, ein gütiger Mann. Mit neuem Mute suchte ich die Kapuzinerkirche auf.
Ich stand nicht lange dort, so kam jener Herr aus dem Kaiserhause heran und mit ihm ein geistlicher Bruder. Dieser schloß das Tor eines Gewölbes auf; dort zündete er ein Kerzenlicht an und führte uns hinab über eine finstere Treppe. – Wäre denn der Kaiser Josef heut' im Klosterkeller? Das tät' mich doch wundern.
Ich hielt mich stets nahe an meinen bekannten Herrn. Nun schritten wir langsam zwischen großen, steinernen und erzenen Blöcken und Kästen hin. Vor einem solchen – er sah aus wie eine riesige Totentruhe – blieben wir stehen. Der Herr nahm mir still den Hut vom Kopf, dann legte er seine Hand auf das Erz und sagte: „Hier, mein Junge, in diesem Sarge ruht unser Kaiser Josef."

– – –

Gestorben schon vor vielen Jahren.
So habe ich ihn gesucht, den großen Kaiser, den wir nimmer vergessen können, den das Volk so lieb hat noch heute. – So war ich in der Einfalt des Kindes, in der Beharrlichkeit einer heiligen Verehrung ans Ziel gelangt, war hinabgestiegen in sein Grab.
Kein Wort konnte ich aussprechen, so hat's mich gepackt. Ich habe kaum einen Blick mehr getan auf den Sarkophag, der von dem Flämmlein des geistlichen Bruders matt beleuchtet war, keinen Blick auf die anderen Särge – davon taumelte ich, die Stiege hinauf und in einem Winkel der Kirche bin ich gelegen in Trauer, daß er gestorben.
Später hat mich jener Herr gefragt, ob ich nicht wünsche, Seiner Majestät dem jetzigen Kaiser vorgestellt zu werden?
„Ist das ein Sohn vom Kaiser Josef?" fragte ich.
„Das nicht, aber das hindert unseren erhabenen Landesfürsten nicht, ebenfalls ein edler Herrscher zu sein."

„Und geht er auch unter den Leuten herum und fragt, was für Gesetze sie haben wollen?"
Mein Begleiter schwieg. Erst nach einer Weile antwortete er: „Unser Kaiser Franz Josef läßt seine Völker selbst die Gesetzgeber aussuchen und wählen, die sie haben wollen."
Das wäre wohl auch recht brav, meinte ich, aber mich ihm vorstellen zu lassen, das tät' ich mich nicht getrauen; mit dem neuen Kaiser wäre ich halt doch zu wenig bekannt.
„So lebe wohl, du kleiner Steirer", sagte mein Begleiter, „und wenn du groß bist, so komm' wieder als braver Mann, da wirst du dem Kaiser schon Freude machen." –
Nun war ich fertig.
Ich hatte die Absicht gehabt, auf den Stefansturm zu steigen, um die Stadt anzuschauen, um zu erfahren, ob es denn wahr sei, daß man weit und breit kein Ende von ihr sehe; in den Prater hinabzugehen, um die große Donau und ihre Schiffe zu erblicken; in Schönbrunn den Tiergarten zu besuchen, um zu sehen, ob unter den Elefanten, Löwen und Drachen auch weiße Lämmer wären – aber all das ließ ich nunmehr fahren, meine Freude an Wien war gebrochen – Kaiser Josef ist gestorben ...
Dienstwillige Leute hatten mir ihre Führerschaft angeboten; einer derselben, als er hörte, daß ich aus Steiermark sei, rief: „Das trifft sich, ich bin auch ein Steirer, bin aus Stuhlweißenburg."
„Das ist ja in Ungarn", sagte ich.
„Ei, aus Hartberg wollte ich sagen. Na, das freut mich, kommen Sie doch mit auf ein Glas Wein."
Er führte mich in eine Vorstadt; führte mich in eine Schenke, die halb unterirdisch lag und mehr von Nachtlichtern als von den hochgelegenen Fenstern beleuchtet wurde. Da ging's nicht gar viel vornehmer zu, als in den Wirtshäusern daheim und die Leute setzten sich gleich zu unserem Tisch und waren freundlich mit mir. Einer meinte, wir sollten uns doch die Zeit vertreiben und zog

Spielkarten hervor. – Spielkarten habe ich nie leiden mögen, ich zahlte meinen Wein und ging langsam davon.
Ich trachtete wieder jenem Teile der Wienerstadt zu, in welchem der Stefansturm steht. Da kam ich auf eine Sandheide, auf welcher Soldaten Kriegsübungen hielten. Ich sah ihnen eine Weile zu, dann setzte ich mich auf einen Stein und untersuchte einmal den Inhalt meiner Geldtasche. Ich erschrak sehr. Vom ganzen Lampel war kaum der Schweif noch da.
Traurig war ich und stützte den Kopf in die Hand und sagte zu mir: „Bub, wärst du jetzt daheim. Das Lesen von der Wienerstadt ist lustiger als in ihr so mit leerem Säckel herumzugehen." –
„He, Bursche, was machst du da?" rief mich plötzlich ein vorübergehender Herr mit einem langen Barte an.
„Warten tu' ich", gab ich mißmutig zur Antwort.
„Auf wen denn?"
„Auf einen Fünfguldenbeutel."
„Den kann ich dir nicht geben", sagte er, „aber fünf Gulden magst haben, wenn du mit mir kommst."
Das ist ein Spitzbub', dachte ich mir, aber jetzt möchte ich nur sehen, wie weit er's treibt. Neben dem bin ich der Stärkere. Geld kann er mir keins nehmen, und mein Gewand ist ihm zu klein.
„Du trauest mir am Ende gar nicht", lachte der Bärtige, „aber es geschieht dir nichts und nach einer halben Stunde hast du deine fünf Gulden. Denke einmal, was du dir da alles kaufen kannst."
Meine Herabgekommenheit machte mich unternehmungslustig. Ich stand auf und ging mit dem Manne.
Dieser führte mich hin über den Sand, dann durch einige Gassen, dann in einen Hof und über etliche Treppen hinauf und in ein Zimmer. An den Wänden hingen allerlei Bilder, die ohne Rahmen waren.
„Nun setze dich auf diesen Stuhl. So!" sagte der Bärtige, „den Stock lehne in den Ellbogen hinein und den Hut setze so!" Den Hut schob er mir in den Nacken zurück,

die Haare strich er mir über die Stirn herab bis zu den Augen, als ob er absichtlich einen recht dummen Bauernbuben aus mir machen wollte. Ich strich die Locken nach rückwärts, schob den Hut nach vorwärts.
„Laß doch!" rief der Mann scharf. Da getraute ich mir keine Bewegung mehr zu machen. – Was wird jetzt mit mir geschehen?
„So, mein Lieber", sagte er, „jetzt bleib' mir ein bißchen sitzen und sieh dir einmal dort die schöne Frau an!" – Er hatte nämlich eine sehr schöne Frau an der Wand hängen.
„Gefällt sie dir?" fragte er, indem er mit dem Bleistift rasch auf dem Papier herumfuhr.
„Ja, die tät' mir wohl gefallen; ist das die heilige Maria Magdalena?"
„Vielleicht die griechische", lachte er.
Nicht gar lange nachher konnte ich aufstehen und nachsehen, was er auf dem Papier gezeichnet hatte. Da saß ein Bauernjunge auf dem Stein, der hatte den großen Hut auf dem Köpfel und machte verwunderte Augen.
„So, mein Kleiner, nun danke ich dir, und hier hast du deine fünf Gulden."
Wie kann denn das sein? Der ist so gut und zeichnet mich auf und läßt mich noch die schöne Frau anschauen und zahlt dafür obendrein das viele Geld!
Ich hielt meine Hände hinter den Rücken.
„Nu, beiß' an!"
„Ja, wenn ich das annehme, so ist es wohl eine Grobheit", entgegnete ich und habe meinen Augen immer noch nicht trauen wollen.
Auf der Gasse sah ich nach, ob die Fünfguldennote nicht etwa auch mit dem Bleistift gezeichnet wäre, so wie das Waldbauernbübel. Aber es war ein echtes Geld mit Wasserdruck.
So reich, mein kleiner Bursche, bist du noch dein Lebtag nicht gewesen. Jetzt kannst es nobel geben, kannst auf der Eisenbahn bis nach Krieglach fahren. Flott geht's!

Als ob ich keine Füße hätte! So dumm bin ich nicht, daß ich meine zwei Füße nur dann strapaziere, wenn ich mir damit nichts verdienen kann. Jetzt sollen sie mich nach Steiermark tragen, ich zahl' ihnen dafür fünf Gulden. Die fünf Gulden werden sie dem Waldbauernbuben schenken und der wird sich dafür Bücher kaufen.
Ich suchte eine Buchhandlung auf, kaufte mir die Geschichte von Kaiser Josef dem Zweiten und ein Buch über die Stadt Wien. Von den fünf Gulden sind dreiundzwanzig Kreuzer übriggeblieben.
Nun voran! Den Kaiser Josef unter dem rechten Arm, die Stadt Wien unter dem linken – so ging ich davon.

*

Bei der Spinnerin am Kreuz blickte ich noch einmal zurück auf die Kaiserstadt. Dann wanderte ich fort über die Ebene.
Aber – der Tag war heiß, die Bücher waren auf die Länge nicht leicht und die Schuhe begannen wieder die Ferse zu wetzen. Was der Magen an diesem Tage an Nahrung entbehrte, das gewann die Lunge an Staub, die Füße huben mir an zu zittern ...
An demselben Abende fand mich eine Bürgerin von Baden gar erschöpft auf der Bank vor ihrem Hause kauern. Sie führte mich ins Haus und atzte mich mit Speise und Trank. Dann, als sie meine Geschichte erfahren, als sie mir auch einen derben Verweis gegeben hatte, weil ich so sehr auf meine Gesundheit gesündigt, geleitete sie mich auf den Bahnhof und kaufte mir eine Fahrkarte von Baden bis Krieglach. Knabe, hast du auch fleißig gedankt?
Im Mondschein glitt der Zug über das weite Steinfeld, in finsterer Nacht durch die Zwänge des Semmerings, im Morgenrot durch das grüne Mürztal.
Wie kühl und frisch, wie still und rein war die Luft, als ich die Waldstraße hinanwandelte gegen Alpel!
Als ich zu unserem Hause kam, eilte mir die Mutter entgegen und sagte, ich solle nicht zu sehr erschrecken, wenn

mein Vater mit dem Stecken auf mich zukäme; es wäre nicht zu vermeiden, er sei arg aufgebracht, daß ich anstatt zwei Tage vier Tage ausgeblieben.

„Ich habe nicht früher zurückkommen können“, versicherte ich, „hab' in Mariaschutz die Kirchfahrt verrichtet.“

„Ja, und dieweilen sind daheim die Säue verreckt!“

„Bin in Wiener-Neustadt gewesen und in Wien, in der Stefanskirche und im Kaiserhaus, aber der Kaiser Josef ist schon gestorben.“

„Geh!“ rief die Mutter, „ja, was ist ihm denn widerfahren?“

„Das steht alles in dem Buch; und in dem anderen ist die ganze Beschreibung von der Wienerstadt, da wird der Vater schon losen, wenn ich ihm vorlese.“

„Du, trau' ihm nicht!“

„Nachher hat mich ein Herr abgezeichnet und nachher hat mir eine Frau das Fahrgeld gezahlt, weil ich bin krank geworden.“

„Jesus Maria!“ rief die Mutter, „was denn? was denn? daß du mir doch nicht liegen bist blieben auf der Straßen, daß du mir nur wieder heim bist kommen! – Du Lenzel!“ schrie sie nach dem Vater, „krank ist er worden unterwegs!“

Der Vater stand an der Haustür und lehnte jetzt den Gertenstab an die Wand.

„Ausschaust mir armselig genug“, brummte er, „geh', iß jetzt eine warme Suppe, nachher leg' dich ins Bett. Wir machen unsere Sach' später miteinander aus.“

„Jetzt ist alles gut“, flüsterte die Mutter.

– – –

Nach wie vor hütete ich wieder die Schafe, saß auf dem Steinhaufen und las aus Büchern. Erst später, nachdem ich aus dem alten Schafhirten ein junger Schneiderlehrling, und aus dem alten Schneiderbuben ein junger Student geworden war, habe ich in den Vakanzen Wien wieder gesehen. Da habe ich wohl mit Fleiß jene heiligen Stätten besucht, wo einst der einfältige Waldbauernbub' gestaunt und gelitten hatte. Ich fand in der Leopoldstadt die Synagoge und das Theater wieder, fand weit draußen in Erdberg meine gute alte Nachtfrau, fand in Baden die wohltätige Glasermeisterin, Frau Gießl, fand die Hofburg, die Kapuzinergruft wieder. Aber jenen Herrn, der mich in die Josefinische Bibliothek und zum Kaiser Josef geführt, und jenen Bildelmacher, der mich in sein Zimmer (meines Erinnerns in der Gegend der Alservorstadt) mitgenommen hatte, konnte ich trotz meiner Nachforschungen nicht mehr ausfindig machen. Ersterem möchte ich danken, letzteren fragen, ob das Bild des Waldbauernbübleins die Auslagen gedeckt hat.

Jener Herr von der Josefinischen Bibliothek dürfte – manches weist darauf hin – der Dichter Friedrich Halm gewesen sein. Der Bildelmacher ist viel später auch entdeckt worden. Es war der Maler Alois Schönn. Und das Bild des Waldbauernbuben ist durch die Hand eines lieben Freundes mein Eigentum geworden. Mein Herr Verleger hat es vervielfältigen lassen und verehrt es den Lesern der „Waldheimat".

Als ich im Walde beim Käthele war

Seit Menschengedenken standen in unseren Wäldern die Lärchbäume nicht so hoch im Preise, als zur Zeit des Eisenbahnbaues durch das Tal. Mein Vater verkaufte an die dreißig Stämme um schöne Banknoten. Aber er gab die schönen Banknoten bald wieder weg, zuweilen gar eher, als er sie hatte. Er nahm beim Kaufmann Mehl und Salz und sagte: „Sobald ich Geld vom Holzhändler krieg', kriegt Ihr's von mir." Zuletzt sagte er dasselbe sogar den Steuerbeamten.
Aber unser Holzhändler, der alte Klemens Spreitzegger, es

ist schon von ihm erzählt worden. Um den war allmählich ein Wald von Kindern und Enkeln herangewachsen. Es war schon Jahre her seit dem Handel, aber das Lärchengeld hatte der Mann immer noch nicht ganz bezahlt. Wohl ein halbdutzendmal ging mein Vater die vier Stunden durch die Wälder zum Alten und bat: „Herr Spreitzegger, seid doch ja so gut und reichet mir heut' das letzt' Zipfel von dem Lärchengeld, meine Kinder brauchen was zu essen."

Die meinen halt auch, mochte sich der Alte gedacht haben, aber er sagte: „Ich seh's wohl ein, der Waldbauer tät' auch sein' Sach' gern haben, aber wenn mir der Waldbauer alle Säck' umkehren will, so wird er heut' keinen Knopf darin finden. Ich krieg' erst morgen das Geld von der Eisenbahn, nachher will ich dem Waldbauer das Restl schon mit Fleiß und Dank zustellen."

Meines Vaters Herz war kein Stein und er dachte: es klemmt ihn halt, und einen Tag muß ein Christenmensch schon noch warten. Aber es verging ein Tag und es vergingen mehrere, und es vergingen viele Tage, und der gute Spreitzegger kam nicht mit dem Gelde. Da ließ mich mein Vater einmal von der Kuhweide in sein Stübchen rufen und sagte: „Bübel, leg' jetzt dein besseres Jöppel an, geh' hinüber in das Weißbrunntal, wo der Herr Spreitzegger neuzeit wohnt, und sag' ihm, du bliebest so lang' in seinem Haus und tätest essen an seinem Tisch, und tätest schlafen unter seinem Dach, bis er dir tät' das Geld geben. Sei aber schön ordentlich und tu' danken nach jedem Essen, und wenn er dir eine Arbeit schafft und du kannst sie verrichten, so tu's mit Schick und Fleiß, und wenn du das Geld hast bekommen, so steig' nur fein geschwind wieder heim."

Hierauf legte ich mein besseres Jöpplein an, ging hinüber durch die dichten Wälder in das Weißbrunntal zum alten Klemens. Dieser saß vor seinem Häuschen unter einer dichtbeästeten Fichte und hielt das Pfeiflein in der Hand und nickte mit dem Kopfe auf und nieder, wie die Zweige oben im Winde. Ich blieb von fern stehen und sah ihm zu; der Mann war doch recht alt.

Ich trat endlich zum Alten hin und sagte: „Mein Vater hat mich geschickt und jetzt bleib' ich in Eurem Hause so lang', und ich geh' nicht eher fort, bis Ihr mir das Geld gebt."

„So geh' hinein in das Haus, Kleiner, und setz' dich auf die Bank, oder geh' hinauf an die Lehne und hilf meiner Enkelin Ziegen hüten." Er blieb sitzen, nickte mit dem Kopfe und hielt das Pfeiflein in der Hand.

Ich ging in das Haus und saß eine Zeit auf der Bank in der Stube; als mir endlich aber doch die Zeit lang wurde, kletterte ich die Lehne hinan zur Ziegenhüterin. Ein Mädchen mit roten Wangen und lichtblonden Haaren, wohl um einige Jahre älter als ich, saß da oben, es flocht sich mit seinen flinken Fingern, unter Beistand der weißen Zähne, die Haare. Da es mich sah, sprang es auf und floh ins Dickicht.

Als der Abend kam, füllte sich das kleine Haus mit Menschen; es waren Weiber und Kinder gekommen und zwei junge, lustige Holzhauer und ein übermütiger Almhirt, der allweg pfiff, gern auf einem einzigen Fuße stand, tänzelte und die Weiber neckte. Es kam ein Wurzner und eine Ameiseiergräberin und sie erzählten, wo sie an diesem Tage waren und was sie für Beute gemacht hatten. Alle diese Menschen, zum Teile schon betagt, zum Teile noch jung und klein, waren Nachkommen des alten Spreitzegger.

Als sie sich alle um den Tisch zur Abendsuppe setzten, stund ich an der Tür und kaute an einem Finger. Ich empfand doch, daß ich nicht hierher gehörte und getraute mich nicht zum Tisch. Da sagte der Alte: „Waldbauernbub, setze dich neben das Käthele und iß mit uns eine Suppen!" Nach diesen Worten errötete das Mädchen, das ich früher oben als Ziegenhüterin gesehen hatte, dann rückte es ein wenig zur Seite. So setzte ich mich daneben hin und aß; aber mir wollte es nicht recht schmecken, ich schämte mich, daß ich den Leuten wegen so ein paar Gulden an der Schüssel lag.

Nach dem Nachtmahle nahm mich der Almhalter mit in sein Bett; es stand nicht im Hause und nicht im Freien, sondern hinter einer Felsnische unter drei dichten Tannen. Der Mann zog sich aus bis auf das Hemd und pfiff und tänzelte noch immer dabei und kitzelte mich in das Bett und unter die Decke hinein, daß ich laut schrie und kicherte. So war ich mit ihm gleich bekannt und so kauerten wir uns recht aneinander, und er erzählte mir von seinen Kühen und Kälbern, und dabei zog er die Decke immer mehr über unsere Köpfe herauf, und sein mächtiger Atemstrom ergoß sich so sehr auf mein Gesicht, daß ich schier erstikken wollte.

Als ich am andern Morgen aufwachte, flunkerte die Sonne durch das Geäste und der Halter war schon längst davon. Ich stand auf und dachte, heute wird mir der Spreitzegger das Geld wohl geben. Es wurde die Morgensuppe vorgesetzt; das Käthele schnitt Brot hinein und dabei flüsterte es mir zu, ob ich heute nicht mit ihm wolle mitgehen auf die Geißhalde. Ich ging mit und das Mädchen machte mich bekannt mit den Ziegen und mit seinen Spielplätzen. Das Käthele hatte unter einem Felsvorsprung eine Sennerei; aus Baumrinden hatte es einen Stall aufgezimmert, unter diesem stand eine Reihe dürrer Fichtenzapfen, das waren die Kühe. Das Mädchen lehrte mir von diesen Kühen die Namen und schob sie auf die Weide und wieder in den Stall. Auf einmal aber, als es merkte, daß ich mich nicht recht in diese Wirtschaft hineinfinden konnte, wendete es sich ab, hielt die Schürze vor das Gesicht und schämte sich. Als ich ein wenig später wieder an die Stelle kam, waren die Fichtenzapfen über den Hang geschleudert und der Stall zerstört.

Es verging der Tag, der Alte war nicht zu Hause, ich bekam das Geld nicht und blieb. Das Käthele zerrte mich überall mit, und als gegen Abend ein kalter Wind strich, schlug es sein Lodenjäckchen um meinen Kopf und wickelte meine

Hände in seine Schürze, daß ich nicht sollte frieren können. Am Abend nahm es mich in den Stall und zeigte mir, wie es die Ziegen melke, und als wir in der Milchkammer standen, strich es mir mit dem Finger Rahm in den Mund.

Am dritten Tage war ich schon um ein Bedeutendes zutraulicher; da pflückte ich dem Käthele Erdbeeren und schenkte ihm ein Sträußchen rotblühenden Klees. „Die Erdbeeren mag ich schon“, sagte sie, „aber den Klee steck' der Geiß zu, ich weiß damit nichts anzufangen.“

„Es wär' aber Honig drin, Käthele“, sagte ich.

Der Alte ging aus und kam heim, aber nie sagte er etwas von dem Gelde. Ich blieb im Hause, wurde zu Tische geheißen, schlief beim Halter und konnte die übrige Zeit machen, was ich wollte. Ich ging immer mit dem Käthele und das führte mich im Walde umher, in jede Schlucht und auf jeden Felsblock, und wußte allweg zu plaudern und erzählte mir sogar einmal im Vertrauen: zuweilen, wenn es so ganz still sei und nur die Hummel brumme oder ein Lüftchen wispere, da gehe Gott durch den Wald. Er sei größer wie der allergrößte Baum, aber er kümmere sich um jedes Reh, und wenn wo eine Ameise krieche, der sie einen Fuß abgetreten, so helfe er ihr weiter, und wenn wo ein Blüml stünde, das nicht aufwachsen kann, weil ihm ein Stein anliegt, so neige sich der liebe Gott auf die Erde und tue dem Blümlein den Stein vom Herzen.

Wenn das Käthele ähnliche Dinge redete, da sah ich es nur so an.

Einmal führte sie mich auf einen Steinbühel, um welchen Rotkiefern und Wacholder wuchsen, legte ihre beiden Hände auf meine Schulter und sagte: „Das freut mich, Waldbauernbub, daß du in unser Haus und zu mir in den Wald gekommen bist.“ Nach diesen Worten geleitete sie mich von dem Steinbühel wieder herab. Weshalb ich aber da war, das wußte sie nicht.

Vergaß ich es ja doch endlich selbst. Ich lebte in dem Hause des Spreitzeggers wie daheim, nur waren die Leute freundlicher mit mir und ich durfte nicht so arbeiten, als ich es an der Seite meines Vaters gemußt.

Da kam eines Tages durch den Holzschläger von meinem Vater der Auftrag, ich möge doch endlich das Geld heimbringen, das Steueramt wolle nicht mehr länger warten und habe ihm einen Soldaten ins Haus geschickt, der ohne den Steuerbetrag nicht fortgehen wolle und der, weil er ein junger Bursche, der Kuhmagd schon ganz den Kopf verrückt habe und mit ihr heimlich die Butter verzehre. Das sei eine zuwidere Belagerung und ich möchte doch kommen und das Haus befreien. – Ich trug dem Alten unser Anliegen vor. Dieser nickte stetig mit dem kleinen Kopfe und machte mir dann in bittendem Tone den Vorschlag, er wolle die Exekutionsmänner austauschen, mich heimgehen lassen und den gefährlicheren Soldaten in sein Haus nehmen, bis er zahlen könne. Das brachte mich auf, denn ich konnte dadurch nur verlieren, ohne das Geld heimzubringen. Ich murmelte daher zu Boden starrend und den Hut tief in die Stirne gedrückt: „Ich will unser Geld haben."

Da sprang der Alte auf, einen Schritt gegen mich und stieß die Worte hervor: „Vom Erdboden herausgraben kann ich's nicht! Willst mir die Haut abziehen? Ich bin alt und hab' eine Familie; du kennst von der Welt noch nichts, wie das Essen. Wenn ihr glaubt, ich will euch was abstehlen, so verkaufet mein Haus, da steht's! und jagt die Kinder hinaus zu den Tieren des Waldes und scharrt den alten Mann in die Erden!"

Das traf mich. Niederfallen hätt' ich mögen vor dem Greis und ihm sagen, daß ich's so nicht gemeint. Ich schlich davon und wollte heim zu meinem Vater und ihm sagen, ich hätte das Geld wohl bekommen, aber ich hätte es unterwegs in dem Gesträuche verloren, und ich wolle dafür arbeiten Tag und Nacht und er möge mich strafen, wie er wolle.

Als ich sonach durch die Schlucht ging, rief mich das Käthele an. Es stand hoch auf einem Baumstrunk und sagte mir, ich möge auch hinaufkommen, denn man sehe von dort aus ins Land, wo die Feigen wachsen. Da mußte ich denn freilich hinauf; allein, als ich oben stand bei dem Käthele, grollte es, daß ich so langsam geklettert sei, es seien in der Weile die Bäume so hoch gewachsen, und nun könne man nicht mehr in das Land der Feigen sehen. Ich stellte mich, als hätte ich dem Käthele alles aufs Wort geglaubt, vergaß aber dabei auf mein Heimgehen.

Als wir eine Weile beisammen gestanden waren, lispelte sie: „Ich will dir was sagen, Waldbauernbub", und zerrte mich mit sich fort, zwischen den Bäumen und durch Gesträuche, fort und fort, bis wir hineinkamen tief in den Hochwald. Dort blieb sie endlich stehen, blickte verwirrt um sich und ließ sich auf einen verwitterten Strunk nieder. Ich stand vor ihr; sie faßte meine Hände und legte sie in ihren Schoß. Dann neigte sie das Haupt vor gegen meine Stirne und flüsterte: „Du bist mein lieber Waldbauernbub!" – Sie war gerötet, sie ließ alle Haarsträhne niedergleiten über ihr Antlitz, daß ich es nicht hätte sollen sehen können, wie sie glühte.

Gleich darauf erhob sie sich und wir gingen zurück durch den Wald, durch das Gesträuche, wie wir gekommen waren.

An demselben Abend lud mich der alte Holzhändler ein, daß ich mich zu ihm auf das Fichtenbänklein setze. Als ich es getan hatte, sagte er, daß ich heute wohl nicht mehr fortgehen könne, da der Weg zu meinem Vaterhause lange durch unwirtliche Waldungen führe. Ich blickte ihn an, da fuhr er in den Sack, zog ein abgegriffenes Büchlein hervor und aus demselben eine Geldnote: „Da nimm, Waldbauernbub, ich laß deinen Vater grüßen und ich laß mich bedanken, daß er mir so nachgewartet hat, bis ich's jetzt zahlen kann. Ich hab' ihm deswegen auch um zwölf Groschen mehr zugelegt."

Ich getraute mich an demselben Abend bei dem Mahle kaum einen Bissen zu essen und in der Nacht lag ich mäus-

chenstill neben dem Halter – ich war bezahlt, ich hatte kein Recht mehr, das Bettgewand zu zerstrampfen.
Am anderen Tage stand ich gar zeitlich mit dem Halter auf und eilte meiner Heimat zu.
Es war auch schon die höchste Zeit; der Exekutionssoldat hatte im Kuhstalle und in der Butterkammer bereits schauderhaft gewirtschaftet. Nun erhielt er den Steuerbetrag und damit den Laufpaß.
Bei meinem Vater erntete ich nicht die Ehren, die ich für das Aufbringen des Geldes zu beanspruchen geglaubt hatte.
„Dalkerter Bub“, sagte er, „jetzt gehst gleich und tragst dem Klemens Spreitzegger die zwölf Groschen wieder zurück.“
So lief ich denn. Im Walde traf ich wieder das Käthele. Es sah mich nicht an, es spielte mit den dürren Fichtenzapfen und hatte sein Gesicht dicht mit den Haaren verschleiert. Es hatte erfahren, daß ich nur des Geldes wegen so lange bei ihm in dem Wald geblieben war.

Als dem kleinen Maxel das Haus niederbrannte

Ich erinnere mich noch gar gut an jene Nacht.
Ein Knall, als wenn die Tür des Schüttbodens zugeworfen worden wäre, weckte mich auf. Und dann klopfte jemand am Fenster und rief in die Stube herein: wer des Kleinmaxel Haus brennen sehen wolle, der möge aufstehen und schauen gehen.
Mein Vater sprang aus dem Bette, ich erhob ein Jammergeschrei und dachte fürs nächste daran, meine Kaninchen zu retten. Wenn bei besonderen Ereignissen wir anderen über und über aus Rand und Band gerieten, so war es allemal die blinde Jula, die uns beruhigte. So sagte sie auch jetzt, daß ja nicht unser Haus im Feuer stehe, daß das Kleinma-

xelhaus eine halbe Stunde weit von uns weg wäre; daß es auch nicht sicher sei, ob das Kleinmaxelhaus brenne, daß ein Spaßvogel vorbeigegangen sein könne, der uns die Lug zum Fenster hereingeworfen und daß es möglich sei, daß gar niemand hereingeschrien hätte, sondern es uns nur so im Traume vorgekommen wäre.

Dabei streifte sie mir das Höselein und die Schuhe an und wir eilten vor das Haus, um zu sehen.

„Auweh!“ rief mein Vater, „'s ist schon alles hin.“

Über den Waldrücken herüber, der sich in einem weitgebogenen Sattel durch die Gegend legt und das Ober- und Mittelland voneinander scheidet, strebte still und hell die Flamme auf. Man hörte kein Knistern und Knattern, das schöne neue Haus, welches erst vor einigen Wochen fertig geworden war, brannte wie Öl. Die Luft war feucht, die Sterne des Himmels waren verdeckt; es murrte zuweilen ein Donner, aber das Gewitter zog sich sachte hinaus in die Gegenden von Birkfeld und Weiz.

Ein Blitz – so erzählte nun der Mann, der uns geweckt hatte, der Schafgistel war's – wäre etlichemal hin- und hergezuckt, hätte ein Drudenkreuz an den Himmel geschrieben und wäre dann niederwärts gefahren. Er wäre aber nicht mehr ausgeloschen, der lichte Punkt an seinem unteren Ende wäre geblieben und rasch gewachsen und da hätte sich er, der Schafgistel, gedacht: Schau du, jetzt hat's den klein' Maxel troffen.

„Wir müssen doch schauen gehen, daß wir was helfen mögen“, sagte mein Vater.

„Helfen willst da?“ sprach der andere, „wo der Donnerkeil dreinfahrt, da rühr' ich keine Hand mehr. Der Mensch soll unserm Herrgott nicht entgegenarbeiten, und wenn *der* einmal einen Himmletzer (Blitz) aufs Haus wirft, so wird er auch wollen, daß es brennen soll. Hernachen mußt wissen, ist so ein Einschlagets auch gar nicht zu löschen.“

„Deine Dummheit auch nicht“, rief mein Vater.

Ließ ihn stehen und führte mich an seiner Hand rasch

davon. Wir stiegen ins Engtal hinab und gingen am Fresenbach entlang, wo wir das Feuer nicht mehr sehen konnten, sondern nur die Röte in den Wolken. Mein Vater trug einen Wasserzuber bei sich und ich riet, daß er denselben gleich an der Fresen füllen solle. Mein Vater hörte gar nicht drauf, sondern sagte mehrmals vor sich hin: „Maxel, aber daß dich jetzt so was treffen muß?!"
Ich kannte den kleinen Maxel recht gut. Es war ein behendes, heiteres Männlein, etwa in den Vierzigern; sein Gesicht war voll Blatternarben und seine Hände waren braun und rauh wie die Rinden der Waldbäume. Er war seit meinem Gedenken Holzhauer in Waldenbach.
„Wenn einem anderen das Haus niederbrennt", sagte mein Vater, „na, so brennt ihm halt das Haus nieder."
„Ist's beim klein' Maxel nicht so?" fragte ich.
„Dem brennt alles nieder. Alles, was er gestern gehabt hat und heut' hat und morgen hätt' haben können."
„So hat der Blitz den Maxel leicht selber erschlagen?"
„Das wär' 's best', Bub. Ich vergunn' ihm das Leben, Gottseid', ich vergunn' ihm's – aber, wenn er eh'vor hätt' beichten mögen und in keiner Todsünd wär' gewesen, wollt' richtig gleich sagen, das allerbest', wenn's ihn auch selber troffen hätt'."
„Da wär' er jetzt schon im Himmel oben", sagte ich.
„Watsch' nur nicht so ins nasse Gras hinein. Geh' gleim (nahe) hinter mir und halt' dich beim Jankerzipf an. Vom Maxel, von dem will ich dir jetzt was sagen."
Der Weg ging sanft berganwärts. Mein Vater erzählte.
„Jetzt kann's dreißig Jahr aus sein – ist der Maxel ins Land kommen. Armer Leute Kind. Die erst' Zeit hat er bei den Bauern herum einen Halterbuben gemacht, nachher, wie er sich ausgewachsen hat, ist er in den Holzschlag 'gangen. Ein rechtschaffener Arbeiter und allerweil fleißig und sparsam. Wie er Vorarbeiter ist worden, hat er sich vom Waldherrn ausgebeten, daß er das Sauerwiesel auf der Gfarerhöh' ausreuten und für sein Lebtag behalten dürfe, weil er so viel gern eigen Grund und Boden hätte. Ist ihm gern

zugesagt worden, und so ist der Maxel alle Tag, wenn sie im Holzschlag Feierabend gemacht haben, auf sein Sauerwiesel 'gangen, hat den Strupp weggeschlagen, hat Gräben gemacht, hat Steine ausgegraben, hat die Wurzeln des Unkrautes verbrannt – und in zwei Jahren ist das ganze Sauerwiesel trocken gelegt und es wachst gutes Gras drauf, und gar ein Fleckel Brandkorn hat er anbaut. Wie es so weit kommen, daß er's auch mit Kohlkraut hat probiert, und gesehen, wie gut es den Hasen schmeckt, ist er um Waldbäume einkommen. Die können sie ihm nicht schenken, wie das Sauerwiesel, die muß er abdienen. So hat er Arbeitslohn dafür eingelassen, und die Bäume hat er umgehauen und viereckig gehackt und abgeschnitten zu Zimmerholz – alles in den Feierabenden, wenn die anderen Holzknechte lang' schon gut auf dem Bauch sind gelegen und ihre Pfeifen Tabak haben geraucht. Hätt' selber auch gern geraucht, das ist seine Passion gewest; aber eh'vor er fertig ist mit seiner Wirtschaft, tut er's nit. Und jetzt hat er angehebt, an solchen Feierabenden andere Holzhauer zu verzahlen, daß sie ihm bei Arbeiten helfen, die ein einziger Mensch nicht dermachen kann, und so hat er auf dem Sauerwiesel sein Haus gebaut. Fünf Jahr' lang hat er daran gearbeitet, aber nachher – du weißt ja selber, wie es dagestanden ist mit den guldroten Wänden, mit den hellen Fenstern und der Zierat auf dem Dach herum – schier vornehm anzuschauen. Ein fein Gütel ist worden auf der Sauerwiese, und wie lang' wird's denn her sein, daß uns unser Pfarrer bei der Christenlehr' den klein' Maxel als ein Beispiel des Fleißes und der Arbeitsamkeit hat aufgestellt? Nächst Monat hat er heiraten wollen, und daß er heraufgestiegen ist vom Waiselbuben bis zum braven Hausbesitzer und Hausvater – Bub, da ruck' dein Hütel! – Und jetzt ist auf einmal alles hin. Der ganze Fleiß und alle Arbeit die vielen Jahr' her ist umsonst. Der Maxel steht wieder auf demselben Fleck, wie voreh'."

Ich habe dazumal meine Frömmigkeit noch aus der Bibel gezogen, und so entgegnete ich auf des Vaters Erzählung:

„Der Himmelvater hat den Maxel halt gestraft, daß er so aufs Zeitliche ist gegangen wie die Heiden, und der Maxel hat sich 'leicht ums Ewige zu wenig gesorgt. Sehet die Vöglein in den Lüften, sie säen nicht, sie ernten nicht –"
„Und sie schwatzen nicht!" unterbrach mich der Vater. „Ich kenn' mich nimmer aus, und das sag' ich, wenn's –"
Er unterbrach sich. Wir standen auf der Anhöhe und vor uns loderte die Wirtschaft des Kleinmaxel und das Haus brach eben in seinen Flammen zusammen. Mehrere Leute waren da mit Hacken und Wassereimern, aber es war nichts anderes zu machen, als da zu stehen und zuzuschauen, wie die letzten Kohlenbrände in sich einstürzten. Das Feuer war nicht wütend, es brüllte nicht, es krachte nicht, es fuhr nicht wild in der Luft herum; das ganze Haus war eine Flamme, und die qualmte heiß und weich zum Himmel auf, von wannen sie gekommen.
Eine kleine Strecke vom Brande war der Steinhaufen, auf welchen der Maxel die Steine der Sauerwiese zusammengetragen hatte. An demselben saß er nun, der kleine, braune, blatternarbige Maxel, und sah auf die Glut hin, deren Hitze auf ihn herströmte. Er war halb angekleidet, hatte seinen schwarzen Sonntagsmantel, den er gerettet, über sich gehüllt. Die Leute traten nicht zu ihm; mein Vater wollte ihm gern ein Wort der Teilnahme und des Trostes sagen, aber er getraute sich auch nicht zu ihm. Der Maxel lehnte so da, daß wir meinten, jetzt und jetzt müsse er aufspringen und einen schreckbaren Fluch zum Himmel stoßen und sich dann in die Flammen stürzen.
Und endlich, als das Feuer nur mehr auf dem Erdengrund herum leckte und aus den Aschen die kahle Mauer des Herdes aufstarrte, erhob sich der Maxel. Er schritt zur Glut hin, hob eine Kohle auf und – zündete sich die Pfeife an.
Als ich in der Morgendämmerung den klein' Maxel vor seiner Brandstätte stehen sah, und wie er den blauen Rauch aus der Pfeife sog und von sich blies, da war mir in meiner Brust heiß. Als ob ich es fühlte, wie mächtig der

Mensch ist, um wie viel größer als sein Schicksal, und es für das Verhängnis keinen größeren Schimpf gibt, als wenn man ihm in aller Seelenruhe Tabakrauch in die Larve bläst.
Später hat der klein' Maxel die Asche seines Hauses durchwühlt und aus derselben sein Schlagbeil hervorgezogen. Er schaftete einen neuen Stiel an, er machte es an einem Schleifsteine der Nachbarschaft wieder scharf. „Wenn ich noch einmal baue", sprach er vor sich hin, „so mach' ich's besser. Das obere Stübel ist eh nicht sauber gewesen." Seither sind viele Jahre vorbei: Um die Sauerwiese liegen heute schöne Felder, und auf der Brandstätte steht ein neugegründeter Hof. Junges Volk belebt ihn und der Hausvater, der Alte, der klein' Maxel, lehrt seinen Söhnen das Arbeiten, erlaubt ihnen aber auch das Tabakrauchen. Nicht zu viel – aber ein Pfeiflein zu rechter Zeit.

Als die hellen Nächte waren

Ein anderes Mal kam es größer.
Der Sommer war heiß gewesen. Das Moos des Waldbodens war fahl und spröde geworden und zwischen den Halmgerippen der Gräser sah man auf den grauen Erdboden. Neben den dürren Nadeln des Waldbodens lagen tote Ameisen und Käfer. Die Steine in den Betten der Bäche waren trocken und weiß wie Elfenbein. Wo dazwischen noch ein Tümplein stand, da starb darin eine Forelle oder ein anderes Tier des Wassers.
Die Luft war dicht und die Berge – auch die nahen – waren blaß. Die Sonne war des Morgens rot wie das verdorrte Blatt einer Buche, dann blaß und glanzlos, so daß man ihr ins Gesicht sehen konnte. Matt kroch sie hin über die graue Wüste des Himmels, als wäre sie erschöpft vor Durst. Gegen Abend stiegen häufig scharfgeränderte, glänzende Wolken auf; die Leute fingen zu hoffen an, aber es kam ein

Luftzug und am anderen Morgen waren die Wolken vergangen und der nächtliche Tau aufgesogen.
Draußen im Dorfe wurde ein Bittag um Regen angeordnet. Da strömten aus unserem Walde die Leute davon, nur der alte Knecht Markus und ich blieben im einsamen Hause, und der Knecht sagte zu mir: „Wenn das schön' Wetter gar ist, wird's regnen, was hilft der Bittag! Wenn uns ein Herrgott hergesetzt hat, so wird er keinen schwachen Kopf haben und unser vergessen. Und hat er keinen Kopf, so daß er die Welt nur mit den Händen zusammenstellt und mit den Füßen auseinandertritt, nun, so hat er auch keine Ohren. Wofür hernach das Geschrei! Sagst du's nicht auch, Bübel?"
Leute, was läßt sich drauf sagen! „Der Knecht Markus ist ein alter Spintisierer" – das läßt sich drauf sagen.
Jetzt sprang der Riegelberger Halter zur Tür herein. Er war vor Aufregung sprachlos, durch das Fenster wies er mit beiden Zeigefingern auf den Rücken des Filnbaumwaldes hin. Der Knecht sah es und schlug die Hände zusammen.
Dort hinter dem Waldrücken stieg ein ungeheurer Wirbel von rotem Rauch auf und verfinsterte den Himmel.
„Das kann ein Unglück geben!" rief der Markus, langte nach einer Axt und eilte davon.
Der Rauch flutete immer heftiger auf und wurde immer breiter und dichter. Ich fing doch das Geschrei an, dem der Knecht keine Bedeutung beilegen wollte. Es hatte auch keine, wie sich's wies.
An den sonnigen Lehnen des Filnbaumschlages war's gewesen, wo das dürre Gestrüppe lag. Nahe wo der halbverdorrte Lärchenanwachs begann, war die Flamme entstanden, kein Mensch wußte wie. Zuerst mochte sie leicht hingehüpft sein von Reisig zu Reisig, dann empor von Ast zu Ast mit flatternden Flügeln. Sachte entfaltet das Element seine wilde Gewalt, seine roten, siegreichen Fahnen. Der Wald wird höher und dichter, an dem Geäste hängen lange Moosflechten nieder und die vor wenigen Jahren von

einem schweren Hagelschlage geschädigten Stämme sind harzig bis hinauf zu den Wipfeln. Hei, wie die feurigen Zungen lechzen und emporlodern! Und in den Gründen züngeln sie wie ein Schlangengezücht und allerseits beginnt sich ein fürchterliches Leben zu entwickeln.
Die wenigen Holzhauer rennen in Verwirrung herum und fluchen und rufen nach Hilfe. Aber der Wald und seine Hütten sind menschenleer, alles ist bei der Bittprozession. Bis sie nach Stunden endlich kommen, ist der Hochwald im Brande. Das ist ein Fiebern und Zittern in der Luft, ein Krachen und Prasseln weithin; Äste stürzen nieder, Stämme brechen zusammen und sprühen noch einmal auf in den wogenden Rauch. Neu und frisch blasen glühende Luftströme durch das Gehölz; die Flammen erzeugen sich selbst den Sturm, auf dem sie fahren. O gewaltiges, nimmersattes Element! Es zehrt, so lange es lebt, und lebt, so lange es zehrt, es verzehrt die Welt, und wenn sie erreichbar, tausend Welten, und hat nimmer genug. Keine Macht kann so ins Unendliche wachsen wie das Feuer, darum stellt es der Seher als den letzten Sieger über alles dar, als den Herrscher in Ewigkeit.
Die Menschen arbeiteten und arbeiteten; manchen trugen sie halb verbrannt von dannen. Der Knecht Markus sah die Folgen, aber er jammerte nicht und er verzagte nicht, er war die stille, die ruhige Tat. Schon begannen seine harzigen Kleider Feuer zu fangen, da eilte er hinab zum Bachbett und wälzte sich im Sand, bis sich dieser an alle Teile seines klebrigen Anzugs gelegt hatte. Nun war er gepanzert. Äste haute er ab, Bäume hieb er um – o Gott, das schlug nicht an. Der glühende Strom brauste weiter; die kahlen Äste in der Runde, die rotnadeligen Zweige harrten schon der nahenden Flammenbraut und huben noch früher zu brennen an, als sie der erste Kuß erreichte.
Nun suchten die Arbeiter, die von allen Seiten herbeigekommen waren, den Flammen einen Vorsprung abzugewinnen und ihnen durch breite Abstockungen eine Grenze zu setzen, aber es teilte sich der Brand in Arme

nach verschiedenen Himmelsgegenden. Zur Abendstunde erhob sich ein Wind und zerzauste die mächtigen Feuerfahnen in tausend Fetzen und vervielfältigte überall das Element. Das war ein unheimliches Dröhnen in den Lüften und ein wunderlich Leuchten hin über das weite Waldland.

Erschöpft und ratlos ließen die Männer ihre Hände sinken, die Weiber räumten ihre Hütten aus und wußten mit der Habe nicht wohin.

In tiefen Tälern war es noch ruhig, da hörte man nichts als das leise Flüstern der hohen Tannen, aber der nächtliche Himmel war rosig und zuweilen flog hoch oben ein Feuerdrache dahin. Dann wieder kam eine zwitschernde Vogelschar und die heimatlosen Tierchen schossen planlos umher, und die Rehe und Hirsche kamen erschreckt heran zu den Menschenwohnungen.

„Wie diesen Tieren geht's uns allen!“ klagte ein Weib, „keine Menschenmöglichkeit, daß der Wald gerettet wird – alles brennt, alles brennt! O Christi Heiland – es ist das Jüngste Gericht!“

Tagelang währte der Greuel.

Von unserem hochgelegenen Hause aus sahen wir aus den Wäldern des Filnbaum und der Fresenleiten die Flammen rot und langsam aufsteigen. Die ganze Gegend lag in einem Schleier und scharfer Brandgeruch stach in die Nasen. Unser Berg schien eingewölbt von Rauch, daß es oft schier dunkel war. Und da stand ein großes, trübrotes Rad über uns, das der Rauch umwirbelte, verdeckte und doch nicht ganz vertilgen konnte. Es war die Sonne. Wir sahen aber auch, wie das Feuer allmählich gegen uns heranrückte; es stieg über die Höhen her und es stieg in die Täler nieder, und es stieg endlich an unserem Berghange heran. Wir bedurften des Abends keines Kienspans mehr in der Stube, wir hatten vollauf Licht, denn zehn Minuten weit vom Hause brannte der schöne Kienwald.

Das Vieh hatten wir längst auf die Almweide gejagt und die Einrichtungsstücke des Hauses mitten auf das freie

Feld hinausgeschleppt. Halb wahnsinnige Menschen kamen herbei. Der Vernünftigsten einer war der uralte Martin, dem die Hütte verbrannt war und der nun mitternächtig beim Scheine des Waldbrandes Preiselbeeren pflückte.

Mein Vater kletterte auf den Dächern unseres Gehöftes herum und mit einer langen Stange, an deren Ende er einen nassen Lappen gebunden hatte, schlug er die Funken tot, die herangeflogen kamen und sich auf das Dach gesetzt hatten.

In der fünften Nacht, als wir in einer Ecke unserer ausgeräumten Stube kauernd schliefen, wurden wir plötzlich von einem lauten Tosen geweckt, und der alte Markus, der auf dem Dache Nachtwache hatte, rief: „Das ist schon recht! Das ist schon recht!"

Ein Wettersturm hatte sich erhoben und wütete in dem brennenden Walde, daß es eine schreckbare Pracht war. Als ob ein wüstes Gewässer dahinbrauste zwischen den Stämmen, so toste und dröhnte es. Aber das Feuer wurde in die entgegengesetzte Richtung von unserem Hause geworfen, und das war es, was dem alten Markus so recht war. Die Flammen waren wie auf wilder Flucht; sie übersprangen ganze Waldpartien, zündeten an neuen, entlegenen Stellen.

Als sich der Orkan gelegt hatte, kam ein Regenguß. Der Regen währte tagelang und die Wolken stiegen träge auf und nieder. Lange noch mischte sich mit ihnen der Rauch der kohlenden Strünke – endlich aber war alles Feuer ausgelöscht. Über alles legte sich der feuchte frostige Nebel – es war die herbstliche Zeit.

So ist die Begebenheit hier erzählt.

Doch endet der Wald mit seinem Untergange nicht, in ihm ist die Urkraft.

Der Nebel des Herbstes spann den Schnee; im Winter sahen wir von unseren Fenstern aus weit mehr weiße Flächen als sonst. Aber erst als der Lenz kam, sahen wir, was der Waldbrand angerichtet hatte. Überall verkohlter

Grund, rostfarbige Steine, halbverbrannte Wurzeln, und darüber ragten die schwarzen Strünke einzelner Baumstämme. – Nun kamen die Leute und reuteten. Sie stachen den schwarzen Rasen um, sie säeten Korn in das Erdreich; den Obdachlosen wurden neue Hütten gebaut. Und als der Frühherbst kam, war's eine Herrlichkeit. Kein Mensch in unserem Waldlande hatte je eine so große goldgelbe Pracht gesehen, als es das Kornfeld war, das sich über die Berge hinzog. Wir mußten alle zusammenhalten, die Flut der Halme, wovon einer sein schweres Haupt auf die Achsel des anderen legte, einzuheimen. Ich erinnere mich noch an das Wort, das bei dieser Gelegenheit der Pfarrer sprach: „Der Herr schlägt die Wunden, aber er spendet auch den Balsam, sein Name sei gelobt!" – Am nächsten Tage schickte er seine Knechte, um von der reichen Ernte den Zehent zu holen, und er hat recht getan.

Gegen dreißig Jahre lang gab der Grund des verbrannten Waldes den Menschen Brot. Dann kam die Landflucht der Menschen und neuerdings sproßt auf den Berghöhen der junge, grüne Wald. Neues unendliches Leben webt darin – eine üppige Pflanzenwelt, ein lustiges Tierreich, eine helle Gottesmorgenfreude.

Am Waldbrunnen

Das alte Waldhaus auf dem Berge füllt in meinem Kopfe mehr Raum aus, als die übrige Welt. Es gehört aber auch der ganze Berg dazu, mit allem was drum und dran ist. Ich versichere euch, es war eine Welt, und nicht eine von den schlechtesten. Es lebten in ihr keine Philosophen, die sie schlecht machten. Das Haus stand sehr hoch oben, fast am Rande des Himmels, und täglich, sobald die Sonne aufging, beschien sie den Berg von oben bis unten. Ich habe seither keinen goldenen Berg mehr gesehen. Die Mutter hatte ein braungebundenes Gebetbuch mit Goldschnitt.

Wie dieser, so leuchtete unser Berg empor mitten im dunkeln Waldlande. Das Haus stand auf flacher Hochmatt, vor demselben herab lag steil das erste Riegelfeld, dann kam ein Holzzaun mit etlichen Steinhaufen, weiter herab lag das zweite Riegelfeld, das war noch steiler, böschte sich untenhin aber in einen Rain aus. Unterhalb des Raines begann der Wald, der abwärts ging und immer abwärts bis ins schattige Wiesental.

Gott, wie oft bin ich gesessen auf diesem Raine! Ich habe dort gewacht im Sommer, daß die Kühe nicht aus dem Walde heraufstiegen in das Kornfeld, ich habe dort gewacht im Herbste, daß die auf dem Stoppelfeld weidenden Schafe sich nicht verliefen in den Wald hinab.

Meine Zeit habe ich mir dabei vertrieben mit Sammeln der Tannenzapfen, die von den hohen Bäumen herabgefallen waren, oder mit Hirschenschnitzen aus Baumrinden, wie ein anderer meiner Jugendstandesgenossen, der weltberühmte Meister Defregger. Der Weidknecht Franzel war kein übles Bürschel, aber dieses mein Hirschenschnitzen mußte ihm zuwider sein. Eines Tages, als er mit der Jungmagd unterhalb am Raine beim Waldbrunnen einen Fichtenbaum in Blöcke zerschnitt, dabei durstig wurde, mit seiner Hutkrempe aus dem Brunnen Wasser schöpfte und das Dirndl fragte, ob es auch trinken wolle, legte dieses die Säge ins Moos und antwortete: „Ja, du, Franzel, mir ist es gleich recht, das Trinken, mir ist eh' so viel warm, weißt." Er bog die mit Wasser gefüllte Hutkrempe zu einem Schnabel und hielt ihn dem Dirndl an die roten Lippen. Und als sie dann ein wenig so nebeneinander dastanden, rief der Knecht plötzlich zu mir herauf an den Rain: „Rotzbub, fauler! Hast denn du keine Arbeit, den ganzen Herrgottstag, daß du auf dem Rain herumkugelst, dieweil die Kühe auf dem oberen Feld das Korn fressen!" – Arglos bin ich gegangen.

Der Waldbrunnen stand in einem Kreise von ruppigen Tannen und Fichten auf moorigem Angerlein, wo im Erdreich die Fußlöcher der Kühe waren, die hierher gekommen, um zu trinken. Der Brunnen rann fast armdick unter einem buschigen Hange zwischen grünbemoosten Steinen aus der Erde und wurde durch ein Holzrinnlein in den langen Trog geleitet, der aus einem Baumstamm gehöhlt und dessen eine Kopf schier in das sumpfige Erdreich versunken und vermuhrt war. Der Trog war mit Flechten und Moosen bewachsen, so daß das glasklare Wasser drinnen wie in einem grünen Samtbette lag. Unter dem Troge rann das Wasser in einem schmalen sandigen Bächlein zwischen Germen, Wildlattich und Waldkresse davon. Dieser Platz und dieser Brunnen waren immer, auch in den sonnigsten Sommertagen, in einer kühlen feuchten Dämmerung und das kalte reine Wasser war bekannt weit und breit, so daß jeder, dessen Weg in der Nähe vorbeiführte, zum Brunnen herabstieg und trank, entweder frei aus dem Troge, wie unsere Rinder, oder aus dem Hutschnabel, wie der Weidknecht und die Jungdirn, oder aus der hohlen Hand, wie unsere klugen Vorfahren, so lange sie noch keinen Krug erfunden hatten.

Beim Waldhause oben war wohl auch ein Brunnen, er stand mitten im Hofe, hatte einen schönen großen Trog und einen zierlichen Ständer darüber; in den Ständer waren drei kronenartige Ringe hineingeschnitzt, auf der Spitze war ein wohlgeformter Knauf; der Brunnen hatte alles, nur kein Wasser. Das heißt, bloß zeitweise. Im Frühjahre, wenn der Schnee schmolz, im Sommer, wenn die Regenzeit war, gab es Wasser genug aus dem Rohre, aber wenn Dürre war, da tröpfelte es nur und brauchte mehrere Stunden, bis der grünglasierte Krug voll wurde. Im Winter fror das Wasser ganz ein. Da nahm der Vater wohl das Brunneisen, einen viele Klafter langen, zusammengereiften Draht, warf es an einem Ende ins Herdfeuer, und wenn es glühte, tat er's auseinander und stach damit ins Brunnenrohr, so tief es ging. So trieb er's oft den ganzen Vormittag. Manchmal brachte diese Arbeit Wasser, manchmal nicht. Die Haustiere aber mußten im Winter täglich zweimal aus dem Stall zur Tränke geführt werden, durch tiefen

Schnee hinab bis zum immer eisfreien Waldbrunnen. Das war die Arbeit des Buben – meine Arbeit. Bei diesem „Wassern“ habe ich mancherlei Schmerzen gehabt, offene und heimliche. Es fror mich in den Zehen, es fror mich in den Fingern, es fror mich in den Ohren und in der Nase. Aber die Kühe und die Stiere und die Kälber beeilten sich gar nicht, sie standen der Reihe nach am Troge, so viele ihrer auf einmal dort Platz hatten und schlürften mit Behagen das kalte Wasser, ein Winterdurst, den ich gar nicht begreifen konnte. Hatten sie getrunken, so hing manchmal, wenn wir wieder über den kalten Riegel hinaufkamen, von den Schnauzen ein Eiszäpflein hinab, was aber gar nicht hinderte, daß unterwegs die munteren Stierlein schalkten mit den Kalben und dabei trotz meiner Winke mit der Gerte nicht vom Flecke wollten. Mein innerer Schmerz bestand in der Furcht vor Geheimnissen. Denn an den Winterabenden war es beim „Wassern“ zumeist schon kohlrabenfinster. Pfiff in den Bäumen der Wind, so war es unheimlich, und rührte sich kein Zweiglein, kein Lufthauch, so war es noch unheimlicher. – Und so wie ich mit den Tieren, gingen andere mit den Wasserbutten zum Waldbrunnen hinab, um den Hausbedarf zu holen. Einmal hatte der Knecht so eine gefüllte „Wasserbutten“ im Vorgelaß des Hauses stehen lassen, in der Nacht darauf gab es einen Knall und am nächsten Morgen lagen die Taufeln des Gefäßes auf der Erde und das gute Waldbrunnwasser stand in Gestalt der Butten da, es war zu einem Eisklumpen geworden. Daraus erhellt, daß es in unserem Hause auf dem Berge manchmal kälter war, als unten beim Waldbrunnen, dessen Trogspiegel nie eine Eiskruste aufwies.

Einmal hatte ich am Waldbrunnen ein großes Herzeleid. Im Herbste war's, ich hatte unten im Wiesental aus dem Fresenbach ein Forellchen gestohlen. Es war ohnehin selten genug, daß es mir gelang, mit den Händen so ein Schwänzlein unter einem Stein oder Rasen hervorzufangen. Nun hielt ich das Tier im Wasser fest, daß es einstweilen noch trinken konnte, und dachte nach, wie man das schöne Fischlein lebendig hinaufbringen könnte zum Haus auf dem Berge, um es dort im Hofbrunnen zu hegen und zu pflegen zu meiner und der Geschwister Ergötzung. Es muß nur Wasser haben unterwegs, sonst braucht es nichts. Und Wasser hat es doch, wenn ich dem Wässerlein entlang anwärts gehe, das da durch den Wald herabrinnt. Man hält es unterwegs manchmal hinein und läßt es wie in einem Wirtshause trinken. So geschah's. Ich lief mit der in der Hand schwänzelnden Forelle den Berg hinan und hielt sie von Zeit zu Zeit in ein Wassertümplein, damit sie sich den Durst löschen konnte. Anfangs machte sie darin noch das hufeisenförmige Maul auf und zu und bewegte die Ohren, wofür ich die Kiemen hielt. Ich lief dann wieder was das Zeug hielt, aber der Berg ist hoch und allmählich wurde das Schwänzlein matter, krampfhafter, und wenn ich das Tier ins Wasser hielt, wollte es nicht mehr saufen. Ich versuchte ein anderes Mittel, das Buben bei ohnmächtigen Fischen anzuwenden pflegen, ich blies ihm ins offene Maul Atem hinein. Das schien ihm aber gleichgültig zu sein. Endlich kam ich zum Waldbrunnen. Das ist ein tiefes, klares, frisches Wasser, das wird ihm schon taugen, da wird es sich bald erholen. Nur um ein geringes weniger atemlos als der Fisch angekommen warf ich ihn sofort ins Wasser. Er tauchte langsam in die Tiefe, legte sich dort seitlings auf den grünen Samt hin, daß der weiße Bauch mit den roten Sternlein obenauf war, tat Augen und Maul auf und bewegte sich nicht. Am Ende ist er tot? Dann wird er in diesem guten Wasser gewiß wieder lebendig, wenn man ihm nur Anregung dazu gibt. Ich griff vorsichtig hinein, richtete den Fisch auf, wie Fische stehen, kitzelte ihm die Flossen, schob ihn ein wenig voran, ja machte ihm mit dem Finger das Maul auf und zu, wobei sich richtig die „Ohren“ bewegten. Aber als ich das liebe Fischlein wieder ausließ, um zu sehen, ob es auf eigenen Flossen stehen könne, legte es sich neuerdings auf die Seite und war wieder tot.

Ich stand vor dem Troge, schaute ins Wasser und fing an traurig zu werden. Dann riß ich ein herzförmiges Lattichblatt vom Stengel, legte das kalte weiche Leichlein drauf und trug es vollends hinan zum Waldhause. Dort hat die Mutter den Fisch ausgeweidet, gewaschen, mit Salz bestreut und in die Glut des Herdes geworfen. Und siehe, in der lichtguldenen Holzkohlenglut ward die Forelle wie lebendig, wenigstens begann sie mählich den Schwanz zu heben und sich zu ringeln. Den Ring aber nahm die Mutter mit der Feuerzange heraus, dann blies sie die Asche weg und legte ihn auf den Teller. Und hernach habe ich aus lauter Traurigkeit um das Fischlein dasselbe aufgegessen bis auf das zartbegrätete Rückgrat und auf den Kopf, aus welchem mich die runden verkalkten Äuglein ganz verliebt anblickten.

Am Waldbrunnen aber, wo solche Ereignisse sich zugetragen, stand dann einmal die Jungmagd und wusch sich. Sie wusch die Hände, das Gesicht; die dunkeln Flecklein und Sommersprossen gingen nicht mehr weg; sie wusch sich die Augen – die blieben rot und trüb, und dann setzte sie sich auf den Trogrand und schaute starr zu Boden.

Freilich hatte er sie heiraten wollen, der Franzel, sie war mit ihm schon zweimal ausgerufen worden von der Kanzel. Anstatt des dritten Ausrufes am Sonntage vor der Hochzeit verkündete der Pfarrer das folgende: „Gestern nachmittags um fünf Uhr ist im Ländholz der beim Waldbauern bedienstete Knecht Franz Zeilhofer beim Graßschnatten verunglückt in seinem zweiundzwanzigsten Lebensjahre. Lasset uns für seine arme Seele ein Vaterunser und ein Ave-Maria beten.“ Der Franz lag dieweilen in der Vorlauben unseres Hauses schlank und blaß auf dem Brett. Die Jungmagd stand bei ihm und strählte mit einem Kamm sein weiches nußbraunes Haar quer über die Stirn herab und steckte ihm ein Rosmarinsträußlein zwischen die über der Brust ineinander gelegten wachsweißen Finger. – Morgen wäre ja der Hochzeitstag ...

Und wie hat sie sich zugetragen, die Geschichte seines frühen Todes? Der Ländbauer im Tale hatte meinen Vater gebeten: „Gelt, Nachbar, du bist so gut und borgest einen Knecht, daß er mir Graß (Reisig) von den Fichten schnattet, ich bin schon alt und kann nit mehr hinauf und meine Weibsleute wollen nit hinauf. Und im Stall brauch' ich schon die Streu."
Sagte mein Vater zum Weidknecht: „Franzel, du bist ein flinker Steiger. Kannst dir für deinen kommenden Ehestand ein Vergeltsgott erwerben, wenn du am Samstagfeierabend dem alten Ländhofer ein paar Graßbäume schnattest."
„'sselb' will ich schon tun", antwortete der Franzel, der immer ein williger Mensch war und der hoch auf dem Fichtenwipfel eins zu jauchzen gedachte, so lange er noch Junggeselle täte sein auf der Welt im sonnigen Abendschein. Und als der Feierabend kam, ging er hinab in das Ländholz, schnallte die doppelzackigen Steigeisen an die Füße und stieg an. Und als er hoch auf einem schlanken Fichtenbaume war und munter die langen Äste abhackte, daß sie rauschend niederfielen aufs zarte Heidekraut, da kam der Nachbar Kniepler mit einem Beil daher und schrie hinauf: „Wer hat dir's geschafft, in meinem Wald Graß zu schnatten?"
„Das ist dem Ländhofer sein Wald!" rief der Franzel herab.
„Du Lügenmaul, du verdammtes!" darauf der Kniepler, „dort drunten ist die Grenze und dieser Baum gehört mein. Wirst herabsteigen?"
„Na", antwortete der Franzel, schnattete weiter und begann zu pfeifen.
„Wo er eh mein Feind ist! Ich will dir herabhelfen, du Froschkeule, du! Ich komm dir hinauf!"
„Komm nur herauf", sagte der Franzel, „auf diesem Wipfel haben zwei Vögel Platz", und pfiff weiter.
Da hat den Kniepler, der ein wilder, halbverrückter Mensch war, die Wut gepackt. Hinauf stieg er nicht, weil er

sich nicht getraute, aber etwas anderes begann er. „Wart' nur!“ keuchte er und hub an, den Fichtenstamm zu behakken mit dem Beil. „Wart' nur, dir will ich das Herabsteigen ersparen. Hängen wirst nit bleiben in der Luft, das weiß ich.“

Bei jedem Hiebe, den er dem Stamm versetzte mit dem scharfen Stahl, ging ein leises Zittern hinan den Schaft. Ein Kreuzschnabelpaar, das zuhöchst im Wipfel genistet hatte, flatterte auf und umkreiste kreischend die Krone. – Der Narr wird doch den Baum nicht fällen wollen, mag der Franzel sich gedacht haben. Und als er sah, daß der Kniepler ernst machte, begann er sich auf seinem Wipfel zu schaukeln, so daß der Bogen immer größer wurde, den der schlanke federige Baum durch die Lüfte schnitt. Der Franzel hatte die Absicht, durch das Schaukeln einen Wipfel der nebenstehenden Bäume zu erreichen, sich auf denselben hinüber zu schwingen, wie es die Eichkätzlein machen. Aber die Entfernung bis zum nächsten Wipfel war immer noch zu groß. Es währte eine halbe Stunde und länger, der Kniepler hieb eifrig los, die Späne flogen, der Stamm hatte bereits eine große Scharte. Das hohle Dröhnen im Stamme zeigte dem Franzel oben wohl an, daß das Beil schon an den Kern kam. Da wurde er still und dachte vielleicht nach, was jetzt zu tun sei, ob er um Gnade bitten solle oder das Äußerste abwarten. Für ersteres war's vielleicht auch schon zu spät, denn im Schafte begann es zu knistern. – Schaukeln tat er nicht mehr, der Franzel, aber sachte, ganz sachte fing der Baum mit ihm an, sich nach einer Seite zu neigen, zuerst stoßweise, ruckweise, dann ein schmetterndes Schnalzen und ein Hinsausen durch die Luft ...

Wild schwirren die Vögel um den fallenden Stamm. Dieser streift eine alte Lärche, der Franzel hascht hin, erfangt sich am Lärchenast, aber die Steigeisen des Burschen sind tief ins Fichtenholz gehackt, so daß der Franzel einen Augenblick an beiden Bäumen hängt. Da bricht der Lärchenast und nieder mit dem krachenden Baum stürzt der Franzel.

Mit dumpfem Schall schlägt sein Körper auf den steinigen Boden, wo er regungslos liegen bleibt.
Am späten Abend, als es schon dunkelte, kam der Kniepler langsam an unser Haus herangeschlichen und brachte in weinerlicher Art die Nachricht vor, unser Weidknecht sei beim Graßschnatten im Ländholz vom Baume gefallen, er habe ihn dort gefunden. Wir gingen gleich mit Laternen hinab, da waren schon Leute dort; sie zeigten auf den Toten, auf den umgehauenen Baum und fragten den Kniepler eindringlich, wie das habe geschehen können?!
„So!" begehrte der Bauer überlaut auf, „glaubt's etwa, ich hätt' die Fichten umgehackt?" So hatte er sich zum guten Teil schon in jener Nacht verraten. Das Geständnis legte er am zweiten Tage ab, vor dem Kruzifix im Gerichtssaal zu Leoben.
Und so ist der Franzel gestorben. Man hat ihn hinaufgetragen zum Waldbrunnen. An diesem Brunnen hat einst sein Blut geblüht und an diesem Brunnen ist es abgewaschen worden.

– – –

Als nach solchen Geschichten mehr als vierzig Jahre vergangen waren, da ist aus der Ferne ein ältlicher Mann gekommen und hat gerastet am Waldbrunnen. Vieles hatte sich in der Gegend geändert, Haus um Haus war zur Erde gesunken und die Leute in sie hinein. Nur diese alten Tannen und Lärchen standen noch so wie einst und die Germen und Wildfarren wucherten auf moorigem Boden. Der Brunnentrog war noch immer nicht ganz vermodert, nur hatte er sich noch enger in den Boden eingeschmiegt, noch dichter in den grünen Mantel des Mooses gehüllt, wie es uralte Greise tun, wenn es sie fröstelt. Die Quelle aber rann so aus dem Gestein wie ehedem, in ewiger Jugendfrische.

Die Wacht am Rain

Das kleine Königreich meines Vaters hatte auch eine Armee, um seine Grenzen zu beschützen. Und diese Armee war ich, etwa von meinem achten bis fünfzehnten Lebensjahre. Siebenjährige Dienstzeit.

Die Grenzraine des an siebzig Joch weiten Besitzes waren teils mit Holzstangenzäunen, teils mit Hecken bestanden, teils mit Steinhaufen gemärkt, teils durch einen Bach gezogen. Großenteils aber lag die Grenze zwischen uns und dem Nachbar fast ohne sichtbare Linie da, nur daß von Strecke zu Strecke ein aus der Erde ragender Stein oder ein Baumstock die Berainung anzeigte, die seit Urgroßvaters Zeiten haarscharf genau an der gleichen Stelle sich hinzog. Zu Urgroßvaters Zeiten soll es wohl einmal ein Nachbar versucht haben, etliche Grenzsteine auf unsere Wiese hereinzusetzen; der mußte diese seine Grenzerweiterung ganz kurios wieder richtigstellen – nachher als Geist. Und wie schwer sich ein Geist tut, der ohne Knochen und Muskeln Steine ausgraben, weitertragen und wieder einsetzen soll, das kann man sich denken. Andere Grenzüberschreitungen kamen wohl auch zu meiner Zeit vor. Es ging des Nachbars alte Magd im Frühherbst mit dem Handkorb und sammelte auf unserem Gebiete Pilze und Beeren. Kein Mensch wies sie zurück, ja, wir wußten nicht einmal, daß die Waldfrüchte, die auf unserem Boden von selbst wuchsen, unser Eigentum seien, dachten auch nie darüber nach. In der Waldheimat hat derlei wohl seit jeher als gemeinsamer Besitz gegolten, so wie ja der Durstige von der Quelle trinkt, ohne zu fragen, wem sie gehört. Auch wenn des Nachbars Knecht mit der Axt über den Rain herkam, um in unseren Stauden Gerten zu schneiden oder von einer Fichte einige Äste für Hausbesen herabzuhacken, weil ihm unsere Hekken und Bäume etwa gelegener und brauchbarer waren, als die auf seinem Grunde: so empfanden wir das nie als einen unberechtigten Eingriff in unser Eigentum. Wir machten es ja umgekehrt auch so.

Deshalb also war kein Grenzschutz vonnöten, nicht einmal ein, wie der zugewanderte Schweizer sagte, drei Käse hohes Bübel, das gleichzeitig Feldmarschall und Regiment sein mußte. Aus einem anderen Grunde bedurfte meines Vaters Königreich der Wacht am Rain.
Im Herbste, wenn das Heu im Stadl, das Getreide in den Scheunen war, ließen wir das Vieh auf Wiese und Feld, damit es die Futterreste grase, ehe der Schnee kam. Und dieses Vieh übertrieb die Genußsucht, den Ehrgeiz und respektierte keine Grenzen. Nicht das Futter lockte es so sehr auf fremde Gebiete, als vielmehr der Haß und die Liebe. Hier stieg ein Ochse über die Grenze, brach, wenn's sein mußte, den Zaun, um in der Nachbarsherde Händel zu suchen. Da fuhren sie mit hochgereiften Schweifen brüllend gegeneinander, stießen mit den Schädeln zusammen; jedes der ringenden Tiere ist drauf aus, dem andern ein Horn ins Auge oder in den Hals zu rennen und gleichzeitig pariert jedes mit kluger Kopfwendung den Stoß. Trotzdem geschieht bisweilen Unheil, ein Hornbruch, ein Beinbruch, wenn sich die Kämpfer nicht gar abstechen. So ein Ochse hält auf Ehre und will der Stärkere sein. So verachtend jedes einzelne Vieh der Herde auf den Händelstifter blickt, der rauflustig über den Rain herkommt, so wohlgefällig und ehrerbietig schaut es auf ihn, wenn er als Sieger dasteht. Und der zuschanden gerannte Gegner bleibt liegen, wo er liegt. Kurz, die Tiere sind oft gerade so niederträchtig wie die Leute.
Deshalb die Wacht am Rain. Der drei Käse Hohe mit dem Birkengertel genügt, um die stärksten, wütigsten Rinder in ihr Bereich zu bannen. Ein wutschnaubender, drei Zentner schwerer Ochse, der es mit der ganzen Nachbarsherde aufnimmt, läßt Kopf und Schweif hängen, wenn das achtjährige Knäblein mit der Gerte droht. Ist das Dummheit oder Klugheit? Es mag letzteres sein. Des Ochsen von Menschen stets beherrschte Vorfahren haben ihm einen Instinkt vererbt, der ihm sagt: Du! Mit diesen winzigen

Zweifüßlern fange nichts an. Da zögest du den kürzern, wenn nicht heute, so morgen!
Aber auch die Liebe lockt das Vieh zum Überschreiten der Grenze. Die Herde hat ihre Jungmännerwelt, die über die Grenze liebäugelt, wenn auf der Nachbarswiese ahnende Kalben und lebenslustige Kühe weiden. Und sie wollen herüber, diese vierfüßigen Herren mit den schwerschlotternden Halsfahnen. Das ist nicht immer im wirtschaftlichen Sinne der Herdenbesitzer, die nur zu gewissen Zeiten eine Zusammenkunft der verschiedenen Geschlechter begünstigen können, im übrigen aber strenge auf Zucht und Ordnung halten. Deshalb stellen sie am Rain eine Wacht auf.
Diese Wacht also war meine Sache, viele Jahre lang.
Meine Heldenhaftigkeit mit der Gerte ist schon angedeutet worden, so muß leider auch von meiner Unverläßlichkeit berichtet werden. Parteihistorie würde statt Unverläßlichkeit ein viel strengeres Wort gebrauchen, wenn nicht gar von – Hochverrat sprechen. Eines Tages, während auf unserer Wiese unsere Kuhherde weidete und auf des Nachbars Weide das junge Stiervolk, verließ ich meinen Posten am Rain. Es schien die Sonne so scharf und der nahe Wald hatte so weiche, laue Schatten, und die Tiere graseten so unbefangen vor sich hin, graseten an jeder Seite sachte von der Grenzhecke weg, um sich immer mehr voneinander zu entfernen. Diese Kriegslist durchschaute ich nicht, ging in den Wald hinein, um unter dem wohligen Tannenschirm in dem schönen Erbauungsbuche von den sieben Schwaben zu lesen. Es ging zwar etwas langsam mit dem Lesen, aber nach einer Weile war ich doch aus der Geschichte beinahe klug geworden: Ein Rathaus hatten sie sich gebaut, die sieben Schwaben, und als sie hineingingen, war es ganz finster drinnen. Dem, meinten sie, sei leicht abzuhelfen, man müßte eben das Tageslicht in Säcken hereintragen. Das taten sie, doch als sie drinnen die Säcke ausleerten, kam wieder nichts heraus, als eitel Finsternis. Nun hielten sie eine Ratssitzung und erörterten die seltsame Erscheinung,

wieso denn das komme, daß gerade in diesem neuen Hause alles finster sei, mitten im Tage? Bis es einem der Herren, es war ein Gelehrter, nach tiefgründigem Forschen einfiel, ob die auffallende Dunkelheit nicht etwa davon komme, weil das Haus keine Fenster habe? Sie hatten beim Baue der Fenster vergessen. Dann ist der Antrag gestellt worden, an den Wänden probeweise Fenster auszubrechen, der mit Stimmenmehrheit auch zur Annahme kam. – So ungefähr stand's im Buche. Ganz klar war die Sache nicht, kümmerte mich aber einstweilen nicht weiter drum, sondern sah nach meinem Berufe am Rain. – O schreckbares Ereignis! Auf unserer Wiese gab es einen grausigen Tanz. Sie war voller Kühe, Kalben, Ochsen und Stiere; die Nachbarlichen waren alle herüber und wirbelten mit den Unseren schaudervoll durcheinander. Die einen bekämpften sich mit Köpfen und Hörnern auf Leben und Tod, die übrigen besprangen sich und ritten eines auf dem andern herum, ganz sinnlos, ganz dumm. Ich habe mich ihrerstatt geschämt.

Das erste war, daß ich in den kreisenden Knäuel mein Buch schleuderte. Aber aus den sieben Schwaben machten sie sich gar nichts. Meine Gerte brach bei dem ersten Hieb auf den wahnsinnigen Stier entzwei. Vom verdorrten Ahornbaum riß ich einen erklecklichen Ast ab, mit demselben drang ich aufs Schlachtfeld ein – und die Herden stoben auseinander. Die Heldentat war groß. Doch mein Vater, als er draufkam – vom Hausberge aus hatte er's gesehen – sprach nichts von einer Heldentat, sondern von einer sträflichen Unverläßlichkeit. Das Zuschlagen, meinte er, der auf kein Tier schlagen sehen konnte, wäre nie notwendig geworden, wenn ich stets am Rain gewacht hätte.

Derselbe Grenzrain, der über die Wiese ging, zog sich durch den Wald hinauf bis zu jenem Brunnen, wo aus der sandigen Erde Wasser quoll und über eine morsche Holzrinne in den Trog floß. Da geschah es unterweilen, daß an diesem Troge unsere Hausdirne Wäsche ausschwemmte, während jenseits des Raines des Nachbars Knecht Brennholz klob. In solchen Stunden schickte auch mich mein Vater gerne zum Brunnen, um dort Kresse zu sammeln, den die Mutter zu einem köstlichen Salat bereiten konnte; oder ich sollte mit einer Haue das Wassergräblein tiefer furchen, das unterhalb des Brunnentroges heraus und am Rain dahinlief. Manchmal wollte die Dirn mich fortschikken durch das junge Waldbestände hin, um auszuspähen, ob nicht irgendwo eine Wildtaube niste oder ein Has im Pfeffer sitze. Ich folgte ihr nicht, denn der Vater hatte mir aufgetragen, am Brunnen zu arbeiten, wo auch die Dirn Wäsche schwemmte. Einmal jedoch, als von jenseits herüber hell die Holzaxt klang, vertraute mir die Dirn an, daß weiter unten im Dickicht ein großes Kuckucksnest sei – fünf Junge wären darin, kohlschwarzgefleckte Kerle, ganz kleine. Doch jammerschade, wenn ein's keinen davon erwischen könnte! Da lief ich durch das Dickicht hinab, fand ein leeres Rehnest, fand einen hohlen Baumstock mit Käfern, fand eine Gruppe gelber, halbverfaulter Pilze – aber das Kuckucksnest fand ich nicht. Ärgerlich ging ich zum Brunnen zurück, und dort fand ich auch die Magd nicht. Die Wäscheranzen lagen noch auf dem Trogkopf und tröpfelten ihr letztes Wasser aus. Ob die Dirn nicht etwa zum Holzklieber hinübergegangen sei, um ein bißl zu plaudern? dachte ich und ging hinüber. Drüben sah ich den Scheiterhaufen und die Axt und eine blaue Barchentjacke, die am Baume hing; aber es waren weder der Nachbarsknecht noch die Hausdirn da. – Sie werden heimgegangen sein, dachte ich und ging ebenfalls heim. Und die Hausdirn war auch zu Hause nicht.

Darüber wurde der Vater aufgebracht, viel zorniger, als es sich um ein Körblein Waldkresse auszahlt, und er sagte mir's hart ins erschreckte Gesicht hinein, ich sei zu nichts zu brauchen. Ich hätte das Vieh auf Schaden gehalten und ich hätte die Dirn auf Schaden gehalten. – So ungefähr weiß ich die Worte noch und habe sie doch damals nicht verstanden. Man muß zum mindesten sechzehn Jahre alt

werden, bis man so was versteht. Man hört's auf der Bauernschaft und sieht's und versteht es doch nicht. Man ist gleichgültig dafür. Erst als im großen Siebzigerjahr im ganzen Lande die „Wacht am Rhein" gesungen wurde, ist auch mir jene Wacht am Rain wieder eingefallen, die ich einst so „tapfer" gestanden bin und von der ich gerne erzähle, um zu erinnern, daß die Einfalt kein guter Wächter ist.
Freilich bin ich auch nicht dafür, daß man, wie die sieben Schwaben, das Licht sackvollweise in die Kindsköpfe trage, um sie frühzeitig aufzuklären über die Geheimnisse des Raines. Ich war an die zehn Jahre, als ein übermütiger Holzknechtbub mir den ersten Sack voll Licht ins Gehirnkastel schüttete. Darauf dämmerte es bloß. Richtig eingeheizt hat mir erst viele Jahre später ein Nachbarsmadel. Da wäre ich gerne wieder Wacht am Rain gestanden, aber nun stand der Vater selber dort.

Beim lieben Vieh

Allmählich aber hub eine andere Zeit an, und ich sag' ja immer, man sollte die liebe Jugend nicht zum lieben Vieh stellen. Das liebe Vieh wird allzu gescheit. Erzählen wir was davon.
An einem Samstag war's, im Hochsommer, so in den Nachmittagsstunden, da hob der Herrgott die Rute und peitschte uns Alpelbauern tüchtig durch. Ein scharfer Hagel kam und vernichtete das reifende Korn und den grünen Kohl bei Putz und Stingel. Es war ein harter Schlag und nur jene Glücklichen, die unter der Erde ruhten, hatten ihn nicht gefühlt – die Erdäpfel.
Mein Vater hatte sieben Kinder, worunter ich dasjenige, welches am meisten brauchte, weil ich das größte war. – Arme Leute haben auch ihre Lieb' zu den Kindern im Herzen, aber die Sorge legt sich darüber und erstickt sie schier, und nur selten bäumt sie – die ja stark ist wie der Tod – sich

empor und schreit mit einer alles übertönenden Stimme nach dem Kinde. Mein Vater hatte manchen Versuch gemacht, sich meiner zu entäußern, auf ein Jährchen oder zwei, bis ich selbst die Kraft hätte, auf heimatlichem Grunde mein Brot zu graben. Aber es nahm mich niemand, nur daß mich die Nachbarn zuweilen als Botengeher zum Krämer, zum Arzt, zum Amtmann benützten und mich dafür denselbigen Tag verköstigten.

Als nun an jenem Tage plötzlich die Hungersnot da war, sah der Vater seine Sieben mit nassen Augen an und lachte dabei. Sein Gelächter war derart, daß ihm die Mutter in den Arm fiel und rief: „Mußt nit so, Mann, mußt nit so! Kommt's darauf an, so hab' ich dir übermorgen alle Kinder weg; nicht eins siehst mehr im Haus."

Und am zweiten Tag zum Abend kam die Mutter müd' und matt nach Hause. Sie machte gar ein heiteres Gesicht – und das war mir heute bei ihr nicht in Richtigkeit.

„So", sagte sie, als sie auf der Stubentürschwelle saß, die wir, wenn die Tür just zu war, gern als Lehnstuhl benützten, „so, Schüsseln sind gefunden, Kinder; sie stehen mitten auf dem Fremdleuttisch, jetzt müßt's halt lange Arm machen, daß ihr was mögt derlangen. Du, Peterl, gehst in den Hefelrainhof zum Vieh, wo du schon einmal auf Aushilf' bist gewesen. Kennst dich ja aus beim Vieh. Morgen früh kommt der Postl und nimmt dich mit. Dich, Jackerl, braucht der Grabelbauer zum Schafhalten. Kannst gleich morgen anheben. Die Plonerl brauchen sie beim Riegelberger fürs jung' Kind; den Polderl –"

„Jegerl, Jegerl, aber Bäurin!" unterbrach der Vater die Mutter, „hörst nit bald auf! Willst mirs denn alle verhausen?"

„So!" sagte die Mutter, „dir ist's nit recht! – Ja meinst, es geschieht *mir* leicht?"

Die vier Kleineren blieben daheim bei den Erdäpfeln, wir drei Größeren gingen „in Dienst". Wie es dem Jackerl beim Schafhalten und der Plonerl beim Kinderwiegen ergangen, das mögen sie selber dartun, oder die Wißbegierigen müssen warten bis auf den Tag, wo alles offenbar wird.

Ich ging in den Hefelrainhof zum Vieh. – Hätte ich damals schon den schönen Namen Stallwart erfunden gehabt, ich hätte mein Geschick viel leichter ertragen als so, da mich jeder im Hause den Ochsenbuben hieß und auch danach behandelte. Für den Ochsenbuben ist alles gut, insonderheit wenn er noch so klein und untüchtig ist, als ich es war. Ich war auf mich selbst gestellt, konnte mich, den unter den Fittichen der Mutter vier Schuh hoch Gewordenen, zu den barschen fremden Leuten nicht schicken und sah es bald ein, daß ich in dem ganzen großen Hefelrainhof nur zwei Freunde hatte – meine steten Begleiter bei Tag, meine Stubengenossen bei Nacht – die Pöll Foich.

Pöll Foich, so hieß das vierjährige Zugochsenpaar meines Dienstherrn, das ich zu füttern und zu pflegen und bei den Fuhrwerken auf Weg und Feld zu leiten hatte. Mein Bett hatte ich im Stall über ihrer Krippe hängen, ihr gegenseitiges Lecken, ihr Reiben an der Krippenecke und ihr gemütliches Wiederkäuen war mir das Traulichste, was ich außer dem Essensruf auf dem Hefelrainhofe zu hören bekam, und ihre natürliche Wärme ersetzte mir in den Winternächten vollauf den Ofen.

Bei solch engem Umgange mit den beiden Recken konnte es nicht fehlen, daß ich allmählich ihre Charaktere durch und durch kennen lernte.

Der Pöll war eine schöne kräftige Gestalt. Er war lichtgrau von Farbe, hatte große, pechschwarze Augen und um dieselben einen ziemlich breiten, gelblichen Rand, dann eine Schnauze, auf welcher, gute Gesundheit deutend, stets Tröpfchen standen, und auf dem Oberkiefer zwei breite Zähne, welche seine Mannbarkeit ankündeten. Seine Mannbarkeit! Mein Himmel, welche Ironie des Schicksals! Die Hörner des Pöll waren dick und etwas nach vor- und aufwärts gebogen, grau und rauh an der Wurzel und schwarz und glatt an den Spitzen, die sehr scharf ins Weite standen. Der Pöll trug sie gern hoch, er wußte, was er an seinen Hörnern besaß. Er war aus dem Dorfe gebürtig; seine erste Kindheit lebte er am Busen der Mutter, von welchem er aber schon in der fünften Woche seines Lebens gerissen wurde. Seinen Vater hatte er nie gekannt; derselbe, ein rüder, wüster Geselle, soll – so sagt man – zahllose Weiber betrogen haben und der Ahne einer weitverzweigten Sippe geworden sein.

Von der Mutter weg kam der Pöll, ganz wie ich, auf den Hefelrainhof, wo er seine Erziehung genoß. Ein aufgeweckter Junge, trieb er's lustig mit den Kälbern und Füllen auf der Weide, und kaum noch die ersten Stummel seiner Hörner hervorguckten, versuchte er sich schon im Rennen und Gaukeln und stieß manchen älteren Genossen in die Flucht. Sonst aber war er ein sanfter Charakter und hatte ein gutes Herz; jedesmal, wenn er glaubte, einem Kameraden wehgetan zu haben, ging er freundlich auf ihn zu, beleckte ihn an den Ohren, unter den Hörnern, am Halse und überall, wo jener selber sich nicht lecken konnte. Jedem sah er fröhlich ins Auge und jeder hatte ihn lieb. Und die Kalben blickten verschämt durch die Zäune auf den Jüngling und senkten züchtig ihre Häupter und fraßen taunasses Gras – da ihnen so warm ums Herz war.

In seiner Kindheit war der Pöll semmelfalb gewesen und alle hatten ihn das Falcherl, den Falben, genannt. Mit den Jünglingsjahren aber wurde seine Farbe dunkler und fast grauschwarz bis auf den weißen Streifen, der wie Reif längs seines Rücken lag. Sehr kräftig und schön entwikkelte sich der Nacken, und die Hörner wuchsen immer kühner und freier aus ihrem Grunde. Der Hefelrainhofer tätschelte den Jungen gern mit der Hand, schob ihm Heu in die Schnauze und sah dabei nach, wie es mit den Zähnen stünde, die er sich für eine gewisse Angelegenheit zur Richtschnur sein ließ, und nannte ihn sein „braves Pöllerl".

Da war's zur selben Zeit, an einem wohligen Juliabende, daß der Pöll an der Zaunschranke stand, als hinter derselben in ehrsamem Schritte die Rinderschar des Ziselhofes vorüberzog. Voran ging im Bewußtsein ihrer Würde die braune schwerbeeuterte Glockenträgerin, wohlgesättigt von der Halde. Als sie den jungen Pöll am Zaune stehen sah, hielt sie ihren Schritt an und blickte zu ihm herüber. Sie erkannte den Sohn und eine Herzensfreudigkeit wurde in ihr lebendig darüber, daß der Junge noch am Leben war und so wohl aussah, während manches ihrer Kinder mit großen, wütigen Hunden von ihr fortgehetzt worden.

Aber der Pöll hatte kein Auge für seine Mutter. Ein anderes war es, was heute sein volles Interesse in Anspruch nahm. Etwa die dritte oder vierte in der Reihe, schritt in jungfräulicher Züchtigkeit eine Kalbin heran, die nur einmal ihren Kopf nach ihm wendete, dann sich mit dem Schweif eine Bremse vom Rücken schlug und gleich den anderen von hinnen wandelte.

Der Pöll ging seinerseits den Zaun entlang und ließ die holde Erscheinung nicht aus den Augen. Ein bisher ungekanntes Gefühl wurde in seinem Herzen wach. Er brüllte dumpf, eine Träne rann aus seinem Auge, und es mag ihm in diesem Momente wohl zumute gewesen sein, wie einem Menschenjüngling, der ein lyrisches Gedicht macht. Plötzlich jedoch sah er etwas, wovor seine ahnungslose Seele erbebte. Durch die Herde heran drängte sich der Grull, ein schwarzer Geselle mit sehr dickem Halse. In männlicher Stolzheit nahte er sich der schönen Kalbin. – Der Pöll kannte ihn wohl, den Grull; die beiden waren einige Zeit Kameraden gewesen auf dem Hefelrainhofe, hatten in einem und demselben Stalle gewohnt und waren sogar Freunde geworden. Der Grull war ein Jahr älter als der Pöll, aber um vieles unternehmender und leidenschaftlicher. Er war Realist vom Heu bis zum Stroh, während in Pöll bisweilen doch auch die zarten Saiten des Ideals erklangen. Der Pöll träumte zuzeiten von sprossenden Kohlgärten und Blumenbeeten, von peitschenloser Freiheit auf ungemähten Wiesen und Kleefeldern und mancherlei Dingen, die dem irdischen Vieh zumeist wohl unerreichbar sind, während sich der Grull nur an das hielt, was

ihm augenblicklich nahe lag und er hierin auch voll zu genießen verstand.
Da hatte eines Tages der Nachbar Ziselhofer an dem stämmigen und praktischen Burschen Gefallen gefunden, denselben gegen ein fettes Schlagrind eingetauscht und zu seiner Herde heimgeführt, die an dem neuen Genossen sehr viel Freude fand.
Und wie mußten sich die beiden Freunde wiedersehen! Der Grull ging gerade auf die anmutsreiche Kalbin – Morlo, rief sie der Hirt – zu, und diese blieb stehen und wartete auf ihn. Er gaukelte einmal mit den Hörnern, dann beleckte er ihre Wange – Menschen würden sagen, er küßte sie – und legte sein dickes Haupt auf ihren Nacken. – Da wurde es dem armen Pöll grau vor den Augen, heiße Glut, wilde Eifersucht tobte in seiner Brust, er rannte mit den Hörnern gegen den Zaun und suchte die Stangen zu durchbrechen, um das holde Wesen vor dem Lüstling zu schützen. Jetzt stand der Hirt da und ein Peitschenriemen, der noch erklecklich viele Knoten haben mußte, pfiff dem Pöll wie eine giftige Schlange um die Ohren, daß er erschreckt zurückwich.
Als er sein Haupt wieder wendete, war der Zug vorüber; die Glocke hörte er noch schellen von weitem; er aber stand auf der Heide, einsam und allein.
Jedoch – was ein finster Geschick ihm versagte, das schien ein freundlicher Zufall zu gewähren. Sein Herr, der Hefelrainhofer, kaufte eines schönen Tages die Kalbin Morlo an. Auf der freien Weide wurde sie zur Herde des Hefelrainhofers gelassen. Sie war schüchtern und etwas verzagt; der weibliche Teil der Herde schien sie zu meiden, zu höhnen oder gar mit den Hörnern zu verfolgen; der männliche Teil machte sich neugierig und übermütig an sie heran. Der gute Pöll hielt sich stets etwas abseits, tat als grase er unbekümmert auf seinem Fleck – doch sein ganzes Denken und Fühlen war *sie*. Er sann nach, ob es nicht möglich wäre, in der Abenddämmerung den Bretterzaun des Gemüsegartens der Bäuerin zu durchbrechen, die Morlo mit in den-

selben zu locken, unbeirrt von allen anderen mitten unter köstlichen Kräutern und Blumen ihr seine Liebe zu gestehen und so den verhaßten schwarzen Buhlen für immer aus dem Felde zu schlagen.

Langsam und auf Umwegen nahte er sich nun der braunen Kalbin. Herangereift zur vollen Weiblichkeit, war sie weder kokett noch affektiert, in reizender Naivität hob sie ihr Haupt, wendete es dem Jüngling zu und sie blickten sich ins Auge. Sie fanden sich und sollten nun zusammen sein alltäglich auf der blumigen Flur und in der schattenkühlen Halde. Dann wollte er sie umfangen mit seinen Armen, auf denen er sonst – unter dem Fluche des Geschlechts – zu Vieren durchs Leben schreiten mußte.

Hoffnung schwellte sein Herz. – Da war's an dem Tage, daß ein fahlbärtiger Mann in den Hefelrainhof kam; derselbe hatte eine übermäßig fettige Lederhose, ein narbiges Gesicht und zwei kleine, nebelgraue Äuglein, die nicht viel Gutes ahnen ließen. Er trug einen Strickballen an den Hosenhälter geknüpft mit sich, ferner einen braunen Salbentiegel, einen Handblasebalg und einen zweischneidigen Eisenkolben, den er in der Küche des Hauses sogleich ins Feuer steckte.

Und zu gleicher Stunde kam der Hefelrainhofer auf die Weide, sah sich nach dem Pöllerl um und lockte ihn schmeichelnd mit einer Handvoll Hafer mit sich. Der Pöll freute sich über das Wohlwollen seines Herrn, und in der Meinung, daß ihm schon das Hochzeitsmahl gedeckt sei, trabte er dem Bauer nach.

Du armer, ahnungsloser Junge!

Kaum daß er in den Hof eintrat, wurde er von mehreren Knechten an den Hörnern gepackt, auf einen Strohbund hin zu Boden geworfen, an beiden Füßenpaaren mit Strikken gebunden – und er, ganz betäubt im ersten Schreck, erwartete nichts anderes als den Gnadenstoß ins Herz. Es kam schlimmer. Mit plötzlicher und schreckvoller Klarheit sah der Pöll die schändliche Verschwörung gegen ihn, hinter welcher sicherlich der falsche Grull steckte. Er

brüllte wie ein Löwe, doch ergeben mußte er sich der brutalen Gewalt, es vergingen ihm die Sinne.
Als der Arme wieder zu sich kam, lag er in der Dunkelheit seines Stalles auf frischem Stroh. Er fühlte, sein Wesen war gebrochen, Lieb' und Leben ihm vergällt. Er knirschte mit den Zähnen, er stieß mit der Stirne an die Krippe, daß darunter die Mäuse aufschreckten – aber er war ohnmächtig.
Nach acht Tagen war der Pöll insoweit wieder geheilt, daß er auf eine Stunde ins Freie wanken konnte. Sonnig lagen die Gefilde vor ihm da, aber nicht erfreute ihn der Sang der Vögel, nicht der Duft der Blumen und nicht das saftige Gras. Traurig blickte er hinüber auf die Au, wo die Herde fröhlich weidete und wo Morlo, die braune Kalbin, mit – dem schwarzen Grull koste und schäkerte.
Laut stöhnte er auf und wühlte mit seinem Vorderfuß in der Erde, als wollte er dem siegreichen Nebenbuhler das Grab graben, oder sich selbst in den kühlen Grund betten. Dann kam eine tiefe Abspannung und Gleichgültigkeit über ihn und weltverachtend legte er sich in die Sonne hin und schloß die Augen.
Zur selben Zeit war's, daß der unglückliche Pöll einen neuen Stallgenossen erhielt. Es war ein lichtfalber, gutmütiger Ochs, im gleichen Alter mit dem Pöll, und auch mit gleichem Geschicke. Sein Name war Foich (so viel als der Falbe, der Falche). Er war in der Wiesau geboren, kam frühzeitig unter fremdes Dach und überhaupt hatte seine Jugend große Ähnlichkeit mit der unseres Pöll. Nur war der Foich von glücklicherer Charakteranlage als jener; er war phlegmatischen Temperaments, genoß ruhig, was die Weide und der Trog ihm boten, hatte weiters keine Wünsche und Pläne und ließ sich von des Lebens Lust oder Not nicht eben sehr aufregen. Eine gelbgraue Kalbin, die mit ihm auf einem und demselben Hofe war, sah er nicht ungern, doch als er merkte, daß sein Kamerad, der Zingg, mit Leidenschaft ihr nachhing und dar-

über sehr mager wurde, verzichtete er willig. Trotzdem verfiel auch er dem bösen Fatum, dem kein Ochse hienieden entgeht, und mit gebrochener Manneskraft kam er auf den Hefelrainhof, wo er den trostlosen Schicksalsgenossen fand.

Der Pöll kehrte sich anfangs nicht an den neuen Kameraden – er grollte allen Wesen und zumeist denen, die sich, wie der Foich, mit gleichgültigem Behagen der Niedertracht der Welt ergaben. Doch ging allmählich, wie an seiner äußeren Hautfarbe, die seit der Katastrophe lichtgrau und endlich völlig weiß wurde, auch in seinem Innern eine Änderung vor, er zog sich von der Welt zurück, begann sich mehr und mehr dem Foich anzuschließen. Die beiden wurden sich an Gestalt immer ähnlicher, nur daß der Foich sehr glatte und weiße Hörner hatte, welche etwas nach rückwärts standen, während jene des Pöll, trotz alles Feilens und Schabens des Oberstallknechtes, grau und rauh blieben und immer mehr und kecker nach vorn wuchsen. So waren beim Foich auch die Augenringe und der Rand um die Schnauze herum schneeweiß, was stets auf Gutmütigkeit und Befähigung zur Fettleibigkeit weist, während die gelblichen Augenränder des Pöll auf Trotz und Tücke schließen ließen.

Als die beiden vollständig genesen waren, kam eine neue Prüfung. Der Altknecht und der Feldbub führten sie eines Morgens aus dem Stall und legten auf ihre Nacken ein schweres Holzjoch, welches sie so stramm zusammenhielt, daß keiner sein Haupt weder nach links noch nach rechts zu wenden vermochte. Der Foich hielt ruhig still; der Pöll hingegen war empört über diese neue Grausamkeit und bäumte seinen Nacken, daß das Joch ächzte und dem armen Foich fast die Hörner abgedreht wurden. Das brachte dem Widerspenstigen einen Schlag mit dem Peitschenstab ein, worauf er noch unsteter wurde, mit den Hörnern gegen die Unterjocher dreinzufahren suchte, mit den Nasennüstern heftig schnaubte und schäumte. Ein zweiter Schlag über die Stirne, da tat der Pöll einen Ruck,

krachend brach das Joch, und, das eine Stück noch an die Hörner gebunden, rannte er wild schnaubend und mit hochgeschwungenem Schweife davon.
Der Foich stand da und sah verwundert dem so wütend gewordenen Kameraden nach. Dieser wurde mit vieler Mühe eingefangen, hart geschlagen und endlich durch vier handfeste Knechte in ein neues Joch gespannt. Dann wurden beide förmlich davon geschoben; der Pöll wollte nicht gehen und der Foich konnte nicht, weil er ja an den anderen geschmiedet war; manchen Hieb mußte der gute Foich sich gefallen lassen, den gewiß nur der widerspenstige Pöll verdiente, der das eine Mal sich fest wie eingewurzelt gegen das Vorwärtsgehen einstemmte, das andere Mal wieder in wilden Sprüngen voranschoß, den armen Foich zurückdrängend oder mit sich fortreißend.
So kamen sie hinaus auf das Feld und dort wurden sie an den Pflug gespannt. Jetzt war an ein rasendes Vorwärtsspringen nicht mehr zu denken, denn der Pflug schnitt tief und schwer die Furche und hielt das ungefüge Paar in gutem Zaum. Nach mancherlei Befreiungsversuchen und trotzigen Gesten sah es endlich der Pöll ein, daß es am wenigsten Schläge und andere Beschwerden gab, sobald er ruhig und gleichmäßig in der Furche dahinschritt.
Und so wurden die Pöll Foich ein paar gute Arbeiter auf dem Felde des Hefelrainhofers. –
So standen die Dinge, als ich, von dem Hagelschlag aus der Heimat vertrieben, in den großen Bauernhof kam. Durch näheren Umgang mit den beiden und durch freundschaftliches Interesse, welches wir uns gegenseitig zuwendeten, war ich der erste und vielleicht der einzige, welcher die Pöll Foich in ihrer ganzen seelischen Bedeutung würdigte.
Ich striegelte ihnen täglich die Streukrümchen und die ausgehenden Haare vom Leibe, ich beschnitt allmonatlich ihre Klauen und Hörner und stutzte die langen Haarbüschel ihrer Schweife.
In Kostsachen mußten sie mit Heu und Stroh und dem

Hausbrunnen vorlieb nehmen, nur des Abends bekamen sie die „Lecken", einen aus kleinen Futterabfällen und Heugesäme bereiteten Brei, in den ich jedesmal erklecklich viel Salz streute, wofür mir die beiden Pfleglinge stets sehr dankbar waren. Mir gegenüber ließ der Pöll von seiner Verbissenheit nichts spüren, gerade als hätte er's gewußt, daß auch ich einer der Übervorteilten war – nicht in allen Dingen, so wie er, jedenfalls aber in dem, was das Joch betraf. – Die Pöll Foich hatten sich nun recht aneinander gewöhnt, und zur Winterszeit oder an Feiertagen, wenn die Last der Pflichten nicht gar zu sehr auf sie drückte, waren sie sogar aufgeweckt und streichelten einander sehr oft mit der Zunge.

Als jedoch wieder das Frühjahr kam, ging von neuem die Plage an. Der Pöll zog seinen Pflug, aber ungern, und zuweilen blickte er knirschend hinüber auf die nahe Au, wo Kühe und Kalben in idyllischer Freiheit herumgingen, lagen, standen und hüpften, und wo die längst zur Kuh gewordene Morlo mit dem Grull ein beschaulich Eheleben führte.

Doch schien auch das Leben des schwarzen Buhlen nicht geradezu kampflos abzugehen. Eines seiner Hörner war gebrochen. Der Grull war ein leidenschaftlicher Ringer und Raufer geworden. Jeden harmlosen vierfüßigen Gesellen, den er auf der Weide traf, er mochte vom Ziselhofe sein oder vom Nachbarhofe kommen, oder von weiter her, stänkerte er an, begann Händel, hub in die Erde zu graben, mit den Hörnern zu gaukeln und zu drohen und arg zu brüllen an und ruhte nicht eher, als bis einer oder der andere ächzend auf dem Boden lag. Zumeist waren es Liebes- und Eifersuchtshändel mit solchen, die sich der Morlo zu nähern suchten, oder mit solchen, denen er selbst ins Gäu ging, denn er war ein durchaus lockerer Geselle, der Grull, und huldigte dem Prinzipe der Vielweiberei – aber nur für sich allein.

So hatte er bei einem letzten Ringen sein linkes Horn eingebüßt und nun sah er recht abenteuerlich aus und verwahrlost, aber bei dem schönen Geschlechte hatte er immer noch Glück.

Der Pöll, wenn er manchmal auf die Weide geführt wurde, ging mit einem dumpfen Gebrumme an dem Grull vorüber, ohne ihn auch nur eines Blickes zu würdigen, wie sehr der andere auch bestrebt war, mit ihm anzubinden. Der Pöll hielt sich überhaupt nicht gern unter der Herde auf; er suchte sein grünes Gras abseits und ging seine besonderen Wege. Doch mußte der Hirt gerade auf ihn am meisten acht haben, denn er durchbrach, wo er sich unbeachtet wußte, die Zäune und ließ es sich auf einem nachbarlichen Kornfeld wohl sein, oder er hub mit den langen Hörnern geschickt die Wegschranken aus und wanderte davon und wäre sicherlich längst in die Fremde gezogen, wenn man den paßlosen Vierfüßler nicht allemal noch irgendwo aufgehalten und zurückgeliefert hätte. So hatte sich der Pöll befreit von dem Vorurteile seiner Standesgenossen, als könne der kräftige Ochs einen Stangenzaun nicht mit Leichtigkeit niederwerfen, und so gab es für ihn auf räumlichem Gebiete keine Weg- und Grenzschranken mehr. Arg war es besonders des schlechten Beispiels wegen. Er hieß niemals einen mit sich, war's zufrieden, wenn er allein gehen konnte, aber die Herde ahnte seine Wege und folgte ihm nach durch die niedergerannten Zaunschranken aufs Korn- oder Kleefeld oder auf die ungemähte Wiese des Nachbars.

Klagen liefen ein über den bösen Pöll und seine Verwüstungen, und weil es für solche Übeltäter in unserem Staate noch kein Gericht gibt, so wurde nicht der Pöll, sondern der Hefelrainhofer mit Strafen bedroht, insofern er den Bösewicht nicht unschädlich mache.

Jetzt band der Bauer dem Pöll eine Stange so über die Hörner, daß sie zum Aufbrechen von Zäunen ungeeignet werden sollten, und ließ ihn nachher auf die Weide. Allein das war dem Gemaßregelten gerade recht, jetzt verrichtete er die Sprengwerke mit der Stange und schonte dabei die Hörner. – Versuchte es der Hefelrainhofer noch einmal, es dem Ochsen an Intelligenz zuvorzutun, und schnallte ihm ein Brett vor die Augen, so daß der Pöll gar nicht vor sich hinsehen konnte, sondern nur hart an den Boden nieder, wo das schlechte Gras wuchs. Der Pöll sah's ein, das war ein großer Nachteil. Zuerst stand er da und ging nicht einen Schritt vom Fleck. Als es ihn zu hungern begann, suchte er sich etwas Gras und stieß dabei an einen Baum. Der Baum war ihm willkommen, denn an diesem suchte er sich nun der fatalen Augenblende zu entledigen; da ihm das aber nicht gelang, so wollte er mit seinem Kameraden, dem Foich, ein Kopfrennen anfangen, um das Brett auf solche Weise zu zertrümmern. Doch der Foich verstand ihn nicht und hub an, den Kampflustigen begütigend zu lecken.

Zwei Wochen lang ging der Pöll mit der Blende auf die Weide; als wir ihn aber hierauf für ein Waldfuhrwerk einspannen wollten, sahen wir, wie sehr er abgemagert und entkräftet war, und der Bauer sagte: „Mit dem Augenband geht's auch nicht. Den muß man im Stall behalten oder ihm einen eigenen Wächter beigeben. Wär der Racker nur besser bei Fleisch, ich wollt' ihn am liebsten zum Fleischhauer führen."

So weit kam's mit dem Pöll, und wie einen von der Strafanstalt entlassenen Spitzbuben mußte man ihn bewachen, so oft er ins Freie kam. Berüchtigt war er in nah und fern, und wenn irgendwo auf ein Getreidefeld oder in einem Garten eingebrochen wurde, so mußte es der Pöll gewesen sein, und hielten wir ihn auch verschlossen hinter dreifachen Türen.

Im Spätherbst vor dem Einschneien konnten wir seinen Zwang etwas lockern. Da läßt man alle Herden auf die abgeweideten und abgeernteten Wiesen, Felder und Matten, und durcheinander mit den nachbarlichen Rindern, wie sie eben durcheinander wollen. Da konnte der Pöll nicht mehr viel Schaden tun, und so banden wir ihm weder Stange noch Blende an den Kopf.

Menschen und Tiere freuten sich der letzten sonnigen Tage

und ich selbst war im Hefelrainhofe schon so angewöhnt, daß ich mich kaum mehr viel zurücksehnte in mein Vaterhaus, wo Vetter Schmalhans immer noch Küchenmeister war. Da wurden eines Tages die friedlichen Herbsttage schrecklich unterbrochen. Eine Botin vom Ziselhofe kam atemlos gelaufen – oben im Waldanger unter einem Raine liege der Stier, der Grull, tot in seinem Blute!

Wir alle eilten dem Waldanger zu. Es war so. Mit arg zerschürfter Haut, einem gebrochenen Vorderfuße und einer tiefen Wunde am Halse lag der Grull mit hervorgestreckter Zunge und verglasten Augen zwischen Binsengebüsch auf dem Moor. Ein Mord! Der Unglückliche mußte sich wacker gewehrt haben, oben auf dem Anger war streifenweise das Gras weggeschürft und lagen kleine Haarbüschel herum. Dann war er, wie die Blutspuren zeigten, über den steilen Rain geworfen worden.

Wer war der Mörder? Ein Racheakt mußte es gewesen sein, des war alles einig, denn der Grull hatte unter dem männlichen Geschlechte seines Stammes viele Feinde gehabt. Aber welchem von ihnen konnte eine solch schreckliche Bluttat zugedacht werden? Wie man auch Umschau halten mochte in den Herden, alle – darunter auch die zahlreichen Witwen – glotzten harmlos drein, und waren kaum erschüttert von dem Ereignisse. Vor allem mußte der Tote fortgeschafft werden. Ein trauriges Begräbnis blieb erspart. Die Leute der Gegend hielten zu Ehren des Getöteten manch ein sattsam Mahl, zu dem er selbst den Braten lieferte.

Als wir an dem Abende des Unglückstages unsere Herde sonderten und in den Hof leiteten, war – der Pöll nicht darunter.

Sofort stieg Verdacht auf! Wo ist er? Weshalb kehrt er nicht heim? – Ach, es war im Grunde eigentlich nicht so auffällig, wenn man den Ausreißer kannte. Wir sollten bald Gewißheit haben. Noch in der Nacht brachte der Waldbachköhler den Pöll an einem Strick in den Hof und schrie, daß die Wände gellten und wir alle aus dem Schlafe fuhren:

„Den Mörder haben wir da! Er hat wollen auf die Fischbacher Seite hinüber!“
Mit einer Spanlunte leuchteten wir dem Eingebrachten ins Gesicht; dieses sah erschreckt und unstet drein und die scharfen vorgebogenen Hörner waren blutig.
Es bedurfte weiters keiner Beweise mehr. Der Pöll wurde zum Foich und zu mir in den Stall getan, der Köhler bedankt, das Haus legte sich wieder zur Ruhe.
Am anderen Tage zahlte der Hefelrainhofer fünfundvierzig Gulden an den Ziselhof für den getöteten Grull, mit der Bedingung, daß ihm die Haut überlassen werde. Als er mit der geleerten Brieftasche heimkam, nahm er die schärfste Peitsche hervor, die in der Ochsenkammer aufzufinden war, führte den Foich aus dem Stall und schloß sich selbst in denselben zum Pöll ein. Der Pöll stand ganz ruhig vor dem leeren Heutrog und wartete auf Futter, als wisse er nicht, daß heute strenger Fasttag sei. Der Bauer stand ruhig vor dem Pöll und machte sieben Knoten in seine Peitsche. Und als die Knoten fertig waren, ließ er sie niedersausen auf den Körper des Verbrechers. Da begann der Tanz um die Krippe, die mitten im Stalle stand. Mächtig pfiff die Peitsche, wüst fluchte der Bauer und der Pöll schoß polternd im dunkeln Stalle um, stieß an Wand und Barren und hub zu brüllen an. Gewehrt hat er sich glücklicherweise nicht.
Erschöpft hielt endlich der Bauer ein. Der Pöll stand an die Wand gedrückt und schnaufte.
„So, mein Pöllerl, und jetzt, daß du's weißt, du kommst dein Lebtag nicht mehr ans Tageslicht“, mit diesen Worten verließ der Hefelrainhofer den Stall und schlug die Tür hinter sich zu.
Lebenslängliche Haft! – mehr noch; der Pöll war zum Tode verurteilt!
Schon am nächsten Tage begannen wir, ihm Kräuter und Erdäpfeltränke, feines Heu ohne Stroh, Kleienlecken, Rübenspalten, gekochte Kohlstengel usw. zu füttern und für den Übeltäter begann ein Leben, wie er es selbst in seinen

kühnsten Träumen sich nicht zu hoffen gewagt hatte. Andere wurden an den Pflug und an den Wagen gespannt, um all das herbeizuschaffen, was seinen Tisch so gut und teuer machte.
So ging es monatelang; aber selbst in der Gefangenschaft und im Wohlleben schien der Pöll seine Bosheit nicht ablegen zu wollen. Er wurde nicht fett. Er fraß und soff und lag auf der Haut und wurde nicht fett. Als ob er's gewußt hätte, daß ihm seine Magerkeit allein noch das Leben eine Zeitlang erhalten konnte.
Ganz anders der Foich. Trotzdem er bisweilen noch mit einem fremden Genossen ins Joch mußte und durchaus keine besondere Köstigung genoß – er gedieh und wurde von Woche zu Woche beleibter. – Das macht das gute Gewissen. Und da der Bauer die gute Art des Falben sah, setzte er ihn in den wohlverdienten Ruhestand und begann ihn mit größerem Fleiße als bisher zu füttern.
Und als die älteste Tochter des Hauses heiratete, war es der gute, sanftmütige Foich, der es übernehmen mußte, den Festbraten zu stellen.
Der Pöll aber lebte noch lange fort, stets gefüttert und gepflegt, aber er blieb mager, so daß der Hefelrainhofer von neuem Lust bekam, das „zaundürre Rindvieh", wie er sich in seinem Zynismus auszudrücken beliebte, noch einmal um die Krippe tanzen zu lassen und dazu mit der Peitsche den Tanz zu pfeifen.
Mittlerweile waren gesegnete Jahre gekommen und ich sollte wieder heim ins Vaterhaus. Was aus dem unglücklichen Pöll weiter geworden, ist mir nicht bekannt; nun wird er wohl schon längst gestorben sein.
Ich habe diese wahre Geschichte einmal einem Naturforscher erzählt, als neuen Beleg der Ähnlichkeit des Seelenlebens zwischen Menschen und Tieren. Und ich hatte noch die tiefsinnige Bemerkung beigefügt, wie es doch seltsam sei, daß, wie der Mensch, so auch das Tier hinausgestoßen werde in das Leben, um schuldig und unglücklich zu werden.

Hierauf gab mir der Naturforscher zur Antwort: „Lieber Freund, das Unglück Ihres Helden war, daß er für einen Ochsen zu gescheit gewesen ist."

Auf der Alm gibt's ka Sünd'

Ich sag's ja immer, für einen zehnjährigen Hirtenknaben auf der Alm ist es schwer, Mensch zu sein.

Ich meine nicht etwa mich, denn ich war damals zwölf oder dreizehn Jahre alt, oder vielleicht schon vierzehn, kurzum, in dem Alter, wo der Mensch am allergescheitesten ist.

Daher steckte ich an jenem heißen Sommertage beim Kornschneiden die Sichel in eine Garbe und versicherte den Oberknecht, daß es sehr nötig sei, auf die Alm zu gehen und nachzusehen, ob bei einer solchen Hitze die Kühe nicht etwa schon die Klauenseuche hätten.

Der Oberknecht gab noch der Befürchtung Ausdruck, ob nicht etwa ich die Seuche an den Klauen hätte, weil mir in denselben die Sichel auf einmal so unbequem geworden wäre! Ich dachte: dumm ist auch unser Oberknecht nicht, und ging meines Weges.

Als ich hernach oben über die Almen hinging in der weichen, sonnigen Luft, da sah ich vor mir im Federgrase plötzlich den Giglgoggbuben liegen. Er lag auf dem Rükken, reckte die Knie empor und sah in den Himmel hinein. Das war der mit den zehn Jahren.

„Giglgoggbub!" rief ich ihn an. Da schob er sich erschreckt über.

„Was hast du denn jetzt gedacht?" fragte ich ihn.

„So!" entgegnete er träge, „habe ich was gedacht?"

„Mein Lieber!" verbesserte er sich dann, „ich hab' freilich zu denken genug. Vielleicht kannst du mir sagen, was ich anfangen soll." Und indem er sich halb aufrichtete und mit einem Ruck des Hauptes das braune Haar aus der Stirne schnellte, daß man seine blauen, treuherzigen und gar

schalkhaften Augen sehen konnte, sagte er: „Weißt, Lenzischer (vom Lenz der Sohn), daß ich eine Todsünd' haben muß?"
„Zu was brauchst denn du, kleinwinziger Knirpsl, eine Todsünd'?" war mein Aufbegehren.
„Ja, bis morgen früh brauch' ich eine Todsünd'! Ich werd' zur Firmung nicht angenommen, wenn ich nicht früher beichten geh'. Läßliche Sünden hab' ich mir schon einen Haufen zusamm'studiert, aber läßliche Sünden wären nur für Kinder was, sagt unser Michel – man soll auch ein paar Todsünden darunter haben. So simulier' ich jetzt schon hin und her und bis morgen früh muß ich Todsünden haben."
„Da ist noch eine ganze Nacht dazwischen", tröstete ich.
„Woher nehmen und nicht stehlen!" rief der Junge, der ein besonders dreistes, fürwitziges und wiederum überaus einfältiges Bürschlein war. „Wie hast denn du's angestellt?"
„Wie werd' ich's angestellt haben?" war meine Entgegnung, „ich hab' den Katechismus hergenommen und hab' mir fürs erste einmal die sieben Todsünden herausgelesen. Wenn man sie nur einmal beim Namen kennt, nachher geht's schon; weißt Giglgoggbub, das ist wie bei deinen Kühen, wenn du sie beim Namen lockst, so kommen sie."
„Gelt, Lenzischer", sagte er jetzt und berührte mit den Fingerspitzen meinen Arm, „gelt, du hilfst mir ein wenig, schau, weil ich alleweil auf der Alm sein muß und nichts lernen kann. Und wenn ich schon einmal beichten geh', so will ich kein kleiner Bub nimmer sein. Und da hätt' ich ganz recht, sagt der Michel."
Da hat er ganz recht, dachte ich mir, und einen halberwachsenen Burschen muß man schon ein bissel aufputzen – eine Feder auf dem Hut und ein paar frische Todsündlein in der Haut. Über Nacht werden sie ihm wohl nicht schaden und morgen legt er sie ja doch wieder ab.

„Zum Beispiel die Hoffart", meinte ich, „was sagst denn dazu?"
„Du bist unten bei den Leuten und hast leicht reden", sagte er mißmutig, „vor wem soll ich denn da heroben hoffärtig sein?"
„Du kannst dir's eben nicht anschicken", war meine Entgegnung, „so wollt' ich mich an deiner Stell' doch einmal kerzengerad hinstemmen vor meine Kühe und sagen: Ihr Hascherln, ihr! Da habt ihr einen so großen Schädel und keinen Verstand drin! Ich herentgegen hab' ein kleinwinziges Köpfel und treib' euch hin, wo ich will und trink' euch das Euter aus, wann ich will und bin ein Herrgottssakermenter gegen euch Kreaturen, weil ich ein Ebenbild Gottes bin und ihr seid Vieher! – Das ist eine Hoffart, wie du sie auch unten nicht schöner finden wirst."
„Ist mir zu dumm", sagte der Giglgoggbub drauf.
„Oder der Geiz!" schlug ich vor, „was sagst du denn zum Geiz?"
„Vom Geiz hab' ich schon was gehört", meinte der Bub, „aber das ist eine Sünd' so mehr für reiche Leut'."
„Da hast du recht", gab ich zu, „bei einem Halterbuben möcht' der Geiz in der ersten Nacht schon verhungern. Diese Todsünd' frißt zu viel, die lassen wir den Reichen. Aber friß einmal du, ist ein lustiges Geschäft und hast gleich Fraß und Völlerei beisammen – eine prächtige Todsünd'!"
„Du Narr!" sagte der Giglgoggbub, „das müßt nicht einmal eine Todsünd' sein; die täte ich und wenn sie eine dreigöttliche Tugend wär'! Und hätt' sie schon lange getan, wenn die Schwaigerin den Schlüssel zur Butterkammer nicht alleweil im Kittelsack hätt'!"
„So nimm ihr den Schlüssel weg", rief ich, „kannst gleich raufen mit ihr, über und über wild werden, und kehr' die Hand um – hast den Zorn!"
„Der Zorn wäre auch wieder eine", überlegte mein Junge, „da hätte ich nachher gleich zwei auf einmal."
„Drei kannst haben auf einmal, wenn du g'scheit bist."

„Drei sind mir zu viel“, sagte der Bursche entschieden.
„Also willst du mich in der Butterkammer mithalten lassen?“ war meine etwas unredlich einlenkende Frage.
„Ja, Schnecken, wenn du magst!“ spottete mein Bürschlein, „wenn ich mit der Schwaigerin schon einmal um den Schlüssel raufen muß, so will ich nachher das Butterschlecken auch allein haben und keinen Menschen mithalten lassen – gar keinen!“
„Was sag’ ich denn? Dann hast die vierte – den Neid.“
Der Giglgoggbub besann sich ein wenig, dann sagte er: „Nein, die Butterkammer erspar’ ich mir auf ein andermal. Der Michel sagt, wenn der Mensch einmal ausgewachsen ist, nachher braucht er um den Schlüssel nicht mehr zu raufen.“
„Freilich nicht, weil die Schwaigerin im voraus weiß, daß sie unterliegt.“
Nach einer Weile, als er, mit einem abgerissenen Rispenhalm spielend, so ein wenig um seine Nase herumgefuchtelt hatte, bis er niesen mußte, sagte ich: „Helf’ Gott, Giglgoggbub!“
Dagegen hatte er nichts einzuwenden.
„Was hast sonst noch für Sünden, Lenzischer?“ fragte er.
„Ja, mein Lieber, jetzt sind nicht mehr viel da. Etwan noch die Unkeuschheit?“
„Pfui!“ rief der Giglgoggbub und spuckte in einem weiten Bogen vor sich hin.
„Weißt du wohl auch, was damit gemeint ist?“ gab ich ihm zu bedenken.
„Du wirst mir’s nicht sagen müssen, Gott sei Dank!“ versetzte er entrüstet. „Wie nachst Herbst die Christenlehr’ ist gewesen, hab’ ich’s schon gelernt. Die Unkeuschheit ist das, wenn der Mensch zu der Stalldirn geht.“
Nun begriff ich seinen Abscheu, denn die Stalldirn im Giglgogghause war wohl sicherlich sechsmal so alt als der Halterbub, war auch etwas unsäuberlich in ihrem Aussehen, trotzdem fand sie es nötig, alljährlich am Fronleich-

namstag durch einen grünen Kranz auf dem Kopftüchel – denn Haar hatte sie keines mehr – öffentlich zu bezeugen, daß es ihr bislang noch gelungen sei, ihre Jungfrauenwürde zu bewahren.

Also abgelehnt.

„Jetzt haben wir nur noch eine und das ist die – Faulheit."

„Auf die bin ich selber gekommen", antwortete der Bub, „deswegen hab' ich mich da ins Gras gelegt, und wenn du mich nicht davon hättest aufgestört, kunnt ich jetzt die schönste Sünd' fertig haben. Bei der dummen Rederei kommt doch nichts heraus." –

Dieses Gespräch ist an jenem heißen Sommertage auf der Alm sozusagen geführt worden von mir Altklugem halb im Spaß, vom Giglgoggbuben halb im Ernst gemeint. Es ist zu nichts gekommen, weiß auch nicht, wie er sich die Nacht über vorbereitet hat und vermute fast, daß bei der Sach' der Wille fürs Werk hat gelten müssen.

Darum sage ich, für einen Hirtenjungen auf der Alm ist es schwer, Mensch zu sein, weil er nicht Schick und Gelegenheit dazu hat. Er wächst auf wie ein Tannling und lebt so gottlos unschuldig wie das liebe Vieh. Trotz aller Begierden, die in ihm brennen, kann er kein Gesetz übertreten, weil außer den einfältigen Aufträgen des Almbesitzers keines da ist. Also ist mir bei jener Begegnung mit dem Giglgoggbuben das Wahrwort klar geworden, daß es „auf der Alm ka Sünd' gibt".

Keine schwere wenigstens, denn solche vermögen es nicht, in die Höhe zu steigen, sie bleiben in den Tälern und Ebenen und nisten sich in großen Städten ein. Unter vielen Menschen kommen sie am besten fort und wachsen sich oft zu wahren Prachtexemplaren aus. Bei den allermeisten Sünden ist es wie mit dem Heiraten: „Eins kann's nit richten, 's müssen zwei dazu sein." Wenigstens zwei, so beim Lügen und Betrügen, beim Stehlen und Morden usw. Es müssen Zwei dazu sein. „Der A-dam war ein Gerechter, als die Eva kam, wurde es schlechter!" dichtete ein alter

Dorfschulmeister, und dieses Gedicht, welches unser gottbegnadetes Geschlecht ein für allemal von A bis zum Z behandelt, schließt mit dem letzten Menschen:
„Der Vorletzte mag auf der Hut sein, der Z-dam wird wieder gut sein."
Ich will in einer so gefährlichen Sache nicht weiter dozieren; kein Mensch glaubt's, wie schwer es ist, sich zwischen lauter Sünden durchzuwinden, ohne sich das Röcklein unsauber zu machen. Aber noch erzählen muß ich, daß ich erst vor kurzer Zeit meinen Giglgoggbuben wieder gesehen habe.
Das war aber kein dummer Giglgogg mehr, das war ein kräftiger hübscher Mann, der neun Jahre bei den Soldaten gewesen und jetzt Förster in den Graf Meranschen Revieren ist. Seine blauen munteren Augen hat er immer noch. Wir wurden bei einem Glase Wein bald wieder gut Freund und ergötzten uns an den Erinnerungen, „wie es dazumal halt so lustig gewesen". Unsere Stimmung war endlich so weit gekommen, daß ich ihn fragen zu dürfen glaubte, ob er seither draußen in der Welt das wohl gefunden, woran er damals auf der Alm so großen Mangel gelitten.
„Todsünden, meinst!" lachte er. „Wie die Maikäfer fliegen sie da draußen herum; 's mag wohl sein, daß mir eine oder die andere bisweilen anbumst (angeprallt) ist. Wie das schon geht, du weißt es ja."
„Ich weiß es", war meine Antwort, „sie bumsen nur an, und wenn man sie nicht selber fängt, so fahren sie wieder zurück. Akkurat wie die Maikäfer."
„Und eine habe ich doch gefangen", vertraute er mir schelmisch, „das ist dir aber schon eine ganz picksüße!"
„So? – wo denn?"
Beugte er sich zu mir vor, machte mit dem Finger einen kurzen Deuter so ein wenig über die Achsel zurück und schmunzelte: „Da oben auf der Alm!"

Noch nichts habe ich erzählt von Eustach Weberhofer. Das war jener jugendliche Mann, der – um wieder einmal zurückzugreifen – in den Fünfziger Jahren an einem Sonntagsmorgen in langem schwarzen Rock durch die Kirche von Sankt Kathrein schritt. Er hatte ein rundes wohlgefärbtes Gesicht, zwei kluge blaue Augen drin und quer über die Stirn das blonde Haar gekämmt. Er machte durch die Kirche würdevolle und ziemlich weit ausgreifende Schritte; seine Wanderschaft ging von der Sakristei, wo er dem Pfarrer das Meßgewand angezogen, nach dem Kirchenchore, wo er im nächsten Augenblicke, wenn der Priester zum Altare trat, schon an die Orgeltasten drücken mußte.

Das war der „Schulmeister", wie man damals den Schulleiter oder den Oberlehrer noch nannte, im Gegensatze zum Unterlehrer, der kurzweg „Lehrer" hieß. Mir gefällt das Wort „Schulmeister" auch sehr gut, man braucht's ja nicht im Sinne wie Schuster- oder Gerbermeister zu verstehen; auch den großen Künstler nennt man Meister, und selbst die Jünger Jesu haben den Herrn „Meister" genannt. Mein Eustach Weberhofer hat sich gar nicht gekränkt darüber, daß die Bauern von Sankt Kathrein scharfweg „Schulmeister" zu ihm sagten, bekam er doch gerade als Schulmeister Zehent an Korn, Wolle, Butter und was so eben vorhanden ist. Wer oft „Schulmeister" sagte, der dachte auch oft an ihn, und das war ihm nicht zuwider.

Mein alter Schulmeister Michel Patterer war damals schon Oberlehrer bei den lieben Engelein, denen er wohl die Noten lehrte, damit sie zu Weihnachten über dem Krippel vom Blatt weg das Gloria in excelsis Deo! singen konnten. Ich hatte schon allerlei Wissenschaften im Kopfe, kannte alle Buchstaben und wußte sie sogar derart zusammenzustellen, daß sie manchmal einen recht guten Sinn, manchmal auch einen schönen Unsinn gaben. Die zwölf Monate des Jahres wußte ich auch, wenngleich nicht der üblichen

Reihe nach. Begriff nicht, weshalb so viel Aufhebens, wenn Juli und August im Winter kamen, waren doch unsere Dienstboten, die Julie und der August, auch im Winter gekommen.
„Dir ist der alte Schulmeister zu früh gestorben", sagte einmal der Nachbar Thomerl, und an das dachte ich, als nun der Mann mit dem freundlichen Rundgesichte durch die Kirche schritt. Ich war zu jener Zeit ein manchmal recht ungeschickter Ochsenführer beim Ackern und da nun mein Wunsch, wieder in die Schule gehen zu dürfen, von der Mutter dem Vater unterbreitet wurde, sagte dieser: „Meintswegen soll er was Herrisches lernen, für die Ochsen ist er eh' zu dumm."
Also fing ich an, nach Sankt Kathrein zum Eustach Weberhofer in die Schule zu gehen. Da ging's ein bissel anders zu wie beim alten Patterer! Erstens gab es Bänke wie in der Kirche; zweitens lichte Fenster, hinter deren schöngeflochtenen Eisengittern stets ein paar Holunderzweige fächelten; drittens hatte der Schulmeister nicht die lange Tabakspfeife in der Hand, sondern ein braungelbes „Staberl", zum „Hosenausstauben". Wer hätte gedacht, daß das freundliche Rundgesicht mit den blauen Augen so martialisch scharf dreinschauen konnte, wenn fünf und sechs – zwölf waren, oder wenn die sieben Sakramente mit „erstens Hoffart, zweitens Geiz" anfingen! In meiner Nähe hat sich wegen Unfleiß oder Widerspenstigkeit manches Strafgericht vollzogen, mir geschah nichts. Ich war ein armes Hascherl aus dem Alpel herab, von dem nicht viel verlangt werden konnte, und wenn es sich um schwierige Fragen aus der Sprachlehre oder der Mathematik handelte, übersah er mich. Allerdings duckt man sich nach Tunlichkeit, aber doch wieder nicht so auffallend, daß es etwa eine gegenteilige, eine herausfordernde Wirkung üben könnte. Beim alten Patterer war von einer Sprachlehre gar keine Rede gewesen, vielleicht galt dort die Meinung, die Muttersprache müsse man von der Mutter lernen und nicht aus dem Buche. Einmal fragte mich hier zu

Sankt Kathrein in der Religionsstunde der Pfarrer nach den vier letzten Dingen. Ich nannte sie auf das Verläßlichste, denn gerade über den Tod, das Gericht, den Himmel und die Hölle hatte ich oft meinen Schafen gepredigt von der Felsenkanzel auf der Hochweide. Mehr Erfolg als auf der Hochweide hatte ich mit den vier letzten Dingen hier. Der Katechet nickte mit dem Haupt und der Schulmeister sagte ihm leise und mit leichtem Zucken des Kopfes, das ihm beim Sprechen eigen war, einige Worte. Er verriet, daß ich jener Bauernbursch wäre, der Geistlich werden wollte. Der Pfarrer lachte und sprach, wie er die Welt kenne, seien, um studieren zu können, die zwei ersten Dinge besser, als die vier letzten. Wetten will ich, er hat mit den zwei ersten Dingen Protektion und Geld gemeint. Da diese Dinge nicht vorhanden waren, so führte ich nach wenigen Wochen wieder die Ochsen vor dem Pfluge her, eine Leistung, zu der die zweimonatliche Schule in Kathrein mich nicht wesentlich gefördert hatte.

Wenige Jahre später – hier wird wieder vorgegriffen – saß ich nochmals in der Schulstube zu Kathrein, doch nicht mehr als gewöhnlicher „Trivialschüler", sondern als jemand, der bereits einen gesellschaftlichen Rang einnimmt. Ich war Lehrling und besuchte die Sonntagsschule, welche in der Stunde zwischen dem Mittagsessen und dem Nachmittagsgottesdienste abgehalten wurde. Und da lernte ich den Schulmeister erst näher kennen.

Weberhofer war einer jener wenigen glücklichen Lehrer, denen man es ansieht, daß sie nicht am Bewußtsein eines verfehlten Berufes kranken, daß sie die Wichtigkeit ihrer Aufgabe erkennen und durch die Ausübung derselben befriedigt werden.

Menschlich näher rücken durfte ich ihm, als, nachdem er sich aus Birkfeld eine junge Frau geholt hatte, kleine Buben gekommen waren und als diese kleinen Buben Höselein brauchten und ich gerufen ward, mit Schere und Nadel dieses immerhin bescheidene Bedürfnis zu stillen. Da durfte ich bei Tische knapp an Seite des Schulmeisters

sitzen, und nun merkte ich, daß er war, wie auch andere Leute, daß er lachen konnte und scherzen, daß er seinen herzigen Knäblein sogar die Höselein aufknöpfeln konnte, und zwar zu anderen Zwecken, als er das manchmal bei störrischen Schulbuben zu tun gezwungen war. Und in dem Maße, als er niederstieg, ließ er mich aufsteigen. Die Kirchenschlüssel vertraute er mir an und zu den Tageszeiten durfte ich am Turmstrick ziehen und die Glocke läuten. Und gar mancher in der Gegend, der spottend meckerte, so oft er des lustigen Schneiderleins ansichtig ward, zog nun vor meinem Läuten den Hut vom Kopf und betete. Und ich dachte dazumal, wie es doch das unsagbarste Glück sein müßte, eine hellklingende Glocke zu läuten, die man hören könne in weiten Landen.
Der erste, der mich auf diesen Weg verwies, war also mein Eustach Weberhofer an jenem Tage, da er mir den Turmschlüssel in die Hand gab: „Peter, 's hat sieben geschlagen, geh' läuten zum Englischen Gruß!"
Es ist also kein Wunder, daß ich den Mann, vor dem ich bisher nur Ehrfurcht hatte, nun anfing, abgöttisch zu lieben. Daß er auch der erste war, welchem eines Feierabends, als er meinem Lehrmeister den Lohn ausgezahlt, einfiel: Der Lehrling dürfte auch ein Silberzehnerl vertragen, das betone ich allen Ernstes mit besonderem Nachdruck. Denn es war fast die einzige Ehrengabe, die ich während meiner Lehrjahre erhalten. „Trinkgeld!" sagen Leute, die nichts als an ihre Gurgel denken können. Nur meinen vertrauten Freunden gestehe ich's, wozu jener Erstling verwendet worden ist. Und weil du, lieber Leser, zu denselben gehörst, so wisse, daß ich mir von dem Zehnkreuzerstücke – Zeit gekauft habe. Wenn Zeit Geld ist, so wird Geld wohl auch Zeit sein können. Ich bekam für mein gutes Geld sechs Nachtstunden in Gestalt zweier Unschlittkerzen, bei deren Lichte ich lesen und schreiben konnte, eine Beschäftigung, für die am Tage keine Zeit war. Zwei Kreuzer bekam ich noch heraus und davon wurden Zwetschgen gekauft. Die nahm mir der Blaser Hansel

hernach weg, und zwar aus zwei gewichtigen Gründen: erstens, weil er die Zwetschgen haben wollte und zweitens, weil er stärker war als ich. Und das ist der Rechenschaftsbericht über den ersten Silberling.
Alles währt nur eine Weile und auf einmal wurde der Herr Schulmeister abgerufen ins Paradies. Denn anders kann man die Gegend nicht nennen, die weit „unten auf dem Lande“, am Fuße des Kulm liegt, ein blühender, üppiger Obstgarten, so weit das Auge reicht! Puch heißt das Dörfchen im lieblichen Hügelgelände, wohin Weberhofer versetzt wurde, und das war etwas anderes, als die kalten, steilen und steinigen Berge um Kathrein am Hauenstein.
Der Abschied war für mich nicht einmal aufregend, so ein unfertiges Menschenkind weiß ja gar nicht, was Scheiden bedeutet. Fast erstaunt war ich, als der Geschiedene nachher – nicht mehr da war. Im Schulhause und in der Kirche ging ein anderer Mann um, der einen großen Schnurrbart hatte wie ein Husar, im Schulzimmer oft so schrecklich polterte, daß im Holzschoppen draußen die Hühner aufflatterten, und der auf dem Kirchenchor mit den Musikanten so laut schrie, daß alle Andächtigen sich die Krägen umdrehten, um zu sehen, was da oben los sei. Und das war der neue Schulmeister.
Wie kam mir da das Verlangen nach dem alten! Zwar neun Fußstunden war es bis hinaus ins Paradies, und da reifte fast plötzlich der Entschluß, ihm nachzuwandern. Der Mathesel war auch dabei.
Der Mathesel war einer der Schulgenossen, ein ganz kleines Kerlchen, aber stramm und unternehmend. Sein Gesicht war voller Sommersprossen, auch im Winter, sein Haar mochte ihm die Mutter, ein Holzknechtweib, kämmen wie sie wollte, es stand borstig nach allen Seiten hinaus. Er verstand es trotz seiner kurzen Beine, ganz respektabel große Schritte zu machen, und wo es einen Graben zu überspringen, einen Baum zu erklettern, einem anderen Buben die Beine zu stellen gab, da war er der flinkeste und der fixeste. Leicht gereizt konnte er kratzen und

boxen und beißen und würgen wie ein wildes Tier und selten gab es bei ihm einen Tag ohne Blutvergießen. Wir nannten ihn „das Löwerl". Seine Eltern hatten mit dem wilden Jungen nichts anzufangen gewußt und darum ihn in die Schule gegeben zum Eustach Weberhofer. Und das war dem Löwerl gerade recht, so flink wie im Wald über Stock und Stein sprang er über die Schulbänke, jeden Knaben rempelte er an, dem einen fuhr er mit seinen knochigen Fingern in die Haare, dem andern riß er das Halstuch los, den dritten warf er zu Boden und knortzte pfauchend auf ihm herum; dem Schulmeister, als der ihn darob einmal scharf zwischen die Beine nahm, riß er mit den Zähnen einen Fetzen aus der Hose. Es war nichts mit ihm anzufangen. Ruhig und zahm wurde er nur, wenn's Musik gab. Wenn irgendwo ein Waldhorn klang, oder eine Klarinette, da horchte er auf; wenn der Schulmeister geigte, da war er ganz Ohr und konnte sein Auge nicht wenden von den kundigen Fingern, die Saiten und Fiedelbogen behandelten. Und eines Tages fragte der Schulmeister das Löwerl, ob es nicht Musik lernen wolle? Das Löwerl faltete die braunen Hände: „Bitt' gar schön, Herr Schulmeister!" Vor allem war er fürs Blasen; der Schulmeister schenkte ihm eine Klarinette, lehrte ihn die Noten und wie man am Instrumente mit Fingern oder Klappen die Löcher zu und auf tut. Der Junge packte es gar nicht ungeschickt an, hatte ein gutes Gehör und verstand sehr zarte und wohlklingende Töne hervorzublasen.

Und jetzt war's aus der Weise, den ganzen Tag hörte man das helle Gedudel einer Klarinette, einmal hinter dem Schulhaus, einmal unten auf der Wiese, einmal oben im Wald. Aus diesem verjagte ihn eines Tages der Jäger, denn das schauderliche Gepfeife verscheuchte alle Hasen. Am nächsten Tage traf das Löwerl mit dem Knaben des Jägers zusammen, da gab es Kampf; das Löwerl verbiß sich so wütig in des Gegners Jacke mit den Hornknöpfen, daß es sich die zwei vorderen Oberzähne zuschanden biß. Und jetzt konnte der Junge nicht mehr Klarinette blasen. Der

Jammer war grenzenlos; den Schulmeister dauerte er. „Du, Mathesel", sagte er, „wenn du mir's versprichst, daß du nimmer raufest und wild bist, dein Lebtag nimmer, so probieren wir's mit der Geige." Der Junge versprach's bei allen drei Gotten. „Oho!" sagte der Schulmeister, „wir haben nur einen, und wenn du mir's bei dem versprichst, so bin ich reichlich zufrieden."
Also lernte der Knabe auf der Geige spielen, und um dieselbe Zeit wurde der liebe Eustach Weberhofer übersetzt nach Puch am Fuße des Kulm.
Der Mathesel, als er gleich mir sah, daß der fortgezogene Schulmeister nicht mehr da war, machte es kurz. Er nahm seine Geige und wanderte gen Puch. Ich ging mit ihm. Der Weg über Berg und Tal war uns fremd, doch weil er weiterhin eine breite Straße wurde, so verfehlten wir ihn nicht. Unterwegs, in der Nähe von Birkfeld, wurden wir hungrig. Der Mathesel stellte sich vor ein Haus und kratzte auf der Geige. Zuerst meldete sich drin ein Hund, bald darauf auch eine Katze und endlich ein Weibsbild. Dieses sprach ein äußerst abfälliges Urteil über das Ständchen, als es aber die zwei kleinen unschuldigen Büblein sah, die da heraußen standen, bis über die Knie hinauf weiß vor Straßenstaub, entspann sich zwischen diesen und der Hausbewohnerin eine kleine Unterhaltung, die in einem Topf Milch mit Schwarzbrot gipfelte. Hernach zogen wir wieder fürbaß, und der Mathesel war nicht wenig stolz darauf, sein Brot nun schon mit Musik verdienen zu können.
Gegen Abend kamen wir gegen das weltfremde Puch. Die Gegend war fast unheimlich vor lauter Herrlichkeit. Hin und hin lange Strecken waren wir sozusagen eingewölbt von Äpfeln, Birnen und Zwetschgen, die über uns auf den Bäumen hingen. Und zwischen den Bäumen durch, über Gärten, Bohnenranken, Kürbis- und Maisfelder her blauten die fernen Berge. Wir nahmen uns nicht Zeit, eine der großmächtigen „Melonen" zu kosten, die neben dem Wege, an kriechendem Geschlinge herumlagen, wir

stürmten auf das Dörfchen ein und auf das Schulhaus. Das Schulhaus war ganz anders, wie jenes zu Sankt Kathrein, aber der Schulmeister und seine Frau und seine Knaben sahen hier genau so aus, wie dort. Sie waren nicht wenig erstaunt, als solche Gäste anrückten, wovon der Musikant sofort erklärte, er sei da und wolle dableiben. Die Einwilligung seiner Eltern hatte er auch mit, und so kam der Herr Weberhofer zu einem kleinen aber schneidigen Hauswaschel, der tagsüber Kuh und Ziege hütete und abends nach Noten die Geige strich.

Am nächsten Tage fing ich schon frühzeitig an, mich zu schämen. Alles andere war bei der Arbeit, der Schulmeister beim Buchstabieren, die Schulmeisterin beim Bohnenklauben, die Büblein beim Turmbau, den sie im Hofe aus Steinchen ausführten und das Löwerl beim Ziegenhüten. Ich allein lehnte beschäftigungslos umher und hatte Wahlweh, ob ich noch länger dableiben oder doch vielleicht wieder nach Hause wandern sollte. Dieser Zwiespalt wurde geschlichtet; nach dem Mittagsessen sagte der Schulmeister in seiner weichen aber nachdrücklichen Art: „Peter, willst heute nachmittag mein zweiter Knecht sein? Kraxen auf den Buckel nehmen, Korn tragen!"

Die Werbung nahm ich sofort an und nun stellte es sich heraus, daß – als ich sein zweiter Knecht wurde – er selber sein erster war. Denn gleich mir nahm er eine „Kraxen auf den Buckel", und wir huben an, in der Gegend umzugehen, von Bauernhaus zu Bauernhaus, wie sie zwischen Gärten, Schachen, Feldern und Wiesen standen. Der Schulmeister genoß damals noch einen Überrest des Zehnten, den der Bauer von Feldfrüchten, Obst usw. zu liefern hatte. Und so gingen wir jetzt aus zu dieser Erntesammlung. Zwei, drei Korngarben bekamen wir fast bei jedem Hause auf die Kraxen, dort und da auch etwas zu trinken. Am erfreulichsten war mir, daß der Schulmeister seinen „zweiten Knecht" nicht mehr wie einen Schulbuben behandelte, sondern ihn den Leuten als seinen jungen Freund aus Sankt Kathrein vorstellte. Es war ein heißer

Tag, aber die Rasten waren gar nicht ersprießlich. Denn so oft wir in Häuser einkehrten und Apfelwein tranken, wurden unsere Kraxen voller und schwerer. Besonders schlimm war es in einem hinter dem Walde abseits gelegenen Höfel. Da gab's eine kleine runde Bäuerin, welche ein paar Dirnlein in die Schule schickte. Die war mir gleich zuwider. Sie schaute uns gar so treuherzig an und wischte sich alle Augenblicke mit der Schürze den Staub von den Händen, obschon keiner dran war, und trippelte so geschäftig hin und her und bewirtete uns mit Brot und Honig. Der Schulmeister mußte mich erst lehren, wie man Butter und Honig auf Brot streicht. Er ermunterte mich, nur recht zuzugreifen, der Honig sei gesund für die Brust, das Brot mache groß und die Butter fett. Weberhofer war ein Bauernsohn aus Heilbrunn im Gebirge und hatte das Honig- und Butterstreichen wohl auch erst später gelernt. Als wir uns rechtschaffen gelabt hatten und hinausgingen zu unseren Kraxen, sah ich gleich das Unheil. Der Schulmeister schmunzelte und sagte leise zu der Bäuerin: „Bist wohl recht brav. Solche sollt's halt mehr geben, wie du bist!" – Ich dank' schön!" Die Kraxen waren bis oben bepackt mit schweren Korngarben, und noch legte sie auf jede ein Bündel Flachs. Wir hatten schon aufgeladen, da mahnte sie, noch ein Randel Geduld zu haben, sie hätten ein Sauerl abgestochen – und brachte einen ganzen Schinken herbei, den sie in große Lattichblätter wickelte und mir auf die Kraxen legen wollte. „Tu' ihn da herüber auf die meinige", sprach der Schulmeister, „der Bub ist zu schwach beim Sterzl für so viel Gottesgab'."

„Und die paar Kaiserbirnen dürft's mir wohl auch nit verschmähen. Die Kinderln daheim werden eh' gern ein bissel naschen." So die Bäuerin, einen Korb voll großer, gelber Birnen mir auf die Kraxen stellend.

Mein Gott, dachte ich mir, wenn dieses Weibsbild nur nicht gar so wohltätig wäre!

Und in der Tat, kaum waren wir unter unseren Lasten fünf Minuten gegangen, so mußten wir im Walde unsere Kra-

xen schon auf einen Scheiterstoß stützen. Mein Lebtag habe ich keinen Schulmeister je so schwitzen gesehen, als damals meinen Gefährten, aber sein rundes Gesicht schaute gar munter drein.
„Wir hätten halt doch zweimal gehen sollen", meinte ich schnaufend, denn ein junger Freund kann ja wohl was sagen.
„Meinst!" entgegnete der Schulmeister, dieweil er sich mit dem blauen Sacktuch die Sintflut vom Angesicht abzuleiten suchte. „Morgen könnte leicht ein anderer Wind gehen – kein so warmer wie heute. Der Mensch muß ernten, so lange schön' Wetter ist. Die Leute sind nicht immer gut aufgelegt, fein gleich muß man die Hand aufhalten, wenn sie geben wollen. Trägt man sich schon einmal halb zu Tod', so kann man dafür nachher viele Monate lang rasten. Alle Tag ist nicht Kirchtag. Wenn du Schulmeister werden willst, das mußt du merken."
Wir machten uns wieder auf den Weg, doch zeigte sich's bald, daß es nachgerade gar nicht ging. Nach vorn und hinten purzelten uns die Sachen von der Kraxen. Nun entschloß sich der Schulmeister, seine Kraxen teilweise abzuladen auf einen Steinhaufen und den andern Teil, bei welchem vor allem der Schweinsschinken war, heimzutragen. Ich mußte mittlerweile bei dem Steinhaufen Wache halten, bis er wieder zurückkäme und wir die übrigen Lasten gleichmäßig verteilt nach Hause tragen könnten.
Während ich Wache hielt, kam ein Falot des Weges, blieb stehen, stützte sich hinterwärts mit seinem Knotenstock und schaute die großen Kaiserbirnen an.
„Sind sie 'leicht dein?" fragte er mich mit gröhlender Stimme.
„Nein, die sind des Pfarrers", war meine Antwort, in der Meinung, an Kirchengut würde er sich doch nicht vergreifen.
Das Ungeheuer streckte seine sehr lange braune Hand aus dem fransigen Ärmel hervor nach den Birnen und sagte:

„Die muß man kosten; bei einer Pfarrerstafel hab' ich eh' schon lang' nit mehr gespeist."
Wer weiß, was sich zugetragen hätte, wenn nicht der Schulmeister durch den Hohlweg dahergekommen wäre mit seiner leeren Kraxen. Der Vagabund verzog sich sachte, und wir trachteten nun, die Schätze in volle Sicherheit zu bringen.
Am nächsten Morgen war's zum Abschiednehmen. Mich rief meine Pflicht zurück in die Werkstatt, der Mathesel blieb. Erst nach Monaten kam er nach Hause, und nun konnte er schon mitfiedeln helfen auf dem Kirchenchor an den Sonntagen und im Wirtshause am Kirchweihfeste. Wenn gerauft wurde, so zuckte es ihm wohl noch in den Händen. Da griff er hastig nach dem Bogen und fiedelte. Die Sommersprossen waren nicht mehr zu sehen und auch sein Haar borstete sich weniger, sondern legte sich hübsch glatt über die niedere Stirn herab bis zu den Augenbrauen. Man nannte ihn noch immer das Löwerl, ich glaube, bis heute ist dem braven Holzarbeiter die stolze Benennung geblieben. Ein Löwe, bezähmt durch die Musik.
Ich habe nach dieser Zeit den Schulmeister Weberhofer in Puch nur noch ein paarmal gesehen. Wie sich der Menschen Wege und Schicksale eben verzweigen und mit anderen Kreisen und Verhältnissen verflechten, so war es auch hier – sein „zweiter Knecht" bin ich wohl nie mehr gewesen, sein jüngerer Freund bin ich verblieben. Vor zwanzig Jahren, während meiner schweren Krankheit, gerade an dem Tage, als meine Sanduhr abgelaufen wäre, wenn der Engel sie nicht noch einmal umgekehrt hätte, ist der gute Eustach in seinem achtundsechzigsten Lebensjahre gestorben.
Es war am 16. Dezember 1892.
Fast hätte er mich mitgenommen zu einer anderen Erntesammlung – im jenseitigen Paradiese.

Die kleine, arme Threserl! Die keine Mutter hatte und keine Großmutter, wohl aber eine Urgroßmutter, welche als Pfründnerin der Gemeinde von Haus zu Haus ging, um für sich und ihre Urenkelin Lebensmittel zu sammeln. Die alte Trauschin war sie geheißen. Sie ward oftmals, nicht bloß von ihrer Gicht, sondern auch von ihren Mitmenschen erinnert, daß sie schon stark über achtzig Jahre alt sei. Aber sie starb nicht, hingegen war sie besorgt, soweit es möglich, niemand im Wege zu stehen und sich stets bescheiden in den Winkel zu ducken, in welchem ohnehin niemand war, als Mäuse und Spinnen. Das war im halbeinsinkenden Haarstübel des Grenggbauers. Das tagsüber Erbettelte genossen sie dort des Abends zusammen, die Trauschin, die Threserl und die Mäuse. Die Spinnen hatten ihre ergatterten Fliegen, und so war in dem Haarstübel eitel Wohlleben.

Die alte Trauschin war aber ein sehr hochfahrendes Weib; als die kleine Threserl sieben Jahre alt wurde, schickte sie das Kind in die Schule, daß es die gelehrten Sachen: Lesen, Schreiben und Rechnen, lernen sollte. So wurde die Threserl zur Zeit, als unser alter Wanderschullehrer beim Holzbauer die Schule aufgeschlagen hatte, meine Schulgenossin, die sie an zwei Jahre lang blieb, ohne daß sie jemals ein Wort zu mir sprach. War ihr etwas recht, so nickte sie hastig mit dem Köpfel, war ihr etwas nicht recht, so tat sie mit ihrem kleinen spitzen Ellbogen einen Stoß nach rückwärts, aber nur, wenn niemand dahinter stand. Sie war sehr gutmütig, und wenn sie von schlimmen Kameraden geneckt wurde, so gab sie der Luft einen Ellbogenstoß, und es war wieder gut. Ein dunkelblaues, dünnes Kittlein hatte sie an, im Winter wie im Sommer, und wenn sie gefragt wurde, ob ihr nicht kalt sei, so schüttelte sie den Kopf, an welchem das rote, verfrorene Näslein war. Wir hatten sie gern, denn wenn man ihr was antat, so verklagte sie niemanden beim Schulmeister, und wenn man ihr auf die Zehen trat, so stieß sie mit dem Ellbogen nach rückwärts, und das tat uns nicht weh. Sonst war sie in allem sehr ordentlich, klug und gefällig, in manchem aber stolz.

Eines Tages wurde ihr von einer Schulgenossin vorgeworfen, daß sie ein Bettelkind sei. Die Threserl sagte nichts darauf, erst nach der Schule, als längst kein Mensch mehr an das arge Wort dachte, ging sie zu der Schulgenossin und sagte ihr ganz ruhig und leise ins Gesicht: „Es ist den Leuten ihre Schuldigkeit, daß sie uns aushalten, die Ahne, weil sie nicht mehr arbeiten kann, und mich, weil ich noch nicht arbeiten kann. Betteln tun wir nicht." Wir anderen wußten zur selben Stunde nicht, was die Threserl gesagt hatte, wir sahen nur, wie ihre Schulgenossin plötzlich im Gesicht feuerrot wurde.

Was das Lernen des Mädchens anbelangt, so sagte der Schulmeister, wenn er darüber befragt wurde, nichts als: „Es ist halt ein Kreuz!"

Die Threserl hatte es nämlich nach dem ersten Schuljahre im A-B-C nur bis zum K gebracht. Das L merkte sie sich nur bedingungsweise, nämlich, wenn sie das K wieder vergessen durfte. Mit dem Schreiben und Rechnen ging es nicht anders. Zwei und zwei wäre vier, das wußte sie, nachdem es ihr der Schulmeister eine Woche lang, jeden Tag mehrmals mit unermeßlicher Sanftmut gesagt hatte. Dann kam der Sonntag. Als am Montage wieder gefragt wurde, antwortete die Threserl: „Zwei mal zwei ist –", da blieb sie stecken.

„Ist vi-", half ihr der Schulmeister drein.

Da sagte sie: „Zwei mal zwei ist viel."

So hatte der gute Mann wohl recht mit dem Seufzer: „'s ist halt ein Kreuz!"

Weil denn das gute, kleine Dirndl gar so einfältig war, so haben wir es eines Tages überlistet. Wir halfen alle zusammen und der Schulmeister half auch mit.

Es war am Tage des heiligen Nikolaus. Jedes von uns, die wir des Morgens in die Schule kamen, hatte die Säckel voll

Sachen, die der Nikolo in der Nacht gebracht und in die Schuhe gesteckt hatte. „Was hast du bekommen?" fragte eins das andere: „was hat er dir gebracht?"
Wir zeigten einander unsere Schätze: Äpfel, Nüsse, Lebkuchen, Obstbrot und dergleichen, und betrieben untereinander einen schwunghaften Tauschhandel.
Als denn auch die kleine Threserl – sie blieb immer gleich klein – gefragt wurde, was ihr der Nikolo gebracht, war sie über eine solche Frage schier erstaunt. Was soll denn ihr der Nikolo bringen?
Jetzt hub sie uns an zu dauern, denn unsere Herzen waren an diesem Tage warm vor Freude. So machte einer von uns den Vorschlag, wir sollten die Threserl beschenken. Er, der es sagte, war auch der erste, der ihr den Apfel in die Hand drücken wollte. Das kleine Dirndl machte aber die Hand zur Faust, noch bevor etwas drinnen war, und stieß mit dem Ellbogen nach rückwärts.
„Sie nimmt nichts", sagte der Junge verblüfft.
„Sie nimmt nichts", murmelte eins dem andern zu, und das hörte der Schulmeister.
Er ging hinaus in die Küche, wo die Holzbäuerin Garn spann, kam wieder herein und sagte: „Wo ist denn die Threserl?"
Sie zeigte mit dem Finger auf.
„Threserl", sagte der Schulmeister, „die Bäuerin täte dich ein wenig brauchen draußen in der Küche. Es sind ihr die Hühner aus der Steigen gekommen und du möchtest ihr sie einfangen helfen."
Das Dirndl ging hinaus. Und als es draußen war, nahm der Schullehrer von der Wand den alten Buttenhut, wie wir den Zylinder nannten, den er von einem Dechanten geschenkt erhalten hatte. Wir meinten anfangs, er wolle ihn aufsetzen und es wäre die Schule aus. Der Lehrer aber sagte: „Der heilige Nikolaus hat den kleinen Fehler, daß er gerade den ärmsten Kindern nichts einlegt, weil er glaubt, diese könnten ihre Sachen von anderen guten Kindern zusammenbetteln. Nun will und kann die Threserl nicht bet-

teln. Obst hat sie gewiß auch gern und wer weiß, wie lange sie schon keinen Lebkuchen mehr gegessen hat. Ich stelle meinen Hut auf den Tisch."
Mitten auf den Tisch, um den wir mit unseren Bücheln herumsaßen, stellte er den Buttenhut. Wir verstanden und jedes warf Lebkuchen, Nüsse, Birnen und allerhand hinein, bis die schwarze Butten voll war und sogar einen hohen Gupf hatte. Dann faßte der Schulmeister den Hut mit beiden Händen und stellte ihn hinten hinauf in den Ofenwinkel.
Nach einer Weile waren draußen die Hühner glücklich in der Steigen. Die kleine Threserl kam herein und setzte sich still an ihren Platz.
Bald hernach sagte der Lehrer: „Jetzt wollen wir aber doch einmal sehen, was unsere Threserl alles kann. Sie soll uns einmal in ihrem Taferl das A zeigen."
Die Threserl zeigte richtig auf den ersten Buchstaben hin.
„Brav!" sagte der Schulmeister, „und jetzt auch das e, den kleinen mit dem Fensterl."
Sie fand ihn.
„Gut!" rief der Schulmeister mit gehobener Stimme. „Und jetzt noch das i."
– Aha! dachte sich die Threserl, das i, das wird der mit dem Kopf sein. Wenn das i keinen I-Punkt hätte, es wäre schwer zu erkennen. Sie suchte es wohl ein Weilchen – da ist es.
Nun nahm der alte Schulmeister eine Prise – denn damals schnupfte noch jedermann, besonders der sich mit Gelehrsamkeit abgab – und sagte: „Weil die Threserl alles so brav kann, so wird gewiß auch ihr der heilige Nikolaus was gebracht haben. Wenn man nur wüßte, wo er's hingestellt hat!"
„Auf den Ofen!" riefen mehrere.
„Schaut ihr in euere Bücher", verwies er die Vorlauten. „Auf den heißen Ofen wird der Nikolo etwas stellen! Daß es gebraten würde, was schon gebacken ist!"
– „Mir scheint", unterbrach er dann sich selber, „hinter

dem Ofen ist heut' wieder die Katz! Es spinnt schon wieder so. Geh', geh', Threserl, jage sie hinaus."
Als das Dirndl diensteifrig in den Ofenwinkel hinaufkroch, um die Katze zu suchen, sagte sie plötzlich halblaut: „Da ist was."
Sie deutete auf den gefüllten Zylinder.
„Aha!" schmunzelte der Schulmeister, „aha! Was hab' ich denn gesagt? Ein ganzer Hut voll guter Sachen steht da oben – für die Threserl. Wart', Dirndl, ich lang' dir sie herab. So. Das gehört alles dein. Pack' an. So, so."
Da war das kleine Dirndl wohl ein wenig überrascht. Mit seinen veilchenblauen Rundaugen schaute es drein und faltete die Hände, denn bitten muß man um alles, auch wenn man sich's mit der Bravheit verdient hat.
Nach der Schule hub sie denn alsbald zu knuspern an. Sie aß aber nicht viel, tat das Gutding in ihr Sacktuch, band es sorgfältig ein und trug es der Ahne heim.
Die Trauschin merkte freilich wohl, wie das einfältige Kind überlistet worden war, sagte aber nichts, sondern freute sich der Menschen, die ausnahmsweise einmal so gutherzig betrügen.
So weit wäre alles gut gegangen mit der kleinen Threserl. Denn, daß sie die Lese- und Schreibzeichen nicht zu lernen vermochte, das ist kein Unglück für ein Dirndl, welches nicht einmal genug erlebt und zu sagen hat, um die Zunge ordentlich zu beschäftigen. – Ich könnte die Geschichte somit enden lassen und es wäre vielleicht das beste, aber meine Zuhörerinnen wollen alle wissen, wie sich die Threserl später zurechtgefunden hat, als die Ahne schon unter dem Rasen lag und die erwachsene Threserl darauf stand wie ein stilles, freundliches Blümlein.
Ja, da machte sie auch noch die Hand zur Faust, bevor etwas drinnen war und stieß mit dem Ellbogen an, und stieß ihn denen Burschen scharf in die Seite, wenn sie sonst nicht weitergingen. Nun war aber einer, der stellte sich so zu ihr hin, daß sie ihm mit dem Ellbogen nicht beikonnte. Es war der Dockferdl, der einmal in der Stadt auf der

Hochschule gewesen. Er hatte damals ein enges Beinkleid angehabt und hohe Stiefeln, welche über die Knie hinauf Schaufeln machten, und ein Tellerchen auf dem Haupt, welch letzteres ohne weitere Kopfbedeckung war, und einen dicken, weißknopfigen Prügel in der Hand, der für einen Spazierstock zu kurz und zu plump gewesen, und den der Musensohn „Totschläger" genannt. Und er hatte eine Hundspeitsche, zu der er sich endlich auch einen großen Hund anschaffte. Er trank zuweilen sein Bier aus Stiefeln, und wer ihn etwa mit einem unvorsichtigen Auge anblickte, den forderte er aufs Messer. Sein breites Gesicht war für solche Händel das Notizbuch. – Dieser Mensch ist uns über unsere arme Threserl gekommen.

Schuld daran waren die Professoren, die ihn allemal geworfen hatten, so oft er ihnen seine Weisheit nicht darlegen wollte. Da machte er sich lange Ferien, zog im Lande umher, und weil er im unteren Mürztal einen Verwandten hatte, so kam er häufig auch in unsere Gegend. Es gefiel ihm nämlich bei uns die Natur.

Weil der Dockferdl im Gesichte so viele Schrammen hatte, so empfand die gute Threserl Erbarmnis für ihn und sie stieß ihn nicht mit dem Ellbogen. Er konnte auch so munter scherzen, so freundlich plaudern, sie hätte es nie geglaubt, daß ein vornehmer Herr mit einem niedrigen Bauerndirndl so leutselig sein könne. Als sie schon näher mit ihm bekannt war, bat sie ihn eines Abends, daß er – wenn er einmal Geistlicher sei – für sie eine heilige Messe lesen solle. Weiß Gott, wie lang ihre arme Seele im Fegefeuer sein müsse.

„Wer wird an so etwas denken!" sagte der Ferdl. „So jung und schön, und solche Gedanken!"

„Ferdl!" hauchte sie und legte ihre Hand auf seinen Arm. „Ich werde den heurigen Winter nicht überleben."

„Oho!" lachte der Ferdl auf.

„Du lachst jetzt", sagte sie, „ich weiß es aber gewiß."

Er lachte weiter.

„Ich bin auch willig", sagte sie, „ich hab's verdient. – Nur du sollst nicht so traurig sein, meinetwegen, das ist mein Kummer."

„Na, na, na, na!" machte der Ferdl und klopfte ihr auf die Achsel. Wird sicherlich ein guter Trost gewesen sein, denn die Threserl hat nichts mehr vom Sterben und Traurigsein gesagt.

Gegen den Spätherbst hin, als alle Vögel schwiegen und alle Blätter gilbten, konnte es den Naturfreund natürlich nicht mehr fesseln in unserer Gegend. Er zog in ein schöneres Land, hatte aber zwei Denkmäler hinterlassen: das eine in dem Herzen der Threserl, das andere auf der Schiefertafel des Wirtes zu Sankt Kathrein.

Ich kann mich nicht erinnern, ob darauf ein besonders strenger, ungesunder Winter folgte. Gegen Weihnachten hin beklagte sich der Pfarrer sogar, daß er dies Jahr nicht auf seine fünf Leichen gekommen wäre. Statistisch erwiesenermaßen verringern sich in so sterbträgen Zeiten auch die Kindstaufen. Und zu Hohn und Spott noch ewig die blöden Witze vom runden Pfarrerbäuchlein!

Im Jänner, bald nach Neujahr, hatte der dreiundneunzigjährige Almhofer – überhaupt ein braver Mann – das Einsehen und starb. Im März darauf kam der Stockbergmartin unter den Kohlenwagen. „Ein unnötiger Tod!" sagten die Leute, „der hätte noch vierzig Jahre leben können." Ein Grübler aber meinte: „Es muß sich die Ziffer wieder ausgleichen und der Tod will seine Ursach' haben."

Gegen Ende April, als von den Bergen das letzte Schneewasser niederrann, wurde eines Tages aus dem Dorfe eine Frau geholt in den Zeilhof zu einer jungen Dienstmagd. – Wenige Stunden später kam der Bote um den Arzt und um den Geistlichen. Die junge Dienstmagd hörte man herzzerreißend schreien, so daß sich vor dem Zeilhofe Leute ansammelten.

„Das müssen höllische Schmerzen sein, wenn *die* einmal schreit!" sagten sie zueinander.

Am Frühmorgen des nächsten Tages waren die Schmerzen vergangen. Die junge Magd lag in ihrem Bette, blaß wie

Kreide, und redete laut. So viel und so laut hatte sie noch niemand sprechen gehört. Sie bat um Verzeihung, wenn sie jemanden beleidigt hätte, sie nannte das Kleid, das man ihr anziehen solle – ein weißes Linnengewand war's, das sie noch von der Ahne hatte – sie gab jedem die Hand und bat um ein kurzes Gedenken, endlich hob sie die Hände und rief aus: „Ferdinand! Ferdinand! Du bist mein Verderben. Sonst könnte ich als reine Jungfrau sterben!"
Das waren ihre letzten Worte gewesen, die sie verständlich gesprochen. Ein paar Stunden später läutete auf dem Turm das kleine Glöcklein.
Von all dem hätte ich nichts erfahren, denn ich arbeitete in anderen Gegenden umher. Da trat der Heidenmarxel in unsere Stube, brannte sich eine Pfeife an und fragte, ob ich mich noch erinnern könne an die kleine Threserl, die mit uns einst in die Schule gegangen wäre?
„Das Barfüssel mit dem blauen Kittelein?" fragte ich.
„Dieselbige", sagte er, „der wir einmal den Nikolo haben gespielt."
„Und die wir immer ausgelacht haben, weil sie es im A-B-C nur bis zum K hat gebracht? wo ist denn die jetzt?"
„Im Zeilhof liegt sie auf der Bahr", sagte der Marxel. „Und ich bin heut' deswegen da. Du und der Zetelzenz und der Grabenbergernatz und ich, sonst weiß ich keinen mehr, die wir zusammen in die Schul 'gangen sind. Wie ich gehört hab', daß sie die Threserl nur gleich so hineinschieben wollen, weil sie aus solchem Anlaß gestorben – der fremde Student soll schuld sein – und auch kein Geld da ist: so hab' ich mir gedacht, wir vier sollten zusammenstehen, daß unsere Schulkameradin ein ordentliches Begräbnis kriegt."
„Ich bin dabei."
„Und die anderen zwei hab' ich auch schon", sagte der Marxel. So ist es hernach gewesen, daß am Tage des ersten Mai alle Glocken haben geläutet, daß der Pfarrer bei der Einsegnung den schwarzen, goldverbrämten Kirchenmantel hat angehabt, und daß wir vier Junggesel-

len den Sarg der Threserl auf den Kirchhof haben getragen.
Und als ich hinabschaute auf die tannenhölzerne Totentruhe, die tief im engen Grabe stand und halb schon mit schwarzer Erde bedeckt war, da dachte ich ihr nach: Arme Threserl! So wie du es dazumal im kleinen A-B-C der Schule nicht weiter hast gebracht, als bis zum K, so bist auch im A-B-C des Lebens bloß gekommen bis zum K –. Und dein heißes Ziel ist L gewesen. Das ist der Buchstabe, mit welchem Schriftkundige jenes Wort beginnen, dessen Inhalt allen zu Lust und Leid, vielen zum Segen, manchem zum Verderben wird.
Das K der Threserl lebt noch.

Als ich eine Schlacht gesehen

Die Zeit war der 24. Juni 1859, ich ein Bursche von sechzehn Jahren. Burschen von sechzehn Jahren streifen bisweilen im Walde umher, ohne selbst zu wissen warum. So streicht im Mai der Blütenstaub der Föhre ...
Ich ging durch dunkeln Wald der Lichtung entgegen, und als ich in der Lichtung stand, wieder in die Dunkelheit des Gestämmes hinein. Dort war mir's zu wenig hell, hier zu wenig finster. Eine große Wildnis wollte ich um mich haben, eine Wildnis, wie sie in der Geschichte von der heiligen Genoveva stand. Die Bäume sollten uralt und wüst sein, vom Sturme zerrissen, vom Blitze gespalten; der Boden sollte bedeckt sein von wildem Gestein und Gesträuche, Wunderpflanzen darunter, Früchte, die den Menschen verzaubern und zu dem machen, was er sein will. Was ich damals sein wollte, das wußte ich freilich nicht; vielleicht ein Eidechschen, das die Klüfte und Höhlungen des Gefelses durchgleiten konnte; vielleicht ein Fröschlein, das in die Tiefe des Waldwassers tauchen konnte; vielleicht ein Eichhörnchen, das auf den Wipfel

des höchsten Fichtenbaumes klettern konnte; vielleicht eine Wildtaube, die über den Wald in sonnigem Schimmer hinfliegen konnte; vielleicht ein Geier, der die Wildtaube fressen konnte. Nur kein sechzehnjähriger Junge sein, außer es wären die Erdbeeren schon reif. Oder auch vielleicht ein Falke, der vom Baumwipfel aus einen Lug ins Land machen kann, einen Lug ins Leben, das anders ist ... Einstweilen suchte ich nach Erdbeeren. Und wäre dabei schier über einen Ameisenhaufen gestolpert. Ich schritt dann den glatten Sandweg hin, der zwischen den Fichtenbäumen auf der Hochebene des Berges entlang zog, und auf welchem einige Wochen früher wieder die fremden Völkerscharen nach Mariazell gewallt waren. Es war zur Nachmittagszeit, aber es war nicht sonnig und es war nicht schattig; der Himmel hatte sich, so viel mir noch im Gedächtnis ist, mit einer leichten weißen Schicht überzogen. Einmal stand ich still und horchte. Mir war zu hören gewesen, gerade als ob in weiter Ferne ein Kanonenschuß gedonnert hätte. Es war ja Krieg in Italien und auf dem Kirchplatz zu Krieglach war zur selben Zeit ein großes Papier an die Wand genagelt, auf welchem der Kaiser seine Völker rief, das Vaterland zu schützen. Etwa hatten unsere Soldaten verspielt und der Feind kam schon ins Steierische herein.

Des weiteren blieb es still auf der Bergeshöhe; ich schritt fürbaß und in jener religiösen Stimmung, in welcher ich mich damals so häufig befand, dachte ich darüber nach, ob denn der Welsch wohl auch ein Christ sei und ob – wenn zwei Christenvölker miteinander Krieg führen – sich nicht der Papst zu Rom ins Mittel legen solle, und wenn er mit Gütigkeit nichts ausrichte, Bannstrahlen werfen möchte über die Aufrührer.

Mein Philosophieren fand ein rasches Ende; vor mir am Wege auf einem erhöhten Stein hockte Marianne Schober, ein Mägdlein, mit dem ich in Zwist lebte. Sie war so viel trotzig geworden – und als ich das gemerkt, war ich's auch geworden. Wir kamen nicht selten zusammen – wir riefen uns gegenseitig was zu, und sagte ich „ja“, so sagte sie „nein“ und meinte sie „weiß“, so behauptete ich „schwarz“.

Die hockte nun auf dem Stein und rief mir zu: „So klotz' (trotte) doch nicht just auf den Tierlein daher! Siehst es denn nicht?“

Ich blickte zu Boden – er war ganz braun vor lauter Ameisen. Sogleich wollte ich auf die Seite treten – aber nein. Gerade weil sie's nicht will, trete ich die Tierlein zusammen.

Sie kehrte sich nicht weiter dran, sondern sagte: „Meiner Tag hab' ich so was nicht gesehen, meiner Tag nicht. Raufen tun sie miteinander und umbringen tun sie sich, daß es ein Graus ist.“

Jetzt wurde auch ich aufmerksam. So weit man auf dem Wege fortsah, war er voll brauner Ameisen und dort, wo die Marianne hockte, begegneten sie sich und schlachteten einander ab. Wunderbar war es und unbeschreiblich ist es.

Es waren die Völker von zwei Ameisenhaufen, die, wie ich später sah, mehrere hundert Schritte voneinander entfernt lagen. Der eine war am Fuße eines Lärchenbaumes, der andere mitten im Heidekraut hoch geschichtet. Beide waren verödet, denn die Bevölkerung mochte zum Teile in den Tiefen der Wohnungen verkrochen sein, zum größten Teile war sie auf dem Felde, stand in Waffen. Die Aufregung und das hastige Hinundherrennen war ganz großartig, die Wut, mit der sie sich anfielen, fürchterlich. Hunderte von Toten, Zerrissenen lagen auf dem Boden. Hunderte von kämpfenden Gruppen belebten die Walstatt. Die Ameisen verfolgten einander, sprangen eine auf die andere, umklammerten sich, wälzten sich kämpfend auf dem Boden oder standen aufrecht wie ringende Menschen. Viele suchten die Feindin durch Gift (Ameisensäure) zu betäuben oder mit den Beinen ihr den Hinterleib vom Vorderleib zu reißen oder ihr mit der Lanze des Fühlers den Kopf zu durchbohren, oder sie mit den Kiefern totzubeißen. Am häufigsten waren zwei fest aneinander verklemmte und mit ihren Kiefern verbissene Feinde. Beide getötet lagen sie noch so und waren sie von den anderen gar nicht mehr auseinanderzubringen. In Ketten von sechs bis zwölf Ameisen waren sie aneinandergeklammert. Manche fielen sich wütend an, ließen aber sofort wieder los – das mochten Freunde sein, die sich in der Hitze des Gefechtes nicht gleich erkannt hatten. Ich entdeckte keinen Unterschied zwischen den Ameisen der beiden Heere – aber sie mußten ihre Leute wohl kennen; daß einer den Freund getötet hätte, schien nicht vorzukommen, wenigstens fuhren sie mit großer Entschiedenheit nur auf Bestimmte los, die Richtung, von welcher sie gekommen, war längst nicht mehr zu erkennen. Auch Gefangene wurden gemacht und dieselben mit einer gewissen Sorgfalt und Schonung ihres Lebens aus den Reihen der Kämpfer geschleppt.

Über die ganze Breite des glatten Waldweges hatte sich der Kampf ausgedehnt. Gegen den Rand hinaus lagen zwei Steine, zwischen welchen eine etwa zwei Zoll breite Gasse durchlief, die von Seitenflügeln beider Armeen fleißig als Durchgang benützt wurde, um ins feindliche Lager hinüberzugelangen. Plötzlich aber fiel es einem Teile ein, diesen abseitigen Durchweg zu verrammeln; etliche hundert Ameisen liefen wie auf Kommando aus der Schlachtordnung und huben an, Steinchen, Holzsplitter und dürre Fichtennadeln, wie sie auf dem Wege lagen, herbeizuschleppen, welche sofort wieder andere in Empfang nahmen, die damit im Paß zwischen den beiden Steinen eine Barrikade bauten. Um so mörderischer entbrannte der Streit auf den anderen Linien; jetzt wich das eine Korps auf Spannbreite zurück, jetzt schien das andere weichen zu müssen – aber der Kampf blieb unentschieden.

Als wir eine Weile zugesehen und unsere Meinungen ausgetauscht hatten, wobei Marianne für die Heidekrautarmee Partei ergriff, während ich es mit dem Lärchbaum-

heere hielt, sagte ich: „Gut, so wollen wir sehen, ob die deinen oder die meinen siegen."
„Und wir *werden* es auch sehen", antwortete die Marianne scharf, „die deinigen werden schön sauber davongejagt – siehst du, dort laufen schon ein paar – das sind lauter Traumichnit."
„Oho!" rief ich, „die deinigen werden niedergestochen und aufgefressen. – Schau, wir saugen ihnen schon das Mark aus."
„Weil ihr Schandvieher seid", sagte die Marianne entrüstet.
„Harb' dich, wie du willst", entgegnete ich, „wenn du verspielst, so werde ich dir schon eine Kriegslast auflegen."
„Werd' sie auch tragen", sagte sie trotzig.
„Wenn du verspielst, so mußt du mir dasselbig Ding geben, was ich am Philippitag haben hab' wollen."
„Sollst es haben", rief sie, „aber wenn du verspielst, da bin ich schon in Verlegenheit, was ich dir abverlangen soll; was ich möcht', hast du nicht, und was du hast, mag ich nicht."
„Damit reißest du mir gar keinen Possen", versetzte ich, „wenn nur ich meine Sach' krieg', die ich am Philippitag haben hab' wollen."
So die Verhandlungen, während die Ameisen wacker weiterkämpften. Der Himmel war düster geworden; jener Kanonenschlag, den ich früher gehört zu haben meinte, hatte sich wiederholt und war zu einem Donnern der Wolken geworden. Ameisen, die an der Schlacht nicht unmittelbar beteiligt waren, schienen über das Wetter einigermaßen unruhig zu werden, sie schlugen den Rückweg gegen das Nest ein. Aber andere liefen ihnen nach, betasteten die Flüchtlinge mit den Fühlern und brachten sie wieder in die Schlachtordnung.
Hie und da war ein Wurm, ein Käfer unter das Scharmützel geraten, er wurde über und über getreten, aber des weiteren geschah ihm kein Leid. Nur ein großer Hirschkäfer, der sich im Vollgefühle seiner herkulischen Gestalt, wie es schien, absichtlich mitten in den Kampf gewagt hatte, war

rasch von Ameisen umringt, die ihn, mit ihren Lanzen stechend, mit ihrem Gift bespritzend, mit ihren Kiefern beißend davontrieben, bis er, so gut er's noch vermochte, das Weite suchte.

Eine Heuschrecke war von ungefähr auf das Schlachtfeld gehüpft; sofort schoß eine Ameise auf ihren Rücken und in demselben Augenblicke hüpfte der Springer wieder davon und entführte so einen Streiter vielleicht seinem Verderben.

Am traurigsten waren die sterbenden Ameisen zu sehen, die mit zermartertem Leibe, mit ausgerissenen Beinen langsam verendeten. Wohl wurden solche und auch die Toten möglichst bald vom Kampfplatze entfernt und gegen einen abgelegenen Ort, abseits vom Wege, hinter einen halbvermoderten Baumstrunk geschleppt, wo sie in gleichmäßigen Reihen zur ewigen Ruhe gelangten. – Bei einer anderen Gelegenheit war es, als ich sah, wie die Ameisen ihren Toten ein Grab ausgruben und sie in dasselbe verscharrten. Dazu war nun im Drange des Kampfes freilich keine Zeit.

Wir, ich und die Marianne, hockten noch immer an beiden Seiten des Weges und sahen mit Staunen dem wilden Morden der kleinen Wesen zu. Ein feines Knattern war im Gewühle zu hören, und so oft ich näher hinhorchte, bekam ich einen Spritzer der scharfen Ameisensäure ins Gesicht. Also auch auf uns, die Ungeheuer, war ihr Augenmerk gerichtet, während sie das gar nicht hinderte, mit immer neuer Gier und mit immer neuen Mitteln aufeinander loszustürmen. Um manches Stückchen Baumrinde, um manches Sandkorn drehte sich der Streit und manches Klötzchen Holz, manches Büschchen Moos wurde als Verschanzung benützt und auf Leben und Tod verteidigt. Ich war damals noch so sehr Ebenbild Gottes, daß ich das Tier bei weitem nicht zu meinesgleichen zählte, ich ergötzte mich daher baß an dem seltsamen Schauspiele, das mir der Waldweg darbot, ergötzte mich um so mehr, als ich endlich die Partei Mariannens immer mehr zurückweichen sah, so daß ich den vereinbarten Tribut mit Sicherheit zu gewärtigen hatte. Der eine Flügel der Unterliegenden löste sich bereits in eine wilde Flucht auf und die Meinen stürzten in Massen voran, um Beute zu machen – da hub es hoch in den Bäumen an zu rauschen und große Tropfen fielen nieder und schlugen manche der siegenden Ameisen in den Sand.

Ich erhob mich und verlangte von dem Trutzmädel die Sache, welche ich am Philippitag von ihm hatte haben wollen. Die Marianne riß zornig ihr Busentuch auf, zog ein Ding, das sie am Halse hängen hatte, hervor, warf es mir vor die Füße und lief davon. – Ein kreuzergroßes Messingblättchen, ein Amulett, das ich allerdings am Philippitag ein wenig gesucht haben mag. Ob ich *das* hatte haben wollen? Nun hatte ich es und der Wolkenbruch war auch da.

Am anderen Tage hatte ich die Stelle der Schlacht wieder besucht, hatte keine einzige Ameise und nur wenige tote Körper mehr gefunden. Und an demselben Tage war der Gemeindebote mit dem Steuerbogen zu uns gekommen.

„Leut', ihr bringt einen um, mit den Steuern!" rief mein Vater aus.

„Nur Geduld", antwortete der Bote, „sie werden schon noch wachsen. Telegramm ist da, gestern in Italien große Niederlage."

Der Warzenkrieg

Die Milch war ausgelöffelt. Die Schüssel, die so groß war, daß man in ihr Zwillinge hätte baden können, zeigte auf ihrem gelblichten Grunde den schwarz gemalten „Süßen Namen".* Sonst, wenn manchmal die Milch so dünne ge-

---

* In Schüsseln und an Töpfe pflegen die Buchstaben eines heiligen Namens, kunstreich ineinander verschlungen, gemalt zu sein.

wesen, daß die Buchstaben schon erklecklich früh durch die bläuliche Flüssigkeit schimmerten, nannten die boshaften Knechte das eine „Süße-Namen-Suppen". Heute hatte es keine „Süße-Namen-Suppen" gegeben, denn wir waren mitten im Sommer, und da brachten die Kühe viele und fette Milch nach Hause.

Wir saßen noch um den Tisch herum. Der Vater kratzte vom Brotmesser die Krusten, der Florl stopfte sich eine Pfeife, ich rieb mit dem Ellbogen meine messingenen Hosenknöpfe, um sie für den Sonntag auf Glanz zu stellen. Reden taten wir so nebenbei; weil uns recht wenig einfiel, so sagten wir das wenige mehrmals und es war auch gut. Jetzt trat der Hieselegger Knecht in die Stube, ein hagerer, etwas schief gewachsener einäugiger Bursch mit einem borstigen Schnurrbart, aber sonst ganz sauber beisammen. Er hatte auch schon Feierabend bekommen. Er setzte sich gleich auf eine Bank und sagte etwas zähe: „Hab' doch müssen schauen gehen, was sie beim Waldbauern machen."

„Wärest um ein fingerlang früher gekommen, so hättest mitessen können", antwortete mein Vater.

„Vergelt's Gott, hab' mein' Sach' schon eingenommen", darauf der Knecht. „Wir mögen wohl recht zum Essen schauen, daß wir stark sind heut' bei der Nacht."

„He he!" lachte unser Florl, „beim Liegen wird man weiter viel Kraft brauchen!"

„Beim Liegen freilich nicht, aber beim Stehen, weißt wohl!" sagte der Nachbarsknecht und beugte seinen struppigen kleinen Kopf vor, als rede er unter den Tisch hinein, weil er etwas schielte. „Und hast zu wenig zum Stehen, so wirst geworfen, nachher kannst eh' liegen. – Daß ich's sag', Raufnacht ist heut', und deswegen bin ich da. Auf dem Härtelanger oben. Müssen alle hinauf. Die Fischböcker kommen. Alle kommen sie. Ist kein Spaß nicht, weißt wohl."

Unter dem Tische knurrte unser alter Walzel, von der hinteren Ofenbank her schrie ein dünnes Stimmlein: „Raufnacht? Da tu' ich auch mit. Höllsaggra plunzenstern, aus den Fischböckern machen wir Most, heut' bei der Nacht. Jo!"

Mein Vater wendete sich gegen den Ofenwinkel, wo der alte, halblahme und halbblinde Einleger saß, und sagte sehr gemessen: „Schau, der Schurl wird lebig! Dem Schurl erlaub' ich's, daß er raufen gehen darf."

Wir lachten alle.

„Aber euch erlaube ich's vielleicht nicht", sagte er bei. „Das ist eine Unform, raufen und nicht wissen, wegen was."

„Wir wissen's schon", sagte der Hieselknecht.

„Kann mir's denken, daß es wieder um nichts geht", darauf der Vater. „Oder um Narrheiten. Unter der Woche alleweil das Greinen über die harten Arbeiten, und am Samstagfeierabend, wenn sie rasten kunnten, strichen sie wild herum, wie Zigeuner, und reißen einander das Gewand vom Leib und schlagen einander die Knochen marb und die Augen aus. Hast noch nicht genug, Hieselknecht, willst ganz blind sein?"

Reckte sich der Hagere weit herüber gegen den Tisch, und knurrte leise: „Dasmal prügeln wir die Fischböcker, weißt wohl."

Mein Vater stand auf und ging hinaus. Seine Befehle wurden sonst ohne Gegenrede ausgeführt, denn er war so klug, nur solche zu geben, die leicht ausgeführt werden konnten.

Die Samstagnacht aber läßt sich kein Bursche nehmen in der Waldheimat, und besonders das Raufen war gutes Recht noch in jenen lieblichen Tagen, da es keine bespießten Landwächter gab in den grünen Bergen. Es gab damals manch verknorpeltes Bein mehr, aber manche heimliche Feindschaft weniger. Den alten Schurl hatten sie bei einer Kirchweih lahm geschlagen; wenn er an jene Zeit dachte, da wurde ihm heiß hinter dem Brustlatz, aber nicht aus Zorn, sondern aus Lust, und: Raufen! Das war der einzige Ruf, der den halbblöden Krüppel allemal wieder aufweckte zum Leben, selbst wenn es schon war, als verkomme er an Altersschwäche und Gicht.

Wir gingen nun auch hinaus und mit dem Hieselknecht am Feldraine hin. Die untergehende Sonne legte auf den gegenüberstehenden Berg noch ihr grüngoldiges Licht. Ach, dieser Sommerabendsonnenschein! Dieses weihevolle Ausglühen der letzten Gipfel! Dieser heilige Frieden in den Tälern – eine köstliche Nacht zum Raufen!

„Wegen was wird denn gerauft?" fragte unser Florl den Hieselknecht. Dieser kehrte sich schiefeckig um, hustete und sprach sehr feindselig:

„Die kleinen Buben sollen daheim bleiben. Für kleine Buben ist das nichts. Die sollen fleißig Suppen essen, daß sie stark werden."

Das ging mich an. Ich aber tat nichts desgleichen, und wie ich bisher hinter den beiden Burschen gegangen war, so ging ich jetzt neben ihnen einher, damit der Hieselknecht nur einmal sehe, daß beim Waldbauern die kleinen Buben mindestens so groß wären, wie beim Hieselegger die großen Knechte. Ein aufgeschossener Zaunstecken! Natürlich! Weil ich keine Jacke und keine Weste anhatte, sondern in blanken Hemdärmeln war. Milchbart! Natürlich! Wäre der Herr Hieselknecht bei unserer Schüssel gewesen, so hätte er auch einen Milchbart. In drei Jahren war ich zwanzig! Und so ein Bursch' sollt' nicht wissen dürfen, warum gerauft wird?

Der Hieselknecht erzählte es etwas leise dem Florl; damals hatte ich aber noch wohlgewetzte Ohren. Von den Fischbachern ging es her, die in der ganzen Gegend immer nur die Fischböcker genannt wurden, erstens weil sie arge Böcke waren, und zweitens weil es schon so in der Sprache lag.

– Erhoben hat sich die Geschichte am Annenkirchtag, erzählte der Knecht. – „Dazumal beim Grabenwirt sind Fischböcker, Stanzer und Alpler beieinand gewest. Und wie der Fischböcker Schuster Stamp schon ein paar Gläser zu viel hat, schreit er hinüber zum anderen Tisch, wo der Zislerfranz aus Alpel mit der Seinigen sitzt: ‚Franzl, heut' möcht' ich heiraten. Gibst mir dein Madel um fünf Groschen?' Springt der Zislerische auf, und haben wir gemeint, los geht's. Der Schuster Stamp bleibt aber ganz ruhig sitzen und sagt: ‚Na, na, behalt sie nur sauber für dich. Kein Alplermadel mag ich nit. Die Alplermadeln haben Warzen auf dem Kui (Kinn).' – Wie ein Löw ist er hergefahren, der Franz, denn sein Dirndl hat die Warzen, weißt wohl. Aber die Leut' dazwischen und die Alplerburschen alle zusammengestanden haben den Franz festgehalten, rechts einer und links einer und haben gesagt: ‚Zislerfranz, sei du jetzt ruhig. Jetzt ist's was anders worden. Jetzt geht's uns all an. Die Alplermadeln, hat er gesagt, der pickend' (klebrige) Schuster! Eine Warzen auf dem Kui, hat er gesagt. Gegerbt wird er heut', daß er morgen aus seiner eigenen Haut Stiefel machen kann.' Natürlich, jetzt gleich die Fischböcker voran und um ihren Schuster Stamp herum, und die Alplerbübelen sollten nur hergehen! Der Grabenwirt dazwischen mit aufgehobenen Händen: ‚Bitt' euch, liebe Leut', nur in meinem Haus keine Schlacht!' – ‚Grimm' dich nicht, Wirt', sagt jetzt der Knittler Thom aus Alpel. ‚Der heutige Handel, das ist ein großer Handel. Der hat nicht Platz im Grabenwirtshaus. Der muß auf dem weiten Feld ausgemacht werden. In vierzehn Tagen auf dem Härtelanger. Ist's recht?' – ‚Recht ist's', sagten die übrigen Alpler und die Fischböcker auch. ‚Fischböcker, wie viele stellt ihrer?' fragt der Thom. ‚Das brauchst nicht zu wissen', antworten die Fischböcker, ‚ruckts nur an mit eurer Schneiderkurasch –' – ‚Schneiderkurasch?' schreien drei Alpler zusammen, daß das Haus gellt, der Thom dämpft sie zurück. ‚Schimpft's, wenn ihr wollt's. Wann g'rauft wird, das wißt's.' – Damals", so schloß der Hieselknecht, „ist bloß geschimpft worden, heut' wird *g'rauft!*"

„Ah, so ist die G'schicht", sagte nun unser Florl, „na, da

müssen wir freilich alle zusammenstehen. Warzen auf dem Kui, hat er gesagt?"
„Warzen auf dem Kui hat er gesagt."
Ich war während dieser Erzählung ein anderer geworden. Sonst immer für den lieben Frieden stimmend, weil man sich beim Raufen, wie die Mutter sagte, die Hosen zerreißt. Vorher hatte ich nur wollen dabei sein aus Neugier und Kurzweil. Nun stand es anders. Die Dirndeln von Alpel Warzen auf dem Kui! Das wird kein Raufen in dieser Nacht, das wird ein Schlachten!
„Wo treffen wir uns nach dem Nachtmahl?" war meine Frage.
„Wir Alpler bei der Massentann", antwortete der Hieselknecht. Das war genug, ich gehörte in den Heerbann.
„Florl", sagte der eine auf dem Rückweg, „ich gehe zum Auenhofer hinüber, der hat einen Kugelstutzen."
„Ja, grad so! Mit Kugelstutzen werden wir raufen!" entgegnete der andere voller Verachtung. „Ich denk', wir Alpler bringen auch noch die Kraft und Kurasch auf zum Rangelringen."
So lief ich noch eilig zum Riegelsteff hinab in die Köhlerhütte, um mir seinen Schlagring auszuborgen. Als ich vor der Hütte stand, es war schon dunkel, hörte ich drin laut brüllen. „Wegen meiner geht's her!" rief eine klagende Mädchenstimme. „Ins G'red' und in die Schand kommt man, von wegen so einer kreuzweis verschwefelten Warzen da!"
„Bind's ab!" sagte der alte Steff. „Mit dem Faden abbinden, den Faden unter den Dachtraufen eingraben. Bis er verfault ist, wird die Warzen hin sein."
„Hab's eh' getan, Vater", berichtete das Dirndl, „hab's abgebunden und den Faden eingegraben, und wie der Faden verfault, ist die Warzen noch größer geworden." Und brüllte zum Erbarmen.
„Liserl", sagte nun der Alte beschwichtigend, „mach' dir nichts draus. Wenn sie wegen deiner raufen, so kann's dir nur eine Ehr sein. Nachher wirst bekannt, brauchst nicht

mehr zu warten, bis selber einer kommt, kannst dir einen aussuchen. Nur schön gescheit sein, Liserl!"
„Den Franzel derschlagens!" schrie das Dirndl verzweifelt auf.
„Wär' nit schlecht!" lachte der Alte. „Eher derschlagt *er* ein paar!"
„Nachher wird er eingesperrt!" rief sie.
„Just so, just so", sagte er, „als ob sie wegen Raufens schon einmal einen angezeigt hätten. Das gibt's nit. Da halten sie all zusammen. Wie die Veitscher auf der Kirchweih unserem Alplermichel all zwei Füße abgeschlagen haben, daß wir ihn haben müssen heimtragen, wie einen Mehlsack, da ist's wohl dem Schneider Kindl eingefallen: Anzeigen die Veitscher! Na, haben wir anderen gesagt, anzeigen nicht, das ist uns zu fürnehm, aber hauen die Veitscher, daß die Schwarten krachen!" Im nächsten Jahr haben wir ihnen den Mehlsack dreifach zurückgezahlt und gut ist's gewest. Na na, Liserl, dem Franzel geschieht nichts."
Als sie sich hierauf beruhigt hatte, trat ich ganz harmlos, als ob nichts wäre, in die Hütte. Die Liserl wendete sich rasch ab und machte sich mit der Schürze im Gesicht zu tun, aber ich sah es doch, das Wärzlein. Es stand am Kinn, gerade neben dem Grübchen. Es war nicht größer, als ein kleines Erbsenkorn. Es schien an einem dünnen Hälslein zu hängen, aber um ganz Alpel hätte ich es nicht mögen wegschneiden. Gar nichts Herzigeres ist zu denken als dieses Wärzlein am Kinne der Liserl. Der Neid war's von den Fischböckern, und nichts anderes! Warzen hatten wohl die Fischböcker auch, aber keine so sauberen Dirndeln dran.
Den Schlagring borgte er mir gerne, der Riegelsteff, aber zu groß war er für meine Finger. „Steck' ihn über die Faust!" riet er, da sah ich erst, wie das Ding zu brauchen war.
Ein paar Stunden später standen wir zusammen an der Massentanne. Unten am Bach stand eine Mühle; in das vom Flosse niederstürzende Wasser schien der aufge-

hende Mond, so daß es war, als rinne ein goldener Strom auf die schlechte Mühle des Waldbauern. An der Mühle hatte einer ein paar Dachlatten losgerissen und trug sie über der Achsel, wie lange Sperrschäfte. Andere hatten Stöcke und Knittel bei sich und der Grabner Wendelin einen kurzen Strick mit Knoten. „Der", sagte er, mit Stolz seine Waffe schwingend, daß es pfiff, „der kitzelt hübsch gesalzen und macht keinen Beinbruch, der ist ein guter Kamerad."

Unser waren an dreißig. Fast ganz Alpel war beisammen in seinem jungen Burschenblut und Mut. Der Feldzugsplan wurde entworfen, und als wir schon ansteigen wollten, kam über die Wiese her ein Ding getrudelt; schnaufend, mit zwei Stöcken kam es heran, und als einer mit dem Streichholz unter den alten Filzhut hineinleuchtete, war darin das knochenspitzige Gesichtlein des alten Einlegers Schurl. Und er wolle auch mit zum Raufen! Jo. Da ihn aber weder seine Beine noch die jungen Helden tragen wollten, so machte der Hieselknecht den Vorschlag, der Alte sollte in der Mühle bleiben, leere Mehlsäcke in Wasser einweichen und sie als kalte Umschläge bereithalten für die Blessierten. So wurden wir seiner los und dann begann der Anstieg durch den finsteren Wald. Dort und da brach eine Mondspange durch, dort und da schwebte ein Johanniswürmchen hin zwischen das Gestämme, dort und da glühte das grünliche Auge eines feindgierigen Burschen. Das waren unsere Lichter, sonst alles finster.

Je höher wir hinauf kamen, je leiser traten wir auf den Boden. Nach einer Stunde nahten wir dem Härtelanger, der auf der Höhe lag, zu welcher von der anderen Bergseite herauf die Fischböcker kommen sollten. Der Anger war so groß, wie etwa drei Dorfkirchhöfe nebeneinander, er war fast eben und hatte kurzes weiches Federgras, das taufeucht, wie im Silberreife schimmerte. Der Anger war ringsum von hohen Tannen umstanden, über deren starrem Wipfelgezacke der stille Mond aufstieg. Wir hielten uns an den Waldrand auf der Alplerseite, die im schwarzen Schatten lag, und der Florl flüsterte noch, der Grabner Wendelin solle seine funkelnden Augen in den Sack stecken, daß sie uns nicht zu früh verrieten an den Feind. Ich hatte einen langen Stecken bei mir, war aber noch nicht im klaren, in welcher Weise ich damit meine Heldentaten vollführen würde. Jedenfalls war ich einer der allerwütigsten. In die Avantgarde ward ich aber nicht kommandiert. Der Zislerfranzl, der als die eigentliche Ursache des Feldzuges einer der Heerführer war, schickte mich vielmehr in einen hohen Tannenbaum empor, daß ich von oben spähen und horchen solle, was im Lager des Feindes vorging. Am oberen Ende des Angers stand ein uralter Stamm, den stieg ich an. Durch das Riesengeflechte des Geästes war es keine Kleinigkeit hinaufzukommen. Endlich saß ich in einem verlassenen Geierneste und hielt Rundschau über den weiten Wald, der mit dem Milchschimmer des Mondes überhaucht war. Dort und da stand eine schwarze Kuppel auf, oder eine scharfe Lanze, oder eine mehrgestaltige Gruppe besonders hoher Bäume. Aus dem weiten Talkessel, in den ich niederblickte, schimmerte ganz matt ein winziges, weißes Blättchen herauf. Das war die Kirche zu Fischbach. Aber es schien fern und halb versunken, wie in einem Märchenlande. – Meine Kameraden hatten sich ganz in den Wald zurückgezogen. In meiner Nähe quixte oder flatterte manchmal etwas. Ich fürchtete mich und spähte nach dem Feinde, um nötigenfalls bei ihm Zuflucht zu finden. Lange war keiner zu sehen und zu hören. Endlich nahm ich doch etwas wahr. Von der Fischböckerseite gegen die unsere kroch ein großer schwarzer Molch über den Anger. Ich steckte zwei Finger in den Mund und tat einen Pfiff. Da wurde es bei den Alplern unter den Bäumen lebendig, der Molch wendete sich und kroch rasch zurück.

Von unserem Lager schritt ein Mann über den Anger, ich glaube nach seiner vorgeneigten Gestalt war es der Hieselknecht. Am Fischböcker Waldrande blieb er stehen,

horchte und schrie dann in das finstere Gestämme hinein: „Seid ihr da?“
„Ja“, antworteten nach der Reihe unzählige Stimmen.
„Wie viele sind euerer?“
„Haben *wir* euch gefragt?“
„Meine Kameraden lassen euch sagen, ihr sollt an den freien Anger vortreten!“
„Ja, Schnecken mit Salat!“ spotteten sie. „Wer Schneid hat, der soll nur hergehen.“
Der Hieselknecht schritt zurück in sein Lager und berichtete: „Ihrer mindestens sechzig müssen sein.“
„Gut ist's“, sagte der Franzel, „kriegt jeder von uns zwei. Nur zuwarten. Auf den Anger müssen wir sie hervorkommen lassen.“
Sie warteten zu. Und die Fischböcker warteten auch. Die Fischböcker hatten ein kleines Anliegen. Damals wußte ich es nicht, aber heute weiß ich es.
Von den Fischböckern waren zuerst drei Mann hinaufgegangen gegen den Härtelanger. Dann waren noch zwei nachgekommen, und dann nichts mehr. Nicht einmal der Schuster Stamp war erschienen. Dieses kleine Heer hatte nun einen viel größeren Zorn auf seine eigenen Fischböker, als auf den Feind. Sie fühlten sich verlassen und verraten, und doch mußte die Fischböckerehre gerettet werden. Auf die Frage des Hieselknechtes hatten sie nun eine Unzahl von Stimmen nachgeahmt, der Wald barg jene, die nicht da waren, und somit stellten sie nach außen hin eine gewaltige Heeresmacht dar.
Der Mond stieg höher und noch höher und stand endlich so hoch, daß am Angerrande kein Schatten mehr war. Da begannen die Alpler sachte vorzurücken. Die Fischböcker hatten ihren Nachtwächter bei sich, der aber trug heute die Laterne nicht in der Hand, sondern im Kopfe. Der Nachtwächter, der gleichzeitig auch die Ortspolizei zu machen hatte, war ein kleines, gemütliches Männchen, denn nur ein solches paßte für die immer rauflustigen Fischböcker; mit einem baumstarken Bengel hätten sie in

jeder Nacht angebunden. Den geschmeidigen Kleinen ließen sie ruhig seine Sprüche ausrufen und im übrigen taten sie, was sie wollten.
„Kameraden", so sprach nun der Nachtwächter zu den Seinen. „Was gebt ihr mir, wenn ich die Alpler verjage?"
Zuerst lachten sie.
„Was gebt ihr mir?"
„Geh', Polizei, troll' dich!"
Der andere sagte: „Gebt ihr mir nichts, so tu' ich's umsonst. Fürs Vaterland!"
„Sind jetzt nicht aufgelegt zum Spaßmachen."
„Paßt's auf, sie werden sich bald verlaufen."
Und der Nachtwächter schlich im Walde um den Anger herum und kam in das Lager der Alpler.
Der Zislerfranzel hatte eben gesagt: „Ich glaub', es sind ihrer nicht viele, weil sie sich nicht herfürwagen."
Zupfte der Fischböcker Nachtwächter ihn am Ärmel, winkte ihn ein wenig beiseite und flüsterte ihm ins Ohr: „Freilich sind ihrer nicht viele, der Fischböcker. Verhöllt wenig sind ihrer und just die Schwächeren. Und weißt du auch warum?"
„Nau?"
„Ja, da kannst du mir etliche Maß Wein zahlen, wenn ich dir's sagen soll, warum heut' so wenig Fischböckerburschen heroben sind auf dem Härtelanger."
Weil das mit gar geheimnisvoller Miene vorgebracht war, so horchte der Franzel näher hin.
„Viel Ehr'", fuhr der Nachtwächter fort, „wird nicht herausschauen, wenn die Alpler Burschen die Stärkeren sind, heut' da heroben! Die Fischböcker Burschen sind's derweil anderswo."
Mehrere hatten sich in die Runde gestellt, und auf die dunkle Rede fiel es dem einen und dem andern ein, daß es freilich nur der leidige Neid gewesen, wenn die Fischböcker sich über die Alplerdirndeln lustig machten. Und nun hörten sie auch schon das Flüstern des Nachtwächters: „Meine lieben Alplerbuben, ich sag' euch's, stark sein ist

nicht genug, der Mensch muß auch gescheit sein. Wie das gemeint ist! He, was glaubt ihr? Eine schöne Nacht das, gelt? Eine prächtige Samstagnacht zum Raufen, gelt? – Alplerbuben! Derweil ihr heute da aufs Raufen wartet, gehen die Fischböckerburschen zu eueren Dirndeln fensterln! – Nichts, nichts, will nichts gesagt haben!"
Und verschwunden war er im finsteren Walde.
Die Flöhe in den Köpfen bissen bei etlichen sehr ausgiebig, und mancher Bursch' verlor sich. Der Knittlerthom jedoch sagte: „Zu der meinigen soll nur einer kommen, die hat heut' Zahnweh, da kratzt sie." Er blieb im Heere.
Der Stochelsepp und der Hieselknecht meinten, sie hätten jetzt keine, so waren sie außer Sorge und blieben im Heere.
Der Weberleopold gestand, er hätte zwar eine, sie dürfte auch nicht Zahnweh haben, aber er bleibe auf dem Anger, das Raufen sei ihm lieber, als das Fensterln. Ähnlich auch andere.
Somit war die List des Nachtwächters großenteils mißlungen. Die alplerische Kriegsmacht war zwar etwas zusammengeschrumpft, stand aber noch guten Muts auf dem Anger und drang vor gegen den andern Waldrand. Und die Fischböcker wollten aus ihrem Dunkel nicht heraus und sie wollten nicht.
„Letfeigen!" schrien wir hinein.
„Ja, geht's nur her!" antwortete im Dickicht eine Stimme.
Wir Alpler waren schon aufs äußerste empört über eine solche Feigheit und plötzlich rief der Hieselknecht: „Suchen wir's! Fangen wir's!" Alles fuhr in das finstere Gestämme hinein. Hart prallten sie aneinander, und nun begann der Kampf. Mancher traf mit seinen Hieben einen Baumstamm, mancher einen harten Schädel, mancher auch die vom Schöpfer selbst für solche Fälle bestimmte sehr zweckmäßige Zielscheibe. Man hörte das Strampfen der Füße, das Schnaufen der Lungen; das Brummen der Köpfe fühlten die Betroffenen wohl selbst, ich fühlte nichts davon, weil ich etwas abseits stand und meine Kraft

hübsch für die letzte Entscheidung aufsparen wollte. Man hörte auch manches hell herausgeschriene „Auweh!“ und dazwischen Flüche, und dann wieder ein klingendes Auflachen. Besonders einen hatten die Alpler in ihre Mitte bekommen, den sie gründlich bearbeiteten. Der Hingeworfene knirschte seine Empfindungen in das kühle Moos hinein, mußte aber, von zehn Armen niedergehalten, seinen Rücken mit allem Zubehör dem Feinde preisgeben. Da die übrigen Fischböcker schnöde geflohen waren, so wollten wir unseren schrecklichen Haß an diesem einen Opfer verlodern lassen.

„Nau“, sagte der Franzel, als sie müde waren, den Unterlegenen, „was ist's, haben die Alplerdirndeln Warzen oder nicht?“

„Ochsen seid's!“ antwortete der andere, sich jähe aufrichtend und mit den Fingern Gras und Erde aus seinem Munde kratzend.

„Herr Jesseles!“ schrie der Florl, „das ist ja kein Fischbökker nicht, das ist ja unser Hieselknecht!“

Und haben also die guten Alpler damals auf dem Härtelanger nächtlicherweile einen Mißgriff getan und anstatt eines Fischböckers ihren Hauptmann durchgebläut. Dieser soll der Meinung gewesen sein, er sei in die Hände der Feinde geraten, hat sich nach Kräften zwar gewehrt, hat aber nicht geschrien, und die wirklichen Fischböcker sind derweil abgefahren.

Und hierauf sind wir siegreich heimgekehrt. Der alte Schurl in der Mühle wartete schon hochgespannt mit seinen kalten Umschlägen, die dem Hieselknecht recht zustatten kamen.

„Aber diese groben Fischböcker!“ klagte der Alte bei Besichtigung der Striemen, Flecken und Beule. „Ist nur gut, daß du ein Aug' schon hin hast, sonst hätten sie dir's gewiß herausgeschlagen. O diese verdeixelten Fischböcker! Jo. Habt's ihnen's aber doch recht heimgezahlt, Buben! Gelt?“

Wir hatten uns das Wort gegeben, nichts zu verraten. Der

eine aber bestrebte sich, im Laufe der Zeit die Niederlage wettzumachen, und in der Gegend werden heute nur wenige Burschen und Männer umsteigen, die es nicht erfahren haben, daß der hagere Hieselknecht wieder ganz gesund geworden ist.
Der Zislerfranz hat sein Warzendirndel geheiratet. Ob am Ende nicht sie den Warzenkrieg weitergeführt haben? Ich weiß es nicht.

Ereignisse eines Faschingtages

Bin doch begierig, ob man mir die Geschichte glauben wird. Man braucht sie aber gar nicht zu glauben, sondern bloß zu wissen. Und manche meiner Heimatsgenossen wissen tatsächlich von der Geschichte. Ich war damals ein Mensch in dem Alter, in welchem man von artigen Leuten „Jüngling“ und von wahrheitsliebenden „dummer Junge“ genannt wird. So kam der „heilige Faschingdienstag“; diesen Festtag haben wir immer strenge gehalten, und also rüsteten wir uns auch diesmal zum Freiballe, der beim „Goldenen Löwen“ in Krieglach abgehalten wurde.
Ich besaß ein nagelneues Steirergewand und im Hosensacke eine gegerbte Schweinsblase mit fünfzehn Groschen Geld. Reicht das aus für zwei Portionen Braten, zwei Maß Guldenwein, eine halbe Maß Glühwein, zwei Schalen Kaffee, für Spielleut'geld auf ein paar Steirische, einen Gestrampften und noch etliche Zigarren? – Das reicht schlechterdings nicht dazu aus. Also verkaufte ich an den Hochbrunnerknecht eine Lodenjoppe, da der Sommer vor der Tür war, übrigens ohnehin nicht gedacht wurde an das Morgen, sondern nur an das Heute, welches Faschingdienstag hieß. Und als ich nun soviel Mammon beisammen hatte, um für mich und eine erst zu gewinnende Tänzerin die obengenannten Güter erwerben zu können, heißt es auf einmal, der Grabenkathel wäre ihr Kind ge-

storben, selbes werde am Faschingdienstag begraben und ich sei dazu auserlesen, das Trühlein auf den Kirchhof zu tragen.
Die Grabenkathel war ein armes kränkliches Weib, das sonst im Tagwerk arbeitete, um das sich aber in seiner Krankheit niemand eigentlich kümmerte, nicht einmal der eigene Mann, der Grabenhesch, welcher in einer anderen Gegend als Holzknecht arbeitete und oft wochenlang gar nicht nach Hause kam. Doch das nun verstorbene Kindlein mußte die Gemeinde begraben, und sie tat es eigentlich recht gerne, weil sie nur froh sein konnte, für die Zukunft einen armen Eingeborenen weniger in Sorge zu haben. Wie aber gerade ich zur Ehre kam, an einem solchen Tage drei Stunden lang (denn so weit war der Weg bis zum Kirchhof) eine Leiche im Arm zu halten, das leuchtete mir nicht ein. Daher begehrte ich auf und rief: „Wie komm' *ich* dazu?"
„Du kommst dazu, weil du ein langer Bengel bist", antwortete der Gemeinderichter. Das empfand ich nun wie eine wirkliche Auszeichnung. Andere Bursche, die auch zum Begräbnisse geschickt worden waren, weil jedes Haus gepflogenheitlich eine leidtragende Person beizustellen hatte, sahen einander jetzt so an.
Der Hochbrunnerknecht, der Franzel, trat vor und sprach: „Mir scheint, der Waldbauernpeter will nicht recht. Könnt's auch leicht wegwerfen das Trühel, wenn ihm schwach wird. Ich geh' ohnehin zum Freiball nach Krieglach und will's schon tragen."
„Ist auch recht", sagte der Richter, „so pack's halt in Gottes Namen!"
Ich habe im selbigen Augenblick den Schimpf so tief empfunden, daß ich das heilige Fürnehmen machte: dem Franzel schlag' ich heut' beim Löwen, bis wir lustig geworden sind, all' zwei Füße ab. Nachher soll er sehen, wer schwach wird.
Im nämlichen Augenblick aber sank die arme Grabenkathel nieder auf das bereits geschlossene Särglein und

schrie: „Forttragen wollen sie dich mir, du mein einziges Glück auf der Welt! Bist gleichwohl im Himmel bei unserer lieben Frau, so sei mein' Fürbitt, daß sie auch mich bald zu sich nimmt. Bin so ganz und gar verlassen auf dieser Erden." Und begann so wüst zu klagen, daß ich all meine Rachegedanken vergaß und nur noch denken konnte: die Leute sollten doch gut aufeinander sein in einem solchen Jammertal. –

Der Franzel schlang nun um das fichtenholzweiße Trühlein einen Riemen, hing sich dasselbe über die Achsel, dergestalt, daß er es im Arm über der Brust tragen konnte. Ein schwarzbraunes Dirndel, Verwandte der Grabenkathel, kam mit einem papierenen Blumenstrauß herbei, an welchem ein weißes und ein rotes Band war, und diese Herrlichkeit steckte sie dem Franzel auf den Hut. Es ist ein alter Brauch in jener Gegend, daß Leichenträger solche „Totenbuschen" tragen; bei erwachsenen Personen müssen die Blumen weiß, die Bänder schwarz sein, bei Kindesleichen wollen die roten Blumen und Bänder andeuten, daß keine Trauer sein soll, wenn ein unschuldiges Kind früh aus dieser Welt geht. Und in Wahrheit, als der Franzel nun mit dem Särglein und den flatternden Bändern gleich einem Hochzeiter so vorausging durch den großen Kreßbachwald hin und unser etliche plaudernd hinterdrein, da war von einer Trauer nicht viel wahrzunehmen. Zwischen den Vaterunsern trieben wir Schelme miteinander ein bißchen Schabernack. Neben mir ging der junge Bumshöfer, der fragte das schwarzbraune Dirndel, ob er es heiraten dürfe?

„Ja, auf wie lang?" gab es ihm fragend Antwort. „Die Mannerleut' sind so viel falsch. Das sieht man wieder bei meiner Muhme, bei der Grabenkathel. Was hat er ihr vorgeschwatzt, der Hesch, vom Liebhaben und Treusein und Brav-Zusammenhalten in Freud und Leid! Weil sie kränklich ist worden und keine rechte Unterhaltlichkeit mehr daheim, hat er sich nach dem Holztagewerk lieber ins Wirtshaus gesetzt, als ins traurige Grabenhäusel. Ledigerweis' ist ihm der Weg bei der Nacht nicht zu weit gewesen bis zu ihrem Fenster; verheirateterweis' vergißt er auf Weib und Kind, zur Not, daß er bisweilen ein paar Groschen Geld schickt, er selber kommt gar nicht mehr. Nicht einmal jetzt, wo das Kind gestorben ist, laßt er sich sehen, der Nichtsnutzige, laßt sein Weib im Elend allein."

„Weiß er es wohl, was geschehen ist daheim?" fragte ich.

„Das ist keine Ausred'!" fuhr die Schwarzbraune drein, „er soll sich umschauen nach seinen Leuten, wenn er ein ordentlicher Ehemann sein will. Himmlischer Vater, behüt' und bewahr' mich vor einem solchen Mann!"

„Du", flüsterte ich dem Bumshöfer zu, „ich glaub', das ist nicht die richtige Zeit zum Brautwerben. Wart's ab. Ehevor sie ledig bleibt, kriegst sie gewiß."

„Kannst recht haben", antwortete er und stimmte rasch in das laufende Vaterunser ein. Nach drei Stunden waren wir im Tale und unser kleiner Zug trabte betend durch das große Dorf. Vom „Goldenen Löwen" heran klang uns lustiges Pfeifen- und Geigenspiel entgegen und zu den mit Tannenzweigen bekränzten Fenstern heraus erscholl manch kecker Juchschrei. Zum Haustor gingen in Hemdärmeln, die Pfeifen im Munde, Mannsbilder singend und lärmend aus und ein, einer davon blieb stehen, als er den nahenden Zug sah, und rief: „Nu, was ist denn *das* für eine Maschkerad'! Am Faschingtag Leut' eingraben, das ist keine Mode!"

„Ja, ja!" schrie ihm unsere Schwarzbraune zu. „Geh' nur her! Gehörst eh' dazu! Leicht willst es wissen, wen wir im Trühel haben."

Der Mann stutzte ein wenig, nahm mit ungefüger Hand die Pfeife aus dem Munde und sagte: „Die schwarzbraun' Sefferl ist dabei?"

„Ja, die ist auch dabei", antwortete sie, „wenn du selber nicht gehst zu deinem Kind, so müssen wir dir's halt nachtragen."

Jetzt fiel ihm die Pfeife aus der Hand. Der Franzel war mit seiner kleinen Last stehengeblieben. Der andere starrte

darauf hin und murmelte: „Schier Angst kunnt sie einem machen, die dumme Dirn'. – Wem – wem gehört's denn zu – das da drin?"
Antwortete der Franzel: „Hesch, es ist dein Kind."
Der Hesch stand da wie ein Baumstrunk und rührte sich nicht. Nur der buschige Schnurrbart zuckte, sonst schien sein Gesicht schier versteinert zu sein.
„Schon vorgestern ist es gestorben", berichtete ihm nun die Schwarzbraune. „Im Hals hat's was bekommen, erstickt in ein paar Stunden. Haben wohl gleich nach dir ausgeschickt, haben dich nicht gefunden. So, daß du es weißt. Und trösten magst dich selber, wenn du willst." Der Hesch wendete sich schwerfällig um und wankte in den Wirtshof hinein, gegen die Scheuer hin. Der Leichenzug ging dem Friedhofstore zu und ich schlich dem Hesch nach. – Der hat's jetzt tief! so war mein Gedanke. Mag ja sein, daß er ein Nichtsnutz ist, aber jetzt hat er's doch. So eine Stund' wie die, ich dank' schön! Sein Weib daheim hat nur den Schmerz, der hat auch die Reue. Man soll ihn nicht allein lassen in solcher Stund'.
In der Scheuer kauerte er an der finstersten Ecke und ich hörte die Stöße seines Atems. So heftig stieß es ihn, daß ich glaubte, es müsse ihm die Brust zersprengen. Ich blieb einige Schritte vor ihm stehen und dachte: Er soll sich nur ausweinen, ist ja ein Glück, daß er noch kann. Auf einmal – ich erschrak fast – sprang er zu mir heran und rief:
„Ein Kind, wie Gott kein lieberes vom Himmel hat gegeben! – Aber in mir ist der leidige Teufel! Es ist nicht anders, es ist nicht anders! – Die ganze Wochen im Holzschlag nichts denken, als: am Sonntag siehst es wieder. Und hab' ja auch mein' Kathel gern. Aber wie ich heimkomm' in die dunkle Hütten und find' alleweil nur Sorg' und Elend, hat's mich bald nicht lang gefreut. Der Mensch will nach harter Arbeit am Sonntag ja doch ein bissel Aufheiterung. Und geh' ins Wirtshaus. Die erste Zeit bleib' ich nur ein Stündel, laß mir auch allemal eine Flasche füllen fürs Weib daheim. Nach und nach bleib' ich länger. Gute Kameraden

gibt's auch. Spielkarten gibt's auch. Allerhand Unterhaltlichkeit im Wirtshaus. Mein Holzschlag ist ja näher dem Dorf als dem Kreßbachwald. Denk' ich mir: Wozu den weiten Weg heimwärts und wieder den weiten Weg auswärts! Bleib' Sonntags über im Dorf und schick' ihr das Geld, was du an Schuhen ersparst – ist just so gut, ist besser. – Schandkerl, der ich bin!" Die Faust schlug er sich an die Stirn. Vom Tanzboden her klang die Musik, das Jauchzen der Lustigen.

„*Das* sind Faschingtage!" rief der Hesch aus, während er mit heftigen Schritten durch die Scheuer schritt. „Bin seit Sonntag so herum – von einem Dorf zum anderen, von einem Wirtshaus zum anderen. Der Arbeitsmensch muß seine Aufheiterung haben, natürlich! Alleweil dieselbe Ausred'! – Morgen ist Aschermittwoch, da wollte ich denn einmal sehen gehen, wie es daheim ausschaut. Just ein rechter Tag. Und was das Bübel macht. – Und jetzt kommt mir das Bübel schon entgegen. Das will den Aschermittwoch auf dem Kirchhof zubringen – ha, ha! – Schweigen sollt ihr, verdammte Kratzen da drinnen!" schrie er wütend gegen das Haus, von dem die Geigenklänge herübertönten. „Peter, Peter!" sagte er und packte mich an meiner Hand. „Gut muß es mir gehen, daß ich schon die Musikanten verachte!"

Ob er nicht mit auf den Kirchhof kommen wolle? war meine Frage, denn zwischen den Musikklängen durch hörte man das Kirchenglöcklein. „Jetzt auf den Kirchhof?" begehrte er auf. „Du meinst mir's gut. Daß mich der Leut' Augen totstechen täten! – Nein. Ich schleich' mich da hinten über die Felder, und nachher, wenn sie sich verlaufen haben ..."

Der Holzknechthesch ist aber an demselbigen Tage nicht mehr gesehen worden auf dem Kirchhof. Einen anderen Weg hat er gefunden, der war noch besser – der Weg durch den Kreßbachwald ins Hochgebirgstal zu seinem Weibe. –

Der kleine Leichenzug hatte sich auf dem Friedhofe nicht

gerade lange aufgehalten. Sie kamen – eins nach dem anderen – ins Löwenwirtshaus und der Hochbrunnerfranzel schlenkerte immer noch seine Arme aus, die ihm vom langen Tragen etwas steif geworden waren. Wir setzten uns zusammen an einen Tisch in der Gaststube, während über unseren Köpfen unter den Füßen der oben Tanzenden die Dielen schwankten. Der kugelrunde Wirt kam herbeigewackelt und kreischte: „Brav, meine lieben Leut', daß ihr die Traurigkeit ein bissel wollt hinabschwemmen. Was schafft's für einen, ordinari oder bessern?"
„Bessern!" bestellte ich.
„Bist ein Schaf!" raunte mir der Hochbrunnerische zu, „er hat ja nur eine Gattung, sagst: ordinari, so ist er billiger, sagst: bessern, so ist er teuerer."
Wir junge Leute in Hemdärmeln, aber die Hüte auf dem Kopf und Zigarren im Mund, machten uns heimisch im Wirtshaus zum Löwen. Bald nachher fingen wir an zu schnabulieren und zu süffeln. Ja, ja, süffeln ist schon das rechte Wort, denn für ein Trinken war es zu anhaltend und für ein Saufen zu zahm. Wir stießen auch mit den Gläsern zusammen, anfangs ließen wir das Tote leben, das wir auf den Friedhof getragen hatten, später sogar uns Lebendige! Als der Bumshöfer und die Schwarzbraune zusammenstießen, da sprangen einige Tropfen Wein auf den Tisch und natürlich kam darauf der alte Spaß von der Taufe. Die Schwarzbraune machte ein trotziges Gesicht und meinte, sie stoße mit Männern nur an, um ihnen die Gläser in Scherben zu rennen. Ob sie die Gläser mit ihrem Göscherl ersetzen wolle? gab ich ihr zu bedenken, da antwortete sie, das wären keine Reden für einen solchen Tag! stand auf, bezahlte an der Tür ihren Teil der Zeche und ging davon. Der junge Bumshöfer saß und lehnte noch eine Weile so herum im Wirtshause. Das sei der langweiligste Faschingstag, den er je erlebt! klagte er und endlich war der Bursche nicht mehr zu sehen. – Anders hatte sich's beim Hochbrunnerfranzel geschmiedet. Die junge schneidige Wirtin aus unserem Walde, die am Kreßbach ihr wohlangesehe-

nes Haus besaß, war erschienen. Auf einem Steirerwäglein war sie angefahren gekommen, hatte den Braunen selbst geleitet, und dabei mit der Peitsche geknallt. Jetzt trat sie mit ihrem frischen Rundgesichte ins Haus, ließ die kecken Äuglein von einem Burschen zum anderen fliegen.

„Welcher hat denn die größte Schneid?“ rief sie heiter in die Stube, „mit dem will ich tanzen!“ Alles drängte sich an sie.

Die Kreßbachwirtin schaute aber auf den Hochbrunnerfranzel her und sagte: „Der dort gefällt mir am besten. Der hat sogar einen Buschen auf dem Hut.“

„Ja, einen Totenbuschen“, spotteten andere drein; nichts will ich wetten, ob ich nicht auch selber unter diesen „anderen“ gewesen bin. „Einen Totenbuschen!“

Darauf sie: „das macht nichts, wenn nur der Bursch’ recht lebendig ist! Na, komm’ her, probieren wir’s.“ Winkte den Franzel zu sich. Der ging nicht ungern, sie nahm ihn bei der Hand, führte ihn flink auf den Tanzboden und rief den Musikanten zu, sie sollten auf ihre Unkosten einen Steirischen aufspielen!

Als dieses Paar unter den gemütlichen Klängen des „altweltischen Landlers“ sachte dahinreigte, da schauten wir anderen einmal so süßsäuerlich zu und schüttelten unsere Köpfe. Daß die junge Kreßbachwirtin herlebig war und mit ihrer heiteren Mutwilligkeit die Welt nur so frisch vor sich hintrieb, war längst bekannt; daß die unterschiedlichen Freier, die es bei ihr versucht, auf die lustigste Weise abgefertigt zu werden pflegten, so daß sich niemand mehr an sie wagen wollte, war auch bekannt, aber daß sie selbst zu einem hinging und ihn hernahm vor allen Leuten, und es „mit ihm probierte“, das war etwas Neues.

Als das Stückel aus war, stellte sich die Kreßbachwirtin stramm vor den Franzel hin und sagte: „Lebendig bist mir genug. Magst, so heiraten wir zusammen.“

Der sonst hübsch kecke Franzel war im Gesicht glutrot geworden vor lauter Schamhaftigkeit, und er schämte sich fast dessen, daß ihm so „g’schamig“ zumute war. Er trat

etwas zurück und antwortete auf ihre Frage bescheidentlich:
„Ja, das wär' schon recht, heiraten, wenn ich nicht ein armer Bauernknecht wär' und sie nicht die Kreßbachwirtin."
„Oh Lapperl du!" lachte sie und zwickte ihn am Kinn, „wenn wir zusammenheiraten, bist du ja nicht mehr der Bauernknecht, nachher bist ja der Kreßbachwirt! Der Kreßbachwirt und die Kreßbachwirtin werden doch zusammenpassen, nicht?"
„Die foppt mich ordentlich!" brummte der Franzel und verlor sich im Gedränge.
Mein Sinn ging nun ebenfalls nach einer Tänzerin, aber die jungen und hübschen waren stets alle „in der Hand". Daß meine menschliche Gestalt nicht die leuchtendste war, wußte ich wohl und in diesem Bewußtsein fehlte es mir auch stets an Courage; allein auf mein neues Steirergewand hatte ich gebaut und auf das Klimpern mit den paar Groschen in der Hosentasche. Es hatte nicht die erwartete Wirkung. Da wurde ich im Gewoge zufällig an ein ältliches Weibsbildchen gedrängt.
„Oho!" zirpte dieses, „druck mich nicht zu tot! Was doch diese Mannsleut' zudringlich sind!"
„Ist nicht gern' geschehen", also entschuldige ich mich und trachtete hinweg.
„Nu, meinetwegen", flüsterte sie, „komm', tanzen wir eins miteinand'!"
Ziemlich willenlos folgte ich ihr, der Raum war aber derart überfüllt, daß wir nicht drankommen konnten, daß wir aus dem Kreise immer wieder herausgedrängt wurden. Meine Kleine – sie hatte in ihrem spitzen Gesichte eine Menge zarter Runzeln – trippelte ungeduldig mit beiden Füßen, endlich, da es nicht vorwärts ging, sagte sie: „Komm'!" und zerrte mich durch mehrere Gänge in eine große Kammer, da war es still und duster, allein mein Weibsbildchen zog aus dem Kittelsack eine Mundharmonika, nahm sie zwischen die Lippen, mich kühnlich in die

Arme und bei selbstgeblasener Polka strampften wir etlichemale in der Runde herum.

„Das ginge ja prächtig!" meinte sie, „wozu die kostspieligen Musikanten, wenn man selber sein Zeug bei sich hat! Die feine Mundwetzen und einen so netten Tänzer dazu!"

Nach mehreren mißlungenen Fluchtversuchen entkam ich ihr endlich durch ein Nebenpförtchen, sprang durch ein Fenster hinab in den Hof und flüchtete ins Gastzimmer. Dort war es tabakrauchdunstig und leer, denn alles hatte sich auf dem Tanzboden versammelt. Nur der Hochbrunnerfranzel saß da und war sehr verdrießlich.

„Der, wenn ich kunnt, der möcht' ich was antun!" knirschte er, auf die Kreßbachwirtin anspielend, „mich so zum Narren zu halten vor allen Leuten."

„Wenn nur du dich selber nicht zum Narren hältst, Franzel!" war mein Bedenken. „Wenn du gescheit bist, können wir Waldbauern aufs nächste Jahr unsern Faschingwein bei dir trinken."

„Sei halt du so gescheit!" trumpfte er mich ab.

„So gescheit wär' ich schon, aber so schön bin ich nicht."

Wir hatten noch kaum ausgeredet, kam sie selber zur Tür herein und gerade auf den Franzel zu.

„Von den Feineren bist du keiner", sagte sie zu ihm und setzte sich daneben hin. „Daß ein richtiger Bursch seiner Tänzerin ein Glas Glühwein zahlen soll – ich glaube, davon weißt du nichts!"

„Um ein Glas Glühwein ist mir die Kreßbachwirtin just auch nicht feil!" war seine Antwort.

„Franzel", sprach sie nun, und ihre Stimme war eine leisere und eine andere, „warum sagst denn nicht du zu mir, wie ich zu dir? – Im Spaß und im Ernst, Franz, sag's aufrichtig, magst du mich oder nicht?"

Für mein Leben gern hätte ich den zwei Leutchen noch weiter zugehört, aber der Franzel winkte mir mit den Augen, und ich dachte, einen besseren Gefallen kann man ihm nicht erweisen, als daß man sie jetzt allein läßt. Leise

nahm ich meine Jacke von der Wand, schlich zur Tür hinaus, und weil ich beim „goldenen Löwen“ die erhoffte Unterhaltlichkeit doch nicht mehr fand, so machte ich mich auf den Heimweg.
Über der Schneelandschaft lag Nebel, und Nebel spann in den Ästen der Bäume, die nun stundenlang zu beiden Seiten des Weges standen. – Ich dachte so für mich hin, wie manch ein Mensch eigentlich schrecklich verlassen sein kann auf der Welt. Just an Tagen der Lustbarkeit fühlt man’s am meisten. Ich habe auch gar keinen Schick zum richtigen Lustigsein so wie andere; wenn’s gerade recht laut und toll ist um mich und alles einladet zum Mitjauchzen und Springen, tut mir leise – ganz leise das Herz weh, und ich weiß nicht warum. Jung und gesund – ich weiß wirklich nicht warum. Und wenn mir so ums Herz ist, da bin ich doch lieber im stillen Wald, als in der lärmenden Gesellschaft. Sie sollen machen, was sie wollen, und wenn gleichwohl einer sagt, mir könnt’ schwach werden – deshalb will ich ihm keinen Fuß abschlagen. Als es schon dunkelte, hörte ich hinter mir Schlittengeschelle. Stand zur Seite und sah nun ein braunes Rößlein vorbeitraben. Auf dem Schlitten, in härener Decke wohl verwahrt, saß die junge Kreßbachwirtin und der Hochbrunnerfranzel. Sie sahen mich nicht stehen, lachten einander ins Gesicht und da waren sie auch schon vorüber. Den Buschen hatte er nicht mehr auf dem Hut, ich wußte es aber doch – mit dem Leichlein aus, – mit dem Lieblein heim!
Als ich am Grabenhäusel vorüberkam und zum niedrigen Fenster einen Blick hineintat, sah ich, wie an der Wand die Ampel brannte, am Herd die Kathel kauerte, und am Tisch der Hesch tiefgesenkten Hauptes saß. Daneben stand die Wiege, halb gefüllt mit Stroh – sonst nichts drin. Ein traurig Bild – ich ging vorüber.
Der Hesch – ein sonst baumstarker Mensch – ist vom selbigen Tage an schwer krank gewesen viele Wochen lang. Ein Nervenfieber, kein Mensch hat ihm Wiedergenesung verhofft. Aber seine Kathel – wohl auch selbst abgehärmt

und krank, doch ihres eigenen Leidens vergessend – hat ihn gewartet und gepflegt voll Geduld und Herzensmut, bis er endlich in den Tagen der Maien wieder gesessen ist vor der Hütte, in einer fast süßen Kraftlosigkeit die laue Luft des Waldes hat getrunken und in seinem Herzen unermeßlich selig ist gewesen. Da hat er einmal seinen Arm um den Nacken des Weibes gelegt und gesagt:
„Katharina! Das Unglück hat mich zu mir selber gebracht und zu dir, jetzt erst bist du mein geworden. So oft ich ans Wirtshaus und an die Spielkarten denke, wird mir übel. Das ist vorbei. Alle Sonntage nur bei dir. Heut' wär' ich unter der Erden, nur deine Liebe hat mich festgehalten auf der Welt. Mein Mutter hab' ich gern gehabt, das weißt. Bei der Seel' meiner Mutter versprech' ich dir's: Von jetzt an nur bei dir daheim!"
Sie drückt den vor Aufregung Bebenden sanft auf seinen Sitz zurück und sagt:
„Tu' dich nicht so auseinander, Hesch, ich glaub' dir's, du bist ja mein lieber Mann."
Das war im Mai. Im Juni, als man das große Fest der Apostel Petrus und Paulus beging, waren in der Gegend zwei Hochzeiten. Der Bumshöfer und die Schwarzbraune, der Franzel und die Kreßbachwirtin.
Denn die Schwarzbraune, wie sie die Bekehrung des Hesch gesehen, war zur Ansicht gekommen: Gar so schreckbar schlecht, wie es manchmal ausschaut, sind die Mannsleute eigentlich doch nicht! – Und der Franzel hat gemeint, besser als im Bauerndienst ist es doch, der Kreßbachwirt sein, ein frisches Weib haben und in Arbeitsamkeit und Redlichkeit wirtschaften.
Ein Jahr später ging eines Tages wieder ein Zug vom Waldgebirge gen die Pfarrkiche zu Krieglach hinab. Aber kein weißes Trühlein wurde getragen; drei kleine, winzig kleine, aber durch und durch lebendige Kinder brachten sie daher zur heiligen Taufe. Das eine war vom Bumshöferhofe, das andere vom Kreßbachwirtshause, das dritte vom Grabenhäusel ...

Als ich jung noch war! Vom „armen Jungen" spricht man. Was leuchtet und klingt denn ununterbrochen herüber in diese wahnwitzige, steinkohlenrauchrußige Welt, als lauter Pfingstmorgen und Hochsommermondnächte aus dem Waldland! Hochsommermondnächte klingen? Und *wie* sie klingen! Heute hätte ich die Worte, kann sie aber nicht singen, damals konnte ich singen und hatte keine Worte.

Am Abend vor dem Sonntag, wenn wir uns schon alle ins Bett gelegt hatten, senkte ich mein Haupt nicht ins Strohkissen, sondern hielt es ein wenig in die Höhe, horchend, ob sie schon schnarchten. Und als ringsum alle Raspeln in vollem Gange waren, stand ich wieder auf – ganz behendig – kleidete mich an, rasch aber leise – und huschte hinaus durch die Dachluke. Zur Tür hinaus wäre ein bequemerer Weg gewesen, aber diese Tür winselte in ihren Angeln, gleichsam, als wollte sie Vater und Mutter wecken: Waldbauernleute! seid wachsam, euer Knab' schleicht um! – Der gute Vater hatte ja alles schon vergessen und meinte, auch die Zwanzigjährigen müßten in den Hochsommermondnächten gerade so gut schlafen und raspeln, wie die Fünfzigjährigen. Wann war denn das? Wo ist denn das?

Auf der Schachenwiese, wo die Ahorne stehen und wo zwischen den Ahornen in engen moosberandeten Rinnen ein Wasser rieselt: dort kamen wir zusammen: der Heidenmarxl und der Graneggerhansjörgl und der Zettelbacherzenzl und andere, wie sie eben aus ihren Dachluken und Kammerfenstern und Wandspalten auch so hervorgehuscht waren. Kein einziger hatte die Erlaubnis zum „Gasseln", keiner war um eine solche Erlaubnis eingekommen – und doch waren sie da. Und nun huben die Waldbauernburschen an, verworfen zu sein. Sie legten einander die Arme um den Nacken und gingen hinaus über die flachen Felder. „Das Landleben hat Gott geben, so hei-

ter und froh!“ Zu zwei Stimmen sangen sie es und zu drei, und als der jungen Herzen Lust zu groß ward, da sangen sie keine Worte mehr, sie sangen nur Gesang und das Jodeln und Jauchzen klang in den Wäldern nach und hallte in den Wänden der Höfe, die dort und da herumstanden im freien Hage. Und wenn nun die Alten wach wurden, so brummten sie wohl gutmütig über die „Teuxelsbuben, die halt schon gar kein' Fried' geben mögen bei der Nacht!“ und freuten sich an der Bravheit des eigenen Sohnes, der gescheit ist und ruhig in seinem Bette schläft. Und derselbe brave Sohn stößt gerade den allerhellsten Juchschrei aus, der draußen klingt ...
Unten im Engtale ist der Hauch eines Nebelstreifens, am hohen Himmel steht der Mond in seiner klaren mildleuchtenden Scheibe. „Er ist nicht weit, er ist nicht nah, er ist da!“ sangen sie. Auf dem kurzen Gras der Matten lag sein silbernes Licht, und schwarze Schatten der Burschen strichen darüber hin. Ein feuchtkühler Heuduft machte fast rauschig. Sternlein sprühten im Grase, bläuliche Funken zuckten in den Büschen, die Bäume standen mit ihren finsteren Zackenarmen und Wipfeln in einer fast drolligen Schauerlichkeit da. Gott, wenn man nicht einmal geschauert hätte vor den Geheimnissen der Nacht, wo wäre ihr Reiz? – Ganz leise huben sie wieder an:

„Wann ich geh,
Geh ich schnell,
Wann ich sing,
Sing ich hell,
Wann ich jauchz'
Gibt's ein' Hall'
Zu mein' Dirnderl im Tal!“

Laut ausschallten die letzten Worte, und das war das erste Anklingen an den eigentlichen, den Burschen selbst fast unbewußten Zweck dieser nächtigen Flüggezeit. Doch sie waren nicht allein wach. Unter dem Halmwerk rieselte wie

ein ewiges Wässerlein das Zirpen der Grillen und vom jenseitigen Berge herüber klang zart und rein dreistimmiges Jodeln anderer Burschen, denn alle gesunden Knaben im weiten Waldlande sind heute eines Sinnes.
Der Zettelbacherzenz legte den Finger an den Mund: „Hört's, Buben, hört's, da ist der schwarz' Peterl dabei. Ich kenn' seine Stimm'!"
Unter den drei fernen Stimmen war eine so weich und schwingsam, vom blaudämmernden Mollton bis hinein ins hellste weiße Licht ... anders kann ich diese Klänge nicht beschreiben. Jetzt das innige Ineinanderschmiegen der drei Stimmen, jetzt das Emporklingen einer Schallrakete, daß allen Zuhörern ganz anders ward hinterm Brustfleck. Freilich, das war der Gesang des schwarzen Peterl und dem eilten wir jetzt zu. Talab, über die Wiesen und Wässer, bergauf im schwarzen Walde, und bald standen wir wieder auf mondheller Hochmatte, wo die Nachbarssänger waren.
„Was wollt's denn ihr da?" ließ uns ein ruppiger Bursch, der Pomperer Franz, an, dieweilen er seine Beine stramm auseinanderspreizte und die Hände in die Hosensäcke bohrte.
„Wir haben auch euch nit gefragt, was ihr wollt's!" gab von unserer Seite der Heidenmarxl scharf zur Antwort.
„Freilich streiten werden wir! Oder gar raufen, versteht sich! Ich denk' wir wollen all' dasselbe. Singen wollen wir. – O du schöne, süße Samstagnacht!"
Der so sprach, das war der schwarze Peterl. Er war freilich schwarz in der Nacht, aber nicht schwärzer, als die anderen. Er war ein schmaler, schlanker Stab, der da kerzengerade auf der Erde stand, den rechten Arm in die Seite gestemmt, den linken –. Der schlanke junge Knab' mit der einzig schönen Stimme hatte keinen linken Arm. Nicht einmal einen linken Ärmel zeigte seine Jacke, schnurgerade war die Linie herab von der Achsel bis zum Fuß. Und weil er auch keinen Hut auf hatte, sondern eine Zipfelmütze, so schien ihm der Mond jetzt so hell ins Gesicht,

daß aus diesem fast wieder ein Mond ward, der auf uns andere das Licht gab. So weiß war sein Gesicht, aber für einen Vollmond zu schmal. Die runden Augen, und das Stumpfnäschen und der dreieckige Mund – sollten das Adam und Eva sein, wie im wirklichen Mond? – So närrische Sachen waren mir eingefallen, als ich mich nun nahe zu ihm stellte. Der Bursche war mir lieb, nicht allein, weil er ein so freundliches Gesicht hatte und so schön singen konnte, als noch vielmehr, weil das ein ganz merkwürdiger Mensch gewesen ist.

Vor so und so viel Jahren war eines Tages um die Weihnachtszeit beim Zeilbergbauern ein fremder Mann eingetreten, der hatte einen langen schwarzen Bart und ein kleines blasses Büblein bei sich. An der Stubentür stehenbleibend, sagte er mit langsamer und etwas singender Stimme das Christtagsevangelium auf und als er damit zu Ende war, piepste das Büblein: „Amen! Gloria in excelsis Deo!" Hierauf bekamen die beiden etwas zu essen. Als der Schwarzbärtige hernach Lodenmantel und Rückkorb wieder aufgepackt hatte, wendete er sich zur Zeilbergbäuerin und sprach: „Du schönes und gutes Muttergottesweib! Da habe ich ein Christkindel bei mir. Was gibst dafür!" Und schob ihr das Knäblein zu.

„So, ein Kinderschacherer seid Ihr!"

„Wenn du's nit willst kaufen, du Fromme, Unbefleckte du, so schenk' ich's dir!"

Aber sie nahm es auch nicht geschenkt. Sie hatte zwar selber keines, sie wußte auch nicht, was das ist, ein Kind. Ihr Leben war das Kochen und das Scheuern und das Waschen und das Fegen; das trieb sie jeden Tag vom frühen Morgen bis in die späte Nacht. Und als ihr Mann schon im Bette lag, scheuerte sie noch den Fußboden blank, auf welchem sein erdkrustiger Schuh etwa eine Spur hinterlassen. Nun, am heiligen Abende wusch und kochte sie erst recht, und als der Festkuchen in der Pfanne bräunlich-fett erglänzte, war der Mann mit dem langen Barte fort; an der Tür stand aber noch der Knabe, sog an seinem Finger und schaute

mit runden Augen auf das prasselnde Herdfeuer hin, auf die geschäftige Bäuerin und auf den bräunlich-fetten Kuchen.
Es ist nicht aufgekommen, woher der Evangelisinger gekommen und wohin er gegangen war. Es ist nicht aufgekommen, wem das Kind gehörte. Dieses Kind wußte nur zu erzählen, daß es immer und ewig „mit dem Vater evangeligesungen" und Gloria in excelsis Deo gesagt, und daß es darauf immer etwas zu essen bekommen hätte. – Als alle Nachforschungen sich als vergeblich erwiesen hatten, führte der Zeilbergbauer den Knaben zum Dorfrichter und wollte es bei dem so machen, wie der Langbärtige es bei ihm gemacht hatte. Der Dorfrichter sagte: „Oho, dableiben!" und hielt ihn am Arme fest. „Dir ist er eingelegt, du wirst ihn behalten und erziehen."
„Da werd' ich ihn halt ins Wasser schmeißen", antwortete der Bauer.
„So dumm reden sollst nit, Zeilbergbauer", beschwichtigte hierauf der Richter. „In paar Jährlein hast an ihm einen waxen Halterbuben, wieder in paar Jährlein einen starken Knecht."
„Den waxen Halterbuben und den starken Knecht kannst du haben, Richter!"
„Wenn's schon nit anders ist, so soll halt dieweilen das Dörfel zusammenschießen für den fremden Vogel, bis er zum Gemeindeboten oder zum Nachtwachter, oder zum Totengraber oder zu so was gut ist."
So ist es hernach ausgemacht worden. Aber trotz des „Zusammenschießens" wollte den Knaben keiner nehmen und verpflegen; man wisse nicht, was aus so einem Kukkuck werden kann, man wolle keine Verantwortung leisten für so was. „Wer steht mir denn gut", rief ein Ortsgesessener, „ob er mir nit eines Nachts mit der Brieftaschen davonlauft und gar das Haus über dem Kopf anzündet!"
So redeten sie eine Weile hin und her, bis dem lustigen Gebersepp der Einfall kam: „Aber Jesses, Leutel, wann ihn schon keiner willig nehmen mag: ausspielen!" – Das Kar-

tenbüschel her, um den Ratstisch gesessen. „Schwarzpeterl! Wem er in der Hand bleibt, der muß den Buben ein Jahr behalten. Nachher, wenn's Jahr aus ist, spielen wir wieder."

So ist es geschehen, das arme Knäblein ist auf dem Eichelbuben, als dem „Schwarzpeterl" gestanden und dieses Blatt ist dem halbblinden Schusterzanggel in der Hand verblieben. – Das war just nicht schlecht geraten. Der Schusterzanggel war ein armer Mann, und solche Leute sind nicht die Unbarmherzigsten. Er brachte den Knaben seiner alten Schwester heim, wie man einen Taschenfeitel oder einen Feigenkranz heimbringt, den man im Spiel gewonnen hat. Die alte Schwester schlug zuerst ihre Hände zusammen über die Frevelhaftigkeit, ein Menschenkind auszuspielen wie einen Sack Nüsse. Dann nahm sie den Kleinen unter Seife und Kamm in die Arbeit, und dabei knurrte sie: „Hat's bei uns derweil für zwei g'längt, wird's für drei auch g'längen. Und ihner Zusammenschießen brauch' ich gar nit."

Die zwei alten Leute huben nun an, ihr Knäblein sauber herauszuputzen, ja sogar es in die Schule zu schicken. Und als der Lehrer davon sprach, daß der Kleine sich brav aufführe, gar nicht dumm sei und besonders Neigung für Musik zeige, da bildeten sie sich einen großen Fleck ein.

Als das erste Jahr zu Ende ging, schwieg der Schuster Zanggel fein still, und die Gemeinde machte auch keine Anstalt, den Knaben aufs neue auszuspielen. Der Name „Schwarzpeterl" aber ist ihm geblieben, obschon er auf den heiligen Adalbert getauft gewesen sein soll. In den Frühherbsttagen, wenn die Schulvakanzen waren, huben bei den Bauern die Nachfragen an, ob der Schwarzpeterl nicht zu haben wäre zum Viehhüten. Da wurde er zu den Höfen ausgeliehen, zuerst gegen ein Vergelt's Gott, später gegen einen Sack Kartoffeln oder ein Scheffel Korn, an die Schustersleute zu entrichten. Der Knabe war anstellig, gutmütig und immer heiter und jetzt fiel dem Zeilbergbauern wieder das Ausspielen ein. „Was soll denn immer nur einer den Nutzen haben vom Bengel?“

Einem merkwürdigen Fehler war der Schwarzpeterl anfangs verfallen gewesen, von dem die Schustersleute erst viel später sprachen, als er schon lange abgewöhnt war. Wenn niemand sonst zugegen, ging er in das Vorratskämmerchen, nahm sich Weißbrot, strich Butter drauf, aß es und trank Rahm dazu. Der weiße Schnurrbart an der Lippe ward eines Tages zum Verräter, allein der Junge sagte rasch: „Amen, Gloria in excelsis Deo!“ und glaubte, die Sache damit beigelegt zu haben. Der Zanggel mußte es ihm dreimal sagen und das drittemal aufschreiben – mit dem Buchstäbchen auf den Rücken, daß alles Unerlaubte verboten ist. Nie hat er sich dann aber auch einen Buchstaben besser eingeprägt als diesen.

Eine ganz ungeahnte Verwendung für den Schwarzpeterl hatte der Schulmeister gefunden. Er unterrichtete ihn im Gesang, und nun konnte der Knabe sein „Gloria in excelsis Deo!“ des Sonntags auf dem Kirchenchore singen. Die Tochter des Schulmeisters tat noch ein übriges und lehrte ihn das Zitherspielen. Und das war seine Freude. Und jetzt war das arme Schusterhäusel auf einmal voll Musik geworden.

Mittlerweile war der Junge soweit erwachsen, daß er sich nach Erwerb umsehen mußte, um sich und seine Zieheltern zu ernähren. Ein Bauernknecht zu werden wäre ihm schon recht gewesen, doch von einem Bauernknechte konnten zwei alte Schustersleute nicht leben; er müßte nur – wie ihm der Heidenmichel riet – Tabakraucher werden, denn Tabakraucher hätten immer Geld, nur daß er es nachher anstatt zu verrauchen, dem blinden Zanggel geben könnte.

Draußen im Tal die Eisenbahn braucht Leute und sie pfeift das Geld, welches sie von Wien mitbringt, nur gleich so zur Lokomotive heraus. Der Bursche bewarb sich um einen Bahndienst an der Station Mitterdorf und erhielt ihn leider. Schon in der zweiten Woche seiner Eisenbahnzeit

hat sich das Unglück zugetragen. Bei Glatteis hatte er zwischen mehreren Zügen hindurch über die Bahn zu gehen, um drüben einen Waggon auszukoppeln, er strauchelte, fiel hin und eine rasch vorüberfahrende Maschine schnitt ihm den linken Arm weg. Als man ihn aufhob, sagte er, es wäre weiter nichts geschehen, nur die Hand schmerze. Die Hand lag aber sieben Klafter weit draußen an der Böschung. Er blutete nicht stark, denn der kurze Stumpf an der Achsel war fast keilförmig gequetscht. Dann schlief er ein, der Schwarzpeterl, und als er erwachte, lag er in einem großen Zimmer, von Leuten umgeben, die sich mit ihm beschäftigten. Daneben auf der Bank in einem großen Waschbecken lag eine Menschenhand. Der Peterl tat einen Blick darauf hin, einen unsteten, traurigen Blick, denn jetzt wußte er wohl, was es gegeben hatte. Als ihm dann noch ein großer, abgesprungener Knochen aus der Gelenkshöhle genommen worden war, konnte die Heilung beginnen, die in einigen Wochen sich vollzog. Und nun sollte der Bursche wieder aufstehen, umhergehen und zusehen, wie er sich fortbringt. Die Eisenbahn gab eine kleine Abfertigung, aber die Schustersleute wehrten mit den Händen ab: Gott verhüte es, daß sie ein Blutgeld nähmen! – So nahm's der Bursche und ließ sich davon ein graues Steirergewand machen, mit grünen Aufschlägen; er erspart ja schon dabei. Er erspart den linken Ärmel.
Nach dieser Wendung hub der Schwarzpeterl an, in der Gegend zu hausieren, aber nicht wie einst mit seinem Gloria in excelsis Deo! sondern mit der Bitte um Arbeit. Man beschäftigte den guten Burschen, wo und wie es möglich war, denn sie hatten Mitleid mit ihm und sie hatten ihn lieb, weil er immer noch so gemütlich war. Außer Kost und Gewandung bekam er von den Erkenntlichsten auch noch Tabaksgeld, welches der alte Zanggel fleißig vernebelte. Dieses bißchen Rauch und dieses bißchen Peterl, sonst war ihm ja nichts übriggeblieben von der lieben Welt. Die Stimme des Burschen hatte nicht gelitten, nur daß sie noch weicher und lieblicher geworden war; und wenn sie im

Kirchenchore so recht innig klang, da dachten die Leute: „Mein Gott, der Einhandel!" – Aber das Zitherspielen! Er durfte nicht dran denken, daß jemand war, in irgendeinem Hause dieser Berge, der sein Zitherspielen schon gar besonders gerne gehört hätte ... Ihm zuckten ordentlich die Finger, und ihm war, als könne er die Finger noch auf die Tasten setzen alle fünf, aber wenn er hinschaute, war keine Hand da. Arbeiten hingegen gab es mancherlei, die er verrichten konnte, Garbentragen, Holzklauben, das Vieh hüten, bei Kohlenbrennereien mittun, kleine Kinder wiegen. Zu letzterem war er besonders geeignet, weil sein Singen die Kleinen so leicht in den Schlummer brachte und weil sein schmales blasses Gesicht so gutmütig und schalkhaft dreinschaute, wenn sie wieder aufwachten, daß sie ihre junge helle Freude an ihm hatten.
Zu Allerseelen ging er auf den Kirchhof und besuchte das Grab. Nicht Vater und nicht Mutter lagen dort, und auch sonst kein Mensch, der ihm nahe gegangen. Und dennoch stand er still am Friedhofzaun unter der Birke und betete ein Vaterunser. Dort unter dem Rasen lag sein linker Arm ... Und wenn er nach dem Vaterunser nicht gleich davonging, sondern ins Denken kam, da war dem Burschen, als stünde er vor seinem eigenen Grabe, und er dachte der Hand nach, was sie ihm gewesen war und getan hatte, wie kundig sie auf der Zither gespielt, wie er ihr einmal mit der Sichel in den Mittelfinger hieb, daß sie blutete und wie nachher das schreckliche Rad – die arme Hand! – Ganz so, wie man einem lieben Menschen nachdenkt. –
Also das ist die Geschichte vom Schwarzpeterl, der nun in der Mondnacht auf der silberhellen Hochmatte dastand wie ein schwarzer Stab und im Vereine mit dem Hansjörgel das Lied sang: „O du schöne, süße, sternhelle Samstagsnacht!" welches schließlich in den Jodler ausging: „O du schöne, o du süße, o du schöne süße dulieh, dulioh, dulieh!"
Nach diesem Gesange machte sich der Bursche ein wenig abseits gegen den Holzzaun hin, und als er über denselben

steigen wollte, lief ihm der Pompererfranz nach, faßte ihn am Joppenflügel und sagte: „Oho, Peterl, wohin denn?"
„'s ist Zeit zum Schlafengehen. Laß mich aus."
„Bist nit jetzt im Grundelhof?" so der Pomperer.
„Freilich im Grundelhof", so der Peterl.
„Du hörst, der Weg über den Zaun führt nicht zum Grundelhof, der führt zum Moosebner."
„Wenn er zum Moosebner führt, so werd' ich halt zum Moosebner gehen", entgegnete der Einarmige.
„Schwarzpeterl", knirschte der Pomperer und hielt ihn fest, „zum Moosebner gehst du mir nit, daß du's weißt! Die Moosebner Luiserl gehört *mein!*"
„Seit wann denn?" fragte der Peterl.
„Noch ein Wort, und du liegst auf dem Steinhaufen, daß deine Trümmer gewiß kein Mensch mehr zusammensucht, gewiß keiner!"
Die Moosebner Luiserl war ein armes braunhaariges Dirndl, eines böhmischen Deichgräbers Tochter, die im Moosebnerhof diente. Der Deichgräber war gestorben, sie hatte keinen Verwandten und Schutzhaber auf der weiten Welt. Nur den Peterl hatte sie heimlich gern, und er sie, und wir anderen wußten das. Und als der Peterl und der Pomperer nun um dieses Dirndl stritten, waren wir anderen auch da, und der Marxl sagte keck: „Ich denk', Pomperer, so spielen wir nit! Du hast eh deine Heubachjula, die du heiraten willst! Was brauchst denn auch noch dem Peterl seine Luiserl?"
„Das geht dich nichts an!" fuhr der andere auf.
„Das wird uns wohl was angehen, mein Lieber!" sagte der Hansjörgel, und ich sagte es auch. „Wenn sich zwei gern haben und ein dritter mischt sich drein! Mir wäre das zu dumm. Und zu schlecht. Und wenn du glaubst, daß sich der Peterl nit wehren kann, weil er nur einen Arm hat, so bist stark auf dem Holzweg. Der Peterl hat mehr Arme, als wie du, wenn's auf Ernst ankommt. Auslaß ihn!"
Als der Pomperer sah, daß sich alle Arme gegen ihn erho-

ben, mit Ausnahme seiner zwei eigenen, ließ er den Peterl los und stahl sich bald darauf davon, hinaus durch die Büsche. Der Schwarzpeterl ging hinab gegen den Moosebnerhof. Wir anderen auch unserer Wege, teils singend, teils schweigend und nachdenklich. Nicht lange hernach und jeder war auf seinem besonderen Steige. Als ich an ein schönes stilles Gehöfte kam, war's auch nicht das meines Vaters. O du schöne, süße, sternhelle Samstagsnacht! – Wenn ich tagsüber an diesem Hofe vorübergegangen, hatte der Kettenhund allemal einen Bissen Brot in den Mund bekommen, so waren wir gute Bekannte und er sagte nichts. Vor dem Hause rieselte der Brunnen sein glitzerndes Silberkettlein in den Trog. Das mondschimmernde Fenster war leicht zu finden. – O du süße, o du schöne, süße dulieh, dulioh, dulieh!

Bald nachher trug es sich zu, daß der Schwarzpeterl einige Zeit in unserem Waldbauernhause war. Wir hatten den Weber auf der Ster, und der brauchte einen zum Garn haspeln. Dazu war der Einhandel ganz recht. Mit den Haspeln und Spulen ist nicht immer gut auszukommen. Wer da weiß, was schon ein einziger Faden für Tücken hat! Und erst hundert Fäden! Durcheinander, ineinander, gegeneinander, ein unlösbares Gewirre, und doch soll keines sein. Die Weber leiden alle an Gelbsucht, der Schwarzpeterl aber blieb weiß und rot im Gesicht und sein Auge blieb veilchenblau und sein Schnurrbärtlein nußbraun. Er verrichtete seine Arbeit mit so großem Fleiß und Geschicke, daß der Weber selbst ihm versprach: „Peterl, du kannst dich drauf verlassen, ich nehme dich bei guter Löhnung zum Gesellen, sobald dir dein linker Arm wieder nachgewachsen ist." Der Bursche schaute auf derlei Späße gutmütig drein; solcher Spott ist freilich traurig, aber nur für den, der ihn macht.

Einmal des Abends, als ich mit meinem Ochsengespann vom Felde heimkam und den Tieren das Joch von den Hörnern löste, kam der Peterl auf mich zu, betastete mich an der Hand und sagte: „Dir vergess' ich's auch nit." Mir war's unklar, was er da meinte, der Hansjörgel klärte mich am nächsten Sonntage auf. Der Peterl habe ihm mitgeteilt, sein Lebtag und in die Ewigkeit hinein und durch dieselbe auf der anderen Seite wieder hinaus könne er keine besseren Kameraden haben, als den Hansjörgel und den Marxl und den Zenzl und mich. Wegen damals – mit dem Pomperer. – Ich wußte natürlich schon seine märchenhafte Geschichte, und da er ein so lieber Kerl war, so schwante mir, es müsse mit ihm noch einmal eine wunderbare Wendung nehmen. Jener Evangeliumsänger, der Mann mit dem langen schwarzen Barte, müsse eines Tages erscheinen und den Burschen wieder zu sich nehmen und etwas unerhört Großes aus ihm machen.

Und dann war's im Herbste, am Tage des heiligen Gallus. Sah ich den Peterl unten am Bache kauern zwischen Weiden, deren spitze Blätter schon gelb geworden waren. Ich dachte, er halte dort die Angelschnur ins Wasser und warte auf Forellen. Ich ging zu ihm hinab, weil es ein Vergnügen ist, zu sehen, wie die weißbauchigen Fische gleich lebendigen Fragezeichen an der Schnur schlängelnd herausgeschleudert werden. Aber er angelte nicht. Er lag, den Arm um einen Stein geschlungen, das Gesicht ins Moos gepreßt. Als er mich sah, wollte er auf und davon, ich vertrat ihm den Weg. „Gut, so geh' ich *da!*" rief er schrill und wollte ins Wasser springen.

„Was ist dir geschehen, Kamerad?"

„Mir?" rief er, „*mir* geschehen?" lachte er wild. „Laß mich allein. Mir hilft niemand." Und dann – weil ich ihn doch nicht davonließ – brach er los: „Meinen liebsten Menschen hab' ich unglücklich gemacht. Hätt' ich ihm's lieber gelassen, dem Pompererbuben, der hätt' sie heiraten können. – O du verfluchte Samstagsnacht!"

Mehr hatte er nicht zu sagen gebraucht. Merkte gleichwohl auch, daß es da keinen Trost gab. Der Fisch im Wasser konnte nicht stummer sein, als ich auf das Bekenntnis. Ein armes Blut, ein Krüppel und solche Pflichten!

„Peter", sagte ich endlich fast grollend. „Geh' hinauf. Da

beim Bach hast nichts zu tun. Geh' hinauf, der Weber hat gerufen."
Da ist er langsam hinaufgegangen gegen das Haus.
Als wir anderen in einer nächsten Samstagsnacht wieder zusammenkamen auf den Hochmatten, sangen wir nicht, sondern besprachen uns, was da mit dem Peterl und der Seinigen zu machen wäre.
Der Pompererfranz schupfte die Achseln: „Was wird denn da zu machen sein? Nichts. Er ist ja nicht angenagelt in Alpel, wenn's ihn scheniert."
„Wir reden ja nit von ihm, wir reden von ihr!" sagte der Hansjörgel.
Der Pomperer tat einen Lacher. „Von ihr! hi hi!"
In der Gegend wurde es bald laut. „Jetzt kunnten wir ihn ja wieder einmal ausspielen", meinten die Bauern, „jetzt stehen auf dem Eichelbuben zwei oder gar drei!" Die alten Schustersleute sannen hin und sannen her, wie sie es denn einrichten sollten in ihrer Hütte, daß die Menge Leute Platz hätte. Der Zanggel war bereit, oben unter dem Dache zu schlafen auf Brettern, seine Schwester wollte sich mit Stroh im Keller ein leidliches Nest bauen neben den Kartoffeln. Wenn der Kartoffelhaufen nur nicht gar so klein wäre!
Zur Magd Luiserl hatte der Moosebner gesagt: „Na, Dirn! Zu Neujahr kannst dir einen anderen Platz suchen, weißt eh, warum?" Sie sagte nichts darauf, als: „Ja, Bauer, ich werde schon gehen."
Als es gegen Weihnachten ging, und der Peterl eines Tages ins Heidenhaus kommen sollte, wo es Arbeit für ihn gab, kam er nicht. Vom Zanggelhäusel war er fortgegangen. Zur selbigen Zeit kam eines Morgens im Moosebnerhause auch die Luiserl nicht zur Frühsuppe. Die Bäuerin ging in die Kammer, um nachzusehen, ob der Dirn was fehle. Sie war nicht da und das Bett stand aufgeschichtet wie am Vorabende. –
Anfangs war keine große Nachfrag' nach den zwei Leutchen, allmählich hub man doch an zu reden und ein wenig

nachzuforschen. Man fand keine Spur. Nur jemand wollte gehört haben, daß um die Weihnachtszeit im Dorfe Fischbach zwei Bettelleute herumgesungen haben sollen vor den Häusern. Er, ein junger blasser Mensch mit nur einem Arm, habe das Evangelium gesungen, sie ein noch fast kindisch junges Weibsbild, mit vielen Tüchern eingewickelt bis auf die Nasenspitze, habe allemal darauf „Amen, Gloria in excelsis Deo!“ gerufen.
Und das war die letzte Nachricht. Ich denke, sie sind in ihrer Einfalt und Liebherzigkeit ganz harmlos ins allertiefste Elend hineingegangen und in der Verlassenheit ödesten Wüste haben sie sich selbst noch das Sterbelied gesungen:

„Gloria in excelsis Deo!“

Als ich zum Pfluge kam

Das ist eines der kürzesten, aber der wichtigsten Kapitel, es führt mich aus der ersten kindlichen Jugend und aus der Hirtenzeit hinaus zur zielbewußten Arbeit und zur jungen Mannbarkeit. Einer, der schon in den Samstagnächten umstreicht, hat hohe Zeit, das Ackern zu lernen.
Es bedurfte vieler Ränke, bis ich's vom Rinderhirten zum Pflüger brachte. Ich mußte mir den Fuß verstauchen, daß ich den Tieren nicht mehr entsprechend nachlaufen konnte; ich mußte auf der Weide Vogelnester entdecken, wodurch mein jüngerer Bruder geneigt wurde, an meiner Statt das Hirtenamt zu übernehmen; ich mußte endlich den Knecht Markus, der sonst den Pflug geleitet hatte, gewinnen, daß er versicherte: 's wär' ein bequemes Zeug, ließe sich handhaben wie ein Taschenfeitel und ich – der junge Bub – sei reichlich stark und geschickt genug, den Pflug zu führen.
Und ich stand da und streckte mich, daß ich dem langen Markus mindestens bis an die Achsel langte, und ich schüttelte einen Zaunstecken, daß er ächzte – zum Beweise mei-

ner Reife für den Pflug. Aber mein Vater lachte und rief: „Geh', du bist ein Prahlhansel! Wär' not, es tät' dir noch alle Tag ein anderer dein Hösel stäuben. Na ja, und jetzt will er den Ausgewachs'nen spielen. Ist recht, pack' nur an – wird nicht lang' dauern!"

Auf dem Acker war's gesprochen. Der Markus stand zurück und ich packte den Pflug bei den Hörnern.

Der Pflug in der Gegend meiner Heimat ist zwar nicht mehr der gekrümmte Baumast der Wilden, sonst jedoch ein unvollkommenes, plumpes Werkzeug. Der Bauer zimmert ihn selbst aus Birkenholz, die Eisenteile dazu nur holt er sich vom Schmied und die Räder vom Wagner. Die Hauptstücke des Pfluges sind: das Sech, Pflugmesser, welches den Rasen senkrecht durchschneidet, der Arling oder die Schar, welche denselben wagrecht abledigt, so daß eine Rasensohle entsteht, welche vierseitig und etwa eine Spanne breit und eine halbe Spanne dick ist. Dann ist das Mull- oder Tauchbrett, welches die abgeschnittene Sohle aus der Furche emporhebt und umlegt, so daß die Rasenseite nach unterwärts zu liegen kommt. Weitere Teile, vermittelst welcher diese Hauptstücke am Grindel befestigt sind, heißen die Griessäule, die Sohlschwelle, die „Katze". All diese Vorrichtungen müssen doppelt vorhanden sein, da die wechselweise Hin- und Herfahrt auf bergigem Acker solches bedingt. Voran liegt der Pfluggrindel auf der Räderachse, an welche zumeist ein Paar Ochsen gespannt ist. An der Rückseite des Pfluges stehen drei Hörner oder Sterzen, die Handhaben, hervor, durch welche der Pflug von einem kräftigen Manne geleitet wird. An der Leitung dieses „Pflughabers" liegt es, die Rasensohle breit oder schmal, die Furche tief oder seicht zu machen; diesem Manne obliegt es, am Rande des Ackers den Pflug gut einzusetzen und auszuheben, auch muß er es vermögen, auf steinigem Boden vor jedem größeren Steine den Pflug herauszureißen, denn die Ochsen sind nicht plötzlich zum Stehen zu bringen und der unbewachte Pflug würde gar bald in Trümmer gehen.

Außer diesem Pflughaber ist zum Gefährte auch noch ein Fuhrmann nötig, der die Ochsen leitet, so daß im Paare der eine stets in der Furche, der andere auf dem Rasen schreitet. Dann muß endlich ein „Nachhauer“ sein; das ist zumeist eine Magd, welche mit einer Haue dem Pfluge folgt, nicht gut umgelegte Sohlen niederkehrt, fehlerhafte Furchen aushaut – kurz, den Verbesserer des Pfluges abgibt.

Man sieht, daß die Sache nicht einfach ist. Es gehört ein langer Tag dazu, um mit einem Pfluge ein Joch hängigen Ackerlandes umzukehren. Nun, und wie ist's dabei dem jungen Pflughaber ergangen?

Fest hatte ich den Stier bei den Hörnern gefaßt. Es war aber wahrhaftig wie ein Stier. Vom Markus hatte sich das Zeug wie ein Spielwerk handhaben lassen; es war, als hielte er sich nur des Vergnügens wegen an den Sterzen. Jetzt war's eine andere Art. Die Rinder zogen an. Mich schleuderten die Sterzen nach rechts und nach links, der Pflug wollte aus dem Gleise steigen und meine Barfüßlein kamen etlichemal unter die Erdsohle. „Er ist zu gering beim Steiß!“ hörte ich den Vater und den Knecht noch lachen; das Wort weckte mich. Es handelte sich um meine Mannbarkeit. Nicht mehr der Halterbub wollt' ich sein, der am Tisch bei der untersten Ecke sitzen mußte, der nirgends ein Wörtlein mitsprechen durfte, der – wußte er was Gescheites – dasselbe mit den Kälbern und Schafen bereden konnte. Mein Sinn stand nach dem Höchsten; groß, stark und selbständig wollte ich sein wie der Weidknecht. Und siehe, der Mensch wächst mit seinen höheren Zwekken! Ich führte den Pflug und schnitt eine leidliche Furche. Die ausgeackerten Regenwürmer hoben verwundert ihre Köpfe, zu sehen, wer heute ackere!

Die Äcker meines Vaters hatten zähe, gelbrote, mit Graswurzeln durchflochtene Erde und die Sohlen waren ein endloser Darm und brachen auf der ganzen Pflugstrecke kaum ein einzigmal ab. Mich freute das, denn so blieb der Pflug stets gleichmäßig in seiner Lage und die Furche war

regelmäßiger wie Teichgräberarbeit. Meinen Vater freute das nicht; er hätte viel lieber schwarze und mürbe Erdsohlen gehabt. „Schwarze Erde, weißes Brot!“ sagt der Spruch.
Als ich den Pflug das drittemal über den Acker leitete, lugte ich nach der Sonnenhöhe. Ach, diese Uhr stand! Es waren Wolken davor. Und wenn der Herrgott boshaft sein will und es heute nicht Mittag werden läßt ...!
Es dauerte lange, bis zur Mahlzeit oben beim Hause die Mutter auf dem Söller stand, wie einst die Ahne, zwei Finger in den Mund hielt und einen Pfiff ausstieß, den der Waldschachen so prächtig nachmachte. Ich ließ die Handhaben los und gestand mir's: so schön habe die Mutter noch nie gepfiffen.
Dann ging's zum Mittagsessen. Ich hütete mich wohl, die Erde mir von den Händen zu reiben, denn eben diese Kruste gab mir das Ansehen: ich war nicht mehr der Halterbub, ich war der Pflughaber, hatte die gleichen Rechte mit den Knechten; ich saß neben dem Vorknecht und bestrebte mich, gewichtige Reden zu führen. Man sprach über meine Leistung; da schwieg ich, denn meine Leistung verstand sich von selber.
Es ist ein kleines Ding aus der Jugendzeit, es ist kaum groß genug, daß man's so laut sagt; aber für den Landmann ist's ein wichtiger Tag, wenn er das erstemal seine Hand an den Pflug legt. Das Schwert, das Kreuz ist Gegenstand großer Abhandlungen; ich halte auch den Pflug für ein Symbol der Welterlösung. Den grauen Erdstaub, der damals an meiner Hand kleben blieb und mit dem ich zum Mittagsessen ging – ich möchte ihn nicht gern verwischen – er ist mir altem Bauer das, was dem Schmetterling der Goldstaub.
Und so mag ich's wohl noch sagen, daß ich im selben Jahre den ganzen Acker umgebaut habe, daß mein Vater mit frommer Hand das Korn in die Erde gestreut hat und daß im nächsten Frühjahre das Korn in erfreulichster Grüne gestanden ist.

„Seit zehn Jahren hab' ich kein solches Kornfeld mehr gehabt", hatte mein Vater hierauf gesagt. Im Hochsommer, als die schweren Halme zur Reife neigten, schlug der Hagel die Frucht in den Erdboden hinein. –

Alles das mußte anders werden, und wie unerwartet und seltsamlich, das sollen der „Waldheimat" dritter und vierter Band erzählen.

Anhang

Kommentar

Waldheimat I

Den Namen Waldheimat, unter dem später die Sammlung von Geschichten aus Roseggers Heimat, Krieglach/Alpl, berühmt geworden ist, verwendet der Dichter zum erstenmal in dem später in den „Waldschulmeister" (1875) aufgenommenen Text „Die Aristokraten des Waldes", der am 18.2.1872 in „Die Presse", Wien, erschien: „... mir ist jeder Balken und jede Baumrinde und jedes Spanflämmchen ein liebheiliger Gruß aus der Waldheimat." Das Werk machte die Gegend zum geographischen Begriff, und im Jahr 1906 konnte Rosegger im „Heimgarten"-Tagebuch vom 2. August feststellen: „Freytags neue steirische Touristenkarte benennt die Gegend von Krieglach/Alpel und St. Kathrein am Hauenstein offiziell ‚Waldheimat'." (Rosegger schrieb stets: Alpel; heute offizielle Schreibung: Alpl.)
Der heutige Begriff Waldheimat geht über diese Umgrenzung hinaus und umspannt in etwa die Gebiete bis Kindberg, Mürzzuschlag, Rettenegg, Birkfeld und Fischbach.
Es ist dies der Bezirk, in dem die „Waldheimat"-Geschichten spielen. Zur Grundlage haben sie Roseggers Erinnerungen an die ersten zweieinhalb Jahrzehnte seines Lebens, wobei er Erzählungen über seine Vorfahren und Erlebnisschilderungen anderer Leute mit einbezieht. Ob die „Waldheimat" mehr der Autobiographie oder der fiktiven Dichtung zuzuordnen sei, ist vielfach Gegenstand von Erörterungen gewesen. Rosegger äußert sich selbst zum Wahrheitsgehalt seiner Geschichten so: „Die Waldheimatgeschichten wollen ja buchstäblich *wahr* sein, nicht gerade als ob sie von meiner Person just allemal und genau so erlebt worden wären, sondern vielmehr wie sie bei den obwaltenden Zuständen und Verhältnissen erlebt werden *konnten.*" (Hg 40, 1916, 621)
Die erste Geschichten-Sammlung, die den Titel „Waldheimat" trägt, 1877, ist eine Zusammenstellung von 29 Texten, von denen die meisten bereits ab 1872 in verschiedenen Zeitungen und Zeitschriften veröffentlicht worden waren. Von Auflage zu Auflage erweiterte Rosegger die Sammlung, reihte nicht nur neue Geschichten aus seiner Kindheit ein, sondern auch aus späterer Zeit. Die zweite Ausgabe der „Waldheimat", 1882, enthält 56 Geschichten,

ist zweibändig und nimmt bereits die Schilderungen aus Roseggers Handwerkerleben auf. Die dritte Ausgabe, erschienen innerhalb der Prachtausgabe (Ausgewählte Schriften, 1888–1891, Bd. 1), bringt 68 Texte. Die Ausgabe letzter Hand schließlich, 1914, berücksichtigt ferner Erlebnisse, die Rosegger als Student auf Ferien in Alpl hatte. Sie umfaßt 130 Texte, diese sind in vier Bücher gruppiert, wie sie in der vorliegenden Ausgabe wiedergegeben sind: Die Anordnung der Geschichten erfolgte chronologisch nach der Zeit, in der sie handeln (also nicht nach dem Datum ihrer Entstehung). Da und dort fügte Rosegger einige die Geschichten verbindende Zeilen ein, die den Zusammenhang herstellen oder die Einreihung an der jeweiligen Stelle rechtfertigen sollen.
Um die „Waldheimat"-Sammlung bis zu obengenanntem Umfang erweitern zu können, entnahm Rosegger Geschichten aus einer ganzen Reihe seiner anderen Bücher (die auch für die Textrevision hinzugezogen wurden), und zwar aus: „Aus meinem Handwerkerleben" (1880); „Meine Ferien" (1883); „Neue Waldgeschichten" (1884); „Allerhand Leute" (1888); „Der Schelm aus den Alpen" (1890); „Hoch vom Dachstein" (1891); „Als ich jung noch war" (1895); „Der Waldvogel" (1896); „Idyllen aus einer untergehenden Welt" (1899); „Sonnenschein" (1902); „Wildlinge" (1906); „Alpensommer" (1909).
Nachstehend sind die Erstdrucke der „Waldheimat"-Geschichten genannt. Nach dem Titel unserer Ausgabe (kursiv) folgen Ort und Datum der ersten Veröffentlichung, dann (in Anführung) der Titel des Erstdrucks, der oft von dem endgültigen Titel abweicht.
Zu den verwendeten Abkürzungen siehe unter „Siglenverzeichnis" im Anhang zu Band 1 unserer Ausgabe.

Erster Band:
Das Waldbauernbübel

Vorwort: P. Rosegger: Waldheimat, 1877, VII. – Die Neufassung des Vorwortes für AlH (handschriftliche Druckvorlage in der Steiermärkischen Landesbibliothek Graz) ist stark verändert und trägt der neuen Gruppierung Rechnung.
Von meinen Vorfahren: Hg 17 (1893) 347: „Mein Großvater".

Vom Urgroßvater, der auf der Tanne saß: P. Rosegger: Waldheimat, 1877, 10: Titel wie AlH.

Als Großvater freien ging: Hg 1 (1877) 307: Titel wie AlH.

Die ledernen Brautwerber meines Vaters: Hg 32 (1908) 11: „Von den Schuhen, die zum Spender zurückkehren".

Das fahrende Zechen: P. Rosegger: Neue Waldgeschichten, 1884, 9: „Ein fahrendes Zechen".

Ums Vaterwort: Deutsche Zeitung, Wien, 25.12.1880: Titel wie AlH.

Was bei den Sternen war: Westermanns Monatshefte, Januar 1875: „Kindersternenglanz".

Als ich das Ofenhückerl gewesen: Hg 17 (1893) 736: „Unser alter Kachelofen".

Wie ich dem lieben Herrgott mein Sonntagsjöppel schenkte: Dorfbote. Zeitschrift für Wahrheit, Bildung und Aufklärung, Graz, 21.11.1872: „Sankt Martin und sein Nachfolger".

Wie das Zicklein starb: Bohemia, Prag, 5.4.1873: „Eine Idylle aus dem Waldlande".

Von meiner blinden Führerin: Hg 3 (1879) 350: „Die blind' Jula".

Einer Weihnacht Lust und Gefahr: Illustrierte Welt, Stuttgart, Weihnachten 1871: „Eine Weihnacht". Die früheste charakteristische Waldheimatgeschichte; Entstehung vermutlich 1870 unter dem Einfluß von Stifters „Bergkristall".

Am Tage, als die Ahne fort war: Geschichten von Rosegger. Bilder von Defregger. Wien 1880: „Barmherzige Seelen".

Als ich den Himmlischen Altäre gebaut: Hg 15 (1891) 621: Titel wie AlH.

Dem Anderl sein Tabakgeld: Hg 15 (1891) 428: Titel wie AlH.

Die Zerstörung von Paris und andere Missetaten: Hg 5 (1881) 624: „Allerlei Spielzeug".

Der Ehrentag des Federlschneiders: Hg 20 (1896) 401: „Der Federlschneider".

Wie der Meisensepp gestorben ist: Der Wanderer, Wien, 4.5.1871: „Ein Sterben im Walde".

Auf der Wacht beim toten Jäger: Der Wanderer, Wien, 1.11.1871: „Auf der Wildwiese".

Dreihundertvierundsechzig und eine Nacht: Konstitutionelles Pester Journal, 2.8.1872: Titel wie AlH.

Geschichten unter dem wechselnden Mond: Die Presse, Wien, 22.4.1873: „Kindesmondschein".

Die fremden Holzknechte: Die Heimat. Illustriertes Familienblatt, Wien, 1883, 471: „Der erste Wellenschlag".

Wie ich mit der Thresel ausging und mit dem Maischel heimkam: Hg 6 (1882) 526: Titel wie AlH.

Als ich auf den Taschenfeitel wartete: Hg 18 (1894) 500: „Der Taschenfeitel".

Die Geschichte vom Schlüssel: Hg 32 (1908) 481:Titel wie AlH.

Als Ich –: Hg 6 (1882) 721: „Der Diebstahl".

Die Ankunft des heiligen Geistes: Hg 7 (1883) 818: „Der Gang zur Firmung".

Als ich ein Bettelbub gewesen: Hg 1 (1877) 699: „Aus der Jugendzeit im Walde. Bettelbub'!".

Der Weg nach Mariazell: Hg 1 (1877) 935: „Zur lieben Frau in Mariazell".

Als ich zur Drachenbinderin ritt: Tagespost, Graz, Ende September 1872: „Die Staudenwinkelin". Hier zum erstenmal der Name Waldheimat in einem Titel bzw. Untertitel: „Erinnerung aus der Waldheimat".

Als ich mir die Welt am Himmel baute: Wiener Abendpost, 2. und 3.5.1872: „Am Himmel". Dem Schlußbild vom Hagelschlag liegt Roseggers Erinnerung an die Hagelkatastrophe vom 13.8.1859 in Alpl zugrunde, die die Ernte vernichtete und zum wirtschaftlichen Ruin des Kluppeneggerhofes beitrug.

Zweiter Band:
Der Guckinsleben

Als ich Christtagsfreude holen ging: Hg16 (1892) 664: „Sachen für den Christtag".

Der unrechte Spielkartentisch: Hg 19 (1895) 720: „Der Fronleichnamsaltar".

Als wir unschuldiges Blut vergossen haben: Hg 21 (1897) 617: Titel wie AlH.

Als ich um Hasenöl geschickt wurde: Hg 18 (1894) 336: „Das Hasenöl".

Stiegelhupfer – Batzenschupfer: Neues Wiener Tagblatt, 5.12.1902 (Erstdruck?).

Als wir zur Schulprüfung geführt wurden: Hg 17 (1893) 696: „Die Schulprüfung".

Als ich Eierbub gewesen: Hg 28 (1904) 62: „Der Eierbub".

Der Gang zum Eisenhammer: Hg 11 (1887) 449: „Steierische Eisenhämmer".

Ein Neujahrsmahl beim Hammerherrn: Hg 32 (1908) 241: Titel wie AlH.

Als ich Schullehrer gewesen: Hg 22 (1898) 605: Titel wie AlH.

Der Preuß' in der Waldheimat: Hg 21 (1897) 81: „Der Preuß".

Das Schläfchen auf dem Semmering: Hg 21 (1897) 535: Titel wie AlH.

Als der Kaiser die Kaiserin nahm: Hg 3 (1879) 492: Titel wie AlH.

Als dem Hartl an einem Tage die Sonne zweimal aufging: Hg 1 (1877) 633: Titel wie AlH.

Der große Wald: Hg 29 (1905) 1: Titel wie AlH.

Die Mission zu Fischbach: Hg 9 (1885) 721: „*Den* Pfingstsonntag will ich mir merken".

Vom heiligen Wasser: Hg 26 (1902) 90: „Zum heiligen Brunn".

Als ich nach Emaus zog: Hg 16 (1892) 502: „Der Gang nach Emaus".

Ein funkelnagelneues Jahr: Hg 28 (1904) 241: „Neujahr. Eine Plauderei".

Als ich das erstemal auf dem Dampfwagen saß: Deutsche Zeitung, Wien, 13.4.1876: „Das erstemal im Dampfwagen". Stoffgrundlage: Eröffnung der Semmeringbahn 1854.

Als ich den Kaiser Josef suchte: 1. Fassung in: Wanderleben. Skizzen (von P. R.), Pest 1871: „Von einem jungen Wandersmanne". – 2. Fassung: Hg 1 (1877) 540 und 619: Titel wie AlH. – Erlebnisgrundlage: Erinnerung Roseggers an seine 1863 unternommene Fußwanderung nach Wien, die er also in Wirklichkeit als 20jähriger, nicht als ungefähr 12jähriger Waldbauernbub, gemacht hatte.

Als ich im Walde beim Käthele war: Neues Wiener Blatt, 29.4.1873: „Auf Exekution".

Als dem kleinen Maxel das Haus niederbrannte: 1880, Ort? – Ferner in: P. Rosegger: Aus meinem Handwerkerleben. Leipzig 1880, 287: „Bauernschlauheit".

Als die hellen Nächte waren: Erstdruck als Teil der Erzählung „Erich in der Wildnis" in: Neue Illustrierte Zeitung, Wien, 15.–23.6.1873.

Am Waldbrunnen: Hg 20 (1896) 732: Titel wie AlH.

Die Wacht am Rain: Hg 33 (1909) 668: Titel wie AlH.

Beim lieben Vieh: Neue Monatshefte für Dichtkunst und Kritik, Leipzig, 1876, 4. Bd., 491: „Pöll“.

Auf der Alm gibt's ka Sünd: Die Presse, Wien, 13.10.1881: Titel wie AlH.

Als ich ins Paradies ging: Hg 17 (1893) 921: „Eustach Weberhofer“.

Nur bis zum K –: Hg 12 (1888) 737: Titel wie AlH.

Als ich eine Schlacht gesehen: Hg 1 (1877) 703: „Als ich die erste Schlacht gesehen“.

Der Warzenkrieg: Hg 19 (1895) 633: Titel wie AlH.

Ereignisse eines Faschingstages: Hg 16 (1892) 812: „Die Liebe ist stärker als der Tod“.

O du schöne, süße Samstagsnacht!: Hg 18 (1894) 401: Titel wie AlH.

Als ich zum Pfluge kam: Tagespost, Graz, 7.5.1876: „Der Pflug“.

Inhaltsverzeichnis

Zweiter Band: Der Guckinsleben

Anhang